PSYCHOLOGIES AU TRAVAIL

Estelle M. Morin

PSYCHOLOGIES AU TRAVAIL

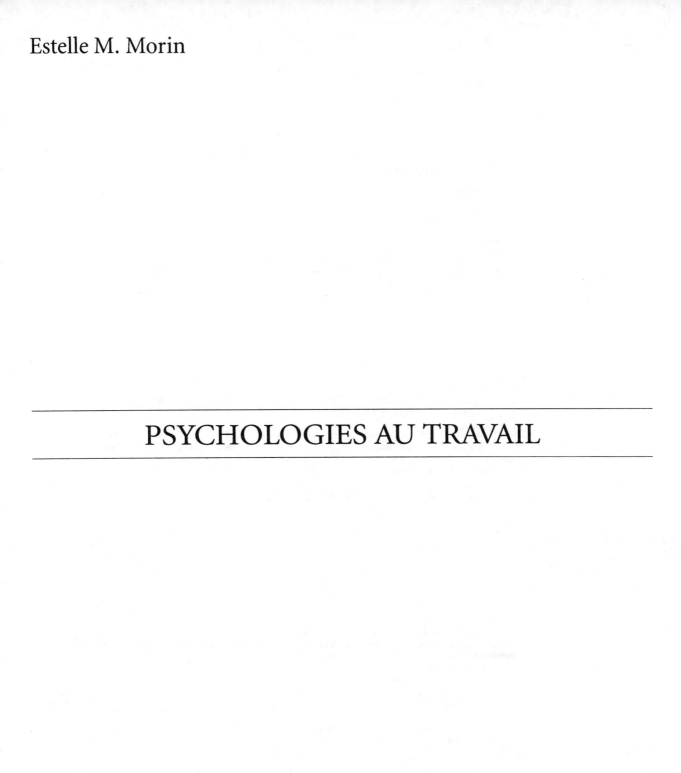

gaëtan morin
éditeur

Données de catalogage avant publication (Canada)

Morin, Estelle M.

   Psychologies au travail

   Comprend des réf. bibliogr. et des index.

   ISBN 2-89105-622-1

   1. Travail – Aspect psychologique. 2. Psychologie du travail. 3. Groupes, Dynamique des. I. Titre.

   HF5548.8.M63 2001   158.7   C96-940766-1

Tableau de la couverture :   Sans titre
                                 Œuvre de **Claire Dionne-Valois**

Claire Dionne-Valois est née à Montréal en 1927. Elle étudie le dessin et le modèle vivant à l'École des Beaux-Arts de Montréal, puis elle fait l'apprentissage de diverses techniques. De 1978 à 1980, elle fréquente l'atelier du frère Jérôme. Par la suite, elle travaille l'aquarelle avec J.-P. Ladouceur, Maurice Domingue et Tom Lynch, le pastel avec Yvan Dagenais et l'huile avec Viateur Lapierre. Elle se consacre à la peinture à l'huile depuis 1979.

On trouve les œuvres de Claire Dionne-Valois à la Galerie Michel-Ange de Montréal.

Consultez notre site
www.groupemorin.com
vous y trouverez du matériel
complémentaire pour plusieurs
de nos ouvrages.

Gaëtan Morin Éditeur ltée
171, boul. de Mortagne, Boucherville (Québec), Canada   J4B 6G4
Tél. : (450) 449-2369

Nous reconnaissons l'aide financière du gouvernement du Canada par l'entremise du Programme d'aide au développement de l'industrie de l'édition (PADIÉ) pour nos activités d'édition.

L'École des Hautes Études Commerciales de Montréal
a soutenu financièrement la rédaction de cet ouvrage.   HEC

Révision linguistique : Carole Laperrière et Patrick Wauters
Traduction de certains textes classiques : Johanne L. Massé

Imprimé au Canada 5 6 7 8 9 0 1 2 3 4   10 09 08 07 06 05 04 03 02 01

Dépôt légal 3e trimestre 1996 – Bibliothèque nationale du Québec – Bibliothèque nationale du Canada

À Hélène, ma mère,
qui m'a enseigné l'esprit de service

À Henri, mon père,
qui m'a appris le sens de la responsabilité

À mes parents,
qui m'ont transmis l'espérance

Préface

Dès les premières pages de l'introduction, le lecteur a le sentiment d'un livre puissant, qui a du souffle. L'auteure décrit d'entrée de jeu les quatre grandes écoles de pensée qui ont marqué la psychologie et qui caractérisent encore aujourd'hui la psychologie contemporaine. L'ouverture à l'égard de la réalité psychologique est sans compromis et tous les auteurs clés de la discipline sont présents. En quelques pages, on nous dresse un portrait d'ensemble, cohérent et compréhensible de la psychologie comme champ disciplinaire et comme praxis. Le ton est clair, direct et percutant.

Pour exemple, prenons le chapitre sur la personnalité. S'il existe un sujet passablement galvaudé en psychologie, en psychologie populaire particulièrement, c'est bien celui de la personnalité. Mme Morin pose de façon fort habile les paramètres par lesquels on appréhende la personnalité et, surtout, fait des choix stratégiques. Après un tour d'horizon rigoureux, elle opte sans ambages pour l'approche de Carl Gustav Jung, auteur essentiel mais encore méconnu. La conception jungienne et l'application qu'en ont fait Myers et Briggs sont traitées de main de maître, avec une compréhension que seule une fréquentation de longue date autorise. Un chapitre fondamental!

Ce livre renferme des trouvailles de génie. Le chapitre sur la perception en fournit une belle illustration. Morin y dégage la perception de l'emprise exclusive des expériences en laboratoire et aborde ce thème sous les angles philosophique, neurologique et interpersonnel. La perception devient un élément constituant de la vie quotidienne. J'ai applaudi à son audace de toucher à la praxis de l'empathie qui, après réflexion, se révèle effectivement une perception active délibérée dans un contexte de compréhension et d'aide. De même, on ne peut que souscrire à l'insertion du grand classique *Interpersonal Perception*, de R.D. Laing. Mme Morin, je salue vos heureuses initiatives!

Il n'est pas dans mon intention de commenter chacun des chapitres, bien que j'en ressente une grande envie, particulièrement ceux qui portent sur l'apprentissage, les groupes et la motivation. Disons tout simplement que j'aurais été fier de signer ces chapitres étant donné leur richesse, leur fraîcheur et leur portée remarquables. L'intégrité et l'audace de l'auteure, sa capacité de faire fi des modes étroites qui assujettissent la pensée, apportent une contribution lumineuse dans la compréhension concrète des phénomènes humains.

Psychologies au travail offre le rare et précieux avantage de constituer une synthèse en lui-même. Les ouvrages de cet acabit sont généralement le fait de plusieurs auteurs qui assurent séparément la rédaction d'un chapitre. Le défaut de cette approche pluraliste est l'absence d'une perspective homogène, voire cohérente, qui oblige le lecteur à retrouver d'un chapitre à l'autre les postulats de base, souvent non explicites, propres à chacun des auteurs. Il n'en va pas de même du présent ouvrage.

Le livre de Mme Morin montre tous les signes d'une œuvre d'intégration originale. En effet, l'auteure a délibérément orienté ses lectures et ses réflexions vers des domaines très variés de la psychologie, outrepassant les restrictions des chapelles et des écoles de pensée. Elle s'est volontairement attardée à des préoccupations communes à de nombreux auteurs ou à des questions complémentaires, ce qui a permis la réalisation d'une œuvre synthèse à la fois théorique et pratique, originale, compréhensible, nuancée et utile. Ce n'est pas peu dire.

Ainsi, j'ai particulièrement apprécié l'éclectisme—j'irais peut-être même jusqu'à dire l'iconoclastie—qui émerge à des endroits stratégiques dans l'ouvrage de Mme Morin. Au lieu de s'en tenir à des approches étroites et réductionnistes lorsqu'elle aborde une nouvelle thématique, elle ratisse en largeur et en profondeur. Par exemple, lorsqu'elle braque les réflecteurs sur l'adaptation, elle examine les objets de sa quête sous l'angle de la recherche de l'équilibre. De cette manière, elle traite avec justesse et clarté les théories et les manifestations de divers construits dont l'émotion, le stress, l'anxiété, l'angoisse, les mécanismes de défense individuels et de groupe, etc. Elle expose même en détail les stratégies d'aide à l'adaptation. Cette capacité d'incorporer plutôt que d'exclure, de donner du sens plutôt que d'en enlever, d'expliciter plutôt que d'escamoter, redonne leur richesse et leur élan créateur aux psychologies du travail.

En outre, l'auteure a de toute évidence cherché à faire vraiment de la psychologie. J'entends par là que l'univers de la psychologie du travail est alimenté, influencé et modifié par des éléments en provenance de la plupart des disciplines des sciences humaines et sociales. Mme Morin s'est attachée à retrouver la matière psychologique de base et s'est appuyée sur ces racines pour établir la structure des chapitres et de l'ensemble du livre. Selon moi, elle a réussi là encore à réhabiliter la vision psychologique dans le monde du travail. Ceci ne constitue en rien une critique des apports des autres disciplines, mais il est temps que la vision psychologique avec ses préceptes, ses postulats, ses préalables, ait également droit de cité et puisse accéder de plain-pied à la notoriété. Pour l'effort colossal accompli afin de «repsychologiser» la psychologie du travail, j'adresse un grand merci à Mme Morin.

Une autre caractéristique emballante de cet ouvrage est le recours systématique à des auteurs charnières, plus particulièrement à des textes qui illustrent l'émergence d'un nouveau paradigme ou d'une nouvelle façon de penser qui a marqué ou marque actuellement le champ des psychologies au travail. Ce retour aux sources est rarement pratiqué dans les publications contemporaines. Mme Morin n'a pas craint d'aller puiser dans le passé les ouvrages phares, les écrits de base, les textes déstabilisants qui ont fait et qui font les psychologies d'aujourd'hui. On est loin des citations de deuxième ou de troisième main. Au début, j'étais un peu ennuyé par la précision des détails qui accompagnent les textes auxquels l'auteure fait référence. Mais j'ai vite fini par apprécier cette abondance d'informations ainsi que la présentation dans leur intégralité des points de vue des différents auteurs. Cet ouvrage est presque un compendium des visions psychologiques de l'être humain au travail et des relations qu'il entretient avec son environnement.

En dépit de son ampleur, *Psychologies au travail* n'est pas un résumé exhaustif de la documentation relative aux psychologies au travail. Bien plus encore, il constitue une restructuration subtile et compréhensible des données psychologiques à l'intention des praticiens ou des étudiants (au sens large du terme). Aucune théorie n'y est rejetée, certaines sont décrites plus longuement que d'autres, mais toutes sont mentionnées. Les auteurs oubliés, qui ont pourtant marqué leur époque et qui marquent encore la nôtre, sont ressuscités et ramenés au premier plan.

Cet ouvrage a une âme et une direction. Les choix stratégiques qu'on y fait sont cohérents. C'est un peu la célébration de l'être humain et de ses rapports au travail et à la vie. L'auteure ne craint pas de remonter jusqu'aux racines philosophiques et épistémologiques de nos concepts et de nos notions. Cette opération de «sauvetage» apporte un éclairage nouveau et fort enrichissant. La psychologie gagne en profondeur, en pertinence, et, disons-le, en beauté. La lecture de ce livre fera de vous, si vous ne l'êtes déjà, un amoureux de la psychologie, la plus applicable des sciences humaines et sociales.

André Savoie, Ph.D.
Professeur agrégé
Département de psychologie
Université de Montréal

Avant-propos
et remerciements

La psychologie est une science que j'aime beaucoup; je m'y intéresse depuis si long-temps que j'en ai fait mon métier. La psychologie, c'est la connaissance des phénomènes de l'esprit, de la pensée et des façons d'agir des êtres vivants. Cette science porte non seulement sur les comportements, mais aussi sur les rêves, les aspirations, les désirs, les conflits, les peurs, les joies, les valeurs, la vie sociale tout autant que la vie intérieure, etc. La psychologie, c'est aussi l'aptitude à comprendre les comportements et les senti-ments des autres. On dit d'ailleurs «faire preuve de psychologie». C'est également un ensemble de pratiques qui visent à s'aider soi-même et à aider les autres à dévelop-per leur potentiel et leur autonomie, en d'autres termes leur liberté. En écrivant cet ouvrage, j'avais envie de partager mon intérêt pour la psychologie avec les autres. L'in-tention subversive qui sous-tend *Psychologies au travail*, est de faire aimer la psycho-logie en tant que moyen de se comprendre et de développer la coopération au travail.

Cet ouvrage est le résultat de dix années d'enseignement des fondements psycholo-giques à des étudiants de premier et de deuxième cycles en administration. Attachée aux traditions, je suis de ceux qui écrivent leurs cours avant de les donner, non pas que je lise mes cours, mais cela me rassure de me savoir préparée. Lors de la rédaction, je me suis franchement efforcée de rendre compte de la diversité des perspectives sur la psychologie, d'où le choix du pluriel dans le titre. De plus, je ne me suis pas contentée de rapporter les connaissances sur les fondements psychologiques du comportement humain au travail, j'étais résolue à montrer à quoi ils peuvent servir dans différentes situations de travail, d'où le titre «au travail». J'avais aussi envie d'écrire un livre sur des questions fondamentales en psychologie en prenant pour appui des textes clas-siques qui ont marqué l'histoire de la psychologie appliquée au travail et qui servent encore aujourd'hui de référence. De plus, mon âme poète avait besoin de puiser dans la littérature pour donner la profondeur aux concepts présentés dans les chapitres et surtout, pour stimuler l'imagination et le goût du merveilleux. C'est pourquoi vous trouverez dans cet ouvrage, des extraits de Platon, de Jules Vernes, de Gilbert Bécaud, de l'histoire des trois princes de Serendip, et d'autres encore. Certes, je n'ai pas l'inten-tion de présenter ici un traité de la psychologie appliquée au travail, mais je sais que j'ai écrit un bon livre qui sera sans aucun doute amélioré grâce aux commentaires des lecteurs, des étudiants et de mes homologues. Pour moi, ce livre est une première édition et j'en suis fière.

Cet ouvrage s'adresse aux personnes qui veulent apprendre à se connaître, se com-prendre et comprendre les autres dans les organisations, qu'elles soient en psychologie, en gestion des ressources humaines, en administration, en relations industrielles, en marketing, etc. J'ai été attentive à l'écrire avec un style et un vocabulaire qui soient faciles à comprendre, mais j'avoue que parfois, les concepts de la psychologie sont complexes et requièrent un peu de temps de réflexion. Pour aider le lecteur à maîtriser les fondements psychologiques du comportement, des questions portant sur un cas vécu sont posées à la fin de chaque chapitre. Ce cas est présenté à la fin du livre. Pour le lecteur intéressé à pousser plus loin sa réflexion sur une thématique, une bibliographie commentée est fournie à la fin de chaque chapitre.

Un ouvrage comme celui-ci ne se fait pas sans le concours et le soutien de plusieurs personnes. Je dois d'abord remercier du fond du cœur le Dr Lionel Carmant, Pierre-B. Lesage, Thierry-C. Pauchant, Judith Rice-Lesage, Alain Rondeau et André Savoie pour leurs judicieux conseils et leur contribution personnelle à la réalisation de cet ouvrage. Je dois aussi souligner et remercier vivement Corinne Prost, pour sa collaboration et son assistance pour la préparation des chapitres et pour la composition des questions et la rédaction des sections sur les lectures complémentaires. Je ne saurais non plus oublier l'aide de Louise Côté, de Céline Legrand, de Geneviève Tremblay et de Linda Néron : merci à vous quatre !

Merci également à Michel Patry, Francine Séguin et Jean-Marie Toulouse pour leur confiance et l'aide financière qu'ils ont pu fournir pour la rédaction de ce livre. Merci aux centaines d'étudiants à qui j'ai enseigné depuis janvier 1985 : vous m'avez tellement appris. Merci aussi à mes collègues de travail, notamment à Céline Bareil, Guy Beaudin, Carol Bélanger, Nathalie Bertrand, Yves Coulombe, Ann Giguère, Pierre Gohier, Geneviève Hervieux, Jean-Pierre Hogue, Lucie Houle, Raymond Perron, Jocelyne Savoie et Mireille Sigmen pour leur dévouement à l'enseignement de la psychologie. Leur engagement fut pour moi une véritable source de motivation. Merci à Michel Guindon pour ses encouragements et son soutien moral.

Merci enfin et surtout, à Thierry, Olivier et Marianne, ma petite famille, qui ont généreusement accepté de me laisser écrire ce livre et qui m'ont supportée dans cette tâche difficile avec tellement d'amour et de compréhension.

Table des matières

Introduction

La psychologie est une science qui permet de comprendre le comportement des personnes. Si elle ne donne pas la «bonne réponse» aux questions qu'on peut se poser à propos de soi ou d'autrui, elle propose néanmoins à chacun des moyens de trouver du sens dans ses expériences et de résoudre ses problèmes.

Au XIXe siècle, on pouvait considérer la psychologie comme une discipline relativement intégrée : les premiers psychologues s'intéressaient aux mêmes phénomènes et leurs méthodes étaient semblables. Koch (1993) montre qu'il existe aujourd'hui plusieurs psychologies. En effet, la psychologie a évolué à travers la multitude d'objets de recherche et la variété des perspectives adoptées par les chercheurs, résultat de la spécificité des problèmes qu'ils ont étudiés. D'après Bower (1993), les différentes spécialisations du champ de la psychologie ne mettent toutefois pas en péril son intégrité. Si on peut maintenant parler *des* psychologies, on doit reconnaître qu'elles ont toutes les mêmes racines, dont deux sont certainement majeures, la philosophie et la physiologie. C'est pour refléter la diversité des domaines d'étude et la variété des perspectives que nous avons choisi le pluriel dans le titre de ce livre. Bien qu'il soit certainement difficile de cacher notre préférence en matière d'orientation, nous avons toutefois tenu à rendre hommage à la pluralité des contributions de la psychologie au monde du travail.

La psychologie constitue une discipline fondamentale de la direction des personnes et de la gestion des organisations. En tant que science du comportement, elle fournit des façons de décrire, de comprendre et même parfois de prédire les attitudes et les comportements des gestionnaires et des employés; elle contribue aussi à l'amélioration des pratiques de gestion en aidant les personnes à développer des habiletés interpersonnelles.

Cet ouvrage a pour objectif de présenter une véritable introduction aux fondements psychologiques du comportement humain appliqués dans des situations de travail. Dans ce sens, il vise à donner au lecteur des connaissances fondamentales en psychologie qui l'aideront à mieux comprendre son propre comportement et celui des autres non seulement dans les milieux de travail mais aussi dans la vie en général.

Dans un sens plus large, il a aussi pour objectif de suggérer des moyens de développer des habiletés de travail en équipe et de leadership. Par exemple, Chester I. Barnard (1982) fait valoir les capacités suivantes pour assurer la bonne conduite des affaires : la capacité d'être authentique et responsable, la capacité de faire face à l'incertitude et aux changements, la capacité de demeurer humble à l'égard des développements de la science, la capacité d'admettre son incompréhension de certains phénomènes, la capacité de choisir des actions qui respectent les nombreux codes moraux, la capacité d'expliquer aux autres ses intuitions, la capacité de déléguer des responsabilités à autrui, la capacité de comprendre les oppositions et les contradictions inhérentes à la vie en communauté et la capacité de prévenir des situations désastreuses. D'après la recherche d'Aiken et autres (1994), les directions générales des entreprises s'attendent à ce que les finissants en administration aient développé les compétences suivantes: l'habileté de communiquer et de s'entendre avec les autres, la capacité et la volonté d'apprendre, la pensée critique et la créativité ainsi que des qualités personnelles comme être digne de confiance, avoir de l'initiative et faire preuve de leadership.

Le Conference Board du Canada (1994) a décrit le profil des compétences que recherchent les employeurs canadiens; nous le présentons dans le tableau 1. Trois domaines de compétences regroupent leurs attentes: les compétences issues de la formation, les qualités personnelles et l'esprit d'équipe. Les compétences issues de la formation concernent entre autres la capacité d'écouter pour comprendre et apprendre, de faire preuve de jugement et d'agir de façon logique afin d'évaluer les situations, de résoudre les problèmes et de prendre des décisions, de ne jamais cesser d'apprendre. Les qualités personnelles que les employeurs recherchent chez les candidats comprennent pour leur part le respect de soi et la confiance, l'honnêteté, l'intégrité et les valeurs morales, l'attitude positive à l'égard de l'apprentissage, de l'épanouissement et de la santé personnelle, l'initiative, l'énergie et la persévérance pour accomplir le travail, la responsabilité des mesures prises, la reconnaissance et le respect de la diversité des gens et des différences individuelles, la créativité. Enfin, les employeurs canadiens recherchent des candidats qui ont en outre l'esprit d'équipe, c'est-à-dire qui sont capables de comprendre la culture du groupe et de travailler en conséquence, de respecter la pensée et l'opinion des autres, de faire des concessions mutuelles pour obtenir des résultats de groupe, etc. Comme on peut le constater, la majorité des habiletés requises aujourd'hui dans le monde du travail concerne la personnalité et les relations humaines. La psychologie est en mesure d'apporter des connaissances en cette matière et de fournir des moyens de développer de telles compétences.

Les contributions de la psychologie à la gestion et à l'intervention dans les organisations sont nombreuses. Elles sont le reflet de la diversité des conceptions de la nature humaine et du monde et reposent sur des systèmes de valeurs différents. La prochaine section présente quatre approches de la psychologie dans le but de familiariser le lecteur avec l'ensemble des théories, de lui faire apprécier l'étendue des préoccupations des psychologues-chercheurs et reconnaître les contributions de la psychologie à l'amélioration de la qualité de vie et de l'efficacité dans les organisations.

QUATRE APPROCHES DE LA PSYCHOLOGIE

En psychologie, quatre approches sont généralement reconnues: 1) l'approche psychodynamique-analytique; 2) l'approche béhaviorale-cognitive; 3) l'approche systémique-interactionnelle; et 4) l'approche humaniste-existentielle (Schultz, 1975). Les pratiques thérapeutiques au Québec sont d'ailleurs classées sous ces répertoires. Le tableau 2 présente des psychologues et des psychiatres qui ont particulièrement influencé le développement de ces approches ainsi que certains de leurs objets de recherche et leurs contributions.

TABLEAU 1   Profil de l'employabilité: compétences recherchées par les employeurs canadiens

Compétences issues de la formation	**Qualités personnelles**	**Esprit d'équipe**
Il s'agit des compétences qui constituent les bases nécessaires en vue de trouver et de garder un emploi, de faire des progrès au travail et d'obtenir les meilleurs résultats.	Il s'agit des compétences, attitudes et comportements nécessaires pour trouver et garder un emploi, pour faire des progrès au travail et pour obtenir les meilleurs résultats.	Il s'agit des compétences nécessaires pour pouvoir travailler avec les autres et pour obtenir les meilleurs résultats.

Communiquer

- Comprendre, parler et écrire les langues utilisées pour la conduite des affaires.
- Savoir écouter pour comprendre et apprendre.
- Lire, comprendre et utiliser les divers documents écrits (graphiques, tableaux, affichages, etc.).

Penser

- Faire preuve de jugement et agir de façon logique afin d'évaluer les situations, de résoudre les problèmes et de prendre des décisions.
- Comprendre et résoudre les problèmes nécessitant des connaissances mathématiques, et savoir se servir des résultats obtenus.
- Recourir de façon efficace à la technologie, aux instruments, aux outils et aux systèmes d'information actuels.
- Faire appel aux connaissances spécialisées provenant de différents domaines et les mettre en pratique (par exemple, les métiers spécialisés, la technologie, les sciences physiques, les arts et les sciences sociales).

Apprendre

- Ne jamais cesser d'apprendre.

Attitudes et comportements positifs

- Respect de soi et confiance en soi.
- Honnêteté, intégrité et valeurs morales.
- Attitude positive à l'égard de l'apprentissage, de l'épanouissement et de la santé personnelle.
- Initiative, énergie et persévérance dans l'accomplissement du travail.

Responsabilité

- Capacité de fixer des buts et d'établir des priorités au travail et dans la vie personnelle.
- Capacité de planifier et de gérer le temps, l'argent et les autres ressources en vue de réaliser des buts.
- Responsabilité à l'égard des mesures prises.

Adaptabilité

- Attitude positive à l'égard des changements.
- Reconnaissance et respect de la diversité des gens et des différences sur le plan individuel.
- Capacité de proposer de nouvelles idées pour accomplir le travail (créativité).

Travailler avec les autres

- Comprendre les buts de l'organisation et y apporter sa contribution.
- Comprendre la culture du groupe et travailler en conséquence.
- Planifier et prendre des décisions avec les autres, et appuyer les résultats de ces décisions.
- Respecter la pensée et l'opinion des autres membres du groupe.
- Faire des concessions mutuelles pour obtenir des résultats de groupe.
- Adopter une approche d'équipe.
- Jouer le rôle de leader au besoin, en mobilisant le groupe en vue d'atteindre un rendement élevé.

Source: Adapté de «Profil des compétences relatives à l'employabilité», brochure 1994, E/F, Ottawa, Le Conference Board du Canada, 1994, avec la permission de l'éditeur.

Une mise en garde doit cependant être faite à propos du classement des auteurs et de leurs contributions. Premièrement, tout système de classification est réductionniste et simplificateur; en conséquence, certains auteurs, comme c'est le cas de Lewin et de Jung, pourraient être classés ailleurs dans cette taxinomie. Il s'ensuit que le classement proposé ici n'est pas parfait, mais certainement utile pour se familiariser avec le domaine de la psychologie. Deuxièmement, la recension des auteurs et la présentation de leurs contributions ne sont pas exhaustives, car ce n'est pas le but de cette introduction de tout présenter. Il s'agit plutôt de se familiariser avec les approches en psychologie et de souligner les contributions de la psychologie à la gestion et à l'intervention dans les organisations.

L'APPROCHE PSYCHODYNAMIQUE-ANALYTIQUE

L'approche psychodynamique-analytique doit beaucoup aujourd'hui à Sigmund Freud (1985) ainsi qu'à ses prédécesseurs, comme Pierre Janet (1984) et Jean Martin Charcot. Les pratiques thérapeutiques et les recherches qui adoptent cette approche s'inspirent d'une variété de travaux à caractère psychodynamique comme ceux d'Alfred Adler (1950, 1979), Karen Horney (1964), Mélanie Klein (1932, 1948) et Jacques Lacan (1966, 1971). Toutes s'intéressent à l'exploration de la vie psychique soit par l'association libre, par l'analyse des rêves ou par l'analyse du transfert.

À l'origine, la psychanalyse était une méthode d'analyse de la psyché, d'où son nom, mais, avec les travaux de médecins comme Adler (1979), Breuer, Erikson (1963), Freud (1985), Janet (1984), Jung (1989), Kohut (1984) et d'autres encore, elle est devenue une véritable théorie de la vie psychique, fondée sur l'expérience concrète et la phénoménologie.

La psychanalyse présente la nature humaine comme étant déterminée biologiquement. C'est l'enfance qui retient l'attention des psychanalystes, freudiens en particulier, car c'est au cours de cette période (de la naissance à six ans) que la personnalité se constitue. Le plaisir est le grand principe qui guide le comportement. Le changement de la personnalité est décrit comme un processus qui procède par étapes verticales, c'est-à-dire que la personne doit franchir une étape, qui correspond en quelque sorte à un défi, avant d'atteindre l'étape suivante, qui se trouve à un niveau supérieur par rapport à son état actuel. La théorie de développement proposée par Erikson constitue un bon exemple de ce type de changement.

La psychanalyse en tant qu'approche a fortement inspiré des chercheurs dans les sciences de la gestion. Des auteurs comme Dejours (1980), Jaques (1955, 1965), Kets de Vries et Miller (1985), Lapierre (1992), Levinson (1975), Maccoby (1976) et Zaleznik (1966, 1989) se sont servis de la théorie et de la méthode propres à la psychanalyse pour analyser et comprendre le fonctionnement des organisations et l'exercice du leadership.

L'APPROCHE BÉHAVIORALE-COGNITIVE

L'approche béhaviorale-cognitive s'étend à toutes les sphères des sciences humaines; on la trouve autant en psychologie qu'en éducation ou en administration (par

TABLEAU 2   Quatre approches de la psychologie

Approche psychodynamique-analytique	Approche béhaviorale-cognitive	Approche systémique-interactionnelle	Approche humaniste-existentielle
P. Janet Abaissement du niveau mental	**J.B. Watson** Conditionnement (émotionnel)	**M. Wertheimer** Lois d'organisation perceptive	**G.W. Allport** Traits Réalisation personnelle Estime et identité
S. Freud Plaisir Inconscient Refoulement	**E.C. Tolman** Intentionnalité Attente	**W. Köhler** Champ-isomorphisme *Insight*	**R.D. Laing** Antipsychiatrie
A. Adler Complexe d'infériorité Pouvoir	**C.L. Hull** Apprentissage Adaptation biologique	**K. Lewin** $B_t = F_{(P, E)}{}^t$ Topologie Dynamique du groupe Méthode de travail Style d'autorité Résolution de conflit Recherche-action Changement	**A.H. Maslow** Besoins et valeurs Santé mentale Extase
K. Horney Déterminants sociaux de la vie psychique Confiance de base Anxiété de base	**B.F. Skinner** Conditionnement opérant Contingences de renforcement		**C.R. Rogers** Attitudes aidantes Relation humaine Regard positif
E.H. Erikson Développement de la personnalité	**A. Bandura** Sentiment d'efficacité personnelle Apprentissage indirect	**F.S. Perls** Gestaltthérapie	**C.G. Jung** Inconscient collectif Individuation Type psychologique
H. Kohut Psychologie du *self* Approbation, satisfaction Narcissisme Déflation/inflation	**J. Piaget** Genèse de l'intelligence Équilibration Épistémologie		

exemple, en système d'information, en marketing et en gestion des ressources humaines). En amont de cette approche, on trouve le béhaviorisme de Burrhus Frederic Skinner et en aval, la psychologie cognitive d'Ulric Neisser ou de Jean Piaget. Le lien entre ces deux écoles s'est établi à travers l'étude des processus cognitifs et de l'apprentissage. Depuis quelques années, on constate que l'approche cognitive remplace progressivement l'approche béhaviorale, en raison de l'insuffisance des formulations stimulus-réponse ou réponse-renforcement, caractéristiques de l'orthodoxie béhavioriste (Boneau, 1992; Lazarus, 1991; Mahoney, 1991).

Le béhaviorisme constitue le courant positiviste en psychologie: les psychologues qui adoptent cette approche cherchent à expliquer le comportement à partir de phénomènes observables ou de leurs relations directes (Delprato et Midgley, 1992). Parmi les chercheurs qui ont influencé le développement du béhaviorisme figurent Hull (1952), Pavlov (1941, 1960), Skinner (1971, 1974, 1976), Tolman (1932), Watson (1959, 1967) et, plus récemment, Bandura (1977b, 1986) et Staats (1975).

Quant à la psychologie cognitive, ses fondements remontent aux expériences de Wilhelm Wundt, entreprises en Allemagne dès 1879, mais elle a pris véritablement racine aux États-Unis, durant les années 1950, dans la conjonction de trois développements importants: 1) la théorie de l'information et les modèles de traitement de l'information; 2) l'informatique; et 3) la linguistique (Anderson, 1985). Parmi les principaux chercheurs associés à la psychologie cognitive, mentionnons Neisser (1967), Piaget (1981) et Simon (1947, 1975, 1990). La psychologie cognitive vise à comprendre la nature de l'intelligence humaine et de la pensée. Plusieurs thématiques sont abordées par les chercheurs dans ce domaine: l'attention, la perception, les représentations et les connaissances, la mémoire, la résolution de problèmes et le raisonnement, le langage et l'apprentissage.

D'après les tenants de l'approche béhaviorale-cognitive, c'est surtout le milieu dans lequel se trouve la personne qui détermine son comportement; c'est pour cette raison que l'apprentissage en constitue une préoccupation majeure. Le comportement est régi par l'adaptation. Le changement s'effectue par l'association d'une nouvelle expérience avec une ancienne et par l'équilibration des structures concernées.

L'approche béhaviorale-cognitive est à l'origine du développement du «comportement organisationnel» dans les sciences de l'administration; il s'agit en fait d'un champ hybride, puisant dans les connaissances de la psychologie (psychologie sociale, psychométrie), de la sociologie (organisation, travail et professions) et du management (management scientifique, relations humaines) (Schneider, 1985). Le comportement organisationnel (qu'on désigne en anglais par le sigle OB, aussi utilisé en français) concerne l'étude des phénomènes humains qui se produisent dans les organisations et porte sur trois niveaux, à savoir les individus, les groupes et les organisations. Dans son application «micro», c'est-à-dire d'orientation plutôt psychologique (qu'on appelle «micro-OB»), les thèmes de recherche concernent principalement la satisfaction et l'engagement au travail, la motivation au travail, le leadership, la prise de décision, l'organisation du travail, l'absentéisme et les départs volontaires, la performance et l'efficacité (O'Reilly, 1991).

D'après la recension faite par O'Reilly (1991), 70% des publications de 1979 portaient sur des thématiques propres à la micro-OB, alors qu'on n'en comptait plus que 38% en 1989. L'attention des chercheurs en OB se dirige depuis vers des problématiques propres à la macro-OB, c'est-à-dire d'orientation plutôt sociologique, telles que la stratégie, le symbolisme organisationnel, le climat et la culture de l'entreprise, l'apprentissage organisationnel, le pouvoir, la prédominance et les répercussions des nouvelles technologies (Wilpert, 1995). Aujourd'hui, la micro-OB s'intéresse surtout à des problèmes de méthodologie de recherche et de validation.

Parmi les chercheurs qui se sont démarqués dans le domaine de la micro-OB, citons Conger et Kanungo (1987), Fiedler et Garcia (1987), Locke et Latham (1990), Meyer et Allen (1984), Mowday et autres (1982), O'Reilly (1989), Vroom et Jago (1988) et Yulk (1989).

L'APPROCHE SYSTÉMIQUE-INTERACTIONNELLE

L'approche systémique-interactionnelle tire ses origines de la gestaltthéorie et de la théorie du système général de von Bertalanffy (1972).

La gestaltthéorie (ou le gestaltisme) met l'accent sur la perception et la totalité dans la vie psychologique. C'est Köhler qui a introduit la notion de «champ», qui fut reprise par Lewin (1975). Dans le domaine thérapeutique, on associe la gestalt surtout à Perls (1969). La théorie de von Bertalanffy sert de référence à cette approche, quoique les psychologues qui l'utilisent aient plutôt tendance à la «linéariser», et donc à la réduire à la simple description des composants du système étudié.

Selon cette approche, c'est le sens en tant que gestalt qui oriente la conduite de l'individu. L'attention des chercheurs porte en particulier sur les valeurs qui soustendent les attitudes et les conduites et sur les représentations qu'elles inspirent. Ils proposent une conception de la nature humaine, déterminée à la fois biologiquement et socialement. En d'autres termes, le comportement est fonction de l'interaction de facteurs psychologiques et de facteurs environnementaux. Le changement est conçu comme un déplacement des forces présentes dans le système; il s'agit en fait du passage d'un état virtuel à un état actuel, impliquant la continuité ou la conservation de la structure même du système. La maturation, l'apprentissage et la réforme constituent des exemples de ce type de changement.

L'approche systémique-interactionnelle est aussi très présente dans le champ du comportement organisationnel. Les chercheurs qu'on peut associer à cette approche ont contribué au développement des connaissances sur les équipes de travail, la motivation, la résolution de problèmes et la prise de décision, le leadership et le changement organisationnel. Parmi les plus connus figurent Deci (1975), Hackman et Oldham (1980), Katz et Kahn (1978) et Weick (1969).

L'APPROCHE HUMANISTE-EXISTENTIELLE

C'est plus récemment dans l'histoire de la psychologie que l'approche humaniste-existentielle s'est popularisée. Dans une certaine mesure, on peut considérer Kurt Lewin comme un précurseur de l'école des relations humaines, car il a fait valoir, avec l'aide de ses collaborateurs, l'aspect humain des organisations. En philosophie, Buber (1990), Heidegger (1963), Husserl (1962), Kierkegaard (1987a, 1987b) et Sartre (1970) ont largement influencé le développement de cette approche en psychologie. Ce sont des psychologues comme Allport (1955, 1966), Maslow (1972, 1976), May (1975, 1977) et Rogers (1969, 1976) qui l'ont finalement établie avec le concours de psychiatres comme Frankl (1993), Jung (1981a), Laing (1964, 1969) et Yalom (1980).

Selon les postulats de cette approche, les déterminants de la personnalité sont d'ordre biologique, social et spirituel. C'est le devenir de l'individu, ou plutôt l'individu en devenir, qui intéresse les psychologues de cette tradition. De plus, c'est le sens de l'expérience, non pas comme une représentation mais bien comme une signification, qui oriente le comportement. Le changement est conçu comme un processus de transformation, c'est-à-dire comme le passage de l'état actuel à un nouvel état, impliquant une discontinuité ou le dépassement de la structure du système qui le rend vulnérable pour un certain temps. La mutation, la création et la révolution sont des exemples de ce type de changement.

L'humanisme et l'existentialisme ont permis la remise en question des modes et des pratiques de gestion. Dans la foulée d'Homans (1950), de Mayo (1933), de Whitehead (1929, 1961) et d'autres, les psychologues de cette tradition ont pu mettre en évidence l'existence d'un ensemble complexe de sentiments ayant une influence directe sur les réponses des personnes aux normes et aux exigences de la production. Dans cette perspective, on reconnaît que les individus ont plusieurs besoins et que le travail n'est pas seulement un moyen de gagner leur vie, mais aussi un moyen d'apprendre, de se développer et de s'accomplir. L'organisation n'est pas seulement un milieu officiel, c'est aussi un milieu non officiel, au sens où des relations humaines s'établissent entre les individus, au cours des activités, et constituent la vie de l'organisation.

L'approche humaniste-existentielle a également contribué au champ du comportement organisationnel. Des chercheurs comme Aubert et De Gaulejac (1991), Bugental (1976), Herzberg (1980, 1982, 1995), Lawler (1991), Likert (1961, 1967), McGregor (1960), Mitroff et Pauchant (1990), Schwartz (1987) et Tannenbaum et autres (1985) sont bien connus dans ce domaine.

LE COMPORTEMENT HUMAIN : DU PSYCHOLOGIQUE AU SOCIAL

Trois processus psychologiques aident à comprendre le comportement humain : la perception, la motivation et l'apprentissage. Pour clarifier la dynamique et les relations qui existent entre ces trois processus, la figure 1 présente un schéma du comportement humain. Si le recours à un tel schéma aide la compréhension en simplifiant les phénomènes, il faut encore une fois faire quelques mises en garde.

FIGURE 1   Schéma du comportement humain

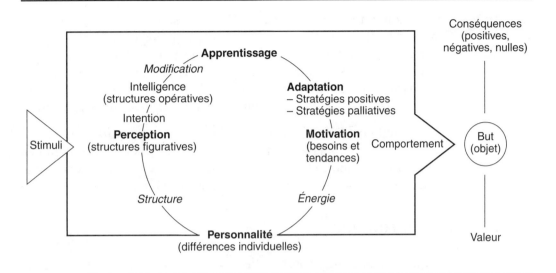

Il reste en effet difficile, voire impossible, de savoir exactement ce qui se passe « dans la tête » de quelqu'un lorsqu'il agit; la principale difficulté en sciences humaines réside dans le fait que nous n'avons pas de « point d'Archimède », c'est-à-dire un point de vue étranger. Les tenants du béhaviorisme avaient d'ailleurs tenté de résoudre ce problème en faisant fi de ce qui se passe effectivement dans la tête de quelqu'un, qu'ils appellent la « boîte noire ». En conséquence, ils ont longtemps considéré le comportement comme une réponse à un stimulus. Aujourd'hui, il est de moins en moins accepté de nier les phénomènes relatifs à cette « boîte noire »; la vigueur de la psychologie cognitive et des théories sur la personnalité en atteste. Si on admet l'existence des processus psychologiques, il faut aussi admettre que leurs relations sont multiples et complexes; il devient donc difficile de déterminer un ordre et des directions entre eux. Quoi qu'il en soit, il semble raisonnable de croire que la perception, la motivation et l'apprentissage sont des processus réciproques, indépendants mais complémentaires.

Le schéma présenté dans la figure 1 s'inspire de la psychologie dynamique de Kurt Lewin, un psychologue qui a fortement influencé les développements de la psychologie cognitive, de la psychologie sociale et de la psychologie du changement. Dans la théorie présentée par Lewin (1975), la perception constitue le processus clé par lequel les éléments de la conscience se structurent en une forme significative qui détermine le comportement de la personne.

En effet, au cours de ses activités dans son milieu, l'individu capte des stimuli qui l'informent sur ses besoins et ses désirs et sur les événements qui se produisent dans son environnement. Les sensations que ces stimuli produisent vont mettre en œuvre au moins trois processus psychologiques: la perception, qui permettra la structuration des conduites, la motivation, qui fournira l'énergie nécessaire à la réalisation des conduites, et l'apprentissage, qui rendra possible la modification des conduites. Tous ces processus permettront à l'individu de s'adapter à son milieu et de s'y développer.

Selon la théorie de Lewin (1975), les besoins qui sont à l'origine de la motivation provoquent une tension dans le champ psychologique. À cette tension s'en ajoute une autre, en l'occurrence l'intention d'atteindre un but, qui est «forgée» grâce aux activités perceptives et intellectuelles. Lorsque le but est atteint, la tension causée par l'apparition du besoin diminue. L'état de tension suscite une force, une tendance à se diriger vers le but, c'est-à-dire une tendance à agir de manière à l'atteindre.

Le but constitue un champ de forces d'une structure spéciale, car il attire sur lui toutes les forces. Il n'est pas de même nature que les valeurs qui influencent le comportement parce que celles-ci déterminent ce qui est bon (valence positive) et mauvais (valence négative) pour un individu dans une situation donnée.

LE CHAMP PSYCHOLOGIQUE

La notion de champ constitue le noyau de cette théorie: elle désigne le contenu de la conscience à l'instant *t*. Selon Lewin (1975): «Le champ psychologique comprend tous les faits qui existent à un moment donné pour l'individu ou le groupe considéré» (p. 11). Le champ psychologique est tout ce dont un individu a conscience, ici et maintenant. On peut classer en trois catégories les faits susceptibles de figurer dans le champ psychologique:

1) les faits psychologiques (besoins, représentations, croyances, attitudes, idéaux, etc.);

2) les faits biologiques, sociaux et physiques qui ont une incidence directe sur le comportement (régulations hormonales, normes et valeurs, statuts et rôles, environnement, etc.);

3) les autres faits de l'environnement qui n'ont pas d'incidence directe sur le comportement.

On définit habituellement une **croyance** comme étant «l'action, le fait de croire une chose vraie, vraisemblable ou possible[1]». On fait référence à la certitude, à la confiance, à la conviction et à la foi, mots qui renvoient à la connaissance d'un objet, qu'il s'agisse d'une opinion (*je crois qu'il fera soleil demain*) ou d'une connaissance véritable (*deux et deux font quatre*), allant jusqu'à la connaissance non vérifiable (*je crois en Dieu*). Dans tous les cas, cette connaissance, qu'elle soit ou non vérifiable, comporte toujours une charge affective, plus forte dans le cas de la foi. Cette charge affective, commune à l'attitude et à la croyance relatives à un objet, provient de la valeur qui a inspiré ces dernières. Les **attitudes** sont des prédispositions apprises à réagir de façon positive ou négative à un stimulus, selon les sentiments et les idées qu'il

---

1. *Petit Robert, Dictionnaire alphabétique et analogique de la langue française*, Paris, Société du Nouveau Littré, 1988, p. 430.

évoque. Une attitude est donc un comportement avant la lettre, une structure du sujet qui commande une réponse à un objet ou à une classe d'objets.

Selon Rocher (1969), les **valeurs** sont des manières d'être ou d'agir qu'une personne ou une collectivité jugent idéales et qui rendent désirables ou estimables les conduites auxquelles elles sont associées. Les valeurs constituent en quelque sorte l'ensemble des comportements idéaux dans un groupe. En tant que manières idéales d'être ou d'agir, les valeurs inspirent les jugements et les conduites (Rocher, 1969). Par conséquent, les attitudes et les croyances prennent leur fondement dans les valeurs de la société, qui représentent l'hypocentre de l'action sociale. Elles sont transmises de génération à génération, conférant une identité à la société et assurant sa continuité.

Les **normes** constituent le produit concret des valeurs. Ce sont des règles de conduite désirables, prescrites par un groupe et partagées par les individus. Les normes visent à rendre impersonnel et impartial l'exercice de l'influence dans un groupe et à assurer à ce dernier un fonctionnement harmonieux et l'atteinte des objectifs communs. En favorisant le maintien de l'ordre social et de la stabilité du groupe et en améliorant la compréhension des relations sociales, les normes facilitent aussi la communication. Une norme partagée par un groupe et appropriée aux objectifs communs renforce les attitudes des individus, accroît leur attraction mutuelle et, par conséquent, augmente leur solidarité et leur coopération.

Le groupe auquel appartient un individu a une influence considérable sur ses conduites, tout particulièrement les personnes auxquelles il s'identifie ainsi que les valeurs et les normes sociales qu'il privilégie. Par conséquent, la connaissance des déterminants sociaux ou politiques du groupe facilite la reconnaissance des déterminants du comportement d'un individu.

Pour exister dans le champ psychologique, un fait doit avoir un effet sur le comportement de l'individu, qu'il soit perçu, conscient ou latent. Cela implique que «tout comportement [...] dépend seulement du champ psychologique à un moment donné» (Lewin, 1975, p. 14), d'où l'équation suivante: le comportement (à l'instant *t*) est fonction du champ psychologique (à l'instant *t*), qui inclut la personne (les faits psychologiques) et l'environnement (les faits non psychologiques). Le comportement est donc le résultat de l'interaction de la personne et de son milieu:

$$B_t = F_{(P, E)}{}^t$$

où B_t est le comportement de la personne, P est la personne, E est l'environnement, et *t* est le moment où le comportement est considéré.

Dans un contexte de travail, le comportement productif d'une personne est le résultat de l'interaction de ses caractéristiques personnelles (aptitudes, habiletés, intérêts, traits de personnalité, etc.) et des caractéristiques de l'environnement (clarté et degré de difficulté des objectifs de travail, disponibilité des ressources, qualité des conditions de travail, style de supervision, nature des récompenses, etc.).

D'après la théorie de Lewin, le champ psychologique est dans un état d'équilibre quasi stationnaire, c'est-à-dire qu'il tend à conserver sa structure et à maintenir son équilibre. Par «équilibre quasi stationnaire», on signifie que le champ psychologique oscille constamment entre des états d'équilibre et de déséquilibre, parce qu'il est continuellement équilibré et déséquilibré par des forces propulsives et restrictives; il existe donc un dynamisme quasi permanent dans le champ de forces. C'est pourquoi on peut dire qu'un état d'équilibre quasi stationnaire est en fait un état de flux constant.

Pour qu'un changement soit possible, il faut pouvoir produire le déséquilibre nécessaire à la recherche d'un nouvel équilibre. En effet, comme le souligne Lewin (1975): «Ce qui se produit à l'intérieur d'un tel champ dépend de la distribution des forces à travers le champ» (p. 246). Le champ psychologique est un champ de forces dont la résultante est nulle; c'est pour cette raison qu'il est dans un état d'équilibre quasi stationnaire. Cela suppose qu'il comprend des **forces propulsives**, c'est-à-dire qui tendent à orienter les actions vers quelque chose (conduites d'approche) ou à les écarter de quelque chose (conduites d'évitement) et qui tendent par conséquent à opérer des changements dans les comportements de l'individu, et des **forces restrictives**, qui s'opposent de façon équivalente aux forces propulsives, c'est-à-dire qui tendent à diminuer ou à annuler les effets des forces propulsives, conservant ainsi la structure des comportements. Les résistances au changement résultent de l'action des forces restrictives.

Lewin utilise trois notions pour expliquer la dynamique du champ psychologique: la région, la barrière et la valence. La région correspond à tout ce qui peut être utilisé par la personne pour rétablir l'équilibre. La présence d'une barrière réduit l'accès à une région. Enfin, la valence attribuée à la région permet de déterminer si la personne est attirée (conduite d'approche) ou repoussée (conduite d'évitement) par cette région.

Un exemple de la théorie du champ psychologique

Un exemple permettra d'illustrer cette théorie. Julie Lafortune est commis de bureau. Elle occupe ce poste depuis un an. Sa collègue Claire Fontaine, également commis de bureau, vient d'être promue. Le travail de commis de bureau consiste principalement à classer des documents. Le nouveau travail de Claire comporte, en plus du classement, le suivi auprès des clients, la participation à des réunions de régie et la supervision de certaines activités réalisées par d'autres commis de bureau. Au cours d'une discussion avec Claire, Julie prend conscience qu'elle aimerait bien faire le même travail.

Julie reçoit des stimuli de Claire: ce qu'elle lui dit sur son nouveau travail, son enthousiasme, ses attentes, etc. Ces stimuli provoquent un déséquilibre dans le champ psychologique de Julie, correspondant à son désir d'avoir un travail varié, comportant des responsabilités, et à la possibilité de l'obtenir. La signification des sensations engendrées par les stimuli dépend de plusieurs facteurs, dont la personnalité de Julie, ses expériences passées, son éducation, ses valeurs, ses affiliations à différents groupes, etc. Dans le cas de Julie, elle partage la joie de sa compagne de travail et perçoit cet événement comme quelque chose de très désirable (valence positive), vu le plaisir qu'il donne.

Ce déséquilibre met en œuvre plusieurs processus pour rétablir l'équilibre. La question que Julie se pose maintenant, c'est: comment parvenir à obtenir un tel travail? Quand elle songe aux moyens et aux stratégies (régions) dont elle dispose (ceux dont elle a conscience ici et maintenant), Julie se rend compte qu'il en existe plusieurs.

Une première stratégie consiste à indiquer à son supérieur son désir de changer d'emploi et à lui demander des conseils pour le réaliser. Se confier à son supérieur, c'est en soi quelque chose qu'elle valorise (région à laquelle elle attribue une valence positive). Cependant, elle est timide, et cela constitue une barrière qu'elle devra surmonter.

Une deuxième stratégie consiste à donner le meilleur d'elle-même et à attendre que son supérieur s'aperçoive qu'elle travaille fort et qu'elle mérite d'être promue, comme ce fut le cas pour Claire. Donner un bon rendement est aussi quelque chose qu'elle valorise. Toutefois, elle n'est pas certaine qu'elle réussira à se faire remarquer par son supérieur; c'est là une autre barrière à surmonter.

Une troisième stratégie pourrait être de demander à Claire de vérifier auprès de son supérieur s'il entend lui donner une promotion bientôt. Procéder par personne interposée n'a jamais été son genre (région à laquelle elle attribue une valence négative). L'idée lui est venue, mais elle l'a rejetée aussitôt.

Finalement, tout bien réfléchi, elle préfère encore surmonter sa timidité et aller demander conseil à son supérieur. Par cette stratégie, elle tente de rétablir l'équilibre.

S'il s'avère impossible d'atteindre le but visé ou si la personne rencontre des obstacles qui rendent cette tâche difficile, une autre tension se produira dans son champ psychologique, qu'on appelle la frustration, laquelle s'accompagnera d'une tendance à l'agression. L'expression de son agressivité prendra plusieurs formes, selon les conditions dans lesquelles la personne se trouve: l'apathie aussi bien que l'hostilité pourront se manifester.

Dans cet exemple, on voit bien que le comportement implique la mise en œuvre de plusieurs processus: des processus psychologiques comme la perception et la motivation permettent l'organisation et l'orientation des conduites de Julie, et des processus psychosociaux comme la différenciation et la socialisation rendent possibles l'appartenance de Julie et le développement de son identité dans son groupe de travail.

PLAN DE L'OUVRAGE

Dans cette introduction, nous avons décrit quatre approches en psychologie dans le but d'apprécier la diversité des explications et des contributions possibles de la psychologie au monde du travail. Nous avons en outre exposé un schéma du comportement humain afin de faciliter l'intégration des connaissances présentées dans ce livre.

Ce dernier est rédigé autour de deux axes: la personnalité et les relations humaines. Les concepts qu'il présente visent à susciter la réflexion sur des sujets importants qui préoccupent les gestionnaires tels que savoir tirer profit des différences individuelles, faciliter le développement des compétences, développer la coopération dans une équipe de travail, mobiliser les énergies productives dans le présent. Le développement des habiletés humaines que cela comporte requiert la maîtrise d'une grande variété de concepts et de modèles psychologiques, dont:

1) la personnalité;

2) la perception;

3) la motivation;

4) l'apprentissage;

5) les mécanismes d'adaptation;

6) les relations humaines et la communication;

7) le groupe;

8) l'influence et le leadership.

Ces huit thématiques constituent les fondements sur lesquels repose le développement des habiletés de direction et de travail en équipe. Chacune fait donc l'objet d'un chapitre.

Pour stimuler la réflexion et la discussion relativement à chacune de ces thématiques, nous présentons des textes qui constituent des classiques en psychologie et qui servent encore aujourd'hui d'ouvrages de référence en psychologie de la personne au travail; ils ont été écrits par des psychologues qui ont fait l'histoire de la psychologie. Une liste de références commentées, qui seront utiles pour approfondir les notions fondamentales de la psychologie au travail, figure à la fin de chaque chapitre. Dans le but de mieux comprendre les applications de la psychologie au monde du travail, nous exposons en outre un cas original à la fin du livre. Enfin, nous proposons des questions à la fin de chaque chapitre afin de guider la réflexion et l'analyse du cas.

Il ne reste plus qu'à souhaiter au lecteur la joie de la découverte des possibilités de la psychologie et l'intérêt de poursuivre sa réflexion personnelle par la mise en application des idées que ce livre pourra lui donner.

Chapitre
1

LA PERSONNALITÉ

Comprendre
les différences individuelles

La phrase de Goldberg (1993) «Il était une fois, nous n'avions pas de personnalité» (p. 26; traduit par l'auteure) exprime bien le malaise qu'éprouvaient certains psychologues au cours des années 1960 et 1970 à étudier la personnalité dans les milieux de travail. D'après Mischel (1968), l'absence de consensus sur une taxinomie des traits de personnalité et les difficultés de prouver l'existence de liens entre les dispositions personnelles et les conduites individuelles n'incitaient pas les chercheurs à investir dans ce domaine. À ces raisons, Comer (1993) ajoute la gêne des psychologues à mettre en évidence les différences individuelles associées à la performance dans le contexte sociopolitique créé par le mouvement des droits de la personne; en effet, durant les années 1970, il était de bon ton de dire que tous avaient des chances égales dans la société et que n'importe qui pouvait réussir à faire n'importe quoi s'il en avait la volonté et si on lui en offrait la possibilité. Un tel contexte se prête mal à l'étude et à la reconnaissance des différences individuelles en général, et en particulier dans les organisations, qui procurent des emplois aux individus.

Depuis le milieu des années 1980, ce malaise s'est estompé. Weiss et Adler (1984) ont ravivé l'intérêt des psychologues pour l'étude de la personnalité en rappelant l'utilité des théories de la personnalité pour comprendre les conduites des individus dans les organisations. L'un des signes de cet intérêt est le retour des inventaires de personnalité dans le milieu de travail, comme l'indicateur de types psychologiques de Myers-Briggs (Myers, 1975) et le NEO Personality Inventory (Costa et McCrae, 1992; Deary et Matthews, 1993; Moore, 1987; Rolland, 1994). Revelle (1995) recommande deux ouvrages traitant des théories de la personnalité et de leur utilité afin d'améliorer la performance individuelle au travail, ceux de Pervin (1990) et de Smith et Jones (1992).

La personnalité constitue certainement un concept incontournable pour qui veut comprendre les attitudes et les comportements des individus dans les organisations. Comprendre la personnalité aidera les gestionnaires et les conseillers à mettre à profit les différences individuelles au travail dans le but de faciliter le travail en équipe, de favoriser le développement des compétences et d'améliorer la performance (Goldberg, 1993). Dans ce chapitre, nous présenterons le concept de personnalité, des façons de la décrire et les principales étapes de son développement.

QU'EST-CE QUE LA PERSONNALITÉ?

Reuchlin (1991e), de l'Université de Paris-V, définit la **personnalité** dans les termes suivants: «Une caractéristique relativement stable et générale de la manière d'être d'une personne dans sa façon de réagir aux situations dans lesquelles elle se trouve» (p. 165).

Cette définition suggère que la personnalité est ce qui permet de distinguer et de reconnaître une personne parmi d'autres, ce qui lui confère sa particularité, son individualité, sa singularité. D'une façon plus précise, la personnalité est la synthèse de tous les éléments qui contribuent au développement du caractère d'une personne. Plusieurs éléments interviennent dans la genèse de la personnalité, dont les tendances héréditaires et constitutionnelles, l'influence de la famille, du milieu, de l'éducation et de la culture, le fait d'avoir subi des épreuves et rencontré des difficultés, les réussites et les échecs, l'exercice d'un métier, le conformisme imposé par des groupes religieux ou professionnels, etc. (Horney, 1964; Jung, 1981a; Lewin, 1975; Revelle, 1995).

On entend souvent par «personnalité» la force de cohésion du moi, c'est-à-dire le coefficient de résistance, d'unité et de continuité du caractère d'une personne, ce qui lui permet de rester elle-même à travers son existence et dans les différents milieux où elle se trouve (Porot, 1969). C'est dans ce sens qu'on peut dire, à l'instar de Reuchlin, que la personnalité est une caractéristique relativement stable et générale d'une personne dans sa façon de réagir aux situations dans lesquelles elle se trouve. Il importe toutefois de nuancer l'aspect de stabilité de la personnalité, car bien que celle-ci tende à demeurer la même à travers les expériences successives de la personne, cela n'empêche pas qu'elle se transforme pour devenir singulière, pour actualiser son potentiel de croissance. Étudier la personnalité, c'est étudier ce qu'est la personne, ici et maintenant (*being*), et ce qu'elle est en train de devenir (*becoming*).

D'après Porot (1969), les bases fondamentales de la personnalité sont l'unité et l'identité, la vitalité, la conscience de soi et la nature des rapports avec le milieu ambiant. Ces quatre aspects de la personnalité servent à la définir et à classer les troubles de la personnalité. Bien qu'il n'entre pas dans le propos de ce chapitre d'expliquer en détail la psychopathologie, il peut s'avérer utile d'indiquer quel type de problème psychologique risque de survenir si l'une de ces bases faisait défaut. Il faut en outre savoir que les bases de la personnalité ne peuvent pas être dissociées des bases physiologiques; cela implique qu'un trouble de la personnalité peut avoir des causes organiques.

D'un point de vue observable, l'**unité** et l'**identité** donnent à la personnalité sa cohérence et sa résistance. L'unité fait en sorte que la personne se comporte et réagisse comme un tout cohérent, à un moment donné de son existence. L'identité, quant à elle, constitue l'unité, la continuité ou la consistance de la personne dans le temps. En effet, la personnalité dite normale possède un caractère relativement stable, ce qui procure à l'individu la solidité nécessaire pour traverser les étapes de la vie et lui permet de devenir ce qu'il est.

La cohérence de la structure de la personnalité renvoie au degré de cohésion et de connexion entre ses différents éléments; l'individu est perçu comme étant équilibré, consistant et logique. La résistance permet à l'individu de conserver son caractère à travers les difficultés de l'existence, sans pour autant perdre ses capacités d'adaptation. Les troubles de l'unité de la personnalité se manifestent par des dédoublements de la personnalité, des phénomènes de dépersonnalisation ou de dissociation fragmentaire de la personnalité, comme c'est le cas dans la schizophrénie. Les troubles de l'identité prennent quant à eux différentes formes: négation du moi, superstition, mythomanie, mégalomanie, mysticisme, etc.

La **vitalité** de la personnalité concerne le dynamisme, la vigueur, l'énergie que la personne déploie dans ses activités. Les troubles de vitalité apparaîtront aussi sous plusieurs formes, dont l'apathie, l'asthénie, la cyclothymie, la dépression, le syndrome d'épuisement professionnel, etc.

La **conscience de soi** constitue la capacité de la personne à percevoir d'une manière réaliste et à se représenter correctement à la fois sa vie intérieure et le monde extérieur. La personnalité revêt donc un caractère subjectif, car l'individu se connaît lui-même et se désigne par les mots «je» et «moi». Les troubles de perception consciente peuvent se traduire par la dépression, la mélancolie, l'obsession, etc.

Enfin, c'est dans les **rapports avec le milieu ambiant** qu'on peut apprécier la personnalité. Une personnalité normale est en contact avec le réel et son milieu de telle sorte qu'elle permet à l'individu de déterminer ses possibilités et ses limites et de régler ses comportements sur les circonstances. Les troubles dans les relations avec le monde extérieur s'expriment dans la forme la plus grave par la schizophrénie.

Pour établir son diagnostic, le psychiatre prend 11 facteurs en considération (Amchin, 1991):

1) l'apparence de la personne;

2) ses comportements;

3) son expression orale;

4) son attitude à l'égard de la personne qui l'interroge;

5) son humeur et ses affects;

6) sa pensée (processus, idées, troubles);

7) sa fonction cognitive (orientation, mémoire, attention et concentration, calculs);

8) sa capacité d'abstraction;

9) son intelligence;

10) sa compréhension soudaine (*insight*);

11) son jugement.

Comme on peut s'en douter, formuler un diagnostic sur la santé psychologique d'un individu s'avère une tâche complexe qui requiert beaucoup d'expertise, de sagesse et d'expérience.

Quand on aborde les questions relatives au diagnostic psychiatrique, on soulève souvent beaucoup de curiosité et beaucoup de questions. Les grandes questions ont trait à la définition de la normalité et de la santé mentale. La question de la normalité est très controversée, car sa définition même repose sur une conception de la nature humaine et, donc, sur une idéologie. Pour ce qui est de la question concernant la santé mentale, il est peut-être plus facile d'y répondre qu'à celle ayant trait à la normalité.

La santé mentale, c'est surtout le bien-être d'une personne dans sa vie, dans ses relations avec les autres et dans son milieu; c'est aussi la capacité de s'adapter aux conditions changeantes de son milieu sans perdre son identité; c'est enfin sa capacité d'affronter les difficultés et les épreuves de la vie et d'en ressortir plus forte qu'avant. L'Association canadienne pour la santé mentale propose une définition de la santé mentale qui tient compte des attitudes de la personne envers elle-même, envers les autres et envers la vie en général. Le tableau 1.1 présente les critères suggérés par cette association.

D'après Runyan (1990), la recherche sur la personnalité suit quatre axes principaux: 1) le développement des théories générales de la personnalité (par exemple, la psychologie analytique, cognitive, sociale, etc.); 2) l'étude des différences individuelles et socioculturelles (par exemple, les traits, les dimensions et les types de personnalité); 3) l'étude des processus spécifiques et des catégories de comportements (par exemple, les rêves, les lapsus et l'humour); et 4) la vie des personnes qui ont marqué l'histoire, les arts ou les sciences (par exemple, Dostoïevski, Gandhi, Hitler). Comparativement à la psychologie, qui est la science des comportements, l'étude de la personnalité porte sur les comportements individuels; on cherche à comprendre comment et pourquoi les individus pensent, ressentent, agissent et réagissent, chacun à sa façon (Magnusson et Törestad, 1993; Revelle, 1995). L'étude de la personnalité met en évidence les différences individuelles. L'objet de la psychologie différentielle consiste d'ailleurs à étudier les différences observées dans les comportements d'individus placés dans des situations comparables.

TABLEAU 1.1   Critères de la santé mentale au Canada

Attitudes envers soi-même	Maîtrise des émotions Conscience de ses faiblesses Satisfaction dans les plaisirs simples
Attitudes envers les autres	Goût des amitiés durables et enrichissantes Sentiment d'appartenance à un groupe Sentiment de responsabilité face à l'environnement humain et physique
Attitudes envers la vie	Acceptation des responsabilités Goût de développer ses possibilités, ses intérêts Capacité de prendre des décisions personnelles Goût du travail bien fait

Source: Huot (1994, p. 395).

COMMENT DÉCRIRE LA PERSONNALITÉ

D'après Ozer et Reise (1994), la personnalité se décrit de deux façons: par des traits (comme l'extraversion, l'altruisme, la conscience, la stabilité émotionnelle, l'intelligence, etc.) ou par des types (comme les types sensitif, intuitif, le type sentiment et le type pensée).

Les traits de personnalité correspondent à des dimensions de la personnalité qui servent essentiellement à décrire quelqu'un et à prédire des comportements typiques, mais qui ne permettent pas de comprendre la dynamique ni les processus psychologiques concernés (McAdams, 1992).

Les types de personnalité se rapportent à une combinaison unique d'attributs qui sont censés déterminer certaines tendances personnelles et des réactions typiques. Contrairement à la taxinomie, qui crée des classes mutuellement exclusives à l'aide de procédures de classement définies, une typologie définit des types abstraits (qui ne se trouvent donc pas concrètement, mais qui pourraient exister) qui ont de la consistance interne (Doty et Glick, 1994). Nous présenterons ces deux approches dans cette section.

LES TRAITS DE PERSONNALITÉ

Plusieurs modèles ont été proposés pour décrire la personnalité. C'est en suivant la prescription de Galton qu'Allport (1937) conçut un modèle de description de la personnalité fondé sur les épithètes de la langue anglaise. D'après Digman (1990), l'effort de recherche entrepris par Allport encouragea Cattell, un psychologue américain, à faire de même; Cattell (1965) employa l'analyse factorielle pour découvrir les dimensions de la personnalité et mit au point le 16 PF (Cattell et autres, 1970). Ce questionnaire mesure, comme son nom l'indique, 16 facteurs de la personnalité divisés en cinq groupes: l'extraversion/l'introversion, l'anxiété/la tranquillité, la froideur/la sensibilité, l'indépendance/la passivité et le contrôle/l'impulsivité. L'hypothèse à l'origine de ces modèles affirme que les adjectifs qu'un répertoire langagier procure aux individus pour se décrire représentent les dimensions de la personnalité. Cette hypothèse est fortement remise en question par Eysenck (1993) et Kroger et Wood (1993).

Deux autres modèles bien connus se fondent sur les traits, celui d'Eysenck (1970) et celui de Guilford (1975). Eysenck est un psychologue britannique d'origine allemande qui s'est beaucoup intéressé à la structure de la personnalité. Ses travaux l'ont amené à déterminer deux facteurs indépendants, l'extraversion, d'une part, et le névrosisme (ou le degré de stabilité émotionnelle), d'autre part. Il a également reconnu un troisième facteur, le psychotisme. Il a construit un questionnaire de personnalité, le Eysenck Personality Inventory (Eysenck et Eysenck, 1964). Quant à Guilford, un psychologue américain, il s'est intéressé à la psychométrie, à la personnalité et, en particulier, aux aptitudes cognitives. Il a conçu avec Zimmerman l'inventaire de personnalité Guilford-Zimmerman (1949). Cet inventaire évalue dix traits: l'activité générale, la retenue, l'ascendance, la sociabilité, la stabilité émotionnelle, l'objectivité, la bienveillance, la tendance à la réflexion, les relations personnelles et la masculinité.

Comme on peut le constater, il existe des ressemblances entre ces différents modèles. En fait, d'après Digman (1990), il y a suffisamment d'évidence empirique pour croire qu'il existerait cinq facteurs pour décrire la personnalité : l'extraversion, la stabilité émotionnelle, la conscience, l'agréabilité et l'ouverture aux expériences. Le modèle en cinq facteurs (Big Five) aurait été établi simultanément par des chercheurs compétents issus de différentes régions des États-Unis. L'enthousiasme pour ce modèle est tel qu'il a été rapidement adopté par les psychologues qui œuvrent dans les organisations. Le modèle qui semble faire le consensus est celui de Costa et McCrae (1992), et l'inventaire qu'ils ont construit (le NEO-Pi) est celui que recommandent Ostendorf et Angleitner (1994) et Petot (1994).

Comme le fait remarquer Rolland (1993), les modèles de la personnalité fondés sur les traits ont regagné leur popularité au cours des dernières années parce qu'ils s'avèrent très utiles pour expliquer la structure des dispositions personnelles qui sous-tendent les différences individuelles et aussi parce que le doute et les attitudes défensives qui freinaient la recherche dans le domaine de la psychologie différentielle[1] sont de moins en moins justifiés. Les psychologues d'orientation sociocognitive ne partagent toutefois pas cet avis.

D'après Kroger et Wood (1993) et Shadel et Cervone (1993), le consensus et l'enthousiasme suscités par le modèle en cinq facteurs ne règnent que parmi les psychologues de la tradition de Galton et Cattell. En fait, les principales critiques portent surtout sur la plausibilité de l'hypothèse concernant le lexique d'une langue et sur la tentative de décrire la personnalité hors de son contexte. Par ailleurs, il n'existe pas de consensus entre les chercheurs quant au nombre de traits de personnalité ; Goldberg (1993) a en effet trouvé que l'extraversion et la stabilité émotionnelle se retrouvent de façon constante dans toutes les recherches, mais ce n'est pas le cas des trois autres dimensions, la conscience, l'agréabilité et l'ouverture aux expériences.

Les cinq facteurs de la personnalité

Le modèle des cinq facteurs est principalement associé aux travaux de Costa et McCrae (1992 ; McCrae et Costa, 1991b), bien que plusieurs chercheurs y travaillent aussi, dont Buss (1989), Goldberg (1993) et Zuckerman (1992). Comme nous l'avons précisé plus haut, ce modèle décrit cinq facteurs de la personnalité, soit l'extraversion, la stabilité émotionnelle, la conscience, l'agréabilité et l'ouverture aux expériences. Le tableau 1.2 présente une définition de chaque facteur ainsi que de son opposé. Ce modèle repose sur une observation : la description évaluative des caractéristiques des personnes

---

1. Il s'agit du domaine de la psychologie qui étudie les différences individuelles.

TABLEAU 1.2   Les cinq facteurs de la personnalité

Extraversion Degré auquel un individu est sociable, a besoin de compagnie, de stimulation et d'activités, manifeste de l'audace.	**Introversion** Degré auquel un individu recherche le calme, la concentration et la réflexion, a besoin d'intimité et de solitude, manifeste de la réserve.
Stabilité émotionnelle Degré auquel un individu est régulier et serein, a confiance en lui, a de l'assurance, est prêt à faire face aux conflits et à l'anxiété de manière positive.	**Anxiété (ou névrosisme)** Degré auquel un individu est inquiet, irritable et anxieux, mal à l'aise avec les autres, d'humeur dépressive, prédisposé à la détresse psychique quelles que soient les conditions objectives.
Conscience Degré auquel un individu est fiable, responsable, travailleur, méticuleux, minutieux, organisé, persévérant, a besoin de réussite.	**Négligence** Degré auquel un individu a tendance à laisser traîner les choses, à négliger ses affaires et à laisser passer les occasions.
Agréabilité Degré auquel un individu est bienveillant, courtois, flexible, confiant, accommodant ou conciliant, facile à vivre, altruiste, a l'esprit de coopération.	**Désagréabilité** Degré auquel un individu montre de l'indifférence, de l'intransigeance, de la dureté, de l'hostilité et de l'agressivité envers autrui.
Ouverture aux expériences Degré auquel un individu est curieux, original, ouvert et vif d'esprit, ouvert aux autres cultures, a de l'imagination et de la sensibilité esthétique.	**Dogmatisme** Degré auquel un individu est conformiste, moralisateur, conservateur et conventionnel, préfère le familier et la routine.

Source : Inspiré de Rolland (1993) ; Goldberg (1993) ; et Costa et McCrae (1992).

semblerait requérir cinq dimensions, qu'elles soient considérées comme des caractéristiques relativement stables des personnes décrites ou comme des catégories descriptives utilisées par les observateurs (Rolland, 1993).

Le modèle en cinq facteurs a été construit à partir des adjectifs d'une langue (anglaise, au départ) pour décrire une personne. La constance de l'émergence des cinq facteurs à l'aide d'inventaires produits en différentes langues, dans différentes populations (américaine, allemande, chinoise, française, japonaise, italienne, polonaise, russe, etc.), donne un indice de la robustesse de ce modèle.

L'extraversion telle qu'elle est définie par McCrae et Costa (1991a) renvoie à une personne ouverte, volubile, affectueuse, conviviale, qui recherche le contact social, dominante, énergique, rapide, tapageuse, qui a besoin de stimulation, enjouée, spirituelle, etc. Cette façon de concevoir l'extraversion ne doit pas être confondue avec la définition présentée par Jung (1976) et Guilford (1977), car cela peut conduire à de mauvaises interprétations, comme l'a déjà constaté Dolliver (1991). Par ailleurs, d'après McCrae et Costa (1991a), l'introspection et la réflexion qui caractérisent l'attitude introvertie dans la théorie des types psychologiques de Jung sont reliées dans le modèle en cinq facteurs à l'ouverture d'esprit.

Costa et McCrae (1984; ainsi que McCrae et Costa, 1990) ont trouvé que l'extraversion et la stabilité émotionnelle sont de bons prédicteurs du sentiment de bien-être d'une personne. Ainsi, les individus présentant des caractéristiques associées au névrosisme sont plus susceptibles que les autres de vivre la crise du mitan de la vie (Costa et McCrae, 1978).

La façon dont ces cinq facteurs sont structurés chez une personne semble influer sur sa réaction au stress, ses intérêts professionnels, sa créativité et ses relations interpersonnelles (Costa et McCrae, 1984; Rolland, 1993). De plus, il semble que la performance individuelle soit associée avec les facteurs de personnalité, mais cela demeure encore un sujet controversé (Barrick et Mount, 1991; Ones et autres, 1994; Tett et autres, 1991; Tett et autres, 1994).

Lévy-Leboyer (1994) émet des réserves sur l'utilisation de ce modèle pour la sélection des candidats à un poste, car les cinq facteurs ne se dévoileraient pas au moment de l'examen de sélection: le seul facteur qui apparaît dans une telle situation décrit l'employé idéal, c'est-à-dire caractérisé par la maturité sociale, la conscience professionnelle, le souci du détail et le respect des règles. Cela pose en quelque sorte le problème de la désirabilité sociale lorsqu'une personne se décrit dans un contexte d'évaluation.

La désirabilité sociale entraîne en effet la déformation des descriptions qu'on fait de soi de telle manière qu'on tend à se présenter aux autres sous un jour favorable. En fait, dans une situation qui ne comporte pas d'enjeu ni de consignes de falsification, la désirabilité sociale ne semble pas avoir un effet important sur les résultats de l'autodescription. Par contre, dans une situation réelle, comportant un enjeu important et sans possibilité de détection des tentatives de distorsion, Rolland (1994) observe une relation constante entre la désirabilité des descripteurs perçue et les autodescriptions fournies par les individus. Kroger et Turnbull (1975) étaient déjà parvenus au même résultat, cette fois avec le questionnaire Minnesota Multiphasic Personality Inventory (MMPI).

LES TYPES DE PERSONNALITÉ

En psychologie différentielle, on trouve une autre approche pour décrire la personnalité: les types de personnalité. Comme nous l'avons présenté au début de cette section, les typologies diffèrent des taxinomies parce qu'elles ne fournissent pas un modèle pour décrire tout le monde, mais plusieurs modèles pour décrire les personnes.

Il existe plusieurs typologies pour décrire la personnalité; parmi les plus connues, on trouve le modèle des types d'employés, le modèle des styles cognitifs, la théorie des types psychologiques et les types de tempéraments.

Les types d'employés [2]

Le modèle des types d'employés a été présenté par Judith A. Rice (1978) pour comprendre les différences individuelles quant à l'évaluation du climat au travail. D'après ce modèle, deux traits de personnalité déterminent les attitudes des employés: l'internalité/l'externalité et la confiance/la méfiance.

L'internalité caractérise les personnes qui croient pouvoir exercer de l'influence sur les événements qui les concernent. On peut dire qu'une personne interne a tendance à croire que ce qui lui arrive dans la vie dépend d'elle et qu'elle peut généralement obtenir ce qu'elle veut si elle fait ce qu'il faut. À l'opposé, l'externalité caractérise les personnes qui croient que ce qui leur arrive dans la vie ne dépend pas d'elles, mais d'agents ou de facteurs extérieurs comme le système, le gouvernement, le bon Dieu, la chance, etc. Ce type de personne a tendance à croire que la vie est régie surtout par des événements que personne ne peut prévoir et que le bonheur est avant tout une question de chance.

Comme l'explique Rice (1978), déterminer le lieu de contrôle (interne ou externe) d'une personne n'est pas suffisant pour expliquer les différences individuelles dans les organisations. Une personne peut croire qu'elle maîtrise ou non les événements, mais cela ne nous dit pas si elle trouve cela agréable ou désagréable. Pour le savoir, il faut pouvoir déterminer le degré de confiance qu'elle a dans les autres. Le deuxième trait de personnalité, la confiance dans les autres, fait donc référence à la perception qu'a la personne des intentions, des attitudes et des conduites d'autrui.

Avoir confiance dans les autres, c'est les percevoir comme de bonnes personnes, honnêtes, capables d'écouter et de comprendre et prêtes à collaborer avec soi. À l'opposé, avoir de la méfiance, c'est percevoir les autres comme des personnes mal intentionnées, malhonnêtes, égoïstes, prêtes à exploiter quelqu'un si cela devient nécessaire pour satisfaire leurs intérêts personnels.

La typologie formée par ces deux traits de personnalité, présentée dans le tableau 1.3, fait l'objet de la recherche de Lesage et Rice-Lesage depuis 1977. D'après Lesage et Rice-Lesage (1982), cette typologie permet de comprendre et d'expliquer le choix professionnel, la façon dont les individus perçoivent leurs expériences de travail, l'intérêt et la satisfaction au travail, les façons d'apprendre les rôles professionnels et les réactions typiques face à des difficultés rencontrées au travail; cette typologie permet également de déterminer le type d'emploi qui correspond le mieux au type d'employé. Le tableau 1.4 présente les principales difficultés auxquelles font face les quatre types d'employés, leurs réactions habituelles devant ces difficultés et la tâche la mieux adaptée pour chacun.

Dans une étude réalisée auprès des gestionnaires du Québec, Lesage et Rice-Lesage (1986) ont trouvé que cette typologie permet de prévoir comment chaque type de personnalité va se comporter au travail.

---

2. Cette partie du chapitre a été révisée par Pierre B. Lesage et Judith Rice-Lesage; l'auteure apprécie leur collaboration et les remercie du fond du cœur.

TABLEAU 1.3   Typologie d'employé

Interne-confiant (IC)	**Interne-méfiant (IM)**
« Ce qui m'arrive d'intéressant au travail dépend de moi et de la façon dont je peux choisir les situations où je pourrai échanger et collaborer de façon satisfaisante pour moi et les autres. »	« Ce qui m'arrive d'intéressant au travail ne dépend que de moi, c'est-à-dire de ce que je peux arracher aux autres avant qu'ils ne me l'arrachent. »
Externe-confiant (EC)	**Externe-méfiant (EM)**
« J'ai eu de la chance de trouver cet emploi. Les gens puissants dans cette organisation sont honnêtes et intéressés par moi. Je dois m'efforcer de bien faire ce qu'ils demandent, car ils savent ce qui est bon pour moi. »	« Comme partout ailleurs, les gens puissants dans cette organisation sont égoïstes et malhonnêtes. L'idée, c'est de se protéger et d'éviter les coups autant que possible pour essayer de survivre. »

Source : Lesage, P.B., et Rice-Lesage, J.A., « Comment tenir compte des différences individuelles au travail », reproduit de *Gestion, 7*(4), 1982, p. 17, avec la permission de l'éditeur.

– Les gestionnaires internes-confiants sont attirés par les entreprises dynamiques, peu bureaucratisées, et par les postes où ils pourront relever des défis intéressants à leur manière, avec des personnes intéressantes. Ils sont en général satisfaits de leur emploi et des conditions de travail; en fait, ils ont du plaisir à travailler. Ils sont en accord avec ce qu'ils font, ils participent aux décisions et à la vie de l'entreprise et ils développent leurs compétences tout au long de leur vie professionnelle.

– Les gestionnaires internes-méfiants sont plutôt attirés par les entreprises prestigieuses et par les postes qui leur donnent de la visibilité, leur permettant d'obtenir rapidement des postes encore plus prestigieux; ils perçoivent l'entreprise comme une jungle dans laquelle ils sont des chasseurs. Ils ont beaucoup d'ambition et vouent leur énergie à faire progresser leur carrière, sans se préoccuper vraiment des autres ni de l'organisation.

– Les gestionnaires externes-confiants sont attirés par les employeurs qui vont s'occuper d'eux et par les emplois où une personne importante leur dira quoi faire. Ils constituent des collaborateurs dévoués qui risquent d'être blessés à cause de leur naïveté et de leur grand désir de plaire aux autres. Parce qu'ils hésitent à prendre les commandes, ils servent souvent de «courroie de transmission» dans l'entreprise; leur supérieur, s'il est bienveillant, aura tendance à leur dire quoi faire.

– Les gestionnaires externes-méfiants sont attirés par la mission sociale de l'entreprise et par l'emploi qui leur permettra de trouver des disciples pour servir leur cause. Ils ont l'impression de devoir souvent faire des choses qui vont à l'encontre de leurs opinions et ils manquent toujours de ressources pour accomplir les tâches qu'on leur confie. Leur employeur est injuste et n'hésite pas à les exploiter pour faire du profit. Ils sont souvent en conflit avec les autres. Pour se protéger, ils auront tendance à épouser une cause et à s'entourer d'un petit nombre de personnes loyales qui pourront partager leur dévouement à cette cause.

TABLEAU 1.4 Principales difficultés, réactions habituelles et genre de tâche la mieux adaptée pour chaque type d'employé

	IC	EM	EC	IM
a) Principales difficultés rencontrées par l'individu	Se sentir sous-utilisé s'il ne fait qu'une tâche qu'il maîtrise déjà.	Se sentir exploité par les gens puissants qui contrôlent les « règles du jeu ».	Avoir l'impression que son supérieur ne s'occupe pas assez de lui ou qu'il doit décider lui-même ce qu'il faut faire.	Se sentir sous-estimé (c'est-à-dire qu'on ne s'aperçoit pas que c'est lui le meilleur et qu'il mérite de travailler sans aucune contrainte).
b) Réaction typique de l'individu	S'associer à des gens capables afin de créer des défis et d'accomplir des projets utiles en surplus de sa tâche.	Chercher un emploi où les critères sont impersonnels et objectifs, sans risque pour lui.	Trouver une personne puissante qui va lui dire quoi faire.	Faire sa propre publicité, chercher à faire des coups de maître pour prouver sa supériorité.
c) Solution ultime de l'individu si la situation empêche b)	Quitter cet emploi après mûre réflexion tout en restant en bons termes avec son employeur.	Se plaindre à ses semblables, mais endurer en maugréant (« c'est la vie »).	Bricoler en attendant qu'on s'occupe de lui.	Être présent le moins possible au travail et adopter les signes extérieurs de succès en dehors de son emploi. À la limite, il part en mauvais termes.
d) Genre de tâche la mieux adaptée à chaque type	Beaucoup de défis où il pourra collaborer avec d'autres et progresser, bâtir. Il préfère des critères de succès explicites, ce qui lui permet d'apprendre de ses erreurs.	Tâche sécurisante dont les critères sont impersonnels et objectifs, ne le soumettant pas au jugement des autres, qu'il craint.	Tâche où il est lié à un supérieur immédiat qui lui dit quoi faire, le corrige au besoin, mais sans le réprimander.	Tâches variées où il n'a à compter que sur lui-même pour convaincre et séduire les autres, où les critères sont ambigus, où il n'est pas obligé d'administrer ce qu'il met sur pied.

Source : Lesage, P.B., et Rice-Lesage, J.A., «Comment tenir compte des différences individuelles au travail», reproduit de *Gestion*, 7(4), 1982, p. 22, avec la permission de l'éditeur.

Les styles cognitifs des gestionnaires

Un autre modèle concernant la personnalité des gestionnaires qui a retenu l'attention des psychologues en milieu de travail a été présenté par McKenney et Keen (1974); il s'agit du modèle des styles cognitifs des gestionnaires.

Les styles cognitifs font référence aux différences individuelles dans le traitement des informations afin de prendre des décisions (Steers, 1988). Pour déterminer le style cognitif des gestionnaires, McKenney et Keen (1974) ont élaboré un modèle, que nous présentons dans le tableau 1.5. L'usage de ce modèle s'est étendu à plusieurs domaines tels que la communication, la résolution de problèmes et la prise de décision ainsi que les choix professionnels.

Le modèle des styles cognitifs s'appuie sur les développements de la psychologie du développement, en particulier sur les théories de la pensée et de la prise de décision. Ce modèle est construit à l'aide de deux facteurs: 1) la façon de collecter des informations; et 2) la façon de les analyser et de les interpréter. Le croisement de ces deux facteurs produit une typologie des styles cognitifs.

D'après cette typologie, il y a deux façons de collecter des informations en vue de résoudre un problème ou de prendre une décision. La première est dite préceptive (du mot « précepte »), car l'individu préfère se servir d'un modèle préconçu (un précepte explicatif) pour réunir les données, se concentrer sur les relations pouvant exister entre ces données et rechercher les similitudes et les écarts entre les données et le modèle qu'il s'est imposé au départ. La seconde façon de collecter des données est dite réceptive, parce que l'individu a tendance à demeurer sensible au stimulus lui-même, à se concentrer sur les faits et les détails et à essayer de trouver le sens de l'information par l'examen direct et complet des données; il préfère éviter de porter des jugements définitifs et d'avoir des idées préconçues sur la situation.

Cette typologie définit en outre deux façons d'analyser et d'interpréter les informations recueillies. La première façon est systématique: l'individu pose le problème en suivant une méthode de résolution bien définie qui, si elle est suivie, conduit à une solution vraisemblable. La seconde est intuitive: l'individu est prêt à redéfinir le problème à mesure que le processus avance, à essayer différentes solutions, à rejeter des données; il est sensible aux signes implicites d'un contexte donné et aux messages non verbaux; il procède par tâtonnements (essai-erreur).

McKenney et Keen (1974) ont choisi le terme « style » plutôt que « structure » afin de faire valoir l'idée qu'un mode de pensée est davantage une tendance qu'une capacité. Quatre styles cognitifs sont ainsi définis: 1) les penseurs systématiques (ou méthodiques); 2) les penseurs intuitifs; 3) les penseurs réceptifs; et 4) les penseurs préceptifs (ou normatifs).

Le style cognitif se développe à travers les réussites et les échecs qu'expérimentent les individus dans leur travail. De plus, la plupart des individus ont tendance à utiliser leur style cognitif quelle que soit la nature du problème; ils s'arrangent pour intégrer

TABLEAU 1.5   **Les styles cognitifs des gestionnaires**

Préceptif	
Style préceptif-systématique ***Collecte de l'information*** Se sert d'un modèle préconçu (un précepte expli-catif) pour collecter les données, se concentre sur les relations pouvant exister entre elles et recherche les similitudes et les écarts entre les données et le modèle. ***Évaluation de l'information*** Pose le problème en suivant une méthode de résolution bien définie qui, si elle est suivie, conduit à une solution vraisemblable. *Exemples*: directeur de la production et des opérations, statisticien, analyste financier.	**Style préceptif-intuitif** ***Collecte de l'information*** Se sert d'un modèle préconçu (un précepte expli-catif) pour collecter les données, se concentre sur les relations pouvant exister entre elles et recherche les similitudes et les écarts entre les données et le modèle. ***Évaluation de l'information*** Est prêt à redéfinir le problème à mesure que le processus avance, à essayer différentes solu-tions, à rejeter des données; est sensible aux signes implicites et non verbaux (essai-erreur). *Exemples*: directeur de marketing, psychologue, historien.
Systématique ————————————	———————————— **Intuitif**
Style réceptif-systématique ***Collecte de l'information*** Est sensible au stimulus lui-même, se concentre sur les faits et les détails et essaie de trouver le sens de l'information par l'examen direct et complet des données; évite les jugements défini-tifs et les idées préconçues. ***Évaluation de l'information*** Pose le problème en suivant une méthode de résolution bien définie qui, si elle est suivie, conduit à une solution vraisemblable. *Exemples*: vérificateur, comptable, clinicien (diagnostic).	**Style réceptif-intuitif** ***Collecte de l'information*** Est sensible au stimulus lui-même, se concentre sur les faits et les détails et essaie de trouver le sens de l'information par l'examen direct et complet des données; évite les jugements défini-tifs et les idées préconçues. ***Évaluation de l'information*** Est prêt à redéfinir le problème à mesure que le processus avance, à essayer différentes solu-tions, à rejeter des données; est sensible aux signes implicites et non verbaux (essai-erreur). *Exemples*: vendeur d'obligations, coordonnateur des ressources humaines, architecte.
Réceptif	

Source: Adapté de McKenney et Keen (1974).

les données du problème dans leur mode de pensée plutôt que d'essayer de s'adapter à la situation.

Les deux dimensions définies dans ce modèle sont similaires aux fonctions psycho-logiques décrites par Carl G. Jung. La façon de collecter les informations s'apparente aux fonctions irrationnelles (c'est-à-dire la sensation et l'intuition); la façon de les analyser et de les interpréter, aux fonctions rationnelles (c'est-à-dire la pensée et le sentiment). Nous expliquerons ces fonctions plus loin. McKenney et Keen (1974) ont d'ailleurs utilisé l'indicateur des types psychologiques de Myers-Briggs, qui s'inspire de la théorie de Jung, pour valider leur modèle. De fait, la typologie psychologique de Carl G. Jung sert souvent de cadre de référence pour décrire les styles cognitifs. Les recher-ches de Ruble et Cosier (1990) et de Hunt et autres (1989) en sont des exemples.

La typologie psychologique

Dans ses analyses, Jung a constaté des patterns relativement stables chez les individus quand il s'agit de percevoir, de juger et d'orienter leurs intérêts. Ces patterns lui ont suggéré l'idée de «type psychologique» pour décrire et comprendre la personnalité. Le texte qui suit ce chapitre porte justement sur cette typologie. La lecture de ce texte classique devrait être facilitée par la connaissance des notions importantes de cette théorie.

Un **type psychologique** se compose principalement d'une attitude type et d'une fonction psychologique. D'après Jung (1976), le type psychologique est inscrit dans le caractère de la personne; il se développe au cours des expériences à partir de sa constitution et des influences du milieu dans lequel elle grandit. En règle générale, les proches tendront à renforcer les tendances naturelles d'une personne, et cela l'aidera à s'épanouir. Par contre, si le milieu dans lequel elle grandit ne l'encourage pas à développer sa vraie nature, cela pourrait entraîner plusieurs conséquences (Casas, 1990). La première conséquence sera de rendre son développement plus difficile qu'il ne l'aurait été si ses tendances naturelles avaient été respectées, car cela l'obligera à faire des activités moins satisfaisantes pour elle. La deuxième conséquence sera la déformation de son type psychologique; elle deviendra très habile à exercer des fonctions pour lesquelles elle a un intérêt partagé, mais elle n'aura pas eu l'occasion de se rendre compte de ses forces véritables. La troisième conséquence, et la plus grave, est que cette personne se rendra vulnérable et pourra manifester des symptômes névrotiques; dans ce cas, son rétablissement nécessitera la reconnaissance de sa vraie nature et le développement de son vrai type psychologique (Jung, 1976).

L'attitude type: l'extraversion ou l'introversion

Chaque individu développe une façon habituelle d'agir et de réagir qu'on appelle l'attitude type (Jung, 1976). Cette attitude type est déterminée par une disposition innée (les gènes) et peut être renforcée par des facteurs de l'environnement, des expériences de la vie, des *insights* et des croyances, etc. (Eysenck, 1970; Gottesman, 1963; Lykken et autres, 1992; Scarr, 1969).

Jung (1976) définit deux types d'attitudes: l'extraversion et l'introversion. Ces deux attitudes indiquent la direction habituelle des intérêts de la personne. L'**extraversion** désigne l'orientation de l'intérêt vers la «réalité extérieure», c'est-à-dire les gens, les choses, les relations, les événements, les normes, etc. Elle provient du besoin vital de s'adapter aux conditions de l'environnement.

L'**introversion** représente quant à elle l'orientation de l'intérêt vers la «réalité intérieure», c'est-à-dire les idées, les pensées, les suppositions de base, les images, les fantasmes, etc. C'est l'attitude opposée à l'extraversion; elle provient du besoin vital de satisfaire les exigences de l'individuation.

Une attitude extravertie se caractérise par des intérêts pour la variété et l'action, la compagnie, les rencontres sociales, l'adaptation aux exigences du milieu; une personne extravertie aime entreprendre beaucoup de projets en même temps. À l'opposé, une attitude introvertie se distingue par des intérêts pour le calme et la concentration, la réflexion, la solitude, les rencontres intimes, l'individuation; une personne introvertie préfère concentrer ses efforts dans un projet à la fois.

Le fait qu'une attitude soit une disposition implique que l'individu placé dans une situation donnée se prépare à agir et à réagir d'une façon qui lui est propre; celle-ci a tendance à se renforcer à tel point qu'elle devient unilatérale (*one-sided*). Cette unilatéralité, si elle n'était pas régularisée par une fonction compensatoire dans l'appareil psychique, pourrait mener à une perte complète de l'équilibre psychologique. C'est la fonction de l'inconscient de compenser pour l'unilatéralité de la conscience en « développant » de façon réciproque l'attitude opposée.

L'inconscient est une notion fort controversée, car on ne peut pas vérifier son existence : par définition, l'inconscient est inconscient; on ne peut donc pas savoir s'il existe vraiment. Toutefois, l'expérience nous montre qu'il doit bien exister (Greenwald, 1992). Loftus et Klinger (1992) ont d'ailleurs consacré un dossier spécial à l'inconscient dans la revue *American Psychologist*; les trois versions du phénomène de l'inconscient (qu'on désigne par l'expression *new look*) y sont discutées. Par le passé, on a attribué toutes sortes de qualités à l'inconscient, par exemple qu'il exerçait une influence plus forte que celle de la volonté, que son contenu était développé et doté d'une certaine autonomie, qu'il y avait à la limite une forme supérieure d'intelligence dans l'inconscient. Or, il s'avère que toutes ces qualités sont surfaites. Si l'inconscient existe, ses contenus sont toutefois primitifs, archaïques, immatures (Greenwald, 1992; Jung, 1976). L'inconscient serait doté de capacités analytiques très limitées (Erdelyi, 1992; Greenwald, 1992).

Comme la lune, la personnalité a deux côtés : le côté clair, qui est la conscience, et le côté caché, qui est l'inconscient. La conscience, c'est la synthèse de tous les éléments perçus par la personne qui lui permet de comprendre son expérience immédiate, passée et future, en fonction de sa personnalité. L'inconscient, ce sont tous les éléments qui ne sont pas perçus par la personne, mais qui exercent tout de même une certaine influence sur ses attitudes et ses conduites. Jung (1976) a montré que l'inconscient a une fonction compensatoire des positions qu'adopte la personne dans ses activités conscientes. La compensation réalisée par l'inconscient assure un certain équilibre, une certaine balance, entre les oppositions naturelles comme masculinité/féminité, actif/passif, performance/qualité, rationalité/affectivité, extériorité/intériorité, etc.

La figure 1.1 a été dessinée par Jung lui-même, pour un séminaire qu'il donnait à Zurich en 1925. Elle montre la structure des fonctions psychologiques dans la conscience et dans l'inconscient.

Les fonctions psychologiques : la sensation, la pensée, le sentiment et l'intuition

Dans sa conférence sur la typologie présentée à la suite de ce chapitre, Jung explique que la seule connaissance de ces types d'attitudes ne permet pas de comprendre les différences entre les types de personnalité. C'est à partir de son expérience dans le milieu clinique qu'il a découvert les quatre fonctions psychologiques représentées dans

**FIGURE 1.1   Schéma des fonctions psychologiques dans la conscience
et dans l'inconscient**

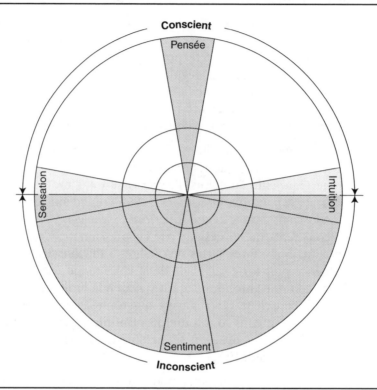

Source: Traduit par l'auteure de Jung, «Analytical Psychology», notes du séminaire donné en 1925 par
C.G. Jung, New York, Bolligen Series XX, p. 128, avec la permission de Princeton University Press.
© 1989 Princeton University Press.

la figure 1.1. Ces quatre fonctions, la sensation, la pensée, l'intuition et le sentiment,
permettent à chacun de s'adapter à son milieu et de développer sa personnalité.

La structure de la personnalité comprend ces quatre fonctions; en conséquence,
chaque personne les possède dans son caractère. Toutefois, chaque personne montre
une «préférence» marquée pour l'une d'elles et, comme nous le verrons plus loin, cette
fonction déterminera son type psychologique, car elle deviendra sa fonction dominante. Dans la figure 1.1, Jung fait apparaître la pensée comme une fonction
dominante; il décrit vraisemblablement la structure d'une personnalité de type pensée.
Pour représenter une personnalité de type sensation, il faudrait imprimer à la figure
une rotation de 90 degrés vers la droite, afin de placer cette fonction au-dessus de
toutes les autres. Il s'agit là évidemment d'une théorie qui sert de référence à la
recherche sur les types psychologiques.

Jung définit une **fonction psychologique** comme une forme particulière de l'activité psychique qui demeure la même en principe dans des conditions changeantes.

Chacune des fonctions est nécessaire à l'adaptation de la personne à son milieu et à son individuation: la sensation recueille les données internes et externes par les récepteurs sensoriels (quelque chose existe), la pensée les organise et leur trouve un sens (qu'est-ce que c'est?), le sentiment en établit la valeur (est-ce que ça en vaut la peine?) et l'intuition détermine les possibilités que cela représente (d'où cela provient-il et vers où cela tend-il?). Ces quatre fonctions composent deux dimensions: la dimension rationnelle (le jugement) et la dimension irrationnelle (la perception). On retrouve ici les deux facteurs du modèle des styles cognitifs de McKenney et Keen (1974).

La première dimension est dite rationnelle, car son principe est de rendre des patterns de comportement conformes aux valeurs objectives établies dans l'histoire humaine. La pensée (T pour *thinking*) et le sentiment (F pour *feeling*) sont les deux fonctions rationnelles: leur activité se caractérise par la suprématie de la réflexion, de la raison et du jugement. Les contenus psychologiques de la pensée et du sentiment sont produits par la raison, sur la base des idées (dans le cas de la pensée) ou des valeurs (dans le cas du sentiment). La pensée et le sentiment sont donc deux fonctions rationnelles, mais qui s'opposent quant à la façon de juger la «réalité».

La pensée permet à l'individu de juger à partir de règles, de principes ou de lois. Une personne qui montre une préférence pour la pensée a tendance à accorder beaucoup d'importance à la logique et à l'analyse, aux principes, à la loi et à la justice, aux résultats; elle tend à considérer les sentiments, les émotions et les relations humaines comme des données dont il faut tenir compte dans le processus de décision; elle sera encline à porter des jugements et à faire des critiques qui paraîtront sévères aux yeux des autres.

Le sentiment est aussi une fonction rationnelle, contrairement au sens commun. À l'opposé de la pensée, le sentiment permet à l'individu de juger, à partir des valeurs, de ce qui est désirable ou idéal dans un système donné. Une personne qui montre une préférence pour le sentiment tend à accorder beaucoup d'importance aux valeurs, aux contributions personnelles, aux différences individuelles, aux forces et aux faiblesses des personnes et des groupes; elle a tendance à considérer les règles et les résultats comme des contraintes dont il faut tenir compte; elle aura tendance à éviter les conflits et les confrontations.

La seconde dimension est dite irrationnelle, car son principe n'est pas soumis à la raison, mais vise plutôt à rendre les patterns de comportement conformes à la réalité perçue, qu'elle soit externe (c'est le cas de la sensation) ou interne (c'est le cas de l'intuition). En employant le terme «irrationnel», Jung ne veut pas dire «contraire à la raison» mais plutôt «au-delà de la raison». La sensation (S pour *sensation*) et l'intuition (N pour *intuition*) sont des fonctions irrationnelles parce qu'elles se caractérisent par la dominance de la perception des événements comme ils apparaissent dans la conscience (Jung, 1976). Les contenus de la sensation ou de l'intuition proviennent de l'extérieur ou de l'intérieur. La sensation et l'intuition sont donc deux fonctions irrationnelles, mais qui s'opposent elles aussi quant à la façon de percevoir la «réalité».

La sensation permet à l'individu de sentir ce qui se passe en lui et autour de lui. Une personne qui montre une préférence pour la sensation tend à accorder beaucoup d'importance aux données de son expérience, aux faits, à ce qui se passe ici et maintenant, et préfère se référer aux expériences concrètes pour accomplir des choses utiles.

L'intuition au contraire permet à l'individu de sentir ce qui va arriver dans le futur. Une personne qui montre une préférence pour l'intuition tend à accorder beaucoup d'importance à son flair, à ses inspirations, aux possibilités, à ce qui pourrait se passer dans l'avenir ; elle préfère apprendre de nouvelles compétences pour innover.

En résumé, la pensée constitue une fonction psychologique qui engendre des idées, des mots et des schèmes d'action. Le sentiment est quant à lui une fonction qui attribue une valeur aux objets, aux idées et aux actions, dans le sens de leur acceptation (approche) ou de leur rejet (évitement). Considéré sous cet angle, et bien que cela semble paradoxal, le sentiment est une fonction rationnelle parce que les valeurs ont une logique interne, une rationalité. Cette rationalité n'est pas celle des mots ni du formalisme, mais celle des significations et des formes (von Franz et Hillman, 1971). La sensation est une fonction qui informe la personne sur ce qui se passe dans sa vie intérieure et dans le monde extérieur. L'intuition, enfin, est une fonction qui amène des perceptions d'une manière quasi inconsciente ; c'est une sorte d'appréhension instinctive, de sixième sens.

Chacune de ces fonctions est donc nécessaire pour appréhender et comprendre le monde, chacune est essentielle à l'adaptation de l'individu à son milieu et à la satisfaction des exigences de son individuation. La théorie des types psychologiques repose sur le postulat que l'individu développe les fonctions qu'il exerce le mieux. Le développement du type psychologique constitue un processus qui dure toute une vie et qui vise la maîtrise personnelle des fonctions.

Pour définir un type psychologique, Myers (1975) emploie quatre éléments : une attitude (extraversion ou introversion), une fonction irrationnelle ou de perception (sensation ou intuition), une fonction rationnelle ou de jugement (pensée ou sentiment) et un style de vie (jugement ou perception). C'est en effet Myers qui a introduit le concept de « style de vie » dans la théorie des types psychologiques. Cette quatrième dimension est censée refléter la dominance de l'axe rationnel (jugement, J) ou de l'axe irrationnel (perception, P) dans les conduites de la personne. Le tableau 1.6 présente une synthèse des préférences personnelles qui définissent les attitudes types et les fonctions psychologiques, selon le modèle de Myers (1975).

Les types psychologiques

Comme les points cardinaux servent à nous repérer dans l'espace, les types psychologiques nous aident à repérer les forces et les faiblesses des individus et à nous orienter de façon appropriée pour établir des relations harmonieuses et satisfaisantes. Les fonctions rationnelles (la pensée, T, et le sentiment, F) définissent l'axe jugement, J, et les fonctions irrationnelles (la sensation, S, et l'intuition, N), l'axe perception, P. Les types psychologiques sont également formés par l'attitude, qui constitue le troisième axe, opposant l'extraversion, E, et l'introversion, I.

TABLEAU 1.6 Synthèse des préférences personnelles qui définissent les attitudes et les fonctions

Types et préférences personnelles	Comment les respecter
Type extraverti Est orienté vers l'extérieur ; fait preuve de souffle, d'ampleur des intérêts envers les personnes et les choses ; est attiré par les interactions, les discussions et l'action ; agit, pense, agit.	Pour savoir ce qu'il pense, il s'agit simplement de l'écouter ; se concentrer sur l'action ; ne pas être surpris quand il agit ; s'attendre à ce qu'il inclue d'autres personnes dans sa démarche.
Type introverti Est orienté vers l'intérieur ; démontre de la profondeur ; fait preuve de concentration des intérêts, des idées et des pensées ; apprécie l'intimité, la réflexion ; pense, agit, pense.	Pour savoir ce qu'il pense, il faut le lui demander, lui donner du temps pour réfléchir, lui permettre de répondre par écrit ; s'attendre à ce qu'il travaille seul ou avec quelques personnes.
Type sensitif Démontre une prédilection pour les cinq sens ; apprécie ce qui est réel, pratique, utile ; tient compte du passé et du présent ; valorise les habiletés acquises ; s'intéresse aux faits ; agit étape par étape.	Lui présenter tous les faits ; expliquer en suivant l'ordre des séquences ; discuter les détails ; mettre l'accent sur les faits ; montrer la continuité entre la situation présente et l'expérience passée ; utiliser les procédures normales.
Type intuitif Possède un sixième sens, du flair ; conçoit ce qui pourrait être ; est imaginatif ; aime la nouveauté ; pense au futur ; valorise les nouvelles habiletés ; est perspicace ; agit en sautant des étapes.	Lui présenter la situation dans son ensemble ; mettre l'accent sur les principes, les idées, les relations ou les patterns ; envisager des possibilités et le futur ; suggérer des approches créatives ou des aspects originaux.
Type pensée Possède un système logique ; est positif ; aime la justice ; est porté à la critique ; apprécie la valeur des principes et des lois ; est mû par la raison ; est ferme et juste.	Lui présenter une analyse de tous les faits à considérer ; mettre l'accent sur les faits et la logique ; expliciter les postulats et le rationnel ; établir un parallèle entre les coûts et les bénéfices réels et totaux ; suggérer de faire une analyse ; discuter de l'équité.
Type sentiment Possède un système de valeurs ; tient compte de l'invisible ; est porté au pardon, à la considération, à l'empathie et à la compassion ; est à la recherche du sens.	Souligner les répercussions humaines de la décision ; mettre l'accent sur le sens et les valeurs ; être sincère et faire connaître ses propres croyances ; choisir une approche humaine pour la tâche à accomplir ; suggérer un processus démocratique ; discuter des effets sur les personnes.
Type jugement Aime les choses planifiées et réglementées ; aime exercer un contrôle ; valorise la permanence ; possède un esprit de décision ; est organisé ; vise la réduction de l'incertitude.	S'assurer que les délais prévus sont raisonnables et faire tous les efforts pour les respecter ; être prêt à délimiter le problème à résoudre ; s'attendre à des jugements et à des décisions ; fournir un cadre structuré ; planifier le travail et en adapter le plan au besoin.
Type perception Est spontané, laisse couler les choses, possède un bon pouvoir d'adaptation ; valorise le provisoire ; est ouvert, flexible ; accepte l'incertitude.	Donner des échéances et clarifier la communication ; s'attendre à ce qu'il travaille sous la pression des échéances ; être prêt à dépasser le cadre du problème ; s'attendre à des perceptions particulières et à des propositions ; fournir un cadre non directif ; anticiper la spontanéité et le changement.

Source: Inspiré de Casas (1990) ; Cauvin et Cailloux (1994) ; Hirsh et Kummerow (1994) ; et Myers (1975).

Dans un type psychologique, on trouve une fonction dominante, qui est la fonction préférée de la personne, et une fonction auxiliaire, qui assiste la fonction dominante et qui se trouve sur l'axe complémentaire. Par exemple, si la personne montre une préférence pour la pensée, la fonction auxiliaire pourra être soit la sensation, soit l'intuition, selon encore une fois sa préférence pour l'une ou l'autre de ces fonctions. La fonction qui s'oppose à la fonction dominante s'appelle la fonction inférieure; cette fonction est généralement celle que la personne préfère le moins et qu'elle a le moins développée. Dans notre exemple, la fonction inférieure d'une personne de type pensée est le sentiment. La détermination de la dominante, de l'auxiliaire et de l'inférieure demeure importante pour guider l'analyse des attitudes et des comportements d'une personne et pour l'aider à s'améliorer.

Connaître le type psychologique d'une personne, c'est un peu comme connaître son adresse personnelle. En effet, le type psychologique nous informe sur ses préférences personnelles quant à sa manière de percevoir et de juger sa vie intérieure et le milieu ambiant et quant à sa manière habituelle d'agir, de réagir et d'interagir dans son milieu. Posséder ces renseignements s'avère très pratique, car cela facilite les communications et les relations avec cette personne.

Comme le fait une adresse, le type psychologique nous permet en quelque sorte de nous rendre chez une personne et d'avoir une idée du style de maison qu'elle habite (les préférences personnelles conscientes), mais cela ne nous dit pas comment elle est aménagée à l'intérieur (les tendances plutôt inconscientes). Pour le savoir, il faut que la personne accepte de nous la faire visiter. Comme nous le verrons dans cette section, la structure même du type psychologique nous renseigne sur les aspects conscients et moins conscients de la personnalité.

La figure 1.2 montre la structure d'un type psychologique; le schéma qu'elle présente a aussi été conçu par Jung pour son séminaire de 1925 à Zurich. Ce schéma montre la structure d'une personnalité de type intuition; comme tous les autres types psychologiques, il se compose de préférences conscientes (la fonction dominante et la fonction auxiliaire) et de tendances plutôt inconscientes (la fonction tertiaire et la fonction inférieure). De plus, si la fonction dominante est extravertie, les autres fonctions seront introverties en vertu de la fonction compensatoire de l'inconscient. En conséquence, le type psychologique n'est pas un stéréotype qu'on donne à quelqu'un, mais une véritable hypothèse quant à la structure et à la dynamique de sa personnalité (Mattoon et Davis, 1995).

La fonction dominante et la fonction inférieure

Chaque personne montre une préférence pour une des quatre fonctions; c'est sa fonction dominante. D'après Jung (1976), cette fonction apparaît très tôt dans le développement de la personne. Dès la petite enfance, cette préférence pour une fonction se manifeste et, parce que l'enfant a tendance à répéter ce qu'il sait bien faire, cette fonction se développera plus que les autres. L'entourage et le milieu ambiant tendront à renforcer cette préférence et, par conséquent, cette fonction deviendra la fonction

FIGURE 1.2   Schéma d'une structure de personnalité de type intuition

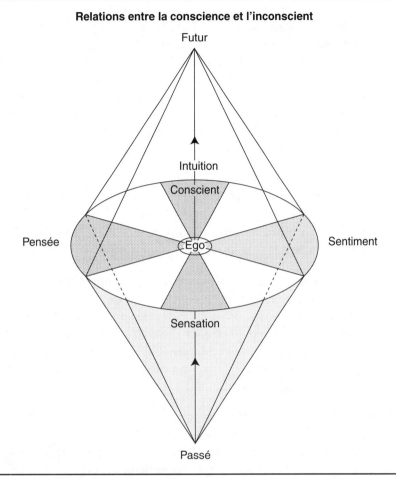

Source : Traduit par l'auteure de Jung, « Analytical Psychology », notes du séminaire donné en 1925 par C.G. Jung, New York, Bolligen Series XX, p. 128, avec la permission de Princeton University Press. © 1989 Princeton University Press.

dominante. Réciproquement, la fonction qui lui est opposée tendra à dégénérer et à « couler au fond » de l'inconscient ; cette fonction deviendra la fonction inférieure.

Par exemple, une personne qui montre une préférence pour la pensée attache beaucoup d'importance aux idées et à la logique ; elle aura tendance à prendre une attitude impartiale pour analyser les pour et les contre d'une situation, pour distinguer le vrai du faux ; cette attitude l'amène à échafauder des théories, à valoriser la raison et l'intellect, à promouvoir l'objectivité et la justice. Parce qu'elle accorde plus d'attention à la raison, elle est moins tentée de chercher à comprendre les émotions ; elle aura tendance à juger les sentiments d'autrui et à éprouver de la sympathie si elle les approuve ou de l'antipathie si elle les désapprouve. La fonction inférieure du type pensée sera donc le sentiment.

La fonction dominante sera bien développée dans la conscience de l'individu, non pas dans le sens de la performance de la fonction, mais dans le sens de la maîtrise personnelle et de la confiance en soi dans ce domaine. En effet, l'exercice répété de la fonction dominante tend à la renforcer; l'individu acquiert de l'aisance et un sentiment de maîtrise à l'égard de cette fonction. À mesure que l'individu développe cette fonction, il acquiert les traits et les dispositions personnelles qui sont caractéristiques de cette fonction. Lorsque la pensée est la fonction dominante, cela implique que la personne a une préférence pour l'analyse, le raisonnement, la critique et la prise de décision; c'est dans ces domaines qu'elle se sentira le plus à l'aise. Par ailleurs, si elle a théoriquement des aptitudes pour le raisonnement, cela ne garantit pas qu'elle devienne une mathématicienne.

L'utilisation de la fonction dominante n'est pas la même pour les extravertis et les introvertis (Casas, 1990). Chez les types extravertis, elle est utilisée dans le monde extérieur; elle est aisément reconnue par les autres, puisqu'elle est projetée vers l'extérieur. Chez les introvertis, elle est utilisée dans la vie intérieure; les autres ne peuvent pas facilement la déterminer, car elle est pour ainsi dire «réservée» pour la personne.

C'est la fonction auxiliaire qui est visible chez les introvertis et, comme ils ont moins d'aisance avec cette fonction qu'avec leur fonction dominante, ils sont plus exposés que les extravertis à ne pas être appréciés à leur juste valeur (Casas, 1990). En contrepartie, les types introvertis développent plus rapidement leur fonction auxiliaire que ne le font les types extravertis, parce qu'ils reçoivent plus de pression d'adaptation; être introverti procure l'avantage de maîtriser plus rapidement deux fonctions psychologiques (Cauvin et Cailloux, 1994).

En raison de l'attention que va donner la personne à sa fonction dominante, sa fonction inférieure sera reléguée dans l'inconscient, où elle deviendra dominante. Parce qu'elle appartient au domaine inconscient de la personnalité, elle y demeurera dans un état archaïque (c'est-à-dire primitif, non différencié, immature, non maîtrisé) et elle aura un effet compensatoire sur les modes de réaction habituels de la personne (von Franz et Hillman, 1971). Dans les mots de Jung, la fonction inférieure, c'est le point faible de la personnalité, au sens propre (c'est une faiblesse de la personnalité) et au sens figuré (c'est ce qui attire et repousse en même temps la personne).

Cauvin et Cailloux (1994) décrivent la fonction inférieure dans ces termes: lente, source constante d'erreurs, susceptible, à contretemps, masquée, troublante, refoulée. Lorsqu'une personne doit se servir de sa fonction inférieure, tout prend plus de temps, elle ne cesse de commettre des erreurs, toujours les mêmes; elle n'accepte pas d'être critiquée, elle est toujours prête à s'emporter. Les caractéristiques associées à la fonction inférieure refont souvent surface au moment où on s'y attend le moins, ou nous font défaut au moment où on en a le plus besoin. Pour masquer ses faiblesses, la personne mettra au point des mesures palliatives, comme utiliser des clichés pour dire quelque chose de touchant à quelqu'un, des listes de contrôle pour ne pas oublier ce qu'elle doit faire, des lettres types pour transmettre des dossiers, etc.

TABLEAU 1.7   Forces de la fonction dominante et faiblesses
de la fonction inférieure correspondante

Forces de la fonction dominante	Conséquences possibles de la fonction inférieure
Sensation Reconnaître les faits pertinents ; utiliser l'expérience pour résoudre les problèmes ; repérer ce qui mérite attention ; retenir l'essentiel ; traiter les problèmes avec réalisme.	*Intuition* Voir le futur de façon négative ; être pessimiste sans raison ; se sentir coincé sans trouver de portes de sortie ; manquer de confiance ; démontrer du fétichisme ; rester bloqué dans une situation difficile.
Intuition Imaginer des possibilités nouvelles ; faire preuve d'ingéniosité pour résoudre les problèmes ; voir comment se préparer au futur ; être à l'affût des nouveautés ; aborder les problèmes avec enthousiasme.	*Sensation* Être obsédé par des détails mineurs et préoccupé par des faits sans importance ; utiliser ses sens de façon abusive ; avoir une perception erronée de son état de santé ; avoir l'humeur dépressive ; gérer difficilement ses finances personnelles.
Pensée Être bon analyste ; prévoir les embûches ; s'en tenir aux règles ; peser « la loi et les faits » ; ne pas se laisser influencer.	*Sentiment* Manifester des décharges émotionnelles incontrôlées ; éprouver de la colère ou d'autres sentiments de façon inattendue ; être hypersensible ; être trop réservé ; porter des jugements catégoriques ; démontrer du fanatisme ; prendre les critiques comme des remarques désobligeantes à son endroit.
Sentiment Bien comprendre les gens ; deviner ce que ressentent les autres ; trouver les circonstances atténuantes ; avoir conscience des valeurs ; apprécier la contribution de chacun.	*Pensée* Être hypercritique : rechercher sans cesse ce qui ne va pas ; vouloir avoir raison à tout prix ; être autoritaire : prendre les choses en main sans écouter les autres ; avoir de la difficulté à se faire comprendre ; rechercher la vérité absolue.

Source : Inspiré de Casas (1990) ; Cauvin et Cailloux (1994) ; et Hirsh et Kummerow (1994).

La fonction inférieure peut se manifester dans les comportements sous l'impulsion de plusieurs déclencheurs : la fatigue, le stress, la maladie, l'alcool, la drogue, les chocs, les critiques imméritées, les crises, etc. (Cauvin et Cailloux, 1994 ; Morin, 1993 ; von Franz et Hillman, 1971). Le tableau 1.7 récapitule les caractéristiques associées à chacune des fonctions psychologiques lorsqu'elles se trouvent en position d'infériorité.

Pour comprendre le rôle de la fonction inférieure dans le développement de la personnalité, von Franz utilise l'image du roi et de ses trois fils, qu'on retrouve souvent dans les contes de fée ; cette auteure compare la fonction inférieure au plus jeune des princes, souvent considéré comme immature ; c'est pourtant lui qui parvient toujours à sauver le royaume (von Franz et Hillman, 1971). Cette comparaison nous suggère que c'est la maîtrise de la fonction inférieure qui permettra à la personne de s'épanouir et de s'actualiser.

En dépit de son caractère primitif et archaïque, la fonction inférieure est celle qui indique la direction de l'adaptation et de l'individuation. Winston Churchill constitue un bon exemple d'un homme qui savait comment puiser dans le riche potentiel de sa fonction inférieure et comment utiliser ce qu'il y trouvait pour réussir ses projets; c'est pour cette raison qu'O'Neill (1991) l'avait appelé l'«apprenti des profondeurs». Storr (1988) présente une bonne analyse du cas Winston Churchill et de son «chien noir», comme il nommait lui-même sa dépression.

Cependant, les contenus de la fonction inférieure ne peuvent pas être appréhendés directement, car ils sont inconscients, et la fonction inférieure ne peut pas devenir consciente, comme l'explique Jung (1976):

> Ce serait une tâche impossible—mais qui a néanmoins été souvent entreprise, sans succès—de transformer la fonction inférieure directement en fonction supérieure. Ce serait en fait aussi difficile que d'inventer la machine à mouvement perpétuel. Aucune forme inférieure d'énergie ne peut être simplement convertie dans une forme supérieure sans qu'une source d'une valeur supérieure lui prête simultanément son support, c'est-à-dire que la conversion ne peut être accomplie qu'aux dépens de la fonction dominante. Mais dans aucune circonstance la valeur initiale de la forme supérieure d'énergie ne peut être atteinte par les formes inférieures, tout autant qu'elle ne peut être reprise par la fonction dominante: une égalisation à un niveau intermédiaire doit inévitablement se produire (p. 86; traduit par l'auteure).

Afin de faciliter l'apprentissage et de développer la créativité et l'imagination, on devrait permettre aux personnes de parler ouvertement de leurs craintes et de leurs réticences, de discuter avec respect de sujets tabous ou délicats à aborder, de laisser libre cours, de temps à autre, à leurs idées et à leurs sentiments, d'expérimenter de nouvelles façons de faire, même si cela peut prendre du temps, de connaître des expériences inusitées, etc. (Dixon, 1994; Morin, 1993).

La fonction auxiliaire et la fonction tertiaire

Deux autres fonctions, situées sur un axe complémentaire, ont une importance secondaire, mais tout de même significative. Celle que préférera la personne sera la fonction auxiliaire et l'autre, qui se trouve à l'opposé, sera la fonction tertiaire. D'après Jung (1976):

> L'expérience nous montre que la fonction auxiliaire est toujours de nature différente, mais pas antagoniste, de la fonction dominante. Ainsi, la pensée en tant que fonction dominante peut s'apparier facilement avec l'intuition, comme fonction auxiliaire, tout aussi bien qu'avec la sensation, mais, comme cela a déjà été observé, jamais avec le sentiment (p. 406; traduit par l'auteure).

Alors que la fonction dominante caractérise le mode habituel de réaction de l'individu, la fonction auxiliaire permet l'équilibration de ses conduites; la fonction auxiliaire est au service de la fonction dominante. Elle est presque aussi différenciée que la fonction dominante, et l'individu est relativement conscient de sa préférence pour cette fonction. La fonction dominante et la fonction auxiliaire servent toutes les deux à développer des stratégies d'adaptation efficaces.

La fonction tertiaire s'oppose à la fonction auxiliaire mais joue un rôle similaire, celui d'assister la fonction dominante. Cependant, elle n'est pas aussi différenciée que la fonction auxiliaire, car elle réside davantage dans l'inconscient. Elle sert toutefois de dépannage quand la fonction auxiliaire fait défaut.

Imaginons par exemple André, un homme rationnel, de type sentiment extraverti dont l'intuition est la fonction auxiliaire. D'après Casas (1990), cet homme aura tendance à s'appuyer sur des valeurs bien établies et ses conduites respecteront les normes et les idéaux de son milieu parce que sa fonction dominante est le sentiment et est, dans son cas, extravertie. André a la capacité de percevoir ce qui a de la valeur chez autrui ou dans les choses et les opinions exprimées. Il s'intéresse aux possibilités des personnes et des choses, au-delà d'un contexte donné, parce que sa fonction auxiliaire est l'intuition. Il est à l'aise avec les autres; il valorise les relations harmonieuses. S'il est aux prises avec un problème qu'il ne peut résoudre de sa façon habituelle, il cherchera des moyens de le résoudre autrement, en se renseignant sur la situation et en s'efforçant de l'examiner concrètement; il se sentira probablement lent et malhabile, car la sensation est sa fonction tertiaire. Par-dessus tout, il se montrera réticent aux explications théoriques, car la pensée est sa fonction inférieure. S'il a tout essayé sans succès, il tentera d'éviter de rencontrer ce problème de nouveau. Parce que la pensée introvertie est sa fonction inférieure, André aura tendance à être très critique envers lui-même, à rechercher la vérité à tout prix, à mal établir ses priorités, à éprouver de la difficulté à se faire comprendre et à se sentir irrité par des personnes logiques et analytiques (Cauvin et Cailloux, 1994; von Franz et Hillman, 1971).

Lorsqu'on connaît la fonction auxiliaire d'une personne, il devient alors possible d'approcher le domaine inconscient et d'aider au développement de sa personnalité. Jung (1976) explique pourquoi. Ainsi, lorsque la personne prend la position caractéristique de la fonction auxiliaire:

> Cela donne au patient une vue plus large de ce qui se passe et de ce qui est possible, de telle sorte que le champ de sa conscience est suffisamment protégé contre les incursions de l'inconscient. Réciproquement, dans le but d'amortir l'impact de l'inconscient, un type irrationnel[3] a besoin d'un plus grand développement de la fonction auxiliaire rationnelle[4] présente dans la conscience (p. 407; traduit par l'auteure).

---

3. Par irrationnel, Jung entend quelqu'un dont la fonction dominante est soit la sensation, soit l'intuition. Myers utiliserait plutôt le terme «perception».

4. Les fonctions rationnelles sont la pensée et le sentiment. Si la fonction dominante de la personne est irrationnelle (donc sensation ou intuition), la fonction auxiliaire est ou bien la pensée ou bien le sentiment.

En considérant l'étude des types psychologiques dans les milieux de travail, on se rend compte que la personnalité joue un rôle important dans la détermination des problèmes de performance et dans la manière de les résoudre. Ainsi, on peut s'attendre qu'un employé dont le type est INTJ[5] renonce difficilement à des projets non réalisables et refuse d'en partager la responsabilité; ou qu'un gestionnaire de type ESFJ évite les conflits entre ses employés et nie les problèmes pour préserver la paix dans son service; ou encore qu'un mécanicien de type ISTP se montre pointilleux sur les détails et prenne des moyens pour économiser son énergie. Or, il est difficile, voire impensable, de changer la personnalité d'une personne.

Il s'agit de trouver des moyens de composer avec les faiblesses de chacun. Pour cela, il semble possible d'apporter des améliorations dans les comportements des individus en les aidant à développer leur fonction auxiliaire et en les aidant à prendre conscience des atouts de leur fonction inférieure. De plus, la seule prise de conscience des forces et des faiblesses de chaque type aide les uns et les autres à se communiquer leurs opinions et à travailler dans un esprit de coopération, en développant leur caractère.

D'après Mattoon et Davis (1995), les recherches sur la théorie des types psychologiques tendent à démontrer sa validité et à faire valoir son utilité pour comprendre les différences individuelles. Cette théorie est une contribution importante de la psychologie analytique au monde du travail. Parmi ses applications, on trouve la résolution des problèmes personnels et organisationnels (counseling) (Davey et autres, 1993; Hunter et Levy, 1982), la consolidation des équipes de travail, la formation au leadership et à la direction (Davis et autres, 1990; Mitroff, 1983; Myers, 1989), l'orientation de carrière et le développement professionnel (Casas, 1990; Coe, 1992), la facilitation des changements organisationnels (Lynch, 1985), la gestion des conflits (Mills et autres, 1985) et la nature des stratégies d'entreprise (Miller et autres, 1985).

Ainsi, Miller et autres (1985) ont utilisé cette théorie afin d'explorer les relations possibles entre la personnalité du dirigeant et la stratégie d'entreprise. Ils ont donc mené une étude dans 97 entreprises du Québec de différents secteurs d'activité. Leur méthode consistait essentiellement à décrire les types de personnalité les plus fréquents dans leur échantillon, puis à analyser la stratégie de l'entreprise, sa structure organisationnelle et les caractéristiques de son environnement.

Dans leur échantillon, trois types de personnalité ressortaient: ESTJ, ISTJ et INTJ. Les chercheurs ont été surpris de trouver une majorité de dirigeants introvertis (54%). En fait, ce résultat concorde bien avec les normes canadiennes établies depuis par Casas (1990): on trouve dans la population canadienne une majorité d'introvertis, ce qui n'est pas le cas dans la population des États-Unis. Par ailleurs, tous les dirigeants qui ont participé à la recherche étaient des TJ; ce résultat n'est pas surprenant, car c'est ce

---

5. Rappelons ici les abréviations que nous avons présentées plus haut: E = extraversion; I = introversion; S = sensation; N = intuition; T = pensée; F = sentiment; J = jugement; et P = perception.

qu'on trouve généralement dans les échantillons de gestionnaires un peu partout dans le monde (Casas, 1990; McCaulley, 1989; Myers et McCaulley, 1985).

Les analyses que Miller et ses collaborateurs ont faites font apparaître des stratégies caractéristiques à chaque type de personnalité. Les dirigeants ESTJ ont tendance à développer des stratégies entrepreneuriales de diversification et d'expansion; les dirigeants ISTJ, des stratégies prudentes et planifiées, maximisant l'efficience par l'implantation de systèmes d'information robustes; les dirigeants INTJ, des stratégies entrepreneuriales créatives, investissant dans la recherche et le développement, mettant au point des produits destinés à un groupe de clients bien ciblés.

L'indicateur de types Myers-Briggs

L'indicateur de types Myers-Briggs a été conçu à partir de la théorie des types psychologiques de Carl G. Jung. C'est l'un des inventaires de la personnalité les plus utilisés en Amérique du Nord (Casas, 1990; Mattoon et Davis, 1995; Samuels, 1991). Il a été construit par Isabel Myers et Katherine Briggs, et publié pour la première fois en 1962.

Pour déterminer le type psychologique, d'autres inventaires sont aussi offerts sur le marché des tests: le Gray-Wheelwrights' Test (Wheelwright et autres, 1942) et le Singer-Loomis Inventory of Personality (Singer et Loomis, 1984). Le Gray-Wheelwrights' Test fut le premier questionnaire construit par Horace Gray, Jane Hollister Wheelwright et Joseph Wheelwright. Il détermine le type psychologique avec les trois axes de la typologie (attitudes, fonctions rationnelles et fonctions irrationnelles). Le Singer-Loomis Inventory of Personality a été conçu de façon à tenir compte du contexte dans lequel la personne se place pour déterminer ses préférences et à vérifier l'hypothèse de polarité et d'opposition des fonctions psychologiques.

L'indicateur de types Myers-Briggs définit 16 types psychologiques, qui sont présentés très sommairement dans le tableau 1.8. Ce tableau a été construit à partir des représentations des types psychologiques présentées par Hirsh et Kummerow (1994), Keirsey et Bates (1984) et Kroeger et Thuesen (1988). La fonction représentée par une lettre minuscule est la fonction auxiliaire du type psychologique.

En considérant les types de personnalité que nous avons passés en revue, nous devons garder à l'esprit que tous les types sont bien. Les types psychologiques des individus constituent des préférences; ils ne caractérisent pas des comportements. Le comportement humain est complexe, et l'indicateur de types Myers-Briggs ne peut nous donner toute la vérité sur une personne. Les techniques de reconnaissance des types devraient d'abord être utilisées pour se connaître soi-même avant de servir à connaître les autres. Il faut éviter de stéréotyper les autres à partir de leur type.

Coe (1992) décrit les bons et les mauvais usages de ce questionnaire dans les organisations. Dans les pratiques concernant les personnes, les tests et les autres mesures du genre ne doivent jamais constituer le seul moyen pour justifier des décisions directoriales. Ils doivent être utilisés avec d'autres moyens comme le contact personnel, des entrevues et des observations de comportements, etc.

TABLEAU 1.8   Carte de 16 types psychologiques de Myers-Briggs

IStJ	**ISfJ**	**INfJ**	**INtJ**
Je fais ce qui doit être fait.	*Je possède un sens élevé du devoir.*	*Je suis une inspiration pour les autres.*	*À mon sens, tout peut être amélioré.*
Tuteur	Conservateur	Auteur	Scientifique
IsTP	**IsFP**	**InFP**	**InTP**
Je suis prêt à essayer n'importe quoi tout de suite.	*Je vois beaucoup, mais j'en dis peu.*	*J'aime rendre un service noble pour aider la société.*	*Je possède une passion pour la résolution de problèmes.*
Artisan	Artiste	Chercheur	Architecte
EStP	**ESfP**	**ENfP**	**ENtP**
J'aime le réalisme ultime.	*J'estime qu'on ne vit qu'une seule fois.*	*Je tire tout ce que je peux de la vie.*	*Je relève un défi excitant après l'autre.*
Organisateur	Amuseur	Journaliste	Inventeur
EsTJ	**EsFJ**	**EnFJ**	**EnTJ**
J'aime administrer.	*J'aime accueillir des gens.*	*J'aime persuader en douceur.*	*J'aime diriger.*
Administrateur	Vendeur	Pédagogue	Maréchal

Source: Adapté de Keirsey et Bates (1984) ; et Kroeger et Thuesen (1988).

L'indicateur ne donne aucune indication sur les valeurs et les motivations de la personne. Il ne mesure pas la pathologie: des personnes très saines peuvent avoir le même type psychologique que des personnes très malades. Il ne mesure pas non plus la performance en rapport avec les fonctions préférées: une personne présentant une forte préférence pour la pensée n'est pas forcément bonne en mathématiques.

Plusieurs personnes croient que le type psychologique est formé de propositions binaires; en fait, un individu exerce toutes les fonctions en tout temps. De plus, certaines personnes ont plus de maîtrise sur leurs fonctions cachées que d'autres. Étant donné que l'indicateur ne mesure pas la partie moins consciente de la personnalité, toute personne qui l'utilise doit demeurer consciente des dangers de stéréotyper les autres à partir de leur type.

En dépit de la plausibilité des arguments concernant l'indicateur, on en fait souvent un très mauvais usage en refusant de considérer des candidatures qui n'ont pas le «bon» type pour un emploi: ainsi, l'indicateur décrit seulement des préférences, et non des aptitudes ou des compétences; en outre, quiconque est familiarisé avec cet indicateur peut fausser ses réponses.

L'indicateur ne doit pas être utilisé pour attribuer un type aux autres, les critiquer ou les percevoir d'une façon négative. Chacun des 16 types possède des forces particulières qu'une organisation devrait pouvoir mettre en valeur et soutenir. L'environnement interpersonnel devrait reconnaître et valoriser les différences individuelles pour les contributions qu'elles apportent à l'équipe.

Pour que la théorie des types psychologiques soit utile au travail, elle doit d'abord être appliquée dans la vie de tous les jours; pour cela, il faut développer la capacité de reconnaître les types à partir des attitudes et des conduites des personnes. Il s'agit alors d'appliquer un principe connu: la pratique. Apprendre à reconnaître les types psychologiques est certainement une entreprise difficile, surtout si on veut parvenir à reconnaître les 16 types de Myers-Briggs. Cette tâche peut cependant être facilitée si on apprend d'abord à reconnaître les tempéraments, car il n'y en a que quatre.

Les tempéraments

Keirsey et Bates (1984) ont étudié les tempéraments, c'est-à-dire l'ensemble des caractères innés d'une personne qui déterminent sa façon de sentir, de penser, d'agir et d'apprendre. Ils ont désigné quatre tempéraments de base: épiméthéen, dionysien, prométhéen et apollinien (voir le tableau 1.9). Ces quatre tempéraments sont associés à des regroupements particuliers des fonctions et des styles psychologiques et ils sont très facilement reconnaissables par les comportements exprimés et observables. Ainsi, grâce à la simplicité de ce modèle, on apprend d'abord à reconnaître le tempérament d'une personne avant d'apprendre à identifier son type psychologique.

TABLEAU 1.9   Styles de tempérament

Tempérament épiméthéen	**Tempérament prométhéen**
(SJ) *Appartenance et responsabilité*	(NT) *Compétence et sagesse*
Stable, responsable, fiable et pratique	Logique, visionnaire, entreprenant, juste
Ce type valorise le devoir ; vit pour être utile aux groupes auxquels il appartient ; croit que l'appartenance doit être méritée ; valorise la mesure, l'ordre et la structure ; la modération est son mot d'ordre.	Ce type a un désir insatiable d'acquérir des connaissances et de la sagesse ; doit être compétent ; croit qu'il faut agir selon des idées et des principes universels ; démontre beaucoup de patience lorsqu'il s'agit d'analyser des idées ou une situation ; a le goût d'agir et de convaincre.
Exemples : professeur, prêtre, banquier, comptable, avocat, gestionnaire, vendeur.	*Exemples* : ingénieur (sciences appliquées, recherche et développement), mathématicien, économiste, directeur général.
Tempérament dionysien	**Tempérament apollinien**
(SP) *Liberté et spontanéité*	(NF) *Authenticité et reconnaissance*
Enthousiaste, imprévisible, généreux et sympathique	Engagé, imaginatif, serein et maître de lui
Ce type doit être libre d'agir, indépendant ; l'action est son affaire ; vit « ici et maintenant » ; aime suivre son inspiration ; est capable d'agir rapidement et avec précision ; saisit les occasions de prendre un risque, de relever un défi ou d'être en compétition.	Ce type a besoin d'être et de devenir authentique, actualisé ; capable de chercher et de trouver le potentiel chez les autres et de le développer ; agit souvent comme un catalyseur et un facilitateur des processus de croissance.
Exemples : artiste, scientifique, industriel (comme Henry Ford et Howard Hughes).	*Exemples* : psychologue, psychiatre, professeur.

Source : Adapté de Keirsey et Bates (1984).

Le tempérament épiméthéen (un type sensitif avec jugement) est conservateur et loyal. Il est sérieux dans ses entreprises, bien organisé et toujours ponctuel. Il préfère investir dans des valeurs sûres. C'est le genre de personne qui retient facilement les événements qui ont marqué l'histoire et qui entretient des collections, comme des timbres ou des monnaies.

Le tempérament dionysien (un type sensitif avec perception) aime l'action et recherche le plaisir; il aime négocier des ententes, faire des affaires et essayer de nouvelles choses. C'est le genre de personne qui se tient au courant des nouvelles du sport, des nouvelles technologies et des nouveautés sur le marché.

Le tempérament prométhéen (un type intuitif avec pensée) est visionnaire et ambitieux; il aime entreprendre de grands projets, mais évite de les administrer. C'est un bon communicateur, qui persuade par sa logique et l'élégance de son discours. Il valorise la recherche et le développement. C'est le genre de personne qui aime les livres, la science-fiction et la futurologie.

Si le tempérament prométhéen aime bien diriger, le tempérament apollinien (un type intuitif avec sentiment) préfère animer la discussion et mettre en valeur le potentiel des personnes qu'il côtoie; il aime la compagnie et recherche les contacts harmonieux. C'est le genre de personne qui essaie de maintenir les valeurs de l'art, de la musique, de la littérature, de la philosophie et des luttes morales de notre ère, d'une façon ou d'une autre.

~

Il existe donc plusieurs façons de décrire la personnalité. Comme nous l'avons vu, le modèle des cinq facteurs repose sur une conception des caractéristiques qui permettent de différencier les individus. Le modèle des types d'employés s'inspire entre autres des théories de l'attribution et de la perception sociale. Le modèle des styles cognitifs a quant à lui été conçu à partir des théories du fonctionnement mental. Enfin, la typologie psychologique est issue de l'expérience clinique et constitue en elle-même une théorie de la personnalité. Tous ces modèles ont leur utilité pour les gestionnaires et les consultants dans les organisations.

Au-delà des modèles, la description de la personnalité représente un avantage certain pour la direction des personnes et la gestion des ressources humaines. D'une part, cela facilite la connaissance des différences individuelles et l'adoption de mesures et de comportements de supervision et d'assistance appropriés. D'autre part, la connaissance des différences individuelles permet au gestionnaire d'affecter ses employés à des postes où ils auront la possibilité de trouver un sens à ce qu'ils font, d'être efficaces et de développer leurs compétences.

La description de la personnalité permet de déterminer les différences individuelles à un moment donné, dans un contexte donné. Cependant, la personnalité évolue, change, se transforme suivant les âges et les étapes de la vie. Il importe donc également de savoir comment se développe la personnalité afin de prévoir les directions que prendront les individus.

LE DÉVELOPPEMENT DE LA PERSONNALITÉ

Il est courant en psychologie différentielle de concevoir la personnalité comme l'ensemble des dispositions personnelles et des attributs qui forment le caractère. Lorsqu'on dit de quelqu'un qu'il est une personnalité ou qu'il a de la personnalité, on conçoit plutôt la personnalité comme l'actualisation de son potentiel. Dans ce sens-là, la personnalité est le résultat de toute une vie.

D'après Carl G. Jung (1981a), la personnalité est comme un germe qui se développe lentement à travers les étapes de la vie, sous tous les aspects: biologiques, sociaux et spirituels. Pour lui, il n'y a pas de personnalité sans la détermination, l'intégrité et la maturité. Par détermination, Jung entend à la fois le caractère défini, l'identité de la personne ainsi que le caractère résolu, la capacité d'exercer son libre arbitre et de suivre sa voie. L'intégrité correspond à l'unité de la personnalité, mais aussi à sa plénitude. Enfin, la maturité est le caractère épanoui de la personne qui lui donne de l'assurance et de la sûreté dans son jugement ainsi que le courage d'affronter l'anxiété et les difficultés de l'existence. Carl G. Jung (1981a) conçoit la personnalité ainsi:

> La personnalité est la réalisation suprême de l'idiosyncrasie d'un être vivant. C'est un acte de haut courage devant la vie, l'affirmation absolue de tout ce qui constitue l'individu, l'adaptation la mieux réussie aux conditions universelles de l'existence associée à la liberté la plus grande possible de l'autodétermination (p. 171; traduit par l'auteure).

La personnalité se transforme au cours des années; en comprendre le développement peut s'avérer utile pour les gestionnaires et les consultants dans les organisations.

Les notions de développement, de changement et d'évolution sont liées par l'idée de variation; elles impliquent la discontinuité, la différenciation, le devenir de la personnalité. Les premières théories relatives au développement de la personnalité sont celles de Sigmund Freud (1962b) et de Jean Piaget (1967). Ces deux théories donnent la prépondérance à l'enfance; Freud détermina les stades de développement psychosexuel de 0 à 12 ans et Piaget, les stades de développement cognitif de 0 à 11 ans. Ces deux théories sont certes intéressantes à connaître, car les attitudes et les conduites d'une personne sont largement déterminées par les événements qui ont marqué le début de son histoire. Cependant, comme ces deux théories n'abordent pas l'âge adulte, elles ont une valeur explicative des comportements actuels, mais non « prédictive » des comportements futurs, si tant est qu'il soit possible de les prévoir.

Erik Erikson (1963) a tenté pour sa part de comprendre le développement de la personnalité depuis la petite enfance jusqu'à la vieillesse. Sa théorie est fort connue des chercheurs et des consultants dans les organisations.

Le tableau 1.10 présente une synthèse des stades de développement de la personnalité vus par Freud, Piaget et Erikson. Ces théories présentent le développement de la personnalité comme suivant essentiellement des stades, c'est-à-dire des étapes dans l'existence de la personne associées à des discontinuités dans l'évolution de la personne et à des changements somatiques, physiologiques, psychologiques ou culturels. Les

TABLEAU 1.10   Synthèse des modèles de développement de Freud, Piaget et Erikson

Âge	Sigmund Freud	Jean Piaget	Erik Erikson
Nourrisson (de 0 à 1 an)	Stade oral (parce que la bouche est le lieu de frustration et de gratification)	Intelligence sensori-motrice (de la naissance à 2 ans) (réflexe ; maîtrise de l'environnement par les sens et les activités motrices ; permanence de l'objet ; début de réversibilité ; début du langage)	Confiance/méfiance (tâche principale : sevrage, séparation ; besoin d'avoir confiance en ses parents ou dans les personnes qui les remplacent et d'être aimé par eux ; force : réciprocité et espérance)
Petite enfance (de 1 an à 2 ans)	Stade anal (1 an à 3 ans) (apprentissage de la propreté)		Autonomie/honte et doute (tâche principale : propreté, indépendance ; besoin d'être encadré et soutenu ; besoin d'expérimenter sans craindre d'être vu et mal jugé s'il fait des erreurs ; force : volition)
Trottineur (de 2 à 3 ans)		Pensée préopératoire (de 2 ans à 6, 7 ans) (développement de la fonction symbolique avec l'acquisition du langage ; pensée magique et égocentrique)	
Âge du jeu (de 3 à 5 ans)	Stade phallique (complexe d'Œdipe)		Initiative/culpabilité (tâche principale : conscience morale ; besoin d'imiter les grandes personnes et de faire les choses par soi-même ; besoin de se donner des défis ; force : dessein)
Âge scolaire (vers 5 ou 6 ans)	Période de latence (de 5, 6 ans jusqu'aux environs de 11, 12 ans) (formation de l'idéal du moi et de la conscience morale)		Productivité/infériorité (de 6 à 11 ans) (tâche principale : scolarisation ; besoin d'accomplir des choses et de créer pour découvrir ses intérêts, apprécier ses talents et mesurer son efficacité personnelle ; force : compétence)
Âge de la raison (de 7 à 11 ans)		Pensée opératoire concrète (de 7 à 11 ans) (acquisition et consolidation des comportements sociaux ; capacité de décentration ; apparition de la pensée logique ; concentration sur le réel, le concret ; opérations simples [classification, sériation, nombre] ; conservation de la substance, du poids et du volume)	

Période	Stade psychosexuel (Freud)	Développement cognitif (Piaget)	Développement psychosocial (Erikson)
Adolescence (vers 11, 12 ans jusqu'à 17, 18 ans)	Stade génital (de 11 ans jusqu'à ?) (dernier stade du développement psychosexuel, impliquant la capacité de vivre des relations intimes authentiques)	Pensée opératoire formelle (pensée hypothético-déductive, capacité d'abstraction, d'induction, de déduction et de combinaison ; métacognition)	Identité/dispersion et confusion de rôles (tâche principale : identité sociale ; besoin de se définir et de clarifier ses intérêts professionnels et personnels ; importance de l'apparence, des modèles d'identification, de l'appartenance à un groupe ; force : fidélité)
Fin de l'adolescence (vers 19 ans jusqu'à 22, 25 ans)			Intimité/isolement (jusqu'à 35 ans) (tâche principale : satisfaire les exigences de son identité personnelle ; besoin de s'établir, de s'engager, de s'affranchir, d'assurer sa subsistance et son indépendance ; besoin de fonder une famille ; force : amour)
Jeune adulte (vers 25 ans jusqu'à 35, 40 ans)			
Adulte (vers 35, 40 ans jusqu'à 60 ans)			Générativité/stagnation (tâche principale : intériorité ; besoin de se dépasser, de réaliser quelque chose pour les générations futures, de faire une contribution importante à la société ; force : soin)
Fin de l'âge adulte (de 60 à 75 ans)			Intégrité du moi/désespoir (tâche principale : faire le bilan ; besoin de profiter de la vie, de communiquer ses expériences à la jeunesse ; besoin de prendre sa retraite et de demeurer actif et utile ; force : sagesse)
Vieillesse (75 ans et plus)			Continuité de soi à travers sa descendance*/impuissance (tâche principale : mourir ; besoin de transcender la mort, de développer un sens d'immortalité, que ce soit par le souvenir, les réalisations, la descendance, etc. ; force : foi)

* D'après Kaplan et O'Connor (1993), les études en gérontologie ont mis au jour une autre étape de la vie chez les personnes très âgées, celle de la continuité de soi à travers les générations futures (*trans-generational continuity*). Ils ajoutent aussi deux autres étapes, bien avant la naissance, qui prennent en considération le développement de l'être humain au moment de sa conception et au cours de son développement dans l'utérus de sa mère. Cela suppose qu'on considère que l'être humain existe dès la fertilisation de l'ovule. Évidemment, une telle conception est contestée par les mouvements en faveur de l'avortement.

Source: Inspiré d'Erikson (1963) ; Freud (1953) ; et Piaget (1967).

changements structuraux qui découlent du passage à travers ces étapes sont censés rendre la personnalité plus stable, mieux équilibrée, plus forte, plus mature qu'elle ne l'était avant.

D'après Mahoney (1991), l'un des plus importants développements dans le domaine de la psychologie du développement est le passage de la description des stades et des structures de la personnalité à différents moments de l'existence (en particulier avant l'âge adulte) à la compréhension des processus et des systèmes de développement concernés.

Les modèles de développement que les chercheurs proposent actuellement ont un caractère complexe et systémique. Ils prennent en considération la nature dialectique des passages dans l'existence: continuité/discontinuité du développement, stabilité/dynamique des structures, nouveauté/familiarité de l'expérience, progression/ régression de la personnalité, etc.

Le développement suit de curieux procédés, un peu à la façon de l'escargot sur la muraille du château de Barbebleue[6]: il recule d'un pas, puis il avance de deux. Kaplan et O'Connor (1993) utilisent un modèle semblable à cette image pour comprendre les processus engagés dans les étapes de développement définies par Erikson. Le développement implique des mouvements progressifs, allant du simple et non-différencié au complexe et différencié, et des régressions temporaires à des états inférieurs, comme s'il fallait reculer pour mieux sauter. Dans tous les cas, chaque individu essaie toujours de faire du mieux qu'il peut, dans le contexte où il se trouve, avec les moyens dont il dispose et ce, afin de maintenir un équilibre entre la familiarité de ses habitudes et la nouveauté des acquis qu'il désire faire. Le développement met donc en jeu des processus complexes, comportant une suite continue et discontinue de conservation, d'expansion, de perturbations, de compensation et de reconstruction (Mahoney, 1991). Nous expliquerons ces processus plus en détail dans les chapitres sur l'apprentissage et sur l'adaptation.

LE CYCLE DE LA VIE

L'existence humaine est remplie d'histoires, d'événements heureux et malheureux; en fait, les problèmes semblent augmenter en nombre et en difficulté à mesure que la personne grandit. Quand on regarde un bébé (venu au monde dans des conditions «normales»), on peut constater son contentement suprême, surtout après avoir été bercé par sa mère. Quand on regarde un jeune avocat, on peut apercevoir son état fébrile, son humeur anxieuse, surtout à la veille de sa plaidoirie. Quand on regarde la directrice d'un service, on peut observer son niveau d'activité. Le petit d'homme a conscience de ses besoins et du plaisir qu'il éprouve en compagnie de sa mère. Le jeune

---

6. Dans cette histoire, un escargot est au bas de la muraille du château, qui fait 10 mètres de haut. Pendant le jour, il gravit la muraille de trois mètres et pendant la nuit, il recule de deux mètres. Combien de jours lui faudra-t-il pour atteindre le haut de la muraille? (La réponse n'est pas 10…)

avocat a conscience de ses besoins et des exigences de son métier, sans compter tous les autres problèmes qu'il a à résoudre. La directrice de service a conscience de ses besoins et des exigences de son métier, mais aussi des obligations de l'entreprise et des besoins des employés qu'elle dirige. Ces exemples font ressortir le fait que l'augmentation des problèmes est un phénomène concomitant de l'élargissement du champ de la conscience d'une personne. Cela signifie-t-il qu'il vaut mieux rester inconscient pour être heureux? Cela dépend. L'inconscience ne procure pas toutes les satisfactions qu'on peut espérer de la vie; en outre, vivre toujours dans la dépendance n'est peut-être pas la meilleure solution.

Le développement de la personnalité requiert en fait l'éveil de la conscience et son élargissement. La conscience remplace petit à petit l'instinct dont la nature nous a tous dotés. Chaque problème que rencontre la personne humaine représente une occasion pour elle de se défaire de ses réponses réflexes et naturelles et de développer sa conscience, avec les implications culturelles qui en découlent. C'est du moins la position qu'adopte Carl G. Jung (1981a) à l'égard du développement de la personnalité. Il faut ici souligner le mot «occasion», car il est dans la nature de la personne humaine d'éviter les problèmes, la frustration et la souffrance, et il est aussi dans sa nature de valoriser la certitude et le sentiment de compétence plutôt que l'incertitude et la mise à l'épreuve de ses compétences. Une telle conception de la nature humaine n'est cependant pas complète, car il est aussi dans la nature humaine de se montrer ouvert à l'expérience, d'exercer sa créativité et de développer son potentiel (Jung, 1981a; Rogers, 1976).

Jung fait une comparaison avec la course du soleil pour décrire le développement de la personnalité, illustrée dans la figure 1.3. Au matin, les premiers rayons du soleil pointent à l'horizon, au-delà de la mer sombre de l'inconscient. À mesure qu'il fait son ascension vers son zénith, il peut contempler le monde qu'il illumine et qui s'agrandit sous ses feux. Ainsi en est-il de la conscience, qui s'éveille à la naissance (ou peut-être à la conception) et qui accroît les possibilités d'action de la personne ainsi que sa liberté en même temps qu'elle maîtrise et transforme ses instincts en conduites volontaires et valorisées.

À son zénith, le soleil brille de tous ses feux. De la même manière, le mitan de la vie correspond au sommet des performances de l'individu. Arrivée au sommet, la personne peut apprécier ce qu'elle est devenue et jouir de la vie qu'elle s'est construite.

Puis commence la descente vers l'autre horizon, à l'opposé de celui du matin. Les forces qui animent le soleil se renversent, mais la lumière demeure tout aussi forte que celle de l'avant-midi. Ainsi en est-il de la conscience, qui continue d'éclairer les attitudes et les conduites de la personne après le mitan de sa vie. Seulement, la logique de son développement s'inverse: l'extériorité et l'expansion qui caractérisaient la première partie de sa vie font place à l'intériorité et à la contraction des énergies dans la seconde. La comparaison s'enrichit ici d'un nouvel élément: la conscience continue d'éclairer, mais elle est en outre capable de se dépasser, de changer de niveau; c'est la métaconscience, c'est-à-dire la conscience ou la réflexion sur les processus exécutifs

FIGURE 1.3   Les étapes de la vie

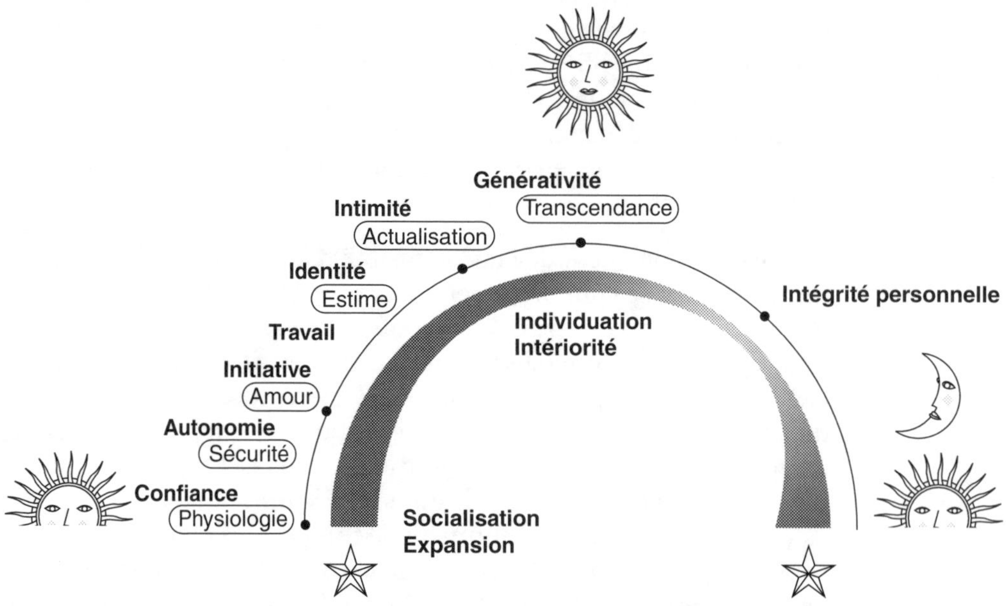

Source : D'après une idée originale de Jung (1981a) et inspiré de l'ouvrage de Mahoney (1991).

supérieurs de régulation et de contrôle des conduites (Pinard, 1992). C'est donc la capacité de prendre en charge de façon consciente et délibérée son propre fonctionnement cognitif, en d'autres mots sa propre pensée.

Le proverbe bien connu *Si jeunesse savait, si vieillesse pouvait* prend ici tout son sens. La jeunesse, c'est le moment de la vie où seul le ciel constitue la limite, comme disent les Anglo-Saxons, mais il manque l'expérience. La vieillesse, c'est le moment de la vie où on connaît les limites et les possibilités, mais la force physique et l'énergie commencent à faire défaut.

Les premiers stades de la conscience

La conscience se manifeste la première fois lorsqu'un enfant arrive à faire le lien entre quelque chose qu'il perçoit et quelque chose qu'il connaît déjà; elle prend véritablement de l'ampleur lorsqu'il est capable de distinguer le moi de l'autre. D'ailleurs, au début, l'enfant parle de lui-même en se nommant ou en se désignant à la troisième personne. Ce n'est qu'au moment où la conscience de soi est possible qu'il peut parler de lui à la première personne. Lorsque l'enfant peut dire «je», «moi», on peut affirmer qu'il a conscience qu'il est aussi une personne, différente de sa mère et des autres, détachée des autres, donc potentiellement libre. C'est une période qu'on peut qualifier de monarchique, car la conscience de l'enfant est égocentrique. L'enfant n'éprouve pas vraiment de problèmes à ce stade-ci, à moins qu'on ne prenne pas soin de lui ou, pire encore, que son existence ne soit menacée.

Survient la naissance psychologique de l'enfant, vers 9-11 ans, au moment de la puberté, en fait. C'est une période de grands bouleversements pour l'enfant à cause des changements physiologiques, psychologiques et sociaux qui se produisent. C'est aussi le moment de s'affranchir de ses parents, de sa famille, et de devenir quelqu'un. Les prises de conscience du jeune adolescent ont souvent comme effet de diviser le monde en deux, le bon et le mauvais. Les dualités, qui sont typiques à cet âge, permettent toutefois à la conscience de s'élargir, en provoquant des remises en question, des questionnements, des états de doute, des sentiments d'incertitude et, par conséquent, des possibilités d'apprentissage et de développement. Cette période de la vie qu'on appelle l'âge ingrat est en outre fort frustrante : le jeune adolescent est trop grand pour agir comme un enfant, mais pas assez pour être traité comme un adulte. Aussi éprouve-t-il au début de cette période une ambivalence entre l'immaturité et la sécurité de l'enfance et la responsabilité et la croissance de cette nouvelle étape de son existence.

À cet âge, les jeunes valorisent la réussite matérielle, l'affiliation et l'appartenance, la performance et l'utilité ; c'est encore le bel âge. Le jeune adolescent s'affranchit de sa famille pour s'attacher à d'autres groupes. Cette solution est temporaire ; pour devenir la personne qu'il est vraiment, il sera forcé de s'affranchir aussi de ses groupes d'appartenance, et cela ne se fera pas aisément. C'est la dialectique entre la sécurité que procure la dépendance et l'insécurité que cause l'autonomie, entre la conformité et l'individuation.

Le stade du mitan

Au mitan de la vie, un important changement psychologique—voire une crise—se prépare, et il semble qu'il prenne racine dans l'inconscient. Il arrive souvent qu'à cette période la personne continue d'appliquer les principes de la jeunesse à l'existence de la vie adulte, soit l'expansion de ses possibilités matérielles et la conservation des objectifs de réalisation et d'actualisation de soi. Or, il est temps qu'un changement s'opère, car la personne est au sommet de sa vie et son corps commence à perdre de sa vigueur. Elle va donc commencer à ressentir un besoin d'intériorité, la nécessité de développer sa vie intérieure ; elle peut même se rappeler de ses rêves d'enfants et s'interroger sur les raisons qui l'ont détournée de la poursuite de ses rêves. En même temps, elle sera pressée par les autres de s'accomplir davantage : réaliser de grands projets, donner son meilleur rendement au travail, devenir le mentor de jeunes diplômés, etc. Si elle a une famille, elle sera préoccupée par ses enfants, elle souhaitera pour eux un monde meilleur que celui qu'elle a connu, elle se fera du souci pour eux. Même la physiologie se mêle de renverser les tendances. Le corps de la femme tend à devenir plus carré qu'avant et celui de l'homme, à s'arrondir. La femme pourra être tentée de devenir la sœur de sa fille et l'homme, le copain de son fils. Il est difficile d'accepter de vieillir, car il faudra ensuite accepter de mourir.

On n'arrête pas le mouvement de la vie: elle se dirige inévitablement vers la mort. Les systèmes religieux ont fort bien compris l'angoisse de la mort; ils proposent d'ailleurs toutes sortes de solutions pour la soulager. Jung (1981a) suggère de considérer la mort comme une transition faisant partie d'un processus de la vie dont on ne perçoit pas l'étendue ni la durée. Les musulmans disent quant à eux: « Fais ce que tu dois chaque jour comme si tu vivais toujours, mais vis chaque jour comme si c'était le dernier. » C'est le paradoxe de la vie et de la mort, de la responsabilité et de la finitude de l'existence humaine.

Le stade de la vieillesse

On surnomme à juste titre la vieillesse l'«âge d'or», et cela est loin d'être péjoratif. Comme en alchimie, où le fer se transforme en or, l'expérience de la vie devient sagesse, culture et héritage. Le temps est enfin venu de profiter du relâchement des pressions sociales et de la retraite pour prendre soin de soi et des personnes qu'on aime. C'est l'âge où la vie prend tout son sens. Jones (1988) a remarqué que la vieillesse donne la liberté d'accomplir des choses qu'on a sacrifiées au profit de la carrière, dans la mesure bien sûr où notre niveau de vie le permet. Les personnes âgées ont surtout besoin d'avoir des amis avec qui partager leurs craintes, leurs préoccupations et leurs intérêts personnels.

Une vieille personne a tout son temps pour s'occuper de transmettre son expérience aux jeunes. La jeunesse donne de la vitalité à une société, la vieillesse, de la culture.

Dans plusieurs sociétés, les grands-parents vivent avec leurs petits-enfants et s'occupent de leur éducation pendant que les parents travaillent. Dans les sociétés qui dénient la mort, on préfère regrouper les personnes âgées dans des résidences spécialement conçues pour elles. Dans ces sociétés se manifestent aussi des problèmes de garderie, d'éducation et de continuité de l'héritage culturel, sans compter l'aspect financier que représentent tous ces services à la communauté. Au Canada, on considère maintenant l'idée de retourner les personnes âgées chez leurs enfants parce que les soins et les services sociaux coûtent cher, mais cela ne réglera en rien les problèmes existentiels dont souffre notre société.

TIRER PROFIT DES DIFFÉRENCES INDIVIDUELLES AU TRAVAIL

On a vu dans ce chapitre différentes façons d'étudier les différences individuelles. Les modèles descriptifs comme les taxinomies de traits et les typologies font ressortir la structure des différences individuelles alors que les modèles génétiques font apparaître les facteurs qui déterminent le développement de la personnalité et qui expliquent dans une certaine mesure les différences observées à un moment donné. Parmi les renseignements souvent requis par ces deux types de modèles figurent l'âge, le nombre d'années de scolarité, le statut familial, l'expérience de travail, les responsabilités financières, etc.

Les deux approches sont nécessaires pour comprendre les différences individuelles au travail. Il existe aussi des outils pour mesurer ces dernières, tels les tests et les inventaires, dans le cas des modèles descriptifs, ou les données sur l'histoire de la personne que fournit le curriculum vitæ ou un questionnaire sur sa vie (*bio-data* en anglais), dans le cas des modèles génétiques (Furnham, 1992).

Les différences individuelles comprennent les aptitudes intellectuelles et les traits de personnalité. Les aptitudes intellectuelles, que nous n'avons pas encore décrites, font l'objet du prochain chapitre. Elles font référence à la dimension cognitive des conduites alors que les traits de personnalité renvoient principalement à la dimension affective.

D'après Furnham (1992), les habiletés intellectuelles sont associées à la facilité de l'apprentissage d'un emploi et à la performance au travail. Toutefois, cet auteur indique qu'une grande motivation au travail est en mesure de compenser les limites de l'habileté intellectuelle. Robertson (1993) a constaté que les traits de personnalité sont aussi liés à la facilité d'apprendre des tâches et au rendement individuel. Par ailleurs, il semble que le meilleur prédicteur de la performance individuelle soit la performance passée. Pour la connaître, on recourra à l'examen du curriculum vitæ du candidat.

Dans les organisations, la reconnaissance et la compréhension des différences aident les personnes à apprécier les contributions potentielles de chacun et à les mobiliser d'une façon constructive. Cela permet également d'accepter le fait qu'il existe plusieurs façons de voir la réalité et d'aborder les problèmes quotidiens, toutes aussi valables les unes que les autres.

Du point de vue de l'affectation des personnes à des tâches, la connaissance des qualifications requises pour exercer un emploi ainsi que des exigences objectives concernant cet emploi rend possible le meilleur appariement (*fit*) qui soit entre l'employé et l'emploi. Pour ce qui est des relations professionnelles, la compréhension des différences individuelles permet aux supérieurs, aux subordonnés et aux collègues de communiquer et de travailler plus efficacement avec les autres, car il est plus facile de se faire comprendre et d'écouter les autres quand on connaît leurs points de vue. Nous aborderons cet aspect dans le chapitre 2, qui porte sur la perception, ainsi que dans le chapitre 6, qui traite des relations humaines.

Texte classique ═══════════

TYPOLOGIE PSYCHOLOGIQUE[1]

Le caractère est la forme individuelle fixe de l'être humain. Cette forme est d'une nature qui relève autant du corps que de l'esprit, aussi la caractérologie générale est-elle la science des signes distinctifs, qu'ils soient de nature physique ou de nature spirituelle. L'inexplicable unité de l'être vivant a pour conséquence que les signes corporels ne sont pas tout simplement corporels et les signes spirituels pas tout simplement spirituels, car la continuité naturelle ignore ces incompatibilités et ces séparations que l'entendement humain est obligé de faire pour pouvoir connaître. La séparation de l'âme et du corps est une opération artificielle, une discrimination, qui certainement trouve son fondement moins dans l'essence des choses que bien plutôt dans la singularité de l'entendement qui connaît. En effet, si intime est la pénétration réciproque de signes distinctifs corporels et spirituels que, de la constitution du corps, nous pouvons non seulement tirer de larges conclusions concernant la constitution de l'âme, mais que nous pouvons en outre en tirer aussi sur les formes des manifestations corporelles en partant de la particularité spirituelle. Évidemment, dans ce dernier cas, nous nous heurterons à une difficulté infiniment plus grande; mais cela tient, non pas sans doute à ce que l'âme influence moins le corps que le corps l'âme, mais à ce que, si nous prenons l'âme pour point de départ, nous devons conclure de l'inconnu au connu, tandis que, dans le cas contraire, nous avons l'avantage de pouvoir nous appuyer, au départ, sur quelque chose de connu, le corps visible. En dépit de toute la psychologie que nous nous imaginons posséder de nos jours, l'âme nous est cependant encore infiniment plus obscure que la surface visible de notre corps. L'âme nous est encore un pays étranger, à peine exploré, dont nous

ne recevons que des informations indirectes, transmises par l'intermédiaire de fonctions de la conscience sujettes à des possibilités infinies d'illusions.

Aussi le chemin le plus sûr semble-t-il, à juste titre, être celui qui va de l'extérieur à l'intérieur, du connu à l'inconnu, du corps à l'âme et c'est pourquoi tous les essais de caractérologie ont commencé par l'extérieur : c'est le cas de la méthode des anciens, l'astrologie, qui commence même au dehors, dans l'espace cosmique, pour en arriver à ces lignes du destin dont les commencements—ainsi que Séni le fait remarquer à Wallenstein—gisent dans l'homme lui-même. De même aussi la chiroscopie, la phrénologie de Gall et la physiognomonie de Lavater, tout récemment, la graphologie, la typologie physiologique de Kretschmer et la méthode des taches de Rorschach. Comme on le voit, les voies qui vont de l'extérieur à l'intérieur, du corps à l'âme, ne manquent pas.

Cette marche de l'extérieur à l'intérieur doit être suivie par la recherche, jusqu'à ce que l'on ait constaté avec une suffisante certitude certains états de fait spirituels élémentaires. Mais une fois qu'on y sera parvenu, on pourra suivre la route inverse. Nous pourrons alors poser la question suivante : quelles sont les expressions corporelles de cet état de fait spirituel précis ? Malheureusement, nous n'en sommes pas encore arrivés à pouvoir même poser cette question, car la condition essentielle, qui est d'avoir établi de façon satisfaisante le fait spirituel, est encore loin d'être réalisée. Nous ne faisons guère que commencer à essayer de dresser un inventaire spirituel et avec plus ou moins de bonheur.

En effet, la simple constatation que certains humains ont telle ou telle apparence n'a pour nous aucun sens si elle ne nous autorise pas à conclure à quelque chose de spirituel qui lui correspond. Nous ne sommes satisfaits que si nous savons quelle sorte d'âme correspond à une manière d'être corporelle déterminée. Le corps ne nous dit rien sans l'âme et— s'il nous était possible de nous placer au point de vue de l'âme—l'âme n'a pas non plus de sens sans le

---

1. Tiré de Jung, C.G., *Problème de l'âme moderne*, Paris, Buchet/ Chastel, 1991, p. 195-219. Conférence faite au congrès des médecins aliénistes de la Suisse, en 1928, à Zurich. Paru dans C.G. Jung, *Seelen-probleme der Gegenwart*, Éd. Rascher, Zurich, 1931.

corps. Et si nous entreprenons de conclure d'un trait physique à un trait correspondant de l'esprit, nous concluons, comme nous l'avons déjà dit, du connu à l'inconnu.

Il me faut, malheureusement, souligner cette phrase, car la psychologie est, peut-on dire, la plus jeune de toutes les sciences et par suite, elle se trouve plus que toute autre sous la pression des préjugés. Le fait même que la psychologie n'a été découverte que récemment prouve immédiatement qu'il nous a fallu bien du temps pour isoler du sujet son esprit et pouvoir en faire la matière d'une connaissance objective. La psychologie considérée comme une science naturelle est, de fait, une conquête toute récente ; auparavant elle était un produit de l'arbitraire, aussi fantaisiste que la science naturelle du Moyen Âge. On croyait pouvoir faire de la psychologie par décret. Et ce préjugé continue à se faire sentir. L'esprit n'est-il pas ce qu'il y a de plus immédiat pour nous ? Par conséquent, semble-t-il, ce que nous connaissons le mieux ? Plus encore : il s'ouvre devant nous, il nous agace par la banalité de son incessante quotidienneté, nous en souffrons même et faisons tout notre possible pour n'être pas contraints d'y penser. Parce que l'âme est l'immédiat même, parce que nous-mêmes nous sommes âmes, nous ne pouvons guère faire autrement que d'admettre que nous en ayons la connaissance la plus profonde, la plus durable et la plus indubitable. D'où il résulte, non seulement que chacun a son opinion sur la psychologie, mais que chacun est aussi persuadé qu'il est tout naturel qu'il en ait la meilleure connaissance. Les psychiatres, qui ont à lutter contre les parents et tuteurs proverbialement compréhensifs de leurs malades, ont peut-être été les premiers dont le groupe professionnel se soit heurté au préjugé aveugle de la masse qui veut que, dans les affaires psychologiques, chacun en sache plus que le voisin ; ce qui, on le sait, n'empêche pas le psychiatre d'en être mieux averti, au point qu'il peut dire : « Dans cette ville, il n'y a, somme toute, que deux personnes normales : l'autre, c'est M.B., professeur au lycée. »

Dans la psychologie d'aujourd'hui, il faut en arriver à reconnaître que la chose la plus immédiate est aussi la moins connue de toutes, bien qu'elle paraisse la plus connue et que tout autre en soit probablement mieux instruit que moi. Quoi qu'il en

soit, ce serait là un principe heuristique extrêmement utile. C'est précisément parce que l'âme est immédiate à ce point que la psychologie a été découverte si tard. Et comme nous en sommes encore au début d'une science, nous ne disposons pas des concepts et définitions au moyen desquels nous pourrions saisir les faits. Les premiers nous manquent, pas les seconds, qui nous pressent, au contraire, de toutes parts, qui nous submergent, au rebours des objets d'autres sciences qu'il nous faut, pour ainsi dire, aller chercher et dont le groupement naturel comme celui des éléments chimiques, ou les familles de plantes, nous transmet une notion représentative *a posteriori*. Or, il en est tout autrement de la psyché ; l'attitude empirique représentative nous rejette dans le flot incessant de nos événements mentaux subjectifs, et si, dans cette agitation, surgit un concept général qui la résume, il n'est le plus souvent qu'un simple symptôme. Comme nous sommes âmes nous-mêmes, il est en somme inévitable, si nous laissons agir le phénomène mental, que nous nous dissolvions en lui et qu'ainsi nous soit ravie la possibilité de connaître par distinction et comparaison.

Voilà une difficulté ; l'autre vient de ce que, à mesure que l'on s'éloigne du phénomène spatial et que l'on se rapproche de la non-spatialité de l'âme, on perd toute possibilité de mesure exacte. Même la constatation des faits devient pénible. C'est ainsi que, pour souligner l'irréalité d'une chose, je dis que je l'ai seulement pensée. « Je n'aurais même pas eu cette idée si… et d'ordinaire je ne pense pas ainsi. » Des remarques de ce genre sont courantes et prouvent combien nébuleux sont les faits psychiques, ou plutôt combien ils paraissent vagues subjectivement, car en réalité, ils sont tout aussi objectifs et déterminés qu'un événement historique. J'ai réellement pensé ceci ou cela quelles que puissent être les conditions et stipulations de ce processus. Et bien des gens n'arrivent à cet aveu, en somme tout naturel, qu'au prix des plus grands efforts moraux.

Par conséquent, lorsque, partant de phénomènes extérieurs connus, nous concluons à la réalité des faits psychiques, nous nous heurtons à ces difficultés.

Dans le domaine restreint où je travaille, on ne se borne pas à la constatation clinique —au sens le plus large—de caractéristiques extérieures ; on y étudie et classifie les faits mentaux établis par inférence. Ce travail aboutit d'abord à une phénoménologie psychique qui permet d'élaborer une doctrine structurelle convenable dont l'application empirique constitue finalement une typologie psychologique.

La phénoménologie clinique est une symptomatologie. Le pas qui va de la symptomatologie à la phénoménologie psychique peut se comparer à celui qui conduit de la pathologie symptomatique pure à la connaissance de la pathologie cellulaire et à celle du métabolisme. Car la phénoménologie psychique nous transmet la notion des processus d'arrière-plan qui servent de base aux symptômes manifestes. Comme tout le monde le sait, cette évolution s'est réalisée par l'application des méthodes analytiques. Aujourd'hui, nous avons une connaissance effective des phénomènes psychiques qui déclenchent des symptômes psychogènes ; cela établit la base d'une phénoménologie psychique ; la doctrine des complexes n'est pas autre chose. Quoi qu'il puisse se dérouler en outre dans les obscures profondeurs de l'âme—on sait que les opinions sont très diverses à ce sujet—il est solidement établi que ce sont, en premier lieu, des contenus affectivement tentés, appelés complexes, qui jouissent d'une certaine autonomie. On a été choqué assez souvent par l'expression « complexe autonome » ; bien à tort, à ce qu'il semble, car les contenus actifs de l'inconscient présentent, de fait, un comportement que je ne pourrais désigner autrement que par le terme « autonome » qui a pour but de caractériser leur aptitude à opposer de la résistance aux intentions de la conscience, d'aller et de venir comme il leur plaît. D'après tout ce que nous en savons, les complexes sont des masses psychiques qui se sont soustraites au contrôle de la conscience, dont elles se sont séparées pour mener une existence indépendante dans la sphère obscure de l'âme, d'où elles peuvent, à tout moment, entraver, ou favoriser des activités conscientes.

En approfondissant la théorie des « complexes », on arrive logiquement au problème de leur origine. Sur ce point aussi il existe différentes théories ; mais indépendamment d'elles, l'expérience a établi que les complexes renferment toujours quelque chose qui ressemble à un conflit, ou du moins qu'ils en provoquent ou en ont un pour origine. Quoi qu'il en soit, le complexe porte en lui le caractère de conflit, de choc, d'ébranlement, de gêne, d'incompatibilité. Ce sont en français : des « points sensibles », des « bêtes noires » ; en anglais : *skeleton in the cupboard*, dont on n'aime guère se souvenir, dont on aime encore moins que d'autres nous les remettent en mémoire, mais qui savent d'eux-mêmes se manifester, très souvent de la façon la moins désirée. Ils contiennent toujours des souvenirs, désirs, craintes, nécessités, obligations ou jugements dont on ne peut jamais venir à bout d'aucune façon : aussi viennent-ils toujours se mêler, pour la troubler et pour l'endommager, à notre vie consciente.

Apparemment, les complexes sont une sorte d'infériorité au sens le plus large ; mais je m'empresse de remarquer que le complexe, ou le fait d'avoir des complexes, ne signifie pas sans plus que l'on est inférieur. Cela signifie simplement qu'il existe quelque désunion, quelque chose de non assimilé, de conflictuel, un obstacle peut-être, mais aussi une impulsion à des efforts plus grands, peut-être même une nouvelle possibilité de succès. En ce sens, les complexes sont vraiment des foyers ou des nœuds de la vie psychique dont on ne voudrait guère être privé, plus encore : qui ne *doivent jamais* faire défaut, parce que, sans eux, l'activité de l'esprit en arriverait à un arrêt fatal. Mais ils expriment ce qu'il y a d'inaccompli dans l'individu, le point où, au moins pour le moment, il a subi une défaite, où il ne peut dominer ou vaincre, donc indubitablement le *point faible* dans tous les sens possibles du terme.

Ce caractère du complexe jette une clarté significative sur son apparition. Il provient apparemment de la collision entre une nécessité d'adaptation et la constitution de l'individu incapable de s'y soumettre. C'est ainsi que le complexe devient pour nous un symptôme précieux pour diagnostiquer une disposition individuelle.

L'expérience nous met d'abord en présence de complexes infiniment variés ; mais si on les compare soigneusement entre eux, on découvre des formes typiques fondamentales relativement peu nombreuses, qui s'édifient toutes sur les premiers événements de l'enfance. Il doit en être ainsi de toute nécessité, car la disposition individuelle se révèle déjà dans l'enfance, puisqu'elle est innée et non pas seulement acquise au cours de la vie. Le complexe parental n'est donc pas autre chose que la première

manifestation du choc entre la réalité et la constitution de l'individu inadapté à ce point de vue. Il faut
donc que la première forme du complexe soit le
complexe parental, les parents étant la première
réalité avec laquelle l'enfant entre en conflit.

C'est pourquoi la présence d'un complexe
parental ne nous dit à peu près rien de la constitution
particulière de l'individu. Mais l'expérience pratique
nous apprend bientôt que l'essentiel ce n'est pas du
tout la présence d'un complexe parental, mais bien
plutôt la façon particulière sous laquelle le complexe
agit dans l'individu. On y trouve alors les variations
les plus diverses dont on ne peut guère ramener que
la plus minime part au caractère spécial de
l'influence des parents, puisque souvent plusieurs
enfants sont soumis en même temps à la même
influence à laquelle ils réagissent pourtant de façon
très différente.

Aussi je porte mon attention précisément sur ces
différences en me disant que c'est justement par elles
que nous pourrions reconnaître la particularité des
dispositions individuelles. Pourquoi, dans une
famille de névrosés, l'un des enfants réagit-il par une
hystérie, l'autre, par une névrose obsessionnelle, le
troisième par une psychose, et le quatrième, peut-
être en apparence, par rien du tout ? Ce problème du
« choix de la névrose », devant lequel Freud s'est vu
placé, enlève au complexe parental, en tant que tel,
toute valeur étiologique parce que la question se
trouve désormais reportée sur l'individu qui réagit et
sur sa disposition particulière.

Les tentatives faites par Freud pour résoudre ce
problème ne me donnent pas du tout satisfaction ;
mais je me trouve souvent moi-même dans l'impossibilité d'apporter une réponse. J'estime que, d'une
façon générale, il est encore prématuré de poser la
question du choix de la névrose. Car avant d'aborder
ce problème extrêmement compliqué, nous devrons
avoir accru considérablement nos connaissances sur
la façon de réagir des individus. La question à poser
est la suivante : comment réagit-on à un obstacle ?
Par exemple : quand nous arrivons à un ruisseau,
sans fond et trop large pour qu'on puisse simplement l'enjamber, il nous faut sauter par-dessus. Pour
ce faire, nous avons à notre disposition un système
fonctionnel compliqué : le système psycho-moteur,
fonction parfaitement organisée qu'il nous suffit de
déclencher. Mais avant de le faire, il se produit
encore quelque chose de purement psychique, à
savoir la *décision* en vue de ce qu'il faut faire, et c'est
ici que se placent les événements individuels décisifs
qui, chose curieuse, ne sont que rarement, ou même
jamais, reconnus par le sujet comme caractéristiques ; en général, on ne se voit jamais soi-
même ou, si l'on se voit, ce n'est qu'en tout dernier
lieu. De même que l'appareil psycho-moteur est
habituellement préparé pour le saut, nous avons,
pour décider de ce qu'il faut faire, un appareil exclusivement psychique tout préparé par l'habitude
(donc inconscient).

De quoi se compose cet appareil ? Les opinions à
ce sujet divergent énormément ; sûr est seulement
que chaque individu a sa manière, à lui habituelle, de
prendre des décisions et de se comporter en présence
des difficultés. L'un dira, si on l'interroge, qu'il a
sauté par-dessus le ruisseau parce que cela lui faisait
plaisir, un autre, parce qu'il n'y avait pas d'autres
possibilités, un troisième, parce que tout obstacle
l'incite à le vaincre. Un quatrième n'a pas sauté parce
qu'il n'aime pas les efforts inutiles ; un cinquième,
parce qu'il ne voyait pas de nécessité de franchir le
ruisseau.

J'ai intentionnellement choisi ce banal exemple
pour montrer combien ces motivations paraissent
sans importance, si futiles même que nous avons
tendance à les écarter et à les remplacer par notre
propre explication. Et pourtant, ce sont justement
ces variantes qui nous transmettent un précieux
aperçu sur les systèmes psychiques d'adaptation
individuelle. En effet, si nous examinons le premier
cas, celui de l'homme qui franchit le ruisseau parce
qu'il a plaisir à sauter, il est probable que nous
découvrirons que l'essentiel de son comportement se
déroule sous l'angle du plaisir ; quant au second, qui
saute parce qu'il ne conçoit pas d'autres moyens de
parvenir de l'autre côté, nous le verrons marcher à
travers la vie, attentif et chagrin, s'orientant toujours
selon un « faute de mieux[2] », etc. Chez tous, des
systèmes psychiques particuliers se tiennent prêts
auxquels on abandonne les décisions. On pourrait

---

2.   En français dans le texte original.

aisément penser que ces attitudes sont légion. Il est certain que l'on ne peut jamais dénombrer leur diversité individuelle, pas plus que l'on ne peut dénombrer les variations propres à chacun des cristaux qui pourtant appartiennent indubitablement à tel ou tel système.

Mais de même que les cristaux obéissent à des lois fondamentales relativement simples, de même les attitudes présentent, elles aussi, certaines particularités fondamentales qui les rangent dans différents groupes déterminés.

Les tentatives faites par l'esprit humain pour construire des types et mettre ainsi de l'ordre dans le chaos des individus remontent—on peut le dire sans crainte—à la plus lointaine Antiquité. La plus ancienne tentative connue de ce genre a été faite par l'astrologie de l'ancien Orient, dans ce qu'on appelle le trigone des quatre éléments : air, eau, terre, feu. Le trigone de l'air dans l'horoscope est composé des trois « Zodia » de l'air à savoir : Verseau-Gémeaux-Balance ; celui du Feu, du Bélier, du Lion, et du Sagittaire, etc., et la plus ancienne conception veut que celui qui est né dans ces trigones participe à leur nature aérienne ou ardente et jouisse d'un tempérament et d'une destinée qui y correspondent ; c'est pourquoi la typologie *physiologique* de l'Antiquité, la division en quatre tempéraments humoraux, est en rapport très étroit avec les idées cosmologiques encore plus anciennes. Ce qui jadis était représenté par les images du Zodiaque, fut désormais exprimé dans le langage physiologique des médecins antiques par les mots : flegmatique, sanguin, colérique et mélancolique qui ne désignent rien d'autre que des humeurs corporelles. On sait que ces derniers types se maintinrent jusqu'aux environs de 1700. Quant à la typologie astrologique, elle subsiste, chose curieuse, à l'âge des lumières ; elle jouit encore actuellement d'une grande faveur.

Ce coup d'œil rétrospectif sur l'Histoire peut donc nous tranquilliser : nos tentatives modernes de typologie ne sont nullement nouvelles, ni exorbitantes, bien que la conscience scientifique ne nous permette guère de recourir encore au vieux procédé intuitif. Il nous faut trouver notre propre réponse à ce problème, une réponse qui satisfasse aux exigences de l'esprit scientifique.

Et c'est ainsi que commence la principale difficulté du problème typologique : la question des mesures, ou critères. Le critère astrologique était simple : c'était la constellation de la naissance objectivement donnée. La question de savoir comment attribuer aux figures du Zodiaque et aux planètes des qualités de tempérament s'étend jusqu'à la grisaille nébuleuse des temps très lointains et reste sans réponse. Le critère des quatre anciens tempéraments physiologiques, c'était l'apparence et le comportement de l'individu, exactement comme dans la typisation physiologique d'aujourd'hui. Mais que doit être le critère d'une typologie psychologique ?

Rappelons-nous l'exemple donné plus haut des divers individus qui ont à franchir un ruisseau. Comment et d'après quels points de vue allons-nous classer leurs motivations habituelles ? L'un agit par plaisir, l'autre *agit* parce qu'il serait plus désagréable de ne rien faire ; un troisième ne fait rien parce qu'il se réserve une autre façon de voir, etc. La série des possibilités paraît sans fin et sans espoir.

J'ignore tout à fait comment d'autres se tireraient d'affaire en présence de cette tâche. Aussi ne puis-je que dire comment je me suis attaqué à la question et il me faudra supporter avec patience que l'on me reproche de résoudre le problème selon mon préjugé individuel ; cette objection est tellement juste que je ne vois pas bien comment je pourrais m'en défendre. Je ne peux que rappeler béatement le vieux Colomb qui, sur la base de suppositions personnelles, d'une hypothèse erronée et par une route abandonnée par les navigateurs d'aujourd'hui, découvrit l'Amérique… Quoi que l'on regarde et quelle que soit la manière de faire, on ne voit jamais que de ses propres yeux. C'est pour cette raison que la science n'est jamais l'œuvre d'un seul homme, mais celle d'un grand nombre. L'individu isolé ne fournit qu'une contribution et c'est en vertu de cette idée que je m'aventure à parler de ma façon de voir les choses.

Ma profession m'a contraint, depuis toujours, à me rendre compte des particularités des individus ; la circonstance particulière d'avoir eu à traiter je ne sais combien de couples, et d'avoir eu à faire comprendre à l'un et à l'autre ce qu'étaient l'épouse et l'époux, a mis davantage encore en relief la tâche et la nécessité de poser certaines vérités moyennes. Combien de fois ai-je été obligé de dire, par exemple : « Voyez-vous, votre femme se trouve être une nature très active dont on ne peut réellement pas attendre que toute son existence se déroule dans les soins du ménage. » Ainsi j'établissais déjà un type, une sorte de vérité statistique. Il y a des natures *actives* et des natures *passives*. Mais cette vérité banale ne me satisfaisait pas. J'ai d'abord essayé de dire qu'il y avait des natures *réfléchies* et des natures *non réfléchies* parce que j'avais remarqué que des natures en apparence passives ne sont pas tant passives que *réfléchies*. Elles examinent d'abord la situation, puis elles agissent et, comme c'est leur habitude de se comporter ainsi, elles laissent passer l'occasion où il faut agir immédiatement sans aucune réflexion ; c'est ainsi qu'on en arrive à porter sur elles le jugement prématuré de passivité. Les non-réfléchies me paraissaient sauter à pieds joints dans une situation, sans réflexion préalable, ne réfléchir qu'après coup et penser, que, peut-être, on était tombé dans un marécage. On pourrait donc les dire non réfléchies, ce qui semble mieux leur concevoir que le terme « actives », puisque la réflexion préalable de l'autre est, le cas échéant, une activité très importante et une façon d'agir pleine de responsabilité comparée au feu de paille inconsidéré d'un simple affairement. Or, je découvris bientôt que l'hésitation de l'un n'était pas toujours réflexion préalable, et l'action rapide de l'autre, pas davantage manque de réflexion. L'hésitation du premier repose aussi fréquemment sur une anxiété habituelle, ou tout au moins sur une sorte de recul habituel, comme on en aurait devant une tâche trop lourde, et l'agir immédiat de l'autre est souvent rendu possible par la prédominance d'une confiance en soi par rapport à l'objet. Cette observation m'incita à formuler ainsi ma détermination de types : il existe toute une classe d'êtres humains qui, au moment d'agir dans une situation donnée, exécutent d'abord un léger recul comme s'ils disaient doucement « non » et ne parviennent qu'ensuite à réagir, et une autre classe de gens qui, dans la même situation, semblent réagir immédiatement, parce qu'ils ont pleine confiance en la justice, toute naturelle pour eux, de leur façon d'agir. La première catégorie se caractériserait donc par une certaine relation négative à l'objet, la seconde, par une relation plutôt positive.

On sait que la première classe correspond à l'attitude *introvertie* et la seconde, à l'attitude *extravertie*.

Ces deux termes ne nous apportent d'abord guère plus de profit que la découverte que fit le *Bourgeois gentilhomme* de Molière qu'il parlait en prose. Ces types n'acquièrent sens et valeur que lorsqu'on connaît tout ce qui, par ailleurs, est donné en même temps que le type.

C'est qu'en effet, on ne saurait être introverti sans l'être à tous égards. La notion « d'introversion » signifie : tout ce qui est psychique se déroule, comme il se doit, selon la loi de l'introverti. S'il en était autrement, constater qu'un individu est extraverti serait aussi dépourvu de toute importance que de constater qu'il a une taille de 1,75 mètre, ou qu'il a les cheveux bruns et est brachycéphale. Ces constatations, on le sait, ne contiennent guère plus que ce qu'elles disent. Mais le terme « extraverti » est incomparablement plus exigeant. Car il veut dire que si quelqu'un est extraverti, sa conscience, aussi bien que son inconscient, doivent posséder certaines qualités, que son comportement général, ses relations avec les hommes et même le cours de sa vie présentent certaines propriétés typiques.

Introversion et extraversion, en tant que types d'attitudes, marquent pour l'ensemble du processus psychique un préjugé essentiellement déterminant puisqu'elles fixent l'habitus réactionnel et déterminent non seulement le mode d'agir, mais aussi le mode d'expérience subjective et même, au-delà, le mode de compensation par l'inconscient.

La détermination de l'habitus réactionnel doit faire mouche en ce sens que cet habitus est, en quelque sorte, la centrale commutatrice qui, d'une part, commande la régulation de l'action externe et, d'autre part, forme l'expérience typique. La façon d'agir conduit à des résultats correspondants, et, de la conception subjective des résultats, naissent les expériences, qui, à leur tour, influencent le comportement et créent le destin individuel en vertu du proverbe : « Chacun est l'artisan de son bonheur. »

Alors qu'il ne devrait y avoir aucun doute que nous touchons, avec l'habitus réactionnel, le point central, c'est une question épineuse de savoir si l'on a réussi, ou non, à caractériser cet habitus réactionnel.

De bonne foi, on peut être à ce sujet d'opinions différentes, même si l'on possède une connaissance profonde de ce domaine particulier. Ce que j'ai pu trouver en faveur de ma conception, je l'ai rassemblé dans mon ouvrage sur les types en stipulant expressément que je ne crois nullement que ma classification des types soit la seule vraie ou la seule possible[3].

La conception est, certes, simple et consiste en l'opposition de l'introversion et de l'extraversion : mais les classifications simples éveillent malheureusement presque toujours les soupçons. Il leur est trop facile de faire illusion en dissimulant les véritables complications. Je parle ici par expérience personnelle, car à peine avais-je, il y a aujourd'hui près de vingt ans, publié la première conception de mes critères que je remarquai, à mon grand déplaisir, que j'avais de quelque façon donné dans le panneau. Il y avait une erreur dans le compte. J'avais tenté d'expliquer trop de choses par des moyens trop simples : c'est ce qui arrive le plus souvent dans la première joie de la découverte.

Ce qui m'apparut clairement alors est le fait absolument indéniable que les introvertis présentent entre eux d'énormes différences, et les extravertis également ; différences si importantes que je me pris à me demander si j'avais, ou non, vu juste. Il m'a fallu près de dix ans d'observations et de comparaisons pour clarifier ce doute.

D'où proviennent les énormes différences à l'intérieur d'un type ? Cette question me plongea dans des difficultés imprévues sur lesquelles je n'eus point prise pendant longtemps. Ces difficultés reposaient pour une minime part sur l'observation et la perception des différences. Leur raison principale était plutôt, comme auparavant, le problème des critères pour désigner convenablement les différences caractéristiques. C'est alors que je compris réellement pour la première fois combien la psychologie est vraiment jeune. Elle n'est guère qu'un chaos de dogmes arbitraires et sans points de contact, nés dans le cabinet de travail ou le cabinet de consultations, par *generatio œquivoca*, du cerveau d'un savant isolé, donc jupitérien. Je n'ai pas l'intention de me montrer impertinent ; mais je ne puis m'empêcher de confronter le professeur de psychologie avec la psychologie de la femme, du Chinois et du nègre d'Australie. Il faut que notre psychologie se rapproche de la vie, sinon nous resterons plongés dans le Moyen Âge.

Je remarquai que, dans le chaos de la psychologie contemporaine, on ne pouvait trouver aucun critère solide, qu'au contraire il fallait les créer, les puiser, non pas dans le vide, mais dans les inappréciables travaux des nombreux penseurs antérieurs, dont nulle histoire de la psychologie ne passera les noms sous silence.

Il m'est impossible, dans les limites d'une conférence, de mentionner les observations particulières qui m'ont incité à choisir, comme *critères* des différences en question, *certaines fonctions psychiques*. Il nous suffira de constater d'une façon générale que, pour autant qu'elles me soient maintenant accessibles, les différences consistent essentiellement en ce que, par exemple, un introverti ne se borne pas à reculer et hésiter devant l'objet ; il le fait d'une manière tout à fait déterminée. De même dans l'action, il ne se comporte pas comme n'importe quel introverti, mais précisément encore d'une façon tout à fait particulière. Le lion n'abat pas son ennemi ou sa proie, avec sa queue comme le crocodile, mais avec ses griffes dans lesquelles gît sa force spécifique. De même notre habitus réactionnel est normalement caractérisé par notre force, c'est-à-dire qu'il utilise la fonction en nous la plus sûre et la plus puissante, ce qui n'empêche pas qu'il nous arrive aussi de réagir au moyen de notre faiblesse spécifique. Nous établirons aussi ou chercherons des situations correspondantes pour en éviter d'autres et ferons de cette façon des expériences spécifiques distinctes de celles des autres hommes. Un homme intelligent s'adaptera au monde au moyen de son intelligence, et non pas, comme un boxeur poids lourd de sixième rang, même si un jour dans un accès de fureur il lui arrive de se servir de ses poings. Dans la lutte pour l'existence et pour l'adaptation, chacun utilise instinctivement sa *fonction la plus développée* qui devient le critérium de son habitus réactionnel.

Maintenant se pose la question suivante : Comment faut-il enfermer toutes ces fonctions dans

---

3. Voir Jung, C.G., *Les types psychologiques* (traduction Yves Le Lay. Georg, Genève, et Albin Michel, Paris, 2ᵉ édition, 1958).

des concepts généraux de façon à les faire sortir de la nébulosité de l'événement simplement individuel ?

La vie sociale a déjà créé depuis longtemps une grossière typologie de cette sorte dans les figures du paysan, du travailleur, de l'artiste, du savant, du guerrier, etc., ou dans la liste de toutes les professions. Mais cette typologie n'a pour ainsi dire rien de psychologique. Comme le remarquait un jour avec malice un savant connu, il y a aussi, parmi les savants, « de simples porte-faix intellectuels ».

Ce dont il s'agit ici est de nature plus subtile, car il ne suffit pas de parler d'intelligence par exemple ; cette notion est générale et trop vague. On peut appeler intelligent à peu près tout ce qui fonctionne aisément, rapidement, efficacement et conformément à son but. L'intelligence, comme la sottise, n'est pas une fonction, c'est une modalité qui ne dit jamais ce qu'est une chose, mais comment elle est. Il en est de même des critères moraux et esthétiques. Il nous faut arriver à désigner ce qui fonctionne surtout dans la réaction habituelle. Nous sommes ainsi contraints de recourir à quelque chose qui, au premier abord, ressemble de façon effrayante à la vieille psychologie des facultés du XVIIIe siècle ; mais en réalité nous nous contentons de recourir aux notions que nous offre déjà le langage quotidien et qui sont accessibles et compréhensibles à n'importe qui. Si, par exemple, je parle de « pensée », le philosophe seul ignore ce que cela veut dire ; un profane ne trouvera pas cela incompréhensible ; nous employons ce mot chaque jour et toujours il désigne à peu près la même chose ; mais il est vrai que le profane éprouverait un très grand embarras si nous lui demandions de nous donner sur-le-champ une définition de la pensée qui ne prête à aucun malentendu. Il en est de même du « souvenir » ou du « sentiment ». Si difficile que soit la définition scientifique de notions psychologiques de ce genre, aussi aisées à comprendre sont-elles dans le langage courant. Le langage est, par excellence[4], une collection d'évidences ; il en résulte que les notions trop abstraites qui n'ont pas cette évidence ont peine à prendre pied et disparaissent avec tant de facilité parce que justement, elles ont trop peu de contact

avec le réel. Or la pensée et le sentiment sont des réalités si pressantes que toute langue qui n'en est pas restée au stade primitif, possède pour elles des expressions qui ne prêtent à aucun malentendu. Nous pouvons donc être certains que ces expressions coïncident avec des états de fait psychologiques bien déterminés, quelle que soit la définition scientifique que l'on puisse donner de ces faits complexes. Chacun sait ce qu'est, par exemple, la conscience et pourtant la science est encore bien loin de le savoir, bien que personne ne puisse douter que cette notion de « conscience » ne coïncide avec un état de fait psychique déterminé.

C'est ainsi que j'en vins, tout simplement, à prendre comme critères des différences à l'intérieur d'un type d'attitude les notions communes traduites dans le langage et que je désignai par elles les fonctions psychiques qui leur correspondent. Je pris donc la pensée, par exemple, telle qu'on la comprend communément, parce que j'avais été frappé de ce que bien des hommes pensent incomparablement plus que d'autres et qu'ils donnent à leur pensée plus de poids dans leurs décisions importantes. Ils utilisent aussi leur pensée pour comprendre le monde et s'y adapter et tout ce qui peut leur arriver est soumis soit à une réflexion ou à une méditation, ou au moins à un principe préalablement pensé. D'autres hommes négligent la pensée souvent de façon frappante au bénéfice de facteurs émotionnels, donc du sentiment. Ils pratiquent continuellement une « politique sentimentale » et il faut une situation déjà extraordinaire pour les amener à la réflexion. Ces derniers se trouvent vis-à-vis des premiers en une opposition remarquable qu'il est difficile de négliger. Cette opposition ressort d'ordinaire surtout quand sont en présence des associés d'affaires ou des gens mariés. Dans ce cas, l'un peut donner la préférence à sa pensée, qu'il soit extraverti ou introverti. Il ne l'utilise alors que dans le sens qui correspond à son type.

Cependant la prépondérance de l'une ou de l'autre des fonctions n'explique pas toutes les différences qui se présentent. Ceux que j'appelle type-pensée et type-sentiment sont des hommes qui ont en eux quelque chose de commun que je ne puis guère désigner autrement que par le mot : *rationalité*. Que la pensée soit, dans son essence, rationnelle,

---

4.   En français dans le texte original.

personne sans doute n'y contredira; mais si nous en venons au sentiment, des arguments inverses et de poids apparaîtront que je ne voudrais pas écarter sans autre forme de procès. Je puis au contraire assurer que le problème du sentir m'a donné bien du cassement de tête. Je ne voudrais cependant pas alourdir mon exposé des différentes doctrines concernant cette notion et me borne à une brève explication de ma conception. La principale difficulté vient de ce que le mot « sentiment » ou « sentir » est susceptible des emplois les plus divers, surtout dans la langue allemande. Moins en anglais et en français. Nous devrons en premier lieu distinguer rigoureusement ce terme de celui de sensation qui désigne une fonction sensorielle. Ensuite il nous faut, bon gré mal gré, nous mettre d'accord sur ce fait que le sentiment de regret, par exemple, devrait être distingué, en tant que concept, du sentiment que l'on a que le temps va changer, ou que les actions de l'aluminium vont monter. Aussi ai-je proposé d'appeler le premier sentiment « sentiment » proprement dit, tandis que, par contre, le mot sentiment, dans le second cas, devrait être repoussé dans l'usage psychologique et remplacé par le mot « sensation », dans le mesure où il s'agit d'expérience sensorielle, ou par le terme d'« intuition » en ce sens qu'il s'agit d'une sorte de perception que l'on ne peut, sans la violenter ou sans faire d'hypothèse, ramener à une expérience sensorielle consciente. J'ai donc défini la *sensation*: perception au moyen de la fonction sensorielle consciente, et l'*intuition*: perception via inconscient.

De toute évidence, on pourra discuter sur le bien-fondé de ces définitions jusqu'au jour du jugement dernier; mais la discussion aboutit en tout dernier lieu à la question de savoir s'il fallait appeler le Rhinocéros: rhinocéros ou Nashorn ou d'un autre nom selon ses fantaisies; car ce qui importe, c'est de savoir quelle chose nous désignons. La psychologie est un territoire neuf où la langue a besoin encore d'être précisée et fixée. On sait qu'il est possible de mesurer la température selon Réaumur, Celsius, ou Fahrenheit; l'essentiel est de dire de quelle manière la mesure a été faite.

Comme on le voit, je considère que « avoir un sentiment » est une fonction du cœur, et j'en distingue la sensation et le pressentiment ou intuition. Celui qui confond ces dernières fonctions avec les « sentiments », au sens strict du mot, ne peut, cela se conçoit, reconnaître la rationalité de ce dernier. Mais celui qui les en sépare ne pourra manquer de voir que des valeurs et des jugements de sentiment, que les sentiments en général peuvent non seulement se comporter raisonnablement, mais aussi avoir leur logique, faire preuve de conséquence, qu'ils sont capables de jugements exactement comme la pensée. Pour le type-pensée, cela semble déconcertant, mais s'explique sans peine par la circonstance typique que, si la fonction pensée se trouve différenciée, la fonction sentir est toujours moins développée; il en résulte qu'elle est plus primitive et par suite contaminée par d'autres fonctions, précisément par les fonctions irrationnelles, non logiques et non judicatives, c'est-à-dire par les fonctions non valorisantes, la sensation et l'intuition. Ces deux dernières s'opposent aux fonctions rationnelles pour une raison qui tient à leur essence la plus intime. En effet, quand on pense, on le fait avec l'intention d'aboutir au jugement ou conclusion (*conclusio*), et quand on sent, d'aboutir à la juste estimation; sensation et intuition, fonctions représentatives, ont pour objet la représentation de *ce qui se produit*, et non pas son interprétation ou son estimation. Elles ne peuvent, par conséquent, procéder au moyen de principes qui choisissent, mais doivent simplement être ouvertes à ce qui va se dérouler. Or ce qui se déroule est irrationnel dans son essence, car il n'y a pour conclure aucune méthode au moyen de laquelle on pourrait prouver qu'il doit y avoir tant et tant de planètes ou tant ou tant d'espèces d'animaux à sang chaud. L'irrationalité est une imperfection de la pensée et du sentiment, la rationalité, une imperfection de la sensation et de l'intuition.

Or il y a beaucoup de gens qui fondent leur principal habitus réactionnel sur l'irrationalité, soit sur la sensation, soit sur l'intuition, mais jamais sur les deux en même temps, car la sensation est, envers l'intuition, aussi antagoniste que la pensée envers le sentiment. En effet, si je veux constater de mes yeux et de mes oreilles ce qui vraiment se passe, je puis faire tout ce que je voudrais, sauf rêver et imaginer vaguement; or c'est ce que doit faire l'intuitif pour laisser à son inconscient ou à l'objet le champ libre nécessaire. On comprend alors que le type-sensation soit l'antipode du type-intuitif. Malheureusement, le temps me manque pour m'arrêter plus longuement aux intéressantes variations que provoque, chez le type irrationnel, l'attitude, soit extravertie, soit introvertie.

Je préférerais m'arrêter encore aux conséquences régulières auxquelles conduit, pour les autres fonctions, la préférence accordée à l'une. L'homme, on le sait, ne peut jamais, au même moment, être tout, ni jamais être entièrement parfait. Sans cesse il développe certaines qualités seulement, et laisse les autres s'étioler. Jamais on n'atteint l'intégralité. Or qu'advient-il de ces fonctions qu'il n'utilise pas consciemment chaque jour et qu'il ne développe pas par exercices ? Elles restent dans un état infantile plus ou moins primitif, souvent à moitié ou même totalement inconscient ; elles forment ainsi une infériorité caractéristique de chaque type qui constitue une partie intégrante de l'image totale du caractère. La préférence unilatérale de la pensée s'accompagne toujours d'infériorité affective et la sensation différenciée blesse la faculté intuitive, et inversement.

Si une fonction est différenciée ou non, on le reconnaît aisément à sa force, à sa fermeté inébranlable, à sa conséquence, sa sûreté, son adaptation. Mais il n'est pas si aisé de décrire ou de reconnaître son infériorité. Comme critère essentiel nous avons son manque d'indépendance et comme conséquence, la soumission à des gens et des circonstances, puis sa sensiblerie capricieuse, l'incertitude de son usage, sa suggestibilité et son caractère diffus. Dans la fonction inférieure, on a toujours le dessous parce qu'on ne peut lui donner des ordres ; on en est au contraire toujours la victime.

Comme il me faut ici me borner à une simple esquisse des idées fondamentales d'une typologie psychologique, il m'est malheureusement interdit de m'engager dans les détails d'une description des types psychologiques.

Le travail que j'ai fait jusqu'ici dans ce domaine aboutit à établir deux types généraux d'attitude ; l'*extraversion* et l'*introversion*, et quatre types fonctionnels : les types *pensée, sentiment, sensation* et *intuition* qui varient suivant l'attitude générale et donnent ainsi huit variantes.

On m'a demandé souvent — et c'était presque un reproche — pourquoi je ne parlais que de quatre fonctions et non de plus ou de moins de quatre. S'il n'y en a justement que quatre, c'est là d'abord un résultat tout empirique. Mais avec ces quatre, nous parvenons à une certaine totalité : on le comprendra aux réflexions suivantes :

La *sensation* constate ce qui existe réellement. La *pensée* nous permet de connaître la signification de ce qui existe ; le *sentiment*, quelle en est la valeur et l'*intuition* enfin nous indique les possibilités d'origine et de but qui gisent dans ce qui existe présentement. Grâce à cela, l'orientation dans le présent devrait être aussi parfaite que la détermination géographique d'un lieu par sa longitude et sa latitude. Les quatre fonctions ressemblent aux quatre points cardinaux ; elles sont aussi arbitraires et aussi indispensables qu'eux. Rien n'empêche de déplacer les points cardinaux d'autant de degrés qu'on voudra, de ce côté-ci ou de ce côté-là, et, en outre, de leur donner d'autres noms. C'est pure question de convention et de clarté.

Pourtant je dois avouer que je ne voudrais plus à aucun prix me passer de cette boussole dans mes voyages d'exploration psychologique, non seulement pour la raison trop humaine et facile à comprendre que chacun est imbu de ses propres idées, mais aussi pour la raison objective qu'elle nous procure un système de mesure et d'orientation qui nous permet de réaliser cette psychologie critique dont nous avons si longtemps été privés.

Questions

par Corinne Prost*

La lecture du cas Roxanne Ducharme, présenté à la fin du livre (p. 471), permettra au lecteur de répondre aux questions suivantes.

1. Définissez les traits de personnalité de Roxanne, à partir des indices fournis par le cas. Compte tenu de cette description, comment expliquez-vous son engagement si fort dans son travail et les performances qu'elle atteint dans les divers rôles qu'elle joue tout au long de sa carrière?

2. Déterminez le type psychologique de Roxanne en vous servant des indices que donne le cas sur ses attitudes et ses comportements, à différents moments de sa vie. Expliquez de quelle façon ses préférences personnelles de perception et de jugement influent sur sa manière d'aborder et de résoudre les problèmes qu'elle rencontre dans son travail.

3. Erikson explique les étapes de développement de la personnalité; utilisez ce modèle pour comprendre les étapes que Roxanne a traversées au cours de sa vie et établissez le lien avec d'autres théories sur le développement de la personne. Défendez votre point de vue en vous référant à des indices que vous trouverez dans le cas.

4. En considérant l'étape de la vie où se trouve Roxanne au mois d'avril 1992, comment peut-on comprendre le fait qu'elle demande de l'aide à quelqu'un alors qu'auparavant elle n'ait toujours compté que sur elle-même?

5. Sartre a écrit cette phrase fameuse: « L'enfer, c'est les autres. » Commentez cette affirmation en vous reportant à la réalité des différences individuelles. Expliquez l'enjeu que cela représente dans un contexte de travail.

Lectures complémentaires

par Corinne Prost

ALLPORT, G.W. (1955). *Becoming: Basic Considerations for a Psychology of Personality*, New Haven (Conn.), Yale University Press.

Dans cet ouvrage, un intérêt particulier est porté à l'évolution et au développement de la personnalité. L'auteur explique que la personnalité est un concept trop complexe

---

*   Corinne Prost est titulaire d'un baccalauréat en économie et termine un diplôme d'études supérieures en gestion. Elle est actuellement étudiante à la maîtrise en gestion des ressources humaines et stagiaire d'enseignement pour les cours de psychologie à l'École des Hautes Études Commerciales de Montréal. Ses intérêts portent en particulier sur la gestion des employés en difficulté, la relation d'aide et les programmes concernant la famille.

pour être facilement conceptualisé. Partant de cette constatation, il propose un cadre théorique apte à développer l'ouverture d'esprit «conceptuelle» nécessaire à l'élaboration d'une psychologie de la personnalité adéquate. Il traite donc des idées de Locke, de Leibniz, du dessein de la psychologie, du dilemme de la singularité humaine, ainsi que de thèmes plus philosophiques comme la liberté, l'anxiété et la culture, la structure de la personnalité et le sentiment religieux. L'auteur conclut par un épilogue sur la psychologie et la démocratie.

ERIKSON, E.H. (1963). *Childhood and Society*, New York, W.W. Norton.

Dans ce livre, l'auteur nous présente une théorie sur le cycle de la vie humaine. Les huit stades du cycle de la vie qu'il propose sont analysés dans une dynamique psychosociale épigénétique. Selon Erikson, le développement de la personne passe par des stades qui s'accompagnent de crises permettant à l'individu de grandir, d'atteindre plus de maturité; c'est la raison pour laquelle il parle de crise développementale.

FREUD, S. (1985). *Psychanalyse, Textes choisis*, Paris, PUF.

Comme le titre nous l'indique, ce livre est un recueil de textes choisis pour nous introduire à la psychanalyse en nous en présentant des concepts fondamentaux tels l'inconscient, le refoulement, la résistance, le traumatisme, le transfert, etc. L'auteur introduit ces concepts dans leur champ d'application en traitant des actes manqués, des rêves et de leurs interprétations, ainsi que des névroses. Enfin, dans la dernière partie de son ouvrage, il élargit sa réflexion sur la psychanalyse en introduisant la métapsychologie.

FURNHAM, A. (1992). *Personality at Work: The Role of Individual Differences in the Workplace*, Londres, Routledge.

Dans cet ouvrage, l'auteur parcourt de manière compréhensible et critique le rôle des différences individuelles au travail. Ainsi, en s'appuyant sur la théorie de la personnalité, il met l'accent sur la manière dont les différences individuelles se manifestent au travail. Il présente donc les approches et les recherches qui ont modelé la personnalité au travail. Il étudie ainsi les thèmes suivants: la personnalité en milieu de travail, la personnalité et le choix professionnel, la personnalité et la motivation au travail, la personnalité et la productivité, la personnalité et la satisfaction au travail, les différences de sexe au travail, la personnalité et les problèmes reliés au travail (absentéisme, accidents, maladies et stress), la personnalité et le loisir, le sport, le chômage, la retraite, et enfin les implications pour les programmes de sélection, de formation et de récompenses.

JUNG, C.G. (1976). *Psychological Types*, vol. 6, Princeton (N.J.), Bollingen Series/Princeton University Press.

Dans ce livre, Jung tente d'expliquer son approche, qui diffère de celles de Freud et d'Adler. Il s'intéresse particulièrement au problème des types psychologiques, car c'est, selon lui, le type psychologique qui détermine et délimite le jugement individuel. En analysant la relation entre l'individu et le monde, Jung fait une approche de la psychologie de la conscience sous un angle clinique. Il discute des divers aspects de la conscience et des attitudes variées que l'esprit conscient utilise pour appréhender le monde. La typologie qu'il présente est le fruit de ses expériences de docteur et de psychothérapeute ; elle offre une meilleure compréhension de l'ampleur des différences qui existent entre les divers types de personnalité.

ROGERS, C. (1976). *Le développement de la personne*, Paris, Dunod.

Dans ce livre, l'auteur nous dévoile ses réflexions personnelles : fruits de ses expériences de psychothérapeute et de professeur. Il commence son ouvrage par une présentation de lui-même, du développement de sa propre personne et de ses convictions profondes. Il nous plonge ensuite dans la relation d'aide et dans le processus de constitution de la personne. Par la richesse de ses études empiriques, Rogers vient appuyer sa théorie, et discute du problème complexe entre l'objectivité de la science et la subjectivité que nécessite la pratique de la relation d'aide. Il achève son œuvre en traitant des aspects concrets de la vie comme l'enseignement, l'apprentissage, la vie familiale, les problèmes de communication interpersonnelle, etc.

Chapitre
2

LA PERCEPTION

Comprendre les différences
de points de vue

*Conscience, connaissance
et imagination sont les seules
caractéristiques de l'espèce humaine.*
LABORIT (1974, p. 20)

Ce chapitre a pour but de décrire et d'expliquer les mécanismes qui permettent à la personne d'entrer en relation et d'interagir avec son milieu, c'est-à-dire les mécanismes de la perception. La première section constitue une entrée en matière. La deuxième section introduit les notions de sensation, de perception et de cognition, dans le but d'en faciliter la compréhension. La troisième section décrit l'importance du système nerveux dans la compréhension des activités perceptives. La quatrième section présente ensuite les activités mentales qui interviennent dans l'acte de percevoir; cela devrait permettre d'expliquer comment la personne perçoit le milieu, quel rôle y joue sa propre activité et quelle importance peut avoir sa subjectivité. La cinquième section traite des erreurs de perception; reconnaître les inférences et les activités qui en sont responsables permet de les corriger, sinon de les compenser. La dernière section propose enfin un «outil de gestion», l'empathie, qui est la capacité de comprendre le point de vue des autres; cette faculté s'avère très utile dans les relations professionnelles, où l'on doit collaborer ensemble pour trouver des solutions à des problèmes simples ou complexes.

Mais avant d'explorer plus à fond les mécanismes de la perception, faisons donc un survol de cette notion ainsi que des différentes conceptions qu'en ont quelques chercheurs et penseurs qui ont laissé leur marque dans le domaine de la psychologie de la perception.

DE LA CONSCIENCE À LA CONNAISSANCE

Le concept de la perception est associé depuis très longtemps au problème de la connaissance. Depuis l'Antiquité, les philosophes s'interrogent sur ce qui constitue une caractéristique essentielle de l'espèce humaine, la recherche de la connaissance, à commencer par Platon (427-347 av. J.-C.) et Aristote (384-327 av. J.-C.). D'après ce dernier, les sens fournissent les éléments nécessaires à la connaissance et la raison les organise pour les rendre intelligibles. Cette façon de concevoir la recherche de la connaissance a profondément marqué la pensée scientifique moderne: il existe un monde objectif, une vérité dans la nature, et c'est le jugement de la personne qui l'observe qui est source d'erreurs, de subjectivité.

L'OBJECTIVITÉ ET LA SUBJECTIVITÉ

Le problème de l'objectivité et de la subjectivité continue d'être très discuté dans les milieux savants, mais aussi dans les milieux de travail où des personnes sont appelées à prendre des décisions. En fait, tout le domaine de la résolution de problèmes et de la prise de décision fait face aux problèmes que pose la subjectivité et à la possibilité de rendre les processus les plus objectifs possible. Cependant, quand on considère de plus près la question de l'objectivité et de la subjectivité, on se rend compte que le vrai problème réside dans le fait qu'on associe l'objectivité à la neutralité, à l'impartialité, à la vérité unique et entière, et la subjectivité, à l'arbitraire, à l'inégalité et à l'invention. Il s'agit plus d'un problème moral que d'un problème épistémologique.

Par ailleurs, quand on conçoit l'objectivité comme la qualité de ce qui est réel, de ce qui existe indépendamment de l'esprit qui perçoit, on soulève la question de l'existence même de la réalité, de ce qui constitue les choses, les faits qui sont présents dans l'environnement et qui peuvent être perçus par tout le monde. Le problème de la connaissance, c'est en outre qu'on ne peut pas s'entendre sur ce qui constitue la réalité. Qu'est-ce qui garantit à la personne que ce qu'elle perçoit est réel? Le fait de pouvoir y toucher pourrait constituer une réponse, mais la réalité ne se présente pas seulement sous des formes tangibles. Beaucoup de choses sont senties par d'autres récepteurs moins fiables; c'est le cas entre autres de la vue (Dixon, 1985). Mais qu'est-ce qui nous prouve que ce qu'on voit est le produit de notre expérience sensorielle (conviction) plutôt que le fruit de notre imagination (persuasion)?

Du point de vue du scepticisme radical, on dira que personne ne peut être absolument certain de quelque chose; du point de vue du sens commun, on dira plutôt qu'on peut être certain de quelque chose même si cette certitude n'est pas absolue. Pour Denis (1989), le problème n'est pas tant de savoir si les représentations sont vraies ou fausses que de savoir si elles sont utilisées efficacement par l'individu pour régler ses comportements.

Dans le texte classique qui suit ce chapitre, Laing et autres démontrent que la perception est le produit de trois facteurs: 1) le stimulus lui-même; 2) l'interprétation du stimulus grâce aux activités cognitives; et 3) les phénomènes psychiques associés à ce stimulus, comme la projection. En fait, il est possible de percevoir quelque chose sans qu'il n'y ait de stimulus apparent, c'est-à-dire perceptible pour un observateur. Et ce n'est pas un symptôme de maladie mentale, mais bien d'imagination.

Le problème de la réalité des phénomènes a déjà été soulevé par Platon; le récit des hommes emprisonnés dans une grotte, que nous relatons brièvement dans l'encadré 2.1, explique la nature de l'esprit humain et de l'enseignement.

Dans cette histoire, Platon raconte que les hommes prennent les ombres qu'ils voient sur la paroi de la grotte pour des objets réels et qu'ils s'exercent à les distinguer et à se rappeler l'ordre de leur apparition. Il explique ensuite ce qui se passerait si l'un

ENCADRÉ 2.1 La grotte de Platon

Voici des hommes dans une habitation souterraine en forme de grotte, qui a son entrée en longueur, ouvrant à la lumière du jour l'ensemble de la grotte ; ils y sont depuis leur enfance, les jambes et la nuque pris dans les liens qui les obligent à ne regarder que vers l'avant, incapables qu'ils sont, à cause du lien, de tourner la tête ; leur parvient la lumière d'un feu qui brûle en haut et au loin, derrière eux ; et entre le feu et les hommes enchaînés, une route dans la hauteur, le long de laquelle voici qu'un muret a été élevé, de la même façon que les démonstrateurs de marionnettes disposent de cloisons qui les séparent des gens ; c'est par-dessus qu'ils montrent leurs merveilles (p. 357). [...]

Pour commencer, en effet, crois-tu que de tels hommes auraient pu voir quoi que ce soit d'autre, d'eux-mêmes et les uns des autres, que les ombres qui, sous l'effet du feu, se projettent sur la paroi de la grotte en face d'eux ? [...]

Alors, s'ils étaient à même de parler les uns avec les autres, ne crois-tu pas qu'ils considéreraient ce qu'ils verraient comme ce qui est réellement ? [...]

Examine alors, dis-je, ce qui se passerait si on les détachait de leurs liens (p. 357-358). [...]

Chaque fois que l'un d'eux serait détaché, et serait contraint de se lever immédiatement, de retourner la tête, de marcher, de regarder la lumière, à chacun de ces gestes, il souffrirait, et l'éblouissement le rendrait incapable de distinguer les choses dont tout à l'heure il voyait les ombres. [...] Ne crois-tu pas qu'il serait perdu, et qu'il considérerait que ce qu'il voyait tout à l'heure était plus vrai que ce qu'on lui montre à présent ? (p. 358-359). [...]

Oui, je crois qu'il aurait besoin d'accoutumance pour voir les choses de là-haut. Pour commencer ce serait les ombres qu'il distinguerait plus facilement, et après cela, sur les eaux, les images des hommes et celles des autres réalités qui s'y reflètent, et plus tard encore ces réalités elles-mêmes. À la suite de quoi il serait capable de contempler plus facilement, de nuit, les objets qui sont dans le ciel, et le ciel lui-même, en tournant les yeux vers la lumière des astres et de la lune, que de regarder, de jour, le soleil et la lumière du soleil. [...]

Mais dis-moi : ne crois-tu pas que, se souvenant de sa première résidence, et de la « sagesse » de là-bas, et de ses co-détenus d'alors, il s'estimerait heureux du changement, tandis qu'eux il les plaindrait ? (p. 359-360).

d'eux était libéré et pouvait sortir de la grotte. D'abord, il éprouverait de la souffrance, car il devrait exercer des facultés qui ont été inutilisées jusqu'alors, mais à partir du moment où il prendrait conscience que les ombres ne sont que le reflet d'autres choses, il ne pourrait plus croire à la réalité des ombres et retourner vivre dans la grotte avec les mêmes dispositions qu'avant. Il prendrait aussi plaisir à connaître et à découvrir le monde qui l'entoure.

Pour connaître, l'individu se fie à sa perception, c'est-à-dire à l'apparence des choses comme il les perçoit. À la manière des prisonniers qui croient réelles les ombres sur le mur, l'individu a confiance en l'apparence des personnes et des choses telles qu'elles sont perçues par les sens. Ces apparences ne sont que des illusions, mais elles lui servent tout de même à connaître; elles servent d'hypothèses sur ce qui se passe ici et maintenant et de croyances à propos de la réalité. La conviction que les choses sont telles qu'elles apparaissent dans la conscience rend possibles les activités de la raison, c'est-à-dire la faculté de connaître et de juger les perceptions, de distinguer les objets et d'en saisir la signification. Enfin, l'intelligence, au sens de Platon, c'est la puissance d'apprendre et de penser par soi-même, un peu comme l'homme libre qui a vu la lumière du jour.

L'illusion de la certitude s'explique non seulement sur le plan psychologique, mais aussi — et surtout — sur le plan biologique. Selon Dixon (1985), la conscience produite par la perception engendre immanquablement le sentiment d'objectivité, et trois facteurs expliqueraient cette illusion. Premièrement, l'individu n'est pas conscient de toutes les activités du système nerveux; quand on perçoit, on n'est pas conscient de toutes les données sensorielles qui stimulent les récepteurs ni du traitement qu'en fait le cerveau. Comme nous le verrons dans ce chapitre, le système nerveux est responsable de la transmission des données sensorielles jusqu'au cerveau et de leur organisation dans le but de protéger l'existence de l'individu et d'assurer son développement dans son milieu.

Deuxièmement, l'individu qui perçoit quelque chose n'est pas conscient non plus des informations déjà mémorisées qui s'ajoutent aux données sensorielles afin de les compléter, de les corriger et de leur donner un sens; en d'autres termes, il n'est pas conscient des systèmes de représentation qui sont mis en œuvre pour construire les images présentes dans son esprit (Denis, 1989). Cela va de soi: quand on regarde un objet, on ne se rend pas compte des activités de reconnaissance et d'organisation effectuées par l'intelligence. Nous verrons dans ce chapitre que la mémoire et les activités de l'intelligence sont nécessaires pour trouver un sens à l'expérience immédiate.

Troisièmement, l'individu n'est pas conscient des mécanismes de la perception subliminale qui intègrent des données sensorielles à la représentation mentale de l'objet perçu. Des expériences sur la consommation de boissons gazeuses ou de maïs éclaté dans les cinémas ont tenté de montrer les effets de la perception subliminale[1].

---

1. Dans ces expériences, on insère des images de boissons gazeuses ou de maïs éclaté entre les images du film et on constate, au moment de l'entracte, une augmentation de la consommation de ces produits.

Bien que ce sujet fasse encore l'objet de controverse, il demeure que le cerveau traite des données sensorielles qui sont au-dessous du seuil perceptible.

L'étude de la perception conduit à la compréhension des phénomènes de la conscience, laquelle constitue à la fois le domaine des croyances et des émotions et, par conséquent, de la rationalité des conduites et de l'affectivité. En général, on associe la rationalité aux aspects cognitifs du comportement tels que l'intelligence, et l'affectivité aux aspects affectifs tels que la motivation. Ces associations sont toutefois bien partielles. Comme nous le verrons dans ce chapitre ainsi que dans le chapitre suivant, qui porte sur la motivation, les activités cognitives sont à la subjectivité de l'individu ce que les activités affectives sont à la rationalité de ses comportements. En d'autres termes, l'étude de la perception met au jour les activités de l'intelligence et fait ressortir la richesse de la subjectivité de l'individu; l'étude de la motivation révèle les besoins et les intérêts de la personne et met en valeur la logique de ses comportements dans le milieu où elle se trouve.

Comme nous venons de le voir, le problème de la connaissance réside entre autres dans la distinction du réel, donc de l'objectif, et du possible, donc du subjectif. Il consiste aussi à comprendre les mécanismes d'acquisition et de développement de la connaissance. Il existe deux hypothèses sur ce point: l'être humain vient au monde avec une mémoire vierge et acquiert des connaissances grâce à ses activités; ou l'être humain naît avec des connaissances élémentaires, à partir desquelles il en développe d'autres.

L'ORIGINE DE LA CONNAISSANCE: L'EMPIRISME ET L'INNÉISME

Pour Descartes (1596-1650), seuls les éléments psychophysiques de la perception constituent la source de la connaissance objective. Cette conception est probablement à l'origine de la psychophysiologie, c'est-à-dire l'étude des rapports entre les activités physiologiques (physiques et somatiques) et les activités psychologiques (la pensée, les attitudes et les comportements). Les développements de la psychophysiologie ont d'ailleurs permis de comprendre les bases neurophysiologiques de la perception et de l'intelligence.

Descartes valorise les informations dites objectives présentes dans l'environnement, c'est-à-dire les données sensorielles. En considérant le fait que les récepteurs sensoriels sont constamment stimulés par une multitude d'informations sur l'environnement, on peut se demander par quels moyens, par quels mécanismes la perception parvient à mettre de l'ordre dans cet univers chaotique produit par la sensation.

Pour les empiristes comme Locke (1632-1704) et Hume (1711-1776), la perception fait des associations de données sensorielles régies par des lois de similitude (pareil/différent) et de contiguïté spatio-temporelle (événements simultanés). Ces lois seraient apprises au cours des expériences de l'individu dans son milieu.

Kant (1724-1804) donne une tout autre explication des mécanismes perceptifs. Selon ce philosophe, l'individu ne peut percevoir quelque chose qu'il ne connaît pas déjà. Il existerait donc des idées, des connaissances innées telles que l'unité, la totalité, la réciprocité et, en particulier, l'espace et le temps. Ces connaissances élémentaires fournissent à la perception des structures qui lui permettent de mettre de l'ordre dans le chaos sensoriel. Le sens qu'elles permettent de trouver dans l'expérience sensorielle guide les attitudes et les conduites de la personne.

L'idée qu'une structure mentale serve à sélectionner et à organiser les données sensorielles a été retenue par la gestalttthéorie, que nous avons abordée dans l'introduction de ce livre. Selon cette théorie, la personne qui perçoit un objet en saisit immédiatement la signification dans sa totalité et le sens qu'elle y trouve impose une structure aux éléments qui constituent cet objet. Par exemple, lorsqu'un individu perçoit une table, il lui attribue immédiatement une forme et une fonction (c'est une table pour manger); cette forme et cette fonction seront utiles pour décrire l'objet (elle est ronde, en chêne, possède quatre pattes, etc.). La gestalttthéorie énonce une loi importante dans l'étude de la pensée: le tout (la forme) est plus que la somme des parties (les éléments). Pour comprendre le sens d'un objet ou d'un phénomène pour une personne, il faut savoir comment il se présente dans le champ de sa conscience, car c'est la forme que constituent ensemble les relations entre les éléments qui a un sens pour elle, et chacun des éléments ne peut être compris que par les relations qu'il a avec la forme. Dans cette perspective, les données sensorielles ne sont pas les éléments structurants de l'expérience consciente, mais les éléments structurés par le champ de la conscience. La gestalttthéorie a permis de comprendre et de valoriser la perception et la subjectivité humaines.

Comme on peut le constater, la perception constitue un objet d'étude fort ancien, et les théories qui sont proposées pour la comprendre s'inspirent de la philosophie, de la psychophysiologie et de la psychologie de la gestalt. Aujourd'hui, c'est à la psychologie cognitive qu'on associe les recherches sur la perception.

Les études sur la perception mettent en évidence les richesses de la pensée, la faculté d'imagination créatrice, comme le dit Laborit (1970) quand il parle de la faculté de restructurer, chaque fois de façon originale, les expériences et les connaissances acquises au cours des générations successives. En effet, la culture joue un rôle essentiel dans les activités perceptives, car c'est elle qui fournit les connaissances nécessaires pour trouver du sens dans les expériences de l'existence.

L'un des pionniers de l'exploration des mécanismes perceptifs est sans nul doute Jean Piaget, pour qui la connaissance ne peut pas se développer seulement à partir des données sensorielles, mais aussi à partir de l'action entière faite par la personne qui veut savoir et apprendre. Nous le verrons dans la suite de ce chapitre, la perception consiste en des activités complexes qui préfigurent les activités de l'intelligence.

La perception constitue donc un processus essentiel à l'acquisition de la connaissance et au développement de la conscience. Elle assure le contact direct et immédiat entre la personne et son milieu, et cela permet à celle-ci de prendre conscience de ses besoins et des occasions qu'offre le milieu pour les satisfaire. La perception permet à la personne d'acquérir des connaissances sur elle-même et sur son milieu, de transformer celui-ci de manière à satisfaire ses besoins, de s'y adapter et de s'y développer. Il ne faut toutefois pas oublier que la perception s'inscrit dans la structure du comportement et ne peut, à elle seule, expliquer l'interaction de la personne et de son milieu. Elle en constitue néanmoins un processus essentiel parce qu'elle permet avant tout l'appréhension du réel et en est, par conséquent, la connaissance sensible.

L'APPRÉHENSION DU RÉEL :
LA SENSATION, LA PERCEPTION ET LA COGNITION

> *Percevoir n'est pas éprouver*
> *une multitude d'impressions qui*
> *amèneraient avec elles des souvenirs*
> *capables de les compléter, c'est voir jaillir*
> *d'une constellation de données un sens*
> *immanent sans lequel aucun appel*
> *aux souvenirs n'est possible.*
> (MERLEAU PONTY, 1945, p. 30)

L'acte de perception suppose deux choses: 1) un corps capable de percevoir et de connaître; et 2) une personne, consciente de son corps et de ses rapports avec le milieu ambiant, qui agit avec une intention. Dans cet ouvrage, l'intention est entendue comme un projet plus ou moins conscient d'atteindre un but.

Pour être conscient de quelque chose, il faut évidemment être capable de le percevoir avec ses sens et de lui donner une signification. Cela exige que les récepteurs sensoriels soient en bon état; ainsi, même s'il voit clairement, un daltonien ne peut pas percevoir certaines couleurs. Percevoir et connaître dépendent en outre du bon fonctionnement du cerveau; par exemple, si les aires associatives du cortex visuel ont subi un traumatisme, une personne peut voir quelque chose sans pouvoir savoir ce qu'elle voit. Le système nerveux est un peu comme le *hardware* de la conscience. Il peut se révéler utile de savoir comment il fonctionne afin de mieux comprendre la logique du comportement humain.

Pour être conscient de quelque chose, il faut en outre être capable de trier et de traiter les données sensorielles puis de trouver un sens à l'objet perçu. Cela implique la mise en œuvre de schémas de régulation, de métadirectives ou de métacritères qui sont à peine conscients (Laing et autres, 1972). Pour reprendre l'analogie des systèmes informatiques, l'intelligence d'où sont issus ces schémas et ces métadirectives représente le *software* de la conscience.

Le produit des activités perceptives est le champ de conscience de la personne, ce que Lewin (1975) appelle le champ psychologique et Saint-Arnaud (1974), le champ perceptuel. Laing et autres (1972) utilisent le terme «expérience». Dixon (1985) emploie plutôt l'expression «champ phénoménal» pour parler de ce dont la personne a conscience ici et maintenant, par opposition à «champ subliminal», qui comprend tous les faits qui ne sont pas perçus par la personne ou qui sont inconscients, mais qui influencent tout de même ses attitudes et ses conduites. Champ psychologique, champ perceptuel, champ phénoménal et expérience sont des expressions synonymes qui font référence à l'ensemble des faits dont la personne a conscience et qui déterminent son comportement.

L'expérience consciente qui résulte des activités perceptives détermine le comportement d'une personne dans une situation donnée; c'est là le premier axiome de la théorie présentée par Laing et autres, dans le texte classique qui suit ce chapitre. En d'autres termes, la personne humaine agit, au moment où elle agit, en fonction de ce dont elle a conscience ici et maintenant (Saint-Arnaud, 1974).

Le primat de la subjectivité qui est énoncé ici ne veut pas dire que les données de l'environnement ou les phénomènes inconscients ne sont pas importants, bien au contraire. Cela signifie que le comportement de la personne est fonction de ce qu'elle perçoit.

Le deuxième axiome de la théorie de Laing et autres stipule que l'expérience et le comportement sont toujours en relation avec quelqu'un ou quelque chose d'autre que soi. En effet, c'est par la relation avec un objet ou une personne que l'individu façonne son identité, clarifie et différencie ses perceptions et adapte ses comportements en conséquence. C'est ainsi qu'on peut dire que le comportement est fonction de la personne et du milieu ambiant et, par conséquent, que la perception est déterminée par des facteurs personnels et des facteurs environnementaux, comme nous l'avons vu dans l'introduction de ce livre (Lewin, 1975).

On peut décrire le champ psychologique à l'aide de quatre niveaux de conscience: 1) la sensation; 2) la perception; 3) la cognition; et 4) la métacognition (Laing et autres, 1972; Pinard, 1992).

La **sensation** désigne généralement un événement psychologique élémentaire, déterminé par l'activation de modalités sensorielles. Sa manifestation dans l'organisme est globale, immédiate et indifférenciée. La principale fonction de la sensation est d'informer le corps sur ce qui se passe à l'intérieur comme à l'extérieur. Ses messages sont physiologiques. Le fait de sentir produit un changement, un déséquilibre ou un potentiel dans la structure de la conscience de la personne que l'effort de la connaissance cherchera à rétablir (Merleau Ponty, 1945).

La **perception** est un processus qui sélectionne et structure les données sensorielles de façon à leur trouver une signification. La perception est en quelque sorte une activité cognitive qui permet à la personne de saisir d'un seul coup, avec la multitude de données provenant de son corps et de son milieu, le sens qui les relie et qui leur est attribué (Merleau Ponty, 1945).

Selon Piaget (1970), la perception n'est pas la simple lecture des données sensorielles. Elle comporte plutôt une organisation active où interviennent des décisions et des préinférences qui témoignent de l'influence des opérations intellectuelles mises en œuvre.

Le terme **cognition** signifie à la fois la connaissance et le processus par lequel cette connaissance est acquise. Plusieurs expressions sont utilisées en psychologie cognitive pour faire référence à ce concept et ce, de façon interchangeable: schème d'action (Piaget), structure opérative (Piaget, Neisser), notion, connaissance, concept (Changeux). Ces termes désignent l'organisation des données de l'expérience consciente en un système équilibré de rapports interdépendants. Selon Piaget (1967): «Chaque structure est à concevoir comme une forme particulière d'équilibre, plus ou moins stable en son champ restreint et devenant instable aux limites de celui-ci» (p. 13).

En d'autres termes, la cognition est une connaissance formée de plusieurs éléments reliés entre eux d'une façon cohérente, comme un réseau. Des éléments de connaissance ont acquis une certaine valeur pour la personne; ils se situent au centre du réseau, ils sont relativement permanents. D'autres éléments de connaissance sont incertains; ils sont en périphérie du réseau et sont susceptibles d'être modifiés par l'expérience.

Prenons par exemple la connaissance que nous avons de la gestion. La gestion, c'est la science de l'administration, de la direction d'une organisation et de ses différentes fonctions. Nous pouvons dire que c'est cela, la gestion. Cela constitue le centre de notre connaissance de la gestion. Sur ces idées s'en greffent d'autres. Par exemple, la science, c'est l'étude de quelque chose, un corps de connaissances, un savoir-faire, l'habileté, etc. L'administration est associée à l'exercice des fonctions de direction et de contrôle, à l'application des lois et des directives d'un gouvernement, à l'action de conférer un sacrement, à l'action de donner un remède à quelqu'un, etc. La direction d'une organisation est liée aux affaires, au marché, aux personnes qu'elle emploie, au leadership, à l'orientation des activités de l'entreprise, à sa mission, etc. Les fonctions de la gestion sont la gestion des ressources humaines, la comptabilité et les finances, la gestion des opérations et de la production, l'administration, le marketing, la recherche et le développement, etc. La figure 2.1 illustre le réseau de la gestion tel que nous venons de le décrire. Ainsi, plus les idées qu'on se fait de la gestion sont floues, incertaines, plus elles s'éloignent du centre du réseau et plus elles sont instables.

La cognition, ou le schème d'action, n'effectue pas seulement la traduction des données sensorielles; elle les corrige, les enrichit et les transforme. Dès lors, elle joue un rôle important dans l'acte de perception: elle permet d'assimiler et d'élaborer le percept lui-même en s'ajoutant aux données sensorielles. L'expérience (ou les données offertes par l'objet) et la déduction (ou les opérations mentales de la personne) sont indissociables, selon Piaget (1970). Si on veut comprendre la perception, il faut alors rendre compte des opérations mentales qui sont effectuées par les schèmes d'action.

La **métacognition** signifie, d'après Pinard (1992), la capacité de prendre en charge de façon consciente et délibérée son propre fonctionnement cognitif, en d'autres mots sa propre pensée. Il s'agit donc d'une procédure mentale qui consiste à réfléchir sur la façon dont on pense. Cela implique que la personne a acquis la maturité nécessaire pour prendre du recul et pour réfléchir sur ses propres attitudes et ses motivations à l'égard de ses expériences, sur les situations problématiques qu'elle doit affronter quotidiennement. La métacognition, c'est aussi la connaissance de son efficacité

FIGURE 2.1   Réseau de l'idée «gestion»

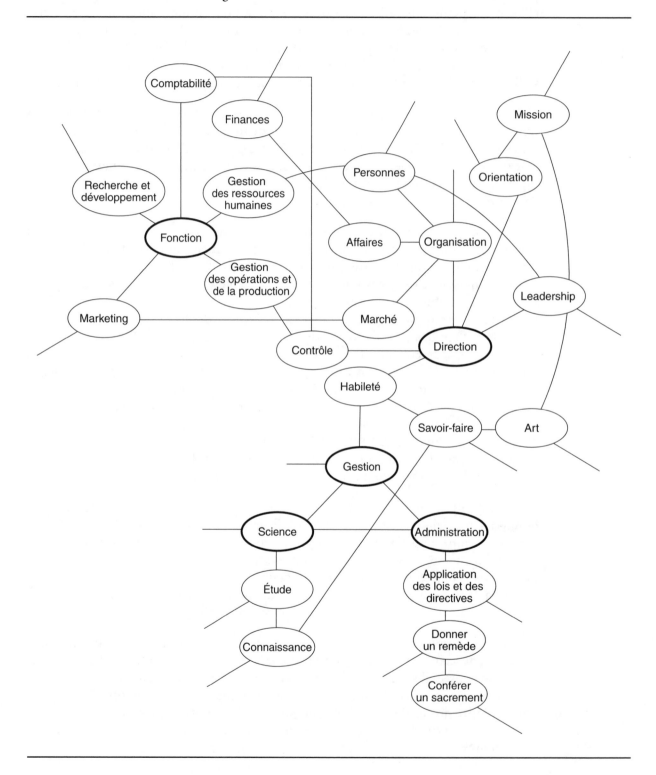

personnelle, de son style d'attribution (externalité ou internalité[2]), de ses dialogues intérieurs, etc.

La **métaconscience**, qui découle de la prise de conscience, constitue un niveau supérieur de la conscience qui implique le développement de son autonomie quant à la façon de penser et au sens qu'on veut donner à son existence. Le développement de la métaconscience permet à l'individu de devenir de plus en plus conscient de ses possibilités et de ses limites, de ses valeurs, des dangers d'inconsistance, d'écroulement ou de décadence que comporte la vie qu'il mène, des pressions exercées par les progrès de la technologie ainsi que des motivations réelles de ses comportements. La métaconscience rend possibles l'authenticité et la transcendance de la personne.

LE SYSTÈME NERVEUX : SENTIR, PERCEVOIR ET CONNAÎTRE

La perception comporte des activités biologiques, qui relèvent du système nerveux, et des activités mentales, qui relèvent de l'intelligence. Ainsi, un peu à la manière de Dejours (1986), nous faisons dans ce chapitre le rapprochement entre le corps et la conscience dans le but de mieux comprendre l'unité de l'être humain et d'enraciner les phénomènes psychologiques dans la matérialité qui caractérise le domaine de la biologie, sans quoi la psychologie risque de devenir artificielle et sans vie.

> Le corps est [...] un objet sensible à tous les autres, qui résonne pour tous les sens, vibre pour toutes les couleurs et qui fournit aux mots leur signification primordiale par la manière dont il les accueille (Merleau Ponty, 1945, p. 273).

> Le corps, en tant qu'il a des « conduites », est cet étrange objet qui utilise ses propres parties comme symbolique générale du monde et par lequel en conséquence nous pouvons « fréquenter » ce monde, le « comprendre » et lui trouver une signification (Merleau Ponty, 1945, p. 274).

Ces citations de Merleau Ponty ne sont pas seulement poétiques, elles font valoir le rôle du corps et son rapport avec le milieu dans la constitution des phénomènes de la conscience et, en particulier, de la perception de soi et du milieu ambiant. En effet, les activités de la conscience et l'action de la personne dans son milieu dépendent de l'organisation interne du système nerveux, grâce auquel l'information est transmise, selon un code, traitée, stockée puis utilisée pour préparer l'action (Changeux, 1983).

Le système nerveux forme un vaste réseau de cellules nerveuses appelées neurones. Un même neurone se trouve généralement en contact avec un nombre relativement grand d'autres neurones qui lui transmettent des influx provoquant soit des effets excitateurs (pensons à la position « marche » sur un bouton de commande), d'où la transmission synaptique de l'influx, soit des effets inhibiteurs (pensons à la position « arrêt »), bloquant la transmission de l'influx et permettant d'assurer le contrôle des activités comme la perception.

---

2. Nous présentons ces traits de personnalité dans le chapitre 1.

FIGURE 2.2   Schématisation fonctionnelle du système nerveux

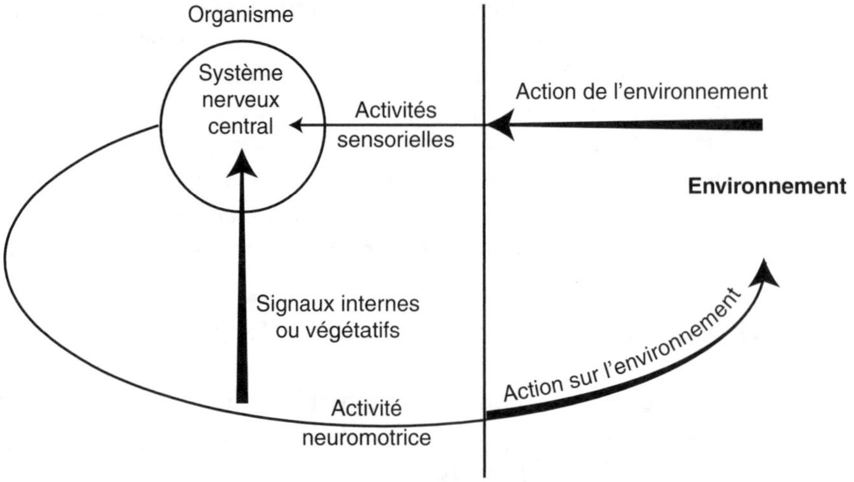

Source: Adapté de Laborit (1974, p. 53) avec la permission de l'éditeur.

Les principales activités du système nerveux consistent à transmettre les messages des organes des sens concernant le milieu externe jusqu'aux centres supérieurs (système nerveux central), où conflueront également les messages des récepteurs viscéraux et des propriocepteurs concernant l'état de déséquilibre de l'organisme pour agir sur le milieu externe en vue de rétablir l'équilibre de l'organisme (Laborit, 1974).

La figure 2.2, adaptée de Laborit (1974), présente le schéma de l'activité fonctionnelle du système nerveux, laquelle aboutit finalement à la conscience.

Les ouvrages d'Ornstein et Thompson (1987) et de Brown et Wallace (1980) expliquent plus en détail les structures du système nerveux. Nous nous contenterons d'examiner les récepteurs sensoriels, car ils sont responsables de la sensation et de la perception, ainsi que le système nerveux central (SNC), car une de ses fonctions principales est de permettre la conscience.

LES RÉCEPTEURS SENSORIELS : STIMULER

La sensibilité du corps est rendue possible grâce aux différents récepteurs sensoriels qui captent et transforment les propriétés physiques ou chimiques des stimuli en énergie électrique, l'influx nerveux. Le terme «stimulus» désigne toute forme d'énergie qui se produit à l'intérieur ou à l'extérieur de l'organisme et qui est d'une intensité suffisante pour déclencher une réaction psychophysiologique spécifique ou, en d'autres mots, pour exciter un récepteur sensoriel.

La figure 2.2 suggère au moins deux types de récepteurs: des récepteurs qui captent des informations sur l'environnement externe et des récepteurs qui captent des informations sur l'état interne de l'organisme. Or, Sherrington (1947) en a défini trois, selon leur localisation dans le corps: les intérocepteurs, les propriocepteurs et les extérocepteurs.

La **sensibilité intéroceptive** comprend les sensations en provenance de la paroi des viscères et des muqueuses, en particulier de l'estomac et du tube digestif. Les récepteurs viscéraux informent l'organisme sur ses besoins et sur ses émotions. Leurs messages ont une forte teneur affective. La sensibilité intéroceptive est étroitement liée à la motivation, que nous aborderons dans le chapitre 3. Les activités du système nerveux permettent à la personne de prendre conscience de l'état interne de son organisme, à savoir ses besoins, ses émotions, son degré de stress, etc. Ces états sont de nature affective; ils sont nécessaires pour organiser les conduites d'adaptation et ils confèrent une valeur à ces conduites.

La **sensibilité proprioceptive** renseigne l'organisme sur ses positions et sur ses mouvements dans l'espace et dans le temps. Les propriocepteurs sont situés au niveau des muscles, des tendons et des articulations.

Enfin, la **sensibilité extéroceptive** informe l'organisme sur le monde extérieur, soit par le contact direct (le toucher et le goût), soit par la précurrence, c'est-à-dire les sensations obtenues sans le contact direct (la vision, l'ouïe et l'odorat). Les extérocepteurs, les organes des sens, sont situés à la périphérie du corps.

LE SYSTÈME NERVEUX CENTRAL: SENTIR, PERCEVOIR ET CONNAÎTRE

Depuis sa conception, l'organisme humain est littéralement assailli, à chaque instant, par toutes sortes de stimuli, captés et codés par les cellules réceptrices. Le système nerveux a pour principales fonctions de transmettre les messages des récepteurs jusqu'au cortex cérébral, de sélectionner les messages pour ne retenir que ceux qui ont une valeur vitale pour l'organisme, de mettre en mémoire l'expérience acquise et de coordonner les actions de la personne dans son milieu. Dès lors, les activités du système nerveux permettent, entre autres, la mise en forme des données sensorielles, l'imposition d'un sens au chaos sensoriel. C'est grâce au système nerveux central (SNC) que s'effectueront ces fonctions.

Le système nerveux central, qu'on appelle couramment le cerveau, est en effet responsable des fonctions sensori-motrices et des fonctions mentales. Essentiellement, ses activités permettent la collecte et le traitement des informations, leur stockage en mémoire et l'organisation des actions adaptées aux conditions du milieu. C'est grâce à ce système que la personne peut entrer en relation avec ce qui l'entoure et s'adapter à son milieu, tout en adaptant celui-ci à ses besoins (Laborit, 1974).

La principale fonction du système nerveux central est donc de permettre l'action de l'individu dans son environnement, quand cela lui est possible. Sa finalité est la préservation ou le maintien de la structure de l'organisme, autrement dit la recherche de l'équilibre. Ce système se compose de plusieurs structures, dont le tronc cérébral, le système limbique et le néocortex. La figure 2.3 présente une coupe médiane du cerveau humain.

FIGURE 2.3   Coupe médiane du cerveau humain

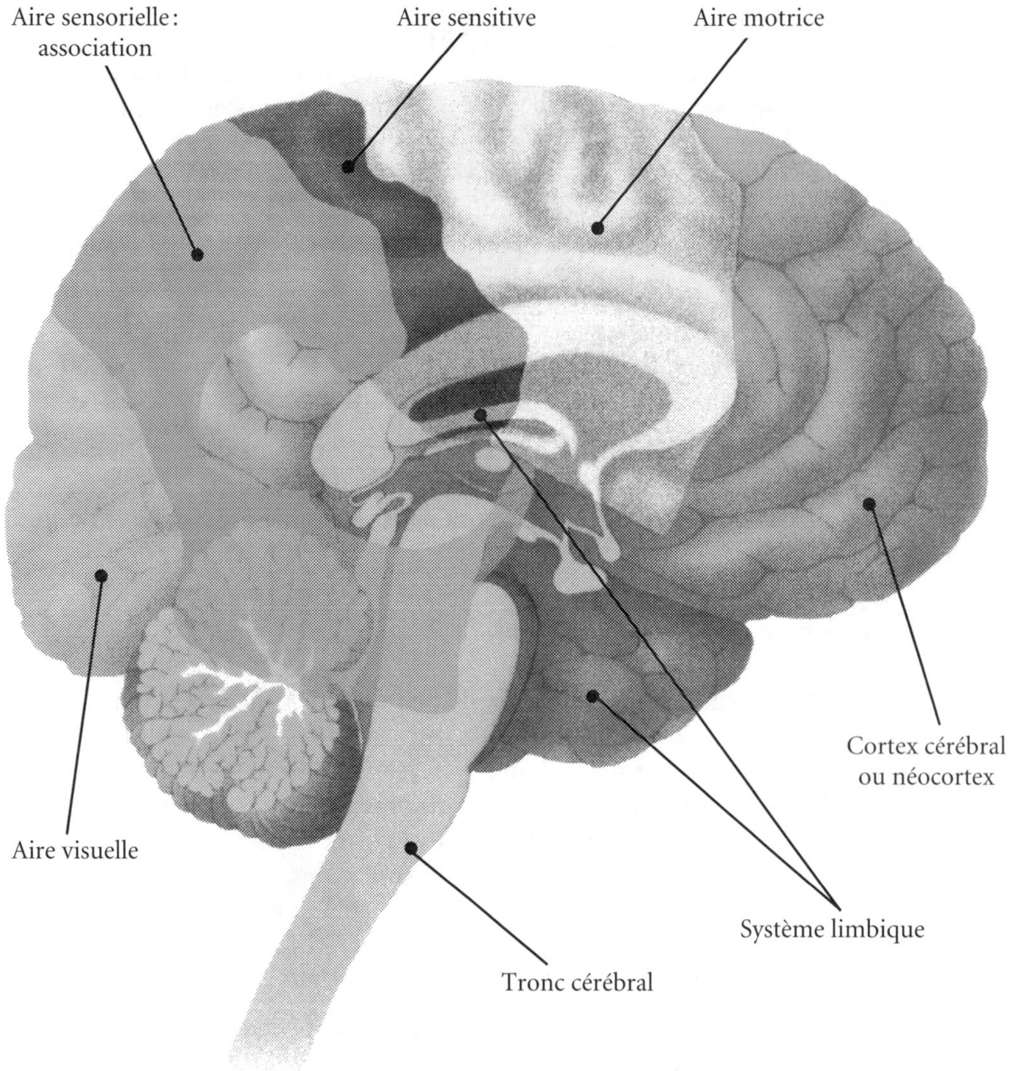

Aire sensorielle : association
Aire sensitive
Aire motrice
Aire visuelle
Tronc cérébral
Système limbique
Cortex cérébral ou néocortex

Le tronc cérébral : le cerveau reptilien

Selon Laborit (1974) et Ornstein et Thompson (1987), le tronc cérébral correspond à la région très primitive du cerveau. Il est responsable des comportements instinctifs, assurant la survie de l'individu et de l'espèce. Le tronc cérébral intervient dans les comportements vitaux tels que la motricité, la respiration et le sommeil. Il détermine également le niveau général de vigilance et participe à la transmission des données de l'extérieur vers les centres nerveux supérieurs; en fait, tout passe par le tronc cérébral.

Le système limbique : le cerveau mammifère

Le système limbique, qui comprend l'hypothalamus, est situé dans la partie médiane du cerveau. Il joue un rôle majeur dans l'organisation des réponses émotionnelles qui régissent les conduites ; il exerce également un rôle essentiel dans l'établissement de la mémoire à long terme, permettant à l'organisme de répéter les expériences qu'il juge agréables et d'éviter celles qu'il trouve désagréables (Laborit, 1974). Commun aux premiers mammifères, ce système autorise une certaine forme de civilité en permettant l'expression des émotions.

L'hypothalamus consiste en une série de noyaux sensibles à l'intérieur de l'organisme ; il joue un rôle important dans la régulation du système endocrinien et de la température, dans l'intégration des émotions et des besoins vitaux comme la faim, la soif et le sommeil. Cette structure est responsable de l'organisation de la réaction physiologique à un stimulus, donc de la réponse affective.

Le système nerveux autonome (SNA), contrôlé principalement par l'hypothalamus, assure pour sa part la régulation des fonctions viscérales, la commande des muscles involontaires tels que le cœur, les poumons et les viscères. C'est ce système qui permet la régulation des besoins vitaux comme le sommeil et la veille, la faim, la soif et le désir sexuel ; le SNA assure aussi la régulation des émotions comme la peur, la colère et le plaisir. C'est ce système qui intervient lors des situations d'urgence, préparant la personne à agir rapidement. Grâce aux activités de ce système, la personne est en mesure de fuir une situation quand elle éprouve de la peur, ou de la combattre quand elle ressent de la colère (Laborit, 1974).

Le cortex cérébral ou néocortex : le nouveau cerveau

Enfin, le cortex cérébral, ou néocortex, structure commune aux espèces évoluées, est essentiel au traitement et à la mémorisation à long terme des informations, à l'intégration des messages sensori-moteurs et en particulier à la conscience, à la connaissance et à l'imagination créatrice (Laborit, 1974).

Trois catégories d'aires corticales caractérisent le néocortex (Changeux, 1983 ; Laborit, 1984) :

1) des aires sensorielles primaires, recevant les données sensorielles ;

2) des aires sensorielles secondaires, situées à proximité des aires primaires, permettant la reconnaissance ;

3) des aires associatives, aptes à combiner et à recombiner les éléments mémorisés d'une façon originale, capables donc d'imagination et de créativité.

C'est un peu comme un centre de traitement de données. Les informations en provenance des récepteurs sensoriels sont reçues en premier dans les aires sensorielles primaires, où elles deviennent des sensations élémentaires. Dès leur arrivée, des « préposés à la perception », qui se trouvent à proximité (dans les aires sensorielles

ENCADRÉ 2.2   **Exemple de reconnaissance (contact)**

Michel gagna rapidement la rue et se dirigea vers la Librairie des Cinq parties du Monde, immense dock situé rue de la Paix, et dirigée par un haut fonctionnaire de l'État.

«Toutes les productions de l'esprit humain doivent être enfouies là», se dit le jeune homme (p. 57). [...]

Le bibliothécaire, réveillé en sursaut, regarda l'audacieux jeune homme; il lut le bulletin et parut stupéfait de la demande; après avoir longuement réfléchi, à la grande terreur de Michel, il adressa ce dernier à un employé subalterne, qui travaillait près de sa fenêtre, sur un petit bureau solitaire.

Michel se trouva en présence d'un homme âgé de soixante-dix ans, œil vif, figure souriante, avec l'air d'un savant qui croirait ignorer toutes choses. Ce modeste employé prit le bulletin et le lut attentivement.

«Vous demandez les auteurs du dix-neuvième siècle, dit-il; c'est bien de l'honneur pour eux; cela va nous permettre de les épousseter. Nous disons... Michel Dufrénoy?»

À ce nom, le vieillard releva vivement la tête (p. 62).

Source: Tiré de Verne (1994). © Hachette Livre, 1994.

secondaires), essaient de les identifier et de les organiser de telle sorte qu'il soit possible de savoir ce qu'elles signifient pour l'organisme. L'interaction des sensations élémentaires et des préposés crée le percept, c'est-à-dire une image, une structure figurative. Pour faire correctement leur travail, les préposés envoient et reçoivent simultanément des messages en provenance des aires associatives, jusqu'au moment où le sens des informations sensorielles est découvert et que le percept est réalisé.

Toutes ces structures rendent possible la perception par le système nerveux. Les encadrés 2.2, 2.3 et 2.4 illustrent, par des exemples de reconnaissance, les activités de celui-ci.

Comme nous pouvons le voir dans l'exemple de l'encadré 2.2, typiquement, les stimuli externes (le nom «Michel Dufrénoy» écrit sur le bulletin remis par le jeune homme) sont captés par les récepteurs spécialisés (les yeux), qui les codent en influx nerveux. Parcourant les voies sensorielles (les nerfs), ils passent deux relais, le premier au niveau du tronc cérébral et le second, au niveau du thalamus, avant d'être projetés sur les aires sensorielles primaires, où naissent les sensations élémentaires (M-i-c-h-e-l D-u-f-r-é-n-o-y), reconnues grâce à la mobilisation presque simultanée des aires secondaires («Michel Dufrénoy»). Le percept naît alors («C'est Michel Dufrénoy!»). Changeux (1983) l'explique ainsi:

Dans ces conditions, on peut concevoir la formation du percept primaire comme résultant de l'entrée en activité simultanée, par ces multiples voies parallèles, des représentations primaires et secondaires du cortex, alors que les voies hiérarchiques participent au «bouclage» de ces multiples représentations de l'objet. L'entrée en activité d'aires multiples en interactions réciproques permet donc à la fois analyse et synthèse. Elle assure la «globalité» du percept (p. 185).

Si le contact direct est une condition de la perception, son contenu peut être mis en mémoire par les aires associatives, d'abord sous forme d'images puis sous forme de concepts, rendant ainsi possibles la reconnaissance, le rappel, la combinaison et la création de concepts et, en conséquence, le développement du langage et de l'intelligence (Changeux, 1983) (voir la suite de l'exemple de reconnaissance dans l'encadré 2.3).

Comment la personne peut-elle savoir si ce qu'elle perçoit est véritable, réel et non pas pure fiction? D'après les explications de Changeux (1983), physiologiquement, le cerveau agit comme un comparateur, mettant à l'épreuve un concept ou une image (ici, le souvenir que le vieillard a de Michel) avec un percept (le nom de Michel sur le bulletin et son visage).

Quand un concept (la connaissance de Michel), produit par une assemblée de neurones dans les aires associatives (c'est-à-dire l'ensemble des neurones qui ont participé à la configuration de la connaissance «Michel Dufrénoy»), est confronté avec un percept (le nom et le visage), produit par une autre assemblée de neurones dans les aires sensorielles (c'est-à-dire l'ensemble des neurones qui ont participé à la structuration des sensations élémentaires provenant des yeux), cela entraîne une potentiation de l'activité corticale (c'est-à-dire une consonance ou une résonance), et le test est positif («C'est mon neveu!»). Si cette confrontation entraîne au contraire une extinction de l'activité (c'est-à-dire une dissonance), le test est négatif. Changeux (1983) l'exprime ainsi:

> L'épreuve de la réalité consiste en la comparaison d'un concept ou d'une image avec un percept. Le test pourra consister en «l'entrée en résonance» ou au contraire «en dissonance» de deux assemblées de neurones confrontées. La résonance se manifestera par une potentiation d'activité, la dissonance par l'extinction de celle-ci. La sélection du concept «résonnant», adéquat au réel, donc «vrai», pourra alors en résulter. Il va de soi que ce comparateur fonctionnera aussi de manière «interne» entre objets de mémoire, percepts et images (p. 188).

Physiologiquement, la personne est capable de sentir grâce à ses multiples récepteurs sensoriels et à son système nerveux; elle est capable de percevoir et de reconnaître

ENCADRÉ 2.3   Exemple de reconnaissance (rappel)

«Vous êtes Michel Dufrénoy, s'écria-t-il! En effet, je ne vous avais pas encore regardé (p. 62).

Source: Tiré de Verne (1994). © Hachette Livre, 1994.

les phénomènes par les activités des aires sensorielles primaires et secondaires; elle est capable de mémoriser grâce au système limbique; elle est capable de connaître, d'imaginer et de se rappeler grâce aux activités des aires associatives du néocortex. L'encadré 2.4 donne un exemple des capacités de mémoire et d'imagination.

Le cerveau humain a la capacité d'évoquer des concepts ou des images, de les combiner, d'en imaginer, d'en créer (Changeux, 1983; Laborit, 1974). Le cerveau fonctionne aussi comme un simulateur, ce qui confère à la personne le pouvoir d'anticiper les événements et de prévoir les résultats de son action. Dans ce contexte, le langage joue un rôle fondamental dans la relation qui s'établit entre la personne et son milieu. Selon Changeux (1983):

> Suivant ce schéma, le langage, avec son système arbitraire de signes et de symboles, sert d'intermédiaire entre ce « langage de la pensée » et le monde extérieur. Il sert à traduire les stimuli ou les événements en symboles ou concepts internes, puis, à partir des nouveaux concepts produits, à les retraduire en processus externes (p. 181).

En tant que système de relation, le langage permet à la personne d'entrer en contact avec les autres et d'acquérir la culture propre à son milieu. Mais le langage n'est pas qu'un système de communication, il est aussi un système arbitraire de signes (mots désignant des objets, des idées, des personnes, etc.) et de symboles (des images, des figures, des métaphores, des allégories, etc.) qui fournit des idées et des concepts « prêts à l'emploi » et qui permet à la personne de prendre du recul par rapport à l'expérience concrète, de réfléchir et de se donner une explication sur ce qu'elle observe, d'élargir

ENCADRÉ 2.4   Exemple de reconnaissance (retrouvailles)

– Vous me connaissez?...

– Si je vous connais!... »

Le vieillard ne put continuer; une véritable émotion se peignait sur sa bonne figure; il tendit la main à Michel, et celui-ci, de confiance, la serra affectueusement.

« Je suis ton oncle, dit enfin le bonhomme, ton vieil oncle Huguenin, le frère de ta pauvre mère.

– Mon oncle! vous! s'écria Michel ému.

– Tu ne me connais pas! mais je te connais mon enfant! J'étais là quand tu as remporté ton magnifique prix de vers latins! mon cœur battait bien fort, et tu ne t'en doutais pas!

– Mon oncle!

– Il n'y a pas de ta faute, mon cher enfant, je le sais! je me tenais à l'écart, loin de toi, pour ne pas te faire de tort dans la famille de ta tante; mais je suivais tes études pas à pas, jour par jour! (p. 62-63).

Source: Tiré de Verne (1994). © Hachette Livre, 1994.

son champ perceptuel grâce à l'augmentation des possibilités de combinaisons nouvelles et de développer son imagination créatrice. Le développement du langage est d'ailleurs étroitement lié au développement des habiletés intellectuelles et par conséquent à la maturation du système nerveux (Piaget, 1967).

Dans cette perspective, on peut dire que la perception est une activité de symbolisation (qui utilise des signes et des symboles, à l'origine du langage) qui revêt un caractère symbolique (parce qu'elle produit des images et des formes). La perception est un phénomène actif, faisant appel au système nerveux, à l'intelligence et au langage pour trouver un sens à l'expérience que vit la personne, ici et maintenant (Changeux, 1983). Les représentations mentales qu'elle permet de construire sont intimement liées aux activités cognitives, qui relèvent de l'intelligence, aux activités affectives, qui relèvent du système nerveux, et aux activités culturelles, qui relèvent du langage.

LES REPRÉSENTATIONS ET LES OPÉRATIONS MENTALES

Quand on perçoit un événement, il ne nous vient pas souvent à l'esprit de douter de l'authenticité de nos impressions. C'est là d'ailleurs le postulat de l'empirisme: les données que nous fournissent nos sens sont toujours vraies; ce sont les jugements qu'on porte sur elles qui faussent notre connaissance. Dès lors, si on veut être objectif, il faut s'efforcer de demeurer passif lorsqu'on observe un phénomène. Cela est-il possible?

Le développement de la psychologie cognitive nous a permis de nous rendre compte qu'il est impossible pour un observateur de demeurer passif, le fait de percevoir étant déjà une action en soi. On a d'ailleurs souvent constaté qu'il existe des écarts, parfois grands, entre la structure et le contenu d'un stimulus et la configuration perceptive que rapporte la personne (Hastie, 1981).

En fait, la perception comporte une organisation active des expériences passées, qu'elles soient récentes ou lointaines, qui, intégrées à l'expérience immédiate, transforment les données des sens en une synthèse originale, nouvelle et surtout significative par rapport à la finalité de l'action.

Quand la personne perçoit un objet, elle n'est pas passive, bien au contraire. Comme nous l'avons vu plus haut, des schémas préexistants sont mis en activité dans les aires associatives du néocortex, transformant les données des sens dans les aires sensorielles en leur imposant une forme, qui est l'aspect cognitif de l'acte, et une valeur, qui correspond à son aspect affectif. L'acte de perception comporte donc des décisions et des préinférences qui témoignent des activités de l'intelligence (Piaget, 1975b). Du point de vue biologique, l'intelligence se conçoit comme l'ensemble des activités du néocortex qui élaborent des réponses originales, adaptées aux conditions du milieu. Du point de vue psychologique, l'intelligence est l'ensemble des activités d'adaptation de l'individu à son milieu.

LES SCHÉMAS: LEUR NATURE ET LEURS FONCTIONS

Imaginons une situation: il est quinze heures, Claude travaille sans relâche depuis midi. Il n'a pas vu le temps passer tellement sa tâche l'absorbait. Ses yeux piquent et sa gorge est sèche. Il prend conscience de sa fatigue. Il regarde autour de lui, il voit son fauteuil, son porte-documents; il se rappelle y avoir mis son casse-croûte ce matin. Il prend une pause. Que s'est-il passé?

Claude a pris conscience qu'il devait se reposer un peu et se restaurer avant de terminer sa journée de travail. Il a pris conscience de ses besoins grâce aux signaux de son organisme. Presque simultanément, il a pris conscience des moyens de les satisfaire, et une intention s'est formée dans le champ de sa conscience, celle de prendre une pause, et cette intention va orienter ses conduites. Cette intention suppose un plan d'action (où trouver son goûter, où se reposer, pendant combien de temps, etc.) et des attentes (s'il mange et se repose un peu, il sera plus efficace que s'il tente de terminer sa journée autrement). En d'autres termes, Claude émet des hypothèses, plus ou moins consciemment, quant à la meilleure façon de satisfaire ses besoins compte tenu des conditions dans lesquelles il se trouve.

Les hypothèses ou les inférences dépendent des intentions de la personne, de ses attentes et de ses préjugés (Taylor et Crocker, 1981). Il s'ensuit que les activités de la perception sont constamment dirigées par des hypothèses produites par les activités intellectuelles. La personne n'est pas consciente de ces hypothèses, à moins qu'elle ne fasse un effort d'introspection important. En fait, on peut devenir conscient de nos hypothèses lorsqu'elles sont invalidées par l'expérience. La frustration peut amener la personne à remettre en question ses attentes et ses convictions à l'égard de la situation et, par la réflexion, à les changer pour en apprendre de nouvelles.

Les hypothèses sont constamment soumises au contrôle de l'expérience consciente; en d'autres termes, l'individu s'attend à percevoir des choses dans une situation et, plus ou moins consciemment, il compare ce qu'il perçoit effectivement avec ses attentes (Neisser, 1976). En psychologie cognitive, les structures qui fournissent de telles hypothèses portent le nom de cognition ou de schème d'action (Piaget, 1975b).

Nous avons distingué plus haut, dans ce chapitre, quatre niveaux de conscience: la sensation, qui se situe au niveau subconscient; la perception, qui se situe au niveau de la conscience immédiate; la cognition, qui se situe au niveau de la conscience explicite; et la métacognition, qui se situe au niveau de la métaconscience. La distinction de ces niveaux nous permet de «localiser» les opérations mentales et de comprendre les mécanismes de la pensée. Cependant, cette distinction est bien arbitraire, car en fait la conscience devrait plutôt être perçue comme un continuum qui varie en degrés, allant de l'inconscient à la métaconscience, les différentes structures mentales s'élargissant et s'assouplissant progressivement (Piaget, 1975b). Cette distinction se fonde sur les structures nerveuses responsables des activités conscientes, comme le montre le tableau 2.1. Ce tableau récapitule les différents niveaux de conscience et les structures nerveuses correspondantes, et introduit les types de structures mentales et les opérations qui les caractérisent.

TABLEAU 2.1   Niveaux de la conscience

Niveaux	Structures nerveuses	Types de structures	Activités
Métacognition (métaconscience)	Néocortex (aires associatives)	Structures opératives : métacritères, métadirectives	Introspection, autorégulation, individuation
Cognition (conscience explicite, expresse)	Néocortex (aires associatives)	Structures opératives : schèmes d'action ; schémas de régulation et de coordination des conduites ; concepts ; notions	Transformer, corriger, compléter, enrichir, compenser, ajouter, soustraire, etc.
Perception (conscience implicite, concomitante de l'action)	Néocortex (aires sensorielles secondaires)	Structures figuratives : représentations ; schémas ; percepts ; images	Explorer, configurer, signaler, anticiper
Sensation (subconscient)	Néocortex (aires sensorielles primaires)	Influx nerveux	Réagir, informer

Piaget (1975b) distingue deux types de structures: les structures figuratives, produites par la perception, et les structures opératives, mises en œuvre par l'intelligence. Selon lui, les structures figuratives (de la perception) sont nécessairement subordonnées aux structures opératives (de l'intelligence). Pourquoi?

Parce que, d'une part, les principales activités de la perception étant l'exploration et l'enregistrement des formes et des contenus, elles pourraient difficilement être réalisées sans qu'il n'y ait, au préalable, certaines conditions, à savoir quoi explorer et comment l'enregistrer. Ces conditions sont imposées par les structures opératives. Dès lors, en présence de l'objet, le rôle essentiel des structures opératives est de guider les activités perceptives en fonction des rapports anticipés entre l'acte et la finalité. De ce fait, la perception est fondamentalement sélective.

D'autre part, sans le concours des structures opératives (ou des schèmes d'action), la personne serait exposée à toutes sortes d'illusions systématiques et d'impressions. En psychologie de la perception, on se sert d'ailleurs des illusions pour comprendre les phénomènes perceptifs et mettre au jour les opérations mentales nécessaires pour les transformer. La figure 2.4 présente un échantillon de ces illusions. Comme on peut le voir, plusieurs figures paraissent correctes. Lemoine (1995a) s'est servi de l'illusion de Müller-Lyer pour montrer l'activité des personnes lorsqu'elles sont placées dans une situation évaluative. Par cette recherche, ce professeur a démontré que les individus placés dans une telle situation font attention à ce qu'ils font, car leur image est en jeu. Cela a donc des conséquences dans les contextes d'évaluation de rendement.

FIGURE 2.4   Quatre illusions optico-géométriques

Nom	Configuration	Description de l'illusion
Illusion de Delbœuf	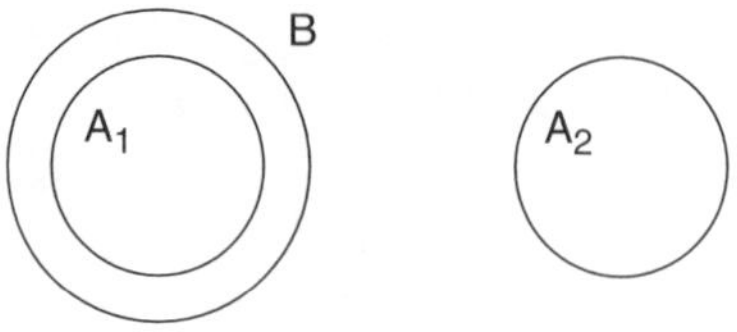	Inscrit en B, le cercle A_1 paraît plus grand que le cercle A_2 (en fait, $A_1 = A_2$).
Illusion de Müller-Lyer		La longueur d'un segment est surestimée s'il est limité par des pennures externes (A) et sous-estimée dans le cas contraire (en fait, A = B).
Illusion de Poggendorff	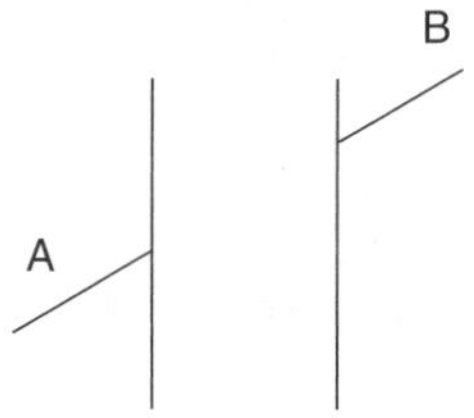	Le segment B est dans le prolongement du segment A alors qu'il paraît décalé vers le haut.
Illusion de Hering	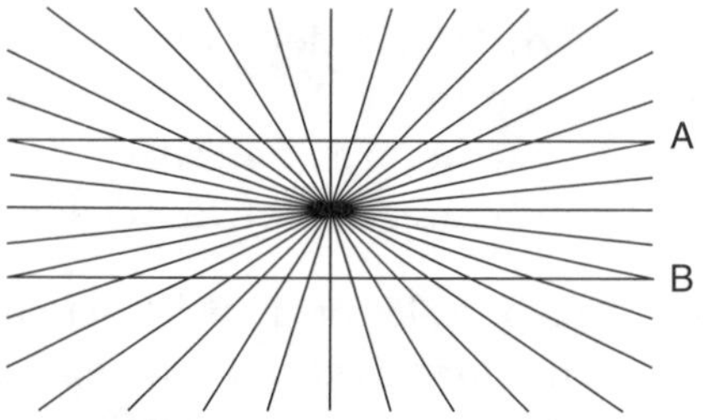	Les lignes A et B, d'apparence courbe, sont en fait strictement droites et parallèles.

Source: Richelle, M., et Droz, R. (sous la dir. de), *Manuel de psychologie, Introduction à la psychologie scientifique*, Bruxelles, Dessart & Mardaga, 1976, p. 194.

Bien sûr, notre perception ne nous trompe pas toujours, certaines structures figuratives étant vraisemblables, mais, la plupart du temps, elles comportent des erreurs qui sont automatiquement corrigées par les opérations mentales. Essentiellement égocentrique, la perception est déformante et requiert par conséquent les corrections des structures de l'intelligence.

LA PERCEPTION, LES STRUCTURES FIGURATIVES ET LES REPRÉSENTATIONS

La perception engendre des structures figuratives, lesquelles sont des représentations, qui ont une fonction de signalisation et de configuration. Le percept et l'image appartiennent à cette catégorie.

Comme elles appartiennent à l'espèce cognitive, les structures figuratives ont une genèse, c'est-à-dire un développement qui va de l'indifférencié au plus différencié. Dans ce sens, on peut dire que la perception est une habileté qui se développe suivant les différents stades de l'intelligence (Neisser, 1976). Le développement des structures figuratives procède par enrichissements progressifs à partir des structures opératives et de leurs interactions avec les données sensorielles. Des exercices de détection, de différenciation et d'identification peuvent aider le développement perceptif. Tout comme les structures de l'intelligence, elles constituent des formes d'équilibre, caractérisées par les lois de totalité (Piaget, 1975b).

La principale loi de totalité est bien connue: le tout est différent de la somme de ses parties ou, en d'autres termes, l'ensemble des parties a des propriétés qui ne se réduisent pas à la somme des propriétés des parties. L'exemple de la table, que nous avons vu plus haut (voir la p. 72), illustre bien cette loi de la forme: la personne qui la perçoit lui attribue immédiatement une forme et une fonction. Ainsi, une structure figurative possède une stabilité qui provient de l'organisation des données sensorielles; la forme perçue ne change pas à moins que les relations entre les données sensorielles ne soient modifiées. Par exemple, on ne peut pas percevoir au même instant la même table debout et renversée, pas plus qu'un même livre ouvert et fermé.

De même, la forme perçue est indissociable de son contenu: on ne perçoit pas d'abord des sensations puis un objet, mais plutôt un objet sensible qui ressort de son contexte (Piaget, 1975b). Dans l'exemple de la table, celle-ci est perçue en entier dans la pièce où elle se trouve. C'est là le principe classique de la figure-fond: dans un champ sensoriel, les stimuli sont structurés de telle sorte qu'ils constituent ensemble une figure sensible (forme et contenu) qui se détache des autres stimuli potentiels, indéfinis, qui constituent le fond. La forme perçue a un sens, qui se détache du fond dans lequel elle se trouvait jusqu'alors. La forme est différenciée et possède une signification, alors que le fond demeure flou, indéfini, indifférencié, illimité. La figure 2.5, qui montre soit un vase, soit un double profil humain, donne un exemple de ce principe.

Les structures figuratives, qui relèvent de la perception, comportent en outre certaines particularités qui permettent de les distinguer des structures opératives, qui relèvent de l'intelligence.

La perception est positive

La perception est positive, c'est-à-dire qu'on perçoit ce qui est, qu'il s'agisse de stimuli internes ou de stimuli externes. Seule la stimulation des récepteurs sensoriels peut donner lieu à la perception. La présence des stimuli est nécessaire pour que la personne les perçoive; les structures de l'intelligence, au contraire, font que la personne peut se les imaginer. La perception est par conséquent toujours liée à un champ sensoriel; elle fournit une connaissance des stimuli par la liaison immédiate avec eux.

Le fait qu'on ne perçoive que ce qui est présent, ce que Piaget appelle les observables positifs, constitue par ailleurs un moteur de développement des structures intellectuelles; l'asymétrie des observables positifs et des négatifs (ce qu'on s'attendait à

FIGURE 2.5   Figure-fond : le vase ou le double profil humain

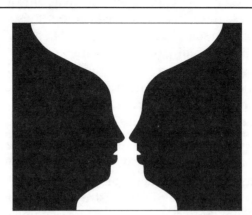

percevoir, mais qui n'apparaît pas) compromet l'équilibre des structures mentales, d'où le déclenchement des processus de régulation (actions et opérations) visant à les rééquilibrer. La prise de conscience de l'absence d'un objet n'est possible qu'à la suite de l'action d'une structure opérative (par compensation) et ne se produit qu'en fonction des anticipations ou des attentes de la personne, lesquelles relèvent également de cette structure (Piaget, 1975b).

La perception est sensible à la proximité des stimuli ; elle est irréversible

Outre qu'elle est assujettie à la présence des stimuli, la perception est limitée par les conditions spatio-temporelles. Par exemple, on peut difficilement voir en même temps des objets placés devant et derrière nous. On ne peut pas non plus percevoir un événement qui s'est produit hier ; on peut par contre se le rappeler, ce qui est le fait de l'intelligence. Ce dernier exemple montre d'ailleurs que la perception est une activité irréversible.

Par ailleurs, la proximité des stimuli crée entre eux des relations qui seront perçues également par la personne. La proximité des stimuli concerne autant leur similitude que leur rapprochement dans l'espace ou dans le temps. Les relations qui sont créées à partir de la proximité des stimuli peuvent difficilement être ignorées par la personne à moins qu'une structure opérative ne les soustraie du champ de conscience. La perception des interactions entre des stimuli proches les uns des autres est une source d'erreurs de jugement et en particulier d'erreurs d'attribution de la causalité d'un événement (Jaspars et Hewstone, 1984 ; Piaget, 1975b).

Un exemple permettra de comprendre cette particularité de la perception. Si deux événements sont semblables ou se produisent à proximité l'un de l'autre, alors l'un a des chances d'être perçu comme la cause de l'autre. Imaginons une classe d'étudiants attentifs dans un cours de comptabilité financière débutant à 9 heures. Il est 10 h 15, les étudiants posent leur crayon et commencent à bouger sur leur siège. Le professeur observe l'heure et les comportements des étudiants, et il en conclut que c'est l'heure de la pause. La proximité des stimuli (l'heure et les comportements des étudiants) signale au professeur qu'il est temps de faire une pause. Dans cet exemple, il n'y a pas d'erreurs d'attribution puisque les étudiants cherchent effectivement à signaler à leur professeur que c'est le temps de la pause et ce, en vertu de conventions tacites. Mais il y a des situations où la proximité des stimuli engendre des erreurs de jugement; c'est le cas notamment des témoignages d'accidents.

La perception est égocentrique

La perception est essentiellement égocentrique: la personne perçoit les événements de son propre point de vue. (L'égocentricité ne doit pas être confondue avec l'égoïsme; ce sont là deux états fort différents, le second correspondant à cette tendance à tout subordonner à son intérêt personnel.) La perception est égocentrique pour plusieurs raisons. Premièrement, ce que la personne perçoit dépend de sa position par rapport à l'objet, ce qui fait référence à la centration de l'attention. La forme perçue sera différente selon le point de vue adopté par la personne. Par exemple, imaginons un homme qui assiste à un match de soccer. Le jeu qu'il peut voir sera perçu différemment s'il est assis derrière le but de l'équipe des visiteurs ou s'il est assis près de la ligne du milieu.

Deuxièmement, la perception est égocentrique parce que ses activités sont déterminées par les attentes et les anticipations de la personne dans la situation où elle se trouve, ce qui renvoie au foyer de son attention. Par exemple, le spectateur du match de soccer s'attend à ce que l'équipe des visiteurs compte plus de points que l'équipe locale. Il s'ensuit que son attention sera dirigée sur le jeu offensif de l'équipe des visiteurs et sur les faiblesses de la défense de l'équipe locale.

Troisièmement, la perception est égocentrique au sens où ce que la personne perçoit est strictement personnel et peut difficilement être communiqué aux autres (Piaget, 1975b). C'est d'ailleurs pour cette raison qu'on peut dire que la connaissance sensible est purement subjective.

L'égocentricité de la perception est une autre source d'erreurs de jugement. Les exemples sont nombreux. Celui de la figure de la jeune/vieille femme, illustré dans la figure 2.6, montre l'effet du foyer d'attention sur la forme perçue. De plus, l'égocentricité cause souvent des malentendus: chacun a son opinion sur un événement et est porté à croire que les autres pensent aussi comme lui, ce qui peut entraîner des conséquences fâcheuses dans les relations interpersonnelles.

La perception s'en tient à l'apparence des personnes et des choses

À la manière des prisonniers de la grotte de Platon, la perception s'en tient aux «ombres» des objets, des personnes ou des événements. Elle porte essentiellement sur ce qui est donné dans l'organisme (stimuli internes) ou dans le milieu ambiant (stimuli externes) et ceci, du point de vue de la personne qui perçoit (égocentrisme). Il s'ensuit que la perception permet d'acquérir une connaissance sensible sur soi et sur le milieu

FIGURE 2.6   La jeune/vieille femme

ambiant, mais elle ne permet pas de dépasser les données sensorielles. Pour cela, les activités de l'intelligence deviennent nécessaires.

La perception comporte une signification immanente

Si la donnée perceptive comporte une signification pour la personne, cette signification ne dépasse pas le cadre de l'indice. Toutefois, cet indice sert de signal et conduit l'intelligence à sélectionner un schème d'assimilation parmi d'autres possibles (Piaget, 1975b). La perception donne lieu à des activités d'exploration en vue d'améliorer la forme perçue. En conséquence, la perception implique certains processus inférentiels, des anticipations qui sont immédiates et non maîtrisables par la personne. Comme le dit Piaget (1975b) : « La perception se situe *hic et nunc* et a pour fonction d'insérer chaque objet ou événement particulier dans ces cadres d'assimilation possibles» (p. 445).

La perception en tant que processus a donc pour fonction d'alimenter les structures de l'intelligence avec les éléments extérieurs qu'elle transforme, avec le moins de déformation possible, en des structures figuratives ou des représentations. Elle assume donc, à chaque instant, le contact entre les actions de la personne (structures opératives ou schèmes d'action) et le milieu (les événements, les objets, les personnes, etc.) (Piaget, 1975b).

LES ACTIVITÉS PERCEPTIVES

Neisser (1976) décrit les activités perceptives de façon fort simple. Selon sa conception, la perception est un processus circulaire qui fait appel à des cognitions, les schèmes d'action. Ces structures sont intériorisées par la personne, modifiées par l'expérience et spécifiques aux configurations perceptives, qui portent le nom de «schéma» dans la théorie présentée par Neisser.

Ainsi, selon ce dernier, il s'agit d'un processus circulaire parce qu'il est déclenché par la construction d'un schéma qui dirige les activités perceptives, lesquelles, à leur tour, vont modifier le schéma. Les activités perceptives ont pour but la recherche de l'information nécessaire pour que la personne puisse satisfaire ses besoins et réaliser son projet. La connaissance qu'elles fournissent s'intègre au schéma initial en le modifiant. La figure 2.7 montre le cycle perceptuel tel que le décrit Neisser (1976).

Les activités perceptives sont en outre sensori-motrices parce qu'elles comportent, en plus de l'organisation des données sensorielles, une intervention de la motricité sur les données sensorielles elles-mêmes, par les activités d'exploration, de sélection ou de configuration.

FIGURE 2.7   Le cycle perceptuel

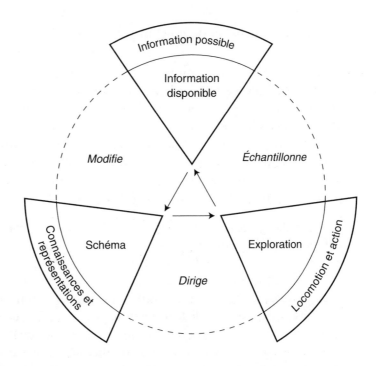

Source: Traduit et adapté de Neisser (1976, p. 112), avec la permission de l'éditeur. © 1976 W.H. Freeman.

Les activités d'exploration

Le schéma est semblable à un plan d'actions, lesquelles sont intériorisées et coordonnées ; il sert à découvrir et à donner un sens à l'information reçue et à favoriser l'adaptation de la personne à son milieu (Neisser, 1976 ; Piaget, 1975b). Le schéma dirige l'exploration du milieu et la prise d'information. Produit à partir des attentes et des anticipations de la personne, le schéma dirige les comportements de la personne dans le milieu et ses activités d'exploration afin qu'elle y trouve des moyens pour arriver à ses fins. En effet, toute perception est ni plus ni moins une sollicitation virtuelle d'actions et de réactions familières, toutes prêtes à être déclenchées (Guillaume, 1969). Il s'avère presque impossible de séparer la perception de son potentiel d'action.

Les activités d'exploration consistent essentiellement à rechercher des informations et à les mettre en relation. Le schéma qui est en train de se former dirige les mouvements de l'attention et le choix des poses ou des centrations de l'attention. En raison des compensations auxquelles elles donnent lieu et des vérifications qu'elles rendent possibles, les activités exploratoires permettent de réduire les illusions et de développer les connaissances (Piaget, 1975b). Le résultat des activités d'exploration dépend de plusieurs facteurs, dont l'âge de la personne, son niveau de vigilance et son caractère (type sensitif ou type intuitif).

Les activités de représentation ou de configuration

Le schéma opère aussi comme un format d'entrée de données, n'acceptant que l'information qui a une certaine valeur pour la personne, qui semble pertinente à ses besoins et conforme à son intention. Par l'intégration de l'information, les relations entre les éléments constitutifs du schéma sont modifiées, transformant celui-ci en conséquence. Les activités de représentation ont pour but de construire l'image et de la positionner dans son contexte (Denis, 1989). Parmi les activités de représentation, on trouve les activités de construction des coordonnées perceptives, de mise en référence, de transport et de transposition (Piaget, 1975b).

L'image est construite à partir des données sensorielles, grâce aux références aux connaissances déjà mémorisées qui vont servir à diriger la construction de l'image et à en faire l'interprétation. L'image comporte un sens qui dépend en grande partie de son contexte, lequel est perçu par les activités de mise en référence. C'est aussi le cas par exemple avec les mots, qui peuvent avoir plusieurs sens selon leur contexte. Enfin, les activités de transport et de transposition désignent les déplacements, les manipulations et les comparaisons qu'effectuera la personne afin d'identifier les stimuli et de les différencier. Ces activités permettent de réduire les erreurs perceptives grâce à la décentration, c'est-à-dire la coordination entre des points de vue différents, qu'elles rendent possible.

Les activités d'anticipation

En tant que plan d'actions, le schéma prédispose la personne à agir, à réagir ou à inter-agir selon son style habituel. Les activités d'anticipation qui en découlent permettent à la personne de se préparer, d'éviter les expériences inutiles ou l'exposition à des expériences désagréables (Guillaume, 1969). Cela représente un intérêt vital pour l'existence de la personne. La reconnaissance qui résulte des activités d'anticipation a également une fonction de signalisation pour la mise en activité des structures opératives responsables de la configuration du schéma perceptuel.

~

Le schéma remplit donc deux fonctions principales : une fonction de codage et de représentation et une fonction d'interprétation et d'inférence. La première permet à la personne d'acquérir de l'information concernant son milieu et de la représenter dans sa mémoire à court terme ; la seconde, de faire des hypothèses sur son milieu une fois qu'elle en a saisi la signification (Taylor et Crocker, 1981).

La perception dépend de la sensibilité de la personne, de son niveau de vigilance et de son état émotif ; la perception est également influencée par le type de personnalité et par les attentes de la personne. De plus, elle est limitée par son habileté à percevoir les phénomènes et par son expérience passée. Les mécanismes qu'elle met en œuvre sont automatiques et requièrent peu d'efforts mentaux. Cependant, cela devient fort différent dans les situations qui ne sont pas familières à la personne. Ainsi, un texte qui présente des notions familières, écrit dans un langage qu'on maîtrise, exige peu d'efforts d'attention pour être compris. Il en va tout autrement avec un texte qui présente des notions inconnues, dans un langage peu familier ; dans ce cas, la personne se trouvera obligée de fournir des efforts d'interprétation et de compréhension pour le lire. Les comportements qu'elle adoptera à l'égard du texte seront alors le produit des activités de l'intelligence.

LA COGNITION, LES STRUCTURES OPÉRATIVES ET LES OPÉRATIONS MENTALES

La cognition est définie comme étant « l'ensemble des activités et des entités qui se rapportent à la connaissance et à la fonction qui la réalise » (Le Ny, 1991b, p. 136). Piaget (1975b) emploie plutôt l'expression « structures opératives » pour désigner des ensembles d'actions extérieures et intériorisées qui transforment les données perçues en leur imposant leur forme et une valeur.

L'épithète « opérative » désigne les opérations effectuées par le schème d'action (ou le schème mental, ou la cognition) dans le but de trouver le sens des données perçues. Une action extérieure est un agissement de la personne dans le but de comprendre ce qui se passe (par exemple, transposition, déplacement, comparaison) alors qu'une action intériorisée précède ou atteint l'opération (par exemple, addition, soustraction, inversion, etc.). Les notions et les concepts peuvent être considérés comme des structures opératives.

En tant que structure opérative, le schème d'action fait appel à la connaissance qu'a la personne de l'objet perçu ainsi qu'aux relations possibles entre ses éléments. Le schème d'action permet à la personne d'identifier rapidement l'objet et de saisir d'emblée sa forme et son contenu (Piaget, 1975b; Taylor et Crocker, 1981).

Le schème d'action engendre des hypothèses relatives à l'objet perçu, suggérant par le fait même des moyens pour l'interpréter et pour l'enrichir. Il ajoute à la configuration perceptive de l'objet l'information manquante ou des éléments nouveaux et y introduit des corrections qui sont très caractéristiques de la personne (Piaget, 1975b; Taylor et Crocker, 1981). C'est le principe de la «bonne forme»: la forme perçue est la plus simple et la plus régulière de toutes les formes qui étaient possibles dans la situation donnée. En un sens, comme l'explique Guillaume (1969), l'œuvre de l'intelligence est de trouver la forme naturelle, normale, la mieux organisée, la plus stable dans les données sensorielles en corrigeant les irrégularités et en transformant la forme perçue jusqu'à ce qu'elle atteigne un point d'équilibre.

Les cognitions sociales

En psychologie sociale, on utilise la notion de schéma social, c'est-à-dire des constructions relatives aux personnes et à leurs relations. Taylor et Crocker (1981) mentionnent trois catégories générales de tels schémas: la première regroupe les schémas concernant les personnes, la deuxième, les rôles, et la troisième, les événements. Pelletier et Vallerand (1994) en ajoutent une quatrième, celle des schémas concernant le soi ou le concept de soi. Le recours à de tels schémas permet de connaître rapidement et facilement les gens et les contextes sociaux. Les cognitions sociales facilitent aussi le développement des habiletés à percevoir les autres, à prévoir ce qui peut arriver dans un contexte social donné et à comprendre les attitudes et les comportements d'autrui.

La catégorie des **schémas de personnes** inclut les prototypes et les traits qu'on peut attribuer à un ensemble de personnes, comme l'internalité ou l'externalité, la confiance ou la méfiance, l'extraversion ou l'introversion, etc. Cette classe de schémas comprend aussi les impressions qu'on a d'un individu en particulier, les attributs qu'on lui donne, les capacités et les dispositions qu'on lui prête.

La catégorie des **schémas de rôles** concerne les comportements auxquels on s'attend des personnes, compte tenu de leur statut et du milieu. Elle regroupe les idées qu'on se fait à propos d'emplois ou d'occupations précises comme professeur, comptable et délégué syndical. Elle comprend aussi les rôles sociaux tels que parent, ami, étranger, personne âgée, jeune. Enfin, c'est dans cette classe que se trouvent les stéréotypes, c'est-à-dire des caractéristiques attribuées à un ensemble de personnes, qui les font ainsi paraître toutes semblables en dépit de leurs différences réelles. Les exemples de stéréotypes sont nombreux: les Noirs, les femmes, les patrons, les employés, les assistés sociaux, les Anglais, les Français, les Arabes, etc.

La catégorie des **schémas d'événements** comprend les idées qu'on se fait de certaines situations et du genre de scénario qui devrait s'y produire. Elle inclut des événements particuliers comme la fête nationale, les cinq à sept et les réunions de service. On y trouve aussi les activités routinières (par exemple, le travail et les courses) ainsi que les événements qui ont marqué l'histoire personnelle (par exemple, l'obtention d'un diplôme, une promotion, un succès, une faillite, etc.).

La catégorie des **schémas de soi**, qu'on appelle généralement le concept de soi, comprend l'ensemble des idées qu'on a sur soi-même, ce qui nous confère notre identité, et en fonction duquel on agit. L'Écuyer (1994) a déterminé les dimensions expérientielles du concept de soi: le soi matériel (somatique et possessif), le soi personnel (image de soi et identité), le soi adaptatif (valeur et activités), le soi social (préoccupations, attitudes sociales et sexualité) et le soi non soi (autrui et opinion des autres sur soi). Le concept que la personne a d'elle-même inclut ces dimensions et sert à organiser ses attitudes et ses conduites.

D'après Taylor et Crocker (1981), les cognitions sociales nous aident à reconnaître et à interpréter rapidement le sens de nos rencontres avec les autres. Comme ils appartiennent également à l'espèce cognitive, les schémas sociaux possèdent les mêmes propriétés que les structures opératives. Ils ont des contenus spécifiques, structurés par des règles telles que l'équilibre, la réciprocité et la causalité, et leur organisation hiérarchique résulte de leurs relations et de leurs nombreuses possibilités de combinaison (Taylor et Crocker, 1981).

Les opérations mentales

L'intelligence, c'est l'ensemble des activités d'adaptation de la personne à son milieu ayant pour but l'actualisation de son potentiel. Pour Piaget (1975a), l'adaptation est un problème d'équilibre, en particulier d'équilibre entre la différenciation et l'intégration. Comme nous l'avons vu dans le chapitre 1, portant sur la personnalité, le développement de la personne oscille entre sa différenciation, c'est-à-dire son individuation dans son milieu, et son intégration, c'est-à-dire sa socialisation. Une personne trop différenciée risque d'être marginalisée par son groupe d'appartenance tout autant qu'une personne trop intégrée risque de perdre son identité dans le groupe. Du point de vue cognitif, la différenciation correspond au processus d'assimilation et l'intégration, au processus d'accommodation. D'après Piaget (1975a), tout schème d'action met en œuvre ces deux processus. En d'autres termes, tout schème d'action est un schème d'assimilation qui doit s'accommoder aux nouvelles données provenant de l'expérience de la personne pour conserver son équilibre. Ces deux opérations, à savoir l'assimilation et l'accommodation, sont complexes; nous tenterons de les expliquer et de les illustrer ci-dessous.

Piaget (1975a) pose deux postulats. Le premier concerne la tendance du schème d'action à intégrer de l'information extérieure, à savoir la direction des conduites exploratoires et de la prise d'information: « Tout schème d'assimilation tend à s'alimenter, c'est-à-dire à s'incorporer les éléments extérieurs à lui et compatibles avec sa nature » (p. 13). Le second postulat indique la nécessité d'adapter le schème d'action aux éléments extérieurs, à savoir la modification du schème en même temps qu'il assimile l'information :

> Tout schème d'assimilation est obligé de s'accommoder aux éléments qu'il assimile, c'est-à-dire de se modifier en fonction de leurs particularités, mais sans perdre pour autant de sa continuité […], ni ses pouvoirs antérieurs d'assimilation (p. 13).

Cette tendance à s'incorporer des éléments extérieurs (assimilation) et cette nécessité de tenir compte de leurs caractéristiques pour les assimiler (accommodation) impliquent un déséquilibre du schème d'action et, par conséquent, la recherche de l'équilibre, c'est-à-dire l'équilibration de la structure.

L'équilibration est alors permise par des cycles fonctionnels d'assimilation et d'accommodation (Piaget, 1975a). La figure 2.8 présente une lemniscate qui représente les rapports entre les processus d'assimilation et d'accommodation ainsi que le problème général d'équilibration des schèmes d'action.

Comme le montre cette figure, la structure est en équilibre (elle est relativement stable) au point indiqué par un +, auquel correspond également un déséquilibre minimal (indiqué par un –). Imaginons qu'il survient un événement qui active la structure : comme elle a tendance à incorporer les éléments compatibles avec elle, la

FIGURE 2.8   Assimilation, accommodation et équilibration des schèmes d'action

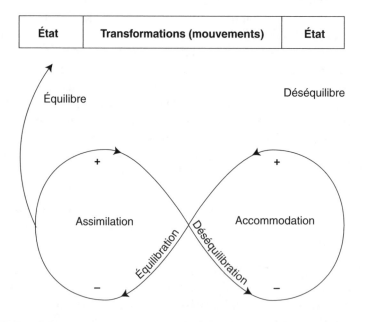

Source : Dolle (1987, p. 100). Reproduit avec la permission des Éditions Privat.

structure va tenter de l'assimiler, ce qui entraînera un déséquilibre (par la déséquilibration de la structure), que le processus d'accommodation tentera de rétablir. L'accommodation vise à adapter l'organisation des éléments et des relations qui forment la structure de sorte qu'elle puisse retrouver une certaine cohérence et stabilité, ou un certain équilibre (par l'équilibration de la structure).

Piaget (1975a) distingue deux types de déséquilibres: 1) ceux engendrés par la présence ou l'action d'un agent ou d'un facteur de l'environnement, donnant lieu à des inadéquations ou à des inadaptations de la structure (par exemple, une information inconsistante, une situation inconnue, etc.); et 2) ceux qui découlent des incohérences, des contradictions, des dysfonctions de la structure elle-même (par exemple, la dissonance cognitive ou les insuffisances engendrées par la rigidité de la structure). En d'autres termes, les déséquilibres proviennent non seulement de l'interaction de la structure avec les données sensorielles, mais aussi de la structure elle-même.

Du déséquilibre naît le dynamisme nécessaire aux activités et aux conduites de l'individu, dans la mesure où il y puise les motifs de ses actions dans son milieu. D'ordinaire, le déséquilibre produit demeure local et partiel. En effet, les déséquilibres apparaissent dans des contextes interactifs locaux et partiels, ne concernant bien souvent qu'un certain nombre de conduites de la personne. Ils n'ont pas, sauf exception, valeur de remise en cause de l'ensemble de ses activités ou de sa personnalité.

Étant donné qu'un schème d'action est comme un système à la fois ouvert, en raison de ses activités avec la perception, et fermé, en raison du principe de la bonne forme, l'équilibration peut donner lieu soit au retour à l'état antérieur au déséquilibre (conservation de la structure), soit à l'instauration d'un nouvel état (transformation de la structure). Pour qu'ils soient porteurs de transformation, les déséquilibres doivent entraîner des dépassements de la structure, établissant un équilibre meilleur qu'avant, ce qu'on appelle l'équilibration majorante.

L'équilibration simple vise essentiellement à conserver la structure originale; elle procède soit par la correction des éléments ou des relations qui forment la structure ou par la compensation des perturbations causées par les éléments étrangers.

Par exemple, imaginons un carré constitué de neuf points, qu'il s'agit de relier en se servant de lignes droites continues.

$$
\begin{array}{ccc}
\bullet & \bullet & \bullet \\
\bullet & \bullet & \bullet \\
\bullet & \bullet & \bullet
\end{array}
$$

Pour résoudre ce problème, plusieurs solutions sont possibles, et aucune ne remet en cause la forme du problème ni la tâche à accomplir. Considérons maintenant le problème suivant. Imaginons le même carré de neuf points, qu'il s'agit de relier cette fois à l'aide de quatre lignes droites, sans soulever le crayon.

● ● ●

● ● ●

● ● ●

Ce problème est classique ; il vise à faire prendre conscience d'un autre type d'équilibration, l'équilibration majorante. La solution nécessite le dépassement de la structure. L'équilibration majorante procède par la production de nouveaux schèmes d'action ou par la transformation de la structure actuelle, impliquant son dépassement. Dans ce cas, il y a émergence de nouvelles significations ou mise en œuvre de nouvelles procédures ou de solutions plus appropriées à la situation.

Dans le cas où l'équilibration reproduit l'état antérieur, le système procède à des actions correctives ou compensatrices des effets perturbateurs, permettant de conserver intacte sa structure. Dans le cas inverse, le système est pris dans une impasse dont il ne peut sortir qu'en modifiant sa structure en fonction des paramètres des nouveaux éléments, en donnant un sens nouveau aux déséquilibres et à sa structure (c'est-à-dire en changeant le cadre de référence) ou en mettant en œuvre des procédures mieux adaptées à son milieu (c'est-à-dire en appliquant de nouvelles solutions). De telles opérations visent, dans les deux cas, non seulement l'équilibre de la structure mais l'accroissement de la complexité de l'ensemble, signifiant chez l'être humain la création de nouvelles relations et de nouveaux instruments de pensée, comme l'indique Piaget (1975a), qui augmenteront les capacités d'adaptation et d'individuation de la personne.

∼

Dans cette section du chapitre, nous avons tenté de comprendre les relations entre l'intention, l'action et l'expérience consciente de la personne, ces relations ne pouvant être comprises sans prendre en considération les transformations opérées par une structure mentale issue de l'intelligence. L'approche utilisée pour étudier la perception et les phénomènes de la conscience reconnaît la téléonomie du comportement, toute action de la personne présupposant une intention qui l'oriente vers un but. Elle reconnaît également la créativité de la personne, permise par les activités de cette structure mentale qui organise et transforme les données de l'expérience consciente (les données perceptives) en une synthèse originale, guidant le choix de ses comportements.

Dans ce contexte, la perception constitue un acte d'exploration et d'enregistrement des données sensorielles dont la fonction essentielle est d'alimenter les structures mentales d'éléments nouveaux. Parce que les schèmes d'action sont naturellement réceptifs à ces éléments nouveaux, leur assimilation va produire un déséquilibre qui sera rétabli par des transformations ; les structures mentales sont obligées de s'accommoder des nouveaux paramètres pour retrouver un état d'équilibre. Toutefois, ce nouvel équilibre est meilleur que l'ancien, d'où l'expression d'équilibration majorante (Piaget, 1975a).

Les structures opératives guident la perception grâce aux attentes qu'elles produisent. Ces attentes ont des répercussions sur les sentiments et les comportements de la personne parce qu'elles servent de normes d'évaluation des relations interpersonnelles, des activités comme le travail et des réalisations personnelles. Les structures perceptives, en particulier, peuvent comporter une forte composante affective (Taylor et Crocker, 1981).

Pour tirer un enseignement de cet exposé sur la perception et l'appliquer à un cadre professionnel, on doit d'abord reconnaître la richesse de notre sensibilité, qui nous « informe » sur nos besoins et nos émotions (par le biais des intérocepteurs) et sur le milieu extérieur (par le biais des propriocepteurs et des extérocepteurs). Sans notre sensibilité, nous ne saurions agir de façon adaptée à notre milieu, ne pouvant connaître ni nos besoins ni les moyens pour les satisfaire.

Il faut ensuite considérer l'importance de la perception en tant qu'agent de liaison entre les stimuli et leur signification ; la perception permet l'exploration et la sélection des données sensorielles et leur codage dans un format compatible avec une structure qui leur imposera un sens. Toutefois, subordonnée à la présence et à la proximité des stimuli et centrée sur des états, la perception donne lieu à toutes sortes d'erreurs. Il importe donc de se rappeler que, les configurations perceptives étant déformées, indéfinies ou mal délimitées, nous ne pouvons pas vraiment nous fier à nos perceptions.

Il s'agit enfin de reconnaître l'avantage indéniable de l'espèce humaine que constitue l'intelligence ; il convient donc de s'en servir autant dans le cadre de notre travail que dans nos relations avec les autres.

LES ERREURS DE PERCEPTION

La perception comporte plusieurs limites. Toujours liée au champ sensoriel et limitée par les conditions spatio-temporelles, elle est positive et immédiate. Centrée sur des points particuliers du champ sensoriel, individuelle et incommunicable, elle est égocentrique. Guidée par les anticipations et les attentes que lui fournissent les structures opératives, elle est fondamentalement sélective. Enfin, les données qu'elle transmet à ces structures ont une signification, cela est certain, mais celle-ci ne dépasse pas le niveau des indices.

Outre qu'elle est limitée, la perception comporte plusieurs pièges, lesquels sont en fait tendus par ces mêmes structures qui par ailleurs lui rendent tant de services : les cognitions. En effet, si les indices conduisent à préférer un schème d'action plutôt qu'un autre, cela implique que toute l'interprétation des données sensorielles dépendra de celui-ci et pas des autres. Que se passe-t-il lorsque les indices et le schème d'action ne sont pas cohérents ?

La perception nous met aussi quelquefois dans l'embarras, particulièrement lorsqu'on fait face à l'incertitude, à l'ambiguïté ou à la complexité. Par exemple, il arrive parfois qu'on interprète une situation de façon telle que nos comportements ne sont pas du tout appropriés à la situation (dans le langage populaire, on appelle cela « être déconnecté de la réalité » !).

En guidant l'exploration et l'enregistrement des données, les schémas confèrent à la perception son caractère sélectif. S'ils recherchent et autorisent l'assimilation de l'information qui est compatible avec eux, cela suppose qu'ils ne s'incorporent pas toute l'information contenue dans un champ sensoriel.

LES ERREURS D'ATTRIBUTION

Sources d'hypothèses, d'anticipations, de prévisions, d'attentes, permettant l'exploration et l'enregistrement, les schémas sont également sources d'erreurs d'attribution. Une attribution est une inférence ou une hypothèse faite par la personne ayant pour fonction l'explication des données observables, des événements ou des comportements (Vallerand et Bouffard, 1985). Plusieurs facteurs servent à expliquer les comportements : les facteurs internes, concernant les dispositions de la personne (son intention, sa motivation, ses habiletés, etc.), et les facteurs externes, concernant la situation où elle se trouve (l'activité qu'elle fait, le contexte, les conditions, etc.). Les attributions permettent de comprendre ce qui se passe grâce aux causes possibles qu'elles mettent en relief et d'améliorer ainsi à la fois la prévision et le contrôle des actions.

Les risques de commettre des erreurs d'attribution sont élevés quand on est incertain des sentiments qu'on devrait ressentir à l'égard des autres ou des événements, dans une situation complexe ou ambiguë, en présence d'informations contradictoires, à la suite d'un échec ou d'événements inattendus.

L'erreur fondamentale d'attribution

Parmi les erreurs d'attribution, l'erreur fondamentale est la plus importante. Celle-ci consiste à accorder plus de poids à des causes internes (dispositions de la personne) qu'à des causes externes (la situation) pour expliquer les comportements d'autrui (Harvey et Weary, 1984 ; Vallerand, 1994). Par exemple, dans le cas du retard d'un employé ou d'un retard dans les délais de production, on est tenté d'attribuer la cause aux dispositions de cet employé (comme son manque de motivation ou d'effort) plutôt qu'aux événements extérieurs (comme les embouteillages ou l'ambiguïté des objectifs).

Le biais égocentrique

Une autre erreur d'attribution, qu'on appelle le biais égocentrique, a pour fonction la protection de l'image de soi et de sa valeur personnelle. Par conséquent, l'individu a tendance à attribuer ses réussites à des dispositions personnelles et ses échecs, à des facteurs externes. Par exemple, dans le cas d'un échec personnel, comme le refus d'une promotion, on est tenté d'attribuer la cause aux facteurs externes (comme l'iniquité du système de promotion ou la forte compétition) plutôt qu'aux facteurs internes (comme le manque de qualifications). On commet cette même erreur, mais dans le sens contraire, quand on réussit quelque chose. On a alors tendance à s'en attribuer le mérite plutôt qu'à expliquer cette réussite par des facteurs externes (comme l'aide d'un collègue ou le soutien d'un supérieur).

LES STÉRÉOTYPES ET LES PRÉJUGÉS

Les stéréotypes résultent, en fait, de l'attribution de caractéristiques identiques à n'importe quelle personne d'un groupe (de référence), sans égard aux différences réelles existant parmi les membres de ce groupe. Bien que les stéréotypes soient inévitables (ils servent essentiellement à structurer de façon économique la perception de soi et d'autrui), il n'en demeure pas moins qu'ils empêchent l'individu de connaître vraiment les personnes qu'il rencontre. Les stéréotypes découlent souvent d'un manque d'information ou de l'enregistrement d'informations erronées (Aronson, 1976).

Les stéréotypes sont en relation réciproque avec les préjugés, qui reflètent des attitudes positives ou négatives à l'égard d'un groupe fondées sur des jugements, sur des généralisations faites à partir d'informations fausses ou incomplètes. Le stéréotype influence dès lors l'attitude adoptée à l'égard d'une personne et d'un groupe (c'est-à-dire le préjugé), qui renforce, à son tour, le stéréotype (Aronson, 1976).

Certaines situations sont propices à la naissance de préjugés. Dans des situations de compétition, particulièrement lorsqu'un groupe démontre plus de force et de pouvoir qu'un autre, le groupe «faible» devient la cible de préjugés (Aronson, 1976). À l'intérieur d'un groupe, il arrive que des tensions se forment. Quand la tension s'élève au point où les membres du groupe ressentent de la frustration et qu'ils ne perçoivent pas de moyens de la réduire, l'agressivité alors produite par cette tension sera détournée de sa source vers la personne la plus vulnérable du groupe. Celle-ci devient le bouc émissaire (Aronson, 1976).

Enfin, dans presque toutes les situations sociales, il existe des normes de conduite qui règlent les relations. Ces normes comportent souvent des préjugés. Pour susciter l'approbation des autres ou pour éviter des ennuis, on a tendance à s'y conformer et, par conséquent, à adopter ces préjugés et ces stéréotypes.

Un cas particulier de préjugé est l'effet Pygmalion, qui s'observe sur la performance des personnes dans une situation d'apprentissage ou de production. Dans ces situations, la personne en position d'autorité (soit le professeur ou le superviseur) se fait une image des capacités des personnes qu'elle dirige et porte un jugement sur ces capacités; ce jugement, qui est en fait un préjugé, conditionne ses attitudes et ses comportements à leur égard, lesquels influent sur leur performance. Il s'ensuit qu'un préjugé favorable produit un effet Pygmalion positif (c'est-à-dire une amélioration de la performance) et un préjugé défavorable, un effet négatif.

Une erreur similaire est l'illusion, c'est-à-dire le fait de percevoir des phénomènes qui, en réalité, n'existent pas (Taylor et Crocker, 1981). C'est le cas de l'employeur qui croit que ses employés sont fainéants et motivés seulement par les gains. Peu importe les véritables dispositions des employés, il s'entêtera à les percevoir ainsi et adoptera des conduites à leur endroit qui renforceront ses fausses croyances. L'effet Pygmalion qui risque de se produire renforcera également ses fausses croyances.

LES PREMIÈRES IMPRESSIONS ET L'EFFET DE HALO

On a également tendance à trop se fier à nos perceptions et en particulier à nos premières impressions. Fondées sur un minimum d'informations concernant une personne, nos impressions sont durables parce qu'elles sont en soi des inférences qui amorcent et orientent l'acte de perception. Cependant, on dit souvent qu'elles ne trompent pas. En réalité, cette affirmation est fausse parce qu'elles sont justement produites à partir de trop peu d'information et soumises non seulement aux stéréotypes mais aussi à des mécanismes de défense comme la projection et la négation. La projection consiste à se libérer de certaines dispositions, perceptions ou émotions pénibles ou intolérables en les attribuant à autrui. La négation consiste à ne pas reconnaître les données réelles, même si elles sont évidentes.

Asch (1952) a trouvé que, dans la formation des impressions, certaines caractéristiques paraissaient plus importantes que d'autres pour déterminer la perception de la personne. Des attributs comme chaleureux et froid semblent avoir des effets plus déterminants sur les impressions que des attributs comme poli et brusque. De plus, les stimuli présentés en premier auraient plus d'effet sur les impressions que ceux présentés en dernier, d'où la croyance dans les premières impressions. Mais, en fait, on a aussi trouvé que les stimuli présentés en dernier pouvaient avoir un effet de récence: l'individu se souvient mieux des dernières impressions que des premières.

L'effet de halo est un cas particulier de la formation des impressions qui agit sur le jugement de la personne. Il consiste en la surestimation des corrélations entre des traits de la personnalité, entraînant une distorsion dans la perception d'autrui. Par exemple, Brunswik (1956) a trouvé une forte corrélation entre l'attribution d'intelligence à quelqu'un et le fait de le trouver aimable. L'effet de halo est particulièrement notable dans les situations d'évaluation de personnes, comme c'est le cas des entrevues de sélection et d'évaluation de rendement.

L'EFFET DE CONTRASTE

L'effet de contraste est un effet perceptif de renforcement produit par l'opposition entre des personnes, des choses ou des situations qui sont présentées simultanément ou successivement. Il a pour conséquence de faire ressortir les différences, voire les oppositions et les contraires, ce qui risque d'entraîner des distorsions et des erreurs de jugement. En particulier, l'effet de contraste peut engendrer des prises de position pour la personne ou la situation à laquelle l'individu s'identifie et contre la personne ou la situation opposée.

Il existe des moyens de maîtriser ces biais perceptifs, à commencer par le développement des structures figuratives. Les erreurs commises par la perception sont corrigées par les actions et les opérations des structures mentales, lesquelles se développent à leur tour suivant un processus de dépassement et de stabilisation (équilibration majorante) à partir, justement, des erreurs perceptives. La perception joue donc un rôle essentiel dans le développement de l'intelligence.

L'EMPATHIE : COMPRENDRE LE POINT DE VUE DES AUTRES

Reuchlin (1991a) définit l'empathie comme «un mode de connaissance intuitive d'autrui, qui repose sur la capacité de partager et même d'éprouver les sentiments de l'autre» (p. 264). L'empathie est une faculté différente de la sympathie, qui caractérise plutôt un sentiment de bienveillance et de compassion à l'égard d'autrui, impliquant la participation à sa souffrance. L'empathie se distingue également de l'*insight*, qui détermine une compréhension soudaine de la nature d'une figure, d'un objet ou d'un sujet. Comme l'indique sa définition, l'empathie est un mode de connaissance intuitive d'autrui ; elle fait donc appel à l'intuition.

L'avantage de l'empathie est d'abord apparu dans les pratiques thérapeutiques, où on s'est rendu compte qu'il était bien utile de pouvoir comprendre le point de vue d'une personne, surtout lorsque celle-ci est difficile à comprendre et qu'elle présente des comportements étranges. Avec la popularité grandissante des approches humanistes dans les organisations, l'empathie est devenue pour ainsi dire un outil de gestion fort utile également aux personnes chargées de résoudre des problèmes et de prendre des décisions de concert avec d'autres personnes. L'empathie est une habileté qui s'apprend dans la mesure où la personne est disposée à l'apprendre (Rogers, 1980).

L'apprentissage de l'empathie exige des qualités personnelles, propres à une personnalité confiante (Rogers, 1980). Parce que l'empathie suppose que la personne doit faire comme si elle était l'autre, cela implique qu'elle se sente suffisamment en sécurité, suffisamment stable, pour adopter une position qui lui paraît inhabituelle ou étrange. Une personne qui éprouve de la sécurité interne se sent libre dans ses relations avec l'autre et disposée à accepter des points de vue différents.

D'après Rogers (1976), une première qualité est la **congruence** de la personne, c'est-à-dire le degré d'accord ou de consistance interne entre son expérience, sa représentation consciente de cette expérience (la métaconscience), l'image de soi (le concept de soi) et l'expression de cette expérience (ses attitudes et ses comportements). L'état d'accord interne permet à la personne de percevoir les comportements de l'autre d'une façon correcte et différenciée et améliore sa capacité à éprouver une compréhension empathique du cadre de référence de l'autre.

Rogers (1976) a énoncé une loi des relations humaines :

Quand il existe entre parties un désir mutuel d'entrer en contact et de s'engager dans un processus de communication, nous pouvons affirmer que plus l'expérience, la perception et le comportement de l'une des parties réalisent un degré élevé d'accord, plus la relation sera caractérisée par :

– une tendance à la communication réciproque caractérisée par les mêmes propriétés ;

– une compréhension mutuelle plus correcte de l'objet de la communication ;

– un *fonctionnement psychologique* meilleur, de part et d'autre ; un accroissement de la satisfaction procurée par la relation (p. 246-247).

Une autre qualité personnelle nécessaire pour établir le contact avec l'autre et ce, dans le but de comprendre son point de vue, est l'**ouverture à l'expérience**. L'ouverture a pour fonction d'établir la sécurité interne nécessaire à l'établissement du contact. C'est une attitude qui se caractérise par une manière spontanée, non sélective et non directive d'explorer l'expérience, par la disposition et la capacité de s'engager dans une voie sans devoir vérifier si elle représente ou non des difficultés.

L'ouverture implique la reconnaissance et la tolérance des différences ainsi que la compréhension de l'expérience vécue par l'autre. Certaines caractéristiques personnelles facilitent l'ouverture à l'expérience telles que la disposition à apprendre de l'expérience de l'autre et la capacité de réagir d'une façon flexible et dynamique.

L'ouverture à l'expérience suppose aussi la capacité de **suspendre son jugement** un certain temps, en vue de saisir pleinement la signification du point de vue de l'autre. En phénoménologie, cette capacité renvoie à la règle de l'époché (Mucchielli, 1983). Le mot « époché », traduit du grec, signifie littéralement « interruption ». Ce terme, qui désignait la suspension du jugement chez les sceptiques grecs, reproduit une métaphore dans leur langue (une époque, c'est proprement un « arrêt », une suspension dans le cours du temps). Le mot a été repris par Husserl (1962) pour désigner la phase de la réduction phénoménologique qui consiste à « mettre hors jeu », à « mettre entre parenthèses » tout jugement existentiel sur les objets (et même sur les sujets en tant que parties du monde), de manière à faire « saillir » la pure conscience irréductible qui porte ce jugement ou le suspend. Cette attitude d'ouverture est perceptible par autrui et l'engage à exprimer librement sa pensée, sans crainte d'être mal perçu et mal jugé. L'ouverture permet d'élargir le champ psychologique et de l'approfondir. Elle facilite la compréhension de l'expérience d'autrui, c'est-à-dire l'appréhension synthétique de son point de vue, dans son contexte, ici et maintenant.

Contrairement à ce qu'on pourrait croire, la capacité empathique ne semble pas être déterminée par la performance intellectuelle ni par l'expérience, bien que ces dernières ne nuisent pas. En d'autres termes, il n'est pas nécessaire d'être brillant ni expert pour comprendre les autres empathiquement (Rogers, 1980). La capacité empathique dépend toutefois des attitudes de la personne envers elle-même et envers les autres.

L'empathie consiste en la représentation correcte du cadre de référence d'autrui avec les harmoniques subjectives et les valeurs personnelles qui s'y rattachent. La capacité empathique suppose que le sujet peut percevoir une situation et éprouver un sentiment comme s'il était l'autre sans jamais oublier qu'il s'agit bel et bien de l'expérience de l'autre (Rogers, 1976).

Cette capacité semble pouvoir s'améliorer avec l'âge mais varie peu à l'âge adulte. Il ne s'agit donc pas de cette fameuse sagesse qu'on acquiert avec les ans. Les différences sexuelles y interviendraient peu, bien que les femmes paraissent avoir plus de facilité à percevoir correctement les expériences d'autrui. Cette capacité serait par contre étroitement associée à la personnalité, en particulier à la stabilité émotionnelle de la personne (Massarik et Wechsler, 1984).

LA COMPRÉHENSION EMPATHIQUE

La compréhension empathique suppose la capacité d'adopter le point de vue de l'autre, de se décentrer. La décentration permet de réduire l'égocentrisme de la perception en prenant du recul ou de la distance par rapport à son propre point de vue, en mettant en suspens ses jugements pour un certain temps, afin d'adopter un autre point de vue, un point de vue étranger, celui de l'autre. Dans la pratique, il s'agit d'écouter pour comprendre la signification la plus entière possible du message, à savoir son contenu informatif et affectif. Il faut demeurer attentif à tous les signes, verbaux et non verbaux. Il faut s'interroger constamment: Qu'est-ce qu'il essaie de me dire ? Qu'est-ce que cela signifie pour lui? Comment perçoit-il la situation? Savoir reconnaître le type psychologique de la personne peut aider, car la connaissance de ses préférences de perception et de jugement facilite les activités de communication.

Berger (1987) décrit les principes de l'empathie. Il faut encourager la personne à expliciter son point de vue, car le seul fait de l'énoncer ne permettra pas de le faire comprendre. Il faut aussi rester attentif aux signes verbaux et non verbaux, porteurs de significations implicites ou cachées. Il faut en outre se sentir libre d'adopter parfois un point de vue externe ou d'expert afin de faire progresser l'exploration tout autant que d'adopter le point de vue de la personne afin de l'aider à le comprendre et à le dépasser. Il faut enfin être capable de reconnaître les images que la personne projette sur soi (le transfert) de même que les images qu'on projette sur elle (le contre-transfert) afin de mieux comprendre la dynamique de la relation et les patterns psychiques qui peuvent s'établir.

Quand un individu se sent écouté de cette façon, avec autant de considération, il a tendance à s'écouter avec plus d'attention et à clarifier ses idées et ses sentiments. Parce que l'écoute active tend à réduire le sentiment de menace engendré par la perception de l'esprit critique de l'autre, la capacité de percevoir son expérience et celle de l'autre s'améliore et chacun éprouve un sentiment de valeur personnelle.

～

L'empathie fait appel à plusieurs techniques d'écoute et de communication qui ont fait leurs preuves et qui peuvent être apprises pour favoriser le développement de relations positives et pour encourager l'ouverture et l'honnêteté nécessaires à la résolution de problèmes. Le chapitre 6 présente d'ailleurs plusieurs de ces techniques d'écoute et de communication.

Manifester de l'empathie n'est pas une façon d'apparaître comme une «bonne personne». Cela exige un effort conscient, de la pratique et la volonté d'améliorer sa façon d'être (Rogers, 1980). L'empathie requiert l'exercice de toutes les fonctions psychologiques décrites dans le chapitre précédent. Elle se développera de différentes façons, selon les types de personnalité: ainsi, le type «pensée» devra renforcer sa capacité d'apprécier la valeur des autres personnes; le type «sentiment» devra améliorer sa compétence et sa confiance dans le domaine de la critique; le type «intuition» devra apprendre à vivre ici et maintenant; et le type «sensation» devra apprendre à s'ouvrir au monde imaginaire.

Texte classique

L'INTERACTION ET L'INTEREXPÉRIENCE DANS LES DYADES[1]

Dans le cadre d'une science qui s'intéresse aux personnes, on reconnaît comme axiomatiques les deux énoncés suivants :

– le comportement est fonction de l'expérience ;

– l'expérience et le comportement sont toujours reliés à quelqu'un ou à quelque chose d'autre que soi.

Le schéma le plus simple du comportement d'un individu doit inclure, à tout le moins, deux personnes et une situation commune. Il faut, en outre, y rendre compte non seulement de leur interaction, mais aussi de leur interexpérience.

Ainsi,

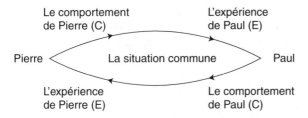

Suivant ce schéma, le comportement de Pierre à l'égard de Paul est, en partie, fonction de l'expérience que Pierre a de Paul. Or, cette dernière repose dans une certaine mesure sur le comportement de Paul envers Pierre, lequel dépend partiellement à son tour de l'expérience que Paul a de Pierre, qui est en partie déterminée par le comportement de Paul à son égard. On ne peut donc assimiler le comportement de Pierre envers Paul, et celui de Paul à son égard, exclusivement à un schème d'inter*comportement* (et encore moins à un quelconque schème *intra*personnel) si Pierre et Paul sont des personnes axiomatiques. En effet, quand il s'agit de personnes, le comportement de l'une envers l'autre est influencé

par l'*expérience* qu'elles possèdent l'une de l'autre, tout comme cette expérience est influencée par le comportement de chacune d'entre elles.

La transformation du comportement de Paul en l'expérience de Pierre fait intervenir toutes les structures de perception constitutionnelles et culturellement déterminées que Pierre a apprises, et qui contribuent à la manière dont il se représente ce qui l'entoure. Or, une bonne part de cet apprentissage n'a jamais fait l'objet d'une réflexion consciente. Dans une mesure beaucoup plus grande que la plupart d'entre nous ne le pensent, et que chacun d'entre nous ne souhaite le croire, nous sommes « programmés » comme des ordinateurs pour traiter les données d'une manière précise à leur entrée. Les instructions en cause s'accompagnent fréquemment de métadirectives qui nous empêchent d'en avoir conscience. Il s'agit là d'un élément qui ajoute à la difficulté, souvent appréciable, que présente pour beaucoup de gens l'exploration consciente de leur propre « programmation ».

Si chacun d'entre nous possède un ensemble de critères sur lesquels il se base pour juger certains gestes affectueux et tendres, ou malveillants et brutaux, ce qui apparaît comme une manifestation d'affection à certains peut sembler un geste malveillant pour d'autres. Il se peut ainsi qu'une femme soit charmée par un prétendant qui a une attitude d'homme des cavernes, et qu'une autre le trouve répugnant en raison même de ce comportement. La femme qui juge affectueuse une attitude d'homme des cavernes pourrait, à l'inverse, interpréter des avances subtiles comme une manifestation de faiblesse, tandis qu'une autre y verra peut-être le signe d'une âme sensible. Le comportement en lui-même ne débouche donc pas directement sur l'expérience. Il doit, en effet, être perçu et interprété selon un ensemble quelconque de critères. Bien que la plus grande partie du présent ouvrage ne porte pas explicitement sur ces variables intermédiaires, cela ne

1. Tiré de Laing, R.D., et autres, *Interpersonal Perception : A Theory and a Method of Research*, New York, Harper & Row, 1966, p. 12-29.

veut pas dire que nous ne leur accordons qu'une importance secondaire à l'intérieur d'une théorie d'ensemble des systèmes interpersonnels.

Pour que le comportement d'autrui devienne partie intégrante de l'expérience que possède un individu, ce dernier doit le percevoir. Or, cette perception même entraîne une interprétation. Tout être humain apprend à structurer ses perceptions, en particulier au sein de sa famille, en un sous-système qui interagit avec sa sous-culture contextuelle, les institutions qui s'y rattachent et son milieu culturel d'ensemble. Imaginons, par exemple, une situation où un mari se met à pleurer. Ce comportement doit faire partie de l'expérience de sa femme. Or, cette femme ne pourra acquérir l'expérience de ce comportement sans l'interpréter. L'interprétation donnée à un comportement varie de beaucoup d'un individu à l'autre et d'une culture à l'autre. Ainsi, Julie interprète inévitablement les pleurs d'un homme comme une manifestation de faiblesse, alors que Jeanne y voit le signe d'une âme sensible. L'une et l'autre réagiront de façon différente à ce comportement, à cause d'un modèle d'interprétation préconçu dont elles peuvent ou non avoir conscience. Il se peut que Julie ait appris de son père qu'un homme ne pleure jamais, à moins d'être une femmelette. Jeanne, quant à elle, a peut-être appris de son père qu'un homme peut laisser voir ses émotions et en sortir grandi. Dans bien des cas, les étapes intermédiaires (schèmes de régulation) qui contribuent à la caractérisation d'une expérience échappent à la conscience de l'individu. Ainsi, Julie acquiert tout simplement une expérience de son mari qui l'amène à le juger faible et Jeanne, quant à elle, vit une expérience qui l'amène à juger le sien sensible. Ni l'une ni l'autre ne savent exactement pourquoi. Elles pourraient même éprouver de la difficulté à décrire les types de comportements qui ont abouti à leurs conclusions. Nous ne pouvons pourtant simplement attribuer leur interprétation à un fantasme, car ce terme est souvent utilisé pour désigner une forme d'invalidation cachée.

Toute expérience qu'un individu a d'un autre fait intervenir une interprétation particulière de son comportement. On se sent aimé lorsqu'on perçoit et qu'on interprète les gestes d'autrui, c'est-à-dire lorsqu'on en fait l'expérience comme des manifesta-tions d'amour. Ce qui pose un problème, c'est l'écart entre l'expérience qu'un individu tire de son propre comportement et celle que ce comportement engendre chez autrui.

– J'agis d'une manière qui me semble *prudente*, mais qui te paraît *lâche*.

– Tu agis d'une manière qui te paraît *courageuse*, mais qui me semble *téméraire*.

– Elle se trouve *enjouée*, mais il la juge *superficielle*.

– Il se juge *amical*, mais elle le trouve *aguichant*.

– Elle se juge *réservée*, mais il la trouve *hautaine* et *détachée*.

– Il se trouve *galant*, mais elle le juge *faux*.

– Elle se trouve *féminine*, mais il la juge *faible* et *dépendante*.

– Il se juge *masculin*, mais elle le trouve *autoritaire* et *dominateur*.

L'expérience entraîne toujours la perception d'une action ou d'un geste *de même que* son interpré-tation. La perception fait, en outre, intervenir la notion de sélection et de réception. De tout ce qu'un individu voit et entend d'un autre, il ne choisit que quelques éléments à retenir. Or, un geste qui revêt beaucoup d'importance pour certains individus peut être insignifiant pour d'autres. Il arrive aussi qu'un individu ne porte pas attention au bon moment, et n'ait pas conscience de ce qu'autrui envisage comme une déclaration importante ou un geste important. S'il arrive que deux individus retiennent les mêmes gestes aux fins d'interprétation et qu'ils les perçoi-vent de manière identique, l'interprétation qu'ils en feront pourra toutefois varier considérablement. Elle lui adresse un clin d'œil complice, et il y voit un geste aguicheur. Le geste en cause est le même, mais l'interprétation, donc l'expérience, qu'en tire chacune des personnes se révèle disjonctive. Elle refuse de l'embrasser à la fin de la soirée par respect pour elle-même, mais il en conclut qu'elle le repousse. Les exemples abondent.

Un enfant peut en vouloir à sa mère lorsqu'elle lui dit de mettre un blouson parce qu'il a l'impres-sion qu'elle le surprotège, alors qu'il ne s'agit pour elle que d'une simple manifestation du souci naturel qu'il n'ait pas froid. De même, roter après le repas témoigne de bonnes manières dans certaines sociétés, mais d'une attitude grossière dans d'autres. Ainsi, même lorsqu'on s'entend sur le comportement en cause, l'interprétation que chacun en fait peut être diamétralement opposée.

Qu'est-ce qui explique ces interprétations contraires? De façon générale, on peut dire que toute interprétation repose sur ce qu'un individu a appris antérieurement, en particulier au sein de sa famille (c'est-à-dire auprès de sa mère, de son père, de ses frères et sœurs, et de ses autres parents), mais aussi, plus largement, dans la société où il évolue.

De plus, tout geste est interprété suivant le contexte dans lequel on l'observe. Reprenons notre exemple de la femme qui refuse un baiser à un homme après une soirée passée ensemble. Il se peut que l'un et l'autre jugent ce comportement tout naturel s'ils en sont à leur première sortie, mais qu'ils y accordent plus d'importance après six mois de fréquentations. Ce refus paraîtra également plus significatif si la femme acceptait auparavant d'embrasser son partenaire.

Que se passe-t-il lorsque deux individus ne s'entendent pas sur la signification d'un geste particulier? Il s'ensuit un processus très complexe. Si la communication entre eux est optimale, ils *comprendront* qu'ils ne partagent pas la même interprétation et ils *en auront l'un et l'autre conscience*. Partant de là, il se peut qu'ils soient en désaccord sur la nécessité de modifier ou non le comportement en cause. Diverses tactiques s'offrent alors à eux:

– la menace («fais ce que je te dis ou il t'en cuira»);

– la câlinerie («fais ça pour moi, s'il te plaît»);

– le chantage («si tu fais ceci, je te promets de faire cela en retour»);

– la persuasion («je crois que tu devrais faire ça parce que…»).

Toutefois, lorsque des personnes sont en désaccord, il y a souvent entre elles *une mauvaise compréhension dont elles ne prennent pas conscience*. Il peut s'agir là, soit d'une situation délibérée s'expliquant par le fait qu'on cherche à ignorer l'opinion de l'autre, soit d'une situation non intentionnelle, où l'on ne remarque tout simplement pas ce point de vue opposé. Quel que soit le cas, il survient une rupture de la communication. Or, il nous semble, *pour la première fois*, que notre système de notation… permet de caractériser et de définir avec précision les divers degrés et le modèle d'une rupture de ce genre.

Ainsi, sur le schéma de la page 109[2], E et C représentent des catégories de variables interposées entre l'effet direct de C sur C et celui de E sur E. En matière de comportements interpersonnels, il n'existe aucune contiguïté pure et simple entre le comportement d'un individu et celui d'un autre, bien qu'on puisse envisager une bonne partie des comportements humains (y compris celui des psychologues) comme une tentative, unilatérale ou bilatérale, visant à éliminer E du processus. De même, ce schéma suppose qu'il n'y a aucun contact direct ni aucune confluence entre l'expérience d'un individu et l'autre personne en cause. On y présume que les autres influent toujours sur l'expérience d'un individu par l'intermédiaire de leurs *comportements* (y compris leur comportement verbal), lesquels doivent être perçus et interprétés par l'individu pour engendrer chez lui une expérience. Il s'ensuit que, dans le présent ouvrage, nous ne considérons comme personnels ni le comportement, qui est la conséquence directe d'un effet physique (telle une boule de billard qui en heurte une autre), ni l'expérience directement acquise chez un individu par l'expérience d'un autre (comme dans les cas possibles de perception extrasensorielle).

Nous savons que l'opinion que Pierre a de lui-même est plus ou moins reliée, selon les individus et la situation en cause, à ce qu'il croit que Paul pense de lui, c'est-à-dire à la métaperspective et la méta-identité de Pierre. Si Pierre croit que Paul n'a pas de lui l'opinion qu'il voudrait que ce dernier ait, il peut en principe maîtriser la condition qui le contrôle, soit en agissant sur Paul pour le faire changer, soit en agissant sur l'expérience qu'il a de Paul afin de la modifier. S'il agit sur Paul, son but pourrait être de modifier l'expérience que Paul a de lui, ou simplement son comportement. Supposons, par exemple, qu'il demande à Paul de se taire. Il se peut qu'il lui dise en fait: «Je me fiche de ce que tu penses de moi, alors garde-le pour toi.»

---

2. Page 12 dans le texte original.

En d'autres termes, tout geste peut viser principalement, soit l'individu qui le pose, soit autrui; mais s'il est perçu, il aura nécessairement un effet sur les deux. Un geste qui s'adresse à autrui peut avoir pour but premier de susciter chez celui-ci un changement ou de prévenir un tel changement. De même, un geste visant la personne qui le pose peut avoir comme but premier d'amener ou d'éviter un changement chez elle. Dans le cadre d'une relation dyadique, cependant, tout geste adressé à autrui aura un effet sur la personne qui le pose, et tout geste visant l'individu qui le pose aura un effet sur autrui. Il se peut qu'un individu agisse d'une façon donnée pour en amener un autre à avoir une certaine expérience de lui. Une part importante des gestes qu'on pose vise à engendrer chez autrui certaines expériences de soi. Prenons l'exemple d'un individu qui souhaite être perçu par un autre comme étant généreux, dur ou juste. Il se peut qu'il ne sache que faire pour amener l'autre à interpréter ses actions sous le jour voulu et à acquérir de lui l'image souhaitée. Il arrive, en effet, que les critères sur lesquels s'appuie l'autre pour juger un comportement généreux, dur ou juste soient à l'opposé des siens, et ce qu'il en ait conscience ou non. Une personne faisant appel à la résistance passive (comme Gandhi) pourra paraître dure aux yeux d'un individu, mais faible aux yeux d'un autre.

Il se peut en outre qu'un individu, de manière intentionnelle ou non, s'acharne à interpréter tout geste que pose l'autre comme une attestation du bien-fondé d'une hypothèse préétablie (voulant que l'autre cherche à le blesser, par exemple). Ainsi, une femme se présentant à une rencontre dans le cadre d'une thérapie conjugale interprète l'absence de son mari comme une preuve que ce dernier « cherche à la blesser ». Lorsque son mari arrive à son tour, bien qu'en retard, elle déclare avec calme qu'il a finalement décidé de venir « pour la blesser ». Il s'agit là d'une situation particulièrement difficile si un individu (dans notre exemple, la femme) laisse en même temps sous-entendre qu'il existe une façon appropriée d'agir et que l'autre ne l'a pas découverte. En pareil cas, la femme de notre exemple fonderait son interprétation sur l'hypothèse cachée selon laquelle, peu importe ce qu'il fait, son mari cherche à la blesser, le sous-entendu manifeste étant que, s'il ne

voulait pas se montrer blessant, il agirait de la manière appropriée.

Tout individu tend, par conséquent, à rechercher les personnes aux yeux desquelles il peut être ce qu'il souhaite être, de manière à pouvoir refaire sien le genre de méta-identité qu'il désire. Or, ceci l'oblige à trouver quelqu'un qui partage ses critères. Pareil stratagème peut cependant engendrer une grande aliénation. Il arrive, en effet, que l'*autre que cet individu est pour autrui* devienne le centre de son univers. Si tel est le cas, cet individu ne pourra obtenir l'identité qu'il souhaite — en devenant l'autre qu'autrui recherche — que s'il peut façonner ou influencer autrui. Il lui faudra choisir avec soin les personnes avec lesquelles il interagira, et se conduire de manière à pouvoir être pour elles tel qu'il le désire. Cet individu sera toutefois aux prises avec un grave dilemme s'il ne parvient pas à obtenir qu'autrui l'envisage de la façon dont il souhaite paraître à ses yeux. Il se peut, en effet, qu'il veuille agir comme une mère le ferait envers quelqu'un qui désire assumer le même rôle, ou qu'il cherche à se montrer généreux envers une personne qui s'entête à le juger méprisable. En pareilles circonstances, cet individu en viendra peut-être, en désespoir de cause, à adopter comme stratégie d'agir sur sa propre expérience de l'autre pour ainsi, dans un certain sens, rendre sa méta-identité indépendante d'autrui.

Examinons cette dernière stratégie plus en détail. On l'observe sous la forme d'une action axée sur soi, à savoir lorsque Pierre agit sur sa propre expérience de Paul, action qu'on appelle la « projection ». La projection constitue une façon d'agir sur l'expérience qu'on a d'autrui. On la qualifie de « mécanisme psychique », un terme mal choisi puisque la projection n'est ni mécanique ni psychique. Il s'agit en fait d'une action qui vise l'expérience qu'on a de l'autre. La psychanalyse a le mérite d'avoir mis en lumière les actions de ce genre.

La projection représente, de toute évidence, un stratagème très important. Elle peut, à l'intérieur d'un système interpersonnel, fonctionner de diverses manières, mais fait toujours partie d'une catégorie d'*actions qui visent essentiellement à influer sur l'expérience qu'un individu a d'autrui, et non pas sur celle que l'autre a de lui*. Évidemment, la projection vient aussi modifier l'expérience que l'autre a de cet individu. Il arrive ainsi qu'un paranoïaque qui se projette sur autrui ait l'impression que l'autre le blesse et ne l'aide pas, ce qui oblige cette autre personne à avoir, de lui, l'expérience d'un individu qui la juge blessante.

Nous avons mentionné précédemment que le problème auquel on se heurte sans cesse sur le plan théorique découle en partie du fait que, à l'intérieur d'une dyade, on trouve plus facile d'envisager les personnes séparément plutôt qu'ensemble. C'est le cas, entre autres, en ce qui touche à la théorie de la projection. Ainsi, il existe un certain nombre de perspectives et de versions différentes du concept de projection, lesquelles ne sont pas toutes présentées d'une manière explicite.

Comme nous l'avons déjà suggéré, la projection représente une façon d'agir sur l'autre où, paradoxalement, on n'agit pas directement sur lui en tant que personne réelle, mais plutôt sur l'expérience qu'on a de lui. Il est cependant certain qu'on influence autrui lorsqu'on lui laisse savoir comment on le perçoit. De fait, l'un des moyens les plus efficaces qui s'offrent à un individu pour influer sur l'expérience qu'une autre personne a de lui consiste à lui dire comment il la perçoit. Les flatteurs savent bien que, toutes choses égales d'ailleurs, on tend à aimer les personnes qui nous aiment. Une personne laide ne l'est pas seulement à ses yeux, mais aussi dans le miroir du regard de l'autre. Autrui est témoin de sa laideur. De fait, dans la mesure où la laideur est relative, si tout le monde jugeait cette personne belle, elle pourrait ne plus être laide. Si elle ne peut amener autrui à la voir comme elle le voudrait, cette personne en viendra peut-être à agir sur l'expérience qu'elle a de l'autre plutôt que sur celle qu'il a d'elle. Tout individu peut inventer l'expérience qu'un autre a de lui. Nombre de projections, bien sûr, ne sont que l'invention apparemment compulsive de personnes qui se jugent laides et souhaitent éliminer cette perception de leur relation de soi à soi. Il s'agit là, du moins, d'une motivation qu'on attribue souvent aux personnes qui projettent. Toute projection fait intervenir la négation simultanée de ce qu'elle remplace.

Dans l'*Avesta*, le livre saint des adeptes de Zarathoustra, l'homme le plus laid, ne pouvant supporter qu'il existe un témoin éternel de sa laideur, abolit Dieu et le remplace par le néant.

La projection amène un individu à acquérir l'expérience d'autrui en abordant le monde extérieur à la lumière de son univers intérieur. En d'autres termes, un individu fait alors l'expérience du monde perceptible en fonction d'un système de fantasmes, et ce sans en avoir conscience. Il arrive que l'individu en question cherche à faire en sorte que l'univers incarne ses fantasmes, mais il s'agit là d'une autre histoire et la projection peut survenir sans qu'il en aille ainsi.

La projection pure n'apporte aucune information au sujet de l'autre. Elle se rattache à un seul aspect de l'interaction dyadique, soit la manière dont une personne agit sur son expérience de l'autre ou la façon dont l'autre agit sur son expérience de cette personne. Nous savons toutefois que la projection en vient à influer sur d'autres aspects et à être influencée par eux, puisque l'expérience qu'un individu acquiert d'un autre est reliée à la manière dont cette personne agit envers lui, et ainsi de suite. La manière dont Pierre se comporte envers Paul, par exemple, varie selon l'expérience que Paul acquiert de Pierre, et la façon dont il agit ensuite à son égard. Malheureusement, il n'existe aucune théorie systématique et très peu de données empiriques pour nous éclairer sur cet aspect des choses. Nous ne possédons même pas le vocabulaire nécessaire pour décrire ce qui peut survenir en d'autres points du circuit dyadique lorsque la projection entre en jeu à l'intérieur de celui-ci. Comment, par exemple, réagirait Paul en découvrant que l'expérience que Pierre a de lui est surtout le fruit de la projection, et que les gestes de Pierre s'adressent non pas au Paul que Paul croit être mais à un Paul en grande partie imaginé par Pierre? Une façon d'améliorer les choses consiste, pour Paul, à rechercher systématiquement les données sur lesquelles s'appuie Pierre pour bâtir une image de lui qu'il ne reconnaît pas. Ce faisant, Paul adopte une attitude plus rigoureuse que s'il tenait pour acquis que Pierre invente purement et simplement l'image qu'il se fait de lui. Il revient alors à Paul de découvrir les critères sur lesquels se fonde Pierre pour en arriver à des conclusions opposées aux siennes. Ces critères existent nécessairement, mais il arrive qu'ils soient cachés ou tellement étranges — même aux yeux de Pierre, et encore plus à ceux de Paul — qu'ils sont laissés pour compte ou jugés sans importance, c'est-à-dire invalidés d'une quelconque manière.

Un homme et une femme mariés depuis huit ans nous ont, un jour, décrit leur première querelle, qui est survenue le deuxième soir de leur lune de miel. Tandis qu'ils étaient assis au bar d'un hôtel, la femme se mit à parler au couple qui se trouvait à proximité. À sa grande consternation, son mari refusa de prendre part à la conversation, se montrant distant, lugubre et hostile, aussi bien à son égard qu'à celui de l'autre couple. Consciente de l'attitude de son mari, la femme se mit en colère contre lui parce qu'il avait rendu la situation embarrassante et lui avait donné l'impression de l'avoir abandonnée. Se laissant emporter, les conjoints en vinrent à se quereller en s'accusant mutuellement d'avoir manqué d'égards pour l'autre. C'est ainsi, à tout le moins, que l'homme et la femme nous ont décrit l'incident. Huit ans après ces événements, nous sommes cependant parvenus à leur faire révéler certains des autres éléments en cause. Lorsque nous lui avons demandé pourquoi elle était entrée en contact avec l'autre couple, la femme a répondu : « Je n'avais encore jamais parlé à un couple marié en tant qu'épouse. Auparavant, j'avais toujours été l'amie, la fiancée, la fille ou la sœur. Je croyais que notre lune de miel serait le bon moment pour commencer à jouer mon nouveau rôle d'épouse, et pour soutenir une conversation en tant que femme mariée, avec mon époux à mes côtés. Je n'avais, non plus, jamais eu un mari auparavant. » Elle envisageait leur lune de miel comme une situation qui leur offrirait la possibilité de commencer à fréquenter d'autres couples en tant que gens mariés. Elle attendait ce moment avec joie et impatience. Son mari avait, par contre, une vision tout à fait différente de ce que devait être une lune de miel. Interrogé au sujet de son attitude lors de la conversation, il a déclaré : « Évidemment que j'étais distant. J'imaginais la lune de miel comme un moment où les nouveaux mariés s'éloignent des autres, un moment où ils apprennent à tirer avantage d'une occasion privilégiée de s'isoler du reste du monde pour simplement se consacrer l'un à l'autre. Je voulais que nous n'ayons besoin de personne. Pour moi, la présence de toute autre personne représentait une complication, un fardeau, une intrusion. Lorsque ma femme s'est mise à parler à cet autre couple, ça m'a fait l'effet d'une insulte. Elle venait de me laisser savoir que je ne lui suffisais pas, que je ne répondais pas à tous ses besoins. Je me suis senti irrité. »

Huit ans plus tard, l'un et l'autre avaient appris à rire de cet incident. Le mari pouvait affirmer : « Si j'avais su ce que tu ressentais, les choses auraient été bien différentes. » Le point à retenir est que chacun envisageait les actions de l'autre comme un manque d'égards, voire comme une insulte délibérée. Ces attributions reposaient sur des systèmes de valeurs cachés et différents, de même que sur des attentes contraires fondées sur ces systèmes.

L'expérience concrète que Pierre a de Paul est le fruit de l'union du « donné » et du « construit », c'est-à-dire d'une synthèse des diverses interprétations que Pierre fait de ses perceptions sur la base de ses attentes et de ses fantasmes (projections), ainsi que du stimulus distal provenant de Paul. La fusion ainsi générée de la projection et de la perception donne naissance au phénomène « Paul » tel que Pierre en fait l'expérience. Conséquemment, le Paul de Pierre n'est ni purement le fruit de l'imaginaire de Pierre ou de ses perceptions, ni simplement une copie de l'image que Paul a de lui-même. Le Paul dont Pierre fait l'expérience procède en effet de la perception, de l'interprétation et du fantasme. On pourrait ici imaginer un coefficient de perception qui varierait selon le degré de prépondérance de la perception ou de la projection. De même, on pourrait envisager un coefficient de discordance ou de disjonction des systèmes d'interprétation. Le comportement de Pierre à l'égard de Paul peut découler de l'expérience que Pierre a de Paul, laquelle fait une place importante à la projection (d'où une grande part d'imaginaire), ou de systèmes d'interprétation discordants. On peut s'attendre à ce que l'expérience de Pierre et son comportement subséquent ne soient pas conformes à la vision que Paul a de lui-même, ni à celle qu'il a de l'image que Pierre se fait de lui. Dans le cas où Pierre aurait de Paul une image très différente de celle que Paul a de lui-même — peu importe si cette dernière tient ou non pour beaucoup de l'imaginaire —, il est probable que les gestes de Pierre s'adresseraient à un Paul que Paul ne reconnaît pas. Paul remarquera alors que Pierre lui témoigne plus ou moins de respect qu'il ne s'y attendait, ou qu'il se montre à son égard trop ou trop peu familier, distant ou craintif. Il se peut aussi que Paul découvre que Pierre se comporte envers lui, non pas comme s'il était le Paul que Paul croit être, mais plutôt à la façon d'une mère, d'un père, d'un fils, d'une fille, d'un frère, d'une sœur ou d'une autre personne.

Tout ce qui précède donne à penser que Pierre ne peut se percevoir lui-même en tant que Pierre s'il ne perçoit pas Paul en tant que Paul. Si la part de fantasmes ou la discordance des systèmes d'attentes augmente chez Pierre, il faut s'attendre à ce que la vision que Pierre a de lui-même s'écarte d'autant de son identité de soi, de sa méta-identité, ainsi que de l'image que Paul se fait de Pierre et de sa méta-identité (sans essayer ici d'épuiser la liste des différentes disjonctions), et à ce que cela se traduise chez Pierre par un comportement envers Paul que ce dernier juge de plus en plus « étrange ». Il est inutile de reprendre toute cette description *mutatis mutandis* en remplaçant Pierre par Paul.

Ce qu'il faut ici essayer de comprendre, c'est la manière dont les interprétations et les fantasmes[3] discordants de Pierre en ce qui touche à son expérience de lui-même et de Paul influent sur ce dernier, de même que la façon dont l'expérience que Paul a de lui-même et de Pierre influe à son tour sur la tendance que manifeste Pierre à fonder son expérience sur la projection et à agir en conséquence.

On pourrait supposer que ce que ressent Paul à l'intérieur de lui-même constitue la partie du circuit qui se prête le plus facilement à des fantasmes chez Pierre, puisque ce dernier ne peut guère en obtenir confirmation sans le témoignage de Paul.

Imaginons par exemple que Pierre déclare : « Je crois qu'au fond, tu es malheureux. » Paul répond : « Non, ce n'est pas le cas. »

Pierre pourrait cependant tenter de valider ce qu'il suppose au sujet de la relation de Paul envers Paul en surveillant les actions de Paul. Peut-être se dira-t-il : « Si j'agissais comme lui, je serais malheureux », ou : « Lorsque ma mère se comportait comme ça, elle était malheureuse ». Pierre pourrait

aussi avoir l'impression que Paul est malheureux, sans toutefois pouvoir expliquer pourquoi. Il se peut qu'il reconstitue correctement l'expérience de Paul en parvenant à faire la synthèse de divers indices fournis par le comportement de Paul, ou qu'il se trompe en analysant les actions de Paul selon ses propres critères plutôt que selon ceux de Paul, ou encore qu'il attribue à Paul le chagrin qu'il essaie lui-même de ne pas ressentir. En pareille situation, il n'est pas facile de trouver des critères de validité, car il se peut que Pierre rende Paul malheureux en insistant sur la question. Imaginons cependant que Pierre et Paul aient chacun une vision différente de Paul en ce qui touche à sa relation avec lui-même. Paul est-il malheureux? Il est possible que Pierre en arrive, consciemment ou non, à la conclusion que Paul est malheureux sur la base d'indices que lui fournit Paul intentionnellement, et non de par son comportement. Paul cherche peut-être à nier qu'il est malheureux. D'un autre côté, il se peut que Pierre attribue à Paul un sentiment que lui-même nie éprouver. Plus encore, Pierre tente peut-être de ne pas se sentir lui-même malheureux en *essayant de rendre Paul malheureux*. Pour ce faire, il pourrait, entre autres, déclarer à Paul qu'il est lui-même malheureux ou que Paul l'est. Supposons qu'il opte pour cette seconde possibilité. Il se pourrait que Paul accuse Pierre d'essayer de le rendre malheureux en lui disant qu'il l'est. Pierre repoussera très probablement cette attribution en faveur d'une autre du genre : « J'essayais simplement de t'aider. »

Parfois, ce qui apparaît comme une projection n'est, en fait, que le résultat d'une discordance complexe des attentes, c'est-à-dire le résultat de l'interprétation que l'un attribue au fait que l'autre ne réponde pas à ses attentes. Imaginons par exemple que Pierre soit bouleversé par quelque chose. Paul espère l'aider en demeurant calme et détaché, mais Pierre juge qu'il ne s'agit pas là de la bonne attitude. Pierre croit qu'un véritable ami désireux de lui venir en aide se montrerait lui aussi irrité. Si Paul ignore tout de cela et que Pierre ne le lui fait pas savoir, Pierre en viendra peut-être à supposer que Paul cherche délibérément à le blesser en prenant une attitude distante, ce qui pourrait amener Paul à conclure que Pierre projette ses sentiments de colère sur lui. Voilà donc une situation où Paul croit qu'il y a projection de la part de Pierre, ce qui n'est pas le

---

3. Le concept des fantasmes en tant que mode d'expérience à l'intérieur d'un système social a déjà été examiné par Laing (1961, 1966).

cas. Pareil phénomène se produit fréquemment dans le cadre d'une thérapie analytique lorsque l'analyste (Paul) pense qu'il peut le plus aider son client (Pierre) en adoptant envers lui une attitude qui reflète les émotions de ce dernier. Son client pourrait, toutefois, juger que seule une personne ouverte et disposée à se révéler peut lui venir en aide. S'il persiste à interpréter l'attitude de l'analyste comme étant non seulement peu utile en pratique, mais également issue de vaines intentions, l'analyste peut à son tour en conclure que le client projette. Tous deux tombent alors dans un cercle vicieux d'interprétations, d'attentes, d'expériences, d'attributions et de contre-attributions discordantes.

Les choses se passent à peu près comme ceci :

Pierre	Paul
1. Je suis bouleversé.	1. Pierre est bouleversé.
2. Paul se comporte d'une manière très calme et détachée.	2. Je vais essayer de l'aider en restant calme, et en me contentant de l'écouter.
3. Si Paul se préoccupait vraiment de moi et s'il voulait m'aider, il serait touché et montrerait lui aussi ses émotions.	3. Il est encore plus bouleversé, alors il faut que je me montre encore plus calme.
4. Paul sait bien que ça me bouleverse.	4. Il m'accuse de le blesser.
5. Si Paul est conscient que son comportement m'irrite, il agit sûrement comme ça pour me blesser.	5. J'essaie simplement de l'aider.
6. Il est sans doute cruel et sadique. Peut-être prend-il plaisir à agir comme ça.	6. Il projette sûrement ses sentiments.

Les attributions de ce genre, fondées sur un ensemble virtuellement inextricable d'attentes, de fantasmes et de perceptions discordants, font partie intégrante de la réalité interhumaine. Il faut, par exemple, explorer ce domaine pour comprendre que les attributions d'un individu à l'égard des autres peuvent se révéler particulièrement troublantes et disjonctives pour ces personnes, qui ne cessent alors de les invalider, de sorte que l'individu peut en venir à faire l'objet d'une attribution d'ensemble voulant qu'il soit fou (Laing, 1961 ; Laing et Esterson, 1964).

Un cercle de perceptions n'est cependant pas validé même s'il y a concordance entre les divers éléments en cause — c'est-à-dire entre l'image que Pierre a de lui-même et celle que Paul a de lui, entre l'image que Pierre a de Paul et celle que Paul a de lui-même, entre la vision que Pierre a de l'image que Paul se fait de lui-même et celle que Paul a de la vision que Pierre a de l'image que Paul se fait de lui-même, entre la vision que Pierre a de l'image que Paul se fait de Pierre et celle que Paul a de l'image que Pierre se fait de Paul. Pareille concordance en atteste la fiabilité, mais non la validité. Elle pourrait tout aussi facilement « valider » un *cercle de fantasmes*. Or, nous croyons que les cercles tourbillonnants de fantasmes sont tout aussi dévastateurs pour les relations individuelles (et internationales) qu'un ouragan peut l'être pour le littoral.

En résumé, un individu, de par son comportement, peut influer : 1) sur l'expérience qu'un autre a de lui ; 2) sur l'expérience que cet autre individu a de lui-même ; 3) sur le comportement de cette autre personne. Il ne peut agir directement sur autrui, mais il est en mesure d'influer sur l'*expérience* qu'il en a.

Références

Laing, R.D. (1961). *The Self and Others*, London, Tavistock Publications.

Laing, R.D. (1965). « Mystification, confusion and conflict », dans I. Boszormenyi-Nagy et J.L. Frano (sous la dir. de), *Intensive Family Therapy : Theoretical and Practical Aspects*, New York, Hoeber (Harper and Row).

Laing, R.D. (1966). « Family and individual structure », dans P. Lomas (sous la dir. de), *Psychoanalytic Approaches to the Family*, London, Hogarth Press.

Laing, R.D., et Esterson, A. (1964). *Sanity, Madness, and the Family*, London, Tavistock Publications, New York, Basic Books.

Questions

par Corinne Prost

La lecture du cas Roxanne Ducharme, présenté à la fin du livre (p. 471), permettra au lecteur de répondre aux questions suivantes.

1. En vous servant des théories sur la perception, expliquez la manière dont Roxanne juge sa collègue Rita. Quelles sont les conséquences de ses perceptions sur ses relations avec elle?

2. Analysez les représentations que se fait Roxanne du métier d'avocat et élucidez les motivations qui les animent. Quel lien existe-t-il entre le jugement qu'elle porte sur ce métier et ses représentations?

3. Roxanne entretient des rapports instables avec les hommes. Analysez les représentations qu'elle se fait de la vie de couple et de la famille. De quelle façon pourrait-elle établir des relations constructives avec les autres, compte tenu de ses perceptions et de sa personnalité?

4. Quelles sont les erreurs de perception qui caractérisent les modes de représentations de Roxanne? Quelles en sont les répercussions sur la qualité de ses interactions avec les autres? De quelle façon pourrait-elle les corriger?

5. En considérant les explications fournies pour comprendre les phénomènes de la conscience, pourquoi ne peut-on pas dissocier le passé, le présent et le futur?

Lectures complémentaires

par Corinne Prost

CHANGEUX, J.P. (1983). *L'homme neuronal*, Paris, PUF.

Moreau de Tours a dit: « La folie est le rêve de l'homme éveillé. » C'est ainsi que l'auteur nous plonge dans l'exploration du système nerveux afin de mieux comprendre la nature humaine. En effet, l'explication des conduites ne peut se faire sans tenir compte des ensembles de cellules nerveuses qui sont dès lors mobilisées. À travers son étude des recherches contemporaines, Jean-Pierre Changeux tente d'élargir la réflexion sur l'« organisation interne de la machine » que l'homme incarne.

DOISE, W., et MUGNY, G. (1981). *Le développement social de l'intelligence*, Paris, InterÉditions.

Dans cet ouvrage, les auteurs s'intéressent au domaine de l'intelligence. La particularité de ce livre repose sur les analyses des dynamiques individuelles et celles des dynamiques sociales. Les auteurs définissent alors ce qu'ils entendent par «développement social de l'intelligence» en démontrant que l'interaction joue un rôle majeur dans le développement cognitif. C'est ainsi que les auteurs nous présentent une théorie psychosociologique du développement cognitif.

Dolle, J.-M. (1987). *Au-delà de Freud et Piaget*, Toulouse, Privat.

Dans cet ouvrage, Dolle pose le problème de la complexité de l'être humain en psycho-logie. Il insiste sur la nécessité de se centrer sur l'être humain pour mieux le connaître et démontre qu'en s'intéressant à l'influence du milieu sur le développement psycho-logique, on ne fait que réduire le sujet à un objet. Il élabore sa réflexion en décortiquant le schéma interactif de Piaget (sujet-milieu) et conclut à l'importance d'adopter une démarche relativiste en psychologie. Il ne va pas sans dire que cette perspective com-plexe le conduit à de nombreuses remises en question des problèmes fondamentaux (mémoire, connaissance, équilibre, etc.) inscrits dans l'approche de la psychanalyse et de la psychologie cognitive.

Laborit, H. (1974). *La nouvelle grille*, Paris, Robert Laffont (coll. « Folio/Essais »).

La nouvelle grille, grille biologique, est un moyen de mieux comprendre la complexité des comportements humains en situation sociale. Dans le premier chapitre, l'auteur s'appuie sur les théories de l'information, des systèmes et de la cybernétique pour nous faire comprendre l'ensemble des forces qui s'exercent sur l'organisation des systèmes vivants. Dans le deuxième chapitre, il présente un schéma du fonctionnement du système nerveux, qu'il met ensuite en relation avec les états de conscience, l'agression psychosociale, l'anxiété et l'angoisse, l'agressivité, la fuite, la dépression, la toxico-manie, les états psychotiques et la personnalité névrotique. Par l'explication biologique cérébrale, l'auteur aborde ensuite le social, l'économique et le politique. Comment expliquer les hiérarchies de dominance? Pourquoi les sociétés vivantes ont-elles recours à des structures hiérarchiques, et par quels mécanismes? C'est en répondant à ces questions que l'auteur analyse la forme bien spécifique des systèmes vivants.

Mann, L. (1993). « The eclipse of meaning in cognitive psychology : Implications for humanistic psychology », *Journal of Humanistic Psychology, 33* (1), p. 67-87.

Dans cet article, l'auteur met l'accent sur la découverte et l'élaboration de structures psychologiques fondamentales. Il rappelle que la psychologie cognitive avait pour mandat d'étudier le sens du comportement et que ce serait un piège que de chercher à en étudier les structures. Il aborde ainsi les implications pour la psychologie huma-niste, qui devrait s'en charger.

Neisser, U. (1976). *Cognition and Reality : Principles and Implications of Cognitive Psychology*, San Francisco, W.H. Freeman.

Selon Neisser, la psychologie s'est développée de manière circonscrite, laissant une fausse image de la nature humaine et une vision erronée de la conscience. Pour atteindre son but, l'auteur s'est tourné vers les ouvrages ayant une validité écologique pour nous donner une approche plus réaliste de la cognition. La conscience est, selon lui, un aspect de l'activité mentale et non un centre de connexion des voies intrapsy-chiques. C'est ainsi que l'auteur postule que le contrôle comportemental est impossible dans l'environnement naturel à cause de la complexité (une infinité de variables) des stimuli.

PIAGET, J. (1975). *Les mécanismes perceptifs. Modèles probabilistes. Analyse génétique. Relations avec l'intelligence*, Paris, PUF.

Dans cet ouvrage, l'auteur traite deux problèmes fondamentaux, soit la relation entre l'intelligence et la perception ainsi que la valeur épistémologique des perceptions par rapport à celle des autres formes de connaissance. Ceci lui permet de faire ressortir la nature de la perception, c'est-à-dire sa portée: «l'intelligence serait à concevoir comme un prolongement de la perception», mais aussi ses limites et ses pièges.

Chapitre
3

LA MOTIVATION

Développer une communauté d'intérêts

par Alain Rondeau[1] et Estelle Morin

Les questions de motivation soulèvent beaucoup d'intérêt, tant chez les gestionnaires que chez les chercheurs; chacun cherche dans sa sphère de compétence à comprendre pourquoi les individus consacrent des énergies à leur travail. Depuis plus de cinquante ans, la motivation au travail et des notions connexes comme l'implication et l'engagement demeurent en tête de liste des préoccupations des chercheurs dans le domaine du comportement organisationnel (Cascio, 1995; Schneider, 1985; Wilpert, 1995). Au cours des deux dernières décennies, le nombre de théories ou de modèles visant à expliquer la motivation au travail a augmenté considérablement. Ce phénomène n'intéresse pas seulement les chercheurs. Il s'agit d'une préoccupation sociale majeure, surtout dans la conjoncture actuelle, où l'on déplore de toutes parts la diminution de la productivité des travailleurs. On recourt sans cesse à la notion de motivation au travail (ou plutôt au manque d'intérêt au travail) pour expliquer les problèmes de productivité, d'absentéisme, de relations de travail ainsi que les autres difficultés auxquelles les gestionnaires doivent faire face sur le plan des ressources humaines.

Chacun a sa théorie sur ce qui amène les gens à s'engager au travail. Pour certains, il s'agit d'une question de valeurs personnelles. Ceux-ci ont souvent tendance à considérer que le manque de motivation est le résultat de la disparition des valeurs traditionnelles. Pour d'autres, si la motivation au travail décroît, c'est que les citoyens n'ont plus d'intérêt à travailler, à gagner leur vie, puisque les programmes sociaux actuels n'incitent pas suffisamment à l'emploi. Certains autres estiment que l'organisation du travail moderne lui fait perdre toute sa signification; selon eux, il faut repenser tant la façon d'organiser le travail que la propriété même du travail. D'autres encore considèrent qu'il s'agit d'une question culturelle, et ils se tournent vers des solutions de rechange comme les modèles suédois et japonais afin de promouvoir des conditions qui, semble-t-il, ont du succès ailleurs.

---

1. Titulaire d'un doctorat en psychologie industrielle (D.Ps.), M. Rondeau est professeur titulaire et directeur du Centre d'études en transformation des organisations de l'École des Hautes Études Commerciales de Montréal.

Mais qu'en est-il vraiment? Quels progrès a-t-on réalisés dans la compréhension du phénomène de la motivation au travail? Quelles données avons-nous pour confirmer ou infirmer les hypothèses émises? Existe-t-il un minimum de consensus sur cette question qui permette de jeter les bases d'un modèle intégrateur susceptible d'expliquer la nature et les mécanismes de la motivation au travail? C'est ce que nous allons tenter d'éclaircir dans ce chapitre. L'étude de la motivation porte sur l'orientation des comportements. On essaie de comprendre en particulier la dynamique qui sous-tend l'orientation des comportements vers des objectifs. La psychologie de la motivation porte généralement sur l'étude des besoins et des tendances des personnes. Elle s'intéresse aussi aux réponses spécifiques (les émotions) et non spécifiques (le stress) de l'organisme humain en situation d'adaptation. Dans ce chapitre, il sera essentiellement question de l'analyse des besoins et des tendances appliquée au travail ainsi que des facteurs et des processus qui influencent la motivation. Le chapitre 5 traitera des émotions et du stress en situation d'adaptation.

Nous débuterons par une présentation des théories sur la motivation au travail. Ce tour d'horizon couvre l'ensemble des conceptions relatives à la motivation et tente d'en dégager un modèle qui facilitera l'analyse des facteurs de motivation des employés. Les caractéristiques d'une personne motivée et les conditions d'un travail stimulant sont ensuite décrites afin de suggérer des moyens de développer l'intérêt des employés pour leur travail. La motivation est un processus qui interagit avec la perception. Nous décrirons donc les relations entre ces deux notions dans le but de mieux comprendre les choix d'une personne quant à ses comportements au travail. Enfin, nous concluons en présentant les moyens dont disposent les gestionnaires pour développer une communauté d'intérêts, et favoriser ainsi la satisfaction et l'engagement des employés au travail.

QU'EST-CE QUE LA MOTIVATION?

On définit généralement la **motivation** comme étant «le processus psychophysiologique responsable du déclenchement, de l'entretien et de la cessation d'une action, ainsi que de la valeur appétitive ou aversive conférée aux éléments du milieu sur lesquels s'exerce cette action» (Coquery, 1991, p. 480).

La motivation est un processus psychophysiologique parce qu'elle dépend des activités du système nerveux et des activités cognitives qui ont été présentées dans le chapitre précédent. Du point de vue neurophysiologique, la motivation est une variable qui rend compte des fluctuations du niveau d'activation, c'est-à-dire du niveau d'éveil ou de vigilance d'une personne. Du point de vue psychologique, la motivation correspond aux forces qui entraînent des comportements orientés vers un objectif, forces qui permettent de maintenir ces comportements jusqu'à ce que l'objectif soit atteint. En ce sens, la motivation procure l'énergie nécessaire à une personne pour agir dans son milieu; c'est pourquoi Piaget associe la motivation à l'aspect énergétique des conduites.

La motivation confère trois caractéristiques à toute conduite: la **force**, la **direction** et la **persistance**. En effet, toute conduite est orientée vers un but (direction) auquel la personne attribue une certaine valeur. Cette dernière dépend à la fois de la vitalité du besoin (pris dans son sens large) dont elle est issue et de la valeur sociale à laquelle l'objectif du comportement est associé. L'intensité (la force) et la persistance de l'action dénotent la valeur qu'attribue la personne à l'objectif qu'elle poursuit ou, mieux, comme le dirait William James (1961), l'intérêt que représente la finalité du comportement pour la personne.

L'orientation des conduites d'un individu manifeste la **valeur signifiante**, ou la **valence**, de certains éléments du milieu. Si la valence est positive, l'individu a tendance à vouloir rechercher cet élément; ce dernier acquiert alors une valeur appétitive aux yeux de la personne; il suscite de l'intérêt, et cela a tendance à entraîner des comportements dits d'approche. Si la valence est négative, l'individu a tendance à l'éviter; cet élément a donc une valeur aversive pour la personne, et aura tendance à susciter des comportements dits d'évitement. La valence d'un élément peut être modifiée selon les conséquences d'un comportement. En effet, si l'individu éprouve un certain plaisir à la suite d'un comportement adopté pour atteindre un objectif quelconque, il aura tendance à répéter ce comportement si une situation semblable se présente. L'inverse est également vrai.

L'individu tend à répéter les comportements qui lui ont procuré du plaisir; c'est le principe de renforcement. La **satisfaction** entraîne une réduction de la tension, liée au besoin (ou au désir ou à la pulsion) qui a fait apparaître le comportement. La satisfaction correspond à l'atteinte, partielle ou totale, de l'objectif recherché. L'état qui résulte de cette baisse de tension est expérientiellement vécu comme du plaisir, c'est-à-dire comme un état affectif agréable. Est-il utile de préciser que le plaisir peut être altruiste?

Pour expliquer le processus de la motivation, les chercheurs utilisent souvent l'exemple du thermostat, ce dispositif qui permet de régler les flux d'énergie afin de maintenir la chaleur constante. Par analogie, la motivation serait ce dispositif qui permet de régulariser les flux d'énergie dans le but de maintenir l'équilibre de l'organisme. La théorie du champ psychologique de Kurt Lewin, présentée dans l'introduction de cet ouvrage, emploie cette image pour décrire la structure du comportement humain. La théorie développementale de Jean Piaget s'appuie également sur cette conception de l'équilibre. C'est aussi de cette comparaison qu'est apparue la notion d'homéostasie, c'est-à-dire la tendance générale de l'organisme au rétablissement de l'équilibre, et ce chaque fois que ce dernier est rompu. Ainsi, les comportements motivés ont une fonction d'autorégulation, car ils servent, en conjonction avec les mécanismes physiologiques, à rétablir l'équilibre interne (au sens large). C'est en raison de cette nécessaire conjonction entre les activités psychologiques et neurophysiologiques qu'on doit reconnaître la nature psychophysiologique de la motivation.

Ainsi, on peut déduire que l'équilibration des structures dont il a été question dans le chapitre précédent est effectuée par la motivation. Il est cependant difficile de dissocier la cognition et l'affectivité lorsqu'on étudie les comportements. Toute conduite comporte nécessairement un **aspect énergétique** ou **affectif**, à savoir le besoin, les tendances, le désir ou la recherche du plaisir, et un **aspect structural** ou **cognitif**, à savoir le sens, l'intention, le projet, les rapports entre l'action et la finalité, entre les moyens et l'objectif (Piaget, 1967). À ce sujet, Merleau Ponty (1942) parle de la signification immanente de l'action et de sa structure interne. Ces deux aspects sont indissociables bien que distincts : l'un attribue une valeur aux résultats attendus et l'autre, une structure déterminant les moyens pour les atteindre (Piaget, 1967). Nous le verrons d'ailleurs plus loin, les chercheurs ont dû, pour comprendre l'orientation des comportements motivés, tenir compte des cognitions et des attributions de la personne en situation de travail.

En régularisant les flux d'énergie entre les états d'équilibre et de déséquilibre, on doit s'attendre à ce que la motivation fasse varier le niveau d'activation de l'organisme ; on peut d'ailleurs constater cet état de fait dans la force et la persistance des comportements d'une personne dans une situation donntée. Le niveau d'activation est associé aux exigences d'une situation donnée et aux dispositions de la personne à l'égard de cette situation (Hebb, 1974). Le niveau d'activation, en tant qu'objet de recherche, a attiré l'attention de plusieurs intervenants dans le domaine du travail, car il permet de comprendre les phénomènes d'effort, de fatigue et de performance des employés et de trouver des moyens de mobiliser leur énergie pour atteindre les objectifs de travail (Scott, 1966). En effet, Hebb (1974) a montré que la motivation et le niveau d'activation varient conjointement selon une courbe en forme de U inversé, comme le montre la figure 3.1. La motivation, et par conséquent l'efficacité des comportements qu'elle entraîne, augmente avec l'activation jusqu'à un certain point où elle commence à diminuer, puis elle tend à disparaître lorsque le niveau d'activation est trop élevé. Cette notion est importante en psychologie du travail ; elle sera reprise à l'occasion de la présentation des conditions d'un travail stimulant.

FIGURE 3.1   **Relation entre l'efficacité avec laquelle les stimuli guident le comportement (fonction d'indice) et le niveau d'activation**

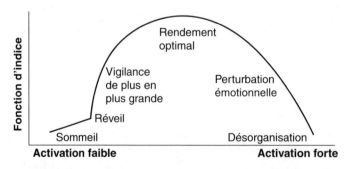

Le niveau d'activation varie du sommeil profond aux états désorganisateurs de l'émotion. L'efficacité maximale du comportement se situe à un niveau intermédiaire d'activation. La forme de la courbe varie avec les habitudes.

Source : Hebb (1974, p. 223). Reproduit avec la permission des Éditions Études Vivantes.

THÉORIES DE LA MOTIVATION AU TRAVAIL

En psychologie appliquée au travail et aux organisations, on trouve une multitude de théories sur la motivation au travail. Dans un texte intitulé *La jungle des théories de la motivation*, Toulouse et Poupart (1976) notent ce foisonnement de théories. À l'instar de Kanfer (1990), on doit reconnaître que, même si les chercheurs s'intéressent au même phénomène, celui de la motivation au travail, ils adoptent des approches fort différentes pour l'étudier. Ainsi, comme le montre la figure 3.2, il semble que l'action humaine, en situation de travail, puisse être expliquée par divers facteurs plus ou moins rapprochés de l'action elle-même (*distal-proximal theories*). Ainsi, le comportement de l'individu au travail a été associé à ses besoins et à ses valeurs, à la représentation qu'il se fait de la situation de travail, aux résultats et aux conséquences de son action. En définitive, il est intéressant de constater que tous ces facteurs sont interreliés et interagissent pour déterminer l'orientation, la force et la persistance des comportements individuels.

Il est donc important, si on veut arriver à une compréhension plus complète du phénomène de la motivation au travail, de bien saisir la contribution spécifique de chaque modèle théorique de ce phénomène. En général, on reconnaît trois grands axes de recherche fondamentalement distincts qui composent le corps des connaissances actuelles sur la motivation au travail.

Le premier regroupe les **approches psychodynamiques**, qui considèrent que le comportement est déterminé par les caractéristiques intrinsèques de la personne (besoins, valeurs, etc.) et que, pour mieux comprendre la motivation, il importe de mieux saisir la nature des préoccupations qui animent la personne.

Le deuxième regroupe les **approches cognitives**, qui mettent l'accent sur l'interprétation que fait la personne de sa situation de travail. Dans ce cadre théorique, on explore la perception qu'a la personne de son environnement, et on considère que ce sont les intentions de la personne, ou sa compréhension de la réalité, qui expliquent le mieux son comportement.

FIGURE 3.2   Explications théoriques de la motivation en situation de travail

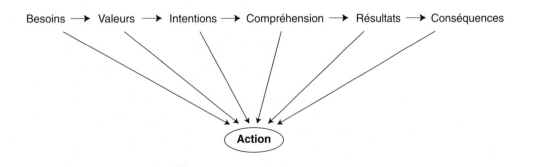

Source : Inspiré de Locke et Henne (1986).

Un troisième axe de recherche rassemble les **approches béhaviorales**, d'après lesquelles le comportement adopté est essentiellement une conséquence des expériences passées ; il faut donc étudier les conditions structurantes de l'environnement pour mieux comprendre le comportement adopté.

En fait, chaque modèle théorique a inspiré diverses applications dans la gestion des organisations et des ressources humaines, ce qui s'est traduit par une profusion de concepts relatifs à la motivation au travail et aux moyens à prendre pour l'augmenter. Le tableau 3.1 résume brièvement les principales théories qu'on trouve actuellement dans la documentation et donne un bref aperçu des recherches et des applications pratiques pour chacune d'elles.

Cette grande diversité de théories reflète bien la difficulté à trouver des explications et des définitions à la fois cohérentes et complètes pour traduire la complexité du phénomène de la motivation au travail. De plus, il ne semble pas y avoir de consensus sur une méthodologie pour étudier ce phénomène. On a souvent associé, et même confondu, le phénomène de motivation au travail avec de nombreux autres concepts connexes.

LES NOTIONS CONNEXES

La motivation est un processus psychophysiologique qu'on ne peut pas observer directement ; par contre, on peut observer ses effets sur les attitudes et les comportements de la personne au travail. C'est ce qui a conduit les chercheurs à définir d'autres concepts associés à la motivation, notamment ceux de la satisfaction et de la performance au travail.

La satisfaction au travail

Les chercheurs estiment qu'en connaissant mieux les sources de satisfaction d'une personne au travail, on comprendrait mieux ce qui la pousse à travailler[2]. La satisfaction au travail a été définie de plusieurs façons (Wanous et Lawler, 1972), mais de plus en plus on s'accorde pour la définir comme étant la perception d'équité des individus par rapport à leur travail. Autrement dit, la satisfaction est le degré auquel les individus perçoivent qu'ils sont récompensés équitablement par divers aspects de leur travail et par l'organisation à laquelle ils appartiennent. Les travaux les plus importants sur la question ont permis de distinguer plus précisément l'aspect intrinsèque de la satisfaction (lié à la conduite même de l'action) de son aspect extrinsèque (lié aux conséquences anticipées ou réelles de l'action). Ces deux aspects peuvent être incompatibles et provoquer des conflits dans l'interprétation que l'individu fait de son environnement de travail (Deci, 1975).

---

2.   Voir à cet effet les travaux d'Herzberg.

TABLEAU 3.1 La motivation au travail: modèles théoriques

Principales théories	Définition de la motivation selon ce type de modèle	Principaux auteurs	État de la recherche et applications pratiques
Théories associées à l'approche psychodynamique			
Théories des besoins	La motivation résulte de la présence de dispositions stables chez la personne. En général, ce type de théories considère qu'une tension psychique interne est à l'origine du déclenchement du comportement. Le besoin produit un état de déséquilibre, et le comportement vise à rétablir l'équilibre.	Maslow, 1954 McClelland, 1961 Atkinson, 1964 Adelfer, 1969; 1972 (modèle ERG) Schein, 1975; 1987 (ancrages de carrière)	En général, ces théories n'ont pas engendré beaucoup de recherches empiriques à cause de la difficulté de définir opérationnellement le besoin et d'en prédire les effets. Ces principes sont surtout appliqués en réaménagement du travail.
Théories des attitudes et des valeurs	La motivation résulte de la présence de dispositions acquises mais relativement stables chez la personne.	Miner, 1979	La recherche sur les valeurs de travail a donné naissance à un courant de recherche sur la signification du travail (M.O.W., 1987).
Théories de l'aménagement du travail (*work design*)	La motivation est liée à la présence de certaines caractéristiques particulières dans le travail. Ces caractéristiques contribuent à l'émergence de certains états psychologiques chez l'individu, états qui ont pour conséquence d'influer sur la motivation et le rendement.	Herzberg, 1966 (théorie des deux facteurs) Hackman et Oldham, 1976; 1980 (théorie des caractéristiques de tâches)	On a montré un lien clair entre la présence de ces caractéristiques et la satisfaction au travail (Kiggundu, 1983; Loher et autres, 1985; Stone, 1986). Les résultats sont plutôt inconsistants en ce qui concerne le rendement au travail. L'insatisfaction est en particulier liée au roulement du personnel (Mobley, 1982).
Théorie de l'activation	La motivation est liée à la stimulation de l'attention. Cette dernière est optimale lorsque la tâche est moyennement difficile, c'est-à-dire lorsque le rapport entre la probabilité de succès (PS) et la valeur du succès escompté (1-PS) est le plus élevé.	Scott, 1966 Gardner, 1986	Modèle peu développé ayant surtout permis d'explorer les conditions optimales de stimulation, particulièrement au regard de la variété des tâches.
Théories des contraintes situationnelles	La motivation est influencée par des contraintes situationnelles, c'est-à-dire par des conditions qui facilitent ou restreignent l'habileté individuelle ou la possibilité d'atteindre un résultat.	Peters et O'Connor, 1980 Peters et autres, 1985	

TABLEAU 3.1   La motivation au travail: modèles théoriques (suite)

Principales théories	Définition de la motivation selon ce type de modèle	Principaux auteurs	État de la recherche et applications pratiques
Théories associées à l'approche cognitive			
Théorie de l'apprentissage social	La motivation s'explique par les schémas, c'est-à-dire les représentations cognitives dévelop-pées par la personne pour comprendre son envi-ronnement et guider son action. Certains courants théoriques se préoccupent, entre autres, de la façon suivant laquelle l'individu décode et traite les indices sociaux (*social learning*) et cognitifs (*information processing*) qu'il reçoit pour interpréter la réalité.	Bandura, 1977b ; 1991 Deci, 1975 ; Deci et Ryan, 1985 Naylor et autres, 1980 Neisser, 1976 Nuttin, 1980 Festinger, 1957	Lié à ce type de théorie, le modèle des systèmes sociotechniques considère que la motivation résulte de l'harmonisation des variables person-nelles, sociales et technologiques.
Théorie de la motivation sociale	La motivation est influencée en bonne partie par le groupe de référence. Comme la dynamique des groupes entraîne l'émergence de normes sociales et d'une cohésion de groupe, les pres-sions vers la conformité ou l'imitation sociale auront un effet important sur la structure du comportement individuel.	Ferris et autres, 1978	
Théorie de l'attribution	La motivation résulte de la compréhension naïve que l'individu se fait de la réalité qui l'entoure, des raisons qui expliquent, à son avis, les événe-ments qui surviennent ou les comportements des gens autour de lui.	Heider, 1960, Rotter, 1966 Weiner, 1986	
Théorie des attentes	La motivation résulte de la perception qu'a un individu que ses efforts vont entraîner un résultat, que ce résultat va se traduire par des conséquences (instrumentalité) qu'il considère comme désirables (valence).	Vroom, 1964 Porter et Lawler, 1968 Lawler, 1973	
Théorie de la perception de soi	La motivation réside dans la confiance de l'indi-vidu concernant sa capacité d'accomplir ce qu'on attend de lui. Diverses variables comme le senti-ment d'efficacité personnelle (*self-efficacy*), l'estime de soi ou le type de contrôle personnel (*locus of control*) ont des répercussions sur l'image de soi que se fait la personne.	Bandura, 1977b Abramson et autres, 1978	Diverses études portant sur le concept de rési-gnation acquise ont tenté d'évaluer les effets d'une soumission à des contraintes jugées insur-montables.

Théorie	Description	Références	
Théorie de l'équité	Théorie de l'échange qui considère que la motivation résulte d'une recherche d'équité entre la contribution de l'individu et ce qu'il en retire, compte tenu de ce qu'il perçoit être le ratio contribution-rétribution de son groupe de référence. La perception d'iniquité serait la source d'attitudes aversives et de comportements d'ajustement adoptés au travail.	Adams, 1963 ; 1965	Plus récemment, on s'est surtout intéressé à diverses composantes de l'équité, notamment la justice procédurale et la justice distributive (Greenberg, 1987). En général, cette théorie semble prédire adéquatement le comportement dans les cas de sous-rétribution (Mowday, 1979).
Théorie des objectifs (*goal theory*)	Le comportement est intentionnel. La stimulation à agir dans un sens donné résulte d'abord de l'existence d'un objectif à poursuivre. La motivation et surtout la performance vont être influencées par la nature des objectifs (clarté, niveau de difficulté, spécificité), la valeur du but pour la personne (niveau d'attraction, niveau d'engagement), la façon suivant laquelle elles sont déterminées (assignation, participation) et l'effet de la progression vers l'atteinte de l'objectif (feed-back).	Locke, 1968 Locke et Latham, 1990	La gestion par objectifs (Drucker, 1954) est considérée comme une application importante de ce modèle, même si elle a été élaborée avant le modèle théorique lui-même. Selon la boucle de rendement supérieur (Locke et Latham, 1990), d'un objectif significatif et stimulant résulte une performance en fonction des habiletés et de l'engagement de la personne envers cet objectif, de son sentiment de compétence personnelle, de ses attentes, de la complexité de la tâche à accomplir et du feed-back que la personne reçoit de sa performance.
Théories du contrôle (*self-regulation, metacognition theories*)	La motivation est un processus d'autorégulation à caractère cybernétique suivant lequel l'individu compare constamment les objectifs poursuivis aux résultats obtenus, et ainsi ajuste en conséquence tant sa perception que son action afin de réduire les désaccords observés.	Kanfer, 1990 Carver et Scheier, 1981 Klein, 1989 Hyland, 1988	

Théories associées à l'approche béhaviorale

Théorie	Description	Références	
Théories béhaviorales	Le comportement est le résultat de sa conséquence. La motivation est un apprentissage associatif résultant de l'apparition d'une conséquence positive à la suite d'un comportement donné. L'absence de renforcement ou un renforcement négatif (punition) devrait conduire à la cessation ou à l'évitement du comportement.	Skinner, 1974	Ces théories s'intéressent essentiellement à la distribution des renforcements (programmes de renforcement).
Théorie de la modification du comportement organisationnel	Le comportement organisationnel est essentiellement le résultat des contingences de renforcement structurées par l'organisation et la supervision.	Luthans et Kreitner, 1975	

La performance individuelle

La performance de l'individu au travail est souvent considérée comme un indicateur de sa motivation. La mesure de la performance renvoie à la grandeur des écarts entre les objectifs de rendement fixés à l'individu et les résultats qu'il obtient. D'après Katzell et Thompson (1990a), les mesures de la performance s'appuient parfois sur des indices de productivité et des mesures de comportement comme l'assiduité, la ponctualité et l'intention de garder son emploi. Plusieurs chercheurs sont portés à croire que la performance est fonction du degré de motivation de la personne, et considèrent qu'on ne peut estimer la motivation au travail que par l'observation de la performance.

De fait, on sait aujourd'hui que la performance individuelle résulte davantage de la compétence de la personne que de sa motivation (Mowday et autres, 1982; Ostroff, 1992; Porter et Lawler, 1968). De plus, Mitchell (1982) affirme clairement que la performance diffère de la motivation parce qu'il y a beaucoup d'autres facteurs qui influent sur la performance individuelle. S'il est vraisemblable que la performance est une fonction des caractéristiques personnelles (généralement représentées par l'équation: aptitudes × habiletés × décision de faire un effort × décision du niveau d'effort × décision de persister) et des conditions facilitantes ou inhibantes qui échappent au contrôle de la personne, elle est aussi déterminée par d'autres facteurs, comme le type de technologie et la culture de l'entreprise (Mitchell, 1982).

Il est généralement admis dans les milieux de la recherche que la satisfaction et la performance sont essentiellement des conséquences de l'action, mais le lien entre ces conséquences et la motivation reste relativement obscur. Plusieurs facteurs pourraient avoir une influence importante sur les liens entre la motivation au travail, d'une part, et la satisfaction et la performance, d'autre part. Parmi ces facteurs, on trouve la contingence des rétributions; les contraintes situationnelles telles que le support budgétaire, le temps et l'information; l'estime de soi de l'employé; sa marge discrétionnaire; ses habiletés; l'effort qu'il investit dans son travail; et sa personnalité (Morin et autres, 1994).

LE CONCEPT DE MOBILISATION

Des chercheurs se sont intéressés à comprendre les pratiques de gestion dans les organisations et à déterminer leurs effets sur l'investissement individuel et collectif dans le travail. De plus en plus, ces recherches sont désignées par l'expression «mobilisation des ressources humaines». Comme leur nom l'indique, ces travaux ne visent pas à élucider le phénomène de motivation comme tel, mais plutôt à clarifier les paramètres organisationnels qui ont un effet sur la décision d'investissement. Trois avenues de recherche ont été explorées: l'engagement au travail (*organizational commitment*), l'implication au travail (*work* ou *job involvement*) et l'habilitation au travail (*empowerment*).

L'engagement au travail

L'engagement est une attitude qui traduit la force des liens unissant l'individu à son travail. Au cours des années 1990, cette notion d'engagement a pris de l'importance dans la gestion des organisations, peut-être en raison de l'incapacité des théories de la motivation ou de la satisfaction à améliorer la performance des employés. Les recherches sur l'engagement au travail visent surtout à désigner les facteurs susceptibles d'influencer différents aspects de l'engagement de l'individu, et ce envers l'organisation qui l'emploie (*organizational commitment*).

L'engagement envers l'organisation est un concept qui a été bien défini par la recherche. Aujourd'hui, on considère de plus en plus que cet engagement comporte au moins trois aspects distincts. En premier lieu, l'engagement implique un attachement affectif qui amène la personne à s'identifier à l'organisation et à être disposée à y investir des efforts de façon à assurer la permanence du lien avec elle. En deuxième lieu, l'engagement suppose un attachement instrumental qui amène la personne à considérer le coût d'opportunité (ou de renonciation) associé au fait de rompre le lien avec l'organisation. En troisième lieu, l'engagement comporte un attachement moral par lequel la personne se sent obligée, en quelque sorte, à maintenir le lien existant avec l'organisation (Allen et Meyer, 1990).

Même s'il s'est avéré difficile de déterminer les variables personnelles ou organisationnelles susceptibles de stimuler l'attitude d'engagement, les effets de celle-ci semblent cependant plus clairs, notamment en ce qui concerne le lien entre l'intention de demeurer au sein de l'organisation et les comportements d'absentéisme (Meyer et Allen, 1987; Mowday et autres, 1982).

L'implication au travail

L'implication au travail (*job involvement*) renvoie plus spécifiquement aux dispositions de l'employé envers son travail. Cette notion est donc plus restrictive que celle de l'engagement. Kanungo (1982) fait une distinction entre l'implication au travail (*work involvement*) et l'implication dans un emploi (*job involvement*). La première fait référence à l'importance du travail en général dans la vie d'un individu, comparativement aux autres aspects importants de sa vie. La seconde renvoie à la perception de son emploi particulier et au fait que ce dernier peut assurer la satisfaction de ses besoins.

Plusieurs chercheurs ont tenté de comprendre ce qui amène une personne à s'impliquer au travail et, en particulier, de préciser la nature de cette attitude et les conditions susceptibles de la favoriser. Le degré d'implication serait déterminé par des facteurs situationnels comme le type de supervision, le degré d'autonomie au travail, etc., plutôt que par des caractéristiques personnelles (Elloy et Terpening, 1992).

De tels résultats ont encouragé des chercheurs comme Lawler, Porter et Steers à définir des pratiques de gestion visant à améliorer le niveau d'implication des employés au travail. Selon le modèle de Lawler (1991), l'implication des employés n'est possible que par la mise en place d'une gestion participative, fondée sur un partage réel des pouvoirs entre tous les acteurs (gestionnaires, employés, syndicat), quant aux quatre aspects critiques du succès d'une organisation: l'information, la prise de décision, l'accès aux récompenses et l'accroissement des habiletés. Dans cette perspective, Lawler a tenté de préciser le type de pratiques organisationnelles susceptibles de produire un tel résultat (Lawler, 1991; Mohrman et autres, 1986). D'autres chercheurs se sont aussi préoccupés d'étudier les conséquences des pratiques de gestion sur l'implication au travail et de suggérer la mise en place de telles pratiques (Cotton, 1993; Iles et autres, 1990). Au Québec, les recherches dirigées par Rondeau et Lemelin (1990) ont permis de reconnaître quatre leviers de mobilisation qui ont un effet sur le degré d'implication des personnes dans leur travail: l'information, l'identification, l'appropriation et l'intéressement. Ces quatre leviers concordent avec les quatre dimensions du management participatif définies par Lawler (1991). Nous expliquerons ces leviers à la fin du chapitre.

L'habilitation au travail

Au-delà des pratiques de gestion à caractère participatif, d'autres applications ont aussi été associées à la motivation au travail, dont les pratiques concernant l'habilitation (*empowerment*). De nombreuses études, tant dans le domaine du leadership (Bennis et Nanus, 1985; Block, 1987; Conger et Kanungo, 1987; Kouzes et Posner, 1987) que dans celui de la motivation (Csikszentmihalyi, 1990; Lawler, 1973; Thomas et Velthouse, 1990), ont permis de déterminer les composantes de l'habilitation. D'après les chercheurs, l'habilitation détermine la motivation, les attitudes et la performance des employés.

Selon Thomas et Velthouse (1990), quatre composantes suffisent pour décrire l'habilitation. D'abord, la personne a le sentiment de faire quelque chose de significatif au travail, c'est-à-dire d'apporter une contribution utile et importante. En deuxième lieu, la personne éprouve un sentiment de compétence dans l'accomplissement de ses tâches; non seulement elle estime qu'elle a les habiletés et les connaissances qu'il faut pour réussir, mais aussi elle a confiance en sa capacité personnelle d'accomplir de façon adéquate ce qui est attendu d'elle. En troisième lieu, la personne a le sentiment de produire un effet: elle est persuadée que son action personnelle donne des résultats, qu'elle fait une différence et que cette action permet de progresser vers un objectif clairement défini. Enfin, la personne a le sentiment d'être libre de décider, c'est-à-dire qu'elle a la conviction d'exercer son libre arbitre pour décider quelle est la meilleure façon de faire son travail, et ce faisant elle se sent responsable de ses actes et de leurs conséquences.

Récemment, les recherches sur le phénomène de l'habilitation ont tenté de désigner les pratiques de gestion les plus efficaces pour habiliter les personnes dans leur travail. Il s'agit principalement des recherches sur la gestion des équipes de travail (Beaudin et Savoie, 1995; Lauzon, 1996; Lescarbeau, 1995; Saint-Arnaud, 1989) et sur le leadership transformationnel (Bass et Avolio, 1994; Bennis et Nanus, 1985).

Une synthèse des connaissances concernant la motivation au travail

Cette recension des écrits sur la motivation nous apprend qu'on a cherché à comprendre la motivation au travail de plusieurs façons. On a cherché à en découvrir les états, les causes (besoins, valeurs, etc.) et les processus (théories sociocognitives, théories du contrôle, etc.). On a tenté d'en mesurer les conséquences possibles (satisfaction, performance, etc.). On a associé la motivation à d'autres attitudes (implication, engagement, etc.). On a étudié diverses pratiques de gestion susceptibles de la stimuler (participation, mobilisation, habilitation, etc.). Toutefois, malgré toutes ces recherches, force est de constater aujourd'hui que la motivation au travail demeure toujours un concept difficile à saisir. Pourtant, il serait injustifié de conclure à l'inutilité de ces efforts de recherche. Au contraire, on doit reconnaître les progrès majeurs et l'avancement des connaissances sur la motivation.

Qu'est-ce qui ressort d'un tel foisonnement de concepts et de recherches associés à la motivation au travail? Il faut reconnaître que, malgré les divergences importantes entre les modèles théoriques, les connaissances acquises sur la motivation sont nombreuses et importantes, tant pour la recherche que pour la pratique de la gestion.

On s'entend de plus en plus sur le fait que la motivation au travail est un construit théorique et pratique visant à préciser les conditions et les processus déterminant la direction, la force et la persistance des comportements qu'adopte un individu en situation de travail (Campbell et Pritchard, 1976; Katzell et Thompson, 1990b; Wood et Locke, 1986).

En somme, un consensus semble se dégager sur le fait que, pour bien comprendre la motivation au travail, une théorie adéquate doit expliquer au moins les trois aspects suivants du comportement humain au travail: le déclenchement des comportements motivés, l'effort investi dans les activités professionnelles et le maintien des comportements jusqu'au moment où les objectifs sont atteints. On reconnaît là les éléments de la définition de la motivation présentée au début de ce chapitre.

En premier lieu, la théorie doit permettre de comprendre ce qui favorise l'émergence ou le déclenchement d'un comportement donné ou, en d'autres termes, ce qui incite la personne à valoriser son travail et à effectuer des choix d'action.

En deuxième lieu, elle doit permettre de comprendre ce qui détermine l'intensité du comportement adopté ou, autrement dit, ce qui influence le degré d'efforts consacrés au travail.

Enfin, elle doit aider à comprendre ce qui incite la personne à persister dans ses conduites ou, en d'autres termes, ce qui détermine la volonté de la personne à maintenir son investissement dans le travail.

En fait, l'étude de la motivation au travail porte sur les trois composantes d'un comportement motivé, soit les processus d'attention (direction), d'effort (force) et de volition (persistance).

On admet aujourd'hui qu'il n'y a pas de réponse facile aux questions que soulèvent les phénomènes de motivation au travail. Le temps est révolu où l'on croyait naïvement qu'il suffisait, par exemple, de donner un travail «riche», c'est-à-dire capable de satisfaire les besoins supérieurs d'une personne, pour que cette dernière soit motivée. Il semble plus réaliste de croire que la motivation individuelle relève d'une analyse plus complexe. Pour ce faire, on connaît maintenant mieux les caractéristiques des personnes motivées à leur travail, les conditions d'un travail stimulant et les mécanismes cognitifs déterminant l'orientation des comportements motivés. Il est donc possible de construire une grille d'analyse de la motivation qui soit applicable à une situation de travail donnée, grille qui puise à même les connaissances provenant de la recherche.

LES CARACTÉRISTIQUES D'UNE PERSONNE « MOTIVÉE » AU TRAVAIL

La recherche a permis de dégager un certain nombre de dispositions relativement stables chez la personne, dispositions qui semblent être associées à un niveau plus élevé de motivation. Entre autres, on retrouve des besoins de croissance et des valeurs de travail, des habiletés et des qualifications appropriées, et une tendance personnelle à agir de façon consciencieuse, responsable et positive.

DES BESOINS DE CROISSANCE ET DES VALEURS DE TRAVAIL

De nombreuses études ont démontré un lien stable entre la motivation au travail et la présence, chez une personne, de besoins de croissance et de valeurs de travail. En particulier, deux courants de recherche semblent avoir contribué à élargir le champ de connaissances dans ce domaine.

D'abord, la recherche sur les besoins (*needs, motives, drives*) repose sur le postulat que la motivation est déterminée par des propensions innées ou acquises qui incitent une personne à rechercher ou à éviter certains stimuli (Katzell et Thompson, 1990b). Bien qu'on ait explicité l'influence de nombreux besoins sur la motivation, il semble que ce soient le désir de réussite (*achievement motivation*) et les besoins d'épanouissement (*growth need strength*) (Loher et autres, 1985; Spector, 1985) qui soient les plus directement reliés à l'investissement d'une personne dans son travail.

Des résultats semblables ont été obtenus par la recherche sur les attitudes et les valeurs (Katzell et Thompson, 1990b). Il existerait un lien entre l'existence d'attitudes positives à l'égard du travail en général ou de son emploi actuel et le désir d'y investir émotivement (M.O.W., 1987). Selon le principe de la consistance cognitive, les individus ajustent leurs comportements à leurs attitudes. En particulier, ces théories mettent l'accent sur le lien entre la motivation et l'implication au travail (*job involvement*) ou encore entre la motivation et l'engagement (*organizational commitment*).

Selon ce courant de recherche, les personnes hautement motivées valorisent le fait de travailler ainsi que leur identité et leur rôle professionnels. On a mis en évidence le fait que les valeurs et les objectifs personnels influencent la perception et qu'ils déterminent en partie la direction et la persistance des comportements adoptés (Kanfer, 1990; Nicholls, 1984). Il reste à déterminer si cette influence résulte de motivations stables et profondément ancrées chez la personne ou plutôt d'intérêts qu'elle a développés à travers ses expériences de vie (Kanfer, 1990). Cependant, dans un cas comme dans l'autre, on reconnaît que les intérêts, les attitudes et les besoins de la personne déterminent l'orientation des comportements motivés (Steers et Porter, 1987). Ce constat a déjà été fait par March et Simon (1958), qui ont montré que les dispositions personnelles (besoins, valeurs et intérêts) peuvent influencer l'engagement d'un individu envers son travail et les objectifs qu'on lui assigne. Dans la mesure où l'individu trouve un sens aux tâches qu'on lui demande d'exécuter, ou qu'il perçoit la possibilité d'obtenir quelques avantages personnels, on peut être relativement assuré de sa décision de participer et de produire efficacement.

La notion de **besoin** est fort importante dans le domaine de la psychologie de la motivation, et elle mérite qu'on s'y attarde un peu. Un besoin, c'est l'état organique qui résulte d'un déséquilibre entre, d'une part, des normes physiologiques et culturelles et, d'autre part, des informations ou des représentations concernant l'état du milieu intérieur.

On distingue parfois la notion de besoin de la notion de pulsion. On définit une **pulsion** comme étant l'énergie fondamentale du sujet, la force nécessaire à ses activités, qui s'exerce au plus profond de lui. Cette force prend des formes multiples et possède quatre caractéristiques: la source (somatique), la poussée (expression de l'énergie), l'objet (tout ce qui permet l'atteinte du but) et le but (décharge de l'énergie, réduction de la tension, satisfaction de la pulsion). Une pulsion ne peut devenir consciente. C'est pourquoi elle est différente du besoin qui, lui, peut être conscient.

La notion de besoin est parfois associée à celle de désir, mais ces notions ne sont pas synonymes. Un **désir** serait la prise de conscience du besoin ou de la tendance, un peu comme une action mise en suspens; le désir est une force dans le champ psychologique, mais une force maîtrisable parce qu'elle est consciente. La satisfaction d'un désir n'a pas le caractère instinctif de la satisfaction d'un besoin, car le désir est le résultat d'une décision personnelle, d'un choix conscient, et donc d'une intention (Diel, 1947). Les besoins et les pulsions sont du ressort biologique, alors que le désir est du ressort symbolique.

La notion de besoin a donné lieu à plusieurs recherches visant à décrire les facteurs responsables de l'apparition des comportements dans un milieu donné. On a suggéré l'existence d'un ensemble de besoins, organisé hiérarchiquement, dont l'ordre peut varier selon les normes sociales et culturelles. Les besoins organiques fondamentaux, appelés aussi besoins primaires, concernent la survie de l'individu et de l'espèce. Ils sont associés au maintien de l'homéostasie du milieu interne (soif, faim, sommeil, etc.), à la préservation de l'intégrité corporelle (évitement des stimuli douloureux), à la perpétuation de l'espèce (reproduction, soins parentaux). Il convient aussi de considérer comme primaires les besoins associés au développement physique et psychique

TABLEAU 3.2   Catégories de besoins

Catégorie de besoins	Exemples
Transcendance	Dépassement de soi, altruisme : vérité, bonté, beauté, unité, nécessité, finalité, sens, justice, ordre, simplicité, jeu
Actualisation de soi	Devenir soi, individuation, développement de son potentiel (pour soi) : connaissance, compréhension, conscience, engagement et responsabilité, créativité, intimité, autonomie
Estime	Estime de soi : sentiment de puissance, accomplissement, maîtrise, compétence, confiance en soi, indépendance, liberté Estime des autres : réputation, prestige, statut, succès, gloire, dominance, reconnaissance, attention, importance, dignité, appréciation
Amour et appartenance	Amour, amitié, attachement, appartenance, complicité, affiliation
Sécurité	Sécurité, stabilité, dépendance, protection, structure, routine, ordre, justice, frontières, etc.
Physiologiques	Homéostasie et appétit : besoin d'oxygène, faim, soif, copulation, sommeil, instinct maternel, besoin d'exercice, de stimulation, etc.

Source : Inspiré de Maslow (1972 ; 1976).

de l'individu (sécurité, affiliation, stimulation, etc.). Sur ces besoins dits primaires se greffent, par généralisation ou conditionnement, des besoins secondaires d'autant plus nombreux et variés que la complexité des systèmes psychologiques ou sociaux s'accroît.

Abraham H. Maslow est très réputé en psychologie et en management. On l'associe à la fameuse pyramide des besoins, qui n'est pourtant pas de lui, mais d'un illustre inconnu ! En fait, Maslow n'a jamais proposé de pyramide, mais bien une hiérarchie des besoins, qu'il a révisée dans les années 1970 pour présenter plutôt une «holarchie» des besoins, c'est-à-dire un ensemble de besoins qui est indivisible, entier, global (Maslow, 1976). Il a déterminé six catégories de besoins, et non pas cinq comme on le croit généralement. Les besoins de base comprennent les besoins physiologiques (la faim, la soif, la reproduction, etc.), les besoins de sécurité (la confiance, la sureté, la protection contre les dangers, etc.) et les besoins d'amour (l'affiliation, l'appartenance, l'approbation, l'attachement, etc.). Les besoins supérieurs comprennent les besoins d'estime (le statut, le pouvoir, etc.) et d'accomplissement. Les métabesoins comprennent les besoins d'actualisation de soi (l'actualisation de son potentiel) et tous les besoins de transcendance (les besoins altruistes, les besoins esthétiques, le besoin de vérité, etc.). Le tableau 3.2 présente la théorie des besoins selon Maslow (1972 ; 1976).

Le fait que Maslow ait accolé les épithètes «de base», «supérieur» et «méta» aux besoins ne veut pas dire qu'il attribue ce faisant un ordre de valeur des besoins. Pour Maslow (1976), les besoins de base et les métabesoins font partie du même continuum, du même domaine de la conscience : ces besoins ont la même caractéristique fondamentale d'être nécessaires, c'est-à-dire que leur satisfaction procure autant de plaisir à la personne. De même, l'impossibilité de les satisfaire cause autant de tort à la personne, qu'il s'agisse, par exemple, du besoin de manger ou du besoin de paix. Malgré le fait qu'ils aient la même valeur pour l'existence et le développement de la personne, les besoins de base et les métabesoins demeurent sensiblement différents: la recherche de la satisfaction des besoins de base comporte plus de tensions, implique plus d'urgence, que celle de la satisfaction des métabesoins à cause de la nécessité vitale pour l'individu.

Selon la théorie de Maslow (1972), tous les besoins fondamentaux qui ont été pleinement satisfaits tendent à être oubliés par l'individu et à disparaître du niveau de la conscience. Par conséquent, ce que la personne veut, désire ou souhaite tend à se trouver juste au-dessus du «niveau» où elle se trouve dans la hiérarchie des besoins. Il s'ensuit que les individus vivent à différents niveaux de cette hiérarchie. Cela implique aussi que les besoins qui sont au-dessus de celui qu'ils contemplent ne font pas encore partie de leur conscience.

D'après Maslow (1954), on peut reconnaître chez l'être humain deux tendances principales: la recherche de la sécurité (*deficit-need*) et la recherche de la croissance (*growth-need*). Ces deux tendances sont toujours présentes dans la conduite humaine, bien que la première soit inférieure et la seconde, supérieure. En d'autres mots, la sécurité sert de base à la croissance. La rationalité de ces tendances diffère radicalement. La recherche de la sécurité suit une logique de réduction de la tension: ou l'individu comble une lacune, ou il surmonte un obstacle, ou il se soustrait à une force, etc. La recherche de la croissance, au contraire, suit une logique de maintien, voire d'accroissement de tension, car le but à atteindre ou l'objet de satisfaction s'éloigne au fur et à mesure que l'individu s'en approche. Les effets de ces deux types de recherches sont également différents. La satisfaction des besoins de sécurité permet de prévenir la maladie, alors que la satisfaction des besoins de croissance favorise la santé. La satisfaction des besoins de sécurité est ressentie comme un repos, un soulagement, une relaxation, alors que celle des besoins de croissance apparaît comme une extase, une profonde sérénité.

Étant donné sa recherche de croissance et sa quête d'idéal, l'être humain va toujours se plaindre, mais le paradis terrestre n'existe pas. Dès lors, la frustration n'est pas en elle-même quelque chose de mauvais; elle est inhérente à la vie. Le fait d'exprimer sa frustration face à des besoins supérieurs ou à des métabesoins est un signe de félicité. De plus, de bonnes conditions de vie et de développement ne permettent pas nécessairement la croissance et l'actualisation des personnes. Certains tempéraments ou certaines constitutions ne vont pas s'améliorer parce que les conditions s'améliorent, au contraire. Il faut donc tenir compte de l'état de santé (mentale ou physique) de la personne. Le texte classique qui suit ce chapitre explique de quelle façon on peut se servir de cette théorie pour évaluer le degré de santé d'une organisation.

Des habiletés et des qualifications appropriées

La recherche sur la motivation au travail indique qu'outre le fait d'être motivée par des besoins de croissance et d'être inspirée par des valeurs de travail, une personne impliquée dans son travail se doit de posséder les habiletés et les qualifications qui correspondent aux exigences de son emploi.

De nombreux courants de recherche ont d'ailleurs reconnu les effets de la compétence réelle et ceux de la compétence perçue, et ce tant sur la disposition de la personne à l'égard de son travail que sur sa performance au travail. Les recherches sur l'engagement (Mowday et autres, 1982) et celles sur les cognitions sociales (Bandura, 1977a) ont démontré que le sentiment d'efficacité personnelle (*self-efficacy*) constitue un élément important de la motivation. Dans le même ordre d'idées, les recherches sur l'habilitation font ressortir que le sentiment de compétence est un élément central de la motivation au travail (Thomas et Velthouse, 1990). On peut donc retenir ceci: l'individu a tendance à fournir un plus grand effort pour atteindre les objectifs de travail lorsqu'il estime être capable de le faire (fort sentiment d'efficacité personnelle) que lorsqu'il doute de ses compétences.

D'après Bandura (1977a), la motivation suppose l'activation et la persistance d'un comportement. Elle est déterminée en partie par les activités cognitives suivantes: la capacité de se représenter les conséquences futures de ses actions et la capacité de se donner des objectifs de comportement et des normes pour évaluer sa progression. L'efficacité personnelle ressentie par la personne serait fonction de l'exercice de ses compétences et de ses expériences de succès. En effet, les activités de l'individu servent à créer et à renforcer son sentiment d'efficacité personnelle, sa conviction de pouvoir exécuter avec succès un comportement qui lui permettra d'obtenir les résultats recherchés. Le jugement que porte l'individu sur ses compétences a une incidence sur son espérance de réussir et, par conséquent, sur la persistance de son comportement, à la condition toutefois que l'individu soit conscient de ses compétences et que son évaluation soit réaliste. En somme, le sentiment d'efficacité ou de maîtrise personnelle détermine en partie l'investissement d'efforts dans une activité et la persistance des conduites (c'est-à-dire la durée de l'investissement). Le sentiment d'efficacité influence aussi le choix des activités et des environnements de la personne.

Bandura (1977a) décrit les trois dimensions de l'efficacité personnelle: la magnitude (le degré de difficulté de la tâche), la généralité (la possibilité de généraliser le comportement à d'autres situations) et la force (la vigueur du sentiment de maîtrise). Plusieurs facteurs influencent l'efficacité personnelle: les capacités, les habiletés, les compétences, les aptitudes, la motivation et la perception de stimulants dans l'environnement.

Le sentiment d'efficacité s'acquiert au fil des expériences et des rencontres. Bandura (1977a) a déterminé quatre sources d'efficacité personnelle: l'apprentissage par l'action, l'apprentissage par l'observation, la persuasion verbale et les émotions.

1) L'apprentissage par l'action est une façon de développer le sentiment d'efficacité personnelle : l'individu s'exerce à faire quelque chose sous la supervision de quelqu'un ; l'expérience de succès augmente sa confiance, et d'autres essais sont faits dans des situations différentes. Au fur et à mesure que l'individu progresse, le soutien diminue, jusqu'au moment où l'individu est convaincu qu'il peut réussir seul. Le sentiment de maîtrise qui en résulte augmente l'efficacité personnelle ; l'effet de ces expériences varie toutefois selon l'histoire de l'individu, le moment et le contexte de la performance.

2) L'apprentissage par l'observation est une autre façon d'accroître le sentiment d'efficacité personnelle : il s'agit en fait de donner à l'individu la possibilité de voir quelqu'un réussir dans une tâche et de l'inciter à imiter celui-ci. L'individu regarde le modèle agir, et il se persuade qu'il peut en faire autant. Des facteurs interviennent ici encore pour faire varier l'effet attendu de cette source d'induction : la ressemblance avec la personne qui sert de modèle, la persévérance de l'individu, son âge, son expertise, la difficulté et le contexte de la tâche, la diversité des expériences réussies antérieurement.

3) La persuasion verbale est une autre source d'induction : quelqu'un persuade l'individu qu'il peut réussir s'il y met les efforts. Plusieurs tactiques d'influence peuvent être utilisées ; la suggestion, l'exhortation, les directives et l'expertise en sont des exemples. Encore une fois, certains facteurs interviennent : la crédibilité de l'agent d'influence, son prestige, la confiance qu'il inspire, son expertise, son assurance et les ressources disponibles.

4) Les émotions peuvent engendrer un état qui oblige la personne à réussir : ou bien l'individu fait face au contexte difficile et s'exerce à le dépasser afin de réussir malgré tout, ou bien il essaie de comprendre les causes de ses peurs et de son anxiété afin de les maîtriser. Cette dernière source d'induction montre la fonction créatrice de l'anxiété, que nous aborderons dans le chapitre 5. Les émotions peuvent stimuler le développement de l'efficacité personnelle si la personne est capable d'évaluer son degré d'anxiété et de vulnérabilité, et si des émotions l'incitent au dépassement et à la réussite.

L'exercice des compétences et des habiletés améliore le sentiment d'être capable de réussir une tâche, et cela influence directement la motivation. Un résultat semblable a déjà été obtenu dans d'autres contextes que celui du travail, à l'occasion de recherches sur la relation entre la performance et le niveau d'activation. En effet, Hebb (1974) a trouvé que le sentiment de compétence influence l'évaluation de l'individu concernant ses chances de réussir une tâche ; lorsque l'individu estime en être capable, le niveau d'activation diminue, et réciproquement, lorsqu'il estime ne pas en être capable, le niveau d'activation augmente. On peut se reporter à la figure 3.1, qui montre la courbe d'efficacité en fonction de l'activation afin de mieux comprendre ce phénomène. Si une personne ne se sent pas capable d'accomplir une tâche donnée, alors le niveau d'activation est maximal et la motivation tend vers zéro. Inversement, si une personne estime qu'elle est surqualifiée, alors le niveau d'activation diminue au-dessous du seuil optimal, ce qui va influer sur sa performance.

L'implication est claire pour ceux qui ont à diriger des personnes: il importe de faire connaître à l'individu des expériences de succès afin de développer chez lui la confiance nécessaire en ses capacités (sentiment de compétence personnelle). Sans cela, l'individu ne saura prendre le risque associé à l'initiative et à l'investissement de soi dans le travail. De plus, il faut pouvoir ajuster la difficulté de la tâche au fur et à mesure que la compétence de l'individu s'accroît et ce, afin de maintenir un niveau d'activation optimal. Cette notion sera reprise plus loin, lorsque nous aborderons les conditions d'un travail stimulant.

UNE TENDANCE PERSONNELLE À AGIR DE FAÇON CONSCIENCIEUSE, RESPONSABLE ET POSITIVE

Les recherches dans le domaine de la personnalité tendent à démontrer que la performance au travail est associée à un certain nombre de traits personnels tels que la conscience, l'amabilité, l'ouverture d'esprit, l'internalité, le niveau d'aspiration, le comportement de type A, l'orientation vers un objectif plutôt que vers soi (Nicholls, 1984; Rondeau et Lauzon, 1996), etc. Comme nous l'avons précisé dans le chapitre 1, la personnalité influence la façon d'aborder le travail et détermine en partie la performance (Tett et autres, 1991). Dans le même ordre d'idées, certaines recherches estiment que l'engagement devrait être considéré comme un trait de la personnalité. Elles avancent, en effet, que les gens hautement engagés le sont très souvent sur tous les plans (travail, carrière, famille, etc.). Il est également possible de tirer profit des différences individuelles en s'efforçant d'affecter les personnes à des postes qui leur conviennent, de miser sur les forces de leur personnalité et de trouver des moyens d'atténuer ou de compenser leurs faiblesses.

LES CONDITIONS D'UN TRAVAIL STIMULANT

Comment motiver les employés? On a longtemps cru, et on continue encore de croire, qu'il y a moyen de le faire [3]. La réponse à cette question est évidente, mais difficile à admettre: cela est impossible. Par contre, il est peut-être possible d'aménager des conditions qui stimulent l'intérêt des employés, qui dirigent et soutiennent leurs efforts vers des objectifs préalablement définis. C'est une préoccupation importante de la recherche que de déterminer les facteurs externes, relativement stables, susceptibles de susciter des attitudes positives à l'égard du travail, et ce indépendamment des caractéristiques personnelles. Les recherches sur l'aménagement du travail (Hackman et Oldham, 1980), sur les systèmes sociotechniques ou sur l'enrichissement des tâches ont tenté de fournir des réponses à cette préoccupation.

Comme le notaient Hackman et Oldham (1980), «[...] on ne sait pas si les bénéfices motivationnels d'un travail enrichi proviennent des caractéristiques objectives des

---

3. Voir l'article d'Herzberg (1968), paru dans *Harvard Business Review*. Tiré à des millions d'exemplaires, cet article est toujours sur la liste des 10 articles les plus reproduits de cette revue.

tâches ou de la perception qu'en ont les employés» (p. 97; traduit par les auteurs). Quoi qu'il en soit, on reconnaît aujourd'hui un certain nombre de caractéristiques qui, en matière de recherche, ressortent comme étant directement associées à la motivation au travail:

1) un travail qui a du sens;

2) des objectifs clairs;

3) une bonne connaissance des résultats;

4) des récompenses appropriées;

5) une marge discrétionnaire;

6) une stimulation sociale appropriée;

7) des conditions adéquates.

UN TRAVAIL QUI A DU SENS

Donner du sens à ses actes est une nécessité vitale pour l'être humain. Comme l'explique Frankl (1993), l'individu ne peut vivre en suivant simplement ses instincts; il doit donner à ses conduites un sens qui soit acceptable à la fois pour lui et pour la société dans laquelle il se trouve. Jusqu'à une époque encore récente, les traditions lui prescrivaient des règles de conduites et des obligations morales qui lui procuraient, somme toute, une certaine sécurité; les traditions l'aidaient à comprendre son existence et à y donner un sens. Mais avec l'affaiblissement des valeurs et des traditions, l'individu doit lui-même trouver un sens à son existence. Comme l'écrit Frankl (1993):

> Désormais, ni son instinct ni la tradition ne lui dictent sa conduite; il lui arrive même de ne plus savoir ce qu'il veut. Ou il cherche à imiter les autres (conformisme), ou il se conforme à leurs désirs (totalitarisme) (p. 116).

Le **sens** se présente comme un effet, un produit de l'activité humaine, pouvant être décrit à l'aide de trois composantes: la signification, l'orientation et la cohérence (Brief et Nord, 1990; Frankl, 1967; Harpaz, 1986; Yalom, 1980). S'intéresser au sens du travail, c'est s'interroger sur la façon dont l'individu conçoit ce dernier. C'est également s'interroger sur les valeurs sous-jacentes, sur l'orientation de l'individu à l'égard du travail et sur le degré de cohérence que le travail représente pour lui. Le tableau 3.3 illustre les différentes composantes du sens du travail.

Morin (1995) utilise ce schéma pour décrire les résultats des recherches qui ont été faites sur le sens du travail. Elle rapporte ainsi les recherches qui permettent de déterminer: la signification du travail pour l'individu, entendue à la fois comme définition et comme valeur; l'orientation de l'individu envers le travail, entendue comme objectif personnel ou comme fonction du travail dans sa vie et comme résultats personnels recherchés; et la cohérence de l'expérience du travail, c'est-à-dire l'équilibre que l'individu trouve en lui-même grâce aux expériences et aux images que lui procure l'accomplissement de ses tâches.

TABLEAU 3.3   **Composantes du sens du travail**

Sens du travail		
Signification	**Orientation**	**Cohérence**
• la définition du travail, c'est-à-dire la connaissance et la compréhension du travail ou, en d'autres mots, la représentation du travail • la centralité du travail, c'est-à-dire l'importance ou la **valeur** du travail pour l'individu	• la fonction du travail, c'est-à-dire l'intention, la finalité ou le dessein personnel associé au travail, ou les raisons pour lesquelles un individu travaille • les résultats personnels recherchés par le travail	• le rapport du travail à l'individu, c'est-à-dire l'équilibre que l'individu trouve en lui-même grâce aux expériences et aux images que lui donne son travail

Dans la constellation des données que l'individu perçoit relativement au travail, il se fait une image, une représentation qui a une signification pour lui. Cette signification est déterminée par un ensemble de facteurs psychologiques et sociologiques. L'individu aura tendance à l'exprimer relativement aux fonctions expressives et utilitaires que remplit le travail dans son projet de vie. Selon le sens (ou le non-sens) qu'il y trouve, ses attitudes et ses conduites au travail seront différentes.

Le travail est porteur de beaucoup de significations pour les individus, mais Fox (1980) parvient à déterminer huit significations personnelles :

1) le travail donne aux individus le sentiment d'appartenance à la société et le sentiment de pouvoir y apporter une contribution utile ;

2) le travail donne l'occasion de créer des liens d'attachement avec d'autres ;

3) le travail est un moyen d'obtenir un statut valorisé dans une société et de gagner le respect des autres ;

4) le travail offre la possibilité de définir son identité sociale ;

5) par sa régularité et son horaire contraignant, le travail permet de structurer le temps, de rythmer les activités de la vie quotidienne ;

6) le travail est un moyen de surmonter les problèmes existentiels de l'être humain, par exemple la solitude et la mort ;

7) le travail permet aux individus de s'accomplir en leur donnant des occasions de relever des défis ou de poursuivre leurs idéaux ;

8) le travail est aussi un moyen de transcender l'existence humaine, dans la mesure où les individus se consacrent à une cause importante et significative.

Le travail est avant tout une nécessité vitale pour l'être humain, car il lui permet de développer sa force créatrice et ses capacités d'imagination. De nos jours, les images ou les représentations sociales que nous avons pour donner un sens au travail ne rendent plus compte du plaisir qu'il y a à être créatif, productif et efficace. James Hillman (1993) le dit bien d'ailleurs :

Je veux simplement parler du travail comme d'un plaisir, comme d'une gratification instinctuelle — au lieu d'en parler comme d'un droit, « le droit au travail », ou comme d'une nécessité économique, ou comme un devoir social, ou comme une pénitence imposée à Adam après qu'il eut été chassé du paradis terrestre. Les mains veulent faire des choses et l'esprit aime à s'appliquer. Le travail est vital, irréductible à quelque autre valeur. Nous ne travaillons pas pour ramasser le fruit de la cueillette, pour acquérir du pouvoir dans la tribu, pour acheter une nouvelle voiture, et ainsi de suite. Le travail a son propre but et apporte ses propres joies ; mais pour que cela roule, il faut avoir un fantasme à propos de notre travail, et les fantasmes économiques et sociologiques que nous avons développés sont complètement dysfonctionnels. Il n'y a pas à s'étonner de l'énorme problème de productivité et de qualité qui existe dans le monde du travail en Occident. Nous ne sommes pas supposés vouloir cesser de travailler. C'est comme vouloir ne pas manger, vouloir ne pas faire l'amour. C'est de l'infirmité instinctuelle ! Et c'est la faute de la psychologie ; elle ne s'occupe pas de l'instinct du travail (p. 218-219).

Le sens que donne un individu à son travail dépend de plusieurs facteurs: la représentation qu'il s'en fait (ce qui est du travail pour lui); la centralité du travail dans son existence par rapport aux autres activités qu'il valorise; les fonctions que remplit le travail dans sa vie; et surtout le sentiment de cohérence qu'il retire de l'accomplissement de son travail (Morin, 1995).

Les gestionnaires peuvent faciliter et soutenir les efforts de découverte des significations personnelles et collectives (Hanna, 1985). Notamment, ils peuvent fixer des objectifs qui ont du sens, tant pour eux que pour leurs employés, et qui s'harmonisent bien avec les priorités de leur unité de travail. Les gestionnaires doivent également être en mesure de tracer des voies vers un avenir qui respecte davantage l'équilibre personnel de chacun. Les systèmes de gestion de carrière constituent une occasion unique pour ce faire, pour autant qu'on ne cède pas à la tentation de les «trivialiser» et de les assujettir aux pressions de la collectivité. Pour favoriser l'individuation, il faut soutenir les efforts des individus dans leur propre développement, lequel est nécessairement singulier. Enfin, les normes et les attentes des gestionnaires peuvent avoir des effets inhibiteurs sur le développement des individus. Les gestionnaires doivent être vigilants dans leurs relations avec les autres afin de les encourager à développer leur potentiel au maximum (Lesage et Rice, 1978).

Les recherches sur l'aménagement du travail (Gardner, 1986) et sur l'habilitation ont souligné l'importance de faire en sorte que le travail soit d'abord significatif aux yeux de la personne qui l'accomplit. Certains aspects du travail le rendent significatif: l'utilité du travail (qu'est-ce que ça donne?), le sentiment de valeur personnelle que l'individu retire de son travail (pourquoi moi?) et l'intérêt du travail lui-même (est-ce que c'est intéressant?). D'abord, on a mis en évidence l'importance de l'utilité perçue du travail, c'est-à-dire la nécessité que la personne sache que ce qu'elle fait sert à quelque chose et a de la valeur. Également, la personne doit être consciente qu'elle apporte une contribution distinctive et qu'elle n'est pas facilement remplaçable. Enfin, le travail doit donner à la personne des occasions d'exercer la variété d'habiletés qu'elle possède et de développer des compétences.

Ces trois aspects rappellent les travaux d'Herzberg sur le travail et la motivation humaine. Dans un texte récent, Herzberg (1995) explique que la question première qui affecte la motivation est: qu'est-ce que je dois faire? Cette question existentielle renvoie au besoin d'activité et d'efficacité de l'être humain, à la nécessité vitale de faire quelque chose, de produire quelque chose qui soit utile, en vue de trouver du même coup l'utilité de ses activités et, par extension, de son existence. Ainsi, un travail qui a du sens renvoie directement à la notion d'une vie utile (Bracke et Bugental, 1995; Herzberg, 1995; Hillman, 1993; Jung, 1981a).

DES OBJECTIFS CLAIRS ET STIMULANTS

La performance d'un individu dans l'exécution d'une tâche est directement liée aux objectifs qu'il s'est fixés (plus ou moins consciemment). En effet, Locke et Latham (1990) ont démontré que les objectifs servent aux individus de guides d'action, ce qui réduit les pertes de temps et d'énergie, et de normes pour juger l'adéquation de leur propre performance (persistance) avec les objectifs fixés. Les objectifs aident l'individu à définir les normes avec lesquelles il peut juger et apprécier sa performance. Les objectifs auraient également tendance à influencer le sentiment d'efficacité personnelle, dans la mesure où l'individu s'estime capable de les atteindre. Ainsi, ils peuvent l'aider à modifier ses comportements en cours de projet.

Certaines conditions influent cependant sur le lien entre la motivation, la performance et les objectifs de travail. Pour qu'ils produisent les effets escomptés sur la performance, les objectifs doivent avoir les caractéristiques suivantes: être spécifiques, suffisamment difficiles pour représenter un défi, être réalistes et opératoires, et avoir des échéances prévisibles.

La clarté et la difficulté des objectifs à atteindre semblent avoir un effet sur le degré d'activation, et cela amène la personne à adopter une stratégie plus adéquate, à planifier plutôt qu'à improviser, à recourir à ses apprentissages.

Les objectifs doivent être spécifiques, c'est-à-dire définis en termes opératoires, mais difficiles, c'est-à-dire exiger des compétences légèrement au-dessus du niveau des compétences de l'individu; il s'agit ici du principe de *Kaizen*, suivant lequel la difficulté des objectifs est augmentée au fur et à mesure que l'individu développe ses compétences, et ce jusqu'à la limite de son potentiel[4].

Si les objectifs fixés sont difficiles à atteindre et ajustés en fonction du niveau des compétences, ils ont alors tendance à être perçus comme un défi. Il s'ensuit que l'individu sera enclin à profiter de cette situation pour s'améliorer et démontrer ses compétences. Cela a pour effet de renforcer le sentiment d'efficacité personnelle. La difficulté

---

4.   Après quoi, il faut songer à lui assigner une autre activité.

des objectifs peut être déterminée par quatre facteurs: le temps, la réflexion, l'effort exigé et les ressources nécessaires pour atteindre les objectifs.

Locke et Latham (1990) rapportent les observations suivantes concernant la performance des employés. La performance est à son maximum lorsque les objectifs sont difficiles plutôt que modérément difficiles, pourvu que l'engagement soit important et que les compétences soient présentes, parce que l'individu devra fournir plus d'efforts (en durée ou en intensité) pour les atteindre. De plus, des objectifs élevés ont tendance à être associés à un sentiment d'accomplissement et de développement des compétences (de croissance personnelle). Ils offrent également une occasion de faire la preuve de ses capacités et sont fréquemment associés à la possibilité d'obtenir des avantages personnels socialement valorisés. Il en découle une augmentation du sentiment de valeur personnelle.

Se fixer des objectifs élevés implique également de se donner des normes élevées pour être satisfait de sa performance. Cela suppose qu'un individu qui a des objectifs élevés doit fournir plus d'efforts qu'un individu qui a des objectifs moins élevés afin d'être content de sa performance; les attentes étant élevées, la réussite l'étonnera moins que si elles étaient faibles. La mesure du succès (et de la satisfaction) est fonction du niveau d'aspiration de l'individu.

Le degré de difficulté agit directement sur le niveau d'activation. À cet effet, il semble que si la personne est trop stimulée au travail, si elle est soumise à une surcharge continue de travail, si elle est appelée à traiter de l'information trop ambiguë ou conflictuelle, si elle est particulièrement fatiguée et ne peut fournir sa pleine mesure, alors le travail risque de lui apparaître comme oppressant et d'entraîner de l'anxiété plutôt que de l'intérêt. De même, si elle n'est pas assez stimulée par son travail parce que ce dernier est trop peu exigeant ou routinier, elle ne réussira pas à y consacrer toute l'attention nécessaire et s'en désintéressera rapidement. Enfin, comme corollaire à la complexité du travail, il importe aussi que le niveau des exigences de la fonction occupée évolue, c'est-à-dire qu'il puisse être relevé à mesure que la personne s'y adapte afin de maintenir un niveau d'activation optimal.

Pour que les objectifs aient un impact sur la performance, il faut, bien entendu, que les individus les acceptent. À cet effet, on a constaté que l'engagement est plus grand lorsque ces objectifs respectent les valeurs des individus et lorsque ces derniers estiment qu'ils peuvent les atteindre. Le sentiment d'efficacité personnelle est associé à l'espérance du succès. Cette observation souligne l'importance qu'on doit accorder aux valeurs et aux compétences des employés.

On a remarqué, de plus, que l'engagement envers les objectifs est influencé par le modelage de l'individu aux attitudes et aux conduites des figures d'autorité envers ces mêmes objectifs. Il s'ensuit que les gestionnaires doivent faire attention à leurs propres attitudes et à leurs conduites, car ils servent souvent de modèle à leurs subordonnés.

En somme, ces divers travaux indiquent clairement que le fait d'avoir une idée précise de l'objectif à atteindre produit un effet direct sur le niveau d'effort déployé et sur le résultat atteint. De même, les recherches sur le leadership ont souligné l'importance d'une vision claire de l'objectif poursuivi (Bennis et Nanus, 1985; Kouzes et Posner, 1987). En outre, les recherches effectuées sur les objectifs de travail ont remis en question la notion de participation et, plus particulièrement, celle de la nécessité d'une participation à la prise de décision. En effet, on a trouvé que le fait de fixer des objectifs à des employés produit un effet aussi efficace sur la motivation individuelle que le fait de faire participer ces mêmes employés à la définition des objectifs, pour autant que les employés concernés comprennent bien les objectifs et qu'ils les trouvent légitimes. Par ailleurs, dans les situations complexes, la participation aurait un effet sur la motivation individuelle parce qu'elle facilite l'acceptation des objectifs (Wood et Locke, 1986).

Il faut reconnaître toutefois que les recherches sur les objectifs de travail ont surtout été menées dans des situations comportant des tâches simples. On ne semble pas obtenir de résultats aussi importants lorsqu'il s'agit de tâches complexes (Wood et autres, 1987), pour lesquelles les objectifs sont plus difficiles à définir. Pour les tâches complexes, Locke et Latham (1990) rapportent que la qualité de la stratégie utilisée pour réaliser l'activité serait plus importante que la qualité des objectifs.

Une bonne connaissance des résultats

D'après Pritchard et autres (1988), la connaissance des résultats, la clarté des objectifs et la contingence des récompenses constituent des conditions importantes pour rendre un travail stimulant.

Le fait de connaître les résultats obtenus grâce à ses activités productives stimule l'intérêt de l'individu en lui indiquant le niveau de rendement atteint, ce qui lui permet d'ajuster ses efforts en lui fournissant les indices nécessaires pour corriger la progression de ses activités (Ilgen et autres, 1979). Cette condition a un effet d'autant plus important qu'elle est contingente à l'acte, c'est-à-dire qu'elle permet à la personne un ajustement continu de son action et qu'elle lui donne un sentiment de progression par rapport aux objectifs visés.

Cette condition, à savoir la connaissance des résultats, fait valoir l'utilité du feedback ou de la rétroaction dans l'amélioration de la performance individuelle. La rétroaction peut venir soit de l'observation directe des résultats obtenus par les activités de l'individu (mécanismes d'autocorrection et d'autorégulation), soit de l'évaluation faite par ses collègues ou par son superviseur.

La rétroaction sur la performance de l'individu correspond à une information de nature corrective qui concerne directement l'image de soi; la rétroaction a tendance à provoquer des réactions émotives chez l'individu, à cause de l'évaluation de soi qu'elle implique. Northcraft et Ashford (1990) ont trouvé que les individus semblent préférer obtenir de l'information concernant leur performance d'une façon privée plutôt que publique, pour des raisons de protection de leur image personnelle. Ils ont trouvé également que les gens préfèrent comparer leurs résultats avec leurs performances antérieures plutôt qu'avec ceux des autres, pour éviter de se sentir en concurrence. Les recherches tendent de plus à démontrer que la disposition à recevoir de l'information sur sa performance est directement liée à l'anticipation d'obtenir de bons résultats. En outre, les chercheurs ont remarqué que la disposition à rechercher ce type d'information est directement associée au sentiment de valeur personnelle, également appelé « estime de soi » : il semble que plus le sentiment de valeur personnelle est fort, plus l'individu recherche des informations sur sa performance afin de s'améliorer. Par conséquent, il est peu probable que les individus dont la performance et le sentiment de valeur personnelle sont faibles, et donc qui auraient besoin de rétroaction pour s'améliorer, prennent spontanément l'initiative de s'informer auprès de leurs supérieurs ou de leurs collègues.

DES RÉCOMPENSES APPROPRIÉES

Le lien entre le comportement motivé et la récompense n'a plus besoin d'être démontré. Les béhavioristes, en particulier, sans considérer qu'il s'agit là de motivation à proprement parler, ont exploré à fond les effets de la récompense sur le comportement et les conditions qui déterminent ce lien. Ils ont montré, entre autres, que la motivation au travail est tout d'abord influencée par l'instrumentalité des comportements, c'est-à-dire la perception qu'ont les employés que le niveau de performance attendu est clairement lié à la récompense souhaitée. L'effet de la récompense sur le comportement motivé est clair lorsque le lien de contingence est direct. En outre, la notion de programme de renforcement a fait l'objet de nombreuses recherches.

La théorie des attentes met en évidence l'importance que prend la valeur de la récompense pour la personne qui la reçoit. De plus, l'équité de la récompense est un aspect important à considérer (Adams, 1965 ; Carrell et Dittrich, 1978). En effet, il a été démontré qu'une rémunération perçue comme inéquitable par rapport à ce que reçoit l'entourage de travail produit une tension qui incite la personne à réduire cette iniquité.

Enfin, il semble que la récompense puisse être différée sans pour autant perdre son effet sur la motivation individuelle. En fait, le lien entre la contribution de l'individu à son travail et la rétribution semble avoir un caractère de réciprocité. Cela signifie que l'individu a tendance à transformer ses diverses contributions au travail en une certaine somme de « crédits » qu'il pourra échanger dans le futur contre des récompenses. La perception de la réciprocité entre les contributions personnelles et les crédits peut être suffisante pour produire le même effet que la récompense elle-même.

Steers et Porter (1987) distinguent deux types de récompenses : les récompenses intrinsèques, c'est-à-dire la satisfaction qu'éprouve l'individu par l'accomplissement du travail lui-même, et les récompenses extrinsèques, à savoir les différentes formes de rétribution. Les systèmes de récompenses remplissent plusieurs fonctions dans les organisations. D'une part, ils servent à soutenir la participation des employés, leur sentiment d'appartenance et leur assiduité au travail. D'autre part, ils servent à renforcer leur performance (le rendement, les innovations et l'engagement).

Les récompenses intrinsèques

Lorsque la performance de l'individu correspond aux normes préétablies, l'individu peut éprouver de la satisfaction personnelle, de la fierté pour le travail accompli et un sentiment d'accomplissement, ce qui a pour effet d'augmenter l'estime de soi.

Le degré de satisfaction personnelle dépend toutefois de l'espérance de succès: l'individu éprouve de la fierté lorsqu'il croit, au début de l'activité, qu'il peut ne pas réussir ou qu'il y a des difficultés à surmonter. Le degré de satisfaction personnelle semble aussi être associé à la présence de cinq caractéristiques du travail: le sens donné au travail, la variété des activités, la rétroaction sur la performance, la responsabilité et l'autonomie.

Les récompenses extrinsèques

Les récompenses extrinsèques sont de différentes natures: les récompenses non associées à la performance (par exemple, les conditions prévues dans une convention de travail: rémunération de base et avantages sociaux, sécurité d'emploi, horaire flexible, matériel, environnement social et environnement physique, qualité de l'organisation, etc.) et les récompenses associées à la performance (par exemple, les systèmes reconnaissant le mérite de la personne: rémunération au mérite, promotion selon la compétence, actes de reconnaissance de la contribution, etc.).

On associe souvent les récompenses extrinsèques à l'argent, mais en fait elles sont de diverses natures. L'argent en tant qu'objet a toutes sortes de significations pour les individus. On peut utiliser des stimulants pécuniaires pour encourager la performance, mais pour qu'une telle récompense donne les résultats attendus, il faut s'assurer que les individus valorisent l'argent, que le montant est suffisamment important pour que l'effort supplémentaire en vaille la peine et que l'obtention de cette récompense n'est pas associée à des objectifs irréalistes.

L'équité

L'individu juge l'équité de ses récompenses (aussi appelées rétributions) selon trois normes possibles: une norme historique (ce qu'il a déjà obtenu), une norme organisationnelle (ce que ses collègues obtiennent) et une norme sectorielle (ce que d'autres obtiennent ailleurs, dans des emplois comparables). Selon l'hypothèse de l'équité posée par Adams (1965), l'individu a tendance à ajuster ses contributions en fonction de l'équité des récompenses qu'il anticipe.

L'équité est établie lorsque le ratio actuel rétribution-contribution (de la personne) est égal au ratio standard rétribution-contribution (de la norme).

$$\frac{R_{actuelle}}{C_{actuelle}} = \frac{R_{standard}}{C_{standard}}$$

L'iniquité apparaît dès que ces ratios deviennent inégaux. D'une part, l'inégalité peut avantager l'employé.

$$\frac{R_{actuelle}}{C_{actuelle}} > \frac{R_{standard}}{C_{standard}}$$

Dans ce cas, l'employé aura tendance à rationaliser sa position, à trouver des explications qui justifient l'avantage qu'il retire ou à améliorer sa performance et ce, dans le but de rétablir l'équité. D'autre part, l'inégalité peut aussi le désavantager.

$$\frac{R_{actuelle}}{C_{actuelle}} < \frac{R_{standard}}{C_{standard}}$$

Dans ce second cas, l'employé peut essayer de rétablir l'équité de différentes façons: diminuer ses contributions (réduire ses efforts ou la qualité de son travail), demander qu'on ajuste les rétributions, modifier ses standards de comparaison, rationaliser la situation pour expliquer l'injustice dont il se sent victime, changer d'emploi, etc. (Steers et Porter, 1987).

Les questions d'équité sont très actuelles, au Canada du moins. Elles concernent surtout la rémunération. La popularité du slogan «À travail égal, salaire égal» en témoigne. Ce qu'il faut retenir des recherches sur l'équité, c'est que la perception d'injustice produit des tensions proportionnelles à l'importance de l'iniquité, et que les individus lésés auront tendance à faire quelque chose pour rétablir l'équité.

Le problème que pose la mise en place de systèmes de récompenses tient aux conséquences inattendues. Dans son célèbre article «On the folly of rewarding A, while hoping for B» («Sur la folie de récompenser A quand on veut récompenser B»), Kerr (1975) a tenté d'expliquer la difficulté de gérer efficacement les systèmes de récompenses. La fascination pour l'objectivité des critères de performance, la trop grande importance attribuée aux résultats tangibles et aux comportements observables ainsi que l'hypocrisie et la déformation des concepts de morale et de justice sont autant de facteurs qui expliquent cette difficulté. C'est ainsi qu'on en vient à augmenter les budgets des services ayant réussi à dépenser les sommes allouées lors de l'exercice financier précédent, à récompenser la présence au travail plutôt que la performance, à donner des promotions à ceux qui sont populaires plutôt qu'à ceux qui font leur devoir, etc. Il faut donc être prudent lorsqu'on distribue des récompenses pour ne pas créer d'effets pervers sur la performance individuelle.

UNE MARGE DISCRÉTIONNAIRE

Une autre caractéristique d'un travail stimulant a trait à la responsabilité, à l'autonomie et à la liberté d'action que possède un individu dans l'exercice de ses fonctions. Les individus sont sensibles au fait d'avoir de l'influence sur la prise de décision qui les concerne et au fait d'être responsables de leurs gestes. Ces observations ont été faites dans maints travaux relatifs à l'aménagement du travail, à la participation des travailleurs et à l'enrichissement des tâches. Le travail est d'autant plus captivant que la personne peut avoir une influence sur les facteurs déterminant sa performance, particulièrement en ce qui concerne l'organisation du travail et le contrôle des résultats obtenus.

Ces diverses observations sont d'ailleurs corroborées par les recherches sur l'importance d'être à l'origine des décisions plutôt que de les subir (De Charms, 1968). L'individu doit éprouver le sentiment d'avoir un impact réel sur ce qui survient à son travail, tel que cela a été mis en évidence par la recherche sur l'habilitation. Ce qui ressort de ces recherches, c'est l'importance pour l'être humain d'être responsable et de contrôler ce qui lui arrive; comme le dit Sartre, d'être maître de son destin.

Bougie (1994) explique que la notion de responsabilité comporte trois facettes pour un individu: l'imputabilité, l'obligation et la maîtrise de son destin. L'imputabilité se rapporte au devoir de répondre de ses actes devant l'autorité et d'en assumer pleinement les conséquences. L'obligation renvoie à l'idée de l'engagement, d'un lien moral qui assujettit la personne à quelqu'un ou à quelque chose. La maîtrise de son destin fait référence à la liberté de l'être humain. May (1981) maintient qu'un individu n'est libre que s'il est responsable, et qu'il n'exerce pleinement sa responsabilité que lorsqu'il prend des décisions, lorsqu'il fait des choix.

Inévitablement enracinée dans l'existence, la responsabilité oblige la personne à se prendre en charge, à faire des choix qui respectent à la fois ses désirs, sa volonté et la liberté des autres. Le problème de la responsabilité est un problème existentiel, immanquablement associé au désir d'être libre et au besoin de sécurité, deux états opposés (Fromm, 1941; May, 1981; Yalom, 1980). En raison de son caractère existentiel, ce problème n'a pas de solution définitive; il ne faut donc pas s'étonner de l'importance que revêt la responsabilité pour les employés, qu'ils soient gestionnaires ou simples ouvriers. D'où l'importance d'accorder une marge discrétionnaire pour stimuler l'intérêt au travail.

UNE STIMULATION SOCIALE APPROPRIÉE

L'être humain est foncièrement grégaire : il recherche la compagnie et trouve du plaisir à faire des choses avec les autres (Aronson, 1976). La motivation au travail est vraisemblablement affectée par l'environnement social; en particulier, l'intérêt pour le travail est influencé par les stimulations que procurent les relations humaines. C'est du moins ce qui semble ressortir des recherches sur les conditions de travail (Roethlisberger et Dickson, 1939), sur la facilitation sociale (Ferris et autres, 1978; Zazonc, 1965) ou sur d'autres facteurs sociaux comme l'inertie sociale, l'anxiété sociale (Geen, 1991) et le sentiment d'être indispensable (Weldon et Mustari, 1988). La motivation au travail semble dépendre des ajustements que fera l'individu, par imitation sociale, aux normes de son groupe de référence. Par ailleurs, la culture de l'entreprise semble aussi influencer la motivation au travail; par les mécanismes de socialisation, les individus intériorisent les valeurs promues dans l'entreprise; ces valeurs inspirent et guident les comportements adoptés au travail (Aubert et DeGaulejac, 1991; Lawler, 1991; Peters et Waterman, 1982).

DES CONDITIONS ADÉQUATES

Une dernière caractéristique d'un travail stimulant concerne l'absence de conditions susceptibles d'entraver les efforts de l'individu au travail et la présence de conditions susceptibles de les soutenir. Il s'agit de reconnaître, à l'instar d'Herzberg (1968) et d'autres chercheurs (Eisenberger et autres, 1986; Freedman et Phillips, 1985; Peters et autres, 1985; Vézina et autres, 1992), que la présence de conditions adéquates est nécessaire pour protéger la santé, pour assurer la sécurité et réduire ce qui pourrait entraver les efforts de la personne. En d'autres mots, la présence de conditions adéquates permet de prévenir le mécontentement, de réduire le stress et de promouvoir la santé et la sécurité au travail.

Parmi les conditions les plus fréquemment citées, on trouve les conditions de travail et de vie (horaires, éloignement, température, etc.), le climat de travail (ambiance, atmosphère, etc.), les contraintes et les ressources organisationnelles (budgétaires, techniques, humaines, informationnelles, etc.) et les caractéristiques de l'organisation (structures, politiques et pratiques organisationnelles, style de direction, etc.) (Katzell et Thompson, 1990a). Certaines de ces conditions ont d'ailleurs été directement associées à l'émergence d'un sentiment d'impuissance acquise (*learned helplessness*), caractéristique des personnes démotivées dans les milieux organisés (Peters et autres, 1985).

Contrairement aux autres conditions présentées ici, l'amélioration des conditions de travail n'entraîne pas nécessairement un accroissement de l'intérêt individuel au travail, mais cela aura l'avantage, à tout le moins, de disposer positivement les individus à l'égard de leur travail et de réduire les sources de mécontentement.

D'après Lawler (1991) et Katzell et Thompson (1990b), les pratiques de gestion doivent harmoniser les aspects individuels, sociaux et techniques de l'organisation. Les sept conditions présentées dans cette section procurent aux employés un milieu facilitant la performance, mais rien ne peut garantir qu'ils soient effectivement intéressés à investir leur énergie dans le travail, ni qu'ils veuillent le faire. Il ne faut pas oublier que la motivation est un processus de régulation des conduites, indissociable de la perception. Laing et autres (1972) ont bien formulé le problème : le comportement de la personne est fonction de son expérience. Dès lors, si on veut comprendre pourquoi une personne agit de telle ou telle façon, il faut comprendre comment elle perçoit la situation.

LA MOTIVATION ET LA PERCEPTION

Les recherches entreprises sur la cognition sociale et sur les attributions démontrent que la motivation est fonction de la perception. Trois facteurs permettent de comprendre comment la perception d'une personne détermine sa motivation au travail: l'image que la personne a d'elle-même, sa compréhension de la situation de travail et ses attentes et ses anticipations.

L'IMAGE QUE LA PERSONNE A D'ELLE-MÊME

Laing et autres (1972) ont montré que l'individu a tendance à agir conformément à l'image qu'il a de lui-même (son identité) et à ajuster cette image selon l'évaluation que les autres font de lui (méta-identité). Autrement dit, dans une certaine mesure, l'individu modèle en partie son comportement suivant les attentes des autres, attentes qu'il peut avoir lui-même contribué à créer par ses comportements. La tendance à se conformer aux attentes d'autrui a particulièrement été mise en évidence dans les recherches sur l'effet Pygmalion, dont il a été question dans le chapitre 2. Par ailleurs, Sullivan (1989) a montré que la motivation est associée au concept de soi et que, selon les pratiques de gestion, certaines facettes de l'image de soi sont accentuées. Par exemple, les pratiques de gestion fondées sur les théories des besoins, des attentes et de l'équité font apparaître le soi comme un agent qui détermine ses choix d'actions.

LA COMPRÉHENSION DE LA SITUATION DE TRAVAIL

Selon la théorie des attributions, le choix des conduites dépend, d'une part, de l'explication naïve que donne une personne des événements ou des dispositions des individus et, d'autre part, de ses croyances concernant les causes des comportements (internalité/externalité). C'est donc sa façon de comprendre la situation de travail et son sentiment de pouvoir influencer cette dernière qui déterminent le choix de ses comportements au travail. Ainsi, comme l'a démontré Deci (1975), une insatisfaction au travail peut tout aussi bien être source de stimulation que d'inhibition, et seule la perception de l'individu en montre le sens.

LES ATTENTES ET LES ANTICIPATIONS

La théorie des attentes présentée par Vroom (1964) et révisée par Porter et Lawler (1968) a montré que l'individu détermine d'abord son effort au travail selon trois critères : l'estimation qu'il fait des probabilités de succès, ses capacités et la difficulté de la tâche qu'il doit accomplir. De fait, le niveau d'effort est constamment réévalué en fonction de l'information que l'individu reçoit à propos de sa performance (Harrell et Stahl, 1986). L'effort investi est aussi fonction de la désirabilité des conséquences envisagées. Plus un résultat apparaîtra subjectivement valable à l'individu, plus ce dernier sera prêt à y engager des efforts.

DÉVELOPPER UNE COMMUNAUTÉ D'INTÉRÊTS

L'étude de la motivation nous conduit à prendre conscience de deux états de fait. Le premier, c'est que les comportements humains sont motivés par toutes sortes de besoins, de tendances, de désirs et d'intérêts dont la satisfaction préside à l'équilibre et à la santé des personnes. Il n'est pas utile de chercher à satisfaire tout le monde. Maslow (1976) l'explique bien : il n'est ni possible ni souhaitable d'être satisfait une fois pour toutes, le développement de la personnalité étant lui-même associé aux épreuves et aux frustrations. En fait, ce qu'il faut, c'est diriger les personnes de telle sorte qu'elles s'élèvent au niveau supérieur des besoins. De plus, contrairement à ce qu'on voudrait croire parfois, les comportements d'un individu sont toujours rationnels, c'est-à-dire qu'ils ont toujours une logique interne, définie par les rapports entre les comportements et les objectifs visés. Cette constatation a déjà été faite dans le chapitre précédent: l'être humain agit toujours du mieux qu'il peut, avec les moyens dont il dispose, dans le milieu où il se trouve, sans quoi il est en déséquilibre et la persistance de ce déséquilibre constitue une menace pour son intégrité. Il existe cependant des différences individuelles qui font varier les chances de réussite ou d'échec, mais cela est un autre problème.

Le second état de fait, c'est qu'on ne peut motiver quelqu'un. On peut, par contre, essayer de concilier les différentes logiques en mettant en commun les intérêts des personnes dans le but de développer une communauté d'intérêts (Sartre, 1985). C'est le problème fondamental de la psychologie du travail et des organisations que de faire le lien entre les intérêts individuels et organisationnels. La résolution de ce problème repose sur le paradoxe entre le désir de collaborer pour réaliser un projet commun et l'appréhension de conflits (inévitables) entre les personnes (Rigny, 1983). Développer une communauté d'intérêts pose tout un défi aux gestionnaires!

Comprendre la motivation au travail permet de trouver des solutions partielles au problème de conciliation des intérêts des acteurs. La connaissance qu'on a maintenant de la motivation et des facteurs qui l'influencent permet de mieux comprendre ce qui motive les employés et de mettre en place des conditions facilitantes.

La recension des résultats de recherche fait apparaître deux ensembles de facteurs qui déterminent la motivation: les caractéristiques personnelles (les besoins, les valeurs, les attitudes, les traits de personnalité, etc.) et les caractéristiques du milieu (les sept conditions d'un travail stimulant). On peut dire que les caractéristiques personnelles constituent des déterminants intrinsèques et les caractéristiques du milieu, des déterminants extrinsèques. On reconnaît là, à l'instar de Kurt Lewin, les deux facteurs qui déterminent le comportement. L'interaction de ces deux facteurs permet d'organiser et d'orienter les comportements d'une façon relativement stable; c'est ce qu'on peut appeler la motivation médiate, au sens où la personne a des patterns de comportements relativement constants, lesquels servent à satisfaire des intérêts relativement stables. En d'autres termes, l'analyse de la motivation individuelle suppose qu'on reconnaisse les capacités de la personne ou ses dispositions, car on sait que cela a un effet sur sa façon de réaliser les objectifs visés. De la même façon, l'existence de conditions stimulantes dans la situation de travail influence l'investissement que la personne va fournir pour atteindre les objectifs. L'analyse doit, en conséquence, porter sur les facteurs extrinsèques. À cet effet, elle met au jour un ensemble d'éléments ayant un effet moins immédiat mais plus permanent, plus constant, sur la motivation de la personne.

Par ailleurs, la motivation au travail est déterminée par la perception que la personne a d'elle-même, de son travail et du contexte de travail. Il s'ensuit que la motivation apparaît comme un phénomène immédiat, instable et changeant. Il faut dès lors reconnaître aussi la motivation immédiate comme étant un flux d'énergie continu, une énergie déterminée par les processus mentaux (image de soi, attribution et attentes). À cet égard, la personne est relativement perméable aux influences sociales et aux exigences immédiates auxquelles elle est soumise, ce qui l'amène à revoir constamment sa façon d'investir ses énergies dans le travail.

Pour véritablement comprendre ce qui pousse les personnes à se comporter comme elles le font dans les organisations, il faut savoir faire l'analyse de deux aspects de ce phénomène. Un premier aspect, plus structurel, a trait aux conditions dont il faut tenir compte pour comprendre la direction, la force et la persistance des comportements. Le second, plus dynamique, a trait aux mécanismes cognitifs grâce auxquels les comportements sont organisés.

Compte tenu de la complexité des interactions des déterminants et des processus décrits précédemment, il semble que, à l'heure actuelle, ce soient les théories du contrôle (ou de l'autorégulation) qui réussissent le mieux à décrire les tenants et les aboutissants de la motivation. Ce type de modèle peut être considéré comme métathéorique, puisqu'il cherche à intégrer différents niveaux d'analyse de la motivation. Explorons-en brièvement les diverses facettes à l'aide de la figure 3.3.

FIGURE 3.3   La motivation au travail
(selon une perspective d'autorégulation)

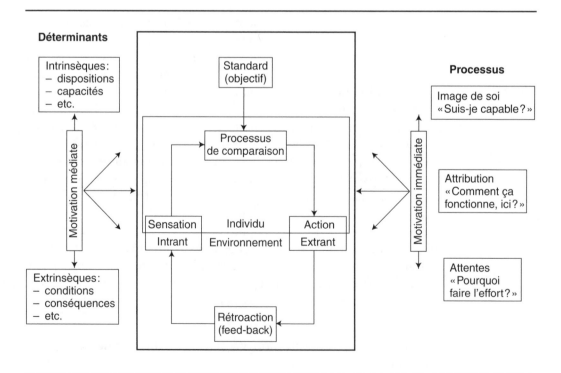

À l'instar de Klein (1989), on pourrait considérer que la motivation fonctionne comme un thermostat qui compare la température ambiante à un standard établi et active un système auxiliaire (de chauffage ou de refroidissement) jusqu'à ce qu'il puisse détecter que la température a atteint le standard désiré. La comparaison avec le thermostat est reprise dans ce modèle afin de faire comprendre que la motivation est bel et bien un processus d'autorégulation des comportements.

Dans ce modèle, on voit que la motivation est un processus qui est déclenché par la sensation[5] et dirigé par une intention[6] qui structure les comportements en fonction des objectifs poursuivis (qui deviennent alors des standards de comparaison). Les comportements motivés engendrent des résultats qui sont comparés constamment (plutôt de façon automatique, et donc inconsciente) par les mécanismes de feed-back, et ces mêmes comportements sont maintenus jusqu'au moment où l'état souhaité apparaît. En d'autres termes, l'investissement qu'une personne fera dans son travail dépendra donc, en premier lieu, du travail qu'elle doit faire et de sa capacité de le faire. Cependant, sa façon d'investir des efforts dans le travail sera déterminée par ses caractéristiques personnelles et les conditions du travail ainsi que par son champ perceptuel.

Évaluer la motivation au travail dans une situation organisationnelle en s'inspirant des connaissances actuelles est une tâche complexe. Pour un gestionnaire, cela signifie d'abord une bonne connaissance des tâches et responsabilités liées aux postes qu'il est chargé de superviser et des indices disponibles quant à la progression des activités vers les résultats escomptés. Outre qu'il doit bien connaître le travail, le gestionnaire doit bien connaître les employés, leurs forces, leurs faiblesses, leurs attentes. Il doit aussi savoir ce qui les préoccupe au travail, ce qu'ils retirent de ce dernier et la valeur qu'ils y accordent. En outre, il doit bien comprendre la situation de travail dans laquelle évoluent les employés, le niveau de stimulation et d'autonomie qu'elle permet et la qualité de vie qu'elle procure. Enfin, au-delà de la connaissance des personnes et des situations de travail, le gestionnaire doit être en mesure de bien saisir la dynamique d'ajustement de ses employés à leur milieu de travail. Il doit chercher à comprendre comment s'exerce l'influence sociale au sein de son unité, quelle signification ses employés accordent aux événements qui surviennent et comment ils en dégagent des indices susceptibles de renforcer le sentiment de leur valeur personnelle et leurs chances de succès au travail. À cet égard, le gestionnaire doit être particulièrement conscient de l'influence importante qu'il exerce lui-même sur l'interprétation immédiate que font les employés de leur travail.

Dans ce chapitre, plusieurs propositions peuvent être retenues à titre d'outils conceptuels pour permettre aux gestionnaires de mobiliser les énergies de leur effectif

---

5. La sensation est le résultat de la stimulation des récepteurs sensoriels, et donc de stimuli internes (les besoins et les tendances) et externes (les données sur le milieu ambiant), qui donnent lieu à des représentations et à des opérations mentales; revoir à ce sujet le chapitre 2 sur la perception.

6. L'intention renvoie à la finalité de l'action, aux objectifs et aux intérêts de la personne; revoir à ce sujet le chapitre 2 sur la perception.

vers des objectifs qui contribuent à la performance de leur service. Ces outils servent également à valoriser les ressources des employés, tout en leur donnant des occasions de se développer comme êtres humains.

Afin d'influencer le niveau de mobilisation des employés, quatre leviers ont été définis par Rondeau et Lemelin (1990) dans leurs recherches sur les pratiques de gestion mises en place dans les organisations: l'information, l'intéressement, l'appropriation et l'identification. C'est à partir de ces leviers de mobilisation que les propositions sont énoncées.

L'INFORMATION

Lemelin et Rondeau (1990) ont montré que le levier le plus important pour mobiliser les ressources humaines est l'information. Ils ont établi que toute personne prend à cœur son travail et l'organisation qui l'emploie lorsque, tout d'abord, elle comprend bien ce qu'on attend d'elle et qu'elle se sent traitée avec respect et considération. Tout gestionnaire désireux de mobiliser son personnel doit savoir clarifier ses attentes, particulièrement à travers les objectifs qu'il fixe à ses employés, comme l'ont déjà montré Locke et Latham (1990). Ainsi, pour favoriser une meilleure performance, il semble qu'il soit judicieux de fixer aux employés des objectifs qui tiennent compte de leurs talents, qui correspondent à leurs valeurs et qui leur donnent des occasions de faire la preuve de leurs compétences. Pour qu'ils soient «mobilisateurs», les objectifs spécifiques et difficiles doivent être assignés et avoir le soutien et la considération du supérieur. Il s'avère nécessaire que l'employé perçoive un soutien de son supérieur dans l'exercice de ses rôles et qu'il reçoive constamment une appréciation de ses progrès.

L'INTÉRESSEMENT

Rondeau et Lemelin (1990) ont établi que la mobilisation a aussi un caractère instrumental: tout employé est disposé à investir des efforts dans son travail dans la mesure où il peut en retirer des avantages. Il est certain que, pour l'employé, la contribution à une œuvre collective n'est pas sans intérêt. Outre qu'il y trouve la possibilité de s'affirmer comme être singulier et d'affermir son sentiment de valeur personnelle, l'individu doit pouvoir y trouver des récompenses satisfaisantes et équitables.

L'APPROPRIATION

Dans les recherches de Rondeau et Lemelin (1990), l'appropriation est apparue comme un levier de mobilisation très puissant. Plusieurs recherches présentées dans ce chapitre indiquent que la motivation au travail est associée au fait de faire un travail qui a du sens, de se sentir utile en le faisant, d'être responsable des résultats obtenus, d'exercer du pouvoir dans son exécution et d'avoir une marge de manœuvre suffisante pour en faire reculer les limites. La valorisation de l'employé dépend également de la possibilité de travailler dans un environnement qui encourage l'expression de sa créativité et le développement de ses talents. En d'autres termes, l'environnement doit contribuer au développement du sentiment d'efficacité personnelle, lequel est apparenté au besoin de montrer aux autres (et à soi-même) qu'on existe.

L'IDENTIFICATION

Enfin, la mobilisation a été associée au lien d'identification que les gestionnaires et le personnel de l'entreprise parviennent à créer. C'est par le développement du sentiment d'appartenance et l'adhésion à un système de valeurs communes que l'employé en vient à s'investir dans son travail. Pour assurer la persistance de l'effort, il semble important de confier à l'individu des tâches qui ont du sens pour lui, qui sont compatibles avec l'image qu'il se fait de lui-même, avec son histoire personnelle et avec sa contribution potentielle aux groupes auxquels il appartient. En outre, ces activités devraient s'inscrire dans un projet commun dont l'individu accepte les objectifs, parce qu'il peut y reconnaître les valeurs auxquelles il adhère. Cela implique qu'il connaisse les objectifs du service, qu'il comprenne les valeurs, les enjeux et les difficultés qui y sont associés, et qu'il puisse facilement reconnaître et utiliser les ressources nécessaires à l'atteinte des objectifs fixés.

Ces quatre leviers indiquent bien que le travail est mobilisateur si l'individu y trouve des moyens de découvrir et de développer ses talents, et s'il peut renforcer son sentiment de valeur personnelle. En effet, il faut se rendre compte de l'importance des fonctions expressives du travail par rapport aux attitudes, aux conduites et à la santé mentale de l'individu. Si le corps a besoin de nourriture pour vivre en santé, l'esprit humain a aussi besoin de sa nourriture. L'être humain a besoin d'exprimer sa créativité et de se transcender pour s'actualiser. La surévaluation du caractère utilitaire du travail est l'une des conséquences de la surévaluation de la réussite économique et de la consommation qu'elle entraîne. Il est temps d'accorder de l'importance à la conscience, à la créativité et à l'imagination des employés. Le travail ne doit pas être considéré simplement comme un facteur de production, mais comme un moyen de développement de l'individu et de la société.

Encore une fois, l'être humain a besoin, pour son hygiène mentale, de trouver un sens à ses actions et à ses relations, à sa vie; il a besoin de s'engager pour une cause qu'il valorise. Cette quête de sens suppose chez l'être humain un besoin de transcendance, le besoin de se dépasser non pas dans le sens de l'actualisation de soi, mais dans le sens de l'engagement pour une cause qui oblige à se décentrer, à se détacher de ses intérêts personnels pour concentrer ses efforts sur un mode d'existence en harmonie avec son prochain. Selon Frankl (1993), la vie ne cesse jamais d'avoir un sens, car l'individu est constamment sollicité par quelque chose à accomplir, soit en donnant quelque chose au monde en matière de production ou de création, soit en apprenant des valeurs lors de ses rencontres ou de ses expériences, soit en adoptant une attitude sereine en face d'un destin qu'il ne peut changer. Il est surprenant que de telles idées ne soient pas plus répandues dans les milieux organisationnels, considérant que l'un des plus illustres pionniers du management moderne, Chester I. Barnard, les avait déjà évoquées à l'occasion d'une conférence (inédite) prononcée au *Newark Exchange Club*, le 14 juin 1932 :

> Depuis quelque temps, nous nous sommes laissé endoctriner par la croyance que les choses importantes sont d'avoir de l'argent, d'impressionner ses voisins par ses possessions, d'acquérir un pouvoir superficiel, d'assurer sa notoriété, de placer le plaisir au-dessus du caractère, de faire de soi le centre de l'univers. Il me semble grand temps d'enseigner la vérité et de prêcher la foi. L'homme ne peut pas vivre seulement pour la prospérité. La sueur et le cerveau ne sont que des outils d'un processus qui doit être guidé vers un but qui est au-delà de soi, non à l'intérieur de soi. La coopération qui est essentielle à notre survie doit provenir de l'esprit ; elle ne peut pas venir de l'égoïsme brut qui mesure le succès au pouvoir de détruire ; qui prend la ruse pour de l'intelligence ; qui confond la spéculation téméraire avec le courage ; qui appelle leadership ce qui mène seulement à l'égarement ; qui prend les manières de la culture et de l'habit pour du caractère (cité dans Wolf, 1982, p. 48).

Les pratiques thérapeutiques existentielles nous apprennent que l'engagement est un puissant antidote au non-sens. C'est par l'engagement libre et sincère dans la vie que l'individu peut trouver le sens de sa vie. D'après Yalom (1980), tous les individus portent en eux la disposition à s'engager. Barnard (1982) suggérait aux gestionnaires de satisfaire les idéaux personnels pour favoriser l'engagement des individus :

> La dévotion aux idéaux comme incitation à la coopération fait partie des plus puissantes et des plus négligées. Par dévotion à un idéal, j'entends la capacité des organisations de satisfaire aux idéaux personnels généralement reliés au non-matériel, au futur ou aux relations altruistes. Cela inclut la fierté du métier, le sentiment d'adéquation, le service altruiste pour la famille ou autrui, la loyauté à l'organisation par le patriotisme, etc., le sentiment esthétique et religieux. Cela inclut également les occasions de satisfaire des motivations de haine et de revanche, qui sont souvent le facteur contrôlant de l'adhérence et de l'intensité de l'effort dans quelques organisations (p. 146).

Texte classique

LES PLAINTES ET LEUR NIVEAU[1]

Le tout découle d'un principe général qu'on pourrait énoncer comme suit : les motivations des gens peuvent se situer à différents niveaux de la hiérarchie. En d'autres termes, un individu peut avoir une existence d'ordre inférieur ou supérieur, c'est-à-dire avoir peine à survivre ou évoluer au sein d'une société eupsychienne où la fortune lui sourit et où tous ses besoins fondamentaux sont satisfaits, de sorte qu'il peut atteindre un niveau supérieur et s'intéresser à des choses comme la poésie ou les mathématiques.

Il existe diverses façons d'évaluer le niveau de motivation d'un individu. On peut en juger, entre autres, d'après le genre d'humour qui le fait rire. En effet, un individu dont les besoins sont d'ordre inférieur aura tendance à apprécier un humour hostile et cruel, riant par exemple d'une vieille dame qui se fait mordre par un chien ou d'un jeune simple d'esprit qui est tourmenté par d'autres enfants. Le genre d'humour qu'on associe à Abraham Lincoln, celui qui présente un caractère philosophique et éducatif, fait sourire plutôt que rire, et n'est guère lié à l'hostilité ou la domination. Il ne peut être compris par les personnes qui se trouvent aux échelons inférieurs de la hiérarchie des besoins.

Les tests projectifs font également ressortir la manière dont le niveau des motivations d'un individu se manifeste, c'est-à-dire par toutes sortes de symptômes et de gestes expressifs. On peut ainsi utiliser le test de Rorschach pour déterminer ce qu'un sujet recherche activement, soit l'objet de ses besoins et de ses désirs profonds. Tous les besoins fondamentaux pleinement satisfaits tendent à être oubliés et à s'effacer de la conscience d'un individu. Ils cessent en quelque sorte d'exister, tout au moins de manière consciente. Par conséquent, un individu a tendance à rechercher et à désirer ce qui se trouve au niveau immédiatement supérieur à celui qu'il a atteint dans la hiérarchie des besoins. S'il accorde son attention à ce besoin plus qu'à un autre, c'est que tous ceux d'ordre inférieur sont déjà satisfaits chez lui et que ceux d'un niveau plus élevé ne figurent pas encore pour lui dans le domaine des possibilités, de sorte qu'il n'y songe même pas. Or, on peut évaluer le niveau de ces motivations grâce au test de Rorschach, de même que par l'analyse des rêves d'un individu.

Poursuivant dans cette voie, j'en suis venu à penser que le niveau des plaintes, c'est-à-dire celui des besoins et des désirs profonds d'un individu, peut indiquer où se situent ses motivations, et qu'on pourrait y recourir en milieu de travail pour évaluer la santé d'une organisation dans son ensemble, en particulier si on dispose d'un échantillon suffisamment important.

Imaginons par exemple des travailleurs qui œuvrent dans un milieu autoritaire où la compétition est vive et où la peur, la misère et même la famine représentent des possibilités réelles. Considérons ensuite les emplois offerts, la manière dont les patrons se comportent, le degré de soumission des subalternes traités avec cruauté, etc. Ces travailleurs ne peuvent sans doute satisfaire leurs besoins élémentaires, qui se situent au bas de la hiérarchie. S'ils formulent des plaintes, celles-ci auront trait au froid, à l'humidité, aux dangers, à la fatigue, aux mauvaises conditions d'habitation et à tout autre élément lié aux besoins physiologiques élémentaires.

Au sein d'une organisation moderne, de telles plaintes ne pourraient que dénoter une très mauvaise gestion et un niveau de vie extrêmement bas. Même dans les organisations où les conditions de travail sont moyennes, les plaintes liées aux besoins de base sont rares. Du côté positif, ces plaintes, qui traduisent le désir d'obtenir quelque chose de plus que ce qui est actuellement offert, se situent approximativement au même niveau. En d'autres termes, il se peut

1.   Tiré de Maslow, A.H., *The Farther Reaches of Human Nature*, New York, The Viking Press, 1971, p. 239-248.

qu'un travailleur du Mexique se plaigne d'une manière positive de choses liées à son besoin de sécurité, comme le risque d'un congédiement arbitraire ou l'impossibilité de planifier son budget familial, parce qu'il ignore combien de temps il conservera son emploi. Ce même individu pourrait protester contre l'absence de toute sécurité d'emploi, les décisions arbitraires du contremaître, les affronts qu'il doit accepter pour garder son emploi, etc. Selon moi, on pourrait qualifier de plaintes de niveau ou d'ordre inférieur celles qui ont trait aux besoins physiologiques, aux besoins de sécurité et peut-être même aux besoins d'affiliation et d'appartenance au groupe.

Les besoins d'ordre supérieur touchent, quant à eux, principalement à l'estime des autres et de soi, c'est-à-dire à la dignité, à l'autonomie, au respect de soi et d'autrui, au sentiment d'avoir de l'importance, à l'obtention d'éloges et de récompenses, à la reconnaissance de réalisations, etc. Les plaintes s'y rattachant auront probablement trait à quelque chose qui fait perdre une certaine dignité, ou menace l'estime de soi ou le prestige d'un individu. Je reconnais un autre type de plaintes, celles du métaniveau, qui touchent les métamotivations liées à l'actualisation de soi ou valeurs B. Ces métabesoins de perfection, de justice, de beauté, de vérité et autres se manifestent eux aussi en milieu de travail, où un individu peut très bien se plaindre d'un manque d'efficacité (même lorsqu'il ne lui coûte rien). En pareil cas, la personne concernée attire en fait l'attention sur le caractère imparfait de son milieu (sans égoïsme, par ce qu'on pourrait presque appeler la plainte impersonnelle et altruiste d'un philosophe). Il se peut aussi qu'elle proteste contre le fait qu'on lui cache une partie de la vérité, ou contre toute entrave à la communication.

Cette recherche de la vérité, de l'honnêteté et de tous les faits traduit un métabesoin plutôt qu'un besoin élémentaire. Les gens qui ont le loisir d'exprimer leur frustration à cet égard ont donc atteint un niveau très élevé de la hiérarchie des besoins. Dans une société marquée par le cynisme et dirigée par des voleurs, des tyrans ou d'autres individus de la même espèce, on n'entendrait aucune plainte du métaniveau, car les doléances toucheraient des besoins d'ordre inférieur. Les plaintes ayant trait à un manque de justice résultent elles aussi d'un métabesoin, et elles abondent dans les protocoles établis par les employés au sein d'une organisation bien gérée. Ces derniers ont tendance à s'élever contre l'injustice, même lorsqu'ils en tirent un avantage financier. Les mauvaises actions récompensées au détriment des bonnes, soit un manque de justice, font aussi l'objet de plaintes du métaniveau.

Tout ce qui précède donne fortement à penser que l'être humain ne cessera jamais de se plaindre. Le jardin d'Éden, le paradis terrestre, n'existe pas ; on ne peut goûter le bonheur parfait que pendant de brefs moments. On pourrait croire que tout individu devrait se contenter des satisfactions que lui procure l'existence, quelles qu'elles soient. Pareille attitude nierait cependant les aspirations les plus profondes de l'être humain, puisqu'elle sous-entend qu'un individu ne peut améliorer son sort, ce qui est évidemment ridicule. Un million d'années ne suffiraient pas pour atteindre la perfection. L'être humain saura toujours faire sien le bonheur qui se présente à lui. Il en tirera quelque temps un plaisir absolu, puis il l'oubliera dès qu'il y sera habitué ; il se mettra alors en quête de bienfaits encore plus grands, mû par la conviction que son existence pourrait être encore plus satisfaisante. Ceci m'apparaît comme un processus qui se poursuivra sans fin.

J'insiste sur ce point parce que je remarque, dans les écrits consacrés à la gestion des organisations, que beaucoup de gens sont désenchantés de la philosophie des dirigeants éclairés, et que certains cadres l'ont abandonnée pour reprendre une approche autoritaire parce qu'ils sont déçus du manque de gratitude de leurs employés ainsi que des plaintes que ces derniers formulent toujours malgré l'amélioration de leurs conditions de travail. Toutefois, selon la théorie de la motivation, on ne doit jamais s'attendre à ce que les plaintes cessent, mais simplement à ce qu'elles touchent des besoins d'ordre toujours plus élevé, c'est-à-dire à ce qu'elles passent du niveau inférieur au niveau supérieur, pour ensuite atteindre le métaniveau. Cette affirmation est conforme au principe que j'ai énoncé, suivant lequel la motivation est toujours présente chez l'être humain, évoluant tout au plus d'un niveau à un autre à mesure que sa situation s'améliore. Elle correspond également à ce que je considère comme les différents niveaux de frustration. J'ai, en effet, rejeté l'idée que la frustration est toujours une chose négative. Selon moi, il existe une hiérarchie des frustrations et le fait que celles-ci passent du niveau inférieur au niveau supérieur dénote la félicité, le bonheur, de bonnes conditions sociales, une grande maturité personnelle, etc. Mettre sur pied un comité pour protester contre le peu de soins accordés aux rosiers dans les parcs de la ville représente en elle-même une chose merveilleuse, une indication du niveau de vie élevé des personnes en cause. En effet, les gens ne se plaindront d'une telle situation que s'ils mangent à leur faim, ont un endroit où se loger, ne souffrent pas du froid, ne craignent pas la peste bubonique, se sentent à l'abri d'un assassinat, jouissent de la protection d'un service de police et d'un service des incendies adéquats, sont bien gouvernés, bénéficient d'un bon système éducationnel, sont satisfaits de la politique municipale et bien d'autres choses encore. *Là où je veux en venir, c'est qu'on ne peut envisager une plainte d'ordre supérieur de la même manière que les autres; il faut y voir une indication de toutes les conditions qui doivent avoir été satisfaites préalablement pour la rendre théoriquement possible.*

S'il comprend tout ce qui précède, un dirigeant d'entreprise éclairé et intelligent s'attendra à ce qu'une amélioration des conditions de travail fasse passer les plaintes et la frustration de ses employés à un niveau plus élevé, *plutôt que de les faire disparaître complètement.* Il n'y a guère de risques qu'il soit déçu ou irrité si les employés continuent à se plaindre malgré le temps, l'argent et les efforts consacrés à l'amélioration de leurs conditions de travail. On doit apprendre à se poser la bonne question, à savoir si les plaintes formulées traduisent des motivations d'un niveau plus élevé. Il s'agit là de la seule indication véritable qu'il y a eu progrès et, bien sûr, de la seule à laquelle on puisse s'attendre. Plus encore, je suppose qu'on doit apprendre à se réjouir de cette évolution des plaintes, non uniquement à s'en contenter.

Certains problèmes particuliers se manifestent. L'un d'entre eux se rattache à ce qu'on peut qualifier de justice ou d'injustice. Il y aura assurément une profusion de plaintes insignifiantes attribuables au fait qu'un individu compare sa situation à celle des autres et proteste lorsque quelqu'un bénéficie d'un meilleur éclairage, d'une chaise plus confortable, d'un salaire plus élevé ou d'un autre avantage. Les plaintes de ce genre peuvent devenir très mesquines, les gens en arrivant par exemple à comparer les dimensions de leur bureau ou le nombre de fleurs qui le décorent. Très souvent, il faudra porter un jugement *ad hoc* sur ces doléances pour déterminer si elles se rattachent à la justice et au niveau des métabesoins, ou si elles traduisent tout simplement une hiérarchie de dominance à l'intérieur de laquelle les individus jouent du coude pour gravir les échelons et accroître leur prestige. Le contexte pourrait aussi révéler clairement que ces plaintes sont liées au besoin de sécurité, comme le met en lumière l'ouvrage de Dalton[2] où l'on trouve plusieurs exemples de ce genre. Dalton mentionne, entre autres, avoir observé que, si la secrétaire du patron se montre amicale envers un employé mais en néglige un autre, ce dernier est sur le point d'être congédié. Bref, c'est par conjecture qu'il faut juger le niveau des motivations dans un cas particulier.

Une autre difficulté, peut-être plus grande encore, réside dans l'analyse de la signification de l'argent du point de vue de la motivation. L'argent peut, en effet, se rattacher à presque tout élément de la hiérarchie des motivations, qu'il s'agisse de valeurs d'ordre inférieur, moyen ou supérieur, ou de métavaleurs. Il m'est arrivé, dans certains cas, d'être tout simplement incapable de déterminer le niveau des besoins en cause. J'ai alors laissé ces exemples de côté sans essayer de les classer par rapport à la hiérarchie des motivations, jugeant qu'il était impossible d'y parvenir.

Il se présentera sûrement d'autres cas difficiles à classer. L'attitude la plus prudente consiste probablement à ne pas tenter d'évaluer ces exemples et à les laisser de côté. Dans le cadre d'une étude personnelle d'envergure, on pourrait interroger de nouveau les sujets en cause pour découvrir ce que signifie pour eux, sur le plan des motivations, telle ou telle plainte à caractère monétaire, par exemple. Cependant, dans le cas qui nous occupe, cela n'est ni faisable ni nécessaire. Il en va tout particulièrement ainsi lorsqu'on utilise les mêmes critères pour évaluer deux organisations choisies pour fin d'analyse, c'est-à-dire une usine bien gérée et une autre mal gérée.

---

2.   Dalton, M., *Men Who Manage*, New York, John Wiley, 1959.

La signification de conditions de travail vraiment exécrables. Ne perdons pas de vue ce à quoi ressemblent les pires conditions de travail possibles. Les écrits consacrés à la gestion n'offrent aucun exemple de conditions de travail vraiment déplorables, comme celles auxquelles sont habitués les travailleurs occasionnels ou non professionnels, conditions qui se traduisent presque par une situation de guerre civile. Peut-être pourrait-on adopter comme exemple extrême celui d'un camp de prisonniers de guerre, d'une prison ou d'un camp de concentration. Ici, au pays, on pourrait envisager le cas d'une très petite entreprise qui évolue dans un secteur où la concurrence est féroce et où chaque dollar compte. Le propriétaire d'une telle entreprise ne peut survivre qu'en saignant ses employés à blanc jusqu'à ce que ces derniers démissionnent par désespoir. Il tente de gagner sa vie en conservant ses employés le plus longtemps possible et en tirant d'eux le maximum avant qu'ils ne démissionnent. On se trompe si on croit que les conditions de travail qui prévalent au sein d'une organisation relativement bien gérée sont mauvaises. Rappelons-nous que 99 % des gens renonceraient à plusieurs années de leur vie pour décrocher un emploi dans la grande entreprise la plus mal gérée au pays. Il faut donc établir une plus grande échelle de comparaison. Je crois qu'il serait sans doute bon, dans le cadre d'une étude comme celle qui nous intéresse, de recueillir des exemples de conditions de travail vraiment déplorables dont on a fait l'expérience.

Une autre complication. Un phénomène qu'on commence à remarquer et qui m'a étonné lorsque je l'ai observé pour la première fois est que de bonnes conditions de travail, tout en contribuant à la croissance de la plupart des gens, exercent un effet négatif et même catastrophique sur une petite portion de la population. Un individu autoritaire à qui l'on accorde liberté et confiance, par exemple, réagira par un comportement déplorable. De même, la liberté, la tolérance et les responsabilités engendrent une angoisse et une peur écrasantes chez les personnes véritablement passives et dépendantes. J'en sais relativement peu sur ce phénomène, car j'en ai pris conscience il y a quelques années seulement, mais il est bon de le garder à l'esprit. Il faudrait en observer systématiquement d'autres manifestations avant

d'essayer d'énoncer une théorie s'y rapportant ou d'effectuer certaines expériences en la matière. On pourrait dire que bon nombre d'individus qui se situent à l'extrême psychopathologique sont aisément attirés par le vol, mais qu'ils ne commettent jamais ce délit parce qu'ils travaillent dans un milieu où on les surveille sans cesse, de sorte qu'ils prennent rarement conscience de cette tentation. Imaginons, par exemple, qu'une banque renonce soudainement à toute mesure de surveillance, congédie ses gardiens et fasse pleinement confiance à ses employés. On peut s'attendre à ce que l'un de ceux-ci (un sur dix ou sur vingt, j'ignore quelle serait la proportion exacte) soit alors consciemment tenté, pour la première fois, de voler. Certains des employés pourraient bien céder à la tentation s'ils croyaient pouvoir le faire sans qu'on ne le découvre.

La chose à retenir est que de bonnes conditions de travail ne sont pas un gage de croissance et d'actualisation pour tous les êtres humains. Certains types de névroses engendrent en effet une réaction différente. De même, le caractère ou le tempérament de certains individus rend pareil résultat beaucoup plus improbable. Enfin, il se pourrait que de « bonnes conditions », c'est-à-dire une situation où un individu jouit de la confiance des autres, qui s'en remettent totalement à sa bonne foi, fassent ressortir les tendances malhonnêtes, sadiques et autres, dont peu d'êtres humains sont dépourvus. Je songe ici à la manière dont on faisait appel aux ententes de bonne foi lorsque j'étais étudiant à la Cornell University, en 1926 et 1927. Chose tout à fait étonnante, environ 95 % (ou plus) des étudiants, selon mon évaluation, étaient très heureux et flattés qu'on leur fasse ainsi confiance, et se comportaient de manière honorable. Il y avait cependant toujours 1, 2 ou 3 % des étudiants qui trahissaient ce genre d'ententes et qui en profitaient, entre autres, pour plagier, mentir ou tricher aux examens. De nos jours encore, on ne peut en général s'en remettre à une entente de bonne foi lorsque la tentation est trop forte ou les enjeux, trop importants.

En théorie, toutes les idées et les techniques que nous venons d'examiner pourraient s'appliquer à de nombreuses autres situations sociopsychologiques. Dans le cas d'une université, par exemple, on pourrait évaluer le degré d'édification de l'ensemble des intervenants en examinant la nature et le niveau des plaintes formulées par les professeurs, les administrateurs et les étudiants. En pareille situation, il peut exister tout un ensemble hiérarchisé de doléances ou de gratifications recherchées. La même chose s'applique dans le cas d'un mariage. On pourrait même juger de la solidité ou de la santé d'une telle union en déterminant le niveau des plaintes et doléances des époux. La femme qui reproche à son mari d'avoir oublié de lui offrir des fleurs pour une occasion spéciale ou de mettre une trop grande quantité de sucre dans son café se situe bien évidemment à un niveau différent de celui où se trouve une femme qui se plaint que son époux lui a fracturé le nez, qu'il lui fait peur ou autre chose du genre. On pourrait en général dire la même chose des plaintes que formulent les enfants au sujet de leurs parents, de leur école ou de leurs enseignants.

Selon moi, il est possible de généraliser en disant qu'on peut, en théorie, évaluer la santé ou le degré de développement de toute organisation interpersonnelle en utilisant les techniques qui servent à établir le niveau des plaintes et doléances. Il faut ici retenir que, peu importe leurs qualités, le mariage, l'université, l'école ou les parents feront toujours l'objet de plaintes et de doléances parce qu'on juge possible une amélioration. On doit aussi reconnaître qu'il faut répartir ces plaintes selon qu'elles présentent un caractère positif ou négatif. Tout individu réagira en effet d'une manière prompte et véhémente si l'une de ses gratifications les plus élémentaires disparaît ou est remise en cause, et ce même s'il n'a pas conscience de cet élément de satisfaction ou le tient pour acquis lorsqu'il peut facilement l'obtenir. En d'autres termes, lorsqu'on demande à un individu ce qu'il apprécie de son bureau, il ne songe jamais à répondre qu'il peut y garder les pieds au sec, qu'il y est à l'abri de la vermine et ainsi de suite. Il tient en effet toutes ces choses pour acquises et ne les compte pas comme des avantages. Par contre, si elles venaient à disparaître, cet individu protesterait avec force. Autrement dit, on ne montre ni appréciation ni gratitude pour ce genre de satisfactions, dont la disparition entraîne toutefois des plaintes véhémentes. D'un autre côté, il existe des plaintes ou doléances à caractère positif, c'est-à-dire des suggestions visant une amélioration. Celles-ci se rapportent

en général à ce qui vient ensuite, à ce qu'on recherche désormais et à ce qui occupe le niveau suivant de la hiérarchie des motivations.

J'imagine que, en principe, on pourrait aisément pousser plus loin l'étude des plaintes en recherchant tout d'abord des exemples réels de patrons et de conditions de travail exécrables à l'extrême. Un homme de ma connaissance, par exemple, travaille dans le secteur du rembourrage et déteste son patron ; cependant il ne peut démissionner, faute de pouvoir trouver un meilleur emploi. Or, il est exaspéré par le fait que son patron le siffle au lieu de l'appeler par son nom, une insulte répétée et délibérée qui le met de plus en plus hors de lui. Un autre exemple, dont j'ai moi-même été témoin, remonte à l'époque où je travaillais dans les restaurants et les salles à manger d'hôtels pendant mes années à l'université. Cette année-là (soit en 1925 environ), ayant accepté un emploi de serveur pour l'été dans un hôtel éloigné, je me suis rendu sur place à mes frais pour découvrir qu'on me réservait en fait un poste d'aide-serveur beaucoup moins rémunéré. On s'était joué de moi, mais je n'avais pas assez d'argent pour repartir et il était trop tard pour me trouver un autre emploi estival. Le patron m'avait promis que je ne tarderais pas à avoir un poste de serveur et je l'avais cru sur parole. En tant qu'aide-serveur, je gagnais environ dix ou vingt dollars par mois et je n'obtenais aucun pourboire. Je devais travailler sans aucun congé, sept jours par semaine et quatorze heures par jour. Le patron nous avait, en outre, confié la tâche de préparer toutes les salades parce que la personne qui devait s'en charger n'était pas encore arrivée. Au bout de quelques jours, nous avons voulu savoir pourquoi cette personne tardait encore, et le patron nous a répondu qu'elle arriverait le lendemain. Les choses continuèrent ainsi pendant deux semaines. Il n'y avait alors plus aucun doute que le patron cherchait simplement à nous rouler pour économiser quelques dollars.

Arriva le congé du 4 juillet. L'hôtel accueillait alors trois ou quatre cents clients, et le patron nous demanda de travailler la plus grande partie de la nuit pour préparer certains desserts très élaborés. Nous étant tous réunis, nous acceptâmes de le faire sans récriminer ; mais le 4 juillet, sitôt après avoir servi le premier plat du souper, nous démissionnâmes en bloc. Il s'agissait évidemment là d'un important sacrifice financier pour les employés, car les bons emplois d'été étaient déjà tous occupés et il était peut-être même trop tard pour trouver un quelconque autre travail. Néanmoins, notre ressentiment et notre désir de vengeance étaient tels que ce geste me procure encore de la satisfaction après toutes ces années. Vous comprenez maintenant ce que j'entends par des conditions de travail vraiment exécrables et par une situation de guerre civile.

Pour en revenir à notre propos, on pourrait recueillir des exemples de ce genre dans le but d'élaborer une liste qui permettrait de faire prendre conscience aux employés d'une organisation bien gérée des avantages dont ils bénéficient (et qu'ils ne remar-

quent le plus souvent pas, les tenant pour acquis). En d'autres termes, au lieu de s'informer de leurs doléances, on y gagnerait peut-être à établir une liste de conditions de travail vraiment déplorables, pour ensuite leur demander si ces dernières s'appliquent dans leur cas. Cette liste pourrait faire mention de la présence d'insectes, d'une température trop basse ou trop élevée, d'un environnement de travail trop bruyant ou trop dangereux, d'éclaboussures de produits chimiques corrosifs, d'un risque de blessures, de l'utilisation de machines dangereuses sans mesures de précaution, et ainsi de suite. Tout individu, à la lecture d'une liste comportant deux cents éléments de ce genre, prendrait conscience que l'absence de ces conditions représente en soi un bienfait.

Questions

par Corinne Prost

La lecture du cas Roxanne Ducharme, présenté à la fin du livre (p. 471), permettra au lecteur de répondre aux questions suivantes.

1. Faites l'analyse des motivations de Roxanne lorsqu'elle accepte de diriger le Festival international des courts métrages. En quoi ces motivations orientent-elles ses attitudes et ses comportements au travail?

2. Quels sont les intérêts, les attitudes et les besoins qui incitent Roxanne à s'investir autant dans son travail? Clarifiez les rapports entre son investissement dans le travail, l'image qu'elle se fait d'elle-même, la compréhension qu'elle a de la situation de l'organisme et ses attentes concernant les événements futurs.

3. La recension sur les théories de la motivation a fait ressortir les caractéristiques d'une personne motivée au travail. Compte tenu de ces caractéristiques, peut-on dire que Roxanne est une personne motivée? Défendez votre réponse en vous servant des données présentées dans le cas. Étant donné son niveau de motivation au travail, comment expliquer la démission qu'elle remet au conseil d'administration du Festival?

4. Étant donné la personnalité de Roxanne, ses attentes concernant le travail et ses motivations centrales, quel est le genre de travail qui lui conviendrait le mieux? De quel type de supervision aurait-elle besoin pour donner le meilleur d'elle-même à un travail et pour actualiser son potentiel de croissance?

5. La problématique de la motivation au travail renvoie à des questions existentielles sur la responsabilité et le sens d'une vie utile. Quelles sont les implications de ces questions dans la conception et l'organisation du travail au sein des organisations contemporaines?

Lectures complémentaires

par Corinne Prost

ADELFER, C.P. (1972). *Existence, Relatedness and Growth: Human Needs in Organizational Settings*, New York, The Free Press.

Dans ce livre, l'auteur s'intéresse aux besoins humains et plus particulièrement à la forme des désirs et des satisfactions que les gens ressentent dans la vie organisationnelle. Le thème central de cet ouvrage repose sur deux questions fondamentales: «Comment les satisfactions d'une personne sont-elles reliées à ses désirs?» et «Comment les désirs d'une personne se rattachent-ils à sa tendance à rechercher de la satisfaction?» En tentant de répondre à ces questions, l'auteur développe des concepts théoriques et des mécanismes explicatifs qui découlent de sa théorie sur l'existence, la relation et la croissance. À ce titre, la théorie d'Adelfer s'est fortement inspirée de la théorie de la motivation de Maslow.

BÜHLER, C., et MASSARIK, F. (sous la dir. de) (1968). *The Course of Human Life: A Study of Goals in the Humanistic Perspective*, New York, Springer.

Dans cet ouvrage, les auteurs parlent du chemin de la vie humaine comme un tout composé d'événements et de processus dans l'expérience individuelle, de la naissance à la mort. Ainsi, l'accent est mis sur l'interaction des déterminants principaux entre eux dans la détermination des buts de la vie. Dans les deux premières parties de ce livre, les auteurs traitent de la structure de la vie humaine ainsi que des rudiments de la génétique qui forment un ensemble, un cadre à l'intérieur duquel d'autres facteurs apparaissent. La troisième partie s'intéresse à la dynamique émotionnelle, très précoce chez l'être humain, qui oriente ce dernier vers des buts et une manière bien précise de les atteindre dans les stades ultérieurs de sa vie. La quatrième partie traite des répercussions des facteurs socioculturels lors du passage de l'adolescence à l'âge adulte. Enfin, dans la dernière partie de ce livre, les auteurs parlent de l'importance, pour un système intégré, de donner un sens à l'expérience humaine: ils parlent donc de l'intégration de soi, du rôle du temps, etc.).

CSIKSZENTMIHALYI, M. (1990). *Flow: The Psychology of Optimal Experience*, New York, Harper & Row.

Ce livre retrace les nombreuses recherches entreprises sur les aspects positifs de l'expérience humaine comme la joie, la créativité, l'engagement. Il présente des principes généraux et des exemples concrets de personnes qui ont transformé l'ennui et le non-sens de la vie en joie et en satisfactions. L'auteur traite ainsi du bonheur révisé, de l'anatomie de la conscience, du bonheur et de la qualité de la vie, du flux de la pensée, du travail et... de la quête de sens.

BRICKMAN, P. (1987). *Commitment, Conflict and Caring*, New York, Prentice-Hall.

Cet ouvrage soutient que l'engagement est un processus psychologique central. La première partie du livre retrace les recherches effectuées sur l'engagement en psychologie sociale. Dans la deuxième partie, l'auteur élargit son analyse sur l'engagement en discutant du développement et de la santé mentale. L'intérêt d'un tel ouvrage est de comprendre comment encourager un changement du comportement, et de savoir orienter une personne vers les comportements souhaités.

FRANKL, V. (1993). *Raisons de vivre*, Genève, Éd. du Tricorne. (Traduction de *The Will to Meaning*, New York, New American Library, 1969.)

Dans ce livre, l'auteur pose les hypothèses de base qui sous-tendent la logothérapie. Celle-ci est fondée sur trois concepts: la liberté de faire, la volonté de donner du sens et le sens de la vie. Les premiers chapitres situent la logothérapie par rapport aux autres écoles de psychothérapie et les derniers traitent des liens qui existent entre la logothérapie et la théologie. À travers son livre, l'auteur nous fait passer le message de la logothérapie, qui postule que la vie a un sens pour tous les individus et que la vie ne cessera jamais d'avoir un sens... L'approche optimiste de la logothérapie laisse entendre que même les moments tragiques et difficiles de l'existence humaine peuvent prendre un sens positif pour la personne.

HERZBERG, F. (1966). *Work and the Nature of Man*, Cleveland, World Publishing Co.

Herzberg insiste sur l'intérêt de comprendre et d'étudier le travail, car celui-ci occupe une place importante dans la vie des personnes. L'objectif de ce livre est d'offrir une explication des besoins des personnes dans une perspective d'organisation plus humaine du travail. L'auteur soutient que les fonctions primaires de toute organisation, que cette dernière soit religieuse, politique ou industrielle, devraient viser à intégrer les besoins des êtres humains en vue de donner du sens à leur vie.

HORNEY, K. (1937). *The Neurotic Personality of our Time*, New York, Norton.

Dans cet ouvrage, l'auteure nous présente une image précise de la personne névrotique, des conflits qui la transforment, de ses anxiétés, de ses souffrances ainsi que des nombreuses difficultés qu'elle rencontre dans sa relation avec les autres et avec elle-même. Sa réflexion l'amène à remettre en question l'approche psychanalytique qui postule une relation de cause à effet entre les expériences infantiles et les conflits ultérieurs. L'auteure présente aussi d'autres causes possibles, dont l'importance du facteur culturel, dans la perception même de ce qu'on appelle névrose.

LOCKE, E.A., et LATHAM, G.P. (1990). *A Theory of Goal Setting and Task Performance*, Englewood Cliffs (N.J.), Prentice-Hall.

Dans ce livre, les auteurs donnent une nouvelle dimension à la compréhension du comportement humain. Ils posent la question suivante: «Est-ce que les buts influencent l'action?» ou, plus précisément: «Est-ce que la détermination des buts influence la performance des tâches?» La théorie qui découle de ce questionnement s'appuie essentiellement sur les théories cognitive, des attentes et de l'équité.

MASLOW, A. (1970). *Motivation and Personality*, 2e édition, New York, The Viking Press.

Dans cet ouvrage, Maslow souligne l'importance de considérer l'essence de la vie quand on parle des besoins de l'être humain. Par là, il signifie que l'actualisation des potentialités réelles de la personne est conditionnée par la présence des besoins de base relatifs aux parents et aux autres personnes, par l'ensemble des facteurs appelés «écologiques», par l'évolution de la culture ou par son absence, par la situation du monde. Il explique que la croissance vers l'autoactualisation et l'humanisme est rendue possible par une hiérarchie complexe de bonnes conditions préalables. Ces conditions physiques, chimiques, biologiques, interpersonnelles et culturelles sont importantes pour l'individu dans la mesure où elles lui permettent de satisfaire les besoins de base de l'être humain et les «droits» qui lui permettent d'acquérir une personnalité assez forte pour influencer sa destinée.

MASLOW, A.H. (1971). *The Farther Reaches of Human Nature*, The New York, The Viking Press.

Ce livre de Maslow est un recueil des articles qu'il a choisis pour expliquer ses vues sur la santé, la créativité, les valeurs, la société. Maslow remet en question la conception hiérarchique des besoins, mais il ne la réfute pas. L'auteur jette également les bases de la «théorie Z» concernant la gestion des organisations. Ce livre est rempli de suggestions appropriées pour mener une meilleure vie.

STEERS, R.M., et PORTER, L.W. (1987). *Motivation and Work Behavior*, New York, McGraw-Hill.

Ce livre présente les théories, les recherches et les applications les plus significatives dans le domaine de la motivation et du comportement humain au travail. Dans la première partie, les auteurs expliquent le concept de la motivation ainsi que les approches historiques qui ont contribué à son étude. La deuxième partie se concentre davantage sur les théories cognitives et de renforcement. Dans les troisième et quatrième parties, les auteurs font le lien entre les processus motivationnels et les variables organisationnelles. On comprend alors l'importance des théories de la motivation pour la gestion dans la mesure où elles permettent de sensibiliser les gestionnaires à des facteurs et à des processus (comme l'engagement, la participation, etc.) qui ont des répercussions importantes sur le comportement humain au travail.

WARR, P. (1987). *Work, Unemployment and Mental Health*, Oxford, Clarendon Press.

Dans cet ouvrage, l'auteur développe un modèle conceptuel pour interpréter et rechercher l'effet de l'environnement sur la santé mentale. Bien qu'il s'intéresse aux diverses dispositions humaines, l'auteur accorde un intérêt particulier à l'environnement de l'emploi et à celui du chômage. Warr a construit son modèle en faisant une analogie avec les vitamines. C'est ainsi qu'il démontre, par analogie, que plusieurs de celles-ci peuvent être combinées pour agir sur la santé mentale, et s'additionner à d'autres effets directs ou compensatoires. Il suggère ainsi que chacune des neuf caractéristiques environnementales de base qu'il propose correspond à un besoin humain fondamental. L'auteur conclut en présentant les forces et les faiblesses de son approche.

Chapitre
4

L'APPRENTISSAGE
Apprendre à apprendre[1]

La plupart du temps, les comportements des personnes sont le produit des habitudes, des routines, des prêts-à-penser que ces personnes ont adoptés et les résultats qu'elles obtiennent les encouragent à continuer à se fier à ces automatismes. En général, les cognitions sont efficaces pour guider la perception, l'interprétation et la préparation de réponses comportementales appropriées aux conditions du milieu (Louis et Sutton, 1991). Toutefois, il arrive qu'elles soient insuffisantes: la personne se voit alors obligée de prendre conscience de ses difficultés et de trouver des solutions mieux adaptées que celles qu'elle connaît déjà. Elle se trouve par le fait même dans une situation d'apprentissage.

L'**apprentissage**, c'est la modification de la capacité d'un individu à réaliser une tâche sous l'effet des interactions dans son environnement (Maisonneuve, 1991). Le terme « capacité » renvoie ici à des caractéristiques non observables de la pensée, comme le savoir, le savoir-faire et le savoir-être. Le mot «tâche» concerne des activités très diverses, allant de l'adaptation biologique au milieu à la poursuite d'objectifs imposés ou librement choisis. En d'autres termes, l'apprentissage implique le changement d'une attitude ou d'un comportement sous l'effet de l'expérience.

L'apprentissage ne doit pas être confondu avec la maturation (le développement normal d'un organisme qui le rend apte à assurer ses fonctions) ou la sénescence (le processus de vieillissement). Kimble (1961) a établi les éléments essentiels de la définition de l'apprentissage (voir le tableau 4.1).

C'est ainsi que, dans une situation familière, l'individu se comporte comme d'habitude, c'est-à-dire sans trop devoir réfléchir à ce qu'il fait, car il sait à quoi s'attendre. Il confirme généralement ses attentes et il a confiance en ses capacités. En simplifiant beaucoup, on peut dire que, dans une situation familière, les processus de perception et de motivation ont une grande importance dans l'organisation des conduites individuelles, et que le processus d'apprentissage est mis en veilleuse. Par contre, dans une situation inaccoutumée, étrangère, ou devant une difficulté, les conduites habituelles

---

1. L'auteure désire remercier chaleureusement André Savoie pour son aide dans la préparation de ce chapitre. Certaines parties ont même été réécrites par lui. Elle lui en est très reconnaissante.

TABLEAU 4.1   Éléments essentiels de la définition de l'apprentissage

Nature de l'expérience		Type d'acquisition
Répétition Activité Comportement Pratique Entraînement Observation Expérimentation	Apprentissage	Apparition de tendances béhaviorales Changements de comportement Modification graduelle du comportement

Source: Kimble (1961).

peuvent vraisemblablement donner lieu à des résultats insatisfaisants qui vont forcer l'individu à les remettre en question; c'est là le début de l'apprentissage.

La personne humaine apprend presque tout: boire, manger, parler, marcher, jouer sans tricher, s'entendre avec les autres, faire entendre son opinion, se faire respecter, lire, écrire, faire des affaires, exercer un métier, etc. Elle apprend aussi à s'inquiéter, à avoir peur, à manipuler les autres, à être dépendante, etc. L'apprentissage est un processus fondamental pour le sain développement de la personne humaine; sa principale fonction est d'assurer la meilleure adaptation possible de la personne à son milieu tout en assurant son individuation.

Apprendre, ce n'est pas seulement acquérir des connaissances, c'est aussi changer les habitudes et les modes de pensée automatiques. L'apprentissage est un processus psychologique responsable de la modification des attitudes et des conduites de l'individu. Les modifications constitutives de l'apprentissage ne sont cependant pas toujours apparentes; il y a apprentissage lorsque la personne est capable de faire des choses qu'elle n'aurait pas su faire avant les activités d'apprentissage.

L'objectif de ce chapitre est de comprendre la notion d'apprentissage et ses fondements, d'inventorier les conditions qui vont faciliter l'apprentissage et d'illustrer les applications qui en sont faites dans les milieux de travail. Ce chapitre présente des questions fondamentales en ce qui concerne l'apprentissage: Qu'est-ce qu'apprendre? Comment apprendre? Comment apprendre à apprendre? Les réponses qui sont données à ces questions sont certainement partielles et provisoires, et il y en a fort probablement d'autres. Néanmoins, elles s'appuient sur la recherche dans une variété de milieux et sur l'expérience. Après avoir répondu à la question «Qu'est-ce qu'apprendre?», nous présenterons trois réponses à la question «Comment apprendre?», à savoir les approches béhaviorale, cognitive et expérientielle. Plusieurs typologies de l'apprentissage ont servi à rendre compte des différences individuelles; dans ce chapitre, nous en présentons deux: les styles d'apprentissage de Kolb et les styles de tempéraments de Golay. Les implications des styles d'apprentissage pour le travail en équipe et la résolution de problèmes y seront décrites. La section intitulée «Apprendre, c'est changer» fait la synthèse des théories sur le processus d'apprentissage. Dans la dernière section, nous tenterons de comprendre comment on «apprend à apprendre», notamment à l'école de la vie. Nous tâcherons de tirer des leçons afin de faciliter l'apprentissage en général et l'apprentissage dans les organisations en particulier.

QU'EST-CE QU'APPRENDRE?

Reboul (1991) explique trois significations du mot «apprendre»: «apprendre que...», «apprendre à...» et «apprendre...».

«**Apprendre que...**» signifie s'informer, se renseigner, acquérir de l'information, du savoir. C'est probablement le sens le plus passif du mot «apprendre»: on s'informe en lisant ou en se renseignant auprès d'une personne. L'acquisition des connaissances requiert tout de même une certaine préparation de la personne et des activités intellectuelles[2]. L'apprentissage fait appel aux connaissances antérieures; les connaissances que la situation d'apprentissage actualise interviennent dans la construction de la représentation de l'apprentissage et dans la recherche d'informations utiles pour résoudre efficacement les problèmes rencontrés. De plus, les activités de représentation et les opérations mentales, en particulier les inférences, les analogies et la déduction, déterminent ce qui sera appris dans la situation donnée. Les capacités d'apprentissage sont toutefois dépendantes du niveau de maturation des structures intellectuelles nécessaires à l'acquisition. Par exemple, on peut enseigner la philosophie existentielle à de jeunes adolescents, mais ce n'est qu'à l'âge adulte qu'ils pourront vraiment comprendre les questions qu'elle soulève. Aussi, lorsqu'on éduque quelqu'un, il faut tenir compte non seulement de ce qu'il sait déjà sur le sujet, mais aussi de son niveau de maturité. De plus, et cela peut paraître évident, l'apprenant doit vouloir savoir: sa motivation constitue une condition facilitante du processus d'apprentissage. Pour stimuler son intérêt à apprendre, il est important qu'il perçoive le lien entre les objectifs d'apprentissage et ses intérêts personnels.

Le savoir qui résulte des activités d'information ne donne pas nécessairement une expertise à la personne qui le possède. C'est le cas notamment avec les médias d'information: passer plusieurs heures par jour devant le téléviseur ne rend pas forcément plus cultivé et mieux adapté socialement. C'est aussi le cas dans les écoles où il existe, comme l'explique Reboul (1991), une «langue des professeurs» que les étudiants apprennent sans la comprendre et qu'ils répètent lors des contrôles pour avoir de bonnes notes. Cependant, une fois les cours terminés, cette langue est oubliée ou, pire, elle devient du verbalisme. Savoir sans comprendre, c'est comme chanter correctement dans une langue étrangère une chanson dont on ignore la signification. Toute activité d'information doit stimuler la pensée, la réflexion, le développement de l'esprit d'analyse et la mise à l'épreuve de l'information: on apprend que... pour que...

---

2.   Comme nous l'avons vu dans le chapitre 2, pour qu'une personne soit en mesure d'assimiler des connaissances, il doit exister au préalable des structures mentales, des cognitions ou des schèmes d'action qui soient compatibles avec les nouvelles informations.

Pour que l'information nouvelle soit profitable à la personne qui la reçoit, elle doit être mise au service d'une activité: on apprend du vocabulaire pour mieux exprimer ses opinions, on apprend des mathématiques financières pour mieux évaluer des projets d'investissement, on apprend des connaissances sur le comportement humain pour mieux collaborer avec les autres, etc. L'information est utile à l'apprentissage lorsqu'elle crée des conditions et des dispositions pour apprendre un savoir-faire et un savoir-vivre.

«**Apprendre à…**» signifie acquérir un savoir-faire, une habileté, exercer une compétence, apprendre à faire quelque chose, apprendre à savoir être. Reboul (1991) définit l'apprentissage comme «[…] l'acquisition d'un savoir-faire, c'est-à-dire d'une conduite utile au sujet ou à d'autres que lui, et qu'il peut reproduire à volonté si la situation s'y prête» (p. 41). On acquiert un savoir-faire en le faisant et en le pratiquant, d'où le proverbe *C'est en forgeant qu'on devient forgeron*. Mais savoir forger n'implique pas nécessairement qu'on sache bien forger; encore faut-il s'exercer (que ce soit par l'expérimentation, la pratique, la répétition ou le tâtonnement) et acquérir des savoirs (par l'application d'un modèle, l'observation d'un maître ou la compréhension soudaine).

Pour apprendre un savoir-faire, il est utile de recourir à une méthode. D'une part, l'apprenant doit prendre conscience des objectifs et des activités qui constituent le savoir-faire. Pour cela, il peut regarder faire quelqu'un qui maîtrise bien le savoir-faire en question et l'imiter; il peut aussi étudier une méthode dans un livre et suivre les étapes présentées. Les objectifs d'apprentissage et le modèle (une personne ou une autre source d'information) permettent de réaliser des économies de temps et d'éviter des coûts, de surveiller chaque essai et de réduire le nombre d'erreurs. D'autre part, l'apprenant doit essayer, faire des expériences concrètes, pour réussir à mieux coordonner les gestes qui lui semblent efficaces et à éliminer les actions (et les idées) inutiles. Le savoir-faire est bien maîtrisé lorsque la personne peut en faire ce qu'elle veut. Comme l'écrit Reboul (1991):

> Savoir faire n'est pas savoir singer; c'est pouvoir adapter sa conduite à la situation, faire face à des difficultés imprévues; c'est aussi pouvoir ménager ses propres ressources pour en tirer le meilleur parti, sans effort inutile; c'est enfin pouvoir improviser là où les autres ne font que répéter. Bien savoir faire, c'est pouvoir agir intelligemment (p. 67-68).

Apprendre à faire quelque chose comporte toujours des risques d'erreurs et d'échec qui peuvent agir sur le sentiment de valeur personnelle. L'inquiétude et l'anxiété sont des émotions inhérentes à l'expérience d'apprentissage. L'énergie qu'elles provoquent peut cependant être canalisée dans les activités d'apprentissage pour autant que la personne en prenne conscience et décide de le faire. Il faut du courage pour apprendre, et ce courage se trouve dans la volonté d'affirmer son pouvoir et de donner un sens à son existence. En effet, apprendre suppose la capacité de faire face aux difficultés, de surmonter l'anxiété, de faire l'expérience du changement, de tolérer l'incertitude et l'insécurité, de trouver un sens à ses actes, et ce malgré les tensions et l'inconnu qui existent au moment de l'apprentissage; tout cela demande le courage d'être et de créer (Cayer et Pauchant, 1995 ; May, 1975 ; Tillich, 1952). Nous expliquerons davantage ces notions dans le prochain chapitre.

« **Apprendre...** » signifie s'instruire, comprendre, saisir le sens et la portée de quelque chose et acquérir du même coup le pouvoir d'action que cela suppose. Apprendre, c'est pouvoir corriger ses fautes, changer ses habitudes, profiter de ses réussites, adapter ses conduites aux nouvelles situations, pouvoir imaginer des solutions originales à des problèmes quotidiens, créer des outils qui améliorent l'efficacité de son travail, etc. Apprendre, c'est faire des choses tout en pensant à leurs conséquences et en imaginant leurs résultats.

Apprendre suppose une attitude d'ouverture à l'expérience, au sens où l'entendent Laing et autres (1972). La conscience qui en résulte s'enrichit des expériences passées et modifie la qualité de celles qui suivront. Le champ de la conscience (ou l'expérience) intègre le passé et le futur dans l'instant présent. Ainsi, l'attitude et le comportement actuels d'une personne sont le produit des expériences (orientation passée) et des attentes (orientation future) que la personne ajuste au gré des nouveaux événements. L'ouverture à l'expérience facilite l'apprentissage, car cette disposition conduit la personne à se laisser surprendre par les situations, à remettre en question ses anticipations, à s'interroger et à élargir le champ de sa conscience. Il faut toutefois faire attention aux extrêmes : trop s'attacher à la certitude entraîne des attitudes rigides et dogmatiques qui rendent l'apprentissage quasi impossible, alors que prêter trop d'attention à l'incertitude occasionne des attitudes sceptiques qui empêchent également de faire des apprentissages. Apprendre nécessite une attitude à la fois conservatrice et émancipatrice à l'égard des croyances, des attitudes et des comportements acquis.

Qu'on s'informe, qu'on s'exerce ou qu'on s'instruise, apprendre implique un ensemble d'activités. L'individu qui apprend est actif, non passif. On n'apprend vraiment que par soi-même, que ce soit à l'école ou dans la vie. On associe souvent l'apprentissage à un résultat, soit la connaissance acquise ou le comportement adapté, mais cela ne représente que l'aboutissement de l'apprentissage, car il s'agit d'abord et avant tout d'un processus, d'un ensemble d'activités à la fois motrices et intellectuelles. En effet, apprendre, c'est acquérir des connaissances et des compétences ; c'est modifier ses attitudes et ses comportements pour être plus efficace qu'avant ; c'est changer ses routines, ses habitudes et ses automatismes ; c'est s'adapter à une nouvelle situation tout en devenant soi-même.

Apprendre suppose des dispositions personnelles et des capacités : la sécurité psychologique, de l'ouverture, de la curiosité, une attitude réfléchie, analytique, de l'imagination, de la créativité et un esprit de collaboration. Bunning (1992) fait le portrait idéal d'un apprenant, présenté dans le tableau 4.2.

COMMENT APPRENDRE

Toute activité d'apprentissage comporte essentiellement trois stades : la motivation à apprendre, l'expérience d'apprentissage et l'acquisition des conduites efficaces.

TABLEAU 4.2   Qualités recherchées chez un apprenant

Qualité	Description
Non défensif : orienté vers le développement	La capacité d'accepter d'avoir tort, la volonté de vouloir faire mieux
Ouvert : curieux	La capacité de se défaire de ses anciennes croyances, la volonté de chercher de nouveaux *insights* avec la jeunesse d'esprit
Analytique : interrogateur	La capacité de prendre du recul pour mieux « voir » la situation, pour mieux réfléchir sur la dynamique de l'expérience
Créatif : conceptuel	La capacité d'imaginer et de saisir le sens de l'expérience
Innovateur : capable de prendre des risques	La capacité de remettre en cause ses idées et de faire des expérimentations
Positif : collaborateur	La capacité de coopérer, de servir les autres

Source : Inspiré de Bunning (1992).

Comme nous l'avons vu dans la section précédente, l'apprentissage commence avec la prise de conscience que les conduites habituelles ne permettent pas d'obtenir les résultats souhaités, ou le besoin d'apprendre quelque chose pour atteindre un but, satisfaire des intérêts. De plus, pour apprendre véritablement, la personne doit faire des essais, expérimenter et corriger ses conduites. Enfin, l'apprentissage est réalisé lorsque la personne sait comment faire, pourquoi elle agit comme elle le fait, et lorsque son efficacité s'est améliorée. Ces trois stades sont représentés à l'aide de la courbe d'apprentissage illustrée dans la figure 4.1.

Cette courbe indique que les acquisitions augmentent et améliorent rapidement la performance avec le nombre d'exercices. Cependant, les acquisitions tendent à « plafonner » à partir d'un certain point. À l'origine de cette courbe, on trouve la motivation de la personne, qui éveille son intérêt à apprendre et qui du même coup déclenche les conduites d'apprentissage. Les premières expériences ne donnent pas de résultats significatifs, mais le niveau de performance s'accroît rapidement au cours des expériences suivantes ; l'exercice permet l'acquisition des connaissances et le perfectionnement des compétences. Cependant, au bout d'un certain temps, la personne atteint un niveau de performance tel que les exercices suivants ne lui apprennent plus grand-chose. Cette courbe représente en fait la loi de l'exercice, énoncée par Thorndike (1931) : le lien entre un stimulus (par exemple, la présentation d'un problème à résoudre) et un comportement (par exemple, la solution de ce problème) s'établit, et la performance s'améliore avec le nombre de répétitions ; au bout d'un certain nombre, le comportement tend à devenir automatique ; il devient une habitude.

L'apprentissage ne se produit pas de la même façon pour tout le monde ; il existe des différences individuelles, qu'il s'agisse d'aptitudes et de capacités d'apprentissage ou de dispositions personnelles et d'intérêts. En outre, l'âge, l'intelligence, la motivation et

FIGURE 4.1   Courbe théorique de l'acquisition d'un comportement

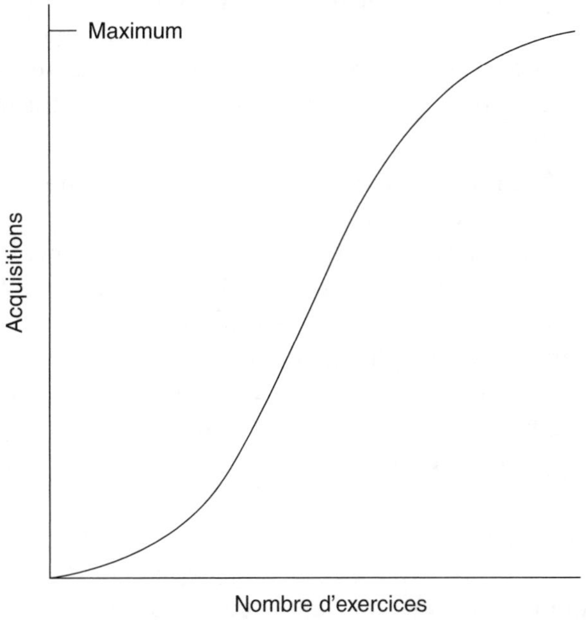

la participation de l'individu influent sur le rythme et le niveau des apprentissages. En général, on apprend plus facilement et plus rapidement pendant la jeunesse que durant l'enfance et à l'âge adulte. De plus, les facultés intellectuelles telles que la mémoire, le raisonnement, les capacités d'abstraction et de généralisation, etc., déterminent le rythme d'apprentissage. Enfin, la motivation à apprendre et l'engagement de la personne facilitent l'apprentissage et en accélèrent le processus.

Par ailleurs, l'examen d'une courbe individuelle d'apprentissage peut révéler des paliers, c'est-à-dire des périodes d'exercices pendant lesquelles la personne n'apprend pas. Ces plateaux correspondraient à des périodes de transition entre deux niveaux d'apprentissage, l'individu devant d'abord intégrer les nouvelles acquisitions avant d'en faire d'autres.

Trois approches ont été proposées pour étudier l'apprentissage: les approches béhaviorale, cognitive et expérientielle.

1) L'approche béhaviorale met l'accent sur les facteurs externes de l'apprentissage: les récompenses verbales ou autres, les facteurs socioculturels, le langage, l'environnement socioéconomique, etc. Selon cette approche, l'apprentissage consiste en une modification d'un comportement à la suite d'un conditionnement.

2) L'approche cognitive reconsidère le postulat environnementaliste de l'approche béhaviorale, et l'enrichit en lui ajoutant des facteurs internes tels que les métacognitions, les capacités intellectuelles, les dispositions personnelles, les styles d'apprentissage, des facteurs génétiques, etc. Selon l'approche cognitive, l'apprentissage

est une modification des structures mentales sous l'effet de l'expérience; en outre, les cognitivistes font valoir l'apprentissage par compréhension soudaine (*insight*) et par les activités de mémorisation. De plus, les acquisitions nouvelles ne supposent pas nécessairement l'apparition effective de nouvelles conduites; pour les cognitivistes, il y a apprentissage lorsqu'il y a acquisition de connaissances donnant lieu à des conduites potentielles. C'est donc dans la potentialité que réside l'apprentissage.

3) L'approche expérientielle, plus récente, intègre les connaissances développées par les béhavioristes et les cognitivistes pour aller plus loin. Elle attire l'attention sur le processus d'apprentissage intégrant l'action et la réflexion, l'expérience concrète et la conceptualisation abstraite, les mouvements convergents et divergents de la pensée, les activités d'assimilation et d'accommodation des structures intellectuelles. En raison de ses postulats humanistes, on doit associer cette approche à l'orientation humaniste-existentielle, qui a été présentée dans l'introduction de cet ouvrage. Selon cette approche, l'apprentissage est le processus de création de connaissances par la transformation de l'expérience.

L'APPROCHE BÉHAVIORALE

L'approche béhaviorale met l'accent sur la sélection et la rétention des comportements qui sont les plus susceptibles d'engendrer les résultats recherchés. Cette approche conçoit l'apprentissage comme un processus d'acquisition de comportements à la suite d'un conditionnement, c'est-à-dire par l'établissement du lien entre un comportement et une combinaison de stimuli (stimulations ou stimulants). Elle s'inspire largement de la loi de l'effet, énoncée par Thorndike (1931): le lien entre un stimulus et un comportement varie selon la nature des conséquences de ce comportement pour la personne. Si les conséquences sont jugées satisfaisantes, le lien s'établit et se renforce. Au contraire, si les conséquences sont jugées insatisfaisantes, le lien s'affaiblit et tend à disparaître.

Sur le plan de l'apprentissage, divers types de comportements peuvent être appris en réponse à des stimuli, comme la présentation d'un problème ou la perception d'une difficulté. Les comportements peuvent être appris également par l'anticipation d'un renforcement (une récompense, la satisfaction d'un besoin, l'accomplissement d'un désir, l'évitement d'un conflit, etc.) ou par l'application d'une sanction, d'une punition, etc.

Les résultats obtenus ont une valeur de renforcement positif dans la mesure où ils correspondent aux conséquences attendues par la personne ou, en d'autres mots, à la récompense anticipée lors du déclenchement de la conduite. Par contre, ils ont une valeur de punition lorsqu'ils infligent du déplaisir, voire de la douleur, à la personne. Ainsi, l'administration d'une punition ou le retrait d'une récompense ont des effets similaires sur le comportement: ils tendent à réduire la probabilité de son apparition. Par ailleurs, l'absence de résultats entraîne l'extinction ou la disparition graduelle des comportements, et l'évitement d'une situation désagréable agit comme un renforcement négatif. Le tableau 4.3 présente un résumé de ces quatre situations, chacune étant illustrée par un exemple en milieu de travail.

L'approche béhaviorale a permis de comprendre que le comportement est fonction, entre autres, des conséquences qu'il entraîne, d'où l'équation:

$$R = f(S)$$

où R représente les réponses comportementales, et où S représente les stimulations (avant l'apparition du comportement) ou les stimulants (après l'apparition du comportement), internes ou externes.

La présence de trois facteurs est nécessaire pour conditionner un comportement: la répétition (en référence à la loi de l'exercice), le renforcement (en raison de la loi de l'effet) et la contiguïté entre l'apparition du comportement et sa conséquence.

La contiguïté de la réponse et de sa conséquence a été explicitée par Guthrie (1952). S'il y a eu contiguïté, une combinaison de stimuli qui a entraîné un comportement tendra à provoquer le même comportement si elle se présente de nouveau. En d'autres mots, si une situation donnée suscite chez une personne un comportement précis, cette personne aura tendance à se comporter de la même façon dans une situation semblable. Ainsi, dans une situation de divergence d'opinions, si un employé réagit en faisant preuve de grossièreté envers un collègue, cet employé aura tendance à répéter ce comportement dans des situations similaires, peu importe les conditions de

TABLEAU 4.3   Type de résultats d'un stimulus sur le comportement

Type de résultats	Effet sur le comportement	Exemple d'un comportement et d'une conséquence possibles
Récompense ou renforcement positif (résultat positif ou conséquences satisfaisantes)	Augmentation de la probabilité d'apparition	Bien préparer un dossier sur un projet d'investissement (comportement) et réaliser des économies lors de sa réalisation (récompense)
Renforcement négatif Retrait d'une menace ou absence de punition (perception d'une probabilité de résultat négatif ou de conséquences insatisfaisantes)	Augmentation de la probabilité d'apparition	Prendre au sérieux une augmentation soudaine des défectuosités d'un appareil et le réparer (comportement) et ne pas faire l'objet de remontrances (conséquence négative)
Punition (résultat négatif ou conséquences insatisfaisantes)	Diminution de la probabilité d'apparition (souvent accompagnée de tensions et d'agressivité)	Prononcer des paroles diffamatoires à l'égard d'une personne (comportement) et être suspendu de ses fonctions (punition)
Néant (aucun résultat ni conséquence)	Inhibition du comportement, voire son extinction	Chuchoter lors d'une réunion de travail (comportement) et ne pas retenir l'attention des autres (indifférence totale des personnes présentes, c.-à-d. néant)

renforcement. En effet, d'après Guthrie (1952), il n'est pas nécessaire qu'il y ait satisfaction, renforcement, succès ou répétition pour que l'apprentissage se fasse; seul l'accomplissement du comportement dans une situation donnée suffit pour que ce même comportement réapparaisse dans l'avenir si la personne se retrouve dans une situation semblable.

Le principe de contiguïté n'explique cependant pas l'orientation des conduites, car la contiguïté n'est ni positive ni négative. Selon Young (1967), ce sont les processus d'activation qui sont responsables de régulariser et de contrôler les conduites. Ces processus augmentent la probabilité de vivre des expériences positives et diminuent la probabilité de subir des expériences négatives; l'apprentissage s'effectue dans le sens qui permet à l'individu d'améliorer son sort: c'est la loi de l'effet. On peut aisément observer que les individus ont tendance à apprendre et à répéter des comportements qui leur ont procuré du plaisir ou à être tentés d'aller vers des objets ou des situations qui ont une valeur appétitive pour eux (conduites d'approche). Inversement, les individus ont tendance à ne pas adopter des comportements qui leur ont apporté des insatisfactions ou à éviter, autant que possible, des objets ou des situations qui ont une valeur aversive pour eux (conduites d'évitement)[3]. Ces observations montrent le lien entre l'apprentissage et les processus de perception et de motivation: l'apprentissage implique la prise de conscience (la perception) d'une combinaison de stimuli et l'orientation des conduites vers un objectif (la motivation).

Dans les organisations, plusieurs applications de l'approche béhaviorale ont été faites. Les **systèmes de récompenses** sont une façon de changer les attitudes et les comportements des employés. Comme nous l'avons vu dans le chapitre 3, la mise en place de systèmes de récompenses appropriés peut stimuler la mobilisation des employés. Quand on pense aux récompenses offertes par une entreprise, on pense souvent aux salaires, mais les récompenses peuvent être de plusieurs natures. Il y en a qui nécessitent des débours: les hausses salariales, les promotions, l'aménagement et la décoration des espaces de travail, la participation aux bénéfices, les primes et les cadeaux, le remboursement de frais de voyage, de frais de représentation ou de primes d'assurance, l'usage d'un véhicule, etc. Il y en a d'autres qui n'entraînent pas de débours: le respect, la collaboration, l'aide, le soutien de la hiérarchie, les bonnes relations, la confiance, la considération positive inconditionnelle, la connaissance des résultats, la consultation, la participation aux décisions, etc.

Pour qu'un système de récompenses soit d'une certaine efficacité, quelques conditions sont préalables. Les comportements souhaités doivent être clairement définis par les gestionnaires et on doit s'appliquer à les renforcer sans toutefois verser dans les excès indiqués par Kerr (1975)[4]. De plus, les récompenses doivent être valorisées par

---

3.   Est-il nécessaire de rappeler que la signification de l'expérience est subjective? Ce qui est agréable (ou désagréable) pour l'un ne l'est pas forcément pour l'autre, d'où la nécessité de comprendre le champ expérientiel de l'individu avant de porter un jugement sur ses comportements.

4.   Nous abordons ce sujet dans le chapitre 3 sur la motivation.

l'employé, sans quoi elles ne susciteront pas son intérêt. La contiguïté des comportements souhaités et des récompenses doit être perçue par l'employé; pour ce faire, il est préférable d'attribuer les récompenses le plus rapidement possible après l'apparition des comportements souhaités. Enfin, l'application des récompenses doit être faite avec sagesse et prudence, car les récompenses peuvent nuire à la performance (Jabes, 1990).

Les **activités de discipline** visent à corriger les écarts de conduite dans les organisations. Une sanction qui est perçue comme étant fondée et impartiale aura des effets positifs sur la performance de l'employé; en revanche, si elle est perçue comme étant arbitraire et injuste, elle causera du mécontentement, une baisse de rendement et des réactions agressives. À la suite de sanctions, ces problèmes de performance peuvent être corrigés, mais des attitudes de ressentiment et d'autres types de problèmes peuvent ressurgir sous des formes plus difficilement mesurables, empêchant ainsi les gestionnaires soucieux d'objectivité d'intervenir.

D'après Hammer (1977), cinq principes devraient guider les actions des gestionnaires lorsque ceux-ci appliquent des sanctions:

1) expliquer clairement à l'employé le problème de performance;

2) lui faire comprendre clairement les attentes des dirigeants à son égard;

3) traiter l'employé avec respect, en discutant de son problème en privé pendant les heures de travail;

4) appliquer la sanction conformément aux procédures de discipline admises et reconnues dans l'organisation;

5) faire preuve de consistance, d'investissement personnel et d'équité dans les activités de discipline.

La disparition des comportements indésirables ne signifie pas nécessairement que le lien entre une combinaison de stimuli et les comportements soit effacé de la mémoire de la personne. L'extinction consécutive à l'application de sanctions ou à l'absence de renforcements est, en fait, l'inhibition des comportements. Si, dans l'avenir, la personne se retrouve dans des conditions semblables et qu'elle perçoit la possibilité d'obtenir des résultats satisfaisants, le lien peut réapparaître; c'est le phénomène de **recouvrement spontané** (on trouve aussi l'expression «restauration spontanée» pour désigner le même phénomène).

Par ailleurs, il arrive souvent que des comportements productifs ou positifs d'employés disparaissent, faute de renforcements appropriés. C'est le cas notamment des employés qui ont de bonnes idées; lorsque personne ne leur prête attention, ils cessent de communiquer leurs trouvailles (Harel-Giasson, 1993). Une des qualités d'un bon gestionnaire est justement d'être attentif aux comportements des employés qu'il dirige afin de reconnaître et de valoriser les bonnes idées et les initiatives qui peuvent profiter tant à l'organisation qu'aux employés eux-mêmes.

Selon l'approche béhaviorale, l'apprentissage procède par essais-erreurs ou par tâtonnement; cette approche a permis de découvrir deux principes fondamentaux de l'apprentissage, à savoir la généralisation et la discrimination des stimuli. Une personne conditionnée à adopter des comportements devant un stimulus aura tendance à reproduire ces comportements en réponse à tout stimulus semblable; c'est le phénomène de généralisation. En contrepartie, elle peut être amenée à faire la différence entre plusieurs stimuli et à ne réagir qu'à un seul d'entre eux, afin de limiter la généralisation des réponses béhaviorales; c'est le phénomène de discrimination. Au problème de généralisation se rattache celui du transfert: des acquisitions préalables facilitent l'apprentissage pour autant que l'apprentissage initial ne soit pas trop avancé. Par exemple, une personne qui sait faire du ski alpin peut aisément apprendre à faire du ski de fond, mais si elle maîtrise très bien le ski alpin, il est possible qu'elle trouve difficile d'apprendre à faire du ski de fond, car l'apprentissage de ce nouveau sport suppose qu'elle «désapprenne» les postures et les mouvements du ski alpin pour apprendre ceux du ski de fond.

Les béhavioristes mettent en évidence la nécessité de reconnaître une combinaison de stimuli pour organiser des conduites adaptées au milieu. Ils admettent également que les individus agissent aussi en fonction de leurs attentes. Les activités de reconnaissance et d'anticipation supposent l'intervention de facteurs propres à l'intelligence et à la mémoire. De plus, la qualité renforçante des conséquences à un comportement est une donnée subjective, puisqu'elle est étroitement associée à la perception et à la motivation du sujet. D'après Skinner (1974), il n'est pas utile ni nécessaire de comprendre les activités de l'intelligence, de la mémoire, de la perception ou de la motivation pour expliquer le comportement humain; il suffit de pouvoir déterminer les stimuli ou les événements qui ont un effet positif sur la probabilité d'apparition des comportements. Les cognitivistes ne partagent pas ce point de vue et, depuis le début des années 1970, l'approche cognitive a permis d'avancer le développement des connaissances sur l'apprentissage.

L'APPROCHE COGNITIVE

L'apprentissage et l'intelligence sont étroitement associés. Par exemple, lorsqu'une personne apprend la langue anglaise, elle se rappelle des expériences qu'elle a vécues avec des anglophones, elle reconnaît des mots de sa langue maternelle, elle essaie de penser en anglais. Malgré ses tentatives, elle continue de penser en français lorsqu'elle parle en anglais et, petit à petit, elle fait sienne la langue anglaise et se surprend à pouvoir suivre une émission de télévision en anglais, etc. L'apprentissage s'appuie sur l'expérience passée de la personne, ses divers mécanismes d'adaptation, son imagination et sa créativité. Jean Piaget et ses collaborateurs ont apporté des contributions importantes à ce sujet.

L'apprentissage par équilibration des structures mentales

Jean Piaget définit l'apprentissage comme étant l'adaptation intelligente de l'individu à son milieu, adaptation rendue possible grâce à l'équilibre des tensions entre deux processus, soit l'assimilation et l'accommodation. Ces deux processus ont déjà été présentés dans le chapitre 2, mais un bref rappel est utile. Les concepts ou les connaissances qu'a l'individu à propos de son expérience ont tendance à intégrer des éléments extérieurs compatibles avec leur nature (c'est l'assimilation), mais ils sont obligés de se modifier en fonction des particularités des éléments extérieurs assimilés, sans perdre pour autant leur continuité ni leurs pouvoirs antérieurs d'assimilation (c'est l'accommodation). D'après la théorie de Piaget, ces deux processus doivent être maintenus en équilibre. Toutefois, s'il y a un déséquilibre favorisant l'assimilation, il en résulte une tendance, chez l'individu, à jouer, à faire fi de son milieu, en imposant ses idées et ses images sans égard aux «réalités» de son milieu. Si, au contraire, ce déséquilibre favorise l'accommodation, il en résulte une tendance à imiter son milieu, en se moulant aux contours ou aux contraintes de celui-ci, et à devenir conformiste.

Pour Piaget (1967), l'intelligence est un système d'opérations vivantes qui s'adapte pour constituer un équilibre à la fois mobile et permanent entre la pensée et le milieu ambiant. Plus précisément, ce système recherche un équilibre entre les actions de l'individu sur le milieu et les actions inverses:

> Toute conduite, qu'il s'agisse d'un acte déployé à l'extérieur ou intériorisé en pensée, se présente comme une adaptation, ou pour mieux dire, comme une réadaptation. L'individu n'agit que s'il éprouve un besoin, c'est-à-dire si l'équilibre est momentanément rompu entre le milieu et l'organisme, et l'action tend à rétablir l'équilibre, c'est-à-dire précisément à réadapter l'organisme (Claparède). Une «conduite» est donc un cas particulier d'échange entre le monde extérieur et le sujet, mais, contrairement aux échanges physiologiques, qui sont d'ordre matériel et supposent une transformation interne des corps en présence, les «conduites» étudiées par la psychologie sont d'ordre fonctionnel et s'effectuent à des distances de plus en plus grandes, dans l'espace (perception, etc.) et dans le temps (mémoire, etc.). [...] La conduite, ainsi conçue en termes d'échanges fonctionnels, suppose elle-même deux aspects essentiels et étroitement interdépendants: un aspect affectif et un aspect cognitif (p. 10).

La notion d'équilibre est centrale dans la théorie de Piaget. L'**équilibre** correspond à un mode temporaire d'organisation des structures mentales produisant un état relativement stable. L'équilibre d'une structure est établi par les activités d'assimilation et d'accommodation. La notion d'équilibre se présente ici comme étant analogue à la notion d'homéostasie, présentée dans le chapitre 3 sur la motivation. L'équilibre d'une structure mentale n'est jamais permanent; une cognition peut être à tout moment déséquilibrée et resituée dans un nouvel équilibre à la suite d'une nouvelle expérience ou d'un apprentissage.

Puisque l'apprentissage suppose la modification d'une attitude ou d'une conduite à la suite d'une expérience, la théorie de l'équilibration des structures mentales de Piaget est tout à fait pertinente pour expliquer de quelle façon les conduites sont apprises et modifiées. En effet, si on considère que les conduites sont le résultat de la mise en œuvre de schèmes d'action[5], toute modification de ceux-ci, à la suite d'une

---

5. Revoir à ce sujet le chapitre 2 sur la perception.

expérience, entraîne une modification de ces mêmes conduites, et donc un apprentissage.

L'**équilibration** est le concept clé de la théorie de Jean Piaget; c'est le processus par lequel une structure mentale (c'est-à-dire un schème d'action) qui a perdu son équilibre retrouve un nouvel équilibre. Piaget assigne à la notion d'équilibration le sens d'un processus de régulation interne ayant pour fonction l'établissement du meilleur équilibre possible entre l'individu et son environnement. Les activités d'équilibration sont toutefois limitées par l'état du développement de la pensée. Nous avons présenté les stades de développement dans le premier chapitre; rappelons que trois périodes de développement marquent la genèse de l'intelligence: la période sensori-motrice, de 0 à 24 mois; la période de préparation et d'organisation des opérations concrètes, de 24 mois à 12 ans; et la période des opérations formelles, de 12 à 15 ans (Dubé, 1994). Chaque période comporte des séquences d'activités d'apprentissage spécifiques conduisant à la formation de structures originales préalables aux activités de la période suivante.

Comme il en a été question dans le chapitre 2 sur la perception, il existe deux types d'équilibration. L'équilibration simple entraîne une rééquilibration de la structure sans trop modifier son organisation interne; la structure demeure relativement inchangée et, en conséquence, il n'y a pas d'apprentissage proprement dit. L'équilibration majorante provoque un dépassement de la structure et une transformation de son organisation interne; il s'agit bien là d'un apprentissage. La théorie de l'équilibration des structures mentales permet de comprendre pourquoi une conduite apprise n'est jamais effacée de la mémoire et peut réapparaître spontanément. En effet, chaque apprentissage est une modification durable d'une structure mentale à la suite d'une expérience, modification qui entraîne une évolution de l'organisation interne de la pensée (Dubé, 1994). L'équilibration majorante s'exerce chaque fois que des contradictions et des conflits détruisent l'équilibre des systèmes cognitifs, obligeant la personne à réviser et à transformer ces derniers.

Les contradictions et les conflits qui perturbent l'équilibre des structures mentales renvoient à la théorie de la dissonance cognitive de Festinger (1957). Cette théorie est rarement associée au processus d'apprentissage, mais le plus souvent à la formation et au changement des attitudes. Toutefois, il n'y a pas de raisons pour qu'elle soit écartée en considération des possibilités d'explication qu'elle offre en ce qui concerne la modification des croyances, lesquelles sont à la base des attitudes et des conduites des personnes, et donc de l'acquisition des connaissances et des compétences.

L'apprentissage par réduction de la dissonance cognitive

La **dissonance cognitive**, c'est l'incompatibilité des idées qu'a la personne à propos d'un objet, d'un individu, d'une situation, etc. Cette incompatibilité entraîne un effort de la part de la personne pour concilier ses idées d'une manière ou d'une autre. La dissonance cognitive cause un état d'inconfort et de tension psychologique qui déclenche des conduites visant à réduire l'inconfort, soit en relativisant les cognitions dissonantes, soit en les supprimant (Festinger, 1957).

La dissonance cognitive est fonction de trois facteurs: l'écart entre les idées en contradiction, le nombre d'idées dissonantes en présence et l'importance de ces dernières. Le taux de dissonance est représenté par le rapport suivant:

$$\frac{importance \times nombre\ d'idées\ dissonantes}{importance \times nombre\ d'idées\ consonantes}$$

Il s'ensuit que le taux de dissonance est grand lorsque l'écart entre les idées dissonantes est grand et que l'étendue de la dissonance est également grande. Cela explique en partie pourquoi un individu peut tolérer un certain niveau de dissonance, comme c'est souvent le cas des fumeurs.

Plusieurs stratégies sont habituellement reconnues pour réduire la dissonance. Certaines, comme l'évitement, la négation et la rationalisation, permettent de neutraliser les effets de la dissonance cognitive, sans véritablement conduire à des apprentissages. D'autres, comme l'élaboration cognitive, peuvent au contraire déclencher les processus d'apprentissage.

L'évitement consiste à fuir les situations rappelant la dissonance, c'est-à-dire à essayer de ne pas y penser. Des moyens comme la consommation d'alcool, la fuite dans le travail et l'activité intense sont parfois utilisés. La négation est surtout un mécanisme de défense ayant pour but de rejeter les idées qui ont provoqué l'état de dissonance. Par exemple, le fumeur peut discréditer les études montrant les effets cancérigènes du tabac en niant leur validité. La rationalisation consiste à trouver des justifications logiques et rationnelles à ses conduites. Par exemple, le fumeur peut dire que fumer lui apporte de la détente et du plaisir, ou encore qu'il préfère mourir jeune plutôt que de croupir dans une résidence pour personnes âgées. L'évitement, la négation et la rationalisation n'ont cependant qu'un effet temporaire sur la réduction de la dissonance. Tôt ou tard, l'état de dissonance refera surface: en raison de l'effet Zeigarnik, les tensions provoquées par la dissonance persisteront tant et aussi longtemps que le déséquilibre qui est à leur origine ne sera pas rétabli. En fait, ces stratégies apportent un soulagement de la tension, mais elles ne règlent pas le problème. Cela explique pourquoi les personnes qui utilisent ce genre de stratégies éprouvent des remords à la suite d'une décision visant la réduction de la dissonance cognitive (Wicklund et Brehm, 1976).

Une autre stratégie est l'élaboration cognitive, c'est-à-dire l'acquisition de nouvelles connaissances et la réorganisation des connaissances dissonantes en présence. Cette stratégie peut donner lieu à l'apprentissage dans la mesure où elle entraîne une modification des systèmes cognitifs en déséquilibre.

Prenons l'exemple de Marcel, qui a à choisir entre deux candidates pour un poste: Françoise et Camille. Lors des entrevues de sélection, Marcel trouve que Françoise est une meilleure candidate que Camille, mais il choisit tout de même Camille. Voici deux idées contradictoires: « Camille n'est pas la meilleure candidate pour le poste » et « je choisis Camille ». Pour réduire la dissonance entre ces deux cognitions, Marcel trouve une justification qui permet de relativiser les critères d'évaluation: «Camille n'est pas aussi performante que Françoise en entrevue de sélection, mais cela est causé par son anxiété; peu importe, je la connais mieux que Françoise et j'ai confiance qu'elle satisfera les exigences objectives du poste, au moment de son embauche.» Dans ce cas-ci, il n'y a pas vraiment apprentissage, car la dissonance n'a pas entraîné une modification des croyances de Marcel. Il y a apprentissage quand les activités de réduction de la dissonance entraînent une transformation du système cognitif auquel les idées dissonantes sont associées. Si, par exemple, Marcel prenait conscience de la rationalisation qu'il vient de faire et s'il acceptait de se remettre en question, il y aurait apprentissage. Pourquoi agir ainsi? Est-ce juste pour Françoise? Est-ce une bonne décision pour l'entreprise? Qu'est-ce que cela révèle sur ma capacité à prendre des décisions impartiales et équitables? Quels sont mes motifs réels? Un tel examen de conscience permet un réel apprentissage et conduit à des pratiques de sélection plus équitables et plus efficaces.

La théorie de la dissonance cognitive est souvent associée aux deux autres théories de la consistance cognitive (théorie de l'équilibre [Heider, 1946] et théorie de la congruence [Osgood et Tannenbaum, 1955]), car elle suppose que les cognitions tendent à s'organiser en systèmes d'équilibre et, par conséquent, que tout déséquilibre, toute incohérence entraîne des activités pour réinstaller l'équilibre et retrouver un état relativement stable (Zazonc, 1960).

Pour Heider (1946), l'être humain a tendance à rechercher l'ordre, la symétrie et la cohérence[6]. C'est le principe de consistance ou d'équilibre. La situation typique présentée par Heider est celle du triangle. Prenons l'exemple de Bernard, qui veut s'acheter une voiture sport. Il voit souvent le modèle qu'il songe à acheter dans les rues et dans les magazines. Bernard présume que le modèle qu'il aime est une voiture de bonne qualité, puisque c'est un modèle très répandu.

La notion de consistance met en évidence la rationalité des comportements et le besoin de sens: la personne cherche à comprendre et à justifier les expériences malheureuses tout autant qu'à accorder ses décisions et ses actions, afin de se sentir cohérente et logique. Ainsi, quand une personne ne parvient pas à compenser les écarts entre différentes croyances à propos d'un même «objet», elle est forcée de remettre en question le système de croyances associé à cet objet, de le transformer et, ce faisant, d'apprendre.

Le principe de consistance a été généralisé à l'ensemble de la structure du comportement, soit entre l'affect, la cognition et le comportement. L'examen de la consistance entre l'affect et la cognition a permis de comprendre comment se développent les attitudes et comment elles peuvent être modifiées (Rosenberg, 1966).

Les **attitudes** sont généralement définies comme des prédispositions apprises à réagir de façon positive ou négative à un stimulus, selon les sentiments et les idées évoqués par celui-ci (Olson et Zanna, 1993). Une attitude a trois composantes: une

---

6.   Cela fait référence à la loi de la «bonne forme», dont il a été question dans le chapitre 2.

FIGURE 4.2   **Structure d'une attitude, illustrée par l'exemple de Marc-Antoine**

Stimuli (personnes, situations, questions sociales ou autres « objets ») *Exemple : avoir une entrevue d'emploi pour travailler à la Bourse de Montréal*	**Attitudes**	**Affect** • Réponses du système nerveux autonome • Expression de l'émotion	• *Nervosité, tension musculaire, troubles du sommeil.* • *Peur, bonheur, fierté, espoir.*
		Cognition • Images et représentations mentales • Expression des croyances, des attributions et des anticipations	• *Attention dirigée sur le marché boursier, surveillance des transactions en cours, etc.* • *Travailler à la Bourse de Montréal, c'est un emploi prestigieux et utile au développement du marché québécois.*
		Comportement • Actions et réactions béhaviorales • Justification des comportements	• *Recherche d'informations sur les exigences de l'employeur et de l'emploi.* • *Il faut être bien préparé pour obtenir un poste.*

Source: Inspiré de Rosenberg et Hovland (1966, p. 3).

conative, une affective et une autre cognitive. La composante conative correspond aux actions que l'individu aurait tendance à faire devant le stimulus. La composante affective renvoie aux sentiments et aux émotions qui sont éveillés par le stimulus. La composante cognitive se rapporte quant à elle aux idées et aux croyances à propos du stimulus. La structure de ces composantes est en équilibre lorsque ces dernières sont liées de façon logique et cohérente.

Dès qu'une nouvelle idée vient s'insérer dans la structure qui compose l'attitude, cette structure, en l'assimilant, se trouve en état de déséquilibre et doit s'accommoder de la nouvelle donnée pour rétablir l'équilibre. Cela explique pourquoi l'identité personnelle tend à se conserver au cours de l'ontogenèse; en fait, chaque fois qu'un individu doit faire face à une nouvelle situation, il a tendance à l'interpréter de façon cohérente avec ses propres croyances et à adopter une attitude relativement consistante. Cette tendance psychologique du maintien de l'individualité ou de l'identité personnelle trouve son pendant biologique dans la constance du milieu interne appelée homéostasie.

La figure 4.2 montre la structure d'une attitude telle que Rosenberg et Hovland (1966) la représentent, illustrée par un exemple.

Marc-Antoine, récemment diplômé en administration et spécialisé en finances, vient de recevoir un appel d'un agent d'emploi de la Bourse de Montréal pour un poste de cambiste. L'entrevue d'emploi est le stimulus qui déclenche une attitude.

Marc-Antoine est content, mais anxieux; il s'empresse de préparer son entrevue afin d'augmenter ses changes d'embauche. Il veut cet emploi. Il rencontre alors des amis, qui lui font part des exigences du métier de cambiste, des contraintes personnelles et du stress associés au poste. Marc-Antoine a bien confiance en eux. «Ce que vous me dites me fait remettre en question ma décision, leur répond-il, je dois réfléchir sérieusement avant d'accepter cette entrevue; je ne sais pas si je suis prêt à payer le prix que ce métier implique...» Le déséquilibre dans lequel Marc-Antoine se trouve peut donner lieu à un changement d'attitude envers le métier de cambiste.

D'après Rosenberg (1966), c'est l'inconsistance entre l'affect et la cognition qui provoque un changement d'attitude, donc l'apprentissage, dans la mesure où les tensions provoquées par l'inconsistance amènent la personne à prendre conscience de son attitude et à la remettre en question.

L'apprentissage résulte souvent de contradictions ou de conflits entre des idées à propos d'un même objet, ou d'inconsistance entre un état affectif et les idées qu'on se fait de l'objet qui a provoqué cet état. L'apprentissage résulte également des conflits inhérents à l'interaction avec d'autres personnes; des conflits et des dissensions dans un groupe peuvent amener des personnes, ou, mieux, des groupes de personnes, à faire des apprentissages qu'ils n'auraient pas faits autrement (De Paolis et autres, 1987; Mugny et autres, 1984).

Chez l'individu, la présence des autres stimule l'apprentissage, non seulement par les conflits inhérents aux interactions sociales, mais aussi par les modèles de comportements que les autres lui suggèrent. Ce sont les cognitivistes qui ont mis en évidence les mécanismes sociaux de l'apprentissage, dont l'apprentissage par observation (*vicarious learning*).

L'apprentissage par observation ou l'apprentissage indirect

Bandura (1986) a démontré que la présence des autres stimule l'apprentissage, notamment par l'imitation des comportements. Le fait de voir quelqu'un faire quelque chose qu'on voudrait savoir faire stimule la motivation à apprendre. L'individu regarde comment fait l'autre et se persuade que lui aussi peut le faire. D'après Bandura (1977b), le modèle peut être une autre personne (un maître enseignant à un apprenti) ou encore être symbolique (une recette de cuisine expliquée à l'aide de mots et d'images permettant à l'apprenti cuisinier de suivre les étapes de préparation).

Les actions du modèle servent de source d'information; l'apprenti peut imiter les comportements du modèle, même en son absence. Bandura (1986) décrit les quatre étapes de l'apprentissage par observation: l'attention, la rétention, la reproduction et le renforcement. L'attention est l'étape au cours de laquelle l'individu observe le modèle pour savoir comment faire; le degré d'attention qu'il porte aux comportements du modèle et sa motivation à l'imiter vont influencer les résultats de l'apprentissage. La rétention correspond à l'étape où il étudie les actions à faire, se les représente mentalement et les mémorise; la capacité de l'individu à bien percevoir les actions, à les mémoriser et à les reproduire mentalement détermine également les résultats de l'apprentissage. La reproduction consiste à faire comme le modèle, à pratiquer concrètement le savoir-faire et à l'exercer. Enfin, des renforcements sont donnés lorsque l'individu s'attend à en recevoir.

Plusieurs facteurs déterminent tant la motivation à imiter la personne qui sert de modèle que l'efficacité de l'imitation: la similarité du modèle, la persévérance de l'apprenant, son âge, sa familiarité avec les comportements à apprendre, la difficulté de la tâche et le contexte dans lequel elle s'effectue ainsi que la diversité des expériences réussies (Bandura, 1977a). En plus du sentiment d'efficacité personnelle, le style d'attribution (internalité/externalité), l'estimation des efforts requis et le concept de soi peuvent modérer autant la motivation à imiter que l'efficacité de l'imitation.

Une personne interne fait preuve d'une plus grande maîtrise d'elle-même qu'une personne externe; elle s'attend à ce que son effort produise une performance et des résultats; elle est disposée à apprendre et trouve généralement des solutions adaptées aux problèmes qu'elle rencontre. Parce qu'elle est de nature plus indépendante que la personne externe, elle se fie davantage à son propre jugement, est moins sensible à l'influence des autres et a plus confiance en ses capacités, ce qui facilite ses apprentissages.

L'évaluation que fait la personne des efforts nécessaires pour réussir est associée à l'évaluation de la difficulté de la tâche; cela détermine le niveau d'activation[7] et, par conséquent, l'efficacité personnelle de l'individu.

Le concept de soi est aussi un facteur important de l'apprentissage par observation. Étant donné que la personne a tendance à agir selon l'image qu'elle a d'elle-même, on peut s'attendre à ce qu'elle ait tendance à choisir des modèles d'identification qui lui ressemblent. En d'autres mots, l'individu a plus de facilité à apprendre en observant un modèle auquel il peut s'identifier.

Le degré de similarité du modèle favorise l'identification de l'apprenant. En psychologie, l'**identification** prend deux significations. Dans le cas présent, l'identification n'est pas entendue dans le sens de la reconnaissance, perceptive et cognitive, d'une personne, d'un objet ou d'un événement[8]. La deuxième signification de l'identification est celle qui nous importe ici: c'est l'assimilation d'un moi étranger, ce qui amène la personne à se comporter comme le modèle. Elle imite les attitudes et les comportements du modèle, qu'elle accueille en elle-même sans vraiment s'en rendre compte (Vurpillot, 1991). Le modèle, le moi étranger, est ce que la personne voudrait devenir. En ce sens, l'identification renvoie au désir de ressembler à une personne à qui on

---

7. Voir à ce sujet le chapitre 3 sur la motivation.
8. Ce processus d'identification s'effectue par la confrontation (ou l'appariement) entre un stimulus externe et une représentation perceptive ou conceptuelle stockée en mémoire (schéma) (Le Ny, 1991d). L'individu n'identifie que ce qu'il peut assimiler à une structure mentale qu'il a lui-même construite. Voir à ce sujet le chapitre 2 sur la perception.

accorde de l'importance, de la valeur. Dans ce cas, l'identification s'effectue principalement par l'apprentissage par observation.

L'apprentissage par compréhension soudaine (*insight*)

L'apprentissage par compréhension soudaine (*insight*) a été mis en évidence dans les recherches portant sur la résolution de problèmes: il arrive qu'on trouve soudainement la solution à un problème, sans être conscient du processus qui nous a permis de le faire. C'est le fameux *Eurêka!* d'Archimède. Cette forme d'apprentissage consiste pour l'essentiel à la restructuration spontanée des éléments qui composent le problème à résoudre ou la figure à percevoir.

Une phase de tâtonnement d'une durée variable puis une phase de réflexion habituellement très courte précèdent la compréhension soudaine. Le problème se présente souvent sous la forme d'une association d'idées plus ou moins organisées, plus ou moins cohérentes. Des souvenirs sont évoqués; une idée prend forme, mais échappe rapidement à l'attention; le problème occupe et préoccupe l'individu.

Les rôles de la motivation et de l'émotion sont importants, surtout dans les domaines où elles ne sont pas seulement le déclencheur de l'activité créatrice, mais aussi la matière de la création, comme c'est le cas pour les œuvres d'art ou la littérature. L'apprentissage par compréhension soudaine donne lieu à des expériences de créativité. La création ne s'effectue jamais à partir de rien: les éléments sont fournis par la mémoire et par l'environnement du créateur.

Reprenons l'exemple d'Archimède; il avait un problème d'importance à régler. Hiéron, tyran de Syracuse et protecteur d'Archimède, avait reçu une couronne, apparemment faite d'or pur. Comme il soupçonnait que la couronne était faite d'un alliage d'argent, il demanda à Archimède de résoudre ce problème sans altérer la couronne, qui était finement ciselée. Si Archimède avait pu fondre la couronne, il aurait aisément trouvé une réponse à la question d'Hiéron, puisqu'il connaissait le poids de l'or. Un jour, en entrant dans sa baignoire, toujours préoccupé par la demande de son protecteur, il observa le spectacle familier de l'eau montant dans la baignoire au fur et à mesure qu'il y pénétrait. Comme l'éclair, il lui vint à l'esprit que le volume d'eau déplacé était égal au volume des parties immergées de son corps. Il avait en quelque sorte pu fondre son corps sans l'endommager. Il pouvait dès lors répéter cette expérience, cette fois avec la couronne (Koestler, 1965).

Cette histoire montre bien comme l'*insight* provient de la fusion d'au moins deux champs cognitifs distincts: l'analogie devient porteuse d'une solution pour l'un des champs. Évidemment, l'*insight* ne se produit que lorsque l'individu est sous tension créatrice de recherche d'une solution, que lorsqu'il a un problème à résoudre, sinon il ne percevra pas les éléments de solution provenant de l'autre champ cognitif.

En milieu de travail, l'approche cognitive trouve plusieurs champs d'application, notamment dans la socialisation des nouvelles recrues et dans la formation professionnelle, que ce soit à l'occasion d'activités de perfectionnement ou sur le tas. En effet, il arrive parfois que des personnes de l'entreprise jouent le rôle de mentors avec de jeunes diplômés ; dans ce cas, c'est surtout par l'observation et le dialogue avec le mentor que les nouveaux employés apprennent les rôles qu'on attend d'eux. De plus, l'insertion dans une équipe de travail et le jeu des influences que cela suppose entraînent immanquablement des apprentissages, que ce soit en raison des dimensions inhérentes à la conformité et à la normalisation des comportements ou en raison des modèles de comportements que les personnes peuvent y trouver. En outre, les réunions de travail et l'exercice même des tâches donnent aux individus des occasions d'apprendre, que ce soit par l'observation, par l'action elle-même, par le dialogue ou par la compréhension soudaine. Enfin, les pratiques de changements dans les organisations sont largement inspirées de l'approche cognitive: bon nombre d'entre elles reposent sur le postulat que les personnes acceptent de changer leurs habitudes de travail lorsqu'elles ont pris conscience de leur inefficacité, qu'elle comprennent bien les nouvelles façons de faire et qu'elles s'estiment capables de les apprendre (Beer, 1988).

L'approche cognitive domine les activités de recherche sur l'apprentissage ; en revanche, dans les activités de formation ou d'enseignement, c'est l'approche expérientielle qui semble obtenir la faveur des intervenants.

L'APPROCHE EXPÉRIENTIELLE

David A. Kolb est l'un des professeurs qui ont beaucoup contribué au développement de l'approche expérientielle de l'apprentissage. Grâce aux travaux qu'il a faits avec des collègues comme I. Rubin et E. Schein, l'apprentissage et les différences individuelles d'apprentissage ont regagné de l'importance dans les milieux de travail. Le texte classique qui figure à la suite de ce chapitre est de Kolb ; il présente une définition de l'apprentissage expérientielle. Aucune recension ne saurait égaler la qualité de son argumentation ; en conséquence, dans cette section, nous nous contenterons de faire une brève introduction à l'approche expérientielle.

Kolb (1984) explique que l'approche expérientielle de l'apprentissage s'appuie sur les théories de Jean Piaget, de John Dewey et de Kurt Lewin. La théorie de Jean Piaget a déjà été présentée. Celles de Dewey et de Lewin sont ici décrites succinctement.

John Dewey (1938, 1958) conçoit l'apprentissage comme un processus dialectique intégrant le concret (l'expérience) et l'abstrait (la théorie), la réflexion et l'action. Il a montré que la réflexion et l'action, bien que distinctes, sont des activités indissociables: afin d'apprendre, l'individu doit prendre le temps de réfléchir sur l'efficacité de ses conduites et sur les conséquences de celles-ci, mais il doit aussi agir pour savoir si sa stratégie est bonne. D'après Dewey, l'individu a besoin de vivre des expériences concrètes pour découvrir et comprendre des connaissances acquises; et réciproquement, il a besoin de connaissances sur lui-même et sur le milieu ambiant pour orienter efficacement ses conduites et s'actualiser. Ainsi, l'apprentissage se réalise lorsque la personne confronte ses idées (abstraites) avec son expérience (concrète), en les mettant à l'épreuve (action) et en réfléchissant à la fois aux hypothèses de base et aux conséquences de ses actions (réflexion).

Kurt Lewin (1951) présente une théorie qui s'accorde bien avec celle de Dewey. D'après Lewin, l'apprentissage est un cycle qui comporte quatre étapes:

1) l'expérience immédiate et concrète qui stimule;

2) la réflexion sur les phénomènes observés, lesquels sont ensuite assimilés à une «théorie»;

3) à partir de cette «théorie», l'individu peut déduire quelles seront les implications de ces observations pour ses activités futures;

4) l'individu retient ainsi des leçons qu'il essaiera de se rappeler et de vérifier à l'occasion de nouvelles situations, lorsqu'il vivra de nouvelles expériences.

Kurt Lewin a démontré que pour que la personne apprenne, elle doit faire des expériences et recevoir de l'information sur sa performance. L'expérience est nécessaire pour que la personne puisse vérifier et modifier sa «théorie» lorsqu'elle se trouve dans une situation donnée. De plus, des processus de rétroaction sont nécessaires pour que la personne puisse diriger efficacement ses activités vers les objectifs qu'elle s'est fixés, et pour qu'elle puisse mesurer les conséquences de ses choix afin d'ajuster ses stratégies et de contrôler sa progression.

L'approche expérientielle définit l'apprentissage comme étant le processus par lequel la connaissance est créée à travers la transformation de l'expérience. Comme l'a montré Piaget (1967), la connaissance est le fruit de la «transaction» entre la connaissance personnelle et la connaissance sociale. L'apprentissage comporte, par conséquent, des transactions entre la personne et l'environnement.

L'apprentissage est facilité lorsque les idées (ou croyances) acquises sont explicitées dans une situation, puis examinées et vérifiées, et enfin modifiées par la confrontation avec de nouvelles idées permettant une conduite mieux adaptée. Inévitablement, l'expérience d'apprentissage requiert que la personne agisse et réfléchisse sur ses actions, qu'elle vive une expérience concrète pour en retirer des leçons qui pourront lui être profitables dans un avenir plus ou moins rapproché.

D'après Kolb (1984), un individu qui apprend doit s'engager ouvertement et librement dans la situation (expérience concrète) qui lui permettra de découvrir, par l'observation de ses comportements et des résultats et par la réflexion sur les effets positifs et négatifs qu'il a produits (observation réfléchie), les leçons qu'il devra retenir pour la suite de son développement. Ces leçons sont en quelque sorte des explications relatives aux conséquences de ses conduites dans son milieu et lui servent de théories dans l'organisation de ses stratégies d'adaptation (conceptualisation abstraite). Pour assurer sa sécurité et sa croissance, l'individu devra être capable de mettre à l'épreuve, dans ses conduites futures, les «théories» (expérimentation active) qu'il s'est ainsi données. Le cycle recommence alors par l'expérience concrète. La figure 4.3 illustre le cycle d'apprentissage de Kolb (1984).

L'expérience concrète et la conceptualisation abstraite représentent deux façons opposées d'acquérir des connaissances: la première se rapporte à l'exposition directe

FIGURE 4.3 Le cycle d'apprentissage de Kolb

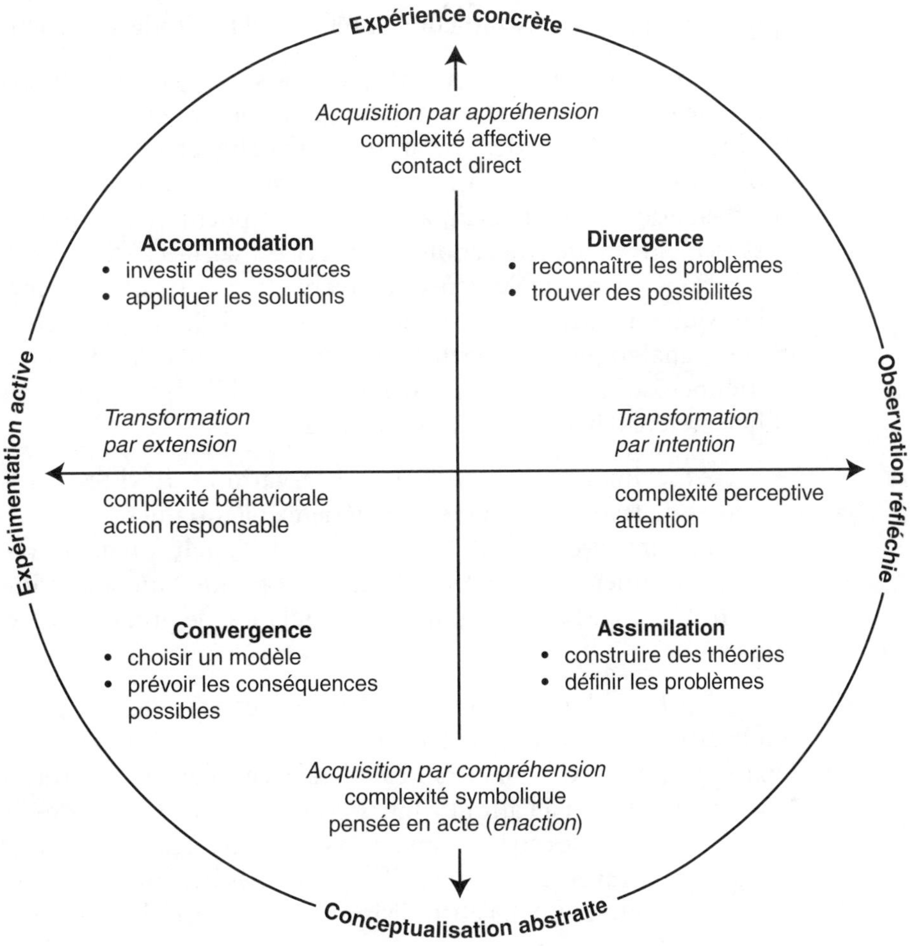

Expérience concrète

Acquisition par appréhension
complexité affective
contact direct

Accommodation
- investir des ressources
- appliquer les solutions

Divergence
- reconnaître les problèmes
- trouver des possibilités

Expérimentation active

*Transformation
par extension*

complexité béhaviorale
action responsable

*Transformation
par intention*

complexité perceptive
attention

Observation réfléchie

Convergence
- choisir un modèle
- prévoir les conséquences possibles

Assimilation
- construire des théories
- définir les problèmes

Acquisition par compréhension
complexité symbolique
pensée en acte (*enaction*)

Conceptualisation abstraite

Source: Traduit et adapté de Kolb (1984, p. 42).

avec la situation concrète, immédiate (appréhension); la seconde relève de la représentation abstraite et de l'interprétation des phénomènes perçus (compréhension).

L'appréhension est souvent associée à la pensée synthétique et la compréhension, à la pensée analytique. La pensée synthétique est associée à l'approche inductive, phénoménologique et totalisante des problèmes. L'individu qui a une préférence pour ce mode de pensée a tendance à choisir des méthodes de recherche qualitatives pour découvrir les significations: il tente de « mettre hors jeu », de « mettre entre parenthèses » tout jugement sur l'expérience de manière à faire « jaillir » la signification immanente qu'elle comporte. Il est plutôt enclin à suivre le flot des événements, car c'est par l'appréhension synthétique du contexte immédiat (ici et maintenant) qu'il comprend ce qui se passe. Ce mode de pensée est divergent et concret. Le temps n'a pas vraiment d'importance. Le principe de la pensée synthétique est la tolérance de l'incertitude et du risque; les systèmes synthétiques reposent sur le libre arbitre. Les individus préconisant la pensée synthétique préfèrent d'habitude les structures non directives.

Au contraire, la pensée analytique est associée à l'approche déductive, empirique et positive des problèmes. L'individu qui a une préférence pour ce mode de pensée a tendance à choisir des méthodes de recherche quantitatives et a le souci de l'objectivité : ses jugements sont fondés sur des faits ou des raisonnements logico-mathématiques. Il est enclin à expliquer les phénomènes qu'il observe; l'observation des éléments ou de leurs composantes vise à saisir les relations, les causes et les effets. C'est donc un mode de pensée convergent et abstrait. Le temps a de l'importance : l'individu a tendance à suivre des étapes et à ordonner ses activités. Le principe de la pensée analytique repose sur la réduction de l'incertitude et du risque; les systèmes rationnels sont généralement déterministes. L'individu préconisant la pensée analytique préfère d'habitude des structures directives.

L'expérimentation active et l'observation réfléchie représentent deux modes opposés de transformation de l'expérience : la première par des actions et des opérations portant directement sur des objets de l'environnement (extension), la seconde par le raisonnement hypothético-déductif permettant la classification et la construction de la connaissance ainsi que la formulation de propositions et d'inférences (intention).

D'après Kolb (1984), cette dimension action/réflexion peut s'apparenter à l'attitude extravertie/introvertie telle que la définit C.G. Jung. La transformation des connaissances par extension serait alors associée à l'attitude extravertie et la transformation par intention, à l'attitude introvertie[9]. Il existe en effet des liens entre la typologie psychologique et les styles d'apprentissage. Margerison et Lewis (1979) ont trouvé que l'attitude extravertie caractérise les personnes qui ont une préférence pour l'expérimentation active et que l'attitude introvertie caractérise celles qui préfèrent l'observation réfléchie.

L'interaction de la dimension « expérience concrète – conceptualisation abstraite » et de la dimension « expérimentation active – observation réfléchie » fait apparaître quatre quadrants correspondant à quatre styles d'apprentissage. Nous définirons chacun d'eux dans la section suivante.

Scott (1990) suggère des moyens de développer les habiletés d'apprentissage. Pour développer les habiletés de l'observation réfléchie, les techniques de la pensée divergente tels le remue-méninges (*brainstorming*), la restructuration du problème, les exercices de visualisation (comme celui qui figure dans l'encadré 4.1) et l'écoute active

---

9.   Voir à ce sujet le chapitre 1 sur la personnalité et le texte classique qui le suit, celui de C.G. Jung, *Typologie psychologique* (1983).

peuvent aider les individus à imaginer le problème dans toutes les dimensions possibles. Les techniques d'entrevue et de recherche documentaire peuvent aider lors de la collecte de données relatives au problème à résoudre. Pour développer les habiletés de conceptualisation abstraite, il faut savoir prendre du recul, se détacher de la situation et être réceptif aux *insights*. Des techniques d'assimilation peuvent faciliter le développement de ces habiletés: la réflexion-en-action, l'analyse des champs de forces, la cartographie cognitive et la formulation d'hypothèses. Pour développer les habiletés de l'expérimentation active, on peut utiliser des techniques de convergence telles que des modèles de validation et d'imagerie mentale pour apprendre à faire des choix et à déterminer un plan d'action qui permettra de tester les hypothèses et les propositions retenues. Enfin, pour développer les habiletés de l'expérience concrète, il est utile d'apprendre à définir des objectifs, à obtenir un consensus, à échanger des idées, à faire des présentations et à planifier des projets. Des techniques d'accommodation visant à adapter les stratégies au contexte et à la diversité des intérêts peuvent faciliter l'expérience concrète.

ENCADRÉ 4.1   Moi et mon entreprise

Objectifs	Cet exercice de visualisation est un exercice de projection permettant de découvrir la représentation mentale qu'on a de l'organisation. Cela peut vous aider à faire votre diagnostic de l'organisation et à découvrir ses aspects émotifs et subjectifs.
Durée	De deux à trois heures.
Directives	Prenez le temps de relaxer. Lorsque vous serez détendu, imaginez que c'est mercredi. Comment vous sentez-vous au réveil? Que mangez-vous au petit déjeuner? Par quel moyen vous rendez-vous au travail? Vous arrivez en face de l'entreprise, vous regardez l'immeuble et vous marchez lentement vers l'entrée. Vous ouvrez la porte, puis vous traversez le hall en direction de votre bureau. Vous ressentez chacun de vos mouvements et chacune de vos émotions. À ce moment, vous rencontrez un collègue que vous appréciez beaucoup. Que lui dites-vous? Quel type de relations entretenez-vous avec lui? Qu'est-ce que vous ressentez en présence de ce collègue? Après un certain temps, vous le quittez et vous rencontrez un autre collègue que vous n'appréciez pas du tout. Qu'est-ce que vous ressentez? Puis vous entrez dans votre bureau. Est-ce que la pièce vous plaît? Comment la percevez-vous? Que pensez-vous de votre travail et de son milieu? Après cette journée de travail, vous rentrez chez vous. Partagez cette expérience avec d'autres personnes.

Source: Fatzer (1990, p. 138-139). Reproduit avec la permission de Ablex Publishing Corp.

LES STYLES D'APPRENTISSAGE ET LA RÉSOLUTION DE PROBLÈMES

Il est assez facile de constater que les individus réagissent différemment dans des conditions d'apprentissage comparables, soit en raison des stratégies qu'ils emploient, soit en raison de leurs acquis. Après avoir établi l'existence de différences individuelles quant aux capacités intellectuelles et quant aux manières de résoudre les problèmes, Reuchlin (1991d) préconise un enseignement différencié à l'école. Est-il possible de tenir compte des différences individuelles lorsqu'on demande aux employés d'acquérir de nouvelles habiletés ou lorsqu'on fait des changements dans les organisations? Dans ce chapitre, deux typologies décrivant les styles d'apprentissage sont décrites, celle de Kolb (1984) et celle de Golay (1982).

LES STYLES D'APPRENTISSAGE

Comme nous l'avons vu précédemment, Kolb (1984) décrit l'apprentissage comme étant un cycle de quatre étapes: l'expérience concrète, l'observation et la réflexion, la formation de concepts et de lois générales, et l'expérimentation active. Ces quatre étapes représentent en fait les habiletés requises pour apprendre et pour résoudre efficacement des problèmes. Les individus ont tendance à privilégier une ou deux habiletés d'apprentissage au détriment des autres, entraînant de la sorte la formation de « styles d'apprentissage ». Kolb détermine quatre styles d'apprentissage à partir des quatre habiletés mises en œuvre: l'assimilation, l'accommodation, la divergence et la convergence (voir la figure 4.3, p. 191).

1) L'assimilation est un style d'apprentissage caractérisé par deux habiletés: l'observation réfléchie et la conceptualisation abstraite. Un individu qui a une préférence pour ce style aura tendance à aimer créer des modèles théoriques, à raisonner par induction, à s'intéresser aux idées, aux concepts abstraits, à l'analyse et à la logique. Il manifeste peu d'intérêt pour les personnes ou pour l'utilité des théories qu'il développe; par contre, il aime bien que ses théories soient bien fondées et véridiques. Il aime bien rechercher plusieurs explications pour un événement qu'il a observé. D'après Carlsson et autres (1976), le tenant du style «assimilation» est capable de créer des modèles théoriques et d'apprendre de ses erreurs. Cependant, il a tendance à se bâtir des châteaux en Espagne et à ne pas se soucier de l'application de ses théories. Ses plus grandes faiblesses sont d'être peu intéressé par les solutions réalistes et d'être indifférent aux personnes qui l'entourent.

2) À l'opposé, l'accommodation est un style d'apprentissage caractérisé par l'expérimentation active et par l'expérience concrète. Un individu qui a une préférence pour ce style d'apprentissage aura tendance à aimer faire des choses, à réaliser des plans et des expériences, à tenter de nouvelles expériences; il aime prendre des risques, excelle dans des situations qui demandent des ajustements ou des actions rapides. S'il arrive que les faits qu'il observe ne concordent pas avec le plan qu'il a défini, il est enclin à rejeter le plan plutôt que de nier les faits. Bien qu'il soit à l'aise avec les autres, il a tendance à se montrer impatient et arriviste. D'après Carlsson et

autres (1976), le tenant du style «accommodation» est préoccupé par la réalisation du projet et toutes ses actions sont orientées vers les objectifs à atteindre. Toutefois, ce type de personne a tendance à faire des ajustements inutiles au projet et à mettre beaucoup de temps à faire des choses qui ne sont pas nécessaires.

3) La divergence est un style d'apprentissage caractérisé par l'expérience concrète et par l'observation réfléchie. Le tenant de ce style aime imaginer des choses, aborder des situations concrètes à partir de plusieurs perspectives; il excelle dans des situations qui demandent de créer beaucoup d'idées; il aime les personnes, il a tendance à montrer ses sentiments, il éprouve une attirance pour les arts. Carlsson et autres (1976) ont trouvé que la force de la personne qui adopte ce style d'apprentissage est la capacité de comprendre divers points de vue et de reconnaître les possibilités d'action dans un contexte donné. Par contre, les principales faiblesses des tenants de ce style sont la difficulté de faire des choix, la tendance à s'investir émotivement dans les projets, le sentiment de devoir faire plaisir à tout le monde et la tendance à éviter les conflits.

4) Au contraire, la convergence est un style d'apprentissage caractérisé par la conceptualisation abstraite et par l'expérimentation active. Un individu ayant adopté ce style aura tendance à aimer appliquer des idées à des situations concrètes, à trouver la bonne solution; il aime faire des raisonnements hypothético-déductifs; il s'intéresse à la technique et aux objets. Carlsson et autres (1976) estiment que le tenant du style «convergent» a la capacité de concentrer ses efforts sur la résolution d'un problème et d'établir un plan d'action. Cependant, il a tendance à opter trop vite pour une solution, ce qui le conduit souvent à résoudre le mauvais problème. Sa plus grande faiblesse est son penchant pour les idées et les techniques, ce qui l'amène à se spécialiser.

L'encadré 4.2 présente l'inventaire du style d'apprentissage élaboré par Kolb. Cet inventaire a été révisé par Kolb (1985) afin d'en améliorer les coefficients de fidélité et de validité. L'inventaire révisé comprend 12 ensembles de propositions à ordonner par lesquelles les répondants essaient de décrire leur style personnel d'apprentissage. Les répondants doivent classer par ordre de préférence les quatre habiletés d'apprentissage. D'après Veres et autres (1991), l'Inventaire du style d'apprentissage II est un questionnaire fort utile pour étudier les styles d'apprentissage, la forme finale ayant des qualités psychométriques tout à fait acceptables.

L'exemplaire présenté ici n'est pas la forme finale de l'inventaire, mais bien une adaptation française de la version initiale qui, sans avoir subi les examens psychométriques nécessaires, peut tout de même être utile dans un contexte de formation.

Pour déterminer le style individuel d'apprentissage à partir des résultats de l'inventaire, il suffit de soustraire le résultat obtenu dans la colonne EA (pour expérimentation active) du résultat de la colonne OR (pour observation réfléchie), et de reporter le nombre obtenu sur l'axe horizontal de la figure 4.4, présentée ci-dessous. Puis, il faut soustraire le nombre obtenu dans la colonne CA (pour conceptualisation abstraite) du résultat de la colonne EC (pour expérience concrète), et reporter le nombre obtenu sur

ENCADRÉ 4.2   Inventaire du style d'apprentissage

Cet inventaire doit vous permettre de reconnaître votre façon d'apprendre. Vous devez classifier les propositions qui suivent par ordre décroissant, en commençant par celle qui caractérise le mieux votre style d'apprentissage.

Vous aurez sans doute quelque difficulté à choisir la proposition qui caractérise le mieux votre manière d'apprendre parce qu'il n'y a ni bonne ni mauvaise réponse. Cet inventaire décrit votre mode d'apprentissage; il n'évalue pas votre facilité à apprendre.

Directives

Il y a ci-dessous neuf ensembles de quatre propositions. Ordonnez chaque ensemble (de 4 à 1) en assignant un 4 à la proposition qui caractérise le mieux votre mode d'apprentissage et un 1 à celle qui décrit le moins bien votre style. Assignez un chiffre différent à chacune des quatre propositions de chacun des ensembles. Deux propositions d'une même ligne ne doivent pas avoir le même chiffre.

1. ( ) je fais des choix   ( ) j'essaie de comprendre   ( ) je me risque   ( ) je mets en pratique

2. ( ) je suis réceptif   ( ) je m'efforce d'être pertinent   ( ) j'analyse   ( ) je suis neutre

3. ( ) je ressens   ( ) j'observe   ( ) je pense   ( ) j'agis

4. ( ) j'accepte la situation   ( ) je prends des risques   ( ) j'évalue la situation   ( ) j'ai l'œil ouvert

5. ( ) je procède par intuition   ( ) j'obtiens des résultats   ( ) je procède par logique   ( ) je remets en question

6. ( ) je préfère les théories   ( ) je préfère la réflexion   ( ) je préfère les choses concrètes   ( ) je préfère l'action

7. ( ) je vis le moment présent   ( ) je suis patient   ( ) je pense à l'avenir   ( ) je suis pragmatique

8. ( ) je m'appuie sur l'expérience   ( ) je cherche le sens du problème   ( ) je cherche un modèle conceptuel   ( ) j'expérimente

9. ( ) je me concentre   ( ) je demeure sur la réserve   ( ) je suis rationnel   ( ) je fais ce que je dois faire

EC _____   OR _____   CA _____   EA _____

(2, 3, 4, 5, 7, 8)   (1, 3, 6, 7, 8, 9)   (2, 3, 4, 5, 8, 9)   (1, 3, 6, 7, 8, 9)

Source: Adapté de Kolb et autres (1976, p. 35), avec la permission de l'éditeur.

l'axe vertical de la figure 4.4. À partir du premier résultat obtenu, tracez une ligne verticale, et tracez une ligne horizontale pour le second résultat. Au point d'intersection de ces deux droites se situe votre style d'apprentissage.

Margerison et Lewis (1979) ont trouvé des corrélations entre les types psychologiques et les styles d'apprentissage. Le type sensation est associé au style accommodation ; le type intuition, au style assimilation ; le type sentiment s'associe au style divergence ; et le type pensée, au style convergence. Kolb (1984) a fait des associations entre ces deux théories. Le tableau 4.4 résume les compétences associées à chaque style d'apprentissage et rappelle les associations qu'on a trouvées avec les types psychologiques.

Chaque style d'apprentissage apporte une contribution particulière à la résolution d'un problème ; chacun a cependant besoin de soutien pour ne pas tomber dans les pièges de ses faiblesses (Carlsson et autres, 1976 ; Kolb, 1974).

Par exemple, le style accommodation stimule la réalisation de projets tout en ne perdant pas de vue les objectifs à atteindre. Pour contrer les faiblesses du style d'apprentissage, les gens qui le pratiquent doivent connaître les résultats atteints lors de la progression des activités et être tenus informés des exigences de la situation.

Le style divergence permet l'amélioration de la qualité des informations utiles à la prise de décision. Pour éviter que le tenant de ce style ne soit paralysé par le contexte, il est important de lui communiquer les connaissances à propos du problème qu'affronte l'équipe.

TABLEAU 4.4   Résumé des compétences attribuées à chaque style d'apprentissage et association avec les types psychologiques

Accommodation *Type : sensation-extraverti* *Intérêts : actions (comment ?)* • s'engager pour atteindre des objectifs • chercher de bonnes occasions et en tirer profit • influencer et diriger les autres • être personnellement engagé • être en relation avec des personnes	**Divergence** *Type : sentiment-introverti* *Intérêts : valeurs (pourquoi ?)* • être sensible aux intérêts des autres • être sensible aux valeurs • écouter avec un esprit ouvert • recueillir de l'information • imaginer les implications et les conséquences des situations ambiguës
Convergence *Type : pensée-extraverti* *Intérêts : décision (quand ? où ?)* • créer de nouvelles façons de penser et de faire • expérimenter de nouvelles idées • choisir la meilleure solution • fixer des objectifs • prendre des décisions	**Assimilation** *Type : intuition-introverti* *Intérêts : idées (quoi ?)* • organiser l'information • construire des modèles conceptuels • vérifier les théories et les idées • planifier des expérimentations • analyser des données quantitatives

Source : Kolb (1984).

FIGURE 4.4 Détermination de la caractéristique dominante de votre style personnel d'apprentissage

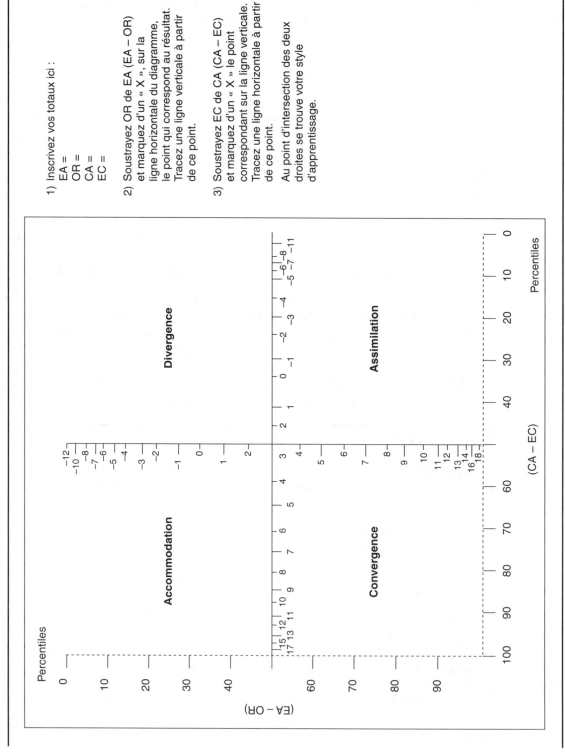

1) Inscrivez vos totaux ici :
   EA =
   OR =
   CA =
   EC =

2) Soustrayez OR de EA (EA – OR) et marquez d'un « X », sur la ligne horizontale du diagramme, le point qui correspond au résultat. Tracez une ligne verticale à partir de ce point.

3) Soustrayez EC de CA (CA – EC) et marquez d'un « X » le point correspondant sur la ligne verticale. Tracez une ligne horizontale à partir de ce point.

   Au point d'intersection des deux droites se trouve votre style d'apprentissage.

Source: Adapté de Kolb (1984).

Le style assimilation structure le problème, qui peut parfois paraître flou aux yeux du gestionnaire. Celui qui pratique ce style a, par contre, besoin de connaître les politiques, les méthodes de planification et les critères d'évaluation afin de demeurer au fait de la situation problématique.

Enfin, le style convergence concentre les énergies sur un plan d'action, sur une solution. Le tenant de ce style d'apprentissage a besoin de connaître des techniques de décision qui lui donneront l'image la plus complète possible du problème à résoudre, et ce avant de retenir une solution.

Le tableau 4.5 résume les contributions que chacun des styles peut apporter à la résolution de problèmes et au travail en équipe. Ce tableau propose des façons de mieux superviser les équipes.

Une autre typologie des styles d'apprentissage peut être utilisée pour déceler les différences individuelles; c'est celle des tempéraments. Les styles de tempéraments ont déjà été présentés dans le premier chapitre, qui traite de la personnalité. Golay (1982) emploie cette typologie pour décrire les différences individuelles d'apprentissage.

LES STYLES DE TEMPÉRAMENTS

Keirsey et Bates (1984) ont défini quatre tempéraments: épiméthéen, prométhéen, apollinien et dionysien. Golay (1982) a démontré que chaque tempérament développe un style d'apprentissage cohérent avec sa nature.

Le tempérament épiméthéen

Celui qui a un tempérament épiméthéen valorise l'activité et la structure. En particulier, il aime comprendre une situation afin de trouver des moyens de faciliter le développement d'un groupe et d'en préserver la cohésion. Il aime avoir des responsabilités et valorise les bonnes habitudes de travail. Il aime accomplir des tâches dans un cadre bien structuré et pouvoir connaître les résultats de ses actions.

L'individu au tempérament épiméthéen acquiert la connaissance grâce à des techniques de diagnostic et de mémorisation des faits et des procédures, grâce à l'exercice, à l'entraînement et à l'application de modèles structurés en séquences d'activités. Ses intérêts sont captés par tout ce qui touche le fonctionnement des choses, l'aspect pratique des connaissances. «Comment ça marche? À quoi ça sert?» sont des questions qu'il aime bien se poser. Il n'aime pas tellement faire des tentatives; il préfère apprendre tout de suite la bonne méthode.

Sa méthode de travail est généralement bien structurée et bien organisée. D'habitude, il respecte les échéances. Il aime bien écouter des exposés et prendre des notes, faire des recherches en bibliothèque et faire des exercices pratiques bien préparés. Parce qu'il valorise l'appartenance, il se fait un plaisir d'aider les autres dans leurs tâches et d'accomplir du travail supplémentaire, s'il le faut, pour atteindre les objectifs fixés. Le tempérament épiméthéen s'apparente au style convergence de la théorie de Kolb.

TABLEAU 4.5   Les styles d'apprentissage : résolution de problèmes et besoin de
supervision

Accommodation	**Divergence**
Expérience concrète et expérimentation active	Expérience concrète et observation réfléchie
Application à la résolution de problèmes : défense d'opinions et d'idées, détermination des objectifs, engagement des ressources dans un projet, exécution des décisions.	***Application à la résolution de problèmes :*** recherche d'informations pour situer le problème et détermination des occasions d'action, reconnaissance des écarts et des difficultés, expérimentation de nouveaux patterns, création de possibilités d'action.
Contribution à l'équipe : stimulation de la réalisation des projets ; surveillance des objectifs à atteindre.	***Contribution à l'équipe :*** augmentation de la qualité et de la quantité des informations nécessaires à la prise de décision ; soutien à la collecte, à l'organisation et à l'utilisation des données qui n'auraient pas été considérées autrement ; relative indépendance de jugement.
Nature des stimuli utiles : rétroaction sur les résultats, techniques de suivi, informations sur les besoins.	***Nature des stimuli utiles :*** attribution de possibilités spécifiques, stimulation du processus de création d'idées, informations sur le problème et sur son contexte.
Convergence	**Assimilation**
Conceptualisation abstraite et expérimentation active	Conceptualisation abstraite et observation réfléchie
Application à la résolution de problèmes : choix d'une hypothèse parmi d'autres, concentration des efforts, évaluation des plans et des programmes, test d'hypothèses, prise de décisions.	***Application à la résolution de problèmes :*** construction d'une théorie, définition du problème, comparaison des hypothèses possibles, définition des critères, formulation des hypothèses et des plans d'action.
Contribution à l'équipe : apport d'indices utiles pour la prise de décision ; concentration des énergies vers une théorie.	***Contribution à l'équipe :*** mise en place d'une structure pour une situation qui à l'origine paraît relativement floue pour un gestionnaire ; formation d'un concept ; formulation d'indices facilitant la prise de décision ; relative indépendance de jugement.
Nature des stimuli utiles : connaissance des techniques de tri et de sélection, du design expérimental, des sciences humaines et politiques.	***Nature des stimuli utiles :*** connaissance des politiques, des méthodes de planification, des stratégies possibles et des critères d'évaluation.

Source : Carlsson et autres (1976) ; et Kolb (1984).

Le tempérament prométhéen

Le tempérament prométhéen préfère apprendre en employant des modèles conceptuels précis, analytiques. Il cherche à comprendre, expliquer, prévoir, maîtriser les phénomènes. Il aime apprendre pour savoir faire et innover. Il a l'esprit critique, et il aime bien s'en servir pour découvrir les aspects cachés des problèmes. Il aime apprendre de nouvelles habiletés et chercher de nouvelles idées. L'individu au tempérament prométhéen est un chercheur dans l'âme et un explorateur. L'inconnu constitue pour lui un mystère qu'il doit découvrir. Sa curiosité et ses inspirations le guident dans ses expériences; il aime résoudre des problèmes qui posent des défis à son intelligence. Parce que l'individu qui a ce tempérament a un grand besoin d'accomplissement, il a tendance à se donner des standards de réussite très élevés et à vouloir tout abandonner lorsqu'il perd espoir de réussir. Il a donc besoin d'être soutenu et adroitement conseillé au cours de ses apprentissages.

Contrairement à l'individu au tempérament épiméthéen, il n'aime pas les exercices structurés et cherche à éviter l'entraînement. Il préfère apprendre par lui-même, en faisant des recherches; il aime bien assister à des présentations, pour autant qu'elles soient faites par quelqu'un qui maîtrise bien le sujet, qu'elles soient suivies d'une discussion et renforcées par des lectures appropriées. Il aime bien participer à des séances de remue-méninges (*brainstorming*).

Il aime bien aider les autres à comprendre des modèles et des techniques, mais son impulsion pour la compétition intellectuelle le pousse à devenir impatient lorsqu'on n'arrive plus à le suivre dans ses explications. Son attitude détachée et directive cause aussi des inconforts chez les autres. Cependant, il se rend peu compte des effets qu'il produit, car il est peu sensible aux sentiments d'autrui, tellement il valorise la connaissance et la compétence. Il aurait besoin d'acquérir des habiletés interpersonnelles. Le tempérament prométhéen a de grandes ressemblances avec le style assimilation de la théorie de Kolb.

Le tempérament apollinien

Le tempérament apollinien aime apprendre avec des modèles conceptuels, synthétiques. Il recherche la profondeur et le sens des phénomènes. Il a une préférence marquée pour l'interprétation: l'expérience est subjective; en conséquence, l'apprentissage doit être une affaire personnelle. Son mode de raisonnement est holistique, synthétique: il utilise souvent ses *insights* et ses impressions pour se forger une opinion de ce qu'il observe. Cependant, son opinion est provisoire; il n'aime pas porter de jugements arrêtés, faire des critiques ou prendre des décisions. L'individu au tempérament apollinien, tout comme celui au tempérament prométhéen, recherche l'accomplissement et réussit bien dans ses études. Il recherche la perfection. Ce qu'il fait est souvent une projection de son identité.

S'il se voit contraint de faire quelque chose sous l'effet d'une menace d'être puni ou ridiculisé, il peut devenir rebelle et employer ses talents à dresser les autres contre la source de la menace. Il croit que toute personne doit être traitée avec respect et dignité. Il valorise l'équité. L'individu au tempérament apollinien excelle dans l'art de communiquer: ses idées témoignent de la richesse de son imagination et de sa créativité. Même s'il a besoin d'être connu et reconnu par les autres, il a un grand besoin d'autonomie et d'individualité. Ses capacités empathiques et son ouverture d'esprit l'aident à comprendre les opinions des autres et à les mettre à profit dans un groupe. Les techniques d'éducation qui lui conviennent sont les discussions en petits groupes, les analyses de cas, la rédaction d'un récit de vie, l'analyse d'un document, etc. Le tempérament apollinien ressemble au style divergence dans la théorie de Kolb.

Le tempérament dionysien

L'individu au tempérament dionysien développe un style d'apprentissage qui recherche l'activité et la spontanéité. C'est celui qui a le moins d'intérêt pour les matières culturelles et intellectuelles, non pas parce qu'il n'est pas intelligent, mais parce qu'il n'est pas intéressé par les problèmes théoriques, abstraits, conceptuels. Par contre, il aime faire des expériences, essayer quelque chose, entreprendre des projets. La vie est pour lui la meilleure école.

Pour apprendre, l'individu au tempérament dionysien a besoin de liberté et d'autonomie; les structures non directives, centrées sur la personne, sont celles qui respectent le mieux sa nature. Il aime apprendre par des méthodes actives, car il aime agir. Il est souvent pressé d'agir. Il apprend par la pratique; il connaît par l'action. L'individu au tempérament dionysien est préoccupé par la fonction des savoirs qu'il apprend: pourquoi devrait-il apprendre quelque chose dont il ne peut se servir tout de suite? Il vit le moment présent; il n'aime pas conserver, planifier, organiser. Son grand principe est l'adaptation continue au flux des événements. En situation de formation, il peut avoir des problèmes d'assiduité et d'attention s'il n'a pas l'occasion de bouger, d'exprimer librement son avis, de faire des travaux pratiques qui l'intéressent. Son besoin de stimulation ne l'empêche pas de concentrer son attention sur une tâche; une

TABLEAU 4.6   Styles d'apprentissage associés aux tempéraments

Tempérament épiméthéen	**Tempérament prométhéen**
Type : sensitif avec jugement *Style : convergence*	*Type : intuitif avec pensée* *Style : assimilation*
Stimuli : activité et structure	**Stimuli** : conceptualisation et analyse
Objectif : développer l'appartenance	**Objectif** : développer l'intelligence
Valeurs : l'obligation, la responsabilité, la stabilité et la loyauté	**Valeurs** : la compétence, la raison, la découverte, le pouvoir
Moyens : planifier, préparer, conserver les énergies, respecter les règles et les procédures, prendre des décisions, suivre des étapes, pratiquer	**Moyens** : explorer des idées, remettre en question, faire des analyses, concevoir des systèmes, faire des critiques, expliquer des phénomènes, classifier, faire preuve d'ingéniosité
Tempérament dionysien	**Tempérament apollinien**
Type : sensitif avec perception *Style : accommodation*	*Type : intuitif avec sentiment* *Style : divergence*
Stimuli : activité et spontanéité	**Stimuli** : imagination et synthèse
Objectif : accomplir des projets	**Objectif** : découvrir le sens
Valeurs : la réalisation, la liberté, l'efficacité et le plaisir	**Valeurs** : la connaissance de soi, l'actualisation, les relations, l'équité
Moyens : s'engager activement dans un projet, être libre d'exprimer son opinion, prendre des risques, être en compétition, faire des concours, relever des défis	**Moyens** : rencontrer des personnes, discuter en petits groupes, développer des relations, trouver des *insights*, imaginer des possibilités, laisser libre cours à son inspiration

Source: Golay (1982).

activité qui captive son intérêt peut retenir son attention assez longtemps. L'individu au tempérament dionysien aime apprendre, pourvu que les activités soient variées, certaines étant stimulantes et d'autres plus calmes. Il apprécie la compétition, les concours, les défis. Il aime apprendre par des moyens ludiques comme les jeux de rôles, les jeux-questionnaires, les exercices de créativité, l'analyse de cas, etc. Ce tempérament est semblable au style accommodation dans la théorie de Kolb.

Le tableau 4.6 donne un sommaire des caractéristiques des styles d'apprentissage pour les quatre tempéraments.

APPRENDRE, C'EST CHANGER

L'apprentissage, c'est la modification de la capacité d'un individu à faire quelque chose à la suite d'une expérience. Par définition, apprendre, c'est changer. Dans la documentation sur l'apprentissage, cet aspect du processus échappe parfois aux chercheurs. En effet, il arrive qu'on associe l'apprentissage à l'acquisition (plus ou moins passive) de connaissances et aux activités de mémorisation, et ce sans faire état des conséquences de ces acquisitions sur les capacités ou sur les conduites individuelles. Il est temps de rappeler, toutefois, qu'apprendre implique un changement dans les capacités de la personne, changement qui peut se manifester dans ses comportements.

LES ÉTAPES DU CHANGEMENT

C'est par la porte qu'on sort. Pourquoi personne ne veut-il utiliser cette sortie?
CONFUCIUS

D'après Lewin (1975) la réussite d'un changement comporte trois étapes: la décristallisation, le déplacement et la cristallisation. Ces trois étapes servent de cadre de référence à l'intégration des activités d'apprentissage étudiées précédemment.

La décristallisation

La **décristallisation** correspond à la création d'une ouverture à l'expérience, à la déséquilibration du champ psychologique. En effet, le déséquilibre est le déclencheur du processus de changement. Ce déséquilibre peut être provoqué par:

1) la présence ou l'action d'un agent ou d'un facteur de l'environnement donnant lieu à des dissonances, à des inadéquations ou à des inadaptations du système cognitif;

2) les incohérences, les inconsistances, les contradictions ou les dysfonctions du système lui-même;

3) l'équilibre même du système lorsque celui-ci tend vers la stabilité (il s'agit alors d'un état d'équilibre dit assuré, comme le nomme Dolle [1987]).

Ce troisième cas est un phénomène paradoxal: le changement coexiste avec la permanence. En même temps qu'un système cherche à conserver sa structure, des transformations sont opérées, modifiant par le fait même sa structure. Ceci nous amène à poser le postulat suivant: plus c'est pareil, plus ça change!

L'action ou la simple présence d'un agent (une personne ou un groupe de personnes) ou d'un facteur (un événement, une combinaison de stimuli) entraîne donc la déséquilibration ou, dans les termes de Lewin, la décristallisation du champ. Cette déséquilibration suppose généralement pour l'individu la remise en cause de ses croyances, de ses normes, de ses habitudes, de ses mœurs ou de ses coutumes; bref, la nécessité d'agir, d'accommoder les schèmes d'action aux paramètres des nouveaux éléments; en un mot, de changer.

Du déséquilibre découle le dynamisme nécessaire aux activités et aux conduites de l'individu, dans la mesure où il puise les motifs de ses actions dans son milieu. Le déséquilibre produit demeure habituellement local et partiel, ne concernant qu'un certain nombre de conduites de l'individu. Le déséquilibre, sauf exception, n'entraîne pas une remise en cause de l'ensemble de ses activités ou de sa personnalité.

Le changement peut se produire dès qu'un déséquilibre apparaît dans la structure du champ psychologique. Cette proposition s'appuie sur la théorie des structures dissipatives temporelles de Prigogine: l'ordre ou l'équilibre naît de l'entropie, c'est-à-dire du désordre ou du déséquilibre; les structures qui en résultent sont créées et maintenues, grâce à des échanges d'énergie constants avec l'environnement, dans des conditions de non-équilibre. Ainsi, d'après Trocmé-Fabre (1994), l'apprentissage ne peut avoir lieu tant que l'état de conscience reste immuable.

Suivant les conseils de Lewin (1975), il est possible de provoquer un changement chez une personne après avoir examiné son champ psychologique: ses valeurs, ses normes, ses attitudes, ses croyances, ses mythes, ses systèmes identitaires, etc. Pour ce faire, il faut désigner les canaux objectifs (les portes, les entrées du système ou les voies d'accès) et leur utilité pour l'individu, ainsi que les facteurs qui déterminent le choix de ses actions, pour autant qu'elles soient prévisibles. En d'autres mots, il faut pouvoir préciser les objets sur lesquels l'individu peut agir et présenter le projet d'apprentissage dans une forme qui soit compatible avec son expérience (comprenons son champ psychologique).

Le déplacement

Le déplacement correspond au changement proprement dit. Il procède soit par la correction des schèmes d'action ou la compensation des perturbations, soit par la production de nouveaux schèmes d'action ou la transformation du système, ce qui nécessite son dépassement. Dans ce deuxième cas, il y a émergence de nouvelles significations ou mise en œuvre de nouveaux processus ou de solutions plus appropriées à la situation. De telles opérations visent, dans les deux cas, non pas seulement l'équilibre, mais aussi l'accroissement de la complexité du système, signifiant chez l'être humain la création de nouvelles relations et de nouveaux instruments de pensée. Comme l'indique Piaget (1975b), elles nécessitent l'assimilation de nouveaux éléments, compatibles avec la nature du système.

Lors du déplacement, deux mécanismes psychologiques sont mis en œuvre: l'identification et l'intériorisation. En cours de processus, l'individu est amené à s'identifier à de nouveaux modèles et à intérioriser les nouvelles normes ou les nouveaux comportements.

L'opération de déplacement est plus facile lorsqu'elle résulte d'une décision de l'individu. Le désir d'un changement ainsi que le lien entre la motivation et l'action que fournit une telle décision contribuent à renforcer le changement.

Le déplacement peut donner lieu à la conservation de la structure du système si le cadre de référence demeure intact et que le système de valeurs et de croyances reste inchangé. Le déplacement peut mener à l'instauration d'une nouvelle structure, rendue possible par la production d'un cadre de référence original ou encore par la révision du système de valeurs et de croyances. L'apprentissage se produit lorsque le déplacement nécessite le dépassement du cadre de référence original ou la modification de sa structure interne.

La cristallisation

Enfin, la cristallisation consiste à rendre permanent le nouveau champ de forces, ou plutôt à stabiliser l'état d'équilibre atteint, tant par la consolidation de la structure du système que par le renforcement des acquis. L'engagement (public) dans un groupe est un moyen de stabiliser les apprentissages. Les différentes techniques de conditionnement et le soutien sont d'autres méthodes pour consolider les nouveaux comportements.

LES RÉSISTANCES AU CHANGEMENT

Le changement se heurte souvent à des résistances, c'est-à-dire à des forces qui s'opposent à la réorganisation des conduites et à l'acquisition des nouvelles compétences ou, en d'autres mots, à des forces restrictives. Ces dernières proviennent de l'individu, du groupe ou encore d'un ensemble social plus grand, par exemple une organisation.

Chez beaucoup de personnes, l'inconnu et l'incertitude qu'engendre le changement suscitent des craintes, des peurs et des appréhensions. Ces réactions au changement sont attribuables à un sentiment de perte associé à l'abandon de ce qui était acquis et satisfaisant. Les forces restrictives émanent aussi de la structure même des groupes d'appartenance, des inerties que comportent ces derniers et de l'idéologie dominante. Roggemma et Smith (1983) confirment cette proposition dans leur recherche sur l'industrie du transport.

Les résistances remplissent deux fonctions: celle de conserver l'identité personnelle, l'identité sociale et le sentiment de cohérence (besoin de sécurité et d'identité); et celle de donner du temps pour permettre l'assimilation des nouvelles exigences et l'accommodation des schémas d'action (principe de l'apprentissage), c'est-à-dire les manières de concevoir les conduites. En ce sens, les résistances assument des fonctions d'adaptation et sont nécessaires (Zacker, 1974). En fait, les résistances sont l'expression de l'autonomie des individus. L'absence de résistances serait plus inquiétante que leur présence.

Les résistances peuvent servir à faciliter l'apprentissage dans la mesure où elles sont considérées comme des révélateurs: on peut les analyser et les interpréter afin d'en découvrir le sens et les enjeux pour soutenir les efforts des individus dans leur recherche de solutions. Cette façon de traiter les résistances est appelée «analytique».

L'intervention sur les résistances consiste à aider les gens à découvrir et à comprendre les déterminants cachés de leurs problèmes. Plusieurs techniques psychothérapeutiques sont employées à cette fin; la confrontation, la clarification et l'interprétation en sont quelques-unes (Kets de Vries et Miller, 1985).

La confrontation est un moyen de faire prendre conscience aux individus de ce qu'ils évitent, fuient ou nient; il s'agit de rendre explicite l'implicite de leurs actions. La mise au jour des conflits et des contradictions nécessite la clarification, c'est-à-dire l'analyse et la définition claire du problème. La dernière technique, l'interprétation, consiste à chercher les déterminants du problème. Cela peut se faire en analysant les éléments du passé d'un individu qui sont transférés dans la situation actuelle (interprétation de transfert); en faisant ressortir les forces qui sont intervenues dans l'histoire de cet individu pour expliquer ce qu'il est devenu aujourd'hui (interprétation du contenu); ou encore en élucidant les mécanismes de défense utilisés par l'individu pour se protéger contre son anxiété. Dans tous les cas, il s'agit de provoquer une prise de conscience, de faciliter la prise en charge de l'expérience et, par là, d'induire un changement constructif et de faciliter ainsi l'apprentissage. Ces trois techniques exigent des habiletés de relation d'aide. Nous les décrirons dans le prochain chapitre.

APPRENDRE À APPRENDRE

D'après Csikszentmihalyi (1990), les individus doivent apprendre à devenir indépendants, tant de l'environnement (des récompenses et des punitions qu'il apporte) que de leurs instincts (des plaisirs et des douleurs qu'ils entraînent), afin de trouver le bonheur. D'après lui, les personnes qui apprennent à maîtriser leur expérience intérieure, à maîtriser les contenus de leur conscience, sont capables de déterminer la qualité de leur vie; c'est là le sens du mot «bonheur» pour Csikszentmihalyi. C'est par des efforts constants et par la créativité que l'individu peut développer cette maîtrise. Il rappelle d'ailleurs une proposition de J. S. Mill voulant qu'aucune grande amélioration du sort de l'espèce humaine ne soit possible sans qu'il n'y ait un grand changement dans la constitution fondamentale de ses modes de pensée. Plusieurs chercheurs ont affirmé que l'information et la prise de conscience de son propre fonctionnement cognitif et de ses propres structures mentales constituent la méthode la plus efficace pour apprendre et changer (Noël, 1991; Pinard, 1992; Trocmé-Fabre, 1994).

La maîtrise personnelle trouve sa source dans les talents, les compétences et les savoir-faire de la personne (Senge, 1991). La maîtrise personnelle n'est pas un aboutissement, mais un savoir-faire, un niveau élevé de compétence qu'on ne cesse d'acquérir. Un individu qui maîtrise un savoir-faire est bien conscient de ses limites et des progrès qui lui restent à faire. Il est aussi conscient que la perfection n'est pas de ce monde.

Selon Argyris (1978, 1985), les personnes éprouvent des difficultés à changer. Elles ont tendance à conserver leurs habitudes et à répéter leurs erreurs. Il explique ce phénomène par la manière dont les personnes apprennent. Il définit deux systèmes d'apprentissage. L'**apprentissage en simple boucle**, qui correspond au processus de détection et de correction des écarts entre les résultats obtenus et les résultats désirés. Dans ce système, les hypothèses et les objectifs sont intouchables. L'**apprentissage en double boucle**, qui correspond aussi au processus de détection des écarts, mais qui inclut la remise en cause des hypothèses, des normes et des objectifs sous-jacents. Un tel système d'apprentissage semble être meilleur que le premier, car il permet non seulement de résoudre les difficultés, mais aussi d'améliorer la performance.

Qu'est-ce qui empêche alors les personnes d'utiliser le système en double boucle? D'après Argyris (1978), plusieurs facteurs expliquent le maintien du système en simple boucle:

1) les croyances et les rationalisations des écarts entre les discours et les conduites;

2) la peur de dire ce qu'on pense;

3) les déterminants inconscients du comportement;

4) les rôles que jouent les individus pour ménager les susceptibilités des uns et des autres.

Afin de changer le système d'apprentissage, Argyris (1978) propose une méthode nécessitant la capacité de:

1) prendre conscience de ce schéma interne, et de voir comment les hypothèses présentées nuisent à l'amélioration de la performance;

2) formuler de nouvelles hypothèses qui réduisent les conséquences contre-productives;

3) montrer comment passer des anciennes hypothèses aux nouvelles;

4) faire siennes les connaissances indispensables à la mise en œuvre de ce nouveau comportement.

Watzlawick et autres (1975) donnent une explication similaire. Pour ces chercheurs, la dysfonction d'un système (ou son mauvais fonctionnement) est un signe de son incapacité à provoquer un changement: le système se trouve pris dans une impasse. Pour transformer le système, il faut pouvoir le placer dans un nouveau cadre de référence qui permette de modifier la signification attribuée aux événements (concrets) d'une situation. Le nouveau cadre de référence doit toutefois convenir au mode de pensée de l'individu concerné par le changement. Il faut, par conséquent, tenir compte de son langage, de ses croyances, de ses valeurs et de ses attitudes.

La pratique du changement que ces auteurs proposent comporte quatre phases:

1) définir clairement le problème en termes concrets (trouver le vrai problème);

2) examiner les solutions déjà essayées (parfois, le problème est qu'on répète la même solution sous plusieurs formes);

3) définir clairement le changement auquel on veut aboutir;

4) se donner un plan d'action visant à effectuer le changement et le mettre en œuvre sans tarder.

Cette démarche est, en quelque sorte, une méthode de résolution de problèmes. Aussi, il s'agit d'abord de poser le problème en termes concrets (qu'est-ce qui se passe?) et de voir s'il s'agit d'un vrai problème. Ensuite, Watzlawick et autres (1975) conseillent d'examiner attentivement les solutions possibles (des plus réalistes aux plus utopiques). Cet examen permet de reconnaître les solutions qui ne devraient pas être retenues et de découvrir le lieu (la porte, au sens de Lewin) où le changement doit être fait. La troisième phase du changement concerne la définition d'un objectif concret et réaliste pour la personne. Cet objectif doit être atteint dans un délai assez court. Ces trois phases constituent les actions préliminaires du processus de changement proprement dit. C'est lors de la quatrième que le changement s'opère véritablement. Ces auteurs suggèrent plusieurs tactiques de changement: rendre explicite l'implicite, rendre public ce qui est caché, rendre la résistance intelligible, etc.

L'ÉCOLE DES COUPS DURS

Les coups durs donnent des occasions d'apprendre dans la mesure où les individus en sont capables. Les personnes qui attendent d'être obligées d'apprendre pour le faire développent des mécanismes de défense de plus en plus efficaces, ce qui a pour effet d'empêcher le déclenchement des processus d'apprentissage. En conséquence, il importe de mettre en place des conditions qui facilitent l'apprentissage individuel et collectif, et ce non seulement dans les situations de crise, mais aussi dans les activités quotidiennes (Dixon, 1994; James et Snell, 1994; Pauchant et Mitroff, 1995; Senge, 1991).

Snell (1992) a mené une enquête auprès de plusieurs gestionnaires pour essayer de comprendre pourquoi l'apprentissage est si difficile au sein des organisations. Il a d'abord trouvé que les personnes apprennent de leur expérience lorsqu'elles sont exposées à une épreuve. Il a relevé plusieurs situations qui apparaissaient plus souvent que d'autres: faire une grave erreur, être surchargé au point de mettre en doute sa compétence, être forcé d'agir contre ses principes, être pris dans une impasse, être victime d'une injustice, perdre la responsabilité d'un projet important, être critiqué par un collègue bien en vue. En face de tels problèmes, Snell suggère des réactions et des façons d'apprendre. Le tableau 4.7 présente ses propositions.

Snell (1992) a également déterminé des activités qui facilitent l'apprentissage dans les organisations afin de prévenir les coups durs, les épreuves, et afin d'apprendre à apprendre. Il a défini plusieurs activités d'apprentissage, qui sont présentées dans le

TABLEAU 4.7   L'école des coups durs: réactions suggérées et façons d'apprendre

Source de détresse	Réaction suggérée	Façon d'apprendre
(c'est généralement un choc psychologique ou un coup inattendu)	(en général, permet de résister à une réaction impulsive, de se trouver une place pour prendre de l'air, de chercher de l'aide, *discrètement* si possible)[1]	(constitue souvent une façon de retenir les leçons de l'expérience malheureuse)
Une grave erreur	• aller passer sa colère ou sa peine à l'écart des autres	• admettre l'erreur et en chercher la cause
Être surchargé, se sentir incompétent	• réduire sa charge de travail et éviter de rester fixé sur ses imperfections (*pratiquer la pensée positive*)	• se concentrer sur les améliorations possibles
Être forcé d'aller contre ses propres principes	• réaliser qu'il n'y a pas de solutions faciles	• déterminer ce qu'on veut vraiment, ses valeurs
Une impasse	• passer sa frustration dans un endroit en retrait	• bien écouter les arguments de ses adversaires
Une injustice	• éviter de blâmer les autres et de se venger impulsivement	• repérer les valeurs qui ont été transgressées et les adopter
Perdre la responsabilité d'un projet	• exprimer sa déception dans un lieu en retrait	• admettre la défaite comme juste et étudier les comportements de l'adversaire
Être critiqué par un collègue	• réagir avec assurance	• étudier la mentalité de l'attaquant

1. Les commentaires en italique sont de nous.

Source: Traduit et adapté par Marie-Ève Marchand de Snell (1992, p. 135).

tableau 4.8: reconnaître les signes avant-coureurs d'un problème; envisager des scénarios défavorables; chercher les points de divergence entre les personnes; demander des avis critiques à des personnes qu'on estime; faire du counseling d'avant-crise; présenter ses idées à des personnes en qui on a confiance pour qu'elles les évaluent; être activement curieux au moment des rencontres. Snell (1992) fait état du coût émotif que de telles activités entraînent, mais il fait également valoir l'économie affective qu'elles peuvent permettre de réaliser.

L'ENTREPRISE APPRENANTE

Comment les organisations peuvent-elles prévenir les coups durs? D'après Snell (1992), il existe des différences typiques entre les organisations où l'apprentissage est laissé au hasard et celles qui font des efforts pour créer un climat d'apprentissage. Dans les entreprises dites apprenantes, plusieurs compétences sont valorisées: faire de l'exploration active, avoir une perspective à long terme, suspendre ses jugements et ses suppositions de base, réfléchir de façon intuitive et qualitative, observer les processus

TABLEAU 4.8   L'ouverture à l'expérience d'apprentissage sans douleur

Activité d'apprentissage	Coût émotif à court terme	Économie affective à long terme
(consiste à ne rien tenir pour acquis, à demeurer en état d'alerte, à mettre en doute activement)	(correspond à un effort mental, à un dérangement, à un inconfort, à une incertitude et à un malaise)	(permet de réduire les risques d'un choc émotif ou d'un coup inattendu)
Reconnaître les signes avant-coureurs de problèmes	• envisager la possibilité que quelque chose aille mal	• idéalement, la douleur du désastre est évitée — ou, à tout le moins, on est prêt à la supporter
Envisager des scénarios défavorables	• penser l'impensable, tout en conservant une volonté optimiste	• c'est du temps gagné à préparer des réponses appropriées
Chercher les points de divergence entre les personnes	• abandonner la sécurité étroite de sa propre perspective	• c'est une façon de réduire la possibilité de se retrouver au pied du mur
Demander des avis critiques à des personnes qu'on estime	• réduire ses propres défenses, se permettre d'être vulnérable	• c'est toujours mieux que de recevoir des avis d'une façon brutale et offensive ou à travers des messages systémiques
Counseling d'avant-crise	• risquer de se montrer fragile en apparaissant inutilement inquiet, faire confiance	• cela peut prévenir ou anticiper la douleur de la crise
Présenter ses idées à des personnes en qui on a confiance	• risquer de commettre de petites erreurs	• c'est comme une police d'assurance contre un plus grand embarras
Être activement curieux au moment des rencontres	• les questions peuvent paraître bizarres, naïves ou déplacées	• cela augmente la vision ; les cartes cognitives ainsi développées peuvent servir plus tard

Source : Traduit et adapté de Snell (1992, p. 137).

interpersonnels et culturels, étudier l'histoire de l'entreprise, prendre soin des autres, exprimer ses émotions, tolérer l'incertitude, avoir un code moral de l'intégrité, dialogique et philosophique, et mobiliser ses ressources personnelles dans le présent. Les cultures des organisations conventionnelles, réactionnaires, utilitaristes, machistes et bureaucratiques sont loin de rassembler les conditions facilitantes.

Les notions d'apprentissage et d'apprentissage organisationnel sont très présentes dans le champ de la gestion des entreprises (Argyris, 1982; Dixon, 1994, 1995; Marsick, 1994; Senge, 1991). C'est surtout en raison des difficultés que rencontrent les gestionnaires qu'est apparue la nécessité de s'interroger sur la capacité d'apprendre individuellement et collectivement. Les problèmes qui touchent la santé, la qualité de vie des personnes, le développement harmonieux de la société ainsi que la préservation de la nature sont généraux et ne laissent personne insensible. Pauchant et Mitroff (1995) suggèrent des moyens d'aider les personnes dans les organisations à prendre leurs responsabilités en charge et à réorienter les activités des organisations vers des objectifs écologiques pour prévenir les effets destructeurs des organisations.

Apprendre, c'est changer ses croyances, ses attitudes, ses routines et ses comportements par la transformation de l'expérience. Le travail donne des occasions d'apprentissage importantes, bien plus que ne sauraient en donner les activités de formation, tant pour la personne que pour l'organisation. Il faut au moins se donner la peine d'en prendre conscience et de faire ce qu'il faut. Pour que les individus apprennent à apprendre, encore faut-il qu'il y ait une culture qui mette l'accent sur la réflexion critique et sur l'apprentissage, et non plus seulement sur l'action et la performance.

Texte classique

LE PROCESSUS DE L'APPRENTISSAGE EXPÉRIENTIEL[1]

> *Nous ne cesserons pas d'explorer*
> *Et au terme de notre périple*
> *Nous reviendrons là d'où nous sommes partis*
> *Et connaîtrons cet endroit pour la première fois*
> T.S. ELIOT[2]

La théorie de l'apprentissage expérientiel offre une vision du processus d'apprentissage fondamentalement différente de celle que proposent les théories béhavioristes s'appuyant sur une épistémologie empirique, ou les théories de l'apprentissage plus implicites à l'origine des méthodes pédagogiques traditionnelles, méthodes reposant essentiellement sur une épistémologie rationnelle et idéaliste. Cette autre façon d'envisager l'apprentissage se traduit par des préceptes différents en ce qui touche à l'enseignement, aux relations appropriées entre l'apprentissage, le travail et les autres activités, ainsi qu'à la création de la connaissance même.

On qualifie cette vision de l'apprentissage d'« expérientielle » pour deux raisons. D'une part, on souhaite ainsi faire ressortir clairement que cette théorie tire ses origines intellectuelles des travaux de Dewey, de Lewin et de Piaget. D'autre part, on veut insister sur le rôle fondamental de l'expérience dans le processus d'apprentissage. La théorie expérientielle se distingue donc des théories rationalistes et des autres théories cognitives de l'apprentissage, qui tendent à mettre l'accent sur l'acquisition, la manipulation et le rappel de symboles abstraits, de même que des théories béhavioristes, qui nient les rôles de la conscience et de l'expérience subjective dans le processus d'apprentissage. Il importe cependant de souligner que nous ne voulons pas ici présenter la théorie expérientielle de l'apprentissage comme un substitut aux théories béhavioristes et cognitives, mais plutôt offrir une vision holistique intégrée de l'apprentissage combinant l'expérience, la perception, la cognition et le comportement. Le présent chapitre décrit les modèles de processus d'apprentissage mis respectivement de l'avant par Lewin, Dewey et Piaget et en indique les caractéristiques communes, caractéristiques qui servent à définir la nature de l'apprentissage expérientiel.

LES TROIS MODÈLES DU PROCESSUS DE L'APPRENTISSAGE EXPÉRIENTIEL

Le modèle de recherche-action et de formation en laboratoire de Lewin

Dans le cadre des techniques de la recherche-action et de la méthode de laboratoire, ce qui semble le plus faciliter l'apprentissage, le changement et la croissance, c'est un processus intégré débutant par une expérience immédiate à propos de laquelle on recueille ensuite des données et des observations. Après analyse de ces données, les conclusions tirées sont transmises par rétroaction aux sujets ayant pris part à l'expérience, afin que ces derniers puissent les utiliser pour modifier leur comportement et choisir de nouvelles expériences. L'apprentissage apparaît ainsi comme un cycle à quatre étapes (voir la figure 1). L'expérience immédiate et concrète est à l'origine de l'observation et de la réflexion. Les observations faites sont assimilées à une « théorie » à l'aide de laquelle les sujets peuvent déduire certaines implications en ce qui touche leurs activités futures. Ces implications ou hypothèses viennent ensuite guider les actions des sujets, entraînant ainsi de nouvelles expériences.

Deux caractéristiques de ce modèle d'apprentissage méritent qu'on s'y attarde. La première est l'importance qu'il accorde à l'*expérience concrète du type « ici et maintenant »* pour valider et vérifier les concepts abstraits. L'expérience immédiate d'un

---

1. Tiré de Kolb, D.A., *Experiential Learning*, Englewood Cliffs (N.J.), Prentice-Hall, 1984, p. 20-38.
2. Tiré de « Little Gidding », dans *Four Quartets* © (1943) par T.S. Eliot, renouvelé en 1971 par Esme Valerie Eliot. Reproduit avec l'autorisation de Harcourt Brace Jovanovich Inc. (traduction libre).

FIGURE 1   Le modèle d'apprentissage expérientiel de Lewin

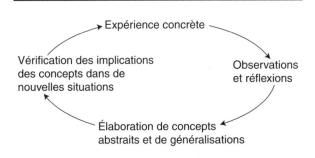

sujet lui permet d'apprendre, de donner vie et texture aux concepts abstraits et de leur attribuer une signification personnelle, tout en lui fournissant un point de référence concret qu'il peut partager avec d'autres pour vérifier les implications et la validité des idées générées au cours du processus d'apprentissage. Lorsque des êtres humains partagent une expérience, ils le font pleinement, d'une manière à la fois concrète et abstraite.

La seconde caractéristique de ce modèle qui retient l'attention est que la recherche-action et la formation en laboratoire reposent sur des *processus de rétroaction*. Lewin a emprunté le concept de la rétroaction au génie électrique, et l'utilise pour décrire un processus d'apprentissage social et de résolution des problèmes dont on peut extraire une information valable pour évaluer les écarts observés par rapport aux objectifs visés. Cette rétroaction est à l'origine d'un processus continu faisant intervenir des activités axées sur des objectifs et l'évaluation de leurs conséquences. Lewin et ses disciples étaient convaincus qu'une bonne part de l'inefficacité individuelle et organisationnelle s'expliquait, en somme, par l'absence de processus de rétroaction adéquats. Cette inefficacité est le fait d'un déséquilibre entre l'observation et l'action, déséquilibre qui résulte d'une tendance, chez les individus et les organisations, soit à mettre l'accent sur la décision et l'action au détriment de la collecte d'informations, soit à s'enliser dans la collecte et l'analyse de données. La formation en laboratoire et la recherche-action visent à incorporer ces deux perspectives dans un processus d'apprentissage efficace axé sur des objectifs.

Le modèle du processus d'apprentissage de Dewey

Le modèle du processus d'apprentissage de John Dewey ressemble pour beaucoup à celui de Lewin. Il montre toutefois plus explicitement la nature développementale de l'apprentissage qu'implique son assimilation par Lewin à un processus de rétroaction, et ce en décrivant de quelle manière l'apprentissage transforme les impulsions, les sentiments et les désirs issus de l'expérience en un dessein (projet) supérieur.

Il s'ensuit que la formation d'un projet est une opération intellectuelle assez complexe. Elle implique :

1°   l'observation des conditions qu'offre l'environnement ;

2°   la connaissance de ce qui a pu se produire dans le passé à l'occasion de situations semblables, connaissance à la fois par la remémoration et par l'information, les conseils, les avertissements de ceux dont l'expérience est plus riche ;

3°   le jugement qui synthétise les observations et les souvenirs pour en dégager la signification.

Un projet diffère d'une impulsion première et d'un désir par le travail qu'il suppose, travail d'élaboration selon un plan et une méthode d'action basés sur la prévision des conséquences dans certaines conditions données et dans une certaine direction. [...] Le problème crucial [en matière d'enseignement] consiste à obtenir que l'action, au lieu de suivre immédiatement le désir, soit différée jusqu'à ce que l'observation et le jugement aient pu intervenir. [...] Il va de soi que la prévoyance elle-même, en cette matière, ne suffit pas. L'anticipation intellectuelle, l'idée de conséquence, doit se mêler au désir et à l'impulsion pour acquérir une force d'actualisation. C'est elle qui imprime une direction lucide à ce qui, autrement, serait aveugle, tandis que le désir, lui, donne impulsion et mouvement à l'idée (Dewey, 1947, p. 76-77).

Une représentation graphique du modèle de l'apprentissage expérientiel élaboré par Dewey apparaît à la figure 2. La description de l'apprentissage qu'offre ce dernier s'apparente à celle de Lewin, car elle met l'accent sur l'apprentissage en tant que processus dialectique intégrant, d'une part, l'expérience et les concepts, et d'autre part, les observations et

FIGURE 2
Le modèle d'apprentissage expérientiel de Dewey

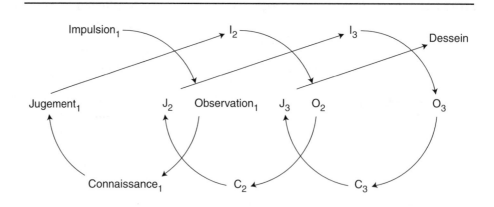

l'action. L'impulsion de l'expérience donne aux idées leur force d'actualisation, tandis que les idées confèrent à l'impulsion une direction, ou orientation. L'action imminente doit absolument être retardée pour que l'observation et le jugement puissent intervenir, mais elle est essentielle à la réalisation du projet. C'est grâce à l'intégration de ces processus opposés, mais en symbiose, qu'une impulsion aveugle donne naissance à un dessein ou projet mûr et complexe.

Le modèle de l'apprentissage et du développement cognitif de Piaget

Selon Piaget, les dimensions de l'expérience et du concept, de la réflexion et de l'action, forment les continuums du développement de la pensée adulte. De la petite enfance à l'âge adulte, la vision qu'on a du monde évolue. D'abord concrète et phénoménale, elle devient abstraite et constructiviste. Initialement active et égocentrique, elle se transforme en un mode de connaissance réfléchi et intériorisé. Piaget soutient qu'il s'agit également là des grandes orientations du développement de la connaissance scientifique (Piaget, 1970). Le processus d'apprentissage qui génère ce développement se présente sous la forme d'un cycle d'interactions entre un sujet et son milieu qui rappelle les modèles de Dewey et de Lewin. Selon Piaget, l'apprentissage repose sur les interactions entre deux processus: l'*accommodation* des concepts et des schèmes avec l'expérience qu'on a du monde et l'*assimilation* des événements et des expériences vécus à des concepts et à des schèmes

existants. L'apprentissage ou, pour reprendre l'expression de Piaget, l'adaptation intelligente, résulte d'une tension équilibrée entre ces deux processus. Lorsque l'accommodation prend le pas sur l'assimilation, on note un phénomène d'imitation, l'individu s'ajustant aux contours et aux contraintes de son milieu. À l'inverse, lorsque l'assimilation prédomine, il y a une tendance au jeu, l'individu imposant ses propres concepts et ses propres images, et ce sans tenir compte des réalités de son milieu. Le processus de la croissance cognitive du concret à l'abstrait et de l'action à la réflexion s'appuie sur cette transaction continue entre l'assimilation et l'accommodation, transaction qui passe par des étapes successives amenant chacune l'incorporation de ce qui est survenu auparavant dans un niveau de fonctionnement cognitif nouveau et supérieur.

Piaget a mis en évidence quatre grandes étapes de la croissance cognitive, lesquelles se succèdent de la naissance jusqu'à l'âge de 14 à 16 ans environ. Au cours de la première étape (de 0 à 2 ans), l'enfant a un style d'apprentissage essentiellement concret et actif. C'est ce qu'on appelle l'« étape sensori-motrice ». L'apprentissage se fait alors surtout par le toucher et la manipulation. Toute représentation se fonde sur l'action; ainsi, « un verre est fait pour boire ». La plus grande réalisation qui caractérise cette étape est sans doute l'adoption d'un comportement axé sur des objectifs. En effet, « la période sensori-motrice laisse voir une évolution remarquable, les habitudes non intentionnelles initiales cédant le pas à une activité expérimentale et exploratoire manifestement voulue et axée sur des objectifs. » (Flavell, 1963,

p. 107). À ce stade, l'enfant ne possède toutefois que peu de schèmes ou théories auxquels il peut assimiler les événements, de sorte qu'il adopte envers son milieu une attitude fondée avant tout sur l'accommodation. Son milieu influe pour beaucoup sur ses idées et ses intentions. L'apprentissage résulte alors essentiellement de l'association d'une réaction à un stimulus.

Au cours de la deuxième étape (entre 2 et 6 ans), l'enfant conserve sa vision concrète, mais acquiert peu à peu une orientation réflexive lorsqu'il commence à intérioriser les actions en les convertissant en images. C'est ce qu'on appelle l'« étape de la pensée préopératoire ». L'apprentissage se révèle alors essentiellement iconique et s'effectue par observations et par images. Ayant quelque peu échappé à son immersion dans l'expérience immédiate, l'enfant peut jouer avec ses représentations du monde et les transformer. À ce stade, son attitude à l'égard de ce qui l'entoure est marquée par la divergence. L'enfant est fasciné par sa capacité de recueillir des images et d'envisager le monde sous différents angles. Bruner décrit l'enfant à cette étape de la manière suivante.

> Ce qui survient alors au cours du développement constitue une réalisation importante. Les images acquièrent une position autonome et deviennent un bon moyen de résumer l'action. À trois ans, l'enfant s'est transformé en un modèle de distractivité sensorielle. Il est victime des lois de l'attrait et s'intéresse à cet objet brillant, puis à cet autre aux couleurs éclatantes, puis à cet autre qui fait du bruit, et ainsi de suite. À ce stade, la mémoire visuelle semble être très concrète et particulière. Le plus curieux au sujet de cette période est que l'enfant constitue alors une créature du moment ; l'image du moment lui suffit et est gouvernée par une seule caractéristique de la situation (Bruner, 1966b, p. 13).

La troisième étape (entre 7 et 11 ans) est marquée par le début du développement intensif de facultés symboliques abstraites. Il s'agit là de la première étape du développement de la pensée symbolique que Piaget nomme l'« étape des opérations concrètes ». À ce stade, c'est la logique des classes et des relations qui gouverne l'apprentissage. L'enfant accroît son indépendance par rapport à son milieu expérientiel immédiat en acquérant des facultés d'induction.

En utilisant une analogie simple, on peut dire que les structures des opérations concrètes ressemblent à des parcs de stationnement dont les diverses places sont tantôt occupées et tantôt libres. Ces places de stationnement restent cependant toujours là, ce qui amène à considérer non seulement les automobiles présentes mais aussi celles qui pourraient venir occuper les espaces déjà libres et ceux qui le deviendront (Flavell, 1963, p. 203).

Ainsi, par opposition à l'enfant au stade sensorimoteur, dont le style d'apprentissage procède surtout de l'accommodation, l'enfant, à l'étape des opérations concrètes, apprend davantage par assimilation. Il s'appuie sur des concepts et des théories pour choisir et façonner ses expériences.

La dernière étape du développement cognitif, telle que décrite par Piaget, survient au début de l'adolescence (entre 12 et 15 ans). Les processus symboliques fondés sur des opérations concrètes cèdent alors le pas aux processus symboliques de la logique figurative. C'est ce qu'on appelle l'« étape des opérations formelles ». L'adolescent se montre alors de nouveau plus actif, mais il s'agit là d'une attitude d'action modifiée par le développement antérieur de ses facultés de réflexion et d'abstraction. Grâce aux facultés symboliques qu'il possède désormais, l'adolescent peut raisonner de manière hypothético-déductive. Il définit les conséquences possibles de ses théories, puis se livre à certaines expériences pour déterminer lesquelles surviennent réellement. Son style premier d'apprentissage s'avère donc convergent, par opposition à celui de l'enfant à l'étape de la pensée préopératoire, qui est divergent.

> On constate ainsi que la pensée formelle représente pour Piaget non pas tant un comportement donné, mais plutôt une attitude générale — parfois explicite et parfois implicite — axée sur la résolution de problèmes, l'organisation des données (analyse combinatoire), l'isolation et le contrôle des variables, l'hypothétique ainsi que la justification et la preuve logiques (Flavell, 1963, p. 211).

Cette brève description de la théorie du développement cognitif de Piaget fait ressortir les processus fondamentaux du développement qui façonnent le processus de base de l'apprentissage chez l'adulte (voir la figure 3).

FIGURE 3
Le modèle
d'apprentissage et du
développement cognitif
de Piaget

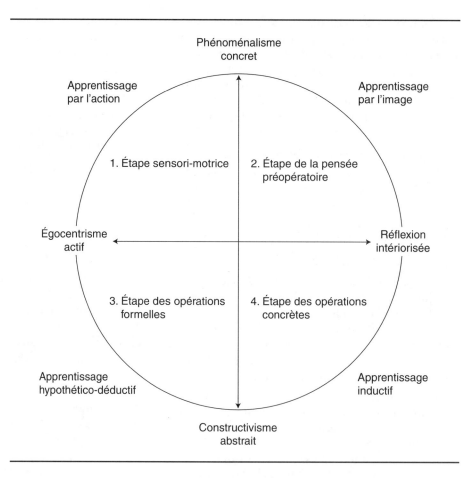

LES CARACTÉRISTIQUES
DE L'APPRENTISSAGE EXPÉRIENTIEL

Les trois modèles du processus d'apprentissage décrits précédemment ont plusieurs points en commun. Ensemble, ils offrent une vision unique de l'apprentissage et du développement, vision caractérisée par les affirmations décrites ci-après, que partagent les trois grandes traditions de l'apprentissage expérientiel.

L'apprentissage constitue davantage un processus qu'un résultat

En ce qui touche au comportement, la théorie de l'apprentissage expérientiel met l'accent sur le processus de l'apprentissage plutôt que sur ses résultats, se distinguant ainsi des approches idéalistes associées à l'enseignement traditionnel et des théories béhavioristes élaborées par Watson, Hull, Skinner et d'autres. Elle a des fondements philosophiques et épistémologiques différents de ceux des théories béhavioristes de l'apprentissage et des approches pédagogiques traditionnelles. Les versions modernes de ces dernières s'appuient sur la philosophie empiriste de Locke et sur d'autres philosophies. Or, cette épistémologie repose sur l'idée qu'il existe des éléments de la conscience — des atomes mentaux ou, comme le disait Locke, des « idées simples » — qui demeurent toujours inchangés. Combinés et associés de différentes façons, ces éléments cohérents forment nos divers modèles de pensée. Cette notion, selon laquelle la pensée se compose d'éléments constants et fixes, a influé pour beaucoup sur les visions dominantes en matière d'apprentissage et d'enseignement, d'où une tendance à définir l'apprentissage en fonction de ses résultats, qu'il s'agisse de connaissances sous forme d'accumulation de faits, ou d'habitudes représentant une réaction comportementale à des stimuli particuliers. Si on envisage les idées comme étant fixes et immuables, il semble alors possible de mesurer ce qu'un sujet a appris en déterminant le nombre d'idées qu'il a accumulées.

La théorie de l'apprentissage expérientiel procède, quant à elle, d'hypothèses différentes. Les idées n'y constituent pas des éléments fixes et immuables de la pensée, car on considère qu'elles sont plutôt formées puis reformées sous l'effet de l'expérience. Chacun des modèles examinés précédemment décrit l'apprentissage comme un processus où les concepts sont dérivés de l'expérience, puis continuellement modifiés sous l'effet de celle-ci. On n'a jamais deux fois la même idée, car il y a toujours intervention de l'expérience. Piaget (1970), par exemple, envisage la création de nouvelles connaissances comme le problème central de l'épistémologie génétique, puisque chaque acte de compréhension est le fruit d'un processus de construction et d'invention continu, attribuable à l'interaction entre l'assimilation et l'accommodation. L'apprentissage est un processus émergent dont les résultats ne représentent qu'une chronique du passé et non une forme de connaissance de l'avenir.

Dans l'optique de l'apprentissage expérientiel, la définition de l'apprentissage en termes de résultats peut devenir une définition du non-apprentissage, dans le sens où le fait de ne pas modifier ses idées et ses habitudes à la lumière de l'expérience dénote une inadaptation. Le meilleur exemple de ce paradoxe réside dans l'axiome béhavioriste selon lequel on peut évaluer la force d'une conduite, ou habitude, en fonction de sa résistance à l'extinction. Autrement dit, plus une habitude donnée a été « apprise » par un sujet, plus ce dernier persiste longtemps à la conserver lorsqu'elle ne lui apporte plus aucune récompense. De la même façon, certains croient que les courants de pensée où l'apprentissage apparaît comme un résultat, et non comme un processus d'adaptation, ont un effet négatif sur le système éducationnel. Jerome Bruner, dans un ouvrage intitulé *Toward a Theory of Instruction*, déclare que l'enseignement a pour but d'accroître chez l'étudiant l'intérêt pour le savoir et l'habileté à l'obtenir, plutôt que de lui faire mémoriser un bagage de connaissances : « La connaissance est un processus et non un produit » (Bruner, 1966b, p. 72). Paulo Freire parle

de la conception « bancaire » pour désigner l'approche où l'on envisage l'enseignement comme l'action de transmettre des connaissances.

L'enseignement devient ainsi une forme de dépôt, les étudiants étant les dépositaires et leur maître, le déposant. Au lieu d'établir une communication, l'enseignant procède par voie de communiqués et effectue des dépôts que les étudiants reçoivent, mémorisent et répètent avec patience. Il s'agit là de la conception « bancaire » de l'enseignement, où la liberté d'action offerte aux étudiants se limite à la réception, au classement et à la conservation des dépôts. Les étudiants peuvent, il est vrai, collectionner ou cataloguer les choses qu'ils emmagasinent. Au bout du compte, toutefois, ce sont les hommes qui sont relégués aux archives par manque de créativité, de transformation et de connaissances à l'intérieur de ce système pour le moins déplacé, car on ne peut être véritablement humain sans l'investigation et la praxis. La connaissance ne peut procéder que de l'invention et de la réinvention résultant d'une investigation constante, impatiente et pleine d'espoir de l'homme dans son milieu, auprès de celui-ci et auprès des autres (Freire, 1974, p. 58).

L'apprentissage est un processus continu qui est enraciné dans l'expérience

On ne cesse d'apprendre de ses expériences et de vérifier les connaissances acquises à la lumière de celles-ci. Lors de ses études sur la nature de la conscience humaine, William James (1890) s'est émerveillé du fait que cette conscience est continue. Comment se fait-il, s'est-il demandé, que je me réveille chaque matin avec la même conscience, les mêmes pensées, les mêmes sentiments, les mêmes souvenirs et la même conception de ma propre identité que j'avais la veille à mon coucher ? De même, selon Dewey, la continuité de l'expérience est une puissante vérité de l'existence humaine et un élément central de la théorie de l'apprentissage.

[…] le principe de la continuité de l'expérience signifie que chaque expérience, d'une part, emprunte quelque chose aux expériences antérieures et, d'autre part, modifie de quelque manière la qualité des expériences ultérieures. […] Quand un sujet passe d'une situation à une autre, son univers, ou, comme on dit, son environnement, s'élargit ou se contracte. On ne peut pas prétendre que le sujet se découvre soudain dans un autre monde, mais du moins dans quelque partie ou quelque aspect différent du monde où il a toujours vécu. Ce qu'il avait acquis de savoir et d'habileté dans la situation précédente devient instrument de compréhension et d'action dans la nouvelle situation. Le processus doit se prolonger aussi longtemps que le désir d'apprendre et que la vie qui l'anime (Dewey, 1947, p. 49 et 57).

Bien que nous reconnaissions tous la notion de continuité de la conscience et de l'expérience à laquelle James et Dewey ont fait allusion, et que nous tirions un certain réconfort de la prévisibilité et de la sécurité qu'elle apporte, un élément de doute et d'incertitude se glisse à l'occasion dans la pénombre de cette conscience. Comment puis-je concilier mon sentiment de continuité et de prévisibilité avec un milieu qui semble parfois chaotique et imprévisible? Chaque jour, j'accomplis mon travail en sachant assez bien quels sont les problèmes en cause, ce que pensent et disent les autres et ce que je devrais faire. Il m'arrive pourtant, à l'occasion, d'être pris au dépourvu en raison d'une situation inattendue, d'une mauvaise communication ou d'une méprise. C'est grâce à cette interaction entre les attentes et l'expérience que se fait l'apprentissage. On peut à ce sujet citer Hegel : « Une expérience qui ne va pas à l'encontre des attentes ne mérite pas ce nom. » Les déchirures que créent ces incidents inattendus dans le tissu de mon expérience disparaissent toutefois par enchantement, et j'affronte la journée suivante en étant quelque peu changé mais en restant toujours moi-même.

On peut sans doute mieux faire ressortir qu'il s'agit là d'un processus d'*apprentissage* en mentionnant les attitudes de non-apprentissage que peut susciter l'interaction entre les attentes et l'expérience. En s'attachant à la continuité et à la certitude à un point tel qu'on ne voit pas la pénombre du doute et de l'incertitude, on risque d'adopter une attitude rigide et dogmatique et d'être incapable d'apprendre à la suite de nouvelles expériences. À l'inverse, en laissant les vicissitudes de chaque nouvelle expérience miner son sentiment de continuité, on devient paralysé par l'insécurité et incapable d'une action efficace. Dans l'optique de la philosophie épistémologique, Pepper (1942) a démontré que ces deux

attitudes — soit le dogmatisme et le scepticisme absolu — constituent des assises inadéquates pour la création de systèmes de connaissances valables. Il propose plutôt de se laisser guider par une attitude partiellement sceptique lors de l'investigation et de l'apprentissage.

Le fait que l'apprentissage soit un processus continu et enraciné dans l'expérience entraîne d'importantes conséquences dans le domaine de l'enseignement. En termes simples, il implique qu'apprendre consiste toujours à réapprendre. Il est simple et tentant, lorsqu'on élabore le plan d'un cours, de croire que l'esprit des étudiants est une page blanche à remplir, mais ce n'est pas le cas. Chacun d'entre nous aborde, en effet, toute situation d'apprentissage avec des idées plus ou moins précises sur le sujet en cause. Nous sommes tous des psychologues, des historiens et des physiciens de l'atome. Certaines théories sont tout simplement plus informes et inexactes que d'autres. On passe cependant à côté de la question en ne considérant que le degré d'affinement et la validité de ces théories. Ce qui importe, en effet, est que les gens à qui on enseigne possèdent ces théories — quelle qu'en soit la qualité — et qu'ils y aient fait appel jusqu'à maintenant à chaque fois qu'ils se trouvaient dans une situation les obligeant à adopter le rôle d'un physicien de l'atome ou d'un historien, ou un autre rôle.

La tâche de tout enseignant consiste donc non seulement à inculquer de nouvelles idées, mais aussi à faire disparaître ou à modifier des idées acquises. Très souvent, la résistance à certaines idées nouvelles s'explique par un conflit avec des croyances existantes qui les contredisent. L'apprentissage devient plus facile lorsque le processus éducationnel fait d'abord ressortir les croyances et les théories de l'individu, qu'il suscite leur examen et leur vérification, puis qu'il amène l'intégration de nouvelles idées plus affinées à ses systèmes de croyances. Piaget (voir Elkind, 1970, chapitre 3) a mis en évidence deux mécanismes par lesquels un individu adopte de nouvelles idées, soit l'intégration et la substitution. Les idées acquises par intégration tendent à devenir des éléments très stables de la conception qu'un individu a du monde. Par ailleurs, lorsque le contenu d'un concept change par substitution, il y a toujours une possibilité que l'individu revienne à son niveau antérieur de conceptualisation et de compréhension, ou qu'il adopte une double théorie du monde, si les théories qu'il a épousées par substitution sont en désaccord avec des théories en usage qui font davantage partie intégrante de sa vision totale du monde (conception et attitude). C'est ce résultat possible qui a incité Argyris et Schön (1974) à étudier l'efficacité de la formation professionnelle.

> Nous croyons que la difficulté qu'éprouvent les gens à apprendre de nouvelles théories découle peut-être, non pas tant de la complexité de ces théories, mais de l'existence de théories qui déterminent déjà leur conduite. Nous appelons ces théories opérationnelles de conduite «théories en usage», et ce pour les distinguer des théories épousées, qui servent à décrire et à justifier le comportement. Nous nous sommes demandé si la difficulté que pose l'apprentissage de nouvelles théories de conduite était reliée à une tendance à protéger les théories préexistantes en usage (Argyris et Schön, 1974, p. viii).

Le processus d'apprentissage requiert la résolution des conflits entre des modes d'adaptation au monde dialectiquement opposés

Chacun des trois modèles de l'apprentissage expérientiel met en évidence certains conflits entre des manières opposées de concevoir le monde et suggère que l'apprentissage découle de la résolution de ces conflits. Le modèle de Lewin fait ressortir deux conflits dialectiques, soit celui entre l'expérience concrète et les concepts abstraits et celui entre l'observation et l'action[3]. Selon Dewey, par ailleurs,

la principale relation dialectique met en cause l'impulsion, qui donne aux idées leur «force d'actualisation», et la raison, qui fournit une direction, ou orientation, au désir. Enfin, dans le modèle de Piaget, les processus jumelés de l'accommodation des idées au monde extérieur et de l'assimilation de l'expérience aux structures conceptuelles existantes constituent le moteur du développement cognitif. La nature dialectique de l'apprentissage et de l'adaptation est également présente dans le concept de *praxis* mis de l'avant par Paulo Freire, qui définit ce concept comme étant «la réflexion et l'action qui portent sur le monde et qui ont pour but de le transformer» (Freire, 1974, p. 36). Le concept de praxis fait une place importante au processus consistant à «nommer le monde», lequel tient à la fois de l'action (puisqu'on transforme quelque chose en lui attribuant un nom) et de la réflexion (puisque les mots choisis donnent un sens à ce qui nous entoure). Ce processus de nomination se fait par le biais d'un dialogue entre des égaux, d'un processus conjoint d'investigation et d'apprentissage que Freire oppose à la conception bancaire de l'enseignement décrite précédemment.

> Lorsqu'on tente d'analyser le dialogue en tant que phénomène humain, on découvre une chose qui en est l'essence même: le mot. Mais le mot est plus qu'un simple instrument qui rend le dialogue possible. Il faut donc en chercher les éléments constitutifs. Or, le mot présente deux dimensions, soit la réflexion et l'action, qui interagissent l'une avec l'autre d'une manière tellement radicale que si l'une d'entre elles est sacrifiée — ne serait-ce qu'en partie —, l'autre en souffre aussitôt. Il n'y a aucun mot véritable qui ne constitue en même temps une praxis. Ainsi transforme-t-on le monde en prononçant un mot véritable.
>
> Un mot est inauthentique, c'est-à-dire qu'il est incapable de transformer la réalité, lorsque ses éléments constitutifs font l'objet d'une dichotomie. Si un mot perd sa dimension «action», sa dimension «réflexion» souffre elle aussi. Le mot n'est plus alors qu'une manifestation du verbalisme, un bavardage aliéné et aliénant. Vide de sens, il ne peut plus dénoncer le monde, étant donné que toute dénonciation est impossible sans un engagement à transformer, et qu'il n'y a aucune transformation sans action.

---

3. Nous utilisons ici le concept de relation dialectique en toute connaissance de cause. Le terme peut être source de confusion du fait de sa longue histoire, de ses changements d'usage, et surtout de ses connotations émotionnelles et idéologiques dans certains contextes. Cependant, aucun autre ne qualifie mieux la relation entre les styles d'apprentissage décrits ici, c'est-à-dire une relation entre des processus opposés dont aucun ne peut expliquer les résultats de l'autre, mais dont la fusion par la confrontation du conflit entre eux engendre un processus supérieur qui va au-delà de l'un comme de l'autre et les englobe tous deux. Cette définition se rapproche le plus de l'utilisation que faisait Hegel de ce terme, sans toutefois impliquer une acceptation totale de l'épistémologie hégélienne.

Par ailleurs, lorsqu'on n'insiste que sur l'action au détriment de la réflexion, le mot devient affaire d'activisme. Or, l'action pour l'action nie la véritable praxis et rend tout dialogue impossible. L'une ou l'autre dichotomie, en créant des formes d'existence non authentiques, suscite également des formes de pensée non authentiques qui la renforcent.

L'existence humaine ne peut être silencieuse. Il lui faut se nourrir de mots, mais de mots véritables qui permettent à l'homme de transformer le monde. Pour exister sur le plan humain, tout individu doit nommer ce qui l'entoure, le transformer. Une fois nommé, le monde réapparaît aux yeux de l'homme comme un problème, et exige alors qu'il lui donne un nouveau nom. L'être humain n'est pas le fruit du silence, mais bien du mot, du travail, de l'action-réflexion.

Bien qu'énoncer un mot véritable — ce qui est travail et donc praxis — transforme le monde, il ne s'agit pas là d'un privilège réservé à un petit nombre, mais plutôt d'un droit que chacun possède. Conséquemment, personne ne peut dire seul un seul mot véritable — et personne ne peut énoncer un mot pour l'autre dans un geste normatif qui priverait ce dernier de ses propres mots (Freire, 1974, p. 75-76).

Tous les modèles décrits précédemment donnent à penser que l'apprentissage constitue, de par sa nature, un processus caractérisé par des tensions et des conflits. En effet, l'acquisition de nouvelles connaissances, habiletés ou attitudes s'effectue grâce à une confrontation entre quatre modes d'apprentissage expérientiels. Pour être efficaces, les apprenants ont besoin de quatre types différents d'habiletés liées respectivement à l'*expérience concrète* (E.C.), à l'*observation réfléchie* (O.R.), à la *conceptualisation abstraite* (C.A.) et à l'*expérimentation active* (E.A.). En d'autres termes, ils doivent être en mesure de participer pleinement, ouvertement et sans parti pris à de nouvelles expériences (E.C.). Ils doivent aussi pouvoir réfléchir à ces expériences et les observer en adoptant divers points de vue (O.R.). Enfin, ils doivent parvenir à créer des concepts qui intègrent leurs observations dans des théories logiquement valables (C.A.) et être à même d'utiliser ces théories pour prendre des décisions et résoudre des problèmes (E.A.). Cet idéal est toutefois difficile à atteindre. En effet, comment peut-on agir et réfléchir simultanément? Comment peut-on adopter une attitude concrète et être capable d'agir de façon immédiate tout en s'intéressant aux théories? L'apprentissage exige des habiletés diamétralement opposées, de sorte que l'apprenant doit sans cesse choisir celles qu'il mettra à contribution dans une situation d'apprentissage donnée. Le processus d'apprentissage présente plus précisément deux grandes dimensions. La première s'étend de l'expérience concrète des événements à leur conceptualisation abstraite, tandis que la seconde se caractérise par l'expérimentation active à un extrême et l'observation réfléchie à l'autre. Ainsi, en cours d'apprentissage, tout individu adopte un rôle plus ou moins similaire à celui d'acteur ou d'observateur, et une attitude plus ou moins axée sur une participation particulière ou sur un détachement analytique.

En outre, la *manière* dont sont résolus les conflits entre les modes d'adaptation dialectiquement opposés détermine le niveau d'apprentissage. Lorsque ces conflits sont résolus, soit par la suppression d'un mode ou la prédominance d'un autre, soit par ces deux moyens, l'apprentissage tend à être spécialisé dans les domaines axés sur le mode dominant et à être limité dans ceux associés au mode dominé. Ainsi, dans le modèle de Piaget, la prédominance de l'accommodation engendre l'imitation et celle de l'assimilation, le jeu. Dans les travaux de Freire, la dominance du mode actif entraîne l'«activisme» et celle du mode réfléchi, le «verbalisme».

Ajoutons cependant que, dans le cas des formes supérieures d'adaptation — c'est-à-dire du processus de créativité et d'épanouissement personnel —, il importe de faire face au conflit entre les divers modes d'adaptation et de l'intégrer à une synthèse créatrice. En effet, depuis le modèle en quatre étapes de Wallas (1926) faisant intervenir l'incorporation, l'incubation, la compréhension soudaine et la vérification, presque toutes les descriptions du processus de créativité offertes font état des conflits dialectiques qui s'y rattachent. Dans son essai sur les conditions nécessaires à la créativité, Bruner (1966a) met en évidence la tension dialectique entre le détachement abstrait et la participation concrète. Selon lui, toute manifestation de créativité est le fruit du détachement et de l'engagement, de la passion et du décorum, ainsi que d'une liberté permettant à l'individu de se laisser dominer par l'objet de ses investigations. Aux stades supérieurs du développement, l'engagement adaptatif à l'égard de l'apprentissage et de la créativité engendre un important besoin d'intégration des quatre modes d'adaptation. Le développement associé à un mode hâte le développement des autres modes. Un accroissement de la complexité symbolique, par exemple, affine et accentue les possibilités en matière de perception et de comportement. La créativité et la croissance véritables se distinguent donc par la complexité et par l'intégration des conflits dialectiques entre les divers modes d'adaptation.

L'apprentissage est un processus holistique d'adaptation au monde

L'apprentissage expérientiel n'est pas un concept pédagogique moléculaire, mais plutôt un concept molaire décrivant le processus fondamental par lequel l'être humain s'adapte à son milieu social et physique. Il s'agit en fait d'un concept holistique très semblable à la théorie des types psychologiques élaborée par Jung (1977), en ce sens qu'il tente de décrire la formation de l'attitude première d'un individu face à l'existence en tant que fonction des tensions dialectiques entre les divers grands modes d'adaptation au monde. L'apprentissage ne relève pas d'un seul domaine spécialisé du fonctionnement de l'être humain, telles la cognition et la perception. Il nécessite au contraire la participation intégrée de tous les aspects de l'être humain — pensées, sentiments, perceptions et comportements.

Ce concept d'une adaptation holistique s'écarte quelque peu des tendances actuelles de la recherche en sciences du comportement. En effet, depuis le début du siècle et le déclin de ce que Gordon Allport appelait les théories « simples et souveraines » du comportement humain, on observe dans ce domaine une tendance à s'éloigner des théories comme celles de Freud et de ses disciples, théories qui veulent expliquer la totalité du fonctionnement de l'être humain en mettant l'accent sur les relations réciproques entre les processus telles la pensée, l'émotion et la perception. La plupart des chercheurs choisissent plutôt d'examiner et de décrire plus en détail certains processus et sous-processus particuliers de l'adapta-

tion humaine, parmi lesquels on trouve la perception, la perception de la personne, l'attribution, la motivation à réussir, la cognition et la mémoire, pour ne citer que ceux-là. Or, leurs travaux ont porté fruit. Grâce à ces recherches spécialisées intensives, nous savons désormais beaucoup de choses sur le comportement humain, à tel point qu'il semble impossible de mettre en valeur et d'intégrer toutes les connaissances acquises. Aucune théorie holistique proposée de nos jours ne saurait être simple ni souveraine. Néanmoins, pour en arriver à comprendre le comportement humain, en particulier d'une manière pratique, nous devons rassembler, d'une façon ou d'une autre, tous les éléments qui ont été analysés avec tant d'attention. Il nous faut savoir non seulement de quelle manière se développent les pensées et les sentiments, mais aussi dans quelles circonstances le comportement obéit à la pensée et dans quelles circonstances il obéit aux sentiments. Outre qu'elle examine la nature des fonctions humaines spécialisées, la théorie de l'apprentissage expérientiel touche à la manière dont l'individu intègre ces fonctions dans une attitude holistique d'adaptation au monde.

L'apprentissage constitue le *principal* processus d'adaptation de l'être humain. Ce concept de l'apprentissage a une portée beaucoup plus grande que celui qu'on associe communément à l'école. L'apprentissage survient dans toutes les situations, tant à l'école qu'au travail, tant dans les laboratoires de recherche que dans les salles de réunion, et tant dans le cadre de relations personnelles que lors d'une visite au supermarché. Il se manifeste à toutes les étapes de l'existence : de l'enfance à l'adolescence, puis à l'âge mûr et au troisième âge. De ce fait, l'apprentissage englobe d'autres concepts plus limités, tels que la créativité, la résolution de problèmes, la prise de décision et les changements d'attitude, qui mettent l'accent sur l'un ou l'autre des aspects fondamentaux de l'adaptation. Les chercheurs qui s'intéressent à la créativité, par exemple, tendent à examiner les éléments divergents (concrets et réfléchis) de l'adaptation comme la tolérance des ambiguïtés, la réflexion métaphorique et la flexibilité, tandis que ceux qui étudient la prise de décision s'attardent à ses éléments plus convergents (abstraits et actifs), telle l'évaluation rationnelle des diverses solutions possibles.

La description du processus de l'apprentissage expérientiel en tant que cycle se reflète dans de nombreux modèles spécialisés du processus d'adaptation. Ceux-ci ont en commun l'idée que toute forme d'adaptation de l'être humain s'apparente à l'investigation scientifique, un point de vue que le regretté George Kelly (1955) a le plus clairement exprimé. Dewey, Lewin et Piaget semblent tous trois utiliser la méthode scientifique, d'une façon ou d'une autre, comme modèle pour décrire le processus d'apprentissage. En d'autres termes, la méthode scientifique leur apparaît comme le raffinement philosophique et technologique suprême des processus fondamentaux de l'adaptation humaine. Elle fournit, par conséquent, un moyen de décrire l'intégration holistique de toutes les fonctions de l'être humain.

La figure 4 montre un ensemble de cercles concentriques dont le plus petit présente le cycle de l'apprentissage expérientiel et le plus grand, un modèle du processus d'investigation scientifique (Kolb, 1978). Les autres cercles offrent respectivement un modèle de processus de résolution de problèmes (Pounds, 1965), de la prise de décision (Simon, 1947) et de la créativité (Wallas, 1926). Bien que les termes utilisés varient d'un modèle à l'autre, on note une remarquable similarité sur le plan conceptuel. Or, celle-ci donne à penser qu'il pourrait être très avantageux d'incorporer les fruits de la recherche dans chacun de ces domaines spécialisés à un même modèle général du processus d'adaptation, modèle semblable à celui que propose la théorie de l'apprentissage expérientiel. Les travaux de Bruner (1966b), axés sur l'élaboration d'une théorie de l'enseignement, offrent un exemple des bénéfices possibles. En intégrant les fruits de la recherche sur le processus cognitif, la résolution de problèmes et la théorie de l'apprentissage, Bruner a mis de l'avant une approche nouvelle et féconde en matière d'enseignement.

Envisagé à la manière d'un processus holistique d'adaptation qui ne cesse jamais, l'apprentissage jette un pont conceptuel entre les différentes situations de l'existence, tels l'école et le travail. Cette vision des choses fait également ressortir les points communs de diverses activités d'adaptation et d'apprentissage auxquelles on donne ordinairement un nom spécialisé: apprentissage, créativité, résolution de problèmes, prise de décision, recherche scientifique. Elle permet enfin d'incorporer à l'apprentissage des activités d'adaptation qui se distinguent, par leur étendue, dans le temps et dans l'espace. On associe ordinairement toute réaction immédiate à une situation ou à un problème de portée limitée non pas à l'apprentissage, mais à la *performance*. De même, à l'autre extrême, c'est au *développement* plutôt qu'à l'apprentissage qu'on tend à assimiler l'adaptation à long terme d'un individu à l'ensemble de sa situation. Lorsqu'on les envisage à la lumière de la théorie de l'apprentissage expérientiel, toutefois, la performance, l'apprentissage et le développement forment un continuum des attitudes que peut adopter un individu pour s'adapter à son milieu, attitudes qui ne diffèrent que par leur étendue dans l'espace et dans le temps. La performance représente ainsi l'adaptation à court terme à des circonstances immédiates, tandis que l'apprentissage constitue la maîtrise, à plus long terme, de différentes catégories générales de situations, et le développement, l'adaptation d'un individu à l'ensemble de ses conditions d'existence, ce la vie durant.

L'apprentissage implique des transactions entre la personne et l'environnement

Ainsi formulé, l'énoncé qui précède est on ne peut plus évident. Il n'en demeure pas moins un phénomène étrange; les recherches sur l'apprentissage et la pratique de l'enseignement font peu de cas de ses implications, leur préférant une vision psychologique de l'apprentissage centrée sur la personne. Une observation sommaire du processus pédagogique traditionnel amènerait, sans nul doute, à conclure que l'apprentissage constitue essentiellement un processus personnel interne qui ne requiert qu'un environnement limité à des manuels, à un enseignant et à une classe. De fait, les systèmes d'éducation semblent, à tous les niveaux, rejeter parfois activement l'environnement plus vaste du monde « réel ».

Une situation semblable existe dans le domaine de la recherche psychologique sur l'apprentissage et le développement. Les théories de l'apprentissage fondées sur l'association stimulus-réponse décrivent en effet la relation entre les stimuli de l'environnement

FIGURE 4   Les éléments semblables de diverses conceptions des grands processus d'adaptation : investigation/recherche, créativité, prise de décision, résolution de problèmes et apprentissage

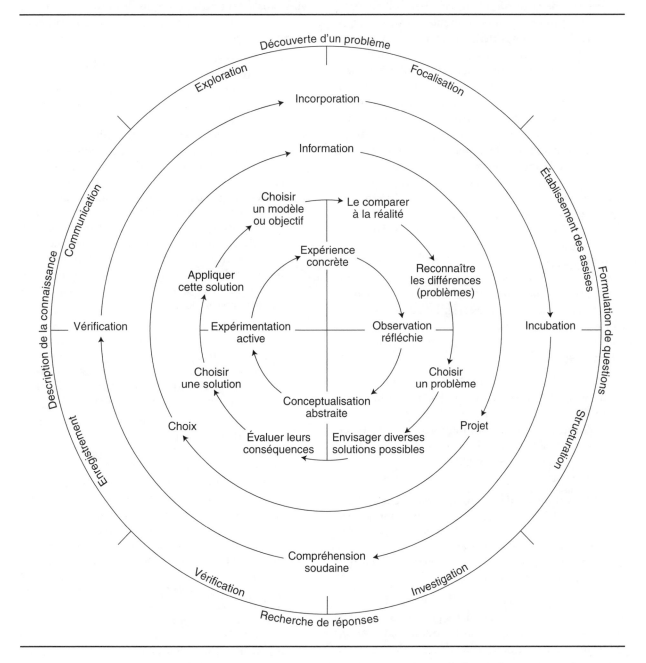

et les réactions de l'organisme. En pratique, toutefois, les recherches s'effectuent la plupart du temps en considérant les stimuli environnementaux comme des variables indépendantes manipulées arti-

ficiellement par les expérimentateurs pour en déterminer les effets sur les caractéristiques des réponses qui en dépendent. Cette manière de procéder a eu deux conséquences. D'une part, elle a engendré une tendance à percevoir la relation entre un individu et son environnement comme étant à sens unique, et ce en insistant beaucoup sur la manière dont l'environnement façonne le comportement, mais peu sur la manière dont le comportement façonne l'environnement. D'autre part, elle a donné lieu à des modèles d'apprentissage qui n'ont essentiellement aucun lien avec le contexte et ne présentent pas ce qu'Egon Brunswick (1943) appelait une « validité écologique ». En s'attardant à contrôler les conditions environnementales, on a en effet créé en laboratoire des situations qui ont bien peu en commun avec la réalité, d'où l'élaboration de modèles d'apprentissage empiriquement validés qui décrivent avec précision le comportement observé dans ces situations artificielles, mais peuvent difficilement faire l'objet d'une généralisation pour s'appliquer aux sujets dans leur milieu naturel. Il n'y a rien de surprenant à ce que le principal défenseur de cette théorie de l'apprentissage ait été fasciné par la création de sociétés utopiques telles que Walden II (Skinner, 1948), car la seule façon d'appliquer les résultats des études en cause est de transformer le monde en un laboratoire sous le contrôle d'un « expérimentateur » (comparer à Elms, 1981).

Des critiques semblables ont été formulées au sujet de la psychologie développementale. On a, par exemple, reproché aux travaux de Piaget de ne pas tenir compte de la situation environnementale et culturelle (Cole et autres, 1971). En parlant de la psychologie développementale en général, Bronfenbrenner a déclaré ce qui suit.

> La psychologie développementale, telle qu'elle existe actuellement, consiste pour une bonne part en *la science du comportement étrange d'enfants placés dans des situations étranges avec des adultes étranges pour un temps le plus court possible* (Bronfenbrenner, 1997, p. 19).

Dans la théorie de l'apprentissage expérientiel, la relation transactionnelle entre la personne et l'environnement est symbolisée par la double signification du terme « expérience », lequel dénote à la fois l'état intérieur d'un individu, subjectif et personnel (comme dans l'expression « une expérience heureuse »), et ses conditions objectives et environnementales (comme dans l'expression « il a vingt ans d'expérience dans ce domaine »). Ces deux formes

d'expérience se fondent et sont reliées l'une à l'autre de manière très complexe. Ainsi, une personne qui a vingt ans d'expérience a acquis de l'expérience année après année depuis vingt ans. Dewey décrit ce phénomène comme suit.

> L'expérience n'est pas simplement une affaire subjective et personnelle ; elle influe sur la formation de certaines tendances : désirs et fins. Et ce n'est pas tout encore. Une expérience authentique comporte un aspect actif qui modifie à quelque degré les conditions objectives des expériences ultérieures. La différence entre la civilisation et la sauvagerie vient du degré selon lequel les expériences antérieures ont modifié les conditions objectives grâce auxquelles se sont produites les expériences suivantes. L'existence de routes, de moyens de transport rapides, d'instruments, d'outils, de mobilier, de la lumière électrique et de la force motrice en sont autant d'illustrations. Si on détruisait les conditions externes de l'expérience actuelle des civilisés, cette expérience rétrograderait jusqu'au niveau des peuples barbares.[…]
>
> Le mot « interaction » […] assigne les mêmes droits aux deux facteurs de l'expérience : externe et interne. Toute expérience normale suppose le jeu réciproque de ces deux chaînes de conditions. Ce sont elles qui, considérées ensemble […], forment ce que nous appelons une « situation ».[…]
>
> Dire que les hommes vivent dans un certain univers signifie, pratiquement, qu'ils sont engagés par la vie dans une série de situations. Et quand on dit qu'ils sont engagés dans ces situations, il faut entendre « DANS » avec un sens différent de celui qu'on suggère si on dit « J'ai des sous dans ma poche » ou « de la peinture dans un bidon ». Encore une fois, cela signifie qu'une interaction s'est établie entre un sujet, des objets et d'autres personnes. SITUATION et INTERACTION sont inséparables l'une de l'autre. Une expérience est ce qu'elle est à cause de la relation qui s'établit entre un individu et ce qui constitue à ce moment-là son environnement ; cet environnement peut comporter des personnes avec lesquelles il s'entretient verbalement, étant lui-même partie de la situation, des jouets avec lesquels il joue, ou un livre qu'il lit (l'environnement peut aussi bien être la Grèce ancienne que l'Angleterre ou quelque région imaginaire), ou encore les éléments d'une expérience que lui-même est en train de poursuivre.

Même en construisant un château en Espagne, on agit et réagit avec les objets dont on se sert en imagination (Dewey, 1947, p. 52-53, 55, 56).

Bien que Dewey utilise le terme « interaction » pour désigner la relation qui existe entre les conditions objectives et subjectives de l'expérience, il tente, à la fin du passage cité, de faire ressortir la nature particulière et complexe de cette relation. Le terme *transaction* convient mieux que le terme interaction pour décrire la relation entre un individu et son environnement dans la théorie de l'apprentissage expérientiel, et ce parce que le terme *interaction* a une connotation un peu trop mécanique, faisant intervenir deux entités distinctes immuables qui s'entremêlent mais conservent chacune leur identité propre. C'est pour cette raison que Dewey tente de donner une signification particulière au mot « dans ». Le concept de transaction suggère une relation plus fluide où les conditions objectives se fondent à l'expérience subjective de sorte que, une fois reliées, l'une et l'autre sont fondamentalement transformées.

Lewin était conscient de la complexité de cette relation. Il a cependant choisi de l'éluder lorsqu'il a proposé sa célèbre formule théorique, $C = f(P,E)$, formule qui indique que le comportement est fonction de la personne et de l'environnement, mais ne fournit aucune indication précise sur la nature mathématique de cette fonction. Nous avons ici adopté une position semblable à celle de Bandura (1978), où les caractéristiques personnelles, les conditions environnementales et le comportement sont étroitement liés, chaque élément influant sur les autres et étant déterminé par eux. Ce concept de transactions réciproquement déterminées entre un individu et son milieu d'apprentissage est au centre de la méthode de formation en laboratoire associée à l'apprentissage expérientiel. On envisage ainsi l'apprentissage au sein d'un groupe de formation comme le résultat non seulement d'une réaction à un environnement fixe, mais de la création active par les participants de situations conformes aux objectifs d'apprentissage.

Cette expérience d'apprentissage repose essentiellement sur un processus transactionnel où les membres [du groupe] négocient les uns avec les autres, tandis que chacun tente d'influencer ou de contrôler le déroulement des événements et de satisfaire ses besoins personnels. Les individus apprennent dans la mesure où ils laissent voir leurs besoins, leurs valeurs et leurs modes de comportement, de telle sorte que des perceptions et des réactions puissent être échangées. Le comportement devient ainsi la monnaie d'échange utilisée lors de la transaction. La somme investie par chacun contribue à déterminer le bénéfice obtenu (Bradford, 1964, p. 192).

Vu de cette manière, l'apprentissage constitue un processus actif et autogéré auquel on peut recourir non seulement à l'intérieur d'un groupe, mais aussi dans la vie de tous les jours.

L'APPRENTISSAGE EST UN PROCESSUS DE CRÉATION DE LA CONNAISSANCE

Pour bien comprendre l'apprentissage, il faut comprendre la nature et les formes de la connaissance humaine, de même que ses processus de création. Nous avons déjà indiqué que la création de la connaissance s'effectue à tous les niveaux de complexité, des formes les plus avancées de la recherche scientifique à la découverte par un enfant du fait qu'un ballon peut rebondir. La connaissance est le fruit de la transaction entre la connaissance sociale et la connaissance personnelle. Or, la première, comme le fit remarquer Dewey, représente la somme des expériences culturelles antérieures objectives de l'humanité et la seconde, la somme des expériences personnelles subjectives vécues par un individu. La connaissance résulte de la transaction entre ces expériences objectives et subjectives à l'intérieur du processus appelé « apprentissage ». De ce fait, on ne peut ni comprendre la connaissance sans comprendre la psychologie du processus d'apprentissage, ni comprendre l'apprentissage sans comprendre l'épistémologie, soit les origines, la nature, les méthodes et les limites de la connaissance. Piaget a déclaré ce qui suit à ce propos.

La psychologie occupe donc une place de première importance, et ses implications sont de plus en plus évidentes. Il existe à cela une raison très simple. En effet, si les sciences naturelles permettent d'expliquer l'espèce humaine, l'humanité fournit une explication aux sciences naturelles, et il revient à la psychologie de démontrer de quelle manière. La psychologie représente en fait la jonction de deux courants opposés de la pensée scientifique qui sont dialectiquement complémentaires. Il s'ensuit qu'on ne peut organiser le système des sciences d'une manière linéaire comme beaucoup ont essayé de le faire, à commencer par Auguste Comte. Le système des sciences présente la forme d'un cercle, ou plus précisément d'une spirale qui va en s'élargissant. Les objets ne sont en fait connus que par l'entremise du sujet, et le sujet ne peut se connaître lui-même qu'en agissant sur des objets d'une façon matérielle ou mentale. De fait, si les objets sont innombrables et la science infiniment variée, toute connaissance du sujet nous ramène à la psychologie, c'est-à-dire à la science du sujet et de ses actions.

[…] il est impossible de dissocier la psychologie de l'épistémologie […] comment la connaissance est-elle acquise, comment s'accroît-elle et comment devient-elle organisée ou réorganisée? […] Les réponses qui se présentent à nous, et parmi lesquelles nous ne pouvons faire un choix qu'en les affinant plus ou moins, sont nécessairement de l'un ou l'autre des trois types suivants: ou bien la connaissance provient exclusivement de l'objet, ou bien le sujet la construit seul, ou bien elle résulte de multiples interactions entre le sujet et l'objet — mais de quelles interactions et sous quelle forme? On remarque aussitôt qu'il s'agit là de solutions épistémologiques issues de l'empirisme, de l'apriorisme ou de l'interactionisme varié (Piaget, 1978, p. 651).

Il est étonnant que peu de chercheurs dans le domaine de l'apprentissage et de la cognition, mis à part Piaget, aient reconnu la relation étroite entre l'apprentissage et la connaissance et, par voie de conséquence, le besoin d'étudier ces processus connexes par une investigation aussi bien épistémologique que psychologique. Dans le cadre de mes recherches et de mes activités associées à l'apprentissage expérientiel, j'ai été impressionné par les ramifications de la perspective épistémologique sur le plan pratique. En tant que professeur, par exemple, j'ai découvert qu'il est essentiel de tenir compte du sujet au moment d'établir la façon d'aider les étudiants à apprendre ce qu'on veut leur enseigner. Favoriser l'acquisition d'aptitudes à l'écoute active et enseigner les notions élémentaires de la statistique sont deux tâches différentes qui exigent chacune une méthode

pédagogique distincte. De même, à titre de consultant auprès d'organisations, j'ai souvent eu l'occasion de voir des obstacles à la communication et à la résolution de problèmes qui sont essentiellement épistémologiques, c'est-à-dire fondés sur des hypothèses contradictoires quant à la nature de la connaissance et de la vérité.

La théorie de l'apprentissage expérientiel offre une façon d'aborder ces problèmes pratiques en suggérant une typologie de différents systèmes de connaissances, typologie qui découle de la manière caractéristique dont sont résolus les conflits dialectiques entre les modes d'adaptation de l'expérience concrète et de la conceptualisation abstraite, et ceux de l'expérimentation active et de l'observation réfléchie dans divers domaines d'investigation. Cette approche s'inspire des travaux de Stephen Pepper (1942), qui a proposé un système décrivant les différentes formes viables de la connaissance sociale, système fondé sur ce que Pepper appelle des « hypothèses au sujet du monde ». Ces hypothèses correspondent à des systèmes métaphysiques qui définissent les suppositions et les règles s'appliquant à l'élaboration de la connaissance affinée à partir du sens commun. Pepper soutient que tous les systèmes de connaissances sont des formes affinées du sens commun fondées sur différentes hypothèses au sujet de la nature de la connaissance et de la vérité. Le processus d'affinement en cause comporte, selon lui, un dilemme fondamental. En effet, bien que le sens commun puisse toujours servir à expliquer une expérience, il tend à être imprécis. La connaissance affinée, par opposition, se révèle précise mais limitée quant à son champ d'application ou de généralisation parce qu'elle repose sur des suppositions ou des hypothèses au sujet du monde. Par conséquent, le sens commun a toujours besoin de la vision critique de la connaissance affinée, et la connaissance affinée a toujours besoin de la sécurité du sens commun, ce qui donne à penser que l'interprétation de toute connaissance sociale doit se faire avec une attitude partiellement sceptique.

EN RÉSUMÉ:
UNE DÉFINITION DE L'APPRENTISSAGE

Bien qu'une définition tende à faire paraître les choses plus certaines qu'elles ne le sont, il peut être utile de résumer le contenu de ce chapitre sur les caractéristiques du processus de l'apprentissage expérientiel en offrant une définition de travail de l'apprentissage. *L'apprentissage est le processus qui engendre la création de la connaissance par la transformation de l'expérience.* Cette définition met en évidence plusieurs aspects importants de l'apprentissage envisagé du point de vue expérientiel. En premier lieu, l'importance est accordée aux processus d'adaptation et d'apprentissage plutôt qu'à leur contenu ou à leurs résultats. En deuxième lieu, la connaissance, qui est sans cesse créée et recréée, est le fruit d'un processus de transformation et ne constitue donc pas une entité indépendante qu'on peut acquérir ou transmettre. En troisième lieu, l'apprentissage transforme l'expérience, aussi bien dans ses formes objectives que subjectives. En dernier lieu, il est impossible de comprendre la nature de l'apprentissage sans comprendre celle de la connaissance, et vice versa.

Références

ARGYRIS, C., et SCHÖN, D. (1974). *Theory in Practice : Increasing Professional Effectiveness*, San Francisco, Jossey-Bass.

BANDURA, A. (1978). « The self system in reciprocal determinism », *American Psychologist*, p. 344-357.

BRADFORD, L. (1964). « Membership and the learning process », dans L. Bradford et autres (sous la dir. de), *T Group Theory and Laboratory Method*, New York, John Wiley.

BRONFENBRENNER, U. (1977). « Toward an experimental ecology of human development », *American Psychologist*, *32*(7), p. 513-531.

BRUNER, J.S. (1966a). *On Knowing : Essays for the Left Hand*, New York, Atheneum.

BRUNER, J.S. (1966b). *Toward a Theory of Instruction*, New York, W.W. Norton.

BRUNSWICK, E. (1943). « Organismic achievement and environment probability », *Psychological Review, 50*, p. 255-272.

COLE, M., et autres (1971). *The Cultural Context of Learning and Thinking*, New York, Basic Books.

DEWEY, J. (1947). *Expérience et éducation*, Paris, Éd. Bourrelier & Cie.

ELKIND, D. (1970). *Children and Adolescence : Interpretative Essays on Jean Piaget*, New York, Oxford University Press.

ELMS, A. (1981). « Skinner's dark year and Walden Two », *American Psychologist*, *36*(5), p. 470-479.

FLAVELL, J. (1963). *The Developmental Psychology of Jean Piaget*, New York, Van Nostrand Reinhold Co.

FREIRE, P. (1974). *Pedagogy of the Oppressed*, New York, Continuum.

JAMES, W. (1890). *The Principles of Psychology*, Vol. I et II, New York, Holt, Rinehart and Winston.

JUNG, C. (1977). « Psychological types », dans *Collected Works of C.G. Jung*, vol. 6, Bollingen Series XX, Princeton, N.J., Princeton University Press.

KELLY, G. (1955). *The Psychology of Personal Constructs*, Vol. I et II, New York, W.W. Norton.

KOLB, D.A. (1978). « Applications of experiential learning theory to the information sciences », communication présentée à la National Science Foundation Conference on Contributions of the Behavioral Sciences to Research in Information Science.

PEPPER, S. (1942). *World Hypotheses*, Berkeley, Calif., University of California Press.

PIAGET, J. (1970). *Genetic Epistemology*, New York, Columbia University Press.

PIAGET, J. (1978). « What is psychology », *American Psychologist*, juillet, p. 648-652.

POUNDS, W. (1965). « On problem finding », *Sloan School Working Paper*, nos 145-165.

SIMON, H.A. (1947). *Administrative Behavior*, New York, Macmillan.

SKINNER, B.F. (1948). *Walden II*, New York, Macmillan.

WALLAS, G. (1926). *The Art of Thought*, New York, Harcourt Brace.

Questions

par Corinne Prost

La lecture du cas Roxanne Ducharme, présenté à la fin du livre (p. 471), permettra au lecteur de répondre aux questions suivantes.

1. L'apprentissage s'appuie sur l'expérience de la personne, sur ses divers mécanismes d'adaptation, sur son imagination et sa créativité. Établissez un lien entre les expériences de Roxanne et sa motivation à apprendre, que ce soit au travail ou dans un autre contexte.

2. En vous servant des indices présentés dans le cas, déterminez le style d'apprentissage de Roxanne et expliquez l'impact de ce style d'apprentissage sur ses stratégies d'adaptation face à la vie en général.

3. Le fait que Roxanne se soit tant engagée dans ses activités professionnelles est un signe d'une grande énergie. D'après votre analyse du cas, à quelle fin cette énergie est-elle dépensée ? Évaluez l'efficacité des stratégies qu'elle adopte pour résoudre ses problèmes en vous servant des théories de Festinger, de Piaget et de Kolb.

4. Imaginez que Roxanne vienne vous consulter pour l'aider à surmonter ses difficultés au travail. Que feriez-vous pour l'aider à surmonter la situation difficile dans laquelle elle se trouve ?

5. J. S. Mill a dit qu'aucune grande amélioration du sort de l'espèce humaine ne sera vraiment possible sans qu'il n'y ait un grand changement dans les mentalités. Apprendre c'est changer et, réciproquement, changer c'est apprendre. Commentez.

6. La notion d'expérience est employée pour expliquer les processus qui sous-tenent le comportement humain. Comment cette notion permet-elle de faire l'intégration des connaissances sur la personnalité, la perception, la motivation et l'apprentissage ? Comment peut-on expliquer, dans le cas de Roxanne, la fracture entre les diverses expériences de sa vie ?

Lectures complémentaires

par Corinne Prost

BANDURA, A. (1986). *Social Foundations of Thought and Action : A Social Cognitive Theory*, Englewood Cliffs (N.J.), Prentice-Hall.

Dans ce livre, l'auteur analyse le comportement humain dans une perspective sociale cognitiviste. Il nous explique comment la cognition modifiée par la réflexion et l'expérience rééquilibre les différents aspects du comportement humain. L'auteur définit l'apprentissage comme une activité de traitement de l'information dans laquelle l'information portant sur la structure du comportement et sur les événements environnementaux est transformée par des représentations symboliques qui servent de guide à l'action. Son modèle sur l'apprentissage comprend quatre processus: processus d'attention, de rétention, de production et de motivation, processus qu'il définit.

FESTINGER, L. (1957). *A Theory of Cognitive Dissonance*, Evanston (Ill.), Scott, Foresman.

Ce livre explore, dans une variété de contextes, les conséquences de la présence de la dissonance cognitive et les tentatives des êtres humains pour la réduire. La dissonance est l'existence de relations incompatibles parmi les cognitions; c'est un facteur de motivation qui se reflète dans le comportement de l'individu. Par cognition, l'auteur entend la connaissance, les opinions, une croyance sur la vie et sur soi-même ou sur son comportement.

KOLB, D.A. (1984). *Experiential Learning. Experience as the Source of Learning and Development*, Englewood Cliffs (N.J.), Prentice-Hall.

Dans son ouvrage, Kolb démontre que l'apprentissage est un processus social basé sur l'expérience, une perspective qui remet en question tous les préceptes et les concepts admis dans l'enseignement. Il passe ainsi en revue les travaux effectués par Dewey, Lewin et Piaget, qu'il compare ensuite pour en tirer des caractéristiques communes. Dans la seconde partie de son ouvrage, il décrit les deux dimensions de base du processus d'apprentissage, pour aboutir ensuite à une typologie des styles d'apprentissage. Dans la dernière partie, il met en exergue la relation qui existe entre l'apprentissage et le développement de la personne, alors que les approches traditionnelles affirmaient jusque-là qu'il s'agissait de deux processus mutuellement indépendants.

PIAGET, J. (1967). *La psychologie de l'intelligence*, Paris, Armand Colin.

L'organisme intelligent interagit avec son environnement. Le degré d'intelligence d'un organisme pourrait donc être considéré comme une fonction de sa capacité à réagir, à s'adapter à diverses perturbations. Piaget démontre que l'intelligence, par l'action et par la pensée, s'oriente vers un équilibre, et ce dans le but ultime d'une assimilation des réalités pour y accommoder l'action.

PIAGET, J. (1975). *L'équilibration des structures cognitives. Problème central de développement*, Paris, PUF.

Dans cet ouvrage, Piaget s'intéresse au processus d'équilibration des structures cognitives, qui est, selon lui, au centre du développement et de la formation des connaissances. Il traite donc, dans la première partie de son livre, des processus de l'équilibration en présentant les postulats et les divers problèmes qui s'y rattachent. Dans la deuxième partie, il explique comment la construction des structures tend chaque fois vers un nouvel équilibre qui est alors permis par des cycles fonctionnels d'assimilation et d'accommodation. Enfin, il termine son livre en traitant d'observations générales sur le mécanisme d'équilibration.

REUCHLIN, M. (1991). *Les différences individuelles à l'école*, Paris.

Dans son livre, Maurice Reuchlin s'intéresse aux difficultés scolaires en s'appuyant sur de nombreuses recherches effectuées dans ce domaine. Le développement de la psychologie cognitive a permis de constater que les différences individuelles à l'école ne proviennent pas nécessairement de problèmes de structure mentale, mais de problèmes de fonctionnement cognitif. En outre, la recherche a montré qu'il existe des différences individuelles importantes tant sur le plan des compétences que sur celui des stratégies d'apprentissage. Reuchlin soulève l'enjeu de la formation: faciliter l'apprentissage et développer le caractère des individus.

SAINT-ARNAUD, Y. (1992). *Connaître par l'action*, Montréal, Presses de l'Université de Montréal.

Dans cet ouvrage, l'auteur ouvre la réflexion sur les rapports entre la science et l'action. En s'appuyant sur l'étude de deux praticiens chercheurs américains, Chris Argyris et Donald A. Schon, l'auteur nous fait part d'un nouveau discours de la méthode des sciences humaines, celui de la science-action. Il soulève ainsi le problème entre la théorie et la pratique, entre la science et l'action qui sont souvent traitées de manière distincte et considérées comme deux systèmes relativement indépendants. À travers ce discours, l'auteur montre la nécessité, et surtout l'utilité, de chercher à réduire cet écart. Ce livre pose alors tout le défi que devrait relever la formation, celui d'apprendre à apprendre.

Chapitre
5

L'ADAPTATION
Chercher l'équilibre

S'il n'espère pas l'inespérable,
il ne parviendra pas à le trouver.
En terre inexplorée,
nul passage vers lui ne s'ouvre.
HÉRACLITE D'ÉPHÈSE,
cité dans Battistini (1968, p. 33)

Le mot « adaptation » a deux racines : *adaptare*, qui signifie « ajuster à », et *ad* ou *aptus*, qui signifie « apte ». Étudier l'adaptation, c'est donc chercher à connaître comment un individu s'ajuste à une situation et devient apte à s'y développer. En ce qui a trait aux conditions d'adaptation, Kimble (1994) fait une différence entre s'adapter à une situation (*adaptation*) et se tirer d'affaire (*coping*). D'une part, « s'adapter à une situation » suppose que l'événement ou le stimulus échappe au contrôle de l'individu ; ses comportements doivent s'ajuster aux circonstances. Par exemple, le froid hivernal oblige les gens à s'habiller chaudement pour aller dehors. D'autre part, « se tirer d'affaire » implique que les conséquences de l'action dépendent des décisions de l'individu ; par exemple, le fait d'arriver tôt au cinéma permet à la personne d'avoir une bonne place pour voir le film. Kimble (1994) oppose ainsi ces types d'ajustements. Le tableau 5.1 présente les principaux contrastes qu'il effectue.

Les conduites d'ajustement sont régies par le principe de l'équilibre. Plusieurs idées ont été émises pour représenter cette notion. La représentation la plus courante, et la plus orthodoxe, consiste à décrire l'équilibre comme un état de stabilité parfaite vers lequel tendent tous les systèmes. Selon cette représentation, tout système tend à conserver sa structure et, pour y arriver, il ne tolère aucun élément qui n'est pas compatible avec sa structure. Cette conception de l'équilibre valorise la stabilité, l'ordre, le contrôle et la prévision. Or, force est de constater, devant tous les bouleversements qui marquent notre époque (les crises industrielles et environnementales, les catastrophes écologiques, l'incertitude économique et politique, les déséquilibres sociaux), que cette conception de l'équilibre s'avère bien fragmentaire et que, en fait, l'équilibre est un état idéal, instable, fait d'oscillations et de mouvements constants (Pauchant et Mitroff, 1995 ; Timmerman, 1986). La popularité des réflexions à propos

TABLEAU 5.1   Différences entre « s'adapter » et « se tirer d'affaire »

S'adapter	Se tirer d'affaire
• Réponse provoquée	• Réponse émise
• Comportement réflexe	• Acte volontaire
• Réaction habituelle	• Résolution de problème
• Passif	• Actif
• Il faut se rappeler « quoi »	• Il faut se rappeler « comment »
• Automatisme	• Effort
• Impuissance	• Compétence
• Motivation extrinsèque	• Motivation intrinsèque
• Externalité	• Internalité
• Accommodation	• Assimilation

Source : Traduit et adapté de Kimble (1994, p. 515), avec la permission de l'éditeur. © 1994, American Psychological Association.

du chaos, du désordre et de l'incertitude témoigne de l'intérêt qu'on porte actuellement à la recherche d'autres représentations de l'équilibre.

Dans cet ouvrage, nous présentons l'équilibre comme un état virtuel : tous les organismes sont constamment, inlassablement à la recherche de l'équilibre, mais ne l'atteignent jamais. La théorie de Prigogine sur les structures dissipatives a d'ailleurs contribué à démystifier cette notion (Prigogine et Stengers, 1979). Tout comme ont tenté de le faire Henderson (1970), Piaget (1981) et von Bertalanffy (1972), Prigogine a montré que les systèmes tendent vers le chaos, c'est-à-dire vers le déséquilibre, d'où la dialectique de l'ordre et du désordre, de l'équilibre et du déséquilibre.

L'équilibre est un état idéal et, en cela, il constitue une source de motivation importante. L'équilibre peut être conçu, à la façon de Vincent (1986), comme un état central fluctuant. L'être humain est ainsi constitué qu'il doit s'ajuster à son milieu ; on peut même aller jusqu'à penser que la vulnérabilité de l'être humain rend possible sa survie à long terme, car c'est en raison de ses faiblesses qu'il doit apprendre, s'il veut améliorer son sort et développer son potentiel dans son milieu (Timmerman, 1986).

De plus, l'adaptation de l'individu suppose la synchronie entre sa vie intérieure et le monde extérieur, laquelle implique des transactions constantes avec le milieu dans lequel il vit ; c'est l'affectivité qui gère ces transactions et qui fonde la réalité existentielle de l'individu. En effet, parce que l'affectivité met l'individu dans un certain état, elle détermine non seulement les rythmes de son organisme (rythmes respiratoire, cardiovasculaire, etc.), mais aussi ses actions, ses réactions et ses interactions (Piaget, 1981 ; Wallon, 1969 ; Zazonc, 1984).

Au cours des chapitres précédents, nous avons discuté des moyens de comprendre les mécanismes d'adaptation : la perception permet d'organiser les conduites individuelles de façon appropriée aux circonstances, la motivation les oriente vers des buts susceptibles de procurer de la satisfaction à l'individu et l'apprentissage assure l'acquisition et la modification des conduites afin d'améliorer l'efficacité de l'individu dans l'accomplissement de ses projets et son épanouissement dans le milieu. Mais que se passe-t-il lorsque l'individu fait face à des obstacles ou à l'impossibilité de réaliser ses projets? Que se passe-t-il lorsqu'il est aux prises avec un conflit qui l'empêche de poursuivre ses buts? Des mécanismes d'adaptation sont mis en œuvre, déclenchant des résistances et des réactions de défense, et donnant parfois lieu à des apprentissages.

Dans ce chapitre, il sera question des réponses spécifiques et non spécifiques de l'individu à toute demande d'adaptation qui lui est faite, c'est-à-dire des émotions et du stress. Ces réponses accompagnent la mise en œuvre de stratégies d'adaptation dont certaines sont positives et permettent la résolution du problème d'adaptation, et d'autres sont palliatives et ont pour effet de réduire les tensions causées par l'apparition du problème, mais ne le règlent pas.

Il arrive aussi que des personnes soient aux prises avec des difficultés dans les organisations; nous examinerons les problèmes de performance individuelle qui en découlent ainsi que les moyens de les traiter. Comme la gestion des employés en difficulté requiert le développement d'habiletés en relation d'aide, nous présenterons des moyens d'aider les autres et également de s'aider soi-même.

Pour faciliter l'apprentissage des notions présentées dans ce chapitre, nous avons recours à un conte de fée, *The Three Princes of Serendip*. Les contes de fée ont ce pouvoir merveilleux de faire comprendre des phénomènes complexes, flous, obscurs, sans devoir les nommer vraiment. La lecture d'un conte éveille la curiosité et l'imagination créatrice de l'être humain. Comme le souligne Bettelheim (1976): «Nous évoluons, nous donnons un sens à la vie, nous découvrons la sécurité intérieure en comprenant et en résolvant tout seuls nos problèmes personnels et non pas en écoutant les explications des autres» (p. 3).

Par son pouvoir d'enchantement, le conte permet à la personne de se sentir comprise et appréciée au plus profond d'elle-même sans qu'elle soit forcée d'exposer ses espoirs et ses craintes sous la lumière de la raison des autres.

The Three Princes of Serendip est un conte qui facilite la compréhension de l'anxiété et de sa fonction créatrice. Nous avons placé dans le texte des extraits de ce conte présenté par E.J. Hodges (1964) afin d'établir avec les notions abordées un lien avec l'imaginaire et le merveilleux.

The Three Princes of Serendip
Le miroir de la justice

«Autrefois, dans ce pays, le Malheur était beaucoup moins présent que de nos jours, dit-il, parce que mon grand-père avait un appareil appelé le Miroir de la justice, qui avait été découvert jadis par des philosophes. Ce miroir, légué en héritage par mon père et mon oncle, avait la propriété de refléter à la fois la vérité et le faux. Lorsque deux personnes étaient en conflit, elles se devaient de regarder dans le miroir. Ainsi

→

faisant, le visage de celle qui avait mal agi prenait une couleur pourpre. Le visage de la personne qui était juste conservait sa couleur naturelle; et ainsi cette dernière gagnait sa cause.

– Et le perdant, demanda le plus jeune des princes, Rajahsingha, que lui arrivait-il?

– Un tel individu ne regagnait sa vraie nature, lui dit Vahram, qu'après avoir été mis dans une fosse profonde, pour y vivre de pain sec et d'eau durant trente-sept jours. Plus tard, s'il venait confesser ses mauvais agissements, sa vraie couleur réapparaissait.

– C'est certainement un miroir merveilleux, dit le troisième prince, imaginant à quel point un outil si remarquable serait une aide pour un souverain.

– Comme tu peux bien l'imaginer, continua l'empereur, les gens vivaient dans la peur de cet étrange pouvoir. Ils contenaient leurs comportements et le royaume était tranquille et heureux.

– Mais où est ce miroir, maintenant? demanda Rajahsingha.

– Hélas! répliqua l'empereur, il a été pris par mon oncle, qui le confia à une reine d'une région en Inde. Elle ne nous le rendra pas, parce que ce merveilleux miroir sauve son royaume d'un mauvais sort. »

Source: Traduit et adapté de Hodges (1964, p. 44-45) par Corinne Prost sous la supervision de l'auteure.

L'ADAPTATION: LES ÉMOTIONS ET LE STRESS

L'**adaptation** (*coping*) consiste en des efforts cognitifs et comportementaux visant à satisfaire à des exigences externes et internes (et à résoudre les conflits qui en découlent) perçues par la personne comme mettant à l'épreuve ou dépassant ses capacités (Lazarus, 1991b). En d'autres mots, l'adaptation est un effort d'ajustement des conduites intellectuelles et manifestes comportant la prise de conscience de son propre fonctionnement et des difficultés rencontrées, la remise en cause de ses stratégies ainsi que leur perfectionnement ou leur transformation, en vue d'atteindre des objectifs individuels dans une situation qui n'est ni aisée ni favorable pour la personne.

Tout comme la motivation, l'adaptation modifie la relation de la personne avec son milieu de façon relativement permanente (par la mise en œuvre de stratégies de résolution de problèmes) ou la manière de se préparer aux événements et de les interpréter (par la modification des stratégies cognitives ou affectives). L'adaptation éveille des émotions qui facilitent l'évaluation de la situation d'adaptation et la préparation de réponses appropriées aux circonstances. Par conséquent, l'adaptation modifie l'expérience émotionnelle.

Selon James (1960), l'expérience émotionnelle se compose de sensations corporelles causées par les mouvements de la personne et par ses propres réactions physiologiques à un stimulus. Cet auteur observe qu'il existe plusieurs émotions; chaque type d'émotion correspond à un ensemble différent, spécifique, de sensations.

De son côté, Cannon (1915) a découvert que les réponses physiologiques à une expérience émotionnelle donnée sont semblables à celles qui se manifestent au cours d'autres expériences émotionnelles, d'où l'existence de réponses non spécifiques à un stimulus. Les recherches de Selye sur le stress sont en partie fondées sur les travaux de Cannon.

Il s'ensuit qu'on peut distinguer deux types de réponses de l'organisme devant une demande d'adaptation: les émotions, qui sont des réponses spécifiques à un stimulus, et le stress, qui est une réponse non spécifique à toute demande d'adaptation.

LES ÉMOTIONS

Une **émotion**, c'est «une constellation de réponses de forte intensité qui comportent des manifestations expressives, physiologiques et subjectives typiques» (Rimé, 1991, p. 262). En d'autres termes, c'est l'ensemble des réactions de l'organisme à un stimulus qui se traduisent par des expressions physiques (la mimique, la posture, le ton de la voix, etc.), par des signes physiologiques (le rythme cardiaque, la conduction des fibres musculaires, etc.) et par les représentations que se fait la personne du stimulus qui l'affecte (Oatley et Jenkins, 1992).

Les stimuli qui provoquent les émotions sont divers: la manifestation ou la cessation d'événements désirables ou indésirables, agréables ou douloureux, les attentes quant à la probabilité que se produise un événement donné et la manifestation d'événements inattendus (Frijda, 1989).

D'après plusieurs chercheurs (Hebb, 1949; Mahoney, 1991; Scherer, 1989), les émotions jouent un rôle fondamental dans l'adaptation de la personne à son milieu et dans son individuation. Pour Pagès (1986), l'émotion constitue un dispositif affectif d'évaluation qui s'interpose entre l'évaluation cognitive d'une situation et l'action humaine. Scherer (1989) partage également ce point de vue: les émotions provoquent un découplage du comportement et des stimuli, rendant ainsi l'individu capable de substituer des modes de comportement plus flexibles aux réponses réflexes, instinctives ou habituelles dans une situation donnée. Ce découplage est possible grâce à la mise en activité de représentations plus ou moins conscientes des stimuli et à la préparation de schèmes d'action plus efficaces que ne le sont les réponses habituelles dans cette situation.

D'après Lazarus (1991b), les émotions ont plusieurs fonctions: elles informent la personne sur la qualité de l'expérience qu'elle vit ici et maintenant, elles l'aident à évaluer les situations dans lesquelles elle se trouve (plaisir ou douleur) et l'efficacité de ses comportements (satisfaction ou insatisfaction), elles donnent le sens et la valeur de son expérience, elles facilitent la communication des intentions, elles stimulent la réflexion et le développement de la pensée, etc.

On a déterminé quatre sources d'activation des émotions: le système nerveux, la motivation, l'apprentissage et l'intelligence (Izard, 1993).

Ainsi, des changements hormonaux et des neurotransmetteurs déclenchent des émotions qui influent directement sur l'expérience phénoménale (Zazonc, 1984). Par exemple, la baisse des niveaux de norépinéphrine ou de sérotonine est associée avec la dépression.

Les émotions sont aussi déclenchées par la motivation; en fait, les émotions peuvent être conçues comme de l'énergie mise au service de l'adaptation. Par exemple, les intérêts de la personne et la poursuite de ses objectifs la rendent réceptive aux événements et aux circonstances pouvant faciliter ou entraver la réalisation de son projet; une interférence qui facilite l'atteinte de ses objectifs est perçue positivement et entraîne des émotions positives, alors qu'une interférence qui l'entrave est perçue négativement et déclenche des émotions négatives. C'est pourquoi il est nécessaire de connaître les objectifs et les intérêts personnels qui sont en jeu dans une situation pour comprendre pleinement la réponse émotionnelle de l'individu (Karniol et Ross, 1996; Lazarus, 1991b).

Lazarus (1991a) fait toutefois remarquer qu'en plus des objectifs personnels, l'identité personnelle (ou le *self*) peut également être mise en jeu dans une situation, déclenchant des émotions particulières et des conduites visant à protéger l'image de soi. L'expérience émotionnelle comporte plusieurs aspects identitaires: l'estime de soi et l'estime des autres (qui suppose l'engagement dans certains rôles sociaux), les valeurs morales, les idéaux du moi, les idées et les significations essentielles, les personnes aimées et leur bien-être, le sens de sa vie. Ainsi, la colère peut résulter d'une atteinte à l'estime de soi; l'anxiété risque d'apparaître à la suite d'une remise en question des significations essentielles; la honte sera éprouvée à la suite d'une grave erreur commise devant d'autres personnes; la culpabilité peut être ressentie après une faute commise allant à l'encontre des valeurs morales, etc.

L'apprentissage participe également au déclenchement des émotions; il se produit lorsque la personne parvient aux limites de ses capacités et qu'elle décide de les dépasser. Par des stimulations sensori-motrices, l'expérience concrète amène la personne à prendre conscience de ses incapacités, des insuffisances et des contradictions de ses dispositions personnelles, et cela provoque des émotions. Par ailleurs, la contingence d'une situation et d'une réponse émotionnelle et la répétition d'expériences émotionnelles composées d'éléments similaires sont également en mesure de déclencher des émotions. En effet, les émotions peuvent apparaître à la suite d'un conditionnement. Mais elles sont souvent le produit des interactions de la personne et de son environnement, et elles l'informent de l'efficacité de ses conduites dans son milieu et des modifications qu'elle doit faire pour satisfaire aux exigences de la situation.

Enfin, l'intelligence est aussi un processus important dans le déclenchement des émotions, car c'est l'appréciation subjective de l'état émotionnel qui lui confère sa signification (Lazarus, 1991a).

Piaget (1954) a démontré que l'intelligence et l'affectivité sont deux aspects de l'action humaine, distincts mais indissociables. Par «affectivité», Piaget entend les sentiments proprement dits, comprenant les émotions et les tendances diverses comme la volonté. L'émotion et la cognition sont de nature différente; l'émotion est de nature énergétique (Piaget établit une analogie avec l'essence et fait référence aux deux sens du mot) et la cognition, de nature structurante (comme le moteur, pour compléter l'analogie). Si les cognitions sont des structures provisoirement fermées, constamment sujettes à être corrigées ou transformées, les émotions sont au contraire des états ouverts, des flux d'énergie en mouvement, qui s'organisent structuralement par les activités d'intellectualisation effectuées par la personne lorsqu'elle en prend conscience (Piaget, 1954, 1981).

C'est en raison de leurs interrelations psychophysiologiques qu'il est difficile de dissocier l'affect de l'intellect, l'émotion de la cognition. Il demeure néanmoins que les aspects les plus importants de l'expérience émotionnelle semblent être l'évaluation de la signification des événements ou des stimuli externes par rapport aux intérêts et aux intentions de la personne, la préparation psychophysiologique de l'action adaptée aux circonstances et la communication des états et des intentions de la personne à son entourage (Scherer, 1989). Ces trois aspects comportent nécessairement des activités de représentation et d'inférences, caractéristiques de l'intelligence.

Le processus de l'émotion

Pour comprendre les émotions, il importe de situer leur apparition dans leur contexte, car leur signification dépend des interactions de la personne et de son environnement (Hillman, 1982; Lazarus, 1993). Le processus de l'émotion est ce qui rend possible le flux et la transformation des états émotionnels au fil du temps et à travers les expériences. Les émotions ponctuent l'expérience, la conscience de la personne: comme un fleuve, elles coulent dans la conscience de façon continue, apparaissant les unes à la suite des autres; mais à l'image du fleuve, les émotions causent aussi des remous, des blocages, des surprises, des tourbillons qui marquent l'histoire personnelle de chacun, avec ses hauts et ses bas, ses moments de bonheur et de malheur, ses réussites et ses échecs, ses surprises et sa routine.

Lazarus (1991a) présente l'émotion comme un processus qui comprend quatre phases: l'anticipation, la provocation, la préparation de l'action et l'état émotionnel.

L'anticipation

La conscience est continue: elle fait la synthèse des expériences passées et des anticipations dans le moment présent. La capacité d'anticiper le futur permet à l'individu de se préparer en conséquence et, parfois, de changer quelque chose en espérant prévenir un danger ou améliorer la situation. Parce que l'anticipation engendre des attentes, la position d'un individu dans une situation n'est jamais neutre. Ces attentes constituent des facteurs de causalité de la réponse émotionnelle. Par exemple, des attentes positives augmentent la probabilité d'être déçu et, par conséquent, d'en ressentir de la tristesse ou de la colère, alors que des attentes négatives disposent l'individu à percevoir des résultats négatifs comme n'étant pas aussi graves qu'il l'avait prévu ou des résultats positifs comme ayant pu être meilleurs. De plus, les attentes de la personne ont des conséquences sur le stress psychologique; c'est ce qui explique pourquoi il y a plus souvent de peine anticipée que de peine réelle.

La provocation

La provocation de l'émotion est produite par n'importe quel stimulus, interne ou externe, qui cause une interruption dans le déroulement de la pensée ou de l'action de la personne dans son milieu et qui met en branle un processus d'évaluation des stimuli en fonction de l'importance qu'ils revêtent pour la personne et des réactions qu'ils suscitent nécessairement. Scherer (1989) suppose que ce processus d'évaluation comporte des séquences rapides de traitement des stimuli dont les résultats respectifs déterminent la structure et l'intensité des émotions. Les séquences concernent la maîtrise du caractère nouveau ou inaccoutumé des stimuli, la détermination de leur caractère agréable ou désagréable, d'où découlera le sentiment d'envie ou d'aversion, l'évaluation de leur importance relative par rapport aux intérêts et aux intentions de la personne, l'évaluation de la capacité de maîtrise de la personne et la comparaison des stimuli avec les normes sociales et l'identité personnelle.

Ces différents traitements des stimuli conduisent à l'une des conséquences suivantes:

– la personne subit un dommage ou obtient un bénéfice;
– la situation, qui était jusqu'alors jugée mauvaise par la personne, continue de l'être ou s'améliore;
– la situation, qui était jusqu'alors favorable pour la personne, continue de l'être ou se détériore.

L'expérience émotionnelle qui s'ensuit dépend de l'évaluation plus ou moins consciente que fait la personne des conséquences de cette interruption.

La préparation de l'action

Dès que l'émotion est provoquée, elle suscite une tendance à l'action et à diverses conduites d'adaptation. Dans ce sens, l'émotion peut se concevoir comme un dispositif de régulation du passage à l'acte (Changeux, 1983). L'émotion est aussi un dispositif d'orientation de la conduite individuelle parce qu'elle influe sur les intérêts et la motivation de la personne (Karniol et Ross, 1996; Pagès, 1986).

L'état émotionnel

La transaction entre la personne et son environnement se solde par un état émotionnel qui reflète l'évaluation de la relation, en ce qui a trait aux dommages ou aux bénéfices, du point de vue du bien-être de la personne. L'état émotionnel est perceptible par les autres et les informe des intentions ainsi que des dispositions de la personne. Dans ce sens, les émotions deviennent un dispositif de communication avec autrui (Hillman, 1982 ; Pagès, 1986).

Le nombre des émotions

L'étude des émotions a permis de reconnaître des expressions propres à toutes les cultures humaines, lorsque les conditions de déclenchement sont comparables. Les expressions universelles seraient, d'après Ekman (1982), la joie, la surprise, la peur, la colère, la tristesse, le dégoût et le mépris. Izard (1977) ajoute à cette liste la honte et la culpabilité, mais ce point de vue demeure contesté. La fonction de ces structures expressives est clairement la communication et la régulation des relations humaines. Par exemple, pleurer exprime un besoin d'aide et grimacer dénonce l'évitement d'un stimulus désagréable. Cependant, le sens de ces expressions universelles n'est vrai que lorsqu'elles sont émises spontanément, d'une façon authentique.

Lazarus (1991a) a tenté de découvrir les principales représentations sous-jacentes à chaque émotion humaine ; nous les présentons dans le tableau 5.2. Par exemple, la tristesse est associée à la perte définitive de quelqu'un ou de quelque chose qui nous tenait à cœur et le dégoût, à l'approche de quelque chose qui nous répugne.

TABLEAU 5.2   Émotions et représentations sous-jacentes

Émotion	Représentation sous-jacente
Colère	Une attitude ou une conduite offensante contre soi ou les siens
Anxiété	Faire face à une menace incertaine, existentielle
Peur	Faire face à un danger physique immédiat, concret et écrasant
Culpabilité	Avoir transgressé un impératif moral
Honte	Ne pas être à la hauteur de son idéal
Tristesse	Avoir subi une perte définitive
Envie	Désirer quelque chose que quelqu'un d'autre possède
Jalousie	Avoir de la rancune envers un tiers pour la perte ou la menace de perdre l'affection d'autrui
Dégoût	Être en présence ou sentir l'approche de quelque chose qui nous répugne
Bonheur	Réaliser des progrès vers l'atteinte d'un but
Fierté	Valorisation de l'identité du moi grâce à la considération d'autrui résultant de l'acquisition d'un objet valorisé ou de la réussite d'une tâche importante, reconnue par soi-même ou par quelqu'un à qui on s'identifie
Soulagement	Une condition stressante qui s'est modifiée pour le mieux ou qui est disparue
Espoir	Craindre le pire mais espérer le meilleur
Amour	Désirer ou partager l'affection de quelqu'un, habituellement de façon réciproque, mais pas nécessairement
Compassion	Être touché par la souffrance d'autrui et vouloir l'aider

Source : Traduit et adapté de Lazarus (1991a, p. 122).

L'intelligence émotionnelle

Goleman (1995) définit l'intelligence émotionnelle comme la capacité de se motiver à réaliser quelque chose d'important pour soi et de persister dans ses projets en dépit des frustrations, de contenir ses impulsions et de retarder les gratifications, de comprendre ses humeurs et de conserver la maîtrise de soi dans une situation stressante, d'être empathique et de garder de l'espoir pour le futur.

L'intelligence «du cœur» s'avère donc aussi importante que l'intelligence «de la tête», car la maîtrise personnelle qu'elle rend possible permet à la personne d'avoir le courage d'affronter les difficultés de la vie, de les surmonter et de développer son caractère tout en respectant son entourage. Tout comme l'intelligence rationnelle, l'intelligence émotionnelle requiert l'expansion de la conscience et le développement de la métaconscience.

Comme le laisse entendre la définition de Goleman, l'intelligence émotionnelle suppose le développement des habiletés suivantes: reconnaître et comprendre ses émotions, savoir maîtriser ses humeurs et se réconforter, se fixer des buts et les atteindre, reconnaître les émotions d'autrui par l'empathie et développer des relations positives. Nous décrirons ces habiletés plus en détail à la fin du chapitre[1].

The Three Princes of Serendip
La main redoutable

Avant que les trois princes n'eurent atteint la capitale royale, la reine envoya des ambassadeurs pour les accueillir dans son pays. Parmi eux, il y avait le mahanmantrin, son premier ministre. Il aborda les princes et s'informa avec courtoisie du dessein de leur visite.

«Nous sommes venus pour notre ami, l'empereur Vahram, dit Balakrama; nous devons essayer de délivrer votre noble reine et son beau pays du fléau de la main redoutable. Aussi, si la chance nous sourit, nous devons supplier humblement Sa Majesté de nous laisser ramener le Miroir de la justice en Perse.»

Source: Traduit et adapté de Hodges (1964, p. 77) par Corinne Prost sous la supervision de l'auteure.

LE STRESS

Selye (1974) définit le **stress** comme étant la réponse non spécifique de l'organisme à toute demande qui lui est faite. Cette réponse peut être décrite comme un syndrome d'adaptation qui comprend trois phases: la réaction d'alarme, la phase de résistance et la phase d'épuisement, comme le montre la figure 5.1.

---

1. Nous abordons l'empathie dans le chapitre 2 et le développement de relations positives dans le chapitre 6.

FIGURE 5.1   Les trois phases du syndrome d'adaptation

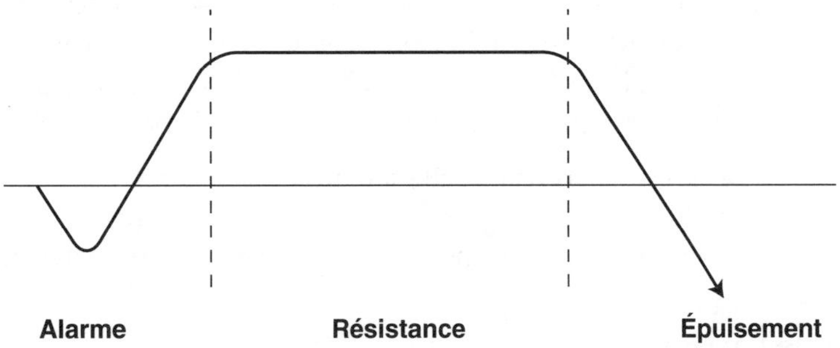

| Alarme | Résistance | Épuisement |

Source : Adapté de Selye (1974, p. 42).

Durant la **réaction d'alarme**, le niveau de résistance de la personne descend sous le niveau normal, car son organisme réagit à l'agent stressant et prépare une réponse psychomotrice telle que la fuite ou le combat. Un agent stressant est tout stimulus (objet, personne, animal, événement, etc.) perçu par la personne comme amenant une demande d'adaptation. L'organisme de la personne montre alors des changements neurophysiologiques associés à la première exposition; par exemple, les glandes surrénales, le thymus et les trois glandes lymphatiques préparent la réaction de défense. Durant cette première phase, le système immunitaire étant plus faible, la personne est plus exposée que d'habitude aux affections somatiques diverses.

Durant la **phase d'adaptation**, le niveau de résistance de la personne augmente et monte au-dessus du niveau normal, car son organisme s'adapte à l'agent stressant et commence à résister. La durée de cette phase dépend à la fois de la faculté naturelle d'adaptation de l'organisme et de l'intensité de l'agent stressant. Si la personne a l'impression qu'elle maîtrise la situation, il n'en demeure pas moins qu'elle dépense de l'énergie d'adaptation, qui n'est pas récupérable par la suite, causant de l'usure à l'organisme, d'où l'hypothèse du vieillissement du corps.

Enfin, durant la **phase d'épuisement**, le niveau de résistance tombe bien au-dessous du niveau normal; cela se produit seulement si l'action de l'agent stressant perdure et que la personne persiste à y faire face. Il s'ensuit que l'organisme doit puiser dans ses réserves profondes d'énergie d'adaptation, entraînant en conséquence des dommages irréparables, voire la mort quand ces réserves sont épuisées. Évidemment, cela est fort différent de ce qu'on entend généralement par épuisement, c'est-à-dire la fatigue qui peut être soulagée par le repos. Pour faire une analogie, la phase d'épuisement représente la faillite de l'organisme, sa ruine totale devant l'agent stressant.

La fuite ou le combat

Tout comme l'a montré Selye (1974), Laborit (1986) décrit deux réactions physiologiques possibles face à des stimuli inconditionnés: la fuite ou le combat. Ces deux réactions permettent la préservation de l'intégrité de l'organisme, c'est-à-dire la conservation de sa structure, durant l'état d'urgence engendré par un agent stressant, soit en soustrayant l'organisme aux effets nocifs de l'agent stressant (fuite), soit en luttant contre cet agent pour qu'il cesse d'agir (combat, attitude de défense). Ces deux réactions, qui sont innées, ne dépendent pas des stimuli eux-mêmes, mais plutôt du milieu dans lequel se trouve l'individu. C'est donc le milieu qui «autorise» l'individu à fuir ou à combattre l'agent stressant. Selon Laborit (1986):

> Si la fuite est possible, elle sera toujours tentée. Si elle ne l'est pas, le combat sera le comportement le plus fréquent, si l'on excepte le « conservation withdrawal », l'animal qui « fait le mort » pour échapper au prédateur (p. 164).

L'inhibition de l'action

Laborit (1986) ajoute une troisième réaction, l'inhibition de l'action, qui est dominée par les processus de mémoire, déterminant sur tous les plans les actions de l'individu à l'égard du milieu. Cette réaction apparaît lorsque l'individu estime que ni la fuite ni le combat ne pourront le soustraire aux effets nocifs de l'agent stressant. Il n'a alors pas le choix de l'action: il doit subir et attendre que cela se passe. Cette réaction se différencie des deux autres, car elle crée un terrain propice aux affections psychosomatiques et psychologiques. Cette réaction, qui est apprise, consiste en une mise en attente, sous tension, du moment d'agir; elle est maintenue jusqu'à l'intervention d'une action gratifiante, comme l'arrivée d'une récompense ou le retrait d'une punition.

Les facteurs psychologiques

En psychologie, le stress est l'état qui résulte d'un déséquilibre réel ou perçu entre une demande inévitable et la capacité d'y répondre, au cours de l'adaptation de l'individu à son milieu, et qui se manifeste partiellement par des réponses organiques non spécifiques (Mikhail, 1985).

On a observé que le stress est déterminé par la perception d'un agent stressant plutôt que par l'agent lui-même. Le niveau de stress dépend en partie de l'importance de la demande pour la personne. En effet, tous les agents de l'environnement ne sont pas nécessairement stressants pour tout le monde. Seuls les agents externes qui mettent à l'épreuve les compétences de la personne (Lazarus, 1966) et auxquels celle-ci attribue une certaine valeur, ou importance, sont considérés comme des agents stressants. En outre, l'importance de l'agent stressant semble varier en fonction de l'investissement psychologique de la personne dans la situation et des conséquences de son incapacité d'y réagir adéquatement.

On a aussi observé que le niveau de stress dépend en partie de la capacité de la personne à faire face à l'agent stressant. Cela fait référence à la notion d'efficacité personnelle, dont il a été question dans le chapitre 3 sur la motivation. L'efficacité personnelle a un effet sur l'espérance d'une personne de réussir à s'adapter aux nouvelles exigences, dans la mesure où elle est consciente de ses compétences et où son évaluation est réaliste.

D'autres facteurs influent cependant sur l'évaluation que fait la personne de ses capacités à faire face à l'agent stressant, dont sa force de caractère (*hardiness*) et son style d'attribution (internalité ou externalité). Les personnes qui possèdent une forte personnalité auraient plus de facilité à se tirer d'affaire lorsqu'elles font face à des agents stressants que celles qui s'estiment impuissantes, qui attendent que le problème se règle tout seul (passivité) ou qui se considèrent victimes des événements, assumant personnellement les coûts et les pertes engendrés. Il semble aussi que les individus caractérisés par une internalité modérée aient plus de facilité que les autres à faire face efficacement aux agents stressants. Ils auraient tendance à mieux compenser les effets de ces agents, à choisir des comportements mieux adaptés à la situation et à recourir au soutien social de façon utile mais parcimonieuse.

Deux autres facteurs influeraient aussi sur l'évaluation que fait la personne de ses capacités : le degré d'investissement psychologique, c'est-à-dire la tendance à s'engager activement dans les événements, et la tendance à l'accomplissement personnel, c'est-à-dire la conviction que les situations mettant à l'épreuve ses capacités représentent des occasions de croissance personnelle. Ces deux facteurs dénotent chez la personne une grande confiance en ses choix, une grande sécurité psychologique et une grande capacité d'autorenforcement, améliorant ainsi positivement le résultat de l'évaluation des compétences personnelles et incitant la personne à affronter l'agent stressant.

La vulnérabilité d'une personne serait déterminée par plusieurs facteurs psychologiques, dont les plus importants sont les suivants : la tendance personnelle à inhiber ses émotions (soit par répression, soit par une grande timidité), les expériences personnelles (l'influence de la famille, des amis, de la télévision et des médias en général), le style d'attachement[2], le concept de soi et l'estime de soi (Basic Behavioral Science Task Force, 1996).

Par ailleurs, il existe des prédispositions personnelles à s'exposer à des expériences comportant des charges élevées de stress ; les personnes qui montrent de telles prédispositions risquent plus que les autres de vivre des excès de stress qui nuiront à leur santé. Ces prédispositions sont les suivantes : l'incapacité de prendre du temps pour soi sans s'en sentir coupable, le désir impérieux d'être reconnu et récompensé (aimé) (Fromm, 1978), l'impossibilité d'alléger sa charge de travail, car «rien n'est mieux fait que par soi-même», la tendance à s'adonner à de plus en plus d'activités et à accuser de plus en plus de retards, l'impression chronique d'urgence, le désir pressant de réussir toutes ses entreprises, en tout temps, quoi qu'il arrive, le goût excessif pour la compétition, la tendance à vouloir toujours plus (être le premier arrivé au travail et le dernier à partir), à viser toujours plus haut, à aller toujours plus vite, à être toujours parfait (Chalvin, 1985 ; Mitroff et Pauchant, 1990).

Les personnes qui vivent régulièrement des excès de stress ou qui sont exposées à un événement traumatique peuvent réagir de différentes façons et voir leur santé menacée.

---

2. Nous abordons cette notion dans le chapitre 6.

Les types de réactions et d'affections causées par le stress

On a observé des différences individuelles importantes quant au mode de réaction au stress ; ces différences seraient attribuables au seuil de tolérance et à la personnalité des individus (Lazarus et autres, 1952). On a constaté des différences individuelles relativement aux réactions physiologiques, affectives et comportementales.

Parmi les **réactions physiologiques** possibles, on trouve les tensions musculaires, l'arthrite, les troubles du sommeil, les troubles d'appétit, les troubles sexuels, les problèmes gastro-intestinaux, la transpiration, les palpitations, les problèmes respiratoires et cardiovasculaires, les troubles d'élimination des matières toxiques, les infections diverses, les céphalées, etc. De telles réactions physiologiques se décrivent à l'aide d'expressions comme « avoir les yeux morts, la gorge serrée, le cœur lourd », « avoir mal au ventre », « avoir des nœuds dans l'estomac », « en avoir plein le dos » ou « trop sur les épaules », « avoir les mains moites », « se serrer les dents », etc.

Les **réactions affectives** sont variées : troubles de l'humeur (par exemple, repli sur soi, irritabilité, explosions de colère, hostilité, expressions maniaques, etc.), sentiment de culpabilité ou de honte, diminution ou perte d'intérêt, etc. On décrira les personnes qui vivent de tels états émotifs par des expressions comme « elle est devenue sauvage », « c'est un solitaire », « elle est obsédée par une pensée », « elle prétend que tout va toujours très bien », « il dit ne plus avoir de projets », « il perd son sang-froid », etc.

Enfin, les manifestations du stress prennent des **formes béhaviorales** diverses : la fuite, l'évitement, le combat, l'inhibition de l'action, l'engagement dans des activités compensatrices, la recherche ou le refus d'un soutien socio-affectif, etc. Par exemple, on observera la sensibilité aux critiques, le cynisme et le pessimisme, le blâme et l'identification à la victime (*victimization*), l'isolement, l'entêtement et la rigidité, le conformisme excessif et le retranchement derrière l'autorité, l'apathie, la passivité et le détachement, etc.

Outre qu'ils provoquent ces réactions, les agents stressants peuvent causer chez certaines personnes des maladies psychosomatiques et des syndromes psychiatriques. Parmi les maladies psychosomatiques les plus souvent associées aux excès de stress figurent les ulcères gastro-duodénaux, les maladies de la thyroïde, la polyarthrite rhumatoïde, la recto-colite hémorragique, l'asthme et l'hypertension artérielle. D'après Galinowski (1991), la plupart des affections causées par le stress répondent à l'équation suivante :

Agent stressant spécifique + réaction spécifique + réaction non spécifique = maladie.

Dans cette équation, l'agent stressant spécifique est un agent pathogène, associé à la maladie ; la réaction spécifique inclut les émotions associées à la situation stressante ; et la réaction non spécifique est le stress éprouvé dans cette situation. La combinaison de ces trois facteurs donne lieu à une maladie spécifique.

Plusieurs maladies sont associées au stress ; par exemple, les cancers et les infections semblent être particulièrement favorisés par le stress, probablement précipités par une faiblesse du système immunitaire.

L'impact des affections causées par le stress est parfois psychologique; on reconnaît d'ailleurs trois syndromes psychiatriques principalement causés par le stress: le stress post-traumatique, les troubles de l'adaptation et les réactions psychotiques brèves.

Le **stress post-traumatique** est un état causé par un événement inhabituel qui comporte une menace réelle pour la vie ou pour l'intégrité physique d'une personne ou une menace réelle dirigée contre un être cher, ou qui résulte de la destruction de biens personnels importants ou de l'implication à titre de témoin d'un accident ou d'une situation de violence physique causant des blessures à une personne ou sa mort. Cet état est vécu comme une peur intense, un état de terreur et d'impuissance. Ses principaux symptômes sont les suivants: rappel fréquent ou constant de l'événement traumatisant (répétition de cauchemars, illusions, etc.), évitement des stimuli associés à cet événement ou engourdissement, voire paralysie, des modes généraux de réponses (efforts pour réprimer les idées associées au traumatisme, incapacité de se rappeler un aspect important de l'événement, incapacité d'aimer, etc.), élévation du niveau d'activation (insomnie, irritabilité, difficulté de concentration, etc.). Les symptômes doivent être présents depuis plus d'un mois pour justifier le diagnostic de stress post-traumatique.

Les **troubles de l'adaptation** déterminent des réactions mal adaptées à un agent stressant repérable dans l'environnement de l'individu. Il peut s'agir soit de problèmes de comportement dans les occupations quotidiennes (au travail ou à l'école) ou dans les relations avec autrui, soit de comportements qui excèdent ce qui est considéré comme normal dans la situation. Les symptômes de tels troubles incluent un état anxieux, une humeur dépressive, la déviance, une grande fatigue, des maux de tête persistants, la désaffection, une inhibition comportementale, la non-obéissance à des prescriptions, etc. Les problèmes d'attitudes ou de conduites sont atypiques dans la situation et apparaissent jusqu'à trois mois après l'action de l'agent stressant. Ces problèmes ne devraient pas durer plus de six mois.

Les **réactions psychotiques brèves** se caractérisent par l'apparition de symptômes psychotiques qui durent entre quelques heures à un mois, provoqués par un événement traumatisant. Les symptômes de ce syndrome comprennent l'affaiblissement des facultés permettant l'adéquation à la réalité manifesté par l'incohérence ou le relâchement sensible des associations (discours incohérents ou dépourvus de sens; réponses inadéquates aux questions; désorientation et perte de mémoire à court terme), les illusions et les fantasmes, les hallucinations visuelles ou les comportements catatoniques ou désorganisés (conduite bizarre, étrange, pouvant se caractériser par des postures surprenantes, des cris ou le mutisme; conduite suicidaire ou agressive); la personne peut en outre souffrir de troubles des émotions.

Par ailleurs, le **syndrome de l'épuisement professionnel** (*burnout*), qui n'entre pas dans la catégorie des syndromes psychiatriques causés par le stress, a beaucoup retenu l'attention des chercheurs au cours des années 1980, en raison de son association avec le stress vécu dans le milieu de travail. La diminution de l'attention portée à ce syndrome dans les revues spécialisées n'est pas un signe de sa disparition, mais reflète plutôt une baisse de l'intérêt des médias pour ce type d'affection nerveuse. Le syndrome de l'épuisement professionnel est un état d'épuisement émotionnel qui engendre une dépersonnalisation des relations et une dévalorisation des accomplissements personnels (Maslach et Jackson, 1982). Cinq étapes caractérisent l'évolution de ce syndrome:

1) l'apparition de problèmes physiques: troubles du sommeil, céphalées, troubles gastro-intestinaux, maux de dos, etc.;

2) la manifestation de dysfonctionnements de la pensée: troubles de réflexion, de mémoire ou de concentration, diminution de la créativité, difficulté de planification et d'organisation des activités, etc.;

3) la distanciation, voire l'isolement, de la personne: rupture des relations sociales, négativisme et désaffection, perte d'intérêt pour les autres, etc.;

4) la manifestation de troubles de l'affect: troubles de l'humeur, repli sur soi ou explosions de colère, etc.;

5) la perte de signification: sentiment de vide et d'impuissance, sentiment d'inutilité et d'abandon, confusion et fuite des idées, désorientation et désorganisation des conduites, etc.

D'après Leiter (1991), plusieurs facteurs professionnels auraient une influence déterminante sur l'apparition de ce syndrome: la sous-utilisation ou la déficience des compétences, l'insuffisance de la marge d'autonomie et le sentiment de dépendance, la routine et l'ennui, l'inutilité des procédures, la présence de conflits causés par l'impossibilité de surmonter les différences ou les inconvenances, la difficulté de rendre un bon service à la clientèle en raison d'un manque de ressources (personnelles, sociales ou matérielles).

Le syndrome d'épuisement professionnel présente un tableau clinique différent de celui de la **dépression**, laquelle est une «maladie mentale caractérisée par une modification profonde de l'état thymique, de l'humeur dans le sens de la tristesse, de la souffrance morale et du ralentissement psychomoteur» (Postel, 1991, p. 206).

The Three Princes of Serendip
La main redoutable

«Jadis, avant que nous n'ayons le miroir, dit la reine, la grande main saisissait un homme du rivage, à n'importe quel moment de la journée, qu'il soit de la ville ou d'une ferme, et elle le jetait dans la mer. Les gens avaient peur de quitter leur maison; jusqu'ici, ceux dont le travail les menait hors de chez eux risquaient d'être saisis. Aujourd'hui, vous pouvez voir comment ce miroir prévient une chose aussi terrifiante.»

Source: Traduit et adapté de Hodges (1964, p. 81) par Corinne Prost sous la supervision de l'auteure.

L'ANXIÉTÉ, LES MÉCANISMES D'ADAPTATION
ET LES MÉCANISMES DE DÉFENSE

On assimile souvent à tort les unes aux autres les notions de frustration, de menace, de peur, d'anxiété et d'angoisse, ce qui entraîne des difficultés de compréhension et d'intervention. Avant de présenter les mécanismes d'adaptation et de défense qui s'y rapportent, il convient donc de les définir correctement.

En psychologie, la **frustration** est un état psychologique déplaisant causé par un retard ou un obstacle dans la progression vers la satisfaction d'un besoin (rapport avec le passé et les exigences biologiques) ou d'un désir (rapport avec le futur et les représentations symboliques). Selon Le Ny (1991c), la frustration est «l'état hypothétique d'un individu, animal ou humain, qui, au cours de la poursuite d'un but avec une motivation déterminée, se trouve empêché d'atteindre son but» (p. 318). La frustration implique donc un projet en cours, retardé ou arrêté par un agent quelconque, et la difficulté d'atteindre le but qui lui est associé.

Pendant un certain temps, la personne aura tendance à augmenter ses efforts en vue de surmonter cette difficulté, mais, à terme, les conséquences et les effets de la frustration peuvent engendrer trois attitudes: soit combattre l'agent responsable de l'interruption du projet en cours, soit dénier ses besoins et ses intérêts (abandonner son idée), soit réexaminer son expérience et tenter de résoudre le problème (Lesage, 1994). Si la personne ne parvient pas à régler le problème, elle devra soulager son état de tension par des activités compensatrices, par des voies substitutives, par des attitudes de tolérance ou par l'abandon du projet en cours (Monat et Lazarus, 1985).

La **menace** définit un signe perçu, réel ou imaginé, dans le milieu indiquant à la personne la possibilité d'un danger pouvant lui causer un dommage physique ou psychologique. Puisque le dommage ne s'est pas encore produit, elle peut prévenir le danger ou s'y préparer. La menace remplit une fonction d'avertissement facilitant l'adaptation de l'individu à son milieu.

La **peur** caractérise un «état émotionnel dont l'objet est bien connu du sujet, c'est-à-dire un état qui a un contenu émotionnel et représentatif de son objet» (Le Ny, 1991e, p. 52). Cet état est différent de celui créé par l'anxiété.

L'**anxiété** est en fait un état émotionnel de tension nerveuse, fort mal différencié et souvent chronique, causé par la perception d'un danger possible provenant d'un objet mal défini (Le Ny, 1991a). L'anxiété est donc un état de «non-quiétude» où prédomine l'appréhension d'une situation qui pourrait s'avérer désagréable ou douloureuse. L'état anxieux se caractérise par trois composantes fondamentales: la perception d'un danger imminent, une attitude d'attente devant ce danger et un sentiment de désorganisation lié à la conscience d'une impuissance totale en face de ce danger (Pichot, 1987).

L'anxiété est une émotion inhérente au développement du potentiel d'une personne et de sa créativité, car elle signale la présence d'un conflit, le plus souvent psychologique ou psychique, qui doit être résolu. Dans le texte classique présenté à la suite de ce chapitre, Rollo May (1977) fait la distinction entre l'anxiété normale et l'anxiété névrotique. Cette distinction se révèle utile pour comprendre la genèse des problèmes psychologiques.

L'anxiété normale résulte de la perception d'une situation menaçante; elle n'est pas un signe de mésadaptation ni de maladie mentale. C'est normalement dans ce sens qu'on fait référence à l'anxiété en psychiatrie. L'anxiété névrotique est également le résultat de la perception d'une menace, mais à la différence de l'anxiété normale, elle est en outre le résultat d'expériences d'apprentissage malheureuses à un moment où la personne était incapable de faire face au danger, de manière directe ou constructive. L'anxiété névrotique est le creuset de l'angoisse.

L'**angoisse** est une forme grave d'anxiété, définie en psychiatrie comme étant «l'ensemble des sentiments et des phénomènes affectifs caractérisé par une sensation interne d'oppression et de resserrement et par la crainte réelle ou imaginaire d'un malheur grave ou d'une grande souffrance devant lesquels on se sent à la fois démuni et totalement impuissant à se défendre» (Périn, 1991, p. 42). D'après Freud, il s'agit d'un état émotionnel vécu comme la peur d'un objet inconnu de soi, indéterminé, venant de la réalité intérieure de la personne. Comme l'écrit Nisole (1986), «l'angoisse est une peur sans objet (si nous entendons par "objet" un élément du monde, "ceci" ou "cela" que nous pouvons désigner)» (p. 45). L'angoisse est donc un terme réservé à des formes graves d'anxiété; selon Freud (1973), elle se manifeste par:

1) des troubles de l'activité cardiaque (tachycardie, arythmie transitoire, pseudo-angine de poitrine);

2) des troubles de la respiration (dyspnées diverses, accès asthmatiformes);

3) des accès de sudation, de tremblements, de fringales, de diarrhée, de vertiges, etc.

D'après May (1977), l'anxiété signale à l'individu une occasion de clarifier ou de résoudre un problème ou un conflit qui gêne sa croissance et l'expression de sa créativité. Son point de vue est en fait optimiste: il réside un espoir aussi longtemps que la personne éprouve de l'anxiété, car cela indique qu'il existe toujours des possibilités d'action et qu'aucune dissociation ne s'est encore produite. Il propose deux méthodes pour faire face à l'anxiété: les méthodes constructives et les méthodes négatives.

The Three Princes of Serendip
La main redoutable

Sitôt que le soleil apparut, la main terrifiante sortit doucement de l'eau. Les cinq doigts écartés, elle s'éleva de plus en plus haut. La reine et ses sujets observaient en silence derrière les fenêtres de leur maison, alors que la grande main planait haut dans le ciel tandis que le prince se tenait seul sur le rivage. La main était plus calme que d'habitude et le prince la regardait fixement en silence. Alors, juste quand le soleil s'apprêta à se coucher, la main commença une violente descente. Rapide comme une comète, elle se précipita vers l'endroit où se tenait Rajahsingha.

→

Tous les oiseaux cessèrent de gazouiller. Les petits animaux détalèrent, effrayés. Et comme le jeune homme regardait la grande main s'abattre sur lui depuis les profondeurs du ciel bleu, il ne put qu'espérer que ses plans furent justes. Ce terrible fléau s'emballa dans les airs et se rapprocha de plus en plus, mais la bravoure du cœur du prince l'arrêta. Le prince ferma un œil face à la lumière du soleil et il souleva sa main droite comme un bouclier devant son visage. À peine eut-il fait cela que cette main qui l'effrayait tant ne lui apparut pas plus grande que la sienne. Comprenant cela, le prince Rajahsingha éclata de rire.

Sur le moment, comme surprise par tant de courage, la grosse main cessa d'avancer et plana sur place pendant un moment. Durant ce court laps de temps, le prince souleva sa main dans les airs une fois de plus, mais en gardant deux doigts repliés. Tout juste après qu'il eut fait cela, son adversaire plongea vers la mer et disparut dans un plouf puissant; Rajahsingha resta debout sur le sable.

Source: Traduit et adapté de Hodges (1964, p. 83-84) par Corinne Prost sous la supervision de l'auteure.

LES MÉTHODES CONSTRUCTIVES

Il est possible de clarifier ou de résoudre le conflit anxiogène; Rollo May (1977) rappelle à ce sujet deux processus communs aux méthodes constructives: l'expansion de la conscience et la rééducation.

L'expansion de la conscience se fait par l'introspection et l'analyse des pensées, des sentiments et des images qui «meublent» l'expérience de la personne. Par ce processus, la personne prend conscience de la valeur qui est menacée, de ses conflits et de ses ambivalences à l'égard de la situation. Rollo May emploie le mot «valeur» pour désigner les idées, les sentiments, les objets et même les personnes qui ont beaucoup d'importance pour un individu. Dans un contexte analytique, les valeurs propres à une personne sont souvent celles qui renvoient à son existence même (par exemple, la responsabilité, la liberté, la réussite, la relation, etc.).

L'expansion de la conscience permet donc à la personne de comprendre la genèse du conflit à l'origine de l'anxiété; elle la conduit à développer sa métaconscience[3].

Par ailleurs, la rééducation permet à la personne de se fixer de nouveaux buts, de définir ses valeurs et de choisir de vivre en fonction de celles-ci d'une façon responsable et réaliste.

D'un point de vue «objectif», l'individu a besoin de courage, en particulier de courage moral, pour être capable d'affronter l'anxiété normale, car il doit faire face au conflit ou à la situation de danger tout en reconnaissant son anxiété et en demeurant authentique. D'un point de vue «subjectif», l'individu doit prendre conscience de la valeur d'agir en dépit de son action, c'est-à-dire de l'importance de la finalité de son action comparativement au coût de renonciation de cette même action. En d'autres

---

3. Nous expliquons le concept de métaconscience dans le chapitre 2 sur la perception.

termes, la valeur de la cause est supérieure au prix de son anxiété, et cette cause sert le développement de sa personnalité et de sa liberté. D'où l'énoncé général qui stipule qu'une personne est subjectivement prête à faire face à son anxiété de façon constructive lorsqu'elle est convaincue, consciemment ou non, que les valeurs à acquérir en allant de l'avant sont plus grandes que les valeurs à acquérir en fuyant son anxiété.

Les méthodes constructives constituent des stratégies comportementales permettant l'ajustement de la personne aux conditions de son milieu, l'augmentation de ses possibilités d'action et l'accroissement de sa satisfaction générale. Les stratégies d'ajustement (*coping*) nécessitent l'investissement d'efforts personnels pour maîtriser la situation quand les réponses habituelles ou automatiques ne sont pas adéquates. Dans ce cas, les exigences posées dans les circonstances doivent être satisfaites par l'élaboration de nouvelles attitudes ou de nouvelles conduites ou par la modification des anciennes (Monat et Lazarus, 1985). De telles stratégies exigent donc une adaptation de la personne sous des conditions relativement difficiles pour elle.

Les stratégies utilisées pour faire face aux agents stressants ou à l'anxiété sont différentes suivant l'histoire de la personne, son évaluation de ses capacités et de ses ressources ainsi que sa motivation. Il existe une grande variété de stratégies, allant de l'élimination de la source de danger jusqu'à des réponses créatives.

Folkman et Lazarus (1984) présentent les stratégies de résolution de problèmes comme des efforts investis par l'individu pour se tirer d'affaire et améliorer son sort; ces efforts peuvent consister soit à modifier ses attitudes ou ses comportements, soit à modifier l'objet de tension, c'est-à-dire les agents stressants, ou les deux. Par exemple, l'individu aux prises avec une situation difficile peut rechercher de l'information sur ce qu'il faut faire, retarder les actions ou les réactions impulsives ou émotives, rencontrer les personnes associées au problème, etc.

Lorsque la personne ne parvient pas à résoudre le problème et à surmonter l'anxiété, elle est amenée à se protéger à l'aide de mécanismes de défense. May (1977) qualifie de tels mécanismes de négatifs, car ils ne conduisent pas à l'expansion de la conscience ni au développement de la métaconscience; ils procurent néanmoins un soulagement temporaire des tensions causées par les agents stressants.

LES MÉTHODES NÉGATIVES

Les méthodes négatives visent à soulager ou à éviter l'anxiété sans résoudre le conflit qui l'a engendrée; ces méthodes prennent des formes variées telles que la rigidité de la pensée, le dogmatisme, la superstition, les conduites compulsives comme la manie du travail, l'alcoolisme, la boulimie, etc. L'anxiété est évitée temporairement au prix du développement de la personne et de ses capacités d'adaptation. Il importe de souligner l'aspect temporaire du soulagement, car il reste que tôt ou tard le conflit refera surface, avec l'anxiété qui en résulte, et la personne devra encore l'affronter.

Si les valeurs que la personne doit protéger sont vulnérables, souvent à cause de leurs contradictions internes, et si elle est relativement moins capable de s'adapter à de nouvelles situations en raison de l'évitement de l'anxiété, il est possible que la rigidité des attitudes et des conduites se transforme en névrose compulsive. Pis encore, si l'anxiété persiste et que l'état anxieux devient intolérable pour la conscience, des mécanismes névrotiques risquent d'entrer en action. Freud (1969) distingue trois mécanismes névrotiques: la conversion des affects (hystérie de conversion, paralysie, vertiges, crises d'angoisse, cauchemars), le déplacement de l'affect (obsession, phobie, crainte obsédante de la mort) et la transformation de l'affect (névrose d'angoisse et mélancolie).

Quand les symptômes somatiques se manifestent, l'anxiété disparaît du champ de la conscience. On peut dès lors considérer la formation d'un symptôme comme une façon de faire face au conflit anxiogène: le symptôme permet de calmer l'état anxieux sans toutefois résoudre le conflit à son origine.

Pour May (1977), la névrose[4] est un pattern intrapsychique compensatoire qui protège l'individu contre la situation anxiogène et qui lui procure de la sécurité en dépit de l'existence du conflit. La névrose implique le refoulement des tendances associées au conflit ou une dissociation de la conscience. Elle se caractérise également par l'inhibition des activités ou des conduites qui placeraient l'individu dans une situation de danger.

Les stratégies palliatives que décrivent Folkman et Lazarus (1984) constituent des méthodes négatives. Elles consistent en des efforts investis dans des voies substitutives visant à soulager les effets nocifs (physiques ou psychologiques) des agents stressants. Par exemple, pour éviter de penser aux agents stressants et pour nier l'existence du problème, une personne pourra se retrancher derrière l'autorité ou dans le mutisme, prendre des calmants, s'adonner à la prière ou à la méditation, faire du sport, etc.

Les dénominateurs communs des méthodes négatives restent le rétrécissement du champ de la conscience, la réduction des possibilités d'action et la restriction des relations avec les autres. En d'autres termes, la personne évite le conflit et soulage sa peine au prix du développement de sa personnalité et de sa liberté.

---

4. En psychiatrie, la **névrose** est une maladie mentale dont l'individu reste douloureusement conscient et qui n'agit pas profondément sur les fonctions essentielles de la personnalité, malgré les troubles permanents qu'elle peut causer. Les troubles névrotiques sont fréquents: près de 12% de la population en serait atteinte. Ils se répartissent comme suit: troubles anxieux, paniques et phobiques (anxiété, attaques de panique, agoraphobie, phobies simples, phobies sociales), troubles obsessifs compulsifs, troubles hystériques (avec les conversions somatiques), troubles somatoformes (en dehors des conversions) et hypocondrie, troubles dépressifs et réactionnels au stress. La **psychose** constitue quant à elle une maladie grave atteignant la personnalité dans sa globalité, nécessitant généralement une prise en charge thérapeutique et l'internement. On peut reconnaître la psychose par les critères suivants: la gravité des troubles, l'absence de la conscience de la morbidité des troubles, l'étrangeté ou la bizarrerie des troubles, ressentie par les autres avec un sentiment de malaise, les troubles de relation et de communication, une véritable rupture avec le milieu ambiant, le temps et l'espace.

LES MÉCANISMES DE DÉFENSE

Les méthodes négatives font intervenir des mécanismes de défense qui sont, par nature, inconscients. Les **mécanismes de défense** sont des procédés dont se sert le moi, qui est une instance psychique inconsciente, lorsqu'il fait face à une représentation insupportable, à défaut de savoir comment l'intégrer aux autres représentations —conscientes, celles-là—par un travail de pensée. Les mécanismes de défense évitent les agressions internes des pulsions refoulées et les dommages causés par l'expérience de l'angoisse qui en découle.

Selon la théorie psychanalytique, la vie psychique serait en partie structurée par des fantasmes inconscients relatifs à des objets intériorisés. Les fantasmes inconscients sont des structures psychiques profondes qui sous-tendent l'action et qui sont déterminantes de la personnalité d'un individu, dans sa dimension aussi bien affective que cognitive. Quant aux objets, ce sont les idées, les personnes ou les choses qui orientent l'existence de l'être humain en tant que sujet désirant. De manière privilégiée, ils représentent les premières figures d'amour et d'autorité avec lesquelles le sujet entre en contact (la mère, la nourrice, le père, la parenté, etc.). Les pulsions, qui ne peuvent devenir conscientes, représentent l'énergie fondamentale du sujet, c'est-à-dire la force qui est nécessaire à son bon fonctionnement et qui s'exerce au plus profond de lui; cette force prend des formes multiples.

C'est à Anna Freud (1949) qu'on doit le premier dénombrement des mécanismes de défense. D'après elle, le moi dispose de dix méthodes différentes pour se protéger contre des représentations insupportables et contre l'angoisse qui en résulte: le refoulement, la régression, la formation réactionnelle, l'isolation, l'annulation rétroactive, la projection, l'introjection, le retournement contre soi, la transformation en contraire et la sublimation. Le motif qui détermine le «choix» du mécanisme demeure toutefois inconnu. Il est possible qu'il soit en partie déterminé par le stade de développement de la personnalité.

Des affections nerveuses se caractérisent par l'utilisation de certains mécanismes de défense. C'est le cas par exemple de la névrose obsessionnelle, qui se distingue par le recours à la régression, à la formation réactionnelle du moi, à l'isolation et à l'annulation rétroactive. C'est aussi le cas de la jalousie et de la paranoïa, qui démontrent de façon typique le recours à l'introjection et à la projection. La phobie, quant à elle, se caractérise par l'utilisation de la transposition en affect.

Dans tous les cas, l'usage de mécanismes de défense prive l'individu d'une somme d'énergie qu'il aurait pu autrement investir dans des activités capitales pour son développement.

Le refoulement

Le **refoulement** consiste en la rétention ou le rejet d'une représentation ou d'un affect insupportable hors de la conscience. Un **affect** est un état émotionnel parmi d'autres, dont l'ensemble constitue la palette de tous les sentiments humains, du plus agréable au plus insupportable, qui se manifeste par une décharge émotionnelle violente, physique ou psychique, immédiate ou différée.

Le refoulement constitue un mécanisme à part des autres. D'une part, il se révèle plus efficace dans la maîtrise des pulsions. D'autre part, il est aussi le plus dangereux: le morcellement qui en résulte risque de détruire l'intégrité de la personnalité.

La régression, la formation réactionnelle, l'isolation et l'annulation rétroactive

La **régression** est le processus de l'organisation libidinale qui cause le retour et le maintien de la personnalité à des stades primitifs de son développement pour se protéger contre des frustrations intolérables vécues au stade actuel.

La **formation réactionnelle**, ou la modification réactionnelle du moi, caractérise le processus psychique mobilisé par le moi en réaction contre certaines représentations ou affects insupportables: ces représentations s'exprimeront seulement en leur forme contraire.

L'**isolation** représente le processus psychique par lequel le moi parvient à écarter de son affect et de ses relations associatives une expérience vécue ou un objet comportant une signification insupportable à tel point que les éléments ainsi séparés sont maintenus inconscients, grâce à des conduites dites magiques, et ne gênent plus l'activité intellectuelle (Freud, 1986).

L'**annulation rétroactive** définit le processus psychique par lequel le moi parvient à faire comme si une représentation dangereuse ou un événement ne s'était pas produit, à l'«effacer en soufflant dessus», par un symbolisme moteur, comme par magie négative (Freud, 1986).

L'introjection et la projection

L'**introjection** représente le processus qui consiste à transposer sur un mode fantasmatique les objets extérieurs et leurs qualités inhérentes dans la structure psychique. L'introjection opère sur le modèle de l'incorporation, qui en est la matrice corporelle. Le mécanisme de l'introjection est fréquemment opposé à celui de la projection. Chez Klein (1932), «introjection» et «projection» sont liées respectivement aux bons et aux mauvais objets qui peuvent être introduits ou expulsés. L'introjection joue également un rôle essentiel dans l'**identification**, qui consiste en l'assimilation d'un moi étranger dont la conséquence est que le premier se comporte comme l'autre à certains points de vue, qu'il imite, en quelque sorte, et qu'il accueille en lui-même sans s'en rendre compte. L'autre représente ce que le sujet voudrait être. C'est dire le caractère fondamentalement narcissique de l'identification et la nécessité de trouver pour l'idéal du moi un statut qui le distingue radicalement.

La **projection** désigne le processus par lequel un sujet situe dans le monde extérieur des pensées, des affects, des conceptions, des désirs, etc., qui lui appartiennent effectivement, mais dont il croit à l'existence extérieure, objective, comme un aspect du monde. Dans un sens plus étroit, c'est aussi l'opération par laquelle le sujet rejette une pulsion qu'il ne peut accepter pour lui-même et la localise dans une autre personne, ce qui lui permet de la méconnaître pour lui-même.

Le retournement contre soi et la transformation en contraire

Le **retournement contre soi** représente le processus par lequel une représentation ou un affect insupportable concernant une personne autre que soi est retourné ou redirigé contre soi-même.

La **transformation d'une pulsion en son contraire** détermine le processus psychique par lequel le moi parvient à amener une pulsion à régresser puis à lui faire subir un renversement, ce qui se traduit par des conduites «antimaléfiques» contre des objets rappelant symboliquement les conflits.

La sublimation

La **sublimation** consiste en un déplacement vers un niveau plus élevé du but pulsionnel au point de vue social; cela présuppose une acceptation ou une connaissance des valeurs morales. C'est le processus psychique inconscient qui permet à une pulsion de remplacer un objet ou un but par un autre qui est socialement valorisé sans perdre son intensité; il s'agit d'une façon de canaliser l'énergie associée à cette pulsion dans des conduites acceptables (par exemple, l'hostilité est convertie dans la compétition sportive).

Autres mécanismes de défense

Depuis le travail d'Anna Freud, beaucoup d'autres mécanismes ont été déterminés. Le tableau 5.3 présente une classification des mécanismes de défense utilisée en psychiatrie et fournit les définitions des mécanismes de défense discutés en management.

Mécanismes de défense dans les groupes

On peut aussi observer à l'intérieur des groupes des réactions de défense qui révèlent des conflits entre les personnes. En effet, l'insertion dans une équipe de travail et le développement de l'appartenance impliquent l'acquisition de nouveaux modes de relation avec les autres, et cela peut s'avérer une expérience douloureuse pour certaines personnes. La participation à un projet commun suppose que les personnes se découvrent aux autres et opposent leurs points de vue, ce qui risque d'entraîner de l'anxiété. Des sentiments de honte et de culpabilité peuvent aussi apparaître et donner lieu à des changements dans la façon dont chacun perçoit les autres et se perçoit lui-même.

Les réactions de défense qui se manifestent dans un groupe de travail ont pour but de soustraire l'individu à la situation anxiogène et de le soulager des tensions ressenties

TABLEAU 5.3   Classification des mécanismes de défense et définition
d'autres mécanismes discutés en management

Mécanismes narcissiques

- Déni
- Distorsion
- Idéalisation primitive

- Projection
- Identification projective
- Clivage

Mécanismes immatures

- *Acting-out*
- Blocage
- Hypocondrie
- Identification
- Introjection
- Comportement passif-agressif
- Projection
- Régression

- Fantasme schizoïde
- Somatisation ou conversion somatique : mécanisme de formation de symptômes exprimant au niveau du corps des troubles psychiques
- Retournement contre soi
- Isolement : conduite de retranchement de la vie sociale et familiale pouvant aller jusqu'à la claustration

---

Mécanismes névrotiques

- Contrôle : tentative excessive de gérer ou de maîtriser les objets ou les événements dans le but de minimiser l'anxiété et de réduire les conflits intérieurs
- Déplacement : opération par laquelle une quantité d'affects se détache d'un objet auquel elle est liée et va se lier à un autre qui n'a avec le précédent que de faibles liens d'association
- Dissociation : rupture de l'unité psychique provoquant un relâchement des processus associatifs qui se manifeste par des troubles du cours de la pensée (égarement, *fading* et barrages)
- Externalisation
- Inhibition

- Intellectualisation : contrôle des affects et des impulsions par la manière de penser plutôt que par l'expérience directe
- Isolement
- Rationalisation : justification *a posteriori* des attitudes, des croyances ou des comportements présentant un aspect problématique
- Formation réactionnelle
- Refoulement
- Sexualisation
- *Undoing* : forme d'expiation magique ; le fait de faire symboliquement le contraire de ce qui a déjà été fait et qui était inacceptable

---

Mécanismes matures

- Altruisme : conduites d'aide à autrui, de manière désintéressée, mais par lesquelles l'individu retire beaucoup de satisfaction personnelle
- Anticipation : conduite qui manifeste une préparation précise à un événement futur ou une prévision consciente comportant des inconforts
- Ascétisme : renoncement aux plaisirs associés à une expérience primitive dans le but d'élever le niveau de moralité

- Humour : expression ouverte des sentiments sans inconfort personnel ou immobilisation et sans effets déplaisants pour les autres
- Sublimation
- Suppression : décision consciente ou semi-consciente d'ignorer une impulsion ou un conflit

Source : Traduit et adapté de Kaplan et Sadock (1991, p. 183-184).

dans le groupe (Hirschhorn, 1993). Elles peuvent être regroupées en trois catégories, selon que l'individu s'oriente vers la source du conflit pour la combattre, qu'il cherche au contraire à s'en éloigner et à la fuir, ou bien encore qu'il cherche à manipuler les autres membres du groupe pour faire diversion (Bramson, 1981; Leary, 1983; Zaleznik, 1966).

Les **réactions offensives** se fondent généralement sur la conviction que la meilleure défense consiste à attaquer son adversaire en premier. Elles peuvent être dirigées contre le chef d'équipe: la personne tente de prendre le commandement du groupe en le prenant en défaut devant les autres ou en faisant des prouesses pour se montrer meilleure que lui. L'agressivité peut en outre se manifester, et cela par des attitudes de scepticisme et de cynisme. Cette attitude consiste à remettre en question les objectifs de travail ou les ententes initiales entre les parties, à mettre en doute les intérêts de chacun, à agresser un collègue qui paraît menaçant, etc.

Les **réactions de fuite** s'utilisent fréquemment pour éviter de s'engager personnellement dans le projet de l'équipe. Plusieurs stratégies peuvent être mises en œuvre pour y parvenir: l'intellectualisation (la tendance à attendre des solutions toutes faites ou à se cantonner dans des discussions générales ou théoriques), la généralisation (la tendance à exprimer des affirmations générales et impersonnelles sur le comportement de groupe au lieu de les appliquer directement à soi-même ou à certains participants), la projection (la tendance à s'en prendre à une autre personne du groupe pour un motif injustifié parce qu'on recherche le conflit), la rationalisation (la tendance à chercher des raisons valables pour justifier l'inefficacité de ses conduites), etc.

Les **réactions de manipulation** consistent à exercer son emprise sur des personnes du groupe afin de se protéger soi-même contre une implication plus grande. La personne établira des alliances avec certains collègues, viendra en aide à quelqu'un sous condition de réciprocité ou dirigera son attention sur une seule personne dans le groupe.

Ainsi, à l'instar des mécanismes de défense, les réactions de défense dans les groupes empêchent l'anxiété et les conflits de se manifester, mais nuisent en même temps à l'apprentissage et au développement des personnes et des groupes. Il en résulte la formation de sujets tabous, ce qui donne lieu à des actions contre-productives. On peut toutefois demeurer positif: un accident, une crise ou même une catastrophe risque tôt ou tard de survenir, qui aura pour conséquence de dévoiler ces tabous (Argyris, 1990; Pauchant et Mitroff, 1995), à moins que la vie n'épargne les personnes et les fassent ainsi grandir sans douleur (Jung, 1981a).

~

De l'examen des stratégies défensives découlent trois constats. Premièrement, les objets qui représentent des menaces pour quelqu'un sont souvent associés à ses motivations ou à des aspects identitaires. Par exemple, une personne qui éprouve un grand besoin d'être admirée par les autres percevra tout commentaire à son endroit comme une offense à l'image qu'elle veut avoir d'elle-même.

Deuxièmement, les stratégies défensives présentent l'avantage de soustraire la personne à la situation conflictuelle, mais ceci à un prix élevé (Dejours, 1980): l'exercice de la volonté de la personne s'en trouve diminué, le champ de sa conscience se restreint et ses comportements deviennent de plus en plus stéréotypés.

Troisièmement, les conséquences des comportements défensifs se répercutent sur l'entourage de la personne. Les proches adopteront parfois des stratégies réciproques, amorçant d'interminables boucles de défense et de protection. Les répercussions des stratégies défensives causent ainsi des blocages dans les relations, empêchent la recherche de solution et risquent d'engendrer d'autres conflits.

The Three Princes of Serendip
La main redoutable

La reine les appela tous les trois; la gratitude de son cœur n'était excédée que par la curiosité de son âme. «Par quelle étrange habileté et sagesse cette main terrifiante a-t-elle été subjuguée?» demanda-t-elle, lorsqu'elle comprit l'événement qui venait de se dérouler devant ses yeux.

Balakrama lui dit: «Votre Majesté, c'est la bravoure de notre plus jeune frère qui est venue à bout de cette main; de partout, comme vous devez le savoir, le véritable courage commande le respect. Mais il y a quelque chose d'autre qui s'est passé lors de cet événement étrange et heureux, qu'il pourra mieux expliquer que moi.

– Je vous en prie, faites», dit-elle en souriant et en se tournant vers Rajahsingha.

Le troisième prince fit sa révérence et lui dit: «Puisque Votre Majesté le demande, je pourrais dire que cette main fut envoyée par une puissance qui voulait vous mettre à l'épreuve et qui avait un message particulier à vous livrer. En étendant ses cinq doigts, elle tentait de vous faire comprendre que si seulement cinq personnes dans toute une nation étaient très unies, elles conduiraient le peuple. Et c'était parce que cette main n'avait pas pu faire passer clairement son message qu'elle était pleine de rage et qu'elle agissait avec autant de violence.

– Et pourquoi as-tu soulevé ta main en gardant deux doigts repliés? lui demanda-t-elle.

– En faisant cela, répondit Rajahsingha, je comprenais le message et lui répondais que si seulement deux personnes étaient unies, elles pouvaient le mener aussi. Je crois en cela, ô grande et gentille reine, et comme vous le savez fort bien, deux personnes réunies pour une cause juste en entraîneront d'autres avec elles.»

Source: Traduit et adapté de Hodges (1964, p. 84-85) par Corinne Prost sous la supervision de l'auteure.

LES PROBLÈMES DE PERFORMANCE ET LES EMPLOYÉS EN DIFFICULTÉ

Au Québec, la gestion des employés en difficulté est une activité relativement récente; par exemple, les programmes d'aide aux employés (PAE) ont été mis en œuvre par le gouvernement provincial au cours des années 1985 et 1986. Ces programmes consistent en des actions relativement structurées permettant d'assister des employés qui éprouvent des difficultés nuisant à leur performance. Certains programmes visent même la prévention de problèmes particuliers; la lutte contre les toxicomanies (drogue, alcool et tabac) en est un exemple. À l'Université de Montréal, 73% des employés ont recours au programme d'aide aux employés pour des problèmes personnels ou familiaux: 37%, pour des problèmes personnels, 36%, pour des problèmes conjugaux ou familiaux, 21%, pour des problèmes professionnels et 6%, pour des problèmes de toxicomanie (*Forum*, 1994). On estime en général que de 10% à 15% des employés d'une organisation éprouvent des difficultés. Les problèmes les plus courants seraient liés à l'alcoolisme ou à la toxicomanie et à l'absentéisme.

Mais qu'est-ce qu'un employé en difficulté? Selon Lopez (1975), il s'agit d'une personne qui ne satisfait pas aux exigences de son poste. Dans son étude, Lemieux (1994) a désigné quatre catégories ou types de problèmes: les problèmes de performance, la déviance des normes de l'organisation, la déviance des normes sociales et les problèmes personnels et de personnalité. Le tableau 5.4 présente les résultats de sa recherche.

TABLEAU 5.4   Types de problèmes des employés

Problèmes de performance

- Fait son travail de façon négligée.
- Ne respecte pas les délais fixés.
- Ne réussit pas à atteindre les objectifs ou les standards fixés.
- Poursuit des objectifs personnels qui s'opposent à ceux de l'organisation.
- N'apprend pas de ses erreurs.
- Donne une performance irrégulière.
- Se montre indifférent au succès de l'organisation.

Déviance des normes de l'organisation

- Manque de professionnalisme.
- Se montre blessant dans ses rapports avec les autres.
- Néglige son hygiène personnelle ou son apparence.
- Fait usage d'un langage abusif.
- Ne respecte pas les consignes de sécurité.
- Va à l'encontre des règles ou des politiques de l'organisation.
- Déroge aux directives reçues.
- Abuse des congés de maladie payés ou d'autres avantages sociaux.
- Accumule les retards.
- S'absente de façon régulière.
- Critique injustement le travail des autres employés.

→

TABLEAU 5.4   Types de problèmes des employés (suite)

Déviance des normes sociales

- Est impliqué dans des actes illégaux en dehors du travail (vol, fraude, contrebande, etc.).
- Porte illégalement sur soi une arme au travail.
- Profère des menaces à l'égard d'autrui.
- Montre de l'agressivité envers ses collègues ou des clients.
- Fait du harcèlement sexuel.
- Consomme de l'alcool au travail.
- Consomme des drogues au travail.
- Occupe un deuxième emploi chez un concurrent.
- Endommage les biens de l'organisation.
- Falsifie les données financières.
- Fausse l'information concernant ses heures de travail.
- Perturbe le déroulement normal des activités.
- Altère des banques de données.
- Utilise les biens de l'organisation à des fins personnelles.
- S'approprie des biens de l'organisation.

Problèmes personnels et de personnalité

- Étale sans retenue ses problèmes personnels.
- Monopolise l'attention des autres.
- Manque de jugement dans certaines décisions.
- Montre de la méfiance dans ses relations.
- Présente une humeur dépressive.
- Est porteur du virus du sida.
- Vit des problèmes personnels.
- Se remet difficilement d'un deuil.
- Vit une situation de divorce ou de séparation.
- S'adonne à des jeux de hasard.
- Vit en marge du groupe.

Source: Adapté de Lemieux (1994), avec la permission de l'École des Hautes Études Commerciales.

Lemieux (1994) a étudié la représentativité des comportements, la gravité des conséquences de ces comportements, leur fréquence et la difficulté pour les gestionnaires de les traiter. D'après ses analyses, les problèmes de déviance sociale seraient les moins fréquents, mais ils auraient les conséquences les plus graves; les problèmes personnels seraient les plus fréquents. Par ailleurs, elle a constaté des patterns dans la façon de répondre à son questionnaire qui suggèrent que la personnalité et le style de direction de ses répondants interviendraient dans la manière de concevoir les problèmes des employés.

Aux États-Unis, Trahan et Steiner (1994) ont obtenu les résultats suivants concernant la distribution des problèmes de performance: 43 % représentaient des écarts de performance proprement dits, 29 % concernaient des conflits entre collègues ou avec le superviseur, 19 % se rapportaient à des problèmes d'assiduité et de présence au travail et 9 % touchaient les relations avec les clients.

L'intervention auprès d'un employé en difficulté doit tenir compte de deux facteurs: le caractère circonstanciel ou chronique du problème et la volonté de changement manifestée par l'employé (Rondeau et Boulard, 1992).

En effet, dans les cas présentant un caractère de permanence, une intervention s'avère nécessaire, sans quoi la situation problématique ira en s'aggravant. Il est aussi fort probable que l'intervention demande une transformation importante des attitudes et des conduites de l'employé, laquelle sera peut-être perçue comme une menace à l'intégrité de sa personne, ce qui provoquera chez lui un sentiment d'insécurité et une attitude de résistance.

Dans les cas présentant un caractère temporaire, il suffit généralement de soutenir les efforts de l'employé qui visent à corriger ou à compenser les difficultés qu'il éprouve momentanément; ce soutien s'avère toutefois nécessaire pour éviter que les problèmes ne perdurent. La volonté de changement qui se manifeste lorsque l'employé reconnaît et accepte son problème se révèle aussi un facteur déterminant de la facilité et du succès de l'intervention.

AIDER LES EMPLOYÉS EN DIFFICULTÉ

Plusieurs considèrent la gestion comme un ensemble d'activités normalement plaisantes, stimulantes et intéressantes… mais cela l'est peut-être un peu moins en période de crise. Gérer la décroissance, administrer avec très peu de ressources et de moyens, régler des conflits de travail constituent des activités difficiles et parfois désagréables, bien qu'elles comportent de nombreux défis et soient, en conséquence, valorisantes pour l'individu qui les accomplit. Aider des employés en difficulté est souvent perçu au contraire comme une activité suscitant la gêne et le malaise.

Combien de gestionnaires ont camouflé, toléré, aussi longtemps que possible, les problèmes que leur posait un de leurs employés! Éviter d'aborder ces problèmes ne représente sûrement pas la meilleure façon de les régler, et cela est d'autant plus vrai qu'avec le temps l'employé en difficulté devient convaincu qu'il n'a pas de problème. Le gestionnaire a un rôle important à jouer dans le traitement de ces employés. Selon Beaudoin (1986), le gestionnaire doit effectuer les cinq interventions suivantes concernant un subordonné en difficulté:

1) noter toute diminution significative du rendement de l'employé;

2) maintenir à jour le dossier de l'employé;

3) appliquer les mesures disciplinaires;

4) adresser l'employé à une personne compétente, si nécessaire (au service des ressources humaines, à une clinique médicale ou à un service communautaire, par exemple);

5) aider l'employé à améliorer sa performance et à conserver son emploi.

Le gestionnaire doit cerner et documenter la nature des problèmes de performance de l'employé ou des comportements qui perturbent la performance de ses collègues, l'aider à reconnaître ces problèmes et prendre les mesures nécessaires pour le garder à l'emploi ou, si cela est nécessaire, pour faciliter son retour au travail.

Aider un employé en difficulté soulève la question de la discipline dans les organisations et des mesures coercitives qui lui sont généralement associées. Or, il est possible de discipliner les employés sans les punir. Huberman (1964) suggère la procédure suivante : faire prendre conscience à l'employé de son problème de performance, dès qu'il le remarque; si le problème se répète, rencontrer l'employé en privé pour en discuter sérieusement et pour trouver une solution; si le problème persiste, avoir un autre entretien avec l'employé mais, cette fois, inviter le supérieur à y participer et examiner de près les causes du problème; envoyer par la suite à l'employé une lettre confirmant la décision qu'ils auront prise ensemble; si le problème survient encore, prendre les mesures disciplinaires qui s'imposent, conformément au contrat de travail. Harris (1976) et Osigweh et Hutchison (1990) recommandent également cette procédure parce qu'elle encourage l'employé à assumer pleinement ses responsabilités et à corriger ses problèmes. Huberman (1964) souligne cependant que, dans le cas d'actes criminels ou violents, le renvoi de l'employé devrait se faire immédiatement. Miner et Brewer (1982) sont aussi de cet avis.

Par ailleurs, il faut admettre qu'un problème surgit le plus souvent dans un milieu propice. Sur le plan de la structure, il existe fréquemment des conditions précipitantes (dispositions de conventions collectives, absence de règles ou de normes officielles, etc.), voire facilitantes (tolérance, laisser-aller, etc.), qui créent ou maintiennent certains problèmes. Sur le plan de la culture, l'existence de certaines pratiques (traitement privilégié), de normes (tolérance des comportements déviants ou perturbés), de valeurs (humanisme et réussite) ou de convictions (conditions pour entretenir l'harmonie dans un groupe de travail) permet l'évitement du problème et le maintien, voire la détérioration, d'un milieu de travail propre à susciter la délinquance par ailleurs décriée.

Du reste, l'employé en difficulté bénéficie généralement de l'inaction de son supérieur. Il profite souvent d'une charge de travail réduite, sous une supervision minimale. Il trouve facilement le soutien qui lui fait défaut ailleurs : on le protège au point de faire le travail à sa place. Pis encore, une intervention corrective est à même de créer de l'embarras au supérieur, surtout s'il a laissé durer la situation trop longtemps aux yeux de ses propres supérieurs. Cela peut s'interpréter comme une perte de contrôle, un manque de jugement, etc. Aussi faut-il s'armer de patience et d'un certain courage en décidant de faire face au problème afin de le résoudre dans le respect et la considération de la personne concernée. Il faut aussi savoir se remettre en question.

Évaluer la performance de l'employé et lui donner du feed-back

L'évaluation de la performance des employés est une activité primordiale pour la bonne conduite des groupes de travail. Les objectifs de l'évaluation sont multiples: l'évaluation sert à apprécier la performance des employés, à orienter efficacement leurs efforts vers les objectifs du groupe de travail, à soutenir leurs efforts, à repérer les écarts de performance et à trouver des solutions pour les réduire. L'évaluation de la performance individuelle devient donc une activité préventive, car elle permet de prévoir les écarts et de diriger efficacement les processus de travail. Dans tous les cas, il faut traiter les employés avec respect et considération. Si le gestionnaire constate des conduites inadéquates, il importe d'en informer l'employé concerné afin que celui-ci puisse les corriger rapidement; il importe aussi de documenter son jugement d'inadéquation dans la mesure du possible.

Donner régulièrement une appréciation de performance à l'employé

Le gestionnaire doit souligner à l'employé les comportements qu'il apprécie, c'est-à-dire les comportements adéquats, et ceux qu'il n'apprécie pas, c'est-à-dire les comportements inadéquats. L'employé doit savoir ce qu'il fait bien et ce qu'il fait moins bien, et pourquoi. Il doit aussi avoir le soutien de son supérieur pour améliorer sa performance et pour orienter ses énergies dans des activités productives et satisfaisantes.

C'est une marque de respect et de considération que de communiquer à l'employé une appréciation de sa performance. Cela lui permet non seulement d'établir une relation de confiance propre à soutenir ses efforts de performance et à faciliter l'apprentissage de nouvelles conduites, mais aussi de prendre conscience des écarts de sa performance et de trouver des solutions à ses problèmes. À l'occasion des entretiens privés avec l'employé, celui-ci doit pouvoir faire valoir son point de vue sur ses conduites; il faut alors l'écouter, comprendre son point de vue dans le but d'établir une relation de confiance. Le but de ces entretiens est d'aider l'employé, non pas de le «contrôler» ni de le «manipuler».

Définir les comportements inadéquats

Dans le cas où l'on constate des écarts de performance, il faut définir les comportements inadéquats, c'est-à-dire rendre explicites les valeurs, les normes et les règles sur lesquelles se fonde ce jugement. Un comportement inadéquat est un comportement qui dévie des prescriptions sociales d'une organisation. Il s'agit traditionnellement d'écarts de performance, jugés en fonction de la quantité et de la qualité de la production de l'employé, du temps de production, des attitudes à l'égard des collaborateurs et des clients ainsi que du respect des valeurs sociales telles que l'honnêteté, la responsabilité et l'altruisme.

Documenter le jugement d'inadéquation

La hantise des gestionnaires est de dire à un employé que sa performance est faible. En fait, il s'agit de lui faire connaître les écarts de performance qui ont été notés au cours d'une période de temps fixée, d'où l'importance de tenir à jour le dossier de l'employé, particulièrement en ce qui regarde les données concernant les critères de performance tels que la productivité, le taux d'absentéisme, les plaintes des collaborateurs ou des clients, etc. Il faut décrire dans ce dossier les comportements inadéquats (les gestes, les paroles, les attitudes, etc.), le contexte (le lieu, la date, l'heure, la situation) et les personnes présentes ou concernées, les conséquences personnelles et organisationnelles, etc.

Repérer l'employé en difficulté

L'employé en difficulté s'imagine très souvent qu'il n'a pas de problème ou que la situation va s'améliorer avec le temps. C'est le cas de l'employé alcoolique qui ne prend qu'un seul verre par jour… qui se remplit à mesure qu'il se vide. Ou de l'employé mécontent de son travail et qui attend que le «système» change pour cesser de se plaindre à ses collègues de ses mauvaises conditions de travail. Ou encore de l'employé qui ne cesse de perdre du temps et de gaspiller ses efforts depuis deux, cinq ou dix ans. Comme on n'a jamais incité ces employés à modifier leurs comportements, ils en viennent à penser qu'ils agissent correctement, que leur attitude est convenable et que leurs comportements sont acceptés.

Le rôle du gestionnaire est d'abord de repérer parmi ses employés celui ou celle qui éprouve des problèmes ou des difficultés à partir de différents indices tels que la fréquence des retards ou des absences, les tensions et les sautes d'humeur, une haleine chargée d'alcool, etc. Il doit recueillir des faits, des actions, des comportements observables et les décrire de la façon la plus détaillée possible, c'est-à-dire en précisant le contexte de l'événement signalé, les personnes présentes, les effets et les conséquences de la conduite problématique. La typologie des problèmes de performance présentée par Lemieux (1994) dans le tableau 5.4 peut servir de liste de contrôle pour définir le problème de l'employé.

Il s'agit ici de noter les attitudes et les comportements de l'employé qui nuisent à sa performance. Il ne faut pas oublier qu'un employé en difficulté peut avoir du mal à accepter qu'il a un problème de performance. Il niera le problème qu'il pose à son supérieur aussi longtemps que ce dernier ne pourra lui en donner la preuve. Par conséquent, il faudra demeurer prêt à surmonter un premier obstacle, le déni du problème par l'employé. Cela peut s'avérer ennuyeux, et même frustrant, de devoir démontrer à quelqu'un qu'il a un problème de performance à résoudre, mais c'est la clé de la solution.

Pour être capable de repérer un employé en difficulté, le gestionnaire doit demeurer attentif aux attitudes et aux comportements des employés et savoir détecter rapidement les indices d'un problème de performance. Rester ouvert aux problèmes des employés ne signifie pas les surveiller étroitement, au contraire. Cela veut dire observer leurs conduites avec ses yeux, ses oreilles et son cœur, dans le but de mieux les diriger et de mieux les soutenir au cours de leurs activités. En d'autres termes, il s'agit de s'intéresser vraiment à ses employés (F. Herzberg [1980] dirait: *He cares for his employees*).

Analyser le cas de l'employé en difficulté

Lorsqu'un employé présente des problèmes de performance, plusieurs sont tentés de croire que c'est sa faute, qu'il ne met pas assez d'effort dans son travail ou qu'il manque de motivation. Avant d'en venir à une telle conclusion, il importe d'examiner attentivement le cas de l'employé. En vue de résoudre le problème de performance, le gestionnaire doit bien comprendre les facteurs qui pourraient être à l'origine des difficultés rencontrées par l'employé. D'après Schermerhorn et autres (1990), trois facteurs expliquent la performance individuelle. Leur modèle se définit par l'équation suivante:

$$\text{Performance} = \text{habileté} \times \text{soutien} \times \text{effort.}$$

Dans cette équation, l'habileté signifie l'ensemble des aptitudes, des capacités ou des compétences requises pour accomplir efficacement les tâches. Le soutien désigne premièrement les ressources nécessaires à l'atteinte des objectifs telles que la technologie, le budget, le temps disponible, la clarté des objectifs, la liberté d'action, les rétributions et, deuxièmement, l'environnement social, incluant le supérieur immédiat, les collaborateurs, la direction et les groupes d'appartenance. L'effort représente la disposition de l'employé à vouloir investir des efforts dans son travail.

Ces chercheurs suggèrent une série de questions qui s'adressent aux gestionnaires dans le but de mieux comprendre l'origine des problèmes d'un employé et de déterminer des pistes d'action possibles. Le tableau 5.5 présente ces questions.

Par exemple, un problème causé par un manque de compétence à réaliser une tâche peut se résoudre par le perfectionnement ou la formation de l'employé, ou encore par son affectation à un poste pour lequel il est qualifié. Un problème résultant d'un manque de soutien ou de renforcement peut se régler par l'amélioration des conduites de supervision, la réorganisation du travail d'une façon adéquate ou la consolidation de l'équipe de travail, selon la nature du problème. Enfin, si c'est l'effort de l'employé qui est en cause, il faudra envisager le manque de motivation au travail et trouver des façons de le mobiliser[5] ou de le réorienter vers d'autres types de fonctions.

Aider l'employé à reconnaître ses problèmes

Dès que le gestionnaire a constaté des problèmes au sujet d'un employé, il doit sans plus attendre le rencontrer en privé pour en discuter (Veiga, 1988). En effet, il faut

---

5.   Nous décrivons les leviers de mobilisation dans le chapitre 3.

TABLEAU 5.5   Questions concernant la performance d'un employé en difficulté

Questions concernant l'habileté

- Est-ce que l'employé a déjà donné une meilleure performance ?
- Est-ce que le problème de performance est lié à une tâche précise ?
- Dans quelle mesure les qualifications de l'employé correspondent-elles aux exigences objectives du poste ?
- Est-ce que l'employé a reçu la formation adéquate pour accomplir ses tâches ?

Questions concernant le soutien

- Avez-vous fixé à l'employé des objectifs clairs et stimulant son intérêt ?
- Est-ce que les autres employés ont de la difficulté avec les mêmes tâches ?
- Est-ce que les caractéristiques de l'emploi correspondent adéquatement aux caractéristiques des employés ?
- Y a-t-il des politiques ou des procédures administratives qui entravent la performance des employés ?
- Est-ce que vous examinez sa performance avec lui, périodiquement ?
- Est-ce que sa contribution est équitablement rétribuée ?
- Est-ce que l'environnement physique de travail est confortable ?
- Est-ce que vous lui démontrez de l'intérêt ?
- Est-ce que ses collègues lui donnent un soutien approprié ?
- L'avez-vous explicitement encouragé à donner une bonne performance ?

Questions concernant l'effort

- Est-ce que l'employé manque d'entrain pour une tâche en particulier ou pour son travail en général ?
- Est-ce que des personnes ayant des compétences comparables pourraient avoir une meilleure performance que lui ?
- A-t-il déjà été reconnu ou félicité pour ses réalisations ?
- Est-ce que ses rétributions sont associées à la performance ?
- A-t-il la possibilité de s'identifier à un modèle de bonne performance ?

Source: Traduit et adapté de Schermerhorn et autres (1990, p. 57), avec la permission de l'éditeur. © 1990, American Management Association, New York. Tous droits réservés.

intervenir dès l'apparition du premier indice d'une difficulté pour éviter que le problème ne prenne racine et ne s'aggrave.

L'intervention du gestionnaire poursuit plusieurs objectifs: amener l'employé à reconnaître ses attitudes et ses conduites inadéquates, lui faire prendre conscience des conséquences qui en résultent sur son travail et dans son groupe, indiquer l'amélioration escomptée, lui offrir un soutien temporaire et convenir d'un délai raisonnable, préciser les moyens d'évaluation des progrès réalisés et exposer les conséquences qui en découleront si le changement attendu ne se produit pas.

Le gestionnaire doit rencontrer l'employé en privé pour lui faire part de ses observations et obtenir ses explications concernant sa performance. Cet entretien devrait avoir lieu le plus tôt possible, dans un bureau fermé, à l'abri des regards curieux et de préférence pendant les heures de travail de l'employé. Il faut aussi créer un climat propice à la confidence : choisir un moment calme, acheminer les appels téléphoniques à la réception ou débrancher l'appareil, indiquer sur la porte « Ne pas déranger », ne pas se laisser distraire ou interrompre durant la rencontre, etc.

Il faut aussi aborder le problème sans détour, en focalisant l'attention sur la performance de l'employé : le gestionnaire doit lui présenter des observations concrètes sur ses écarts de performance. Il doit en outre préciser en détail les comportements inadéquats qu'il a observés et en vérifier l'exactitude avec l'employé. Il est important que l'employé confirme les observations de son supérieur, car cela lui permettra de reconnaître ses problèmes. Le gestionnaire doit aussi s'assurer que l'employé connaît et comprend les conséquences de tels comportements. Il importe en outre qu'il sache que le gestionnaire n'approuve pas de tels écarts de performance. La prise de conscience de ces écarts et des conséquences que cela entraîne est nécessaire pour que l'employé corrige ses comportements et résolve son problème de performance. Cela implique aussi que le gestionnaire l'encourage à corriger ses erreurs et à apprendre les compétences requises pour améliorer sa performance (Wofford, 1994).

Un des objectifs de cette rencontre est d'amener l'employé à reconnaître ses problèmes de performance. Il faut ici faire la différence entre « dire » et « faire dire ». Certaines habiletés s'avèrent nécessaires pour atteindre cet objectif : comme dans toute relation d'aide, il importe que le gestionnaire soit perçu comme digne de confiance, sûr et conséquent, qu'il parvienne à éprouver des attitudes positives envers l'employé en difficulté (chaleur, attention, affection, intérêt, respect) et à l'écouter de façon empathique (Rogers, 1976).

Le comportement du gestionnaire aura un effet réel sur la résolution des problèmes de l'employé dans la mesure où il saura demeurer authentique devant celui-ci. En effet, un employé en difficulté se montre souvent émotif, défensif, voire hostile. L'employé peut tenter de gagner la sympathie du gestionnaire pour éviter de faire face à son problème. Il le fait parfois de façon intentionnelle, mais, le plus souvent, c'est inconsciemment qu'il agit ainsi. Le gestionnaire peut en éprouver des sentiments fort désagréables qui risquent d'entraver le processus d'aide. Dans une telle situation, il faut respecter ses propres sentiments, ses propres besoins, aussi bien que ceux de l'autre.

Le gestionnaire doit écouter empathiquement les explications présentées par l'employé et en discuter avec lui, en prenant garde de porter des jugements sur la personne. Il doit chercher à bien comprendre le point de vue de l'employé. Il est normal que ce dernier cherche à protéger son image personnelle ; il peut adopter diverses attitudes envers son supérieur, allant du repli sur soi à l'agression. Il peut aussi ressentir le besoin d'exprimer ses frustrations et ses sentiments. Dans ce cas, il est souhaitable que le gestionnaire lui laisse le temps d'apaiser le flux de ses émotions afin de le rendre plus ouvert à la discussion.

Il s'avère utile de maîtriser l'art de l'écoute active pour mener à bien cette étape de la rencontre. L'écoute active tend à créer chez l'autre un meilleur état de maturité psychologique, une plus grande ouverture à l'expérience, une réduction des défenses et une attitude plus démocratique. Certaines techniques sont en mesure de faciliter la tâche de l'écoute active[6] :

1) la reformulation, c'est-à-dire la formulation du message en ses propres termes (non pas en répétant les mêmes mots, ce qui n'indique pas nécessairement qu'on a compris le message);

2) la synthèse, c'est-à-dire le résumé des idées reçues;

3) l'écho, c'est-à-dire le renvoi à l'autre d'une question ou d'une demande qu'il vient de faire afin qu'il trouve d'abord ses réponses;

4) la relance, c'est-à-dire le rappel d'une idée ou d'un sentiment émis antérieurement, mais qui n'a pas eu de suite;

5) l'élucidation, c'est-à-dire l'analyse du sens d'une intervention à l'égard du vécu affectif, ici et maintenant;

6) le reflet, c'est-à-dire le miroir des sentiments perçus, la formulation des sentiments que l'autre exprime sans vraiment le savoir;

7) la clarification des idées exprimées de façon confuse ou sous-entendue;

8) la confrontation avec des idées antagonistes;

9) l'encouragement à parler par un geste ou une parole.

Quand l'employé reconnaît qu'il a des problèmes de performance, il s'agit de trouver avec lui des solutions possibles. À cette étape de la rencontre, il faut s'abstenir d'établir un diagnostic et de porter des jugements sur la personne. Le succès de cette entrevue repose sur l'habileté du gestionnaire à guider l'employé dans sa recherche de solutions. Il doit s'efforcer de laisser l'employé trouver lui-même les causes de son problème et les solutions envisageables. Il doit par conséquent éviter de lui suggérer des «réponses». L'idée reste d'aider l'employé à corriger son problème de performance et de le rendre autonome et responsable de ses choix.

Il importe que le gestionnaire dirige la discussion vers les diverses actions possibles pour corriger la situation et améliorer la performance de l'employé. Il faut faire ici la différence entre les intentions et les actions. Une intention est un projet qu'on se donne pour atteindre un certain but, par exemple vouloir s'améliorer (*je vais essayer de m'améliorer*). Une action est une opération par laquelle on réalise une intention; par exemple, dans le cas d'un retardataire, l'action peut consister à s'abonner à un service de réveil. De plus, le gestionnaire doit concentrer l'attention sur le problème discuté. Si l'employé tente d'introduire dans la conversation des éléments qui ne sont pas pertinents, le gestionnaire doit en prendre note et attirer l'attention de l'employé sur les solutions envisagées.

Le gestionnaire résumera ensuite les possibilités d'actions qui ont été désignées, puis établira avec l'employé une démarche corrective. Ils doivent convenir ensemble

---

6. Nous expliquons les principes de l'écoute active ainsi que ses principales techniques dans le chapitre 6.

d'un plan d'action. Le gestionnaire a le devoir de lui fournir l'appui et les ressources nécessaires pour réussir cette démarche. Ils doivent s'accorder sur des moyens de vérifier les progrès réalisés et d'évaluer les résultats obtenus. Le gestionnaire doit enfin s'assurer que l'employé comprend bien les conséquences d'un insuccès: il doit connaître les mesures disciplinaires qui s'appliquent dans son cas et savoir qu'on devra y recourir s'il ne se corrigeait pas.

Pour terminer cet entretien, le gestionnaire et l'employé doivent fixer la date de la prochaine rencontre, habituellement une semaine plus tard, pour faire le suivi. Il importe d'assurer une évaluation relativement continue des progrès réalisés par l'employé, parce que cela lui permet de maintenir ses efforts dans la bonne direction et de se sentir appuyé par son supérieur.

Prendre les mesures nécessaires pour améliorer la performance de l'employé

Aider un employé à modifier des comportements inadéquats n'est pas une tâche facile. Cela exige beaucoup d'efforts pour constituer le dossier et beaucoup d'altruisme pour compenser la charge émotive investie. Cependant, cela s'avère un investissement valable pour le gestionnaire et pour l'employé lorsque la démarche réussit.

Pour permettre à l'employé de conserver son emploi et d'améliorer sa performance, le gestionnaire doit assurer le suivi. Il fait preuve d'initiative en intervenant auprès d'un employé en difficulté; il doit donc soutenir et surveiller les efforts de celui-ci pour que son intervention ne soit pas vaine.

En général, les changements espérés tardent à se manifester. Il faut être en mesure de comprendre les résistances de l'employé et de son entourage immédiat afin de l'aider à résoudre son problème et à améliorer sa performance. Même si le gestionnaire est disposé à donner tout le soutien nécessaire au changement, il demeure que l'employé doit être clairement conscient qu'il n'a pas le choix de modifier ses attitudes ou ses comportements. Par le suivi régulier des efforts de l'employé, non seulement son intérêt à corriger son problème est soutenu, mais le gestionnaire est aussi en mesure de constater ses progrès et ses difficultés et de déterminer en conséquence les actions subséquentes.

Considérations légales

Le gestionnaire qui soupçonne chez un employé des problèmes qui nuisent à sa performance a le devoir de définir les écarts de performance, de recueillir des observations concrètes concernant ces problèmes et d'informer l'employé sur sa performance. Un employé acceptera de modifier ses comportements pour autant qu'il perçoive que son supérieur est décidé à intervenir pour l'aider à améliorer son rendement. Il ne s'agit pas de jouer au thérapeute ni au conseiller, mais bien de jouer son rôle de superviseur déterminé à obtenir un bon rendement de l'employé.

Soulignons que toute démarche d'aide aux employés requiert l'assurance du caractère confidentiel. Par ailleurs, si l'employé refuse l'aide offerte, il ne faut pas insister, car toute adhésion à une relation d'aide doit être volontaire. Dans ce cas, il faut appliquer les sanctions disciplinaires.

L'application des mesures disciplinaires n'est certes pas une tâche agréable, mais cela donne généralement des résultats positifs sur la performance individuelle et sur les normes du groupe de travail lorsqu'elles sont employées d'une façon légitime (O'Reilly et Weitz, 1980). Les gestionnaires qui y recourent ont des raisons valables et justifiables de le faire (Trahan et Steiner, 1994). En effet, d'après l'étude de Trahan et Steiner (1994), les gestionnaires n'hésitent pas à appliquer des mesures disciplinaires lorsqu'ils constatent la gravité des problèmes de performance, en particulier lorsqu'ils ont la conviction que ces problèmes sont causés par une disposition personnelle des employés.

L'examen des expériences vécues ces dernières années a mis au jour quatre tentations auxquelles risque de succomber le gestionnaire aux prises avec un employé en difficulté.

La tentation de vouloir changer la personne

Lorsqu'une personne a un problème, on peut être tenté de penser que la solution réside dans le changement de sa personnalité. Or, il s'agit plutôt de modifier ses comportements, ce qui est fort différent de changer la personne.

Avec l'étude des types psychologiques dans les milieux de travail, on se rend compte que la personnalité joue un rôle important dans la détermination des problèmes de performance et dans la manière de les résoudre. Ainsi, on peut s'attendre qu'un employé de type intuition-extraverti néglige des détails importants dans son travail, entraînant des conséquences organisationnelles désastreuses, ou ait du mal à terminer ses projets; ou qu'un gestionnaire de type sentiment-extraverti évite des conflits entre ses employés et nie les problèmes pour sauvegarder la paix dans son service. Or, il est difficile, voire impensable, de changer la personnalité. Il faut trouver des moyens de composer avec les faiblesses de chacun. Pour cela, il semble qu'il soit possible d'apporter des améliorations dans les comportements des individus en les aidant à développer leur fonction auxiliaire et en les aidant à prendre conscience des atouts de leur fonction inférieure.

La tentation d'établir un diagnostic

Il est normal qu'un employé en difficulté s'intéresse aux causes de ses problèmes. Il va donc prier le gestionnaire de faire un diagnostic de son état. Il lui demandera, par exemple, si cela est dû à son âge ou à son caractère. Ce genre de question est pratiquement inévitable. Cependant, un gestionnaire est une personne qui a des compétences en administration; il n'est ni travailleur social, ni médecin, ni psychologue, ni spécialiste de la santé. De par son rôle et ses qualifications, le gestionnaire n'a pas à juger des causes du problème d'un employé.

La tentation de donner des conseils

En présence d'un employé en difficulté, le gestionnaire bien intentionné peut être tenté de lui prodiguer des conseils ou des leçons de morale. De telles conduites ont la fâcheuse conséquence de perturber le processus d'aide, car personne n'aime être jugé ni recevoir des remontrances. Le gestionnaire ne doit jamais porter de jugements sur la conduite d'un employé ni lui dicter des moyens pour résoudre ses problèmes. Il doit en revanche se prononcer sur les résultats obtenus par l'employé, c'est-à-dire les produits, les effets ou les conséquences de ses comportements.

La tentation de se montrer sympathique

Les conduites d'un employé en difficulté suscitent souvent chez le gestionnaire un sentiment de sympathie. Ce sentiment, bien humain, renforce malheureusement les comportements problématiques de l'employé au lieu de les modifier. C'est une des raisons qui explique les attitudes d'évitement des gestionnaires devant les problèmes d'un employé.

S'AIDER SOI-MÊME

Lorsque rien ne va plus, il devient utile de savoir comment se tirer d'affaire tout seul. Bramson (1981) suggère quelques moyens pour y parvenir.

SE CONNAÎTRE SOI-MÊME

Connais-toi toi-même, et tu connaîtras le monde. C'est là une vieille maxime, remplie de sagesse. La connaissance de soi[7], et en particulier de ses réactions défensives, permet de découvrir ses possibilités et ses limites, ses intérêts et les motivations réelles de ses conduites. Cela permet aussi de devenir de plus en plus conscient de son propre fonctionnement et des nœuds de son existence. Ainsi, la connaissance de soi permet le développement de la métaconscience (Goleman, 1995; Pinard, 1992).

L'ouverture que la connaissance de soi rend possible facilite les apprentissages et les ajustements nécessaires au bon développement de la personnalité, dans le respect du milieu et de l'entourage. La connaissance de soi procure assez de sécurité psychologique pour avoir le courage d'apprendre de ses expériences, y compris de celles qui comportent des échecs, de la déception et de la souffrance.

L'être humain a besoin d'avoir une raison de vivre et de s'engager dans des projets réalistes qui concordent avec ses buts et ses valeurs (Antonovsky, 1987; Chalvin, 1985; Frankl, 1993). C'est par la connaissance de soi qu'une personne peut prendre en main

---

7.   La connaissance de soi favorise la compréhension empathique du monde qui nous entoure. Nous touchons ce point dans le chapitre 6.

sa destinée, en se fixant des buts qui ont un sens pour elle, et qu'elle peut développer son efficacité personnelle. Elle doit par ailleurs chercher un équilibre entre ses engagements et sa participation à des activités pour ne pas risquer de perdre sa santé (Kofodimos, 1990).

Goleman (1995) propose des moyens de développer la connaissance de soi et l'intelligence émotionnelle:

– apprendre à reconnaître et à nommer ses propres émotions;
– apprendre à comprendre les origines et les facteurs qui ont déclenché ses émotions;
– apprendre à faire la différence entre ses sentiments et ses comportements pour les harmoniser.

SUSPENDRE MOMENTANÉMENT SES CONDUITES POUR TROUVER LE SENS DE SES ÉMOTIONS

Il faut apprendre à prendre du recul par rapport à ses actions, surtout lorsqu'elles semblent échapper à la volonté, lorsqu'elles sont produites par une force inconsciente. Tenter de s'ajuster à une situation alors qu'on n'arrive pas à maîtriser ses réactions est une entreprise qui mène tout droit vers une impasse. C'est dans ces moments-là qu'on peut apprécier la fonction adaptatrice des émotions: l'interruption qu'elles causent permet la suspension momentanée des tendances. Reconnaître et admettre ses émotions permettent de clarifier la situation plus rapidement. Durant cette brève interruption, il est possible d'observer ce qui se passe, de prendre conscience des problèmes et de réfléchir à la situation. Cela permet aussi de découvrir des occasions de s'améliorer et de surmonter les obstacles rencontrés.

Goleman (1995) suggère des façons de développer ses compétences émotionnelles:

– acquérir de la tolérance envers ses frustrations et du courage pour vivre ses anxiétés;
– apprendre à exprimer ses émotions de façon différenciée et civilisée; éviter le plus possible les injures, les affrontements, etc.;
– nourrir des sentiments positifs envers soi-même, ses proches et les autres;
– apprendre à déterminer l'ampleur de son stress et à le maintenir à un niveau optimal soit par des actions visant à résoudre ses problèmes, soit par des activités visant à se soulager des tensions vécues;
– se faire des amis (des personnes sur qui on peut compter).

ESSAYER DE LOCALISER LA MENACE ET L'AFFRONTER

Il y a bien quelque chose qui s'est produit pour que le problème survienne. Il faut donc essayer de reconnaître l'origine du problème ainsi que les facteurs internes et externes qui l'ont précipité.

D'après Cooper et Cartwright (1994), les principales sources de stress dans les milieux de travail sont l'inadéquation du contenu du travail[8], l'ambiguïté et les conflits de rôles, l'état de dépendance dû au manque de responsabilités, les conflits entre collègues, les transitions de carrière, l'inefficacité des structures de l'organisation et le manque d'équilibre entre la vie professionnelle et la vie privée des employés.

La réaction mal adaptée peut également s'expliquer par les facteurs personnels suivants : les valeurs, les aspirations et les buts personnels, les engagements, l'estime de soi, le style d'attribution, le sentiment de compétence et d'efficacité, la confiance en autrui et les croyances existentielles ; elle dépend peut-être aussi de la compréhension de la situation et des événements (Lazarus et autres, 1985).

Goleman (1995) propose des moyens pour développer ses compétences en vue de maîtriser ses émotions :

- développer le sens de la responsabilité personnelle à l'égard de ses choix, de ses comportements et de leurs conséquences ;
- apprendre à concentrer son attention sur le moment présent et sur la tâche qui nous préoccupe ;
- acquérir la maîtrise de soi, apprendre à contenir ses impulsions en tolérant l'attente de la gratification recherchée et en cultivant le plaisir du désir inassouvi ;
- développer son efficacité personnelle en se fixant des objectifs difficiles à atteindre, mais réalistes, compte tenu de ses compétences, de ses ressources et du contexte.

Il est vrai que toutes ces directives sont plus faciles à donner qu'à suivre, mais cela vaut la peine d'essayer. Comme le jeune prince Rajahsingha, il faut avoir le courage d'accepter et d'affronter les difficultés afin de devenir libre et maître de son existence. L'efficacité des groupes de soutien comme les Alcooliques anonymes (AA) prouve que cela est possible. La prière de Reinhold Niebuhr constitue pour les participants une source d'inspiration et de courage pour accepter les conditions de l'existence humaine (Gorski, 1989) : « Dieu, donne-moi la sérénité d'accepter les choses que je ne puis changer, le courage de changer celles que je peux et la sagesse de différencier les unes des autres » (p. 45 ; traduit par l'auteure).

Dans le but d'assurer son propre bien-être, il faut apprendre à accepter les situations qu'on ne peut changer (faire preuve de tolérance et de patience), à modifier ses conduites inadaptées (adapter ses schèmes d'action aux exigences présentes), si cela est possible, et tenter de modifier ce qu'on peut dans son environnement (modifier les agents stressants). Dans tous les cas, il importe de conserver une perspective réaliste des événements et de leurs conséquences (Fortin, 1989).

---

8. Dejours (1980) présente les conséquences de l'inadéquation du contenu significatif et du contenu ergonomique de la tâche sur la santé des personnes ; l'analyse qu'il offre est très éclairante sur les aspects psychodynamiques du travail.

Texte classique ═══════════════════

UN APERÇU DES THÉORIES DE L'ANXIÉTÉ[1]

LES FAÇONS DE RÉAGIR À L'ANXIÉTÉ

Les façons négatives

Les façons négatives de réagir à l'anxiété vont de simples traits de comportement — telle la timidité — aux psychoses, et même à la mort dans les cas de conflits très graves, en passant par toute la gamme des névroses et des affections psychosomatiques. Elles consistent à apaiser l'anxiété ou à l'éviter sans résoudre le conflit qui en est la cause ou, en d'autres termes, à esquiver une situation dangereuse plutôt que d'y remédier.

Beaucoup de traits de comportement qu'on pourrait qualifier de relativement « normaux », et qui ne deviennent névrotiques que s'ils tournent à l'obsession, visent en fait à éviter l'anxiété. Ainsi, l'intransigeance, qui peut se manifester par un dogmatisme religieux ou scientifique, représente un moyen de protéger ses valeurs pour que ces dernières ne soient pas menacées. Elle permet d'éviter temporairement l'anxiété, mais en sacrifiant la possibilité de découvrir de nouvelles vérités, en rejetant l'acquisition de nouvelles connaissances et en entravant la capacité de s'adapter à de nouvelles situations. Kierkegaard (1980) ajoute que croire au destin ou à la nécessité, tout comme croire aux superstitions, constitue un moyen d'éviter d'assumer pleinement la responsabilité de ses conflits, ce qui permet de contourner l'anxiété, au prix toutefois de la créativité. Il arrive que l'intransigeance, selon la façon d'agir et de voir les choses, se traduise par une névrose obsessionnelle lorsqu'un individu doit protéger des valeurs particulièrement vulnérables (le plus souvent du fait qu'elles sont contradictoires), et

que sa capacité de s'adapter à de nouvelles situations est relativement limitée.

Les diverses méthodes permettant de réduire la tension associée à un conflit et à l'anxiété vont du rire, dans sa fonction normale, à l'alcoolisme ou à une activité sexuelle compulsive. Toute forme d'activité effrénée — tel le travail poussé à l'obsession — peut soulager la tension créée par l'anxiété au sein de l'organisme. En règle générale, cependant, elle n'est pas productive et ne vise pas à résoudre le problème à l'origine de cette tension. Il faut donc se demander si l'activité réalisée permet, sans remédier au conflit sous-jacent, un relâchement de la tension parce qu'elle tend alors à devenir compulsive du fait que le conflit demeure.

Lorsqu'une anxiété persistante devient trop grande pour qu'on puisse la tolérer consciemment, les méthodes névrotiques servant à l'éviter se manifestent. Les auteurs s'entendent pour dire que les schèmes névrotiques découlent du besoin d'un individu de se protéger contre l'anxiété ou, plus précisément, contre la situation qui l'engendre. Une névrose constitue ainsi un schème intrapsychique compensatoire qui permet à un individu de préserver sa sécurité malgré un conflit. Elle fait intervenir une certaine forme de *répression* des tendances associées à la situation de conflit (Freud, 1964) ou, pour utiliser le terme de Sullivan (1948), une dissociation, c'est-à-dire une démarcation de la conscience. Elle amène également une *inhibition* des activités qui mettraient l'individu dans une situation de danger. Les symptômes psychologiques d'une névrose consistent en diverses formes de compromis qui aident à éviter la situation dangereuse. Ainsi, l'anxiété engendrée chez Hans par un conflit avec son père s'est transformée en une certaine phobie des chevaux, de sorte que Hans ne se sentait plus menacé aussi longtemps qu'il pouvait éviter les chevaux en ne se promenant pas dans les rues. On peut aussi envisager les symptômes associés aux formes hystériques et psychosomatiques

---

1. Tiré de May, R., *The Meaning of Anxiety*, New York, Ronald Press Co., 1977, p. 223-234.

de l'affection comme des tentatives d'adaptation à une situation de conflit lorsque le problème à l'origine de ce dernier ne peut être résolu. Citons, à l'appui de ce qui précède, la relation inverse entre l'anxiété consciente et l'existence de symptômes somatiques. Dans la mesure où l'anxiété suscitée par un conflit peut être tolérée consciemment, aucun symptôme somatique ne se manifeste. Par contre, lorsqu'elle devient trop grande pour qu'on puisse y faire face, il arrive que des symptômes apparaissent et qu'on cesse d'avoir conscience de cette anxiété. Lesdits symptômes sont donc un moyen de s'adapter à une situation de conflit en apaisant l'anxiété sans résoudre le problème qui la suscite. On pourrait même affirmer que toute forme de maladie constitue, d'une manière ou d'une autre, une tentative d'adaptation à une situation de conflit, par laquelle on cherche en général à réduire la portée de ce dernier pour le limiter à un domaine où il est plus probable qu'on puisse s'y adapter. En présence d'un conflit extrêmement grave, un individu est parfois incapable de s'adapter à la menace en dépit des compromis mentionnés plus haut, et se voit alors contraint de renoncer à une large part du champ de son activité ou de sa réalité (comme dans le cas d'une psychose), ou même à l'existence en soi (par exemple en adoptant l'attitude d'un zombie).

Nous verrons que les façons négatives d'éviter l'anxiété entraînent toutes un *rétrécissement du champ de la conscience et de l'activité*, parant ainsi le conflit qui suscite de l'anxiété. Les sujets de Goldstein (1940) qui, à la suite de lésions cérébrales, avaient perdu en grande partie leur capacité de faire face aux menaces, tentaient de limiter leur environnement (par exemple en écrivant seulement dans le coin d'une feuille) ou d'éviter toute modification de comportement (par exemple en rangeant leur chambre toujours de la même façon et avec un soin méthodique). Or, la démarcation de la conscience et la limitation de l'activité, en tant que moyens d'éviter les situations qui engendrent de l'anxiété, restreignent en fait la liberté de l'individu. Kierkegaard (1980) soutient, par conséquent, que renoncer au possible, tant sur le plan de la réalisation de soi que sur celui de la communication avec autrui, constitue l'élément essentiel de tout effort pour éviter l'anxiété. Il utilise le terme « hermétisme » pour désigner les formes névrotiques d'évitement de l'anxiété[2]. Les façons négatives d'éviter l'anxiété entraînent toujours le sacrifice d'une certaine part du possible en matière de développement de soi et de relations réciproques avec la communauté[3].

Les façons constructives

On s'entend pour dire qu'une anxiété névrotique dénote l'existence d'un problème devant être résolu. Il est possible de l'envisager d'une manière constructive comme un avertissement, une indication que quelque chose ne va pas dans la personnalité d'un individu (et aussi dans ses relations interpersonnelles). On peut accepter l'anxiété comme un élément qui met au défi d'éclaircir le problème sous-jacent et d'y remédier (Horney, 1945). L'anxiété indique l'existence d'un conflit et, tant que celui-ci demeure, une solution positive reste toujours possible. On l'a ainsi déjà comparée à une fièvre, pour sa valeur pronostique. L'anxiété est, en effet, signe de difficultés sur le plan de la personnalité et révèle, en termes psychopathologiques, qu'un effritement grave n'est pas encore survenu (Yaskin, 1937). En ce qui touche à la méthode devant permettre de résoudre le problème à l'origine de l'anxiété, toutes les écoles de la psychothérapie accordent de l'importance à deux processus, soit : l'*élargissement de la conscience*, qui amène un individu à reconnaître la valeur (l'objectif) menacée, et à prendre conscience du conflit existant entre ses divers objectifs et de la manière dont il est survenu ; et une *rééducation*, par laquelle l'individu restructure ses objectifs et en choisit consciemment certains, pour ensuite tenter de les atteindre d'une façon réaliste et responsable.

Bien qu'on reconnaisse que l'anxiété névrotique met au défi de résoudre un problème, on oublie souvent que l'anxiété *normale* dénote, elle aussi, certaines possibilités, et qu'elle peut être utilisée de manière constructive. La tendance, manifestée au sein de notre culture, à envisager les craintes et

---

2.   En parlant de l'élément de distorsion de la réalité (répression, démarcation de la conscience) associé au renoncement de la liberté et du possible en tant que moyen d'éviter l'anxiété, Kierkegaard (1980) fait remarquer, d'une manière poétique, que « l'hermétisme constitue *ipso facto* une fausse vérité ».

3.   Voir le concept de la « grande force disjonctive » élaboré par Sullivan (1948).

l'anxiété surtout sous un jour négatif, comme le fruit d'un apprentissage malheureux, dénote une simplification excessive. De plus, elle tend, par voie de conséquence, à nier la possibilité d'une acceptation et d'une utilisation constructives des expériences de la vie de tous les jours qui sont à l'origine d'une anxiété qu'on ne peut précisément qualifier de « névrotique ». Il est certain que l'anxiété névrotique résulte d'un apprentissage malheureux, en ce sens qu'un individu se voit confronté à des situations menaçantes à une époque donnée de sa vie — le plus souvent la petite enfance — où il est incapable de s'adapter à ces expériences d'une manière directe ou constructive. Envisagée sous ce rapport, *l'anxiété névrotique procède du fait qu'un individu n'a pu s'adapter aux situations éprouvantes qu'il a connues antérieurement*. L'anxiété normale, cependant, n'est pas le fruit d'un apprentissage malheureux. Elle découle plutôt d'une évaluation réaliste de la situation dangereuse dans laquelle on se trouve. Dans la mesure où il réussit à affronter de manière constructive les expériences anxieuses de la vie courante lorsqu'elles se présentent à lui, un individu évite la répression et la suppression, qui déboucheraient plus tard sur une anxiété névrotique.

In fine, le but recherché en présence d'une anxiété névrotique est de résoudre le problème sous-jacent, pour ainsi vaincre cette anxiété. Lorsqu'on songe à l'anxiété névrotique, le critère fréquemment associé à la santé mentale, « la capacité de vivre sans se faire d'inquiétude », est valable[4]. On ne peut cependant souhaiter l'absence de toute inquiétude dans le contexte de l'anxiété normale, celle qui résulte de menaces réelles et qui est inhérente, entre autres, à certains aspects de l'existence humaine, comme la mort, ainsi qu'à la possibilité d'un isolement qui accompagne le développement de la personnalité.

Il faut donc se demander *comment on peut mettre à profit les situations qui engendrent une anxiété normale*. Bien que la plupart des auteurs aient négligé cette question, Kierkegaard (1980) s'y est intéressé il y a un siècle[5], et Goldstein (1940) l'a fait à notre époque, tout comme Mowrer (1940), qui l'a fait à un degré moindre. Le lecteur se rappellera que, selon Goldstein, tout être humain subit de fréquents chocs générateurs d'anxiété dans le cours normal de son développement et que seule une réaction positive face à ces menaces à son existence lui permet d'actualiser ses capacités. Goldstein (1940) illustre ses propos à l'aide d'un exemple simple, celui d'un enfant en santé qui, même s'il tombe et se fait souvent mal, apprend à marcher. Lorsqu'on tente de comprendre l'utilisation constructive de l'anxiété normale du point de vue *objectif*, on remarque qu'elle nécessite qu'un individu affronte directement la situation qui engendre chez lui de l'anxiété, en reconnaissant ses craintes mais sans renoncer pour autant. En d'autres termes, il faut *surmonter* les expériences suscitant de l'anxiété, et non les *éviter* ou se *replier* devant elles. Cette manière de faire face à l'anxiété a été décrite maintes et maintes fois dans des études portant sur l'anxiété et la peur vécues par les soldats au cours de la Seconde Guerre mondiale. Selon ces études, l'attitude la plus constructive pour un soldat consistait à reconnaître franchement sa peur ou son angoisse à l'idée d'affronter l'ennemi,

---

4. L'expression « vivre sans se faire d'inquiétude » a une signification idéale précieuse. Elle devient cependant trompeuse et même dangereuse lorsqu'on la simplifie à outrance — comme c'est souvent le cas dans l'usage courant — pour y voir l'absence de toute inquiétude plutôt que la capacité d'affronter et de surmonter l'anxiété. Il va de soi que vivre sans aucune inquiétude à une époque telle que la nôtre exigerait une vision irréaliste de la situation culturelle, et témoignerait d'une attitude irresponsable à l'égard de notre devoir de citoyen. Ainsi, lors de nombreuses manifestations ayant marqué la montée du fascisme en Espagne et en Allemagne, les citoyens inconscients du danger social se sont laissé manipuler par leurs futurs dictateurs. Mentionnons aussi l'exemple d'un officier qui ne se ferait absolument aucun souci pour ses hommes lors d'un combat. Pareille attitude serait irresponsable et mettrait ses subalternes en danger.

5. Kierkegaard (1980) a décrit en détail l'utilisation constructive de l'anxiété. Selon lui, un individu apprend plus grâce à l'anxiété qu'il ne le fait grâce à la réalité, car il peut échapper temporairement à la réalité, mais doit vivre avec l'anxiété à moins de restreindre sa personnalité. Kierkegaard affirme que seuls les individus formés à l'« école de l'anxiété », c'est-à-dire ceux qui ont déjà affronté avec succès des expériences angoissantes, pourront encore vivre des situations de ce type sans se laisser accabler. À ce propos, certains faits tendent à démontrer que, durant la Seconde Guerre mondiale, les soldats que l'existence avait déjà exposés à une certaine anxiété et qui étaient dans plusieurs cas relativement « nerveux » ont pu mieux affronter l'expérience angoissante des combats que ceux qui n'avaient au préalable connu que peu d'anxiété (Grinker et Spiegel, 1945).

tout en étant subjectivement prêt à agir *malgré* ses craintes. On y affirme aussi fréquemment, par voie de conséquence, que le courage traduit non pas l'absence de toute crainte ou anxiété, mais plutôt la capacité d'aller de l'avant même lorsqu'on a peur. Cette manière constructive d'affronter l'anxiété normale dans la vie de tous les jours et lorsque se présente une crise exigeant un courage moral plutôt que physique (telles les crises liées au développement de soi qui surviennent lors de la psychanalyse et suscitent fréquemment une angoisse profonde) s'accompagne souvent d'un affect d'«aventure». Cependant, lorsque l'anxiété découle d'une situation plus grave, il arrive qu'y faire face n'entraîne aucun affect agréable et que seule une détermination inébranlable permette d'y parvenir.

Lorsqu'on examine ce processus *subjectivement* — en se demandant ce qui se passe chez un individu pour qu'il soit à même d'affronter un danger qui en fait peut-être fuir d'autres —, on découvre certains phénomènes très révélateurs. Selon les études déjà mentionnées, les soldats capables de faire face au danger avaient souvent pour motivation subjective la conviction qu'une plus grande menace pèserait sur eux s'ils renonçaient que s'ils prenaient part aux combats. D'une manière positive, on peut dire qu'ils associaient des valeurs plus importantes à l'affrontement du danger qu'à la fuite. La valeur la plus courante pour un soldat était sans doute celle résultant des attentes de ses compagnons d'armes, qui devaient pouvoir compter sur lui. Certains l'auraient présentée, en des termes simples, comme le désir de ne pas paraître lâches aux yeux de leurs compagnons; les soldats plus raffinés auraient pu la décrire, quant à eux, comme une responsabilité à l'égard du groupe. Ainsi, l'énoncé parfois banal selon lequel un individu affronte et surmonte les dangers en ayant à l'esprit une «cause» qui fait plus que compenser cette menace se révèle tout à fait vrai. L'ennui, cependant, est — pour reprendre notre exemple — que seuls les soldats les plus raffinés peuvent définir ce pourquoi ils se battent en des termes plus généraux associés à une «cause», tels que le patriotisme, la liberté ou le bien-être de l'humanité.

Nous voulions, grâce au paragraphe explicatif qui précède, ouvrir la voie à la généralisation suivante: *Un individu est subjectivement prêt à affronter une anxiété inévitable de façon constructive lorsqu'il est convaincu (d'une manière consciente ou inconsciente) qu'il privilégie des valeurs plus importantes en allant de l'avant qu'en renonçant.* Comme nous l'avons déjà mentionné, l'anxiété se manifeste chez un individu lorsque les valeurs qu'il associe à son existence sont menacées. Autrement dit, un individu affronte ce qui le rend anxieux et va de l'avant sans y succomber parce que les valeurs qu'il associe à son existence (comme la liberté et le prestige) se révèlent plus importantes que la menace en cause. Si on envisage l'anxiété comme le résultat d'une lutte entre la menace et les valeurs qu'un individu associe à son existence, on peut dire que les névroses et les états émotionnels morbides dénotent une victoire de la menace, tandis qu'une manière constructive de réagir à l'anxiété indique que les valeurs de l'individu l'emportent.

Le terme «valeur» pourrait bien sembler vague à certains lecteurs. Nous l'avons cependant choisi à dessein parce qu'il est neutre et qu'il offre un maximum de latitude psychologique en ce qui a trait au droit de chacun d'avoir ses propres objectifs. Il est évident que tous et chacun ne s'en remettent pas aux mêmes valeurs pour affronter les situations qui engendrent de l'anxiété, comme nous l'avons déjà vu dans le cas des soldats. La plupart des gens sont motivés par des valeurs élémentaires qu'ils ne verbalisent parfois jamais, tels le besoin de préserver la vie et la tendance à rechercher la «santé» qu'on tient toujours pour acquise (avec une certaine justification pragmatique) lors d'une psychothérapie, comme l'a fait remarquer Sullivan (1949). À un niveau différent, le prestige social constitue lui aussi, sans aucun doute, une valeur très importante qui incite un individu à affronter les dangers. On peut en dire autant de la satisfaction que procurent à un individu l'accroissement et l'utilisation plus étendue de ses propres pouvoirs (comme Sullivan [1948], Goldstein [1940], et d'autres l'ont indiqué). Il est vraisemblable que cette valeur joue un rôle lors de l'apprentissage de la marche par l'enfant, et au cours des nombreuses autres étapes du développement qui s'effectuent par crises. On peut aussi noter des valeurs plus différenciées, entre autres chez les artistes et les scientifiques. Ceux-ci connaissent un grand nombre de bouleversements lorsqu'ils créent de nouvelles formes d'art ou élaborent des hypothèses révolutionnaires. L'artiste ou le scientifique équilibré juge cependant qu'il vaut la peine, malgré l'isolement et l'anxiété possibles, d'aller de l'avant pour découvrir de nouvelles vérités et explorer des voies inconnues. À long terme, la manière dont une personne réagit à l'anxiété normale varie selon ce qu'elle envisage comme une valeur en elle-même et dans le contexte de sa propre existence. Fromm (1947) appelle « cadre d'orientation et de dévouement » le système de valeurs sur lequel s'appuie une personne pour affronter l'anxiété normale[6]. On peut le définir au sens large comme l'attitude religieuse d'une personne à l'égard de la vie, l'adjectif « religieux » qualifiant ici ce qu'elle présuppose avoir ou non de la valeur. Freud (1971a ; 1971b), par exemple, accordait de la valeur à la science en général, et surtout à la quête de la vérité en psychologie, comme en témoigne son dévouement passionné à l'une et à l'autre. On sait que Freud a dénoncé avec véhémence les formes religieuses orthodoxes. Il ne fait cependant aucun doute que c'est sa propre affirmation de valeur — sa « religion de la science » — qui lui a permis, grâce à un courage remarquable, de poursuivre ses recherches solitaires pendant dix ans pour ensuite continuer ses travaux durant plusieurs décennies malgré les dénigrements et les attaques[7]. Citons comme autre exemple le dévouement de Kierkegaard (1980) au « possible infini », c'est-à-dire à la conviction que tout individu renonce à la possibilité de s'épanouir et de donner un sens à sa vie en tant qu'être humain à moins d'appliquer avec une intégrité intérieure et un courage personnel les connaissances intellectuelles et morales que lui apporte chaque jour vécu. Un peu à la manière de Freud, Kierkegaard est parvenu à rédiger des écrits étonnamment novateurs malgré l'incompréhension et l'opposition de la société, et malgré un isolement profond et une très grande anxiété. Nous pouvons maintenant mieux comprendre l'énoncé de Spinoza (1910) selon lequel les affects négatifs, comme la crainte et l'anxiété, ne peuvent être surmontés à long terme que grâce à des affects constructifs plus puissants, et selon lequel l'affect constructif premier réside dans l'amour intellectuel qu'un individu a pour Dieu. Dans le présent contexte, « Dieu » symbolise ce à quoi un individu accorde le plus de valeur.

Tel que mentionné précédemment, les valeurs sur lesquelles les gens s'appuient pour affronter les expériences qui suscitent de l'anxiété ne sont pas toujours les mêmes. Elles peuvent aller de la simple préservation de la vie aux « cadres d'orientation et de dévouement » que fournissent les religions établies, en passant par les préceptes hédonistes, stoïques et humanistes classiques. Nous ne voulons pas ici donner à entendre que toutes les valeurs adoptées ont une même efficacité, ni porter un jugement sur elles. Tout au plus souhaitons-nous faire ressortir qu'on affronte les situations qui engendrent une anxiété normale parce qu'on a plus à gagner en allant de l'avant qu'en battant pavillon. Nous voulons ici nous en tenir à l'aspect psychologique en retenant tout simplement que les valeurs en cause varient pour beaucoup d'un individu à un autre et d'une culture à une autre. La seule conclusion psychologique implicite est que les énoncés de valeur qui permettent à un individu d'utiliser ses capacités, de développer plus avant ses propres pouvoirs et de communiquer davantage avec les autres se révèlent les plus constructifs pour surmonter l'anxiété.

L'ANXIÉTÉ ET LE DÉVELOPPEMENT DU SOI

Le terme « soi » a deux sens pour les auteurs qui s'intéressent à l'anxiété. Au sens le plus large, il désigne l'ensemble des capacités d'un individu (Goldstein, 1940). Au sens le plus strict, il représente la capacité de l'organisme humain d'avoir conscience de ses activités et de pouvoir ainsi les diriger avec une certaine liberté (Kierkegaard, 1980 ; Sullivan, 1948 ; Fromm, 1947). Or, l'anxiété contribue au développement du soi, qu'on le définisse au sens large ou au sens strict.

Selon Goldstein (1940), l'actualisation de soi — c'est-à-dire la manifestation et l'utilisation créatrice des capacités qu'on possède — n'est possible que si on affronte avec succès les expériences générant de l'anxiété. La liberté dont jouit l'individu sain est inhérente à sa capacité de tirer avantage des

---

6. Fromm, E., *Man for Himself*, New York, 1947, p. 48. Paul Tillich (1952) utilise, quant à lui, le terme « préoccupation première » pour désigner ce choix des valeurs religieuses.

7. Deux ouvrages de Freud (1971a ; 1971b) présentent son attitude critique à l'égard des formes religieuses et son propre dévouement passionné à la science.

possibilités nouvelles s'offrant à lui lorsqu'il affronte les menaces potentielles de son existence. Un individu se réalise en surmontant les expériences qui lui causent de l'anxiété, c'est-à-dire qu'il élargit alors le champ de ses activités tout en gagnant plus de liberté. La capacité de supporter l'anxiété représente une mesure de la force du soi[8]. Or, elle se manifeste beaucoup chez les adultes créatifs, et moins chez les enfants et les individus atteints de lésions cérébrales.

Sullivan (1948) a apporté une contribution importante à l'étude de l'anxiété en utilisant le terme « soi » au sens strict de la conscience qu'a un individu de ses activités. Selon lui, le soi prend forme grâce aux expériences génératrices d'anxiété que vit le jeune enfant. Au cours de ses premières relations avec sa mère, le jeune enfant apprend à reconnaître les activités qui reçoivent l'approbation et qui lui apportent une récompense, de même que celles qui sont désapprouvées et qui peuvent entraîner une punition. Or, les activités de la seconde catégorie créent chez lui de l'anxiété. Le « dynamisme du soi », ainsi que l'appelle Sullivan, se manifeste comme un processus qui amène l'enfant à exclure de ses activités et de sa conscience les expériences qui suscitent de l'anxiété, tout en incorporant celles qui n'en suscitent pas sur le plan de la connaissance et du comportement. Dans ce contexte, le soi se développe afin de préserver la sécurité de l'individu et de le protéger contre l'anxiété. Cette façon de voir les choses insiste sur le rôle négatif de l'anxiété dans le développement du soi et met en évidence un phénomène très courant par lequel l'anxiété entraîne un étranglement du soi lorsqu'on y réagit d'une manière non constructive. Sullivan laisse aussi entrevoir le rôle constructif de l'anxiété en faisant remarquer que les aspects de la personnalité que touche cette dernière deviennent fréquemment ceux qui se développent de façon importante lorsqu'un individu qui est confronté à une telle anxiété est à même de bien réagir, par exemple grâce à la psychothérapie ou à de bonnes relations avec autrui.

Attardons-nous maintenant aux éléments qui contribuent à la force du soi, c'est-à-dire la liberté, la conscience accrue de soi et la responsabilité. Il existe un lien étroit entre l'anxiété et la liberté. De fait, la possibilité d'obtenir une certaine liberté engendre toujours de l'anxiété, et la manière dont un individu réagit face à cette dernière détermine s'il tirera avantage de cette liberté ou s'il y renoncera (Kierkegaard, 1980 ; Fromm, 1947). Le besoin d'un enfant de rompre peu à peu les liens de dépendance qui l'unissent à ses parents suscite toujours chez lui une certaine anxiété (Fromm, 1947). L'enfant sain réussit à surmonter celle-ci grâce à de nouveaux liens, fondés sur une plus grande autodétermination et une autonomie accrue. Toutefois, lorsque l'indépendance engendre chez l'enfant un niveau d'anxiété insupportable (comme c'est le cas s'il a des parents hostiles ou excessivement anxieux), et que le prix à payer (sentiments accrus d'impuissance et d'isolement) est trop élevé, l'enfant se rabat sur de nouvelles formes de dépendance et renonce à cette possibilité d'épanouissement du soi. La conscience du soi, par ailleurs, se développe chaque fois qu'on explore de nouvelles possibilités (Kierkegaard, 1980). L'anxiété que vit un jeune enfant n'a, au début, aucune signification, mais il en va autrement lorsque se manifeste la conscience du soi. (Kierkegaard [1980] qualifie l'apparition de la conscience du soi de « bond qualitatif » ; on la décrit, dans le contexte différent de la psychologie dynamique, comme l'apparition de l'ego). C'est à ce moment que l'enfant prend conscience que toute liberté entraîne des responsabilités — responsabilités à l'égard de soi (« fidélité à soi-même ») et à l'égard des autres. L'envers de la médaille de ces responsabilités est un sentiment de culpabilité. Dans la mesure où un individu tente d'éviter l'anxiété, les responsabilités et le sentiment de culpabilité en refusant d'utiliser ses nouvelles possibilités et de s'aventurer vers l'inconnu, il sacrifie sa liberté et restreint tant son autonomie que sa conscience de lui-même[9]. En choisissant au contraire de tirer avantage des possibilités offertes, d'affronter l'anxiété et d'accepter les responsabilités et le sentiment de culpabilité qui l'accompagnent, il jouit d'une plus grande conscience de soi, d'une liberté accrue et de sphères de créativité plus étendues. Or, plus un individu se montre créatif,

---

8. Cette capacité s'avère dans ce sens essentielle pour être à même de vaincre l'anxiété.

9. « Prendre des risques entraîne de l'anxiété, mais on renonce à soi-même en ne prenant aucun risque » (Kierkegaard, 1980).

plus il a de possibilités et plus il doit faire face à l'anxiété, ainsi qu'aux responsabilités et au sentiment de culpabilité qui l'accompagnent (Kierkegaard, 1980 ; Goldstein, 1940). Une plus grande conscience du soi se traduit par un soi plus fort (Sullivan, 1948) ; ou comme l'affirme Kierkegaard, « plus la conscience est grande, plus le soi est grand ». *En conclusion, les aspects positifs du soi se développent à mesure qu'un individu affronte et surmonte les expériences qui provoquent chez lui de l'anxiété.*

Références

FREUD, S. (1964). *The Problem of Anxiety*, New York, W.W. Norton.

FREUD, S. (1971a). *L'avenir d'une illusion*, Paris, PUF.

FREUD, S. (1971b). *Malaise dans la civilisation*, Paris, PUF.

FROMM, E. (1947). *Man for Himself*, New York, Rinehart.

GOLDSTEIN, K. (1940). *Human Nature in the Light of Psychopathology*, Cambridge, Mass., Harvard University Press.

GRINKER, R.R., et SPIEGEL, S.P. (1945). *Men under Stress*, Philadelphia, The Blakiston Co.

HORNEY, K. (1945). *Our Inner Conflicts, a Constructive Theory of Neurosis*, New York, W.W. Norton.

KIERKEGAARD, S. (1980). *The Concept of Anxiety*, Princeton, N.J., Princeton University Press.

MOWRER, O.H. (1940). « Anxiety-reduction and learning », *Journal of Experimental Psychology*, 27(5), p. 497-516.

SPINOZA, B. (1910). *The Ethics of Spinoza and Treatise on the Correction of the Intellect*, London, Everyman Edition.

SULLIVAN, H.S. (1948). « The meaning of anxiety in psychiatry and life », *Psychiatry*, 2(1), p. 1-15.

SULLIVAN, H.S. (1949). « The theory of anxiety and the nature of psychotherapy », *Psychiatry*, 12(1), p. 3-13.

TILLICH, P. (1944). « Existential philosophy », *Journal of the History of Ideas*, 5(1), p. 44-70.

TILLICH, P. (1949). « Anxiety-reducing agencies in our culture », communication lue devant une assemblée de l'American Psychopathological Association, le 3 juin 1949.

TILLICH, P. (1952). *The Courage to Be*, New Haven & London, Yale University Press.

YASKIN, J. (1937). « The psychobiology of anxiety, a clinical study », *Psychoanalytical Review*, 23-24 (suppl.).

Questions

par Corinne Prost

La lecture du cas Roxanne Ducharme, présenté à la fin du livre (p. 471), permettra au lecteur de répondre aux questions suivantes.

1. Analysez l'état émotionnel de Roxanne à la fin de son mandat de direction ; déterminez son niveau de stress et expliquez ses stratégies d'ajustement lorsqu'elle fait face à des frustrations. Que pourrait-elle faire pour améliorer l'efficacité des mécanismes d'adaptation qu'elle emploie ?

2. Comment peut-on repérer un employé qui souffre d'anxiété névrotique ? Que peut-on faire pour l'aider ? Trouvez dans le cas un exemple d'une personne dans cette situation et défendez votre diagnostic en vous servant des données qui y sont présentées.

3. Qu'est-ce que l'intelligence émotionnelle? Quels sont les avantages de l'intelligence émotionnelle comparativement à l'intelligence rationnelle, pour l'exercice des rôles professionnels? De quelle façon peut-on la développer? Trouvez dans le cas un exemple d'une personne dans cette situation et défendez votre diagnostic en vous servant des données qui y sont présentées.

4. Roxanne aurait préféré être une artiste, mais elle croit qu'elle n'a pas les talents nécessaires. À l'aide des théories sur les mécanismes d'adaptation et en considérant l'expérience de Roxanne, expliquez la perception qu'elle a d'elle-même et de sa situation.

5. Au cours de son expérience à la direction du Festival, Roxanne a eu affaire à des employés qui ne répondaient pas à ses attentes. Trouvez dans le cas un exemple d'employé qui ne donnait pas la performance qu'elle en attendait et expliquez ce qu'elle aurait pu faire pour l'aider à s'améliorer.

6. L'expérience est souvent associée à l'échec et à la souffrance. Expliquez pourquoi. Donnez un exemple de votre point de vue à partir de l'histoire de Roxanne.

7. Est-il toujours trompeur de prendre ses rêves pour la réalité? Illustrez votre réponse en vous référant au cas de Roxanne.

Lectures complémentaires

par Corinne Prost

ANTONOVSKY, A. (1987). *Unraveling the Mystery of Health*, San Francisco, Jossey-Bass.

Qu'est-ce qui fait qu'une personne résiste mieux qu'une autre à la maladie? L'auteur répond à cette question par l'identification de «ressources de résistance générales» (GRRS) comme l'argent, la force de caractère, la puissance, la stabilité culturelle, le soutien social. En examinant attentivement la façon dont les individus parviennent à faire face aux agents stressants et à rester en santé, il trouve la cohérence, c'est-à-dire la mesure dans laquelle une personne ressent, à travers son expérience, un sentiment de confiance par rapport à ses environnements interne et externe, ce qui lui permet de gérer les tensions engendrées par le stress. L'auteur explore ainsi les sentiers neurophysiologiques, endocrinologiques et immunologiques à travers lesquels le sens de la cohérence influence les résultats sur la santé.

ARGYRIS, C. (1964). *Integrating the Individual and the Organization*, New York, Wiley.

Dans ce livre, l'auteur fait part de sa réflexion sur l'individu et l'organisation. Il soulève l'importance de reconsidérer l'organisation pour une meilleure utilisation des potentialités humaines et propose une solution.

Dans la première partie du livre, il fait référence à l'«énergie psychologique» et à la manière dont elle pourrait être mieux utilisée à la fois pour l'individu et l'organisation.

Dans la deuxième partie, il traite de l'efficacité et de l'inefficacité organisationnelles. La troisième partie présente sa manière de reconcevoir l'organisation pour une meilleure intégration de l'individu. Enfin, dans la quatrième partie, il intègre les dimensions sociologique et psychologique de son analyse, et s'intéresse aux problèmes voilés de l'organisation; il parle ainsi «d'organisations pseudo-efficaces et d'individus en pseudo-santé».

BECKER, E. (1973). *The Denial of Death*, New York, Free Press.

Becker affirme que la peur de mourir est un problème auquel chaque être humain est confronté. Les religions et les mythes ont pour objet de sublimer cette peur existentielle, et le transfert qui s'effectue, que ce soit avec une divinité, un analyste ou une école de pensée, permet de commander, de combattre et de dominer les terreurs de la vie et de la mort. À ce titre, le fétichisme est vu comme un effort pour maîtriser la peur de la mortalité en transformant «l'animalité par quelque chose de transcendant».

DEJOURS, C. (1980). *Travail et usure mentale: essai de psychopathologie du travail*, Paris, Le Centurion.

«Nous cherchons à mettre au jour ce qui, dans l'affrontement de l'homme à sa tâche, met en péril sa vie mentale», écrit Dejours dans l'introduction de ce livre. Cet auteur s'intéresse à la psychopathologie du travail. Afin de mieux comprendre l'émergence des psychopathologies dans le milieu de travail, l'auteur examine les contenus significatif et ergonomique du travail et les stratégies défensives afin de mieux comprendre la souffrance qui est vécue dans le travail. D'après Dejours, la souffrance et la maladie émergent d'une inadéquation entre l'organisation du travail et la personnalité de l'ouvrier. L'auteur soulève le débat sur l'aliénation: il explique comment un individu se désinvestit progressivement à mesure que ses comportements libres sont remplacés par des conduites stéréotypées. Devant une telle abnégation de sa propre personne, l'ouvrier n'est plus sujet, mais devient objet de l'organisation. Ceci le rend alors plus vulnérable à l'exploitation en quête d'une meilleure productivité. En révélant ce processus analogue à une spirale inflationniste qui tend vers la détérioration de la santé mentale des travailleurs, l'auteur soulève l'urgence d'une réflexion sur la dynamique «personne-travail».

KALIMO, R., EL-BATAWI, M.A., et COOPER, C.L. (sous la dir. de) (1987). *Psychosocial Factors at Work and their Relations to Health*, Genève, Organisation mondiale de la santé.

Dans cet ouvrage collectif dirigé par Kalimo et autres, les auteurs portent une attention particulière à la santé mentale au travail. Cet ouvrage passe en revue les recherches effectuées par les auteurs les plus importants dans ce champ d'étude. Il se compose de cinq parties. L'introduction traite des facteurs psychosociaux et de la santé des travailleurs, des définitions et des aspects conceptuels de la santé liés au travail ainsi que des problèmes de santé psychosociaux des travailleurs dans les pays développés. La deuxième partie s'intéresse aux réactions envers le stress; elle tente de cerner les réponses psychologiques et béhaviorales du stress au travail, les réactions neurophysiologiques au stress, les réactions métaboliques et neurohormonales au stress au travail, les désordres mentaux liés au travail, les maladies psychosomatiques liées au stress professionnel et les réactions au stress des cols blancs et des cols bleus. Dans la troisième partie, les auteurs étudient les agents de stress psychosociaux au travail; ils examinent les sources de stress au travail et leur relation avec les agents de stress provenant de l'environnement ainsi que les facteurs chimiques et physiques qui accroissent la vulnérabilité au stress ou qui agissent comme agents de stress au travail. La quatrième partie traite des différences individuelles comme d'éventuels facteurs de stress: l'individu et sa résistance au stress psychologique, le stress comportemental du type A, les effets de l'âge et du genre sur le stress au travail. La cinquième partie, qui s'intitule «Combattre le stress et promouvoir la santé», traite des sujets suivants: favoriser les facteurs favorables à la santé au travail, adapter le travail aux besoins et aux capacités des humains, gérer le stress dans les organisations, maîtriser les réactions psychologiques au stress, le rôle de la thérapie béhaviorale dans les réactions somatiques au stress, le rôle de l'intervenant en santé du travail. Enfin, la dernière partie aborde les recherches à venir sur les facteurs psychosociaux au travail.

MONAT, A., et LAZARUS, R.S. (1985). *Stress and Coping: An Anthology*, New York, Columbia University Press.

Dans cet ouvrage, les auteurs ne cherchent pas à donner une définition restrictive du stress et de sa gestion. Au contraire, pour comprendre la complexité des issues rattachées au stress et à sa gestion, ils adoptent une perspective plus large en s'intéressant aux contributions de différents domaines scientifiques comme la médecine, la psychologie, l'anthropologie et la sociologie. Les deux premières sections du livre s'intéressent au concept du stress, et les trois dernières considèrent la nature de la gestion du stress.

WATZLAWICK, P., WEAKLAND, J., et FISCH, R. (1975). *Changements, paradoxes et psychothérapie*, Paris, Seuil (coll. «Points»).

Dans ce livre, les auteurs nous présentent leurs vues générales et leurs conclusions sur le phénomène du changement, sur sa nature et sur ses différentes formes. Ils s'intéressent ainsi aux origines du changement et aux possibilités de faciliter ce dernier chez les individus. Dans la première partie du livre, les auteurs nous font part de leur conception du changement. En s'appuyant sur la théorie des groupes et sur celle des types logiques, ils nous expliquent pourquoi la permanence et le changement doivent être envisagés ensemble: «Plus ça change, plus c'est la même chose.» La distinction qu'ils font entre ces deux théories leur permet d'envisager deux sortes de changements: «l'un prend place à l'intérieur d'un système donné qui, lui, reste inchangé; l'autre modifie le système lui-même». La deuxième partie du livre explore la genèse des problèmes qui résultent du fait qu'on croit changer tout en conservant les mêmes structures. Les auteurs distinguent trois façons de se tromper; ils scrutent ainsi les simplifications, le syndrome d'utopie et les paradoxes. Enfin, la troisième partie du livre traite de la résolution de problèmes. Les auteurs nous expliquent qu'une bonne résolution de problèmes ne passe pas par une compréhension du pourquoi, mais par une tentative de les approcher selon la structure qui les caractérise et les conséquences envisageables. Ils offrent ainsi les moyens de résoudre des problèmes et nous présentent certaines illustrations.

Chapitre
6

LA RELATION HUMAINE

Créer des relations professionnelles productives et satisfaisantes

La relation est un des axiomes importants du comportement humain. En effet, l'expérience d'une personne et son comportement sont toujours en relation avec quelqu'un ou quelque chose[1]; c'est la relation qui permet à la personne humaine de se définir, de découvrir sa singularité et ses ressemblances, bref, de trouver son identité. De plus, tout ce que fait une personne lorsqu'elle est en relation avec d'autres se répercute non seulement sur les autres, mais aussi sur elle-même; de même, tout ce qu'une personne fait pour elle-même a des effets sur les autres. La relation humaine, c'est en quelque sorte une expérience vécue par au moins deux personnes, d'où le terme «inter-expérience» qu'utilisent Laing et autres (1972) pour désigner la relation.

La relation humaine est nécessaire à l'autoconservation et au développement de la personne et de la société humaine. Si elle peut avoir une dimension utilitaire, la relation humaine n'en revêt pas moins une dimension affective, car il est impossible d'être avec autrui sans éprouver pour lui un sentiment et sans le lui communiquer. Ainsi, il n'y a de relation humaine que dans un tissu de communications émotionnelles (Malrieu, 1979). La relation humaine ne peut donc pas se réduire à un rapport avec un objet ou à une finalité: les liens qui unissent les personnes d'une communauté sont d'abord affectifs avant d'être instrumentaux, comme l'explique Pagès (1984):

> *Toujours et d'emblée, la relation humaine est affective.* Elle est une sensibilité à l'autre, ou comme dit Heidegger, un souci (Sorge), une assistance (Fürsorge). Ces mots ne désignent nulle émotion particulière, mais le fondement de toutes les émotions. Ils signifient que l'être humain est, vis-à-vis des autres, en état permanent de non-indifférence, de disponibilité ou de réceptivité. L'indifférence, la non-disponibilité apparentes, sont des masques. Elles supposent une non-indifférence plus profonde. Car l'on est « indifférent à » quelqu'un que notre indifférence vise et auquel il a bien fallu que l'on soit sensible pour que l'on puisse se déterminer comme indifférent par rapport à lui. [...]

> La relation humaine donne l'autre dans son altérité, non en tant qu'il est semblable à moi, réductible à mon instinct ou à mes besoins, c'est-à-dire en tant qu'objet,

---

1.   Voir le texte de Laing et autres (1972) présenté à la suite du chapitre 2 sur la perception.

mais justement en tant qu'il est autre. Elle suppose la reconnaissance au moins partielle et confuse d'une personne, douée d'individualité et d'autonomie. Inversement, le sentiment met en rapport avec autrui, il implique la relation (p. 101-102).

La **relation humaine** peut se définir comme un lien d'interdépendance des individus, où chacun jouit d'une certaine autonomie et montre une certaine dépendance envers les autres; elle suppose un échange entre les individus et une réciprocité d'influence entre eux.

S'il est vrai que le comportement d'une personne résulte d'un besoin qui demande à être satisfait et suppose une intention qui l'oriente vers un but, producteur de satisfaction, alors, dans un groupe, chaque individu recherche la satisfaction de ses besoins et tente de soumettre les autres à ceux-ci. Par conséquent, le groupe crée une situation où chaque individu doit virtuellement sacrifier ses désirs. Mais comme le dit Freud (1933): «Nous ne savons renoncer à rien. Nous ne savons qu'échanger une chose contre une autre» (p. 71).

Dans un groupe, chaque individu fait face à ses besoins et à ceux des autres. Chacun essaie de persuader, de séduire ou de manipuler l'autre pour qu'il l'aide à satisfaire ses besoins. Chacun est donc hostile envers l'autre dans la mesure où l'autre peut l'empêcher d'atteindre ses objectifs.

C'est dans cette perspective que Freud (1981) fait le constat suivant, dans son analyse de la foule:

> Nous observons comment les hommes, en général, se comportent affectivement les uns envers les autres. D'après la célèbre parabole de Schopenhauer, des porcs-épics transis, aucun ne supporte de l'autre un rapprochement trop intime.
>
> Selon le témoignage de la psychanalyse, presque tout rapport affectif intime de quelque durée entre deux individus […] contient un fond de sentiments négatifs et hostiles, qui n'échappe à la perception que par suite du refoulement. Cela est plus apparent chaque fois qu'un associé se querelle avec son collègue, qu'un subordonné grogne contre un supérieur. La même chose se produit lorsque les gens se réunissent en unités plus importantes (p. 162-163).

En dépit de la sécurité que les autres apportent à l'individu, être avec eux impose à celui-ci tellement de contraintes que Sartre (1947) va jusqu'à dire: «L'enfer, c'est les autres!» (p. 93). Selon Anzieu et Martin (1986), le groupe, par la pluralité des demandes et des exigences des individus les uns envers les autres, peut se révéler une menace primaire contre la personne, contre l'unité de sa personnalité:

> Le groupe est une aliénation pour la personnalité individuelle: il est dangereux pour la dignité, la liberté et l'autonomie de celle-ci; il risque de provoquer un «viol» de la personnalité. Les rapports humains dans les groupes ne peuvent être que des rapports de manipulateur à manipulé, c'est-à-dire sur un modèle sadomasochiste (p. 20).

L'individu se trouve ainsi aux prises, dans un groupe, avec des besoins qui demandent à être comblés alors qu'il est dans l'impossibilité de le faire, compte tenu des exigences de la situation et des normes. L'insatisfaction des besoins est alors réprimée, au point où l'individu a l'impression qu'il ne les éprouve plus. Toutefois, la frustration demeure ; comme les besoins ne peuvent pas être satisfaits par les voies normales que sont les actions directes et conscientes vers l'objet de satisfaction, l'individu va rechercher des satisfactions substitutives et ainsi ajuster ses conduites aux conditions de son milieu.

Cette impossibilité de satisfaire aux besoins de tous et de chacun, cette difficulté d'aider les autres et d'être aidé révèlent la solitude des individus comme condition permanente de l'existence humaine. Elles traduisent l'état de séparation des êtres. Dans un groupe, la solitude est vécue comme l'impossibilité de se comprendre et de communiquer avec les autres (Pagès, 1984), la difficulté de se décentrer et d'accepter, sans condition, la singularité de l'autre.

Par ailleurs, on constate que les individus se comportent dans un groupe comme s'ils étaient tous taillés sur le même modèle, tolérant les singularités et acceptant de collaborer au projet commun. Cette contradiction n'est qu'une apparence. Au-delà du profit que chacun peut tirer de la collaboration de l'autre, ce profit pouvant être altruiste, des liens affectifs qui ont la propriété de faire durer les relations se nouent entre les individus ; Freud (1981) les appelle l'attachement libidinal :

> Il se produit dans les relations sociales des hommes exactement ce que la recherche psychanalytique a découvert dans le processus de développement de la libido individuelle. La libido s'étaie sur la satisfaction des grands besoins vitaux et choisit pour ses premiers objets les individus qui y participent. Et, de même que chez l'individu, de même dans l'humanité entière, c'est l'amour seul qui agit comme facteur de civilisation, dans le sens de l'égoïsme à l'altruisme (p. 164-165).

Le fait que les individus dépendent les uns des autres pour réaliser leurs propres désirs signifie aussi qu'ils sont toujours frustrés, limités dans leurs possibilités de réalisation par les désirs des autres qui, s'ils sont parfois complémentaires, sont aussi plus souvent différents, conflictuels et potentiellement antagonistes. Si chacun trouve des objets de satisfaction dans des groupes ou des organisations, il y trouve aussi des occasions de souffrance, étant obligé, comme l'indique Freud (1933), d'échanger ses possibilités de plaisir contre d'autres (à savoir l'affection des autres).

En fait, il faut se rendre compte qu'il existe des structures de groupe ou d'organisation qui permettent d'une façon relative la réalisation des aspirations personnelles et qui préservent, voire développent, les capacités d'actualisation, de créativité et d'imagination des individus qui en font partie. Dans les cas où l'individu éprouve surtout de la frustration ou de la souffrance, il aura tendance, par conséquent, à chercher des moyens de modifier la structure du groupe ou de l'organisation, ou à s'intégrer dans d'autres groupes ou organisations où il perçoit que ses chances de satisfaire ses désirs sont meilleures et ce, bien sûr, dans les limites des données économiques et sociales. Cela aurait ainsi un effet direct sur la force de l'engagement de l'individu envers l'organisation.

Le concept de « relation humaine » n'est pas étranger au monde du travail. Il a été introduit dans les années 1930 avec les travaux d'Elton Mayo. L'école des relations humaines propose une conception humaniste de l'organisation: elle met en valeur le composant humain de l'organisation en privilégiant non seulement l'atteinte des objectifs de l'organisation, mais aussi la satisfaction des besoins des employés.

Mayo est le fondateur du mouvement des relations humaines en management et en comportement organisationnel. Ses principaux intérêts de recherche étaient, au départ, les conditions matérielles de travail, les causes de la fatigue, de l'absentéisme et des accidents du travail (Mayo, 1933). Sa recherche à la Western Electric, devenue célèbre, montre l'importance sur le rendement individuel du moral des employés, des groupes dits non officiels chez les travailleurs, du style de direction et de la participation des employés aux décisions qui les concernent. Cette même recherche, reprise à l'usine Hawthorne, démontre que des facteurs humains tels que l'appartenance à un groupe non officiel et l'intérêt de l'employé pour son travail peuvent expliquer une bonne proportion de la quantité de production fournie. Plusieurs chercheurs ont adhéré à cette école de pensée; parmi eux, citons Homans, Roethlisberger et Dickson ainsi que Whitehead.

Pour McGregor (1960), l'équipe dirigeante est en mesure d'améliorer l'efficacité de l'organisation en cultivant les valeurs humaines. Dans le modèle idéal qu'il propose, la direction considère que l'individu aime travailler, le travail étant source de satisfaction personnelle et d'apprentissage. La participation des travailleurs aux décisions qui les concernent constitue un moyen de gagner leur adhésion aux objectifs organisationnels et, de là, d'améliorer le rendement de chacun. Les superviseurs ont le devoir de soutenir les efforts des individus qui travaillent pour maintenir le niveau de rendement qu'ils fournissent.

Dans cet esprit de participation, l'organisation efficace se compose d'équipes de travail caractérisées par:

- un climat détendu, productif et solidaire;
- des discussions où chaque membre de l'équipe participe ouvertement et vise la réalisation d'une tâche;
- une tâche à faire ou un objectif à atteindre que chacun comprend et accepte de plein gré;
- des décisions prises en consensus;
- une préoccupation commune à traiter les conflits sainement et à résoudre les problèmes, et ce pour mieux accomplir le travail.

Pour McGregor, ces caractéristiques sont déterminantes pour ce qui est de l'efficacité, laquelle s'évalue par l'atteinte des objectifs organisationnels et l'utilisation optimale des ressources humaines.

Likert est un autre chercheur associé au courant de pensée humaniste. Il est le fondateur de l'institut de recherche sociale de la University of Michigan. Il s'est particulièrement intéressé à la mesure des attitudes et des comportements dans l'organisation. D'après Likert (1961), une organisation efficace est dotée d'un système participatif parce qu'elle met en pratique le principe des relations intégrées selon lequel tous les rapports entre les gens d'une organisation intègrent les valeurs personnelles de chacun; ce principe est mis en œuvre par la formation de groupes de travail. Les décisions sont décentralisées et le contrôle s'effectue par le groupe lui-même.

Dans sa conception, l'efficacité d'une organisation se mesure par sa réussite économique et par la qualité de l'organisation humaine. En particulier, Likert (1958) indique les mesures de performance qui peuvent être utilisées: la productivité, le profit, la confiance des consommateurs, la loyauté des employés, le degré de mobilisation des employés manifesté par leur rendement (en quantité et en qualité), le degré de confiance dans les relations humaines, l'esprit d'équipe et le sentiment de compétence.

En fait, l'école américaine des relations humaines a permis de mettre en évidence l'existence d'un ensemble complexe de sentiments ayant une influence directe sur les réponses des personnes aux normes et aux exigences de la production. Dans cette perspective, on reconnaît que les individus éprouvent plusieurs besoins et que le travail ne représente pas seulement un moyen de gagner leur vie, mais constitue aussi un moyen d'apprendre, de développer leurs compétences et de s'accomplir. L'organisation n'est pas seulement officielle, elle est aussi non officielle, au sens où des relations humaines s'établissent entre les individus, au cours des activités, et constituent la vie de l'organisation.

Le succès de la vie en groupe ou dans une organisation dépend ainsi de la compréhension de certains comportements et du développement d'habiletés et d'attitudes particulières en matière de relations humaines. Les objectifs de ce chapitre sont donc de familiariser le lecteur avec la dynamique de la relation humaine, de lui faire connaître les attitudes fondamentales et de lui apprendre comment s'entendre avec les autres et établir des relations professionnelles satisfaisantes et productives.

LA DYNAMIQUE DE LA RELATION HUMAINE

La relation humaine se construit à travers deux processus: l'attachement et la socialisation. L'attachement se produit de façon autonome et découle du besoin inné d'être avec les autres. Il répond à un besoin biologique au même titre que la faim et la soif. La force qui lui est apparemment propre chez l'être humain lui vient de la complexité et de la mobilité toujours plus grandes des systèmes de représentations de l'être humain. En raison de ce besoin, être avec les autres devient vital pour l'individu, mais ses manières d'être et d'agir avec les autres sont en revanche apprises au cours de son développement. C'est donc par la socialisation que l'individu s'intègre dans son milieu, apprend les comportements jugés désirables et intériorise les normes, les modèles et les valeurs reconnus dans ce milieu. Dès lors, ces deux processus sont complémentaires, le premier procédant de l'intérieur, d'un besoin d'être avec autrui, et le second procédant de l'extérieur, de la nécessité de s'adapter au milieu social.

L'ATTACHEMENT

Depuis sa naissance, l'individu vit dans un milieu chargé de significations: les objets qu'il saisit ont une fonction, des règles de fonctionnement et d'usage; les individus qu'il rencontre ont des statuts et des rôles, une fonction sociale et des responsabilités. Le monde qui l'accueille est empreint de règles, de normes, donc de sens ou de significations (Dolle, 1987). C'est par ses actions que l'individu s'approprie ces significations et crée les siennes. Autrement dit, c'est par l'activité que l'individu donne un sens aux objets et aux personnes ainsi qu'aux relations qu'il entretient avec eux; c'est également par l'activité que l'individu se définit lui-même.

C'est dire l'importance des autres dans le développement de l'identité personnelle et de la conscience d'être. C'est par la comparaison de soi avec les autres, par l'identification à des personnes significatives et par l'intériorisation de leurs conduites et de leurs attributs que se forge l'identité de l'individu et que se développe sa conscience d'être individualisé et autonome, accepté et valorisé par les autres.

L'autre, de par sa signification, est nécessaire au développement de l'individu. Il faut toutefois souligner l'importance de la liberté et de la volition de l'individu dans ses rapports avec l'autre et dans son propre développement: s'il aspire à devenir comme l'autre, cela implique alors un choix de sa part. Devenir comme l'autre ne signifie pas le copier ou le reproduire, mais bien assimiler ses conduites en accommodant les siennes pour mieux se les approprier. L'individu possède donc des caractéristiques propres qui définissent sa personnalité dans ce qu'elle a d'original et de singulier.

Parmi l'ensemble des besoins que ressent l'être humain, l'amour ne peut être satisfait autrement qu'en relation avec autrui. Par ses composantes de sollicitude, de responsabilité, de respect et de connaissance de soi et de l'autre, l'amour suppose la préservation de l'intégrité et de l'individualité (Fromm, 1968). Aimer et être aimé produisent un sentiment de sécurité et de valeur personnelle nécessaire à l'épanouissement et au dépassement de l'individu. C'est l'attachement qui constitue le mécanisme opérant dans une telle relation.

La notion d'attachement est curieusement apparue en force dans le domaine de l'éthologie: c'est grâce à l'œuvre de H.F. Harlow qu'on a pris conscience du besoin d'amour chez les animaux, comme en témoignent le mariage des choucas et le comportement des singes rhésus, par exemple. En effet, certains animaux ont des conduites qui sont plus ou moins indépendantes de leurs besoins physiologiques et dont la fonction est essentiellement sociale, c'est-à-dire assurer l'interaction, la coopération entre les congénères. Cela est un fait curieux, car on a longtemps cru que l'amour était, pour l'espèce humaine, une sublimation des pulsions sexuelles. Comme l'écrit Zazzo (1979), nos représentations de l'être humain et de l'animal ont été brutalement interchangées: l'amour pour les animaux et le sexe pour les humains! Cette réflexion sur les conduites d'attachement a permis d'élargir la notion de libido en psychanalyse:

> Dans la nouvelle perspective, pour les animaux et pour les humains, l'amour est originel, en deçà de la sexualité et cet amour, garant de confiance et de sécurité, qui prépare à la sexualité, à ses préludes, ses jeux, ses accomplissements, et aux amours d'un nouvel ordre (p. 41).

La jonction entre l'éthologie et la psychologie s'est faite en 1958, lorsque Bowlby et Harlow ont pu démontrer à la communauté scientifique l'importance de l'attachement — et donc de l'amour — dans le développement normal d'un individu. Depuis lors, on reconnaît que l'amour est un besoin primaire, au même titre que la faim, la soif et la copulation. La sociabilité que ce besoin engendre n'est pas liée aux tendances physiologiques, mais n'entre pas non plus en contradiction avec elles. Cela permet l'expression des beaux sentiments que peuvent s'échanger les êtres humains lorsqu'ils sont ensemble. La chanson de Gilbert Bécaud, qui figure dans l'encadré 6.1, en constitue un bon exemple. Par contre, il faut aussi reconnaître que, dans un monde d'inégalités et de compétition, où les conflits s'aggravent au même rythme que s'effectuent les progrès technologiques, la solitude demeure fort présente tout autant que la perte de sens et des valeurs humaines (Moore, 1994 ; Pauchant et autres, 1996 ; Zazzo, 1979).

ENCADRÉ 6.1   Le besoin de l'autre

Seul sur son étoile
Gilbert Bécaud

Quand on est seul sur son étoile
Et qu'on regarde passer les trains
Quand on trinque avec des minables
Qu'on dort avec des moins que rien
Quand on réécrit à sa mère
Et qu'on pense aux économies
Quand on invente des prières
Pour des bons dieux de comédie.

C'est qu'on a besoin de quelqu'un,
de quelque chose ou d'un ailleurs
que l'on n'a pas, que l'on n'a pas.
C'est qu'on a besoin de quelqu'un
ou d'un amour ou bien d'un copain
que l'on attend depuis longtemps.

Quand on est seul sur son étoile
On ne voit pas le temps courir
On est au chaud et l'on s'installe
Comme un cheval qui va mourir
Quand on radote son enfance
À des gens qui n'écoutent pas
Quand tu te fais beau, c'est dimanche
Et qu'après tout, tu ne sors pas.

C'est que tu as besoin de quelqu'un,
de quelque chose ou d'un ailleurs
que tu n'as pas, que tu n'as pas.
C'est que tu as besoin de quelqu'un
ou d'un amour ou bien d'un copain
que tu attends depuis longtemps.

Quand on est seul sur son étoile
Y'a des fois des coups du bon Dieu
Et l'on est deux sur son étoile
C'est idiot, mais on est heureux.

On n'a plus besoin de quelqu'un,
de quelque chose ou d'un ailleurs,
on s'en fout bien,
on s'en fout bien.
La la, la la, la la, la la…
On est très bien, on est très bien !

L'être humain est un animal social, pour reprendre le titre d'un livre classique en psychologie sociale, *The Social Animal*, d'Aronson (1976). Le comportement des animaux supérieurs nous montre le primat de l'attachement, éventuellement de l'amour. Wallon (1959) écrit à ce propos: «L'individu est essentiellement social. Il l'est, non pas par suite de contingences extérieures, mais par suite d'une nécessité intime. Il l'est génétiquement» (p. 280).

La sociabilité de l'être humain et la socialisation représentent deux notions différentes. La première concerne le processus biologique de l'attachement alors que la deuxième est relative au processus d'intégration au groupe. Ainsi, les notions d'attachement et de socialisation ne doivent pas être confondues (Zazzo, 1979).

Le processus de l'attachement

Le besoin de l'autre, pour ne pas dire le besoin d'amour, même si cela est plus juste, est primaire au sens où il se produit de façon autonome (Bowlby, 1978; Harlow, 1958; Zazzo, 1979). Il ne résulte ni du plaisir de manger ni des soins prodigués par la nourrice. L'**attachement** est un système de réactions innées à autrui permettant la satisfaction de ce besoin.

Les conduites d'attachement s'observent dès la naissance. Parmi les premières conduites d'attachement, Bowlby (1978) signale le sourire, l'étreinte et le cri. C'est entre 9 et 18 mois que les patterns d'attachement s'organisent en système d'équilibre qui tend à maintenir l'enfant près de sa mère. Field (1996) a trouvé que les liens d'attachement ne sont pas seulement réservés à la personne nourricière, mais peuvent s'étendre à la fratrie, à la famille élargie, aux amis, etc.

On a d'ailleurs observé les conduites d'attachement dans plusieurs sociétés et dans diverses cultures, ce qui nous porte à penser qu'il s'agit d'un processus presque universel[2] (*near universal*, comme le dit Field [1996], p. 542).

De façon plus précise, Zazzo (1979) définit l'attachement ainsi:

L'attachement désigne un lien d'affection spécifique d'un individu à un autre. Le premier lien est établi en général avec la mère, mais il peut aussi s'accompagner d'attachements avec d'autres individus. Une fois formé, l'attachement a pour nature de durer. Il n'est pas relatif, comme la dépendance, aux exigences de la situation. Il n'implique pas nécessairement une immaturité. Enfin et surtout, dans le contexte éthologique où il est d'abord apparu, il suppose une structure neurophysiologique, la tendance originelle et permanente à rechercher la relation à autrui (p. 27).

L'attachement remplit des fonctions nécessaires au développement et à la survie de la personne. Les comportements qui dénotent l'attachement procurent d'abord la

---

2. Dans les milieux scientifiques, on hésite toujours à prétendre qu'un phénomène est universel, d'où la nuance que nous apportons.

protection contre des dangers réels ou imaginés dans un milieu (Bowlby, 1979; Pietroni, 1993). Ayant obtenu une certaine sécurité, grâce à autrui et à sa coopération, l'individu acquiert de l'autonomie et peut dès lors rechercher d'autres relations plus conformes aux conditions de son développement (Malrieu, 1979). Bowlby (1988) a également montré que l'attachement procure à la personne une base sécurisante (*secure base*) qui lui permet d'explorer de nouvelles relations et d'expérimenter de nouvelles compétences.

Le besoin de l'autre ne doit cependant pas être confondu avec la dépendance émotionnelle, où la satisfaction des besoins d'un individu dépend de la volonté de l'autre. Dans le cas de l'attachement, la relation à autrui représente la finalité des comportements, ce qui n'est pas le cas de la dépendance (Zazzo, 1979).

L'attachement semble constituer une coaction de deux individus, chacun étant à la fois attaché et attachant, chacun se découvrant un trait commun avec l'autre et s'identifiant ainsi à l'autre (Malrieu, 1979). Chaque partenaire se comporte avec l'autre de façon telle que le lien qui les unit se renforce. Ces actions réciproques s'accompagnent toutefois de réactions propres à chaque partenaire, indiquant leur indépendance, voire leurs conflits (Malrieu, 1979).

Par les diverses réactions de la personne et par le biais du langage, l'attachement amène celle-ci à intérioriser les valeurs et les schèmes de conduite des autres et, ainsi, à s'identifier à eux. Procédant de l'attachement, l'identification a pour conséquence de distendre le lien affectif, d'en réduire les effets sur soi ou de compenser sa perte (Duyckaerts, 1979). Par l'intériorisation du lien affectif de l'autre avec ses schèmes d'action, l'individu acquiert progressivement son autonomie et se détache petit à petit. L'attachement semble donc être «à la fois dépendance et l'instrument d'une autonomie progressive» (Zazzo, 1979, p. 32).

Le **détachement**, conséquence de l'autonomie acquise par rapport à une personne, ne signifie pas la négation du lien entre deux personnes mais plutôt son intériorisation (Pietroni, 1993; Zazzo, 1979). Les comportements d'attachement, tout en favorisant l'échange d'affection, permettent le développement de la confiance de base nécessaire à l'inévitable détachement (Harlow, 1979).

Les recherches sur l'attachement présentent ce processus comme un système relativement en équilibre durant la vie d'une personne, laissant comprendre qu'une fois l'attachement établi, la personne se trouve «condamnée» à répéter les patterns qu'il comporte lorsqu'elle crée des liens avec d'autres personnes. Or, cela n'est pas vraiment le cas. Field (1996) fait observer que le pattern d'attachement que l'enfant établit avec sa mère tend à se reproduire lorsqu'il est en sa présence, bien qu'une transformation soit possible si la mère développe une sensibilité accrue et de l'empathie pour son enfant. Cependant, en présence d'autres personnes, l'enfant a tendance à adopter à leur égard le pattern qu'il a développé avec sa mère, mais à la différence que celui-ci est malléable et en mesure de se transformer pour s'ajuster aux conditions que présentent les nouvelles relations. Par conséquent, les patterns d'attachement peuvent se modifier au cours de l'ontogenèse, même si le lien mère-enfant est très résistant (Ainsworth, 1979).

Les liens affectifs dans un groupe

D'après Duyckaerts (1979), l'existence d'un groupe «suppose un certain relâchement du lien affectif d'individu à individu» (p. 179). Dans un groupe, les individus doivent avoir l'occasion de s'attacher aux autres pour se connaître et partager leurs intérêts, et la force de se détacher d'eux pour s'attacher aux idéaux qu'ils ont mis en commun. Pour qu'un tel lien puisse s'établir, il semble nécessaire que chaque individu puisse communiquer avec chaque personne du groupe. Cela limite, par conséquent, la taille du groupe : au-delà d'une vingtaine de personnes, il devient difficile de faire connaissance et de nouer des liens d'attachement.

C'est par de tels liens que les individus découvriront et mettront en commun leurs intérêts, et par le relâchement de ces liens que leurs actions individuelles deviendront une action de groupe. L'unité du groupe peut dès lors se réaliser lorsque chaque individu adhère à un objectif commun, c'est-à-dire qui répond aux intérêts qu'ils ont mis en commun, ou lorsque tous s'attachent à une même personne qui est en fait le chef, la figure d'autorité, le représentant des idéaux du groupe (Anzieu, 1984). L'unité du groupe procure à chaque individu une certaine sécurité; cette sécurité constitue un compromis fragile entre sa dépendance et son autonomie.

En résumé, l'individu recherche par l'attachement la relation à autrui pour l'affection qu'il lui procure et risque, en même temps, de devoir renoncer à la satisfaction d'autres besoins pour ne pas lui déplaire et ainsi rompre la relation. Appartenir à un groupe ne s'avère donc pas facile : chaque individu vit plus ou moins consciemment les nécessités d'être, marquées par la recherche de son autonomie, de sa croissance et de son individualité, avec les nécessités d'«être avec», caractérisées par la dépendance, la sécurité et l'identification (Guisinger et Blatt, 1994). Dans un groupe, les contradictions de l'être et de l'être-avec coexistent en chacun des individus et se transforment dans les conduites d'attachement. La figure 6.1 donne une représentation de la dialectique de l'autonomie et de la dépendance, de l'individualité et de la relation.

Les styles d'attachement

D'après Ainsworth (1979), les patterns ou les styles d'attachement qui s'établissent durant l'enfance ont des répercussions jusque dans la vie adulte, et ce même s'ils se transforment au cours de l'histoire personnelle. Le Basic Behavioral Science Task Force (1996) corrobore cette observation; les chercheurs de cet organisme ont trouvé que les enfants qui ont établi des patterns d'attachement sécurisant tendent à se montrer plus résistants (*resilient*) dans leur vie adulte et à faire confiance aux autres dans leur vie sociale et professionnelle. Cela confirme d'ailleurs une hypothèse de la théorie d'Erikson, présentée dans le premier chapitre.

FIGURE 6.1   Dialectique de l'autonomie et de la dépendance

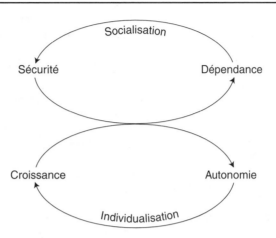

Le style d'attachement d'une personne détermine également sa disposition à explorer les milieux dans lesquels elle se trouve, à prendre des initiatives et des risques afin de développer son potentiel et d'établir des relations, et à développer à la fois son individualité et sa sociabilité (Guisinger et Blatt, 1994; Hardy et Barkham, 1994). Main et Cassidy (1988) ont dénombré quatre styles d'attachement, que nous retrouvons dans le tableau 6.1; on peut avoir un aperçu de son style d'attachement en répondant à la question qui y figure. Celle-ci est semblable à celle qu'ont posée Hazan et Shaver (1987) dans leur recherche.

L'attachement **assuré-sécurisant** se manifeste par des conduites d'attachement équilibrées et différenciées, signe du fonctionnement optimal de l'individu. En présence de la personne aimée, l'individu établit le contact avec elle et ses conduites visent à s'en rapprocher; ses émotions sont librement exprimées, il accepte ses attentions; confiant dans sa relation, il est libre de vaquer à ses occupations comme il le veut.

L'attachement **fuyant-anxieux** se révèle par des conduites d'évitement et d'inattention en présence de la personne aimée; l'évitement est une réaction au stress éprouvé en présence de cette personne et traduit un état de vulnérabilité devant celle-ci.

L'attachement **ambivalent-anxieux** se traduit par des conduites de colère et d'ambivalence en présence de la personne aimée; l'individu recherche son contact et l'évite en même temps; cette ambivalence révèle sa vulnérabilité devant cette personne.

L'attachement **insécurisé-contrôlant** s'exprime par des conduites désorganisées et désorientées, caractérisées par des tendances contrôlantes soit punitives (l'individu humilie, embarrasse ou rejette la personne aimée), soit surprotectrices (il s'occupe d'elle comme si elle était son enfant); ce pattern indique aussi l'état de vulnérabilité de l'individu devant cette personne (Main et Cassidy, 1988).

TABLEAU 6.1   Styles d'attachement durant la vie adulte

Question

Quelle description parmi les suivantes représente le mieux la façon dont vous vous comportez habituellement dans vos relations avec vos amis ?

Réponses possibles*

1. Il est assez facile pour moi d'avoir des relations amicales avec les autres. Je suis à l'aise à l'idée de dépendre des autres et de voir les autres dépendre de moi. Je ne crains pas souvent d'être abandonné par les autres. Je n'ai pas peur que les autres soient trop familiers avec moi.

2. Je me sens un peu mal à l'aise à l'idée d'être trop près des autres. Je trouve difficile de faire entièrement confiance aux autres, de me permettre de dépendre d'eux. Je suis nerveux quand quelqu'un devient trop familier avec moi.

3. Il me semble que les autres hésitent à être aussi familiers avec moi que j'aimerais qu'ils le soient. Je m'inquiète souvent du fait que mes amis ne m'aiment pas vraiment ou pas assez, et je crains qu'ils me laissent tomber.

4. J'ai appris à ne faire confiance qu'à moi-même, car je ne sais jamais ce que les autres vont faire. Je ne prends pas de chance. Il faut toujours que je m'occupe d'eux. Parfois, je me demande ce qu'ils feraient sans moi et cela me cause de la gêne, mais je n'ai pas le choix.

---

*   La première description correspond au style assuré-sécurisant, la deuxième, au style fuyant-anxieux, la troisième, au style ambivalent-anxieux, et la quatrième, au style insécurisé-contrôlant.

Source : Adapté de Dubé (1994a, p. 494).

L'attachement fuyant-anxieux, l'attachement ambivalent-anxieux et l'attachement insécurisé-contrôlant sont causés par la vulnérabilité de l'individu devant la personne aimée. L'anxiété que comportent ses relations avec celle-ci le conduit à adopter des conduites défensives pour se protéger contre la menace que cette personne peut représenter. Il peut s'ensuivre des problèmes interpersonnels, des problèmes d'adaptation ou des problèmes de santé.

Hazan et Shaver (1990) ont trouvé que différents styles d'attachement sont associés à différents comportements de travail et à des niveaux de performance variés.

Par exemple, les personnes présentant un style d'attachement ambivalent-anxieux tendent à donner une faible performance et à se révéler plutôt improductives au travail. Le travail procure à ce type de personnes une occasion de recevoir des approbations pour leurs conduites; elles auront tendance à vouloir travailler avec d'autres, à trop se dévouer pour les autres, à se sentir sous-estimées et mal appréciées, à craindre les échecs et les situations susceptibles de leur faire perdre la face. Hardy et Barkham (1994) ont trouvé pour leur part que le type ambivalent-anxieux tend à se plaindre des relations et du climat de travail dans son service, de la façon dont les dirigeants mènent l'organisation, du manque de liberté pour organiser son travail et de la supervision qu'il reçoit. Il est également enclin à avoir honte de sa performance au travail. Ce type a peur d'être rejeté et a tendance à trop s'engager dans ses relations avec les autres.

Au contraire, les personnes ayant un style fuyant-anxieux sont enclines à trop s'engager dans leur travail, ce qui leur permet d'atteindre une performance élevée, mais elles sont plus exposées à la maladie ou aux problèmes dans leur vie privée. En fait, le travail représente pour ce type de personnes une façon de se soustraire à la tension causée par l'insatisfaction de leur besoin d'amour; elles tendront à travailler durant de longues heures, à prendre peu de congés, à travailler seules, aux dépens de leur santé et de la qualité de leurs relations interpersonnelles. De leur côté, Hardy et Barkham (1994) ont observé que le type fuyant-anxieux a tendance à se plaindre de ses collègues, du manque de variété dans ses tâches, du peu d'attention qu'on prête à ses suggestions et du nombre d'heures de travail. Comme le type précédent, il est enclin à éprouver de la honte à l'égard de sa performance au travail. Ce type évite les rapprochements, l'engagement et la dépendance envers les autres.

Le style insécurisé-contrôlant, qui a été déterminé par Main et Cassidy (1988), n'a pas fait l'objet de recherches en milieu de travail. Par conséquent, nous ne sommes pas en mesure de décrire les comportements de travail ni le niveau de performance de ce type de personnes.

Ce sont les personnes présentant un style assuré-sécurisant qui donnent les meilleures performances au travail et qui sont les plus satisfaites de leur emploi. Elles montrent peu d'inquiétude à l'égard de leur travail et de leurs collègues; leurs relations avec les autres sont généralement heureuses et leur santé est bonne. Elles n'ont pas l'humeur dépressive, ni irritable, ni anxieuse comparativement aux autres styles d'attachement. De plus, Yoon et autres (1994) ont trouvé une relation positive entre le pattern d'attachement assuré-sécurisant et le degré d'engagement au travail.

Les conséquences du style assuré-sécurisant chez l'adulte sont considérables; Mahoney (1991) les énumère. Ainsi, un individu qui se caractérise par des conduites d'attachement assuré-sécurisant dans ses relations tend à:

1) montrer de la flexibilité et de la résistance dans ses engagements;
2) se montrer efficace et maître de soi, et à s'éprouver comme tel;
3) prendre des risques et à affronter de nouvelles réalités;
4) être populaire auprès des autres et à s'attirer leur compagnie;
5) avoir une estime de soi élevée;
6) établir et maintenir des relations positives avec les autres;
7) se garder à l'abri des désordres psychologiques importants;
8) exprimer ses sentiments ouvertement, à chercher de l'aide quand il en a besoin et à en offrir aux autres aussi.

En règle générale, les relations fondées sur la confiance et la considération donnent lieu à des patterns assurés-sécurisants: le fait d'avoir confiance dans le potentiel des personnes, de les encourager à exercer leur libre arbitre, à tester leurs idées, à prendre des initiatives, à relever des défis à leur mesure et à cultiver le sentiment d'efficacité personnelle permet de développer ces patterns.

L'étude de l'attachement nous enseigne l'importance de créer des liens solides et sécurisants entre collègues, particulièrement entre supérieur et employé. Yoon et autres (1994) ont d'ailleurs montré que la présence de liens d'attachement assuré-sécurisant dans un groupe de travail est une condition importante pour le développement de la cohésion et de l'efficacité.

L'étude de l'attachement fait aussi apparaître clairement le rôle des émotions dans les relations humaines et l'importance de leur accorder de la valeur. Comme le constate Bowlby (1988), il n'y a pas de communication plus importante pour l'être humain que celle qui s'exprime émotionnellement et pas d'information plus vitale que celle qui lui permet de construire et de reconstruire ses modèles d'identification, et donc son identité personnelle.

LA SOCIALISATION

Zazzo (1979) fait remarquer que le processus de l'attachement et celui de la socialisation sont différents, bien qu'ils soient complémentaires. L'attachement est un système inné de réaction à autrui qui a pour but de satisfaire le besoin de l'autre. Mais pour être avec l'autre, chacun doit apprendre les manières d'«être avec» qui sont jugées acceptables dans un groupe, et c'est par la socialisation que ces apprentissages se réalisent.

Si l'attachement est le processus par lequel la relation humaine se crée, la socialisation est celui par lequel cette relation trouvera ses formes d'expression; en effet, c'est par la socialisation que les individus apprennent et intériorisent les éléments socioculturels propres à leur milieu (Rocher, 1969). C'est par ce processus qu'ils apprennent les comportements qu'on attend d'eux, c'est-à-dire les rôles, et qu'ils font leurs les normes et les valeurs qui les sous-tendent.

Le processus de la socialisation

Rocher (1969) définit la **socialisation** comme étant:

> [...] le processus par lequel la personne humaine apprend et intériorise tout au cours de sa vie les éléments socio-culturels de son milieu, les intègre à la structure de sa personnalité sous l'influence d'expériences et d'agents sociaux significatifs et par là s'adapte à l'environnement social où elle doit vivre (p. 105).

En effet, l'individu prend conscience des manières d'être et d'agir valorisées dans son milieu dès ses premiers contacts avec son entourage. Pour maintenir et développer ses relations avec les autres, il doit apprendre comment se conduire avec eux. La principale conséquence de ce processus est l'adaptation de l'individu à l'environnement social (Rocher, 1969). Une deuxième conséquence est son intégration dans la société qui l'accueille. Une troisième conséquence est la formation de l'identité sociale de la personne (Fischer, 1991; Lipiansky, 1995).

La socialisation met en jeu des mécanismes d'influence sociale[3], mais elle comporte aussi des mécanismes spécifiques: l'apprentissage des valeurs, des normes et des rôles

---

3.   Les mécanismes de l'influence sociale font l'objet du chapitre 8.

sociaux, l'identification à des modèles de conduite ou à des figures d'autorité et l'intégration sociale (Fischer, 1991).

L'apprentissage des valeurs, des normes et des rôles sociaux

Dans le chapitre 4, nous présentons l'apprentissage comme le processus d'acquisition
et de modification de connaissances ou de conduites. Par la socialisation, l'individu
apprend les valeurs, les normes et les comportements qu'on attend de lui. Grâce à sa
famille, à ses jeux et à ses amis, il apprend à se comporter avec les autres de telle sorte
qu'il obtient les réactions qu'il attend d'eux tout autant qu'il apprend à s'adapter à ce
qu'ils attendent de lui. C'est ainsi que débute l'apprentissage des rôles sociaux, ce qui
entraîne par le fait même l'apprentissage des normes et des valeurs qui les sous-
tendent.

On définit généralement les **valeurs** comme des manières d'être ou d'agir qu'une
personne ou une collectivité jugent idéales et qui rendent désirables ou estimables les
conduites auxquelles elles sont associées (Rocher, 1969). Les **normes** sont le produit
concret des valeurs. Ce sont des règles de conduite désirables, prescrites par un groupe
et partagées par les individus.

Au cours de son intégration dans un groupe, l'individu est soumis à des pressions
plus ou moins explicites pour adopter les normes du groupe. Cependant, la conformité
à ces normes ne vise pas la dépersonnalisation de l'individu, au contraire. Lewin (1975)
a montré à cet effet que le groupe permet et même encourage la divergence de vues des
individus, à différents degrés. La variance des conduites dans un groupe favorise
l'expression des différences individuelles et réduit le degré de tension du groupe.

Par contre, si l'individu est enclin à trop dévier des normes du groupe, il éprouvera
des difficultés croissantes: le groupe exercera alors des pressions sur lui pour qu'il s'y
conforme. Les normes du groupe permettent au groupe de réaliser un certain équilibre
dans les rapports sociaux. En vertu de l'équilibre qu'elles représentent, les normes
acquièrent une valeur par elles-mêmes. Ainsi, d'après Lewin (1975): «Plus grande est
la valeur sociale d'une norme de groupe, plus grande est la résistance d'un individu
membre du groupe à s'écarter de ce niveau» (p. 274). En effet, si l'individu, membre
d'un groupe, décide de trop s'écarter des normes du groupe, il court le risque d'être
rejeté du groupe.

Les **rôles**, quant à eux, désignent les comportements associés à une position ou à
un statut dans un groupe et qui sont attendus réciproquement par les personnes qui en
font partie. Le caractère prescriptif des rôles sociaux tient à des normes générales et
propres à une culture donnée. Ainsi, les valeurs, les normes et les rôles sociaux
s'avèrent étroitement liés.

Ichheiser (1949) décrit les trois facettes de la notion de rôle: acquérir le statut, se
conformer aux attentes d'autrui et porter un masque.

Jouer son rôle pour acquérir un statut   Les rôles sont liés à la position que l'individu
occupe dans un groupe à un certain moment; ils relèvent donc des fonctions et des

prescriptions sociales associées à son statut. En effet, on occupe toujours une position dans un groupe, soit de fait (de façon naturelle, par son âge, son expérience, son sexe, etc.) ou de droit (en raison des attributions qu'on a méritées). Le **statut** désigne la position d'un individu dans un groupe. Au statut s'associe une valeur qui dépend de quatre facteurs : l'autorité, le prestige, l'exclusivité de la position et la performance du titulaire à jouer les rôles.

Le statut fait donc référence à la fois à une position dans le groupe et à la qualité de cette position. Dans ce sens, le statut correspond aux aspects statique et qualitatif de la structure sociale. Par son aspect statique, le statut définit le rôle à jouer : il définit les droits, les devoirs et les attitudes du titulaire avant même qu'il soit nommé (Linton, 1936). Par son aspect qualitatif, le statut est l'agent de modification du rôle ; cet aspect correspond à l'évolution de la capacité du titulaire à jouer adéquatement son rôle. Le statut attribué à l'individu peut donc se modifier au cours de l'insertion de celui-ci dans cette position et au cours de l'exercice même du rôle qu'il définit.

Les rôles constituent l'aspect dynamique de la structure sociale, car c'est par l'apprentissage et l'exercice des rôles que l'individu peut modifier son statut et transformer ainsi la structure.

Jouer son rôle, c'est se conformer aux attentes d'autrui   Les rôles correspondent aux conduites qui sont conformes à ce que les autres attendent du titulaire de la position. Les rôles ont pour fonction de régulariser les rapports sociaux en rendant les conduites individuelles prévisibles. Ils facilitent les communications, réduisent la probabilité d'apparition de conflits et favorisent l'harmonie et l'efficacité des groupes. Jouer correctement son rôle est une condition pour appartenir au groupe et être estimé par les autres. Si les attentes des individus concernant une position sont mal définies ou contradictoires, des conflits de rôles pourront survenir.

Jouer son rôle, c'est porter un masque   Pierre Janet (1984) écrit :

> Quand on attribue des pouvoirs à un individu, ou bien à soi-même, on adopte par là même une conduite spéciale, on lui donne un rôle particulier, on le transforme. […] Les individus se transforment et je vous propose de leur donner maintenant un nom que nous allons tâcher de justifier : le personnage (p. 177-178).

La famille, un cercle d'amis, un groupe de travail ou une organisation, c'est, comme le dit Paris (1991), comparable à un théâtre où des individus jouent des rôles pour que s'écrive l'histoire de la société qu'ils constituent. Janet (1984) utilise le mot « personnage » pour désigner le moi social que les individus développent dans leurs relations avec les autres et… avec eux-mêmes :

> Il y a presque chez chacun de nous deux personnages très intéressants et très importants. Il y a ce que j'appellerai le personnage du dehors et le personnage du dedans. Or le dedans n'est pas le dedans psychologique, c'est le dedans de l'appartement, c'est l'intérieur, la vie de famille. […] Vous voyez de ces individus qui sont très énergiques et qui ont l'air si importants quand ils sont dans la rue ou en chaire et qui, chez eux, sont fatigués, ne se tiennent qu'enfouis dans un fauteuil. Il y a deux attitudes et deux rôles absolument différents.

Nous jouons tous des personnages, mais ce qu'il y a de plus étrange, c'est que nous les jouons pour nous-mêmes. Nous nous croyons tel ou tel. […] Nous avons une attitude vis-à-vis de nous-mêmes et toutes les descriptions, les biographies individuelles, sont obligées de tenir compte de ce jeu d'un certain personnage.

J'ai employé le mot de jeu et, à propos du personnage, il est bien difficile d'éviter des allusions à ce qu'on appelle la comédie. En effet, on se demande si ce personnage que nous sommes et que nous jouons les uns vis-à-vis des autres et vis-à-vis de nous-même, est extrêmement profond, s'il est bien réel, si ce n'est pas quelque chose de très apparent, de très superficiel.

[…] Le personnage est surajouté à un édifice psychologique antérieur ; il ne pénètre pas tout à fait cet édifice. C'est pourquoi le personnage n'est pas toujours très logique (p. 181-182).

Les rôles sociaux prêtent un masque à l'individu, par lequel son identité peut se former et grâce auquel il peut établir des relations avec les autres. D'après Paris (1991), on n'apprend pas à jouer un rôle social comme un acteur apprend les paroles d'un texte. L'individu qui s'intègre dans un groupe doit apprendre à interpréter son rôle, à trouver son style et à l'accommoder à son caractère. Elle rappelle l'insistance de Janet (1984) sur la nécessité de concevoir les rôles sociaux comme des matériaux dont se sert l'individu pour construire, maintenir et perfectionner son unité et sa différence par rapport aux gens de son entourage : « La personnalité est une œuvre que nous faisons socialement pour nous distinguer les uns des autres et pour prendre chacun un rôle plus ou moins distinct du rôle du voisin » (p. 14).

Paris (1991) explique aussi que les rôles sont à la fois des symboles qui relient l'individu au groupe ou à l'organisation et des masques qu'il emprunte pour développer sa personnalité. Outre qu'il lui sert de support et de modèle, le masque constitue une façon efficace de se protéger dans un groupe. Aussi faut-il prendre garde de jouer des rôles qui ne sont pas légitimes ou de porter des masques pour se défaire de ses responsabilités individuelles, sociales et écologiques.

Les rôles permettent de former l'identité des individus en les amenant à adopter des « personnages » et à les transformer de telle sorte qu'ils deviennent cohérents avec leur caractère. Il n'y a donc rien de mal à jouer un rôle, à porter un masque et à adopter un personnage pour autant que la personne demeure consciente de ses rôles et de ses responsabilités et qu'elle puisse jouer le jeu authentiquement.

La possibilité de ne pas adhérer au masque ou de se confondre totalement avec lui demeure un fait préoccupant dans l'exercice des rôles sociaux. Ces deux éventualités représentent autant de danger pour l'équilibre de la personne. La personne qui rejette le masque croit être authentique et se prend au sérieux, alors que celle qui s'y identifie trop adopte une identité sociale au risque de perdre son authenticité. Or, le masque que constituent les rôles sociaux n'a pas pour but de dissimuler l'identité, mais de la révéler par son identification à des modèles (Paris, 1991).

L'identification à des modèles de conduites ou à des figures d'autorité

Par l'identification, l'individu se conduit envers lui-même de la même façon que les personnes auxquelles il était lié se sont conduites envers lui. Dans ses relations, l'individu assimile à ses conduites les manières d'être et d'agir des personnes significatives de son entourage. Les représentations qu'il se construit de ces personnes sont fortement teintées d'affectivité: elles sont idéalisées et, dès lors, inspirent ses conduites.

Il s'ensuit que les personnages qu'on adopte en société sont en règle générale des figures qu'on aime bien, qu'on valorise et à qui on aimerait ressembler. C'est ainsi que les personnages que l'individu joue, avec plus ou moins de succès, l'aident à parfaire son identité et à la valoriser grâce à l'affiliation, à l'approbation et à l'estime des autres.

Le lien d'attachement apparaît alors comme une condition nécessaire à la socialisation. Par l'intériorisation des valeurs, des modèles de conduite et des normes sociales, l'individu s'adapte à son environnement social. Il peut communiquer facilement avec les autres et développer un sentiment d'appartenance à son milieu.

L'intégration sociale

L'intégration dans un groupe, qu'il s'agisse d'une famille, d'un cercle d'amis ou d'un groupe de travail, implique l'acquisition de statuts, de rôles et de normes. L'intégration se réalise par des moyens divers, dont les pratiques d'insertion et de ritualisation.

Les pratiques d'insertion s'observent aisément dans les organisations. C'est ce qu'on appelle généralement la socialisation organisationnelle (Wanous, 1992). La théorie de Moreland et Levine (1982) sur les stades de l'appartenance sert de support pour décrire les étapes de l'intégration sociale, au nombre de quatre: l'entrée, l'acceptation, la divergence et la sortie. Nous présentons leur modèle dans la figure 6.2.

L'entrée dans le groupe   La première étape de la socialisation est l'entrée dans le groupe, au cours de laquelle l'individu et le groupe cherchent à se connaître suffisamment pour savoir s'ils vont établir une relation durable. L'individu recherche des informations à propos du groupe et des personnes qui en font partie, des rôles qu'il pourrait y jouer et des contributions qu'il pourrait apporter. Des représentants du groupe recherchent aussi des renseignements sur l'individu, sur sa personnalité, son histoire personnelle, ses qualités, les ressources dont il dispose, etc. Lorsque les deux parties estiment qu'il serait intéressant d'établir la relation, l'individu fait alors son entrée dans le groupe.

L'acceptation dans le groupe   Au début, l'individu peut être content de faire partie du groupe et, dans le cas d'une organisation, son principal défi est de montrer sa valeur et sa capacité d'accomplir une bonne performance pour se faire accepter par les membres du groupe. Cette phase correspond à l'étape de l'acceptation dans le groupe.

Pour ce faire, il doit d'abord se familiariser avec son travail et le fonctionnement de l'organisation, puis apprendre les responsabilités qui lui incombent et donner une

FIGURE 6.2   Évolution de la relation individu-groupe

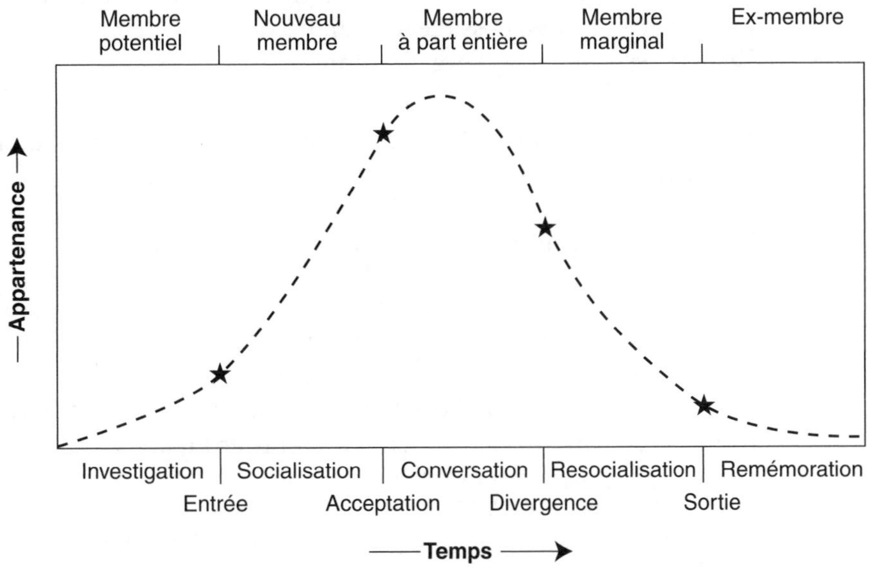

Source: Adapté de Moreland et Levine (1982, p. 153).

bonne performance. Cela implique qu'il doive apprendre beaucoup de choses: le plan de l'immeuble, les règles et les procédures administratives, les rapports hiérarchiques et les alliances non officielles, les ressources offertes et la façon de les obtenir, les habitudes de travail communément admises et attendues, les responsabilités qui lui reviennent, les rôles qui lui sont attribués, les compétences qu'il doit exercer, etc. Cela suppose également qu'il soit capable d'établir des relations positives avec ses collègues et son supérieur, d'accepter de travailler avec des personnes qui ne pensent pas forcément comme lui, d'aller chercher de l'aide s'il en a besoin, de faire confiance aux autres et de développer son efficacité personnelle.

Au stade de l'intégration, l'employé doit apprendre beaucoup de choses et intérioriser les normes et les valeurs de l'organisation tout en préservant son individualité et sa créativité. Lorsque les gens de son service reconnaissent ses compétences et apprécient ses contributions, l'employé devient alors un membre à part entière et son sentiment d'appartenance au groupe est à son plus haut niveau. Les membres du groupe essaient pour leur part d'attribuer à l'employé des rôles qui lui conviennent le mieux possible afin d'augmenter sa contribution à l'efficacité du service et de l'organisation.

La divergence   À un moment donné, il est possible que l'employé ressente un sentiment de plafonnement ou d'ennui, ou encore le besoin de faire autre chose. Il peut alors négocier de nouveaux défis avec les autres et envisager des modifications à ses rôles. C'est l'étape de la divergence, pendant laquelle l'employé précise ses objectifs professionnels et cherche des occasions d'avancement dans l'entreprise.

Son engagement dans le groupe peut diminuer, de même que son intérêt pour son travail. S'il parvient à s'entendre avec ses collègues, peut-être trouvera-t-il un moyen de redéfinir ses rôles à la satisfaction de tous et décidera-t-il de rester à son poste. En revanche, il est aussi possible qu'il ait besoin de quitter son poste et, par conséquent, de changer de groupe ou d'organisation.

La sortie   La dernière étape est la sortie, qui correspond au moment où l'employé décide de quitter son poste. Le départ d'un employé n'est pas forcément un événement dramatique. À cette étape, l'individu et le groupe se remémorent les événements heureux et malheureux qui ont marqué leur relation.

Au cours de son passage dans le groupe, l'employé a contribué au changement de sa structure sociale, par les accommodations et les transformations qu'il a effectuées relativement au statut qu'on lui avait attribué au départ. Son remplaçant, s'il y en a un, devra continuer le travail qu'il avait entrepris. En d'autres termes, il prendra le statut tel que l'ex-employé l'a laissé en quittant le groupe.

Comme nous pouvons le constater, le processus de l'intégration est parallèle à celui de l'attachement, et cela montre bien la complémentarité de ces deux processus. Les psychologues qui s'intéressent aux pratiques de socialisation organisationnelle ont observé des patterns d'intégration assez réguliers dans les entreprises. Ces patterns sont en fait des rites d'insertion qui dénotent l'importance de la ritualisation comme mécanisme d'intégration (Fischer, 1991). La ritualisation est un phénomène qu'on a d'abord étudié chez les animaux, mais, en raison de sa pertinence dans la structuration des conduites sociales, on l'a aussi étudié chez les humains. Un **rituel** est une séquence d'activités mise en place par une personne ou un groupe dans le but d'obtenir d'autrui des réponses déterminées. Ainsi, on peut observer plusieurs rituels dans les entreprises: l'accueil des nouveaux employés, les rites initiatiques, les fêtes organisées à l'occasion des grands congés, les cérémonies officielles, les assemblées d'employés, etc.

~

Dans cette partie du chapitre, nous avons présenté la relation humaine comme un lien qui se construit à travers deux processus complémentaires: l'attachement et la socialisation. Le processus de l'attachement procède de l'intérieur, du besoin inné d'être avec les autres. Il constitue un système de réactions à autrui qui vise à établir un lien durable et intime. L'attachement répond à la nécessité d'être avec les autres, mais ce lien affectif ne dicte pas à l'individu comment être avec les autres. C'est par la socialisation que l'individu apprend les manières d'être avec les autres, au cours de son histoire personnelle. C'est par la socialisation qu'il apprend les normes et les rôles sociaux, intériorise les éléments socioculturels propres à son milieu et développe le sentiment d'appartenance. La socialisation s'avère dès lors un processus qui procède de l'extérieur, de la nécessité de s'adapter au milieu social. Le tableau 6.2 récapitule les aspects importants des processus de la relation humaine.

TABLEAU 6.2   Processus de la relation humaine

Attachement	Socialisation
Système inné de réactions à autrui	Apprentissage et intériorisation des éléments socioculturels propres à un milieu, concourant à la formation de l'identité
Découle du besoin d'être avec les autres	Enseigne la manière d'être avec les autres
Procède de l'intérieur	Procède de l'extérieur
Répond à un besoin d'autonomie, de croissance, d'individuation	Répond à un besoin de dépendance, de sécurité, d'adaptation au milieu

LES ATTITUDES FONDAMENTALES

L'intérêt qu'on porte aujourd'hui aux relations humaines dans les organisations est en grande partie attribuable aux applications de la théorie des relations humaines élaborée par Carl Rogers; celle-ci repose sur une prémisse fondamentale: tout individu «est animé d'une tendance inhérente à développer toutes ses potentialités et à les développer de manière à favoriser sa conservation et son enrichissement» (Rogers et Kinget, 1976, p. 172). C'est la notion de «tendance actualisante». Cette tendance veille à diriger les conduites de l'individu dans le sens de son autonomie et de l'unité de sa personnalité. Cela rejoint la conception de Pierre Janet, que nous avons énoncée plus haut.

Cette tendance actualisante est régularisée par les expériences de la personne et le système de valeurs qu'elle a intériorisé. Ainsi, le développement de la personne est guidé par sa perception et ses représentations de la réalité. D'après Rogers (1976), le fonctionnement optimal d'un individu dépend de sa capacité de percevoir les phénomènes de manière réaliste et différenciée et de les intégrer correctement dans la structure de ses comportements.

D'après cette théorie, les relations qu'entretiennent les individus les uns avec les autres ont une influence déterminante sur le fonctionnement psychologique de la personne et sur le déploiement de la tendance actualisante. Rogers (1976) a en effet démontré que, du point de vue de la relation, la façon dont les personnes se présentent les unes aux autres s'avère aussi importante que ce qu'elles doivent faire ensemble. En d'autres mots, leurs attitudes sont aussi importantes que leurs activités. On associe trois attitudes à la croissance des individus et à la qualité de leurs relations: l'authenticité, la considération positive inconditionnelle et la compréhension empathique. Ces trois attitudes engendrent une atmosphère, un climat interpersonnel tel que chaque personne concernée trouve la sécurité nécessaire à l'épanouissement de son caractère et de son autonomie.

D'après Rogers et Kinget (1976), pour que la communication et les relations entre deux personnes soient positives, deux conditions s'avèrent nécessaires:

1) chaque personne doit consentir à entrer en contact et en communication avec l'autre;

2) au moins une des deux doit être authentique.

Lorsque deux personnes sont en contact et que l'une d'elles ou les deux sont authentiques, il s'ensuit que chacune pourra améliorer à la fois sa capacité de percevoir les comportements de l'autre d'une façon correcte et différenciée et sa capacité d'éprouver une compréhension empathique du cadre de référence de l'autre. Se sentant comprise, la personne aura tendance à éprouver une certaine satisfaction de son besoin de considération positive, ce qui engendrera chez l'autre une attitude réciproque. Par le fait même, aucune des deux ne sera portée à recourir à des mécanismes de défense.

Examinons maintenant chacune de ces trois attitudes fondamentales pour qu'une relation humaine soit positive.

L'AUTHENTICITÉ

Carl Rogers (1995) disait, à l'occasion d'une conférence en Californie:

> Dans mes relations avec les autres, j'ai trouvé que cela ne me servait à rien, à la longue, d'agir comme si j'étais quelqu'un que je n'étais pas. Cela ne me sert à rien d'agir d'une façon compréhensive alors que je cherche, au fond de moi, à manipuler l'autre personne, pas à la comprendre. Cela ne sert à rien d'agir avec calme et agréabilité quand je suis en fait choqué et désapprobateur. Cela ne sert à rien d'agir comme si j'étais permissif alors que j'ai franchement envie de tracer des limites (p. 10; traduit par l'auteure).

Ce dont il parle ici, c'est de l'inefficacité du manque d'authenticité de la personne dans ses relations. L'authenticité n'implique pas forcément la transparence, mais certainement la correspondance entre ce que la personne est vraiment et ce qu'elle croit être. On emploie aussi le terme «congruence» pour désigner l'authenticité.

Pour vérifier son degré d'authenticité, une personne dispose de deux critères: l'expérience vécue ici et maintenant (ses idées, ses croyances, ses sentiments, ses motivations, etc.) et ses comportements de même que ceux des autres à son endroit.

Prenons un exemple. La société G. DuBon est une entreprise commerciale située dans la banlieue de Québec. Depuis sa fondation en 1967, trois propriétaires se sont succédé. Le dernier acquéreur est Jean-Claude Élie, un financier qui jouit d'une très bonne réputation. Dès qu'il l'a pu, il a réuni les directeurs pour qu'ils lui fassent état de la véritable situation. En sortant de cette réunion, Jean-Claude Élie ne savait plus quoi penser. L'entreprise qu'il croyait prospère s'avérait en fait en mauvaise situation. De plus, le directeur des finances avait remis sa démission. «La première chose que je dois faire, se dit-il, est de recruter une personne compétente pour le poste de directeur des finances afin d'assurer le redressement financier de l'entreprise.» M. Élie, qui possède de nombreuses relations, s'est souvenu d'un jeune homme brillant qu'il avait rencontré à l'occasion d'un déjeuner d'affaires. Philippe Maisonneuve, alors âgé de

26 ans, diplômé en finance, travaillait comme adjoint au directeur des finances d'une importante entreprise de produits alimentaires depuis sa sortie de l'université. Il était, au moment de cette rencontre, à la recherche d'un emploi plus stimulant. Il lui avait en effet confié que le poste d'adjoint ne comportait plus de défis pour lui. Au cours de l'entretien, il lui avait déclaré: «J'ai tellement d'idées à mettre en valeur, j'en ai tellement appris à l'université et durant ces quatre dernières années à titre d'adjoint au directeur des finances, que je me sens prêt à assumer de plus grandes responsabilités. Il ne fait pas de doute que je pourrai redresser G. DuBon. Croyez-moi, je vais appliquer des contrôles là où il en faut et, en un rien de temps, vous verrez vos profits augmenter en flèche. Il suffit juste de me donner l'occasion d'utiliser mes compétences.»

Philippe peut vérifier la perception qu'il a de lui-même en faisant son examen de conscience: Est-ce que je maîtrise réellement les connaissances nécessaires au redressement d'une entreprise? Suis-je capable de mettre en place un plan de redressement? Suis-je en mesure d'obtenir la collaboration des autres pour accomplir un tel projet? Est-ce que je me sens à l'aise lorsque je mène un groupe de travail? Qu'est-ce que je pense de l'autorité? Quelle importance est-ce que j'accorde au statut? Quelles sont mes véritables motivations? Ai-je assez d'expérience de travail? Ai-je confiance dans les autres?

Par ailleurs, il peut demander à ses supérieurs leur opinion sur ses compétences en finances et sur son potentiel pour diriger un service. Il peut aussi se rappeler les occasions où il a eu à diriger des personnes ou à redresser la situation financière d'une entreprise: Suis-je reconnu pour avoir du leadership? Ai-je déjà réussi des mandats semblables?

Le résultat de cet examen personnel permettra de déterminer le degré de congruence entre ce qu'il croit être et ce qu'il est. Si l'issue de son examen est positive, il y a de fortes chances que Philippe soit capable de réaliser son mandat. Si elle est négative, cela indique que l'idée qu'il a de lui-même n'est que partiellement réaliste et il risque d'éprouver des difficultés à jouer adéquatement son nouveau rôle.

Rogers (1995) explique que, pour devenir authentique, il faut apprendre à s'accepter soi-même, tel qu'on est: accepter ses pensées, ses croyances, ses valeurs, ses sentiments, ses qualités et ses défauts, ses compétences et ses limites. Il a constaté que l'acceptation de soi est un préalable pour accepter les autres. Il a aussi découvert un paradoxe: quand on s'accepte comme on est, on change. Enfin, l'acceptation de soi a pour conséquence de faciliter le développement de relations humaines authentiques.

L'**authenticité**, c'est la faculté d'une personne d'être ce qu'elle est, de jouer les rôles qui lui conviennent, à sa façon, sans façade ni prétention. C'est aussi la capacité de faire face à ses responsabilités et d'être humain (Rogers, 1976).

Être authentique comporte plusieurs avantages. Cela permet à la personne de mobiliser ses énergies dans le moment présent, de reconnaître ses émotions et de les communiquer honnêtement, si cela est utile dans les circonstances. Cela lui permet également d'améliorer sa disponibilité et son ouverture aux expériences différentes. Une personne authentique est souvent perçue par les autres comme quelqu'un qui est présent, qui est là, avec eux, ici et maintenant. Cette présence est considérée comme une force de caractère, comme de l'intégrité ou de l'honnêteté. La personne ainsi perçue par les autres inspire la confiance. La sécurité qu'elle procure aux autres s'avère également nécessaire pour établir un lien d'attachement sécurisant avec eux.

LA CONSIDÉRATION POSITIVE INCONDITIONNELLE

Lorsqu'une personne se trouve en présence d'autres personnes, son niveau d'activation ou de tension augmente, en raison du fait que les autres pourraient porter un jugement sur ses attitudes et ses conduites (Zazonc, 1965). Ainsi sensibilisée à leurs attitudes à son égard, elle tend à soigner ses attitudes et ses comportements dans le but de créer une impression positive (Geen, 1991). Cette disposition à vouloir bien paraître aux yeux des autres ne constitue pas une faiblesse de la personne humaine, mais un signe des besoins d'appartenance et d'affiliation, caractéristiques de la sociabilité de l'être humain. Ces observations montrent bien la sensibilité de la personne à l'égard de l'évaluation que les autres feront d'elle et indiquent l'importance de maîtriser les effets de sa présence sur les autres.

La considération positive inconditionnelle caractérise une attitude qui permet à la personne de sentir qu'on ne porte pas de jugement sur ce qu'elle est; elle est alors libre de se présenter aux autres d'une manière authentique. La **considération positive inconditionnelle** désigne la capacité d'un individu d'accepter et de respecter tout ce qu'une personne exprime (verbalement ou non verbalement, directement ou indirectement) à propos d'elle-même et de son expérience. Cette attitude suppose la capacité de s'accepter soi-même, comme l'explique Rogers (1995): « C'est seulement quand je peux être moi-même, quand je peux m'accepter, qu'il est possible pour moi de comprendre et d'accepter les autres » (p. 19; traduit par l'auteure).

Le fait de s'accepter lui-même rend l'individu capable d'accepter que les autres aient aussi des pensées, des sentiments, des intuitions qui peuvent être différents des siens. La considération positive inconditionnelle est une manière d'être de l'individu qui communique à l'autre qu'il l'accepte et qu'il lui prête attention, qu'il ne porte pas de jugement sur ce qu'il est, qu'il le considère comme une personne qui possède son autonomie propre, qui a le droit d'avoir ses propres expériences et le droit de leur trouver le sens qu'elle veut. Accepter et respecter n'impliquent pas aimer et approuver. On peut accepter une personne telle qu'elle est, mais désapprouver tout à fait ses comportements.

Cette attitude est positive, car elle témoigne de la reconnaissance de la tendance actualisante de chaque personne. Elle repose sur une conception positive de la nature humaine et sur la confiance en son potentiel créateur. En Inde et en Chine, lorsqu'on salue quelqu'un, on joint les mains pour ensuite les diriger vers la personne; ce geste reconnaît le potentiel créateur de la personne qu'on accueille. Avoir de la considération positive inconditionnelle, c'est reconnaître le potentiel créateur de la personne.

Cette attitude d'acceptation et de respect suppose une ouverture à l'expérience. L'ouverture a pour fonction d'établir la sécurité interne nécessaire à l'établissement du contact. Elle se caractérise par la manière spontanée, non sélective, d'explorer l'expérience, par la disposition et la capacité de s'engager sur n'importe quelle voie sans devoir vérifier si elle est sans difficulté. L'ouverture implique la reconnaissance et la tolérance des différences ainsi que la compréhension de l'expérience vécue par l'autre.

Pour développer l'attitude de considération positive inconditionnelle dans le milieu de travail, Mink et autres (1993) proposent d'adopter les comportements suivants : prendre le temps de connaître ses collègues comme des personnes, prendre le temps de comprendre ce qu'ils font et de partager avec eux ses impressions et ses observations (*acknowledging*), chercher à comprendre leurs points de vue et leurs sentiments à propos du travail ou des relations avec les autres (*understanding*), apprécier ce qu'ils font bien et les aider à surmonter les difficultés qu'ils rencontrent au travail (*recognition*).

LA COMPRÉHENSION EMPATHIQUE

L'**empathie** consiste en la représentation correcte du cadre de référence d'autrui avec les harmoniques subjectives et les valeurs personnelles qui s'y rattachent[4]. La compréhension empathique suppose que la personne peut percevoir une situation et éprouver un sentiment *comme si* elle était l'autre sans jamais oublier qu'il s'agit bel et bien de l'expérience de l'autre (Rogers, 1976).

La compréhension empathique découle de l'authenticité et de la considération positive inconditionnelle. Rogers (1995) exprime ainsi cette interrelation : « Plus je suis capable de me comprendre et de comprendre les autres, plus je m'accepte et j'accepte les autres, plus je suis ouvert aux réalités de la vie, moins je sens le désir d'intervenir » (p. 20 ; traduit par l'auteure).

Ce que veut dire Rogers, c'est que l'authenticité et la considération positive inconditionnelle développent la capacité de compréhension empathique en aidant la personne à suspendre son jugement pour comprendre l'expérience des autres comme elle se déroule ici et maintenant. La maturité que ces deux attitudes engendrent permet à la personne de maîtriser ses impulsions de contrôle et de défense et de développer le sens du respect envers les phénomènes de la vie qu'elle perçoit.

~

L'authenticité, la considération positive inconditionnelle et la compréhension empathique sont donc trois attitudes fondamentales pour le développement de relations positives, que ce soit dans le milieu de travail, dans la famille, dans les cercles d'amis, à l'école, etc. Elles permettent de comprendre les différences et les divergences

---

4.   Nous expliquons l'empathie en détail dans le chapitre 2 sur la perception.

d'opinions, les différences individuelles et culturelles; elles favorisent également la coopération en développant les capacités d'écoute entre les personnes.

S'ENTENDRE AVEC LES AUTRES

Le monde ne marche que par le malentendu. C'est par le malentendu universel que tout le monde s'accorde; car si, par malheur, on se comprenait, on ne pourrait jamais s'accorder.
BAUDELAIRE, *Mon cœur mis à nu*

Il ne suffit pas de communiquer pour être compris; par ailleurs, il n'est pas nécessaire de se comprendre à fond, parfaitement, pour agir ensemble. Comme nous l'avons vu en examinant la dynamique de la relation humaine, le conflit est inhérent à la communication; il faut cependant un minimum d'intercompréhension pour coopérer (Komorita et Parks, 1995).

LES SITUATIONS PROBLÉMATIQUES

S'il est impossible de ne pas communiquer, il est tout aussi impossible de communiquer totalement sa pensée. Ce paradoxe de la communication engendre chez les individus la nécessité de trouver des moyens de se comprendre malgré tout et en outre crée des situations problématiques telles que les malentendus, les contresens, les mésententes, les incompréhensions mutuelles ou les «dialogues de sourds», etc.

L'hermétisme

L'hermétisme de la communication caractérise une attitude collective qui ne rend la compréhension possible qu'aux initiés ou aux adeptes. Cette attitude reflète bien souvent le refus du sens et le déploiement de l'absurde.

Dans ses recherches sur la parole, Aktouf (1986) a bien montré comment les gens appartenant à des catégories professionnelles différentes ou à des hiérarchies différentes utilisaient des langages qui ne pouvaient être compris que par leurs homologues, engendrant de la sorte la ségrégation dans une même société.

Les malentendus

Aux difficultés causées par l'ambiguïté des messages du locuteur ainsi que par l'emploi de paroles à double sens et de silences s'ajoutent les difficultés causées par l'interprétation et les attributions de l'interlocuteur.

Le malentendu désigne un écart entre l'intention de l'émetteur et le sens attribué par le récepteur. Les formes du malentendu sont variées: autre sens donné à un mot clé (contresens), déplacement de l'essentiel du message sur un mot (condensation du sens), perte d'un contexte signifiant (déformation), incompréhension de l'intention de l'émetteur (repli sur soi, imperméabilité du récepteur), attribution d'un sens non prévu par l'émetteur (erreur de codage sémantique) ou remplissage arbitraire des « trous » dans le message (erreur de codage par contamination d'associations personnelles).

Les incompréhensions mutuelles

Lorsque les deux parties sont aux prises avec leur propre système, qu'elles ne parlent pas le même langage, on dit qu'elles ont un « dialogue de sourds ». (Cette expression ne signifie pas que les sourds ne peuvent pas se comprendre. Elle est employée en français pour désigner la communication entre des personnes qui ne s'écoutent pas et qui ne tiennent pas compte de ce que les autres leur transmettent.) Dans ce cas, chacun est prisonnier de son propre cadre de référence ; il l'utilise pour communiquer avec l'autre sans le remettre en question et il l'utilise également pour évaluer tout ce que dit l'autre, ce qui garantit la distorsion constante du sens ou l'incompréhension mutuelle.

LES FACTEURS D'ÉCHEC

Plusieurs facteurs permettent de comprendre pourquoi des personnes n'arrivent pas à s'entendre lorsqu'elles doivent trouver un accord. Parmi les plus importants figurent l'incompatibilité des cadres de référence des interlocuteurs, les attitudes envers l'autre et les rapports de rôle, et la personnalité des interlocuteurs.

Le cadre de référence des interlocuteurs

Dans ses échanges, chacun puise dans un système de croyances et de valeurs qui lui est propre. C'est ce qu'on appelle le cadre de référence[5]. C'est par rapport à ce cadre de référence que les messages vont s'organiser et trouver leur sens. Ce cadre de référence est implicite : l'individu n'en a pas vraiment conscience.

Dans une communication, il importe de s'efforcer de connaître les cadres de référence concernés afin de les rendre compatibles. En effet, lorsqu'ils sont radicalement étrangers, les individus ne peuvent pas se comprendre : il s'ensuit une incompréhension mutuelle. Au contraire, s'il existe une grande correspondance entre les cadres de référence, les individus ont plus de facilité à se faire comprendre. En d'autres mots, il

---

5. On pourrait utiliser le terme « schéma » à la place de l'expression « cadre de référence » pour faire un lien avec le chapitre 2 sur la perception. Cependant, dans le contexte actuel, l'expression « cadre de référence » est plus précise, car elle dénote les valeurs et les croyances auxquelles l'individu fait référence alors que le schéma inclut en plus d'autres éléments ou faits présents dans le champ psychologique.

doit exister une communauté de signes et de valeurs entre les individus pour qu'ils puissent communiquer efficacement.

Les attitudes envers l'autre et les rapports de rôles

Le style général des interlocuteurs influe aussi sur la qualité de la communication. Par exemple, une attitude rigide suscitera des réactions défensives chez les autres, tandis qu'une attitude réceptive encouragera la communication. De la même manière, les stéréotypes et les préjugés influencent les dispositions personnelles à l'égard d'autrui et déterminent en partie l'interprétation que chacun fera des comportements des autres. Par exemple, les individus qui coopèrent facilement sont portés à croire que la coopération est un signe d'intelligence et de valeur personnelle alors que ceux qui ne coopèrent pas avec les autres conçoivent la coopération comme un signe de faiblesse et de dépendance (Komorita et Parks, 1995).

Les statuts et les rôles des interlocuteurs exercent également un effet sur la qualité de la communication, notamment sur les règles régissant les conduites sociales (ce qui se fait ou non, ce qui se dit ou non, ce qui convient ou non, etc.), sur la distance sociale normalement acceptée, sur les attentes relatives aux statuts respectifs, etc. Par exemple, Lesage (1973) a trouvé que l'importance accordée au statut influe sur le style de leadership : un superviseur qui accorde beaucoup d'importance à son statut est enclin à rappeler aux employés le travail qui doit être fait, à exercer de la pression sur eux pour améliorer leur productivité, à leur donner un peu plus de travail pour s'assurer qu'ils travaillent plus fort et plus vite, etc. Une telle attitude agit sur la qualité des relations entre supérieur et subordonnés et, du même coup, sur l'efficacité de la communication hiérarchique.

La personnalité des interlocuteurs

La personnalité est probablement le facteur déterminant le plus stable de la communication. En effet, les cadres de référence et les contextes peuvent changer, les attitudes et les rôles peuvent varier, mais la personnalité demeure relativement la même à travers le temps.

La typologie psychologique de Carl Jung (1976) présente beaucoup d'intérêt dans le contexte de la relation humaine ; cette typologie permet en effet de comprendre ce qui favorise l'approbation et la coopération des individus, de mettre au jour les cadres de référence et les préférences de chaque type et de créer un climat où les différences sont valorisées.

LES FACTEURS DE RÉUSSITE

Pour réussir à s'entendre, les individus peuvent prendre les moyens suivants : cultiver la confiance dans leurs relations, donner du feed-back et apprendre à s'écouter.

Cultiver la confiance dans les relations interpersonnelles

La confiance dans un groupe de travail suscite l'amélioration du climat de travail, l'augmentation de l'efficacité, la valorisation de l'image de l'entreprise et par conséquent l'augmentation de la fidélité de la clientèle (Barnes, 1981; Lesage et Rice-Lesage, 1982; Mishra et Morrissey, 1990; Zand, 1972). Il y a donc un avantage certain à cultiver la confiance dans les équipes de travail.

La **confiance** dans les autres représente la disposition d'une personne à attribuer aux autres de bonnes intentions et à accorder de la crédibilité à leurs décisions et à leurs comportements (Cook et Wall, 1980; Lesage et Rice-Lesage, 1982). Les gestionnaires interrogés par Mishra et Morrissey (1990) conçoivent la confiance comme le fait d'être assuré de l'intégrité, du caractère et des compétences d'autrui (93,5%) et le fait de sentir le soutien d'autrui (91,2%). Les trois éléments fondamentaux de la confiance définis par Rempel et Holmes (1986) sont la prévisibilité (c'est-à-dire la capacité de prévoir les conduites d'autrui), la fiabilité (*dependability*, c'est-à-dire la capacité de pouvoir compter sur l'autre) et la foi (*faith*, c'est-à-dire l'assurance que l'autre va continuer de se montrer prévenant et d'adopter une attitude responsable). La confiance implique la conscience d'un risque que l'individu est prêt à prendre dans sa relation avec les autres (Mayer et autres, 1995; Mink et autres, 1993; Zand, 1972).

La confiance dans les autres est une attitude qui s'apprend dès la plus tendre enfance (Erikson, 1963). Cependant, l'évolution des styles d'attachement au cours de la vie d'une personne permet également d'acquérir de la confiance dans les relations interpersonnelles (Berscheid, 1994).

La confiance qu'une personne ressent envers quelqu'un détermine ses attitudes et ses comportements à son endroit (Cook et Wall, 1980; Lesage et Rice-Lesage, 1982). En règle générale, la confiance engendre la confiance de part et d'autre.

Mayer et autres (1995) ont démontré qu'on place sa confiance en quelqu'un qui possède les trois qualités suivantes: la compétence (on sait qu'il est efficace et qu'il réussit généralement les projets qu'il entreprend), la bonté (on sait qu'il nous respecte et qu'il protège nos intérêts) et l'intégrité (on connaît ses intentions et ses valeurs; il est honnête). Ces trois qualités sont attribuées par les autres sur la base des attitudes et des comportements de la personne. D'après Mayer et autres (1995), l'effet de l'intégrité sur la confiance est plus important au moment de l'établissement de la relation et celui de la bonté augmente avec le temps, grâce au renforcement des liens d'attachement. Le tableau 6.3 présente les recommandations que Mink et autres (1993) adressent aux gestionnaires pour acquérir ces qualités.

Une autre façon d'acquérir de la confiance dans un groupe de travail est le développement de la conscience de soi (*self-awareness*); la «fenêtre de Johari[6]» constitue un

---

6. Luft (1969) raconte que le nom «Johari» est issu de la réunion de «Joe» et de «Harry». Il a été forgé par Joseph Luft et Harry Ingham au cours d'une séance de travail en 1955.

TABLEAU 6.3 Comportements associés à la confiance

1) Mettre ce qu'on dit en pratique.
2) Encourager les autres lorsqu'ils donnent leurs idées ou leurs opinions.
3) Dire ce qu'on pense, quand il le faut.
4) Écouter les autres.
5) Être prêt quand il le faut.
6) Faire preuve de compétence.
7) Il est normal de se tromper, mais on doit apprendre de ses erreurs et donner l'exemple.

Source : Traduit et adapté de Mink et autres (1993, p. 88). ©1993, Addison-Wesley Longman Publishing Company, Inc. Reproduit avec la permission de l'éditeur.

outil pratique pour y parvenir (Luft, 1969). Ainsi, au fur et à mesure que les individus prennent conscience de leurs comportements et des effets qu'ils produisent chez les autres, cela augmente les possibilités d'interaction et la confiance interpersonnelle. La sécurité qui en résulte les conduit à développer leur authenticité et à créer des liens d'attachement assuré-sécurisant.

La fenêtre de Johari se représente par un carré divisé en quatre parties. La taille de chaque carreau de la fenêtre varie en fonction des informations qu'on donne aux autres sur nos opinions et nos impressions, d'une part, et des informations qu'on sollicite des autres sur la façon dont ils nous perçoivent, d'autre part. La figure 6.3 illustre cette fenêtre.

Dans la **zone transparente** se trouvent les informations que l'individu connaît sur lui-même et que les autres connaissent également. Cette zone se caractérise par une libre circulation des impressions et des croyances. C'est l'aire publique de la personnalité ; chacun peut y accéder. La taille de cette zone est fonction de la confiance que l'individu témoigne aux autres.

FIGURE 6.3 La fenêtre de Johari

	Ce que je sais sur moi	Ce que j'ignore sur moi
Ce que les autres connaissent de moi	Zone transparente	Zone aveugle
Ce que les autres ignorent de moi	Zone cachée	Zone inconnue

Source : Adapté de Luft (1969, p. 13), avec la permission de Mayfield Publishing Company.

On pourrait qualifier de «communicateur» l'individu chez qui cette zone est la plus grande. Cet individu se révèle très ouvert dans ses relations. Ses intentions et ses opinions sont relativement claires et en harmonie. On le perçoit comme quelqu'un d'authentique et de transparent: il est lui-même et il laisse transparaître ce qu'il est. Comme les autres connaissent ses intentions et ses valeurs et parce qu'ils savent à qui ils s'adressent, ils savent par conséquent à quoi s'attendre et ils sont moins portés à projeter leurs fantasmes sur lui[7]. Il s'ensuit qu'ils ressentent moins le besoin de se protéger contre lui; ils peuvent donc lui faire confiance.

À la **zone aveugle** correspondent les aspects de la personne que les autres perçoivent, mais qui demeurent étrangers pour elle. Il peut s'agir d'habitudes, de manières ou de façons de réagir dont la personne n'est pas toujours consciente.

Le type de personne chez qui la zone aveugle est la plus grande est à l'image d'un «éléphant dans un magasin de porcelaine». Ce type se caractérise par des initiatives et des conduites expressives de toutes sortes, sans aucun souci manifeste de connaître les opinions des autres. De tels comportements le feront paraître indifférent à ce que les autres peuvent penser ou dire. Il est possible qu'il ne sache pas comment écouter ou qu'il réagisse aux autres d'une façon telle qu'ils n'osent plus l'informer de leurs points de vue. Par conséquent, il a peu de chances de connaître l'effet de ses comportements sur les autres. Comme il ignore beaucoup de choses sur lui-même, la plupart de ses conduites et de ses réactions paraissent sans rapport avec la situation.

Dans la **zone cachée** se trouvent des informations que l'individu garde secrètes, pour des raisons personnelles. C'est l'aire privée de la personnalité; seuls les amis intimes ont accès à cette zone, lorsque l'individu le veut bien.

On qualifie d'«enquêteur» l'individu chez qui cette zone est la plus grande. Il s'agit d'une personne qui a tendance à questionner les autres et à leur solliciter des informations, mais qui ne partage pas ses opinions avec eux. Ses interventions consistent en des questions comme: Qu'est-ce que vous pensez de cela? Que feriez-vous à ma place? Cette personne aime connaître la position des autres avant de décider. Elle peut provoquer des réactions de défense chez les autres si la réciprocité est trop faible.

Dans la **zone inconnue** résident des informations que ni la personne ni son entourage ne connaissent. Elle comprend tout ce qui se trouve à l'extérieur de la conscience, et constitue aussi la porte de l'inconscient vers le conscient.

La «tortue» symbolise le type de personne chez qui la zone inconnue est la plus grande. C'est la personne qui fait figure d'observateur dans le groupe, une personne silencieuse qui demande très peu d'informations. Elle semble très mystérieuse parce qu'il est difficile pour les autres de connaître son avis. Lorsqu'on la questionne sur son attitude, elle répond habituellement qu'elle apprend plus en écoutant, qu'elle préfère

---

7.   Nous avons vu dans le chapitre 1 et dans le texte classique de Laing et autres (1972) que la projection est un mécanisme étroitement lié à la perception d'autrui, mais il est possible de maîtriser ses effets en nous connaissant mieux et en développant notre authenticité dans nos relations avec les autres.

observer. On l'apparente à la tortue parce que sa carapace l'empêche de s'extérioriser et, en même temps, empêche les autres de la connaître. Dans une situation de groupe, le maintien d'une carapace nécessite une très grande dépense d'énergie pour se défendre contre l'intimité et la familiarité qui vont s'établir entre les autres participants.

Un changement dans l'une des zones modifiera la taille des autres. Dans les relations avec autrui, le fait de cacher, de nier ou de ne pas reconnaître ses idées, ses sentiments ou ses comportements mobilise de l'énergie, qui n'est dès lors plus disponible pour la relation. De plus, si la confiance tend à élargir le champ de la conscience, la menace tend au contraire à le rétrécir. Enfin, il n'est pas bon, ni souhaitable, de forcer quelqu'un à s'exposer à des contenus pour lesquels il n'est pas préparé ou qu'il n'est pas disposé à affronter.

Acquérir des qualités personnelles et développer la conscience de soi constituent des moyens d'inspirer confiance aux autres, mais le problème consiste aussi à donner confiance aux autres. Pour résoudre ce problème, Mishra et Morrissey (1990) ont cherché à comprendre de quelle façon les gestionnaires pouvaient développer et augmenter la confiance au sein de leur groupe de travail. Ils ont déterminé quatre facteurs qui facilitent le développement de la confiance dans une organisation: l'ouverture de la communication, la participation des employés aux décisions qui les concernent, le partage des informations critiques pour l'organisation ou pour les employés et le partage des perceptions et des sentiments concernant le travail et le contexte de travail. Ces chercheurs ont également observé que le degré de confiance n'est pas associé à un style de leadership particulier, mais plutôt à la personnalité de l'individu, c'est-à-dire à sa disposition personnelle à faire confiance aux autres[8].

Les gestionnaires font confiance à leurs collègues et à leurs employés lorsqu'ils les tiennent informés, et pas seulement des bonnes nouvelles ou des informations sans conséquence. Mishra et Morrissey (1990) indiquent les trois manifestations de la confiance des gestionnaires envers les employés: le pouvoir, l'autorité et la responsabilité[9] qu'ils leur donnent.

Shea (1984) propose aux gestionnaires sept lignes de conduite pour cultiver la confiance dans leur équipe de travail:

– donner à chaque employé un travail à sa mesure, correspondant à ses compétences et représentant un défi;

– s'assurer que les employés ont les compétences nécessaires pour bien faire leur travail; leur donner une formation si cela est utile;

---

8. Voir à ce sujet la typologie des employés de Lesage et Rice-Lesage, que nous présentons dans le premier chapitre.
9. On reconnaît ici des liens avec les pratiques d'habilitation dont il est question dans le chapitre 3 sur la motivation.

– concentrer l'intérêt sur ce qui doit être fait plutôt que sur la façon de le faire, et encourager les employés à prendre des initiatives;

– confier l'autorité aux employés autant que cela est possible;

– concentrer les efforts sur la résolution des problèmes au lieu de chercher qui en est la cause;

– examiner avec les employés en quoi consiste un travail bien fait;

– donner de l'aide aux employés pour qu'ils réussissent ce qu'ils entreprennent; leur donner des occasions de montrer leur valeur, les encourager à réussir et les reconnaître.

La dynamique des relations entre les personnes crée un climat plus ou moins «facilitant». De plus en plus, on reconnaît que la confiance qui règne entre les personnes est un facteur déterminant pour la qualité du climat interpersonnel. Gibb (1984) a déterminé les types de comportements qui permettent ou non de cultiver la confiance dans les relations interpersonnelles; nous présentons son modèle dans le tableau 6.4. Ces résultats corroborent la théorie des relations humaines de Rogers. D'après Gibb (1984), il faut créer un climat qui allie l'égalité et la liberté d'expression, l'acceptation, la compréhension et la chaleur humaine. Ce type de climat favorise le développement de la sécurité interne nécessaire à l'ouverture à l'expérience.

TABLEAU 6.4   Comportements qui gênent ou qui facilitent la communication

Climat défensif	Climat facilitant
Évaluation Porter un jugement sur la situation.	**Description** Chercher à comprendre la situation d'une façon réaliste et différenciée.
Maîtrise des comportements Chercher à maîtriser la situation et à exercer une étroite surveillance.	**Résolution de problèmes** Diriger l'attention sur le problème à résoudre.
Stratégie Jouer un rôle et garder une distance.	**Spontanéité** Être soi-même dans la relation, être libre d'exprimer son opinion tout en acceptant celle de l'autre.
Neutralité Adopter une attitude prétendument objective.	**Empathie** Comprendre la perception de l'autre, son point de vue.
Supériorité Essayer de dominer la situation.	**Égalité** Participer et faire participer l'autre à la prise de décision.
Certitude Éviter l'inconnu et trouver une solution finale.	**Provisoire** Explorer différentes avenues, permettre les essais et les erreurs, chercher les améliorations possibles.

Source: Inspiré de Gibb (1984).

Donner du feed-back

Le feed-back assure non seulement la qualité et l'efficacité des activités réalisées, mais aussi la satisfaction des interlocuteurs et le développement de saines relations. Le **feed-back** désigne toute forme de renseignement qui assure la régulation de la communication. C'est à l'émetteur du message de faire les efforts requis pour obtenir de tels renseignements. Il doit chercher le feed-back auprès du récepteur dès que possible pour éviter des malentendus ou d'autres problèmes de communication, mais aussi pour établir la relation avec l'autre.

Pour que le feed-back qu'on donne soit efficace, il importe de demeurer conscient de ses préjugés personnels et de ses attentes à l'égard d'autrui afin d'être en mesure de maîtriser leurs effets dans la relation. Le feed-back doit porter sur les comportements de la personne, non sur les attributions qu'on lui prête. Le feed-back a un effet positif lorsqu'il est descriptif, c'est-à-dire lorsqu'il ne comporte pas de jugement de valeur concernant la personne. S'il contient un aspect évaluatif, il importe de fonder ses appréciations sur des faits précis et des comportements observés. Lorsqu'on donne du feed-back, il faut se concentrer sur ce qui se passe dans la relation, sur l'objet de la communication ou sur les comportements de la personne. Il faut aussi choisir le bon moment pour donner du feed-back : il faut savoir respecter la disponibilité et la liberté de l'autre.

Un bon feed-back a pour but d'aider l'autre à évaluer l'efficacité de sa communication et à mieux comprendre ce qu'il ne maîtrise pas, de valoriser ce qu'il fait bien et de l'encourager à maintenir la relation et à développer son autonomie. Le feed-back ne devrait pas servir à critiquer ou à blesser l'autre ni à le réprimander ou à prendre une revanche. Donner du feed-back constitue un moyen d'établir un véritable dialogue avec quelqu'un, non pas une occasion de le juger ni de régler ses comptes avec lui.

Il existe aussi des règles à observer lorsqu'on reçoit du feed-back. Il faut s'efforcer de comprendre ce que la personne veut nous communiquer et non chercher immédiatement à se défendre ou à se justifier parce qu'on se sent attaqué. On peut aussi lui poser des questions et explorer plus à fond certains aspects de son commentaire afin de mieux se comprendre et s'entendre. Il est permis d'exiger des faits ou des exemples lorsque le commentaire n'est pas clair. Enfin, il importe d'être disposé à chercher des moyens réalistes pour s'améliorer. En d'autres mots, il faut apprendre à s'écouter.

Apprendre à écouter

Nous verrons dans cette section les principes qui guident l'écoute active ainsi que les principales techniques qui y sont rattachées. Le texte de Rogers et Farson qui figure à la suite de ce chapitre porte d'ailleurs sur l'écoute active. Certaines réflexions sont en mesure de vous amener à prendre conscience de votre capacité d'écouter les autres, laquelle constitue un préalable pour parvenir à s'entendre avec eux. Par exemple :

- Quand vous êtes en relation avec quelqu'un, est-ce que votre attention porte sur ce qu'il essaie de vous dire ou plutôt sur ce que vous pensez qu'il essaie de vous dire?
- Comment lui faites-vous comprendre que vous portez toute votre attention sur ce qu'il essaie de vous dire?
- Qu'est-ce qui pourrait vous empêcher d'écouter ce qu'il a à vous dire? Y a-t-il des idées ou des sentiments que vous ne seriez pas capable d'accepter?
- Quand vous travaillez, que cherchez-vous à entendre?

L'**écoute active** désigne la tentative, consciente et persévérante, de saisir les idées et les sentiments de l'autre et la volonté de l'aider à comprendre sa situation et à surmonter ses difficultés (Rogers et Farson, 1984). Pour être efficace, l'écoute active doit se fonder sur une attitude qui respecte réellement la valeur de l'autre, qui reconnaît ses droits et qui fait preuve de confiance en sa capacité d'autodétermination.

L'écoute active requiert la capacité de se décentrer, d'accepter des idées et des sentiments qui ne sont pas forcément en accord avec ses croyances, ses valeurs et son image de soi. C'est probablement la plus grande difficulté à laquelle se heurte une personne qui veut apprendre à écouter.

Les comportements à éviter

Dans une relation, il n'est pas rare de constater que chaque personne essaie d'amener l'autre à adopter son point de vue, c'est-à-dire à voir les choses à sa façon. On assiste aussi à des cas où l'une des personnes entend ce que l'autre lui dit, mais comprend ce qu'elle veut bien comprendre. Ce sont là deux comportements qu'il faut tâcher d'éviter. C'est par la connaissance de soi, la prise de conscience de ses besoins, de ses valeurs et de ses croyances qu'il est possible de maîtriser ces deux tendances. La connaissance de soi rend la personne capable, le moment venu, de se décentrer et d'écouter activement les autres. Pour écouter quelqu'un, il faut être capable de suspendre son jugement afin de percevoir de façon réaliste et différenciée le cadre de référence de l'autre.

Porter un jugement, donner un avis ou un conseil, faire une évaluation, même positive, donner un encouragement ou féliciter constituent autant de comportements qui risquent de nuire à une communication franche et ouverte. Il demeure essentiel que la personne soit disposée à écouter et à comprendre ce que l'autre veut lui communiquer, car autrement il est possible qu'elle ne se concentre que sur ses propres pensées, qu'elle entende ce que dit l'autre, mais sans en comprendre le sens, qu'elle en vienne à offrir des solutions rapides, à réagir à quelque chose sans véritable raison, à se montrer impatiente, etc.

Les comportements à adopter

Pour réussir à écouter, il s'agit essentiellement d'adopter le point de vue de l'autre, de se décentrer. Dans la pratique, il faut écouter pour comprendre la signification la plus entière possible du message, à savoir son contenu informatif et affectif. Il faut demeurer attentif à tous les signes verbaux et non verbaux, et s'interroger constamment : Qu'est-ce qu'il essaie de me dire ? Qu'est-ce que cela signifie pour elle ? Comment perçoit-elle la situation ?

Examinons la situation suivante. Votre collègue Georges entre dans votre bureau et vous dit sans détour : « J'aimerais savoir comment s'est décidée la dernière promotion. Je croyais être bien placé pour l'obtenir. En fait, personne d'autre dans le service n'a un meilleur dossier de rendement et, à écouter les gens parler, c'était chose faite. Je suis vraiment déçu qu'on ait nommé quelqu'un de l'extérieur à ma place. Je crois que ce n'est pas juste. Mais qu'est-ce qu'il faut donc faire pour décrocher une promotion ici ? »

Que lui répondriez-vous ?

a) Est-ce qu'il s'est passé quelque chose, Georges, pour que tu soulèves cette question en ce moment ?

b) Ne te décourage pas, Georges, nous apprécions ton travail. Sois patient ; je suis certain que tu l'auras, ta promotion. Nous ferons tout ce qu'il faut pour t'aider à l'obtenir.

c) Je n'aime pas avoir à te le dire, Georges, mais je crois que tu te trompes. Tu n'étais vraiment pas dans la liste des candidats pour ce poste.

d) Pourquoi n'en appelles-tu pas de la décision ?

e) En d'autres mots, Georges, tu te demandes où tu te situes dans l'entreprise, n'est-ce pas ?

f) Il me semble que tu manques de confiance en tes moyens et que tu interprètes le fait qu'une autre personne ait été nommée comme une insulte à ta compétence personnelle.

g) J'ai eu la même réaction à mon premier emploi, Georges. Quand j'ai vu que Marie était promue avant moi, je me suis dit que c'était parce que c'est une femme, et non à cause de son rendement. Cela m'a vraiment choqué.

D'après vous, quelle serait sa réaction à la réponse que vous avez choisie ? Rappelons qu'écouter quelqu'un suppose qu'on essaie de comprendre ce qu'il dit et qu'on a confiance dans ses capacités d'autodétermination.

Quand un individu se sent activement écouté, il est porté à s'écouter avec plus d'attention et à clarifier ses idées et ses sentiments. Parce que l'écoute active tend à réduire, chez l'individu émetteur, le sentiment de menace engendré par la perception de l'esprit critique de l'individu récepteur, la capacité de percevoir son expérience et celle de l'autre s'améliore, et chacun en éprouve un sentiment de valeur personnelle (Amado et Guittet, 1975).

L'écoute active crée chez l'autre un meilleur fonctionnement psychologique et suscite une plus grande ouverture à l'expérience, une réduction des défenses et une attitude plus démocratique.

Certaines techniques[10] faciliteront la tâche de l'écoute active: la reformulation, l'écho, la relance, l'élucidation, la clarification et le reflet en constituent quelques-unes. Dans la situation de Georges, par exemple, deux techniques sont illustrées: la réponse *e* est un exemple de clarification et la réponse *f*, un exemple de reformulation.

La clarification consiste à essayer de comprendre la teneur du problème. La reformulation consiste quant à elle à dire dans ses propres mots, de manière concise et explicite, ce que la personne vient de dire explicitement et tacitement. Dans le cas de Georges, elle permet de clarifier à la fois le problème qui le préoccupe et l'émotion qu'il éprouve.

Les techniques d'écoute active visent toutes à diriger le dialogue vers son objet, à concentrer les efforts de compréhension sur la signification de l'expérience de l'autre. Elles encouragent la personne à se comprendre elle-même et à parler ouvertement, ou encore elles dirigent le dialogue en approfondissant ou en explorant divers aspects de son expérience, afin de trouver des solutions possibles.

Parmi les principes de l'écoute active, soulignons la nécessité de parler en «je», la nécessité de nommer les problèmes ou les difficultés, la sensibilité à l'expérience émotionnelle et le respect des frontières (Greenhalgh, 1994).

Parler en «je» facilite la reconnaissance et la prise en charge de l'expérience vécue. Le fait de parler en «je» incite l'autre personne à faire de même et à parler pour elle. Nommer les problèmes ou les difficultés ne s'avère pas toujours facile, mais cela aide à faire progresser le dialogue. Il faut bien sûr demeurer sensible à l'expérience émotionnelle de l'autre afin de pouvoir lui donner du soutien quand c'est nécessaire, de lui permettre d'apaiser ses émotions quand il le faut et de respecter sa disponibilité et sa liberté. Il faut aussi respecter les frontières, c'est-à-dire reconnaître les espaces privés et s'abstenir d'y pénétrer tant que la personne ne nous y a pas invité. Comme en musique, les silences sont aussi importants que les notes jouées.

D'autres comportements s'ajoutent aux éléments favorables à l'écoute active: garder un contact visuel avec son interlocuteur, éviter de glisser des messages comme «OK», «d'accord», qui dénotent un empressement à terminer la rencontre (il vaut mieux dire franchement que le temps nous manque, si c'est le cas), comprendre l'expérience de l'autre personne, et non chercher la solution finale, l'aider à bien exprimer son message, etc. (Ikemi et Kubota, 1996).

Pour écouter activement, il faut en outre savoir poser des questions. Ainsi, certaines questions nuisent à l'ouverture de la communication: les questions qui suggèrent les réponses attendues, les questions fermées, les questions qui violent l'intimité de la personne, etc; de plus, poser trop de questions risque aussi de gêner la communication. Il s'agit plutôt de poser les questions de façon ouverte et de les formuler de manière à explorer la situation, à approfondir le point de vue de la personne et à le clarifier ou à élucider ses impressions.

---

10. Plusieurs des techniques que nous présentons ici sont définies dans le chapitre 5 sur l'adaptation.

Par exemple, il vaut mieux demander «Que penses-tu du climat qui règne dans le service?» plutôt que de dire «Ne trouves-tu pas que le climat de travail dans le service est malsain?»

En résumé, cultiver la confiance dans les relations interpersonnelles, donner du feed-back et écouter activement représentent trois habiletés interpersonnelles importantes pour le développement de relations professionnelles productives et satisfaisantes. Toutes comportent un aspect indissociable de la relation humaine: la communication.

ÉTABLIR DES RELATIONS PROFESSIONNELLES PRODUCTIVES ET SATISFAISANTES

La communication est indissociable de la relation humaine; elle est son fondement existentiel, son expression et son accomplissement. Les termes «communication» et «relation» sont, dans leur forme étymologique, synonymes. Le premier vient du latin *communicatio*, et renvoie à l'idée de «commerce», de «relations». Il suppose la mise en commun et l'échange d'informations, d'idées, de croyances et de valeurs, cet échange étant soumis, dans les sociétés humaines, à certaines règles. Le second, issu du latin *relatio*, signifie «récit, narration». Il désigne d'abord le fait de relater, de raconter en détail. Il désigne aussi un lien, un rapport entre des objets ou des sujets qui sont tels qu'une modification chez l'un engendre une modification chez l'autre.

En considérant l'étymologie de ces termes, on peut affirmer que la communication humaine, c'est d'abord et avant tout une relation, où chaque partie est dépendante de l'autre, et réciproquement. À l'instar de Lohisse (1969), on peut aussi affirmer que la communication et la relation humaine ne font qu'un, tant sur le plan de l'existence humaine que sur celui des données vécues.

La définition que donne Cooley (1962) de la communication illustre ce point de vue:

> C'est le mécanisme par lequel les relations humaines existent et se développent; elle inclut tous les symboles de l'esprit avec les moyens de les transmettre à travers l'espace et de les maintenir dans le temps. Elle inclut l'expression du visage, les attitudes, les gestes, le ton de la voix, les mots, les écrits, l'imprimé, le chemin de fer, le télégraphe, le téléphone et tout ce qui va jusqu'au tout dernier achèvement de la conquête de l'espace et du temps (p. 61; traduit par l'auteure).

Dans un groupe ou une organisation, la communication est essentielle pour assurer le développement harmonieux des relations sociales et pour transformer les activités individuelles en activités collectives. C'est par la communication que la relation humaine se développe et que des liens d'attachement se créent. C'est aussi en communiquant avec les autres que les individus peuvent prendre conscience de leurs intérêts communs et de leur autonomie, et qu'ils peuvent organiser leurs activités en fonction des objectifs qu'ils se sont fixés. À mesure que les réseaux de communication prennent forme et se stabilisent, les individus ont la possibilité de définir leurs statuts et leurs rôles. Par la communication, ils peuvent aussi reconnaître et intérioriser les valeurs et les normes sociales. La communication permet la socialisation des individus.

On distingue deux formes de communication: la communication verbale (les actes de parole) et la communication non verbale (le regard, l'expression du visage, les gestes, le mouvement des mains, la distance corporelle, etc.). Ces deux formes de la communication humaine sont complémentaires.

La communication verbale repose sur le principe général de coopération: toute communication verbale suppose une acceptation tacite de règles qui se traduit par des maximes de la communication. Par exemple, le locuteur n'est censé dire à son interlocuteur que ce qui doit être dit (c'est la maxime de la pertinence). De même, il n'est censé dire que ce qui peut être dit (c'est la maxime de la convenance). À ce principe s'ajoute celui de l'ajustement; ce principe suggère la prise en charge de certains éléments implicites dans la communication. Par exemple, en communiquant, chacun fait des attributions sur ce que l'autre pense, entend et comprend.

De plus, l'essence même de la communication humaine réside en grande partie dans le non-dit, dans le non-verbal. Watzlawick et autres (1975) ont en effet démontré que la règle qui consiste à tout dire peut avoir des effets nuisibles dans un système; cela risque d'embrouiller les messages plutôt que de les clarifier, parce que cette règle va à l'encontre de la nature de la communication humaine:

> Cette évidence, à savoir qu'une grande partie de la communication humaine se fait tacitement, par l'absence de communication, est de plus en plus négligée par ces terribles simplificateurs qui ont pris, en marche, le train de la théorie de la communication et fondent leur thérapie de groupe, leur thérapie familiale, leurs marathons, leurs groupes de rencontre, de sensitivité, etc., sur un postulat pathogène, d'après lequel la communication doit être claire, franche, ouverte, directe —en un mot: totale. [...] Ainsi, et surtout à ce niveau tout à fait fondamental de l'échange d'information, la signification est communiquée par ce qui n'est pas communiqué (p. 60).

Entre la communication verbale et la communication non verbale existent une multitude de relations, en particulier entre la parole et le regard et la gestuelle. Ces relations sont une fonction des variables psychologiques et sociales engagées dans le processus de la communication.

PARALLÉLISME DES MESSAGES VERBAUX ET NON VERBAUX

Les messages verbaux et non verbaux sont parallèles: le premier a une valeur d'information et le second a une valeur de redondance, pour porter et clarifier le contenu intellectuel du message verbal, en plus d'une valeur de relation, car ce sont essentiellement les messages non verbaux qui permettent d'établir et de maintenir la relation humaine.

RÉCIPROCITÉ DES MESSAGES VERBAUX ET NON VERBAUX

Le jugement de l'interlocuteur est influencé par les signes non verbaux qui accompagnent le message verbal. La concordance et la convergence des deux formes de messages ont pour effet de clarifier et de renforcer l'intention qu'il attribue au locuteur. L'effet du message reçu est alors plus considérable. La discordance entre les deux entraîne chez l'interlocuteur de l'inconfort et de l'irritabilité, et gêne sa compréhension.

Le parallélisme et la réciprocité des messages verbaux et non verbaux fournissent donc des indications sur le degré d'authenticité de la personne et sur ses attitudes dans la relation. Mais pour établir des relations professionnelles productives et satisfaisantes, deux conditions deviennent nécessaires: le développement d'une communauté de signes et de valeurs entre les individus, et la reconnaissance des différences, voire de l'étrangeté, chez l'autre.

COMMUNAUTÉ DE SIGNES ET DE VALEURS

La communication suppose une participation avec autrui, une mise en commun d'images, de signes, de symboles et de valeurs, une communauté de langage, d'intérêts ou d'activités coopératives. Selon Mead (1963), cette participation nécessite que chacun puisse s'identifier à l'autre, que chacun puisse se connaître et se reconnaître grâce à l'autre, parce que l'autre est simultanément semblable et différent de soi. En d'autres termes, la communication suppose la capacité des individus de s'identifier les uns aux autres, en tant qu'êtres semblables, mais différents, d'où la nécessité d'avoir d'emblée quelque chose en commun, qu'il s'agisse du langage ou des valeurs. Sans cette communauté de signes et de valeurs, ils ne pourront se comprendre, se mettre l'un à la place de l'autre; la communication deviendrait alors superficielle, aléatoire, approximative, sinon impossible.

RECONNAISSANCE DES DIFFÉRENCES

La communication n'est cependant pas une communion des consciences, laquelle correspond à une fusion des individualités. La communication demeure une action faite en commun, par des personnes qui reconnaissent l'autre comme un être différent, singulier. Elles reconnaissent et apprécient l'autonomie non seulement pour elles-mêmes mais aussi pour les autres. C'est là que réside le paradoxe de la communication: pour réussir, chacun doit découvrir et respecter les différences de l'autre, en même temps qu'il doit s'efforcer de découvrir ce qu'ils ont en commun, c'est-à-dire d'établir une communauté de signes et de valeurs.

La reconnaissance de l'autre implique que chacun perçoive son interlocuteur comme un être singulier, autonome. Il s'agit bien d'un *alter* (autre, étranger) différent de soi, extérieur, séparé, capable de décisions et d'activités autonomes, capable d'agir et de réagir d'une façon qui lui est propre, d'avoir des opinions et des sentiments personnels. La reconnaissance de l'autre suppose la croyance en la tendance actualisante de la personne humaine et la considération positive inconditionnelle.

La reconnaissance de l'autre nécessite également que chacun considère son interlocuteur comme son homologue, lié à lui par une communauté de signes et de valeurs. Pour être accessible, intelligible et compréhensible, l'autre doit aussi être reconnu comme un être semblable à soi, non pas identique, mais bien identifiable; en d'autres mots, il doit être, d'une certaine manière, un peu comme soi. Du fait de sa familiarité, l'autre est accepté tel qu'il est. L'acceptation de l'autre rend possibles la compréhension empathique et le développement d'une relation positive.

~

En résumé, le développement de relations positives au travail requiert les habiletés suivantes, d'après Goleman (1995):

– analyser et comprendre les relations humaines;

– s'accepter soi-même et accepter les autres tels qu'ils sont;

– montrer de la considération positive inconditionnelle;

– communiquer d'une façon authentique et positive;

– écouter l'autre activement;

– résoudre les conflits et négocier des accords de façon démocratique;

– résoudre des problèmes avec la participation d'autrui;

– donner de l'aide aux autres spontanément.

Ces habiletés permettent de connaître ses collègues comme des personnes, de reconnaître leur autonomie et leur individualité, de comprendre comment ils pensent, de les aider à apprendre à apprendre et à développer des relations humaines positives au travail.

Texte classique

L'ÉCOUTE ACTIVE[1]

CE QU'EST L'ÉCOUTE ACTIVE

L'une des tâches premières de tout gestionnaire ou superviseur consiste à assurer l'épanouissement, l'adaptation et l'intégration des employés. Il lui faut mettre en valeur le potentiel des employés, déléguer des responsabilités à ceux-ci et obtenir leur coopération. À cette fin, le gestionnaire ou superviseur doit être en mesure d'écouter les gens avec qui il travaille avec attention et intelligence.

Il existe cependant de nombreux types d'aptitudes à l'écoute. Un avocat qui interroge un témoin, par exemple, écoute ses réponses en étant à l'affût des contradictions, des erreurs et autres points faibles. Ce n'est cependant pas ce type d'écoute qui nous intéresse. En effet, l'avocat ne porte généralement pas attention aux déclarations du témoin dans le but de l'aider à s'adapter, à coopérer ou à produire. Nous allons ici plutôt examiner les aptitudes à l'écoute d'un gestionnaire ou superviseur qui aide les employés à mieux comprendre leur situation, à assumer des responsabilités et à collaborer entre eux.

Deux exemples

Le genre d'écoute qui nous intéresse porte le nom d'« écoute active ». On qualifie cette écoute d'« active » parce que l'auditeur assume une responsabilité bien déterminée. Il ne se contente pas d'absorber passivement les paroles de l'autre. Au contraire, il s'efforce activement de reconnaître les faits et les sentiments communiqués et tente, par son écoute, d'aider le locuteur à résoudre ses problèmes.

Pour bien comprendre ce qu'est l'écoute active, voyons deux manières différentes d'aborder un même problème de travail. La situation présentée a pour cadre le secteur de l'imprimerie, mais le comportement décrit pourrait se manifester dans tout type d'organisation.

Exemple n° 1

–   Contremaître : Paul, cette commande urgente n'a aucun sens. On ne peut pas faire un tirage de 50 000 exemplaires aujourd'hui, c'est impossible.

–   Superviseur : C'est malgré tout ce qu'on nous demande, alors terminez cette commande le plus tôt possible. Les patrons sont particulièrement exigeants cette semaine.

–   C : Ils doivent pourtant savoir qu'on a déjà du retard sur l'horaire depuis qu'on a eu ce bris de matériel.

–   S : Écoutez, ce n'est pas moi qui décide. On me paie pour m'assurer que le travail sera accompli, et c'est exactement ce que je vais faire.

–   C : Ça ne va pas faire plaisir à mes gens.

–   S : C'est votre problème, pas le mien.

Exemple n° 2

–   Contremaître : Jean, cette commande urgente n'a aucun sens. On ne peut pas faire un tirage de 50 000 exemplaires aujourd'hui, c'est impossible.

–   Superviseur : Ils vous en demandent beaucoup, hein ?

–   C : Vous l'avez dit, et ça ne me plaît pas du tout. Juste au moment où on allait combler le retard qu'on a pris à cause de ce bris de matériel, ils nous arrivent avec cette commande.

–   S : Comme si vous n'aviez pas déjà assez de travail.

–   C : Exactement. Je ne sais vraiment pas comment je vais apprendre la nouvelle à mon opérateur de presse.

1.   Rogers, C., et Farson, R.E., tiré de Kolb, D.A., Rubin, I.M., et McIntyre, J.M. (sous la dir. de), *Organizational Psychology: Readings on Human Behavior in Organizations*, 4ᵉ éd., Englewood Cliffs (N.J.), Prentice-Hall, 1984, p. 255-267.

- S : Je me trompe, ou vous n'avez vraiment pas envie de lui transmettre une commande urgente en ce moment ?

- C : Non, vous avez raison. Pierre est déjà débordé aujourd'hui. On dirait qu'on ne reçoit que des commandes urgentes.

- S : Vous croyez qu'il a déjà assez de pain sur la planche aujourd'hui sans qu'on en rajoute ?

- C : C'est ce que je pense, oui. Je sais bien que tout le monde a beaucoup de travail, mais ce n'est pas juste que Pierre hérite de toutes les commandes urgentes. Mais s'il n'y a pas moyen de faire autrement, je ferais mieux d'aller lui apprendre la nouvelle et de réviser l'horaire encore une fois.

Il y a manifestement plusieurs différences entre ces deux exemples. La principale est que Jean, le superviseur du second, recourt à l'écoute active. Il écoute et réagit d'une façon qui indique clairement qu'il comprend aussi bien le sens des propos de son contremaître que les sentiments qu'ils traduisent.

L'écoute active n'exige pas nécessairement de longues périodes passées à écouter les doléances personnelles ou autres des employés. Il s'agit simplement d'une manière d'aborder les difficultés qu'entraînent les aspects courants de tout travail.

Pour être efficace, l'écoute active doit être fermement ancrée dans les convictions de l'auditeur. L'individu dont l'attitude fondamentale va à l'encontre des principes de base de l'écoute active ne peut y recourir avec succès. Tout au plus ses tentatives se traduiront-elles par un comportement vide et stérile que les autres auront tôt fait de reconnaître comme tel. Il faut avoir acquis un respect véritable de la valeur potentielle de tout individu, tenir compte de ses droits et faire confiance à sa capacité de s'auto-diriger avant de pouvoir devenir un bon auditeur.

CE QU'APPORTE L'ÉCOUTE

L'écoute active offre un moyen important d'amener les gens à changer. Beaucoup jugent l'écoute comme passive, mais des études et des recherches ont démontré qu'une écoute réceptive s'avère très efficace pour susciter un changement de personnalité chez un individu et favoriser l'évolution d'un groupe. L'écoute amène les gens à revoir leur attitude envers eux-mêmes et envers les autres, ainsi que leurs valeurs fondamentales et leur philosophie personnelle. Les personnes qu'on a écoutées de cette façon nouvelle et particulière deviennent plus mûres sur le plan émotif, parlent plus volontiers de leur vécu, se tiennent moins sur la défensive et adoptent une attitude à la fois plus démocratique et moins autoritaire.

Tout individu qu'on écoute d'une manière réceptive tend à s'écouter lui-même avec plus d'attention, et à révéler clairement ce qu'il pense et ce qu'il ressent. À l'intérieur d'un groupe, chacun aura tendance à écouter davantage les autres, ainsi qu'à se montrer moins prompt à un débat et plus disposé à accepter le point de vue d'autrui. Comme l'écoute réduit la probabilité qu'on critique les propos de l'autre, le locuteur peut reconnaître plus facilement la nature véritable des idées qu'il exprime ; il sera donc plus susceptible d'avoir le sentiment d'apporter une contribution valable.

Une autre conséquence importante de l'écoute réside dans le changement qu'elle suscite chez l'auditeur. En plus de renseigner sur autrui davantage que toute autre activité, l'écoute engendre la création de liens étroits et positifs, et tend à modifier pour le mieux l'attitude de l'auditeur. Elle contribue à la croissance personnelle.

COMMENT ÉCOUTER

L'écoute active a pour but de susciter un changement chez autrui. À cette fin, elle fait appel à des techniques bien particulières, c'est-à-dire à un ensemble de choses dont certaines sont à faire et d'autres, à éviter. Avant d'examiner ces choses, il est utile de comprendre pourquoi elles portent des fruits. Or, cela est impossible sans une certaine connaissance de la manière dont se développe la personnalité.

La croissance de l'individu

Dès la plus tendre enfance, tout individu apprend à se définir en des termes très précis. Il élabore ainsi tout au long de sa vie différentes images de lui-même. Ces images s'avèrent passablement réalistes dans certains cas, mais non dans d'autres. Il arrive par exemple qu'une femme obèse d'apparence ordinaire typique se voie comme une ravissante jeune beauté, ou qu'un adolescent maladroit s'imagine être un athlète d'élite.

Or, chaque être humain vit certaines expériences qui sont en accord avec l'image qu'il se fait de lui-même, expériences qu'il accepte. Il est cependant beaucoup plus difficile d'accepter les expériences qui ne sont pas conformes à cette image. De fait, lorsqu'un individu accorde une très grande importance à la préservation de l'image qu'il a de lui-même, il refuse tout simplement d'accepter ou de reconnaître les expériences de ce type.

L'image qu'on a de soi-même n'est pas nécessairement plaisante. Un homme peut ainsi se juger comme incompétent et bon à rien. Il peut croire ne pas bien accomplir son travail, et ce même s'il est favorablement évalué au sein de l'organisation. Tant qu'il aura cette conviction, il devra nier toute expérience qui semble contredire l'image qu'il se fait de lui-même, c'est-à-dire toute expérience pouvant indiquer qu'il est compétent. Il est si important pour lui de préserver l'image qu'il a élaborée qu'il se sent menacé par tout ce qui tend à la remettre en cause. Ainsi, une augmentation salariale pourrait tout simplement lui confirmer qu'il a su tromper les autres. Cet homme doit préserver l'image qu'il se fait de lui-même, peu importe sa nature, parce qu'il n'a rien d'autre lui permettant de s'identifier.

C'est pourquoi toute tentative visant à susciter chez cet individu un changement ou une modification de l'image qu'il a de lui-même représente pour lui une menace. Cet homme est alors obligé de protéger l'image qu'il a élaborée de lui-même ou de nier totalement l'expérience en cause. Or, ce déni de l'expérience et cette défense de l'image établie tendent, sur le plan personnel, à susciter un comportement rigide et à engendrer certaines difficultés d'adaptation.

L'écoute active, par contre, ne menace pas l'image qu'on se fait de soi-même. N'ayant pas à défendre cette image, l'homme de notre exemple peut alors l'examiner, l'envisager telle qu'elle est véritablement et décider par lui-même jusqu'à quel point elle est réaliste. Il devient ainsi en mesure de changer.

Lorsqu'on souhaite aider un homme ou une femme à moins se tenir sur la défensive et à démontrer une plus grande capacité d'adaptation, il faut éliminer la menace qu'on représente à ses yeux en tant que source éventuelle d'un changement. En effet, aussi longtemps que plane une menace, une communication efficace est impossible. Il faut donc établir un climat qui ne dénote ni critique, ni évaluation, ni moralisation. Ce climat doit favoriser l'égalité et la liberté, la confiance et la compréhension, l'acceptation et la chaleur. Ce n'est que dans pareil climat qu'un individu se sentira suffisamment en sûreté pour incorporer de nouvelles expériences et de nouvelles valeurs à la conception qu'il a de lui-même. Or, l'écoute active aide à créer ce type de climat.

Les choses à éviter

La réaction habituelle lorsqu'on rencontre une personne ayant un problème consiste à tenter de lui faire envisager la situation sous un jour différent, de l'amener à la voir comme on la voit soi-même ou comme on aimerait qu'elle la voie. On plaide, on raisonne, on réprimande, on encourage, on insulte, on essaie tout ce qui peut engendrer un changement dans la direction voulue, c'est-à-dire celle qu'on désire faire prendre à l'autre. Toutefois, en agissant de cette manière, on réagit à *son propre besoin* d'envisager les choses d'une certaine façon, et non à celui de l'autre. Il est en effet toujours difficile de tolérer et de comprendre les actions qui ne sont pas conformes à la manière dont on juge devoir soi-même se comporter. Toutefois, lorsqu'on réussit à se libérer du besoin d'influencer les autres et de les entraîner sur la voie qu'on suit, on devient à même d'écouter avec compréhension et on peut alors utiliser l'agent de changement le plus puissant dont on dispose.

L'une des difficultés qui se posent à l'auditeur consiste à réagir à la demande d'une décision, d'un jugement ou d'une évaluation. L'auditeur est, en effet, sans cesse incité à indiquer s'il partage ou non telle ou telle opinion. Il sait toutefois pertinemment que, en le sollicitant de la sorte, le locuteur veut, le plus souvent, davantage manifester certains sentiments ou besoins voilés qu'obtenir une réponse à la question posée. Comme il ne peut exprimer ces sentiments ouvertement, le locuteur doit les masquer en leur donnant une forme acceptable à ses yeux et à ceux d'autrui. Pour bien comprendre ce phénomène, examinons ici quelques questions typiques et le genre de réponses le plus susceptible de faire apparaître les sentiments qui en sont à l'origine.

Question de l'employé	Réponse de l'auditeur
Qui au juste a la responsabilité de s'assurer que ce travail sera fait ?	Croyez-vous ne pas avoir une autorité suffisante pour vous en occuper ?
Ne croyez-vous pas que l'avancement devrait plutôt être fonction du talent que de l'ancienneté ?	Qu'est-ce qui vous fait dire ça ?
Qu'est-ce que le patron veut qu'on fasse au sujet de ces vieilles machines ?	Vous en avez marre d'utiliser du matériel désuet, n'est-ce pas ?
Mon rendement s'est amélioré depuis votre dernière évaluation, n'est-ce pas ?	On dirait bien que vous avez l'impression de mieux faire votre travail depuis quelques mois.

Les répliques proposées permettent de reconnaître la question tout en laissant à l'employé la possibilité d'indiquer ce qui le trouble véritablement. Grâce à elles, l'auditeur participe à la résolution du problème ou de la situation sans assumer toute la responsabilité de la prise de décision ou des actions. Il s'agit en fait d'un processus où l'on réfléchit *avec* l'autre, et non pour lui ou à son sujet.

La formulation d'un jugement, que celui-ci soit favorable ou non, fait en sorte qu'il est difficile pour l'autre de s'exprimer librement. De même, les conseils et les renseignements sont presque toujours perçus par l'autre comme une tentative visant à susciter chez lui un changement, ce qui constitue une barrière à la libre expression et à l'établissement d'une relation propice à la créativité. Les conseils donnés sont en outre rarement suivis, et l'information transmise n'est presque jamais utilisée. On ne peut s'attendre à ce qu'un jeune stagiaire pressé de réussir se montre patient simplement parce qu'on lui dit que la route qui mène au succès est parsemée d'embûches et que Paris ne s'est pas construit en un jour. Il ne sera pas davantage utile pour lui d'apprendre qu'un seul stagiaire sur cent parvient à gravir les échelons jusqu'au niveau supérieur.

Fait intéressant, il n'est pas facile d'apprendre que les *évaluations positives* constituent parfois des obstacles au même titre que les évaluations négatives. On nuit presque autant à la liberté d'une relation en déclarant à l'autre qu'il a raison, qu'il est compétent ou qu'il fait bien son travail qu'en lui affirmant le contraire. Une évaluation positive peut faire en sorte qu'il soit encore plus difficile pour l'autre de parler des lacunes qui le troublent ou de ce qu'il envisage comme un manque de compétence.

Les encouragements peuvent aussi être perçus comme une tentative visant à amener le locuteur sur une certaine voie, ou à le tenir à distance, plutôt qu'à le soutenir. On n'aide en rien une personne abattue par un problème en lui affirmant que tout finira par s'arranger.

En d'autres termes, la plupart des techniques et des éléments le plus souvent mis à contribution dans le cadre d'une relation avec autrui s'avèrent peu utiles pour établir le type de relation recherché dans le présent contexte.

Les choses à faire

Qu'implique l'écoute active ? Elle exige essentiellement qu'on se mette à la place du locuteur et qu'on saisisse *son point de vue*, ce qu'il essaie de faire comprendre. Plus encore, il faut indiquer au locuteur qu'on envisage les choses de son point de vue. Il y a donc plusieurs choses à faire pour assurer une écoute active.

Être à l'affût de l'ensemble de la signification du message   Tout message qu'un individu s'efforce de transmettre comporte en général deux éléments, soit un *contenu* et un *sentiment*—une attitude—sous-jacent. L'un et l'autre ont de l'importance ; l'un et l'autre contribuent à la *signification* du message. Il importe de chercher à comprendre l'ensemble de cette signification. Prenons l'exemple d'une secrétaire qui annonce à son patron : « J'ai terminé le rapport que vous m'avez demandé. » Ce message présente un contenu factuel évident, et peut aussi constituer une manière de demander une autre tâche à effectuer. Imaginons, par contre, que la secrétaire déclare : « Hé, bien ! J'ai enfin terminé ce foutu rapport. » Le contenu factuel reste le même, mais la signification complète du message a changé, et ce d'une manière importante, tant pour le patron que pour sa secrétaire. Une écoute réceptive pourra ici améliorer les relations de travail. Si le patron réagit en donnant à sa secrétaire des lettres à mettre au propre, celle-ci aura-t-elle l'impression qu'il a saisi la totalité de la signification de son message? Se sentira-t-elle bien aise de lui parler des difficultés de son travail? Sera-t-elle plus satisfaite de son travail et plus désireuse de bien accomplir la nouvelle tâche qui l'attend?

Imaginons que le patron formule au contraire une réponse qui indique à sa secrétaire qu'il a bien entendu son message et qu'il le comprend, telle que « On dirait que vous êtes bien contente d'avoir terminé ce rapport; ce n'était pas facile, n'est-ce pas? » ou « Vous n'aimeriez sans doute pas qu'on vous confie une autre tâche de ce genre ». Ceci ne veut pas dire qu'il devra inévitablement lui assigner une tâche différente de celle qu'il avait prévue, ou passer une heure à l'écouter décrire les difficultés que lui a causées ce rapport. Le patron fera peut-être un certain nombre de choses différemment à la lumière de l'information qu'il vient d'obtenir de sa secrétaire, mais pas nécessairement. La mesure additionnelle de sensibilité dont il fait preuve peut cependant transformer un climat de travail moyen en un bon climat de travail.

Réagir aux sentiments   Dans certains cas, le contenu est beaucoup moins important que le sentiment qui le sous-tend. Pour bien saisir toute la signification d'un message, on doit réagir particulièrement au sentiment qu'il traduit. Si la secrétaire de notre exemple déclarait: « J'aimerais faire brûler tous les papiers carbone que j'ai utilisés pour préparer ce rapport! », il serait évidemment absurde de réagir au contenu de son message. On reconnaît toutefois ce contenu en réagissant au dégoût ou à la colère qu'elle éprouve. Tout message fait une place plus ou moins importante au contenu et aux sentiments. L'auditeur doit, chaque fois, s'efforcer de porter une attention particulière à l'ensemble de la signification que le message présente pour le locuteur. Qu'essaie-t-il de me dire? Qu'est-ce que cela signifie pour lui? Comment envisage-t-il la situation?

Prendre note de tous les indices   La communication n'est pas seulement verbale. Les propos du locuteur ne transmettent pas à eux seuls l'ensemble de son message. Ainsi, pour bien écouter, il faut prendre conscience de plusieurs autres formes de communication. L'hésitation dont fait preuve le locuteur, par exemple, peut en dire long sur ses sentiments. La même chose est vraie de ses inflexions. Il se peut que le locuteur prononce certains mots d'une voix claire et forte, et qu'il en marmonne d'autres. On doit aussi porter attention, entre autres, à son expression faciale, à sa posture, aux mouvements de ses mains et de ses yeux, ainsi qu'à sa respiration. Toutes ces choses peuvent, en effet, contribuer à la transmission de l'ensemble du message.

Ce qu'on communique par l'écoute

Lorsqu'ils envisagent l'écoute comme moyen de traiter avec autrui, la plupart des gens jugent initialement qu'elle ne peut s'avérer suffisante en elle-même. Selon eux, de par son caractère passif, l'écoute ne communique rien au locuteur. Or, en réalité, il en va bien autrement.

En se montrant sans cesse à l'écoute d'un locuteur, on lui transmet le message suivant: « Je m'intéresse à vous en tant que personne, et j'accorde de l'importance à vos sentiments. Je respecte vos idées et, même lorsque je ne les partage pas, je reconnais qu'elles sont valables pour vous. Je ne doute pas que vous ayez une contribution à apporter. Je n'essaie pas de vous faire changer d'avis ou de vous évaluer. Je souhaite tout au plus vous comprendre. Vous méritez qu'on vous écoute, et je veux que vous sachiez que je suis le genre de personne à qui vous pouvez parler. »

Bien que peu évident, l'aspect le plus important de ce message est qu'il tire son efficacité de sa *démonstration*. Il est, en effet, très difficile de convaincre une personne qu'on la respecte en le lui affirmant. On a de meilleures chances d'y parvenir en se comportant envers elle d'une manière qui témoigne de ce respect. Or, l'écoute s'avère un moyen très efficace pour faire la démonstration du message qu'on veut transmettre.

À l'instar des autres comportements, l'écoute est contagieuse, ce qui implique d'être attentif à tout problème de communication, qu'il se manifeste entre deux personnes ou à l'intérieur d'une vaste organisation. Afin d'assurer une bonne communication entre les membres d'une organisation, vers le haut et vers le bas, il faut tout d'abord prendre la responsabilité d'établir un modèle d'écoute. Tout comme les gens en viennent à découvrir que la colère, la discussion et la tromperie engendrent le plus souvent la colère, la discussion et la tromperie, ils sont à même d'apprendre que l'écoute peut mener à l'écoute. Toute personne qui se sent responsable dans une situation particulière peut donner le ton à son interaction avec autrui, la leçon importante à retenir étant que tout comportement qu'elle adopte finira par engendrer un comportement semblable chez l'autre.

Il s'avère beaucoup plus difficile, mais aussi beaucoup plus utile, de susciter un comportement positif chez l'autre. Or, l'écoute figure parmi les comportements positifs. Elle est cependant vouée à l'échec lorsqu'on se contente d'attendre que le locuteur ait terminé sans vraiment porter attention à ses propos. Les personnes qui, au contraire, écoutent toujours avec compréhension finissent par devenir celles qu'on est le plus susceptible d'écouter. Lorsqu'on souhaite se faire écouter et se faire comprendre d'autrui, on peut s'en faire un auditeur potentiel ouvert à de nouvelles idées, à la condition d'apprendre d'abord soi-même à se comporter de cette manière et à écouter véritablement en faisant preuve de compréhension et de respect.

Vérifier qu'on a bien compris

Comme il est plus difficile de comprendre autrui qu'il n'y paraît de prime abord, on doit sans cesse vérifier qu'on est capable d'envisager le monde de la même façon que le locuteur. À cette fin, on peut retransmettre au locuteur ce qui semble être la signification de ses paroles et de ses gestes, cette réaction révélant alors s'il se sent ou non compris. Une bonne règle à appliquer consiste à supposer que personne ne comprend véritablement tant qu'il ne peut communiquer sa compréhension à la satisfaction de l'autre.

Voici un moyen d'évaluer l'aptitude à l'écoute. Au cours d'une discussion animée ou controversée, on peut faire une pause et suggérer à son interlocuteur de continuer l'échange en adoptant la règle suivante : avant de présenter une idée ou une opinion nouvelle, chacun doit reformuler la dernière idée ou opinion avancée par l'autre, et ce en ses propres termes (car simplement répéter les propos de l'autre

prouve qu'on les a entendus, mais non qu'on les a compris). Cette reformulation devra être suffisamment juste pour satisfaire le locuteur avant que l'auditeur ne soit autorisé à s'exprimer à son tour.

Pareille façon de procéder peut s'avérer utile lors d'une rencontre houleuse où les gens s'expriment sur un sujet qui soulève les passions au sein du groupe. Avant de pouvoir faire connaître ses propres idées et sentiments, tout membre du groupe devrait retransmettre la *signification* de l'intervention du locuteur précédent, et ce à la satisfaction de ce dernier. Chaque membre du groupe devrait également être à l'affût de toute évolution du climat émotionnel et de la qualité de la discussion lorsqu'on utilise cette méthode.

LES DIFFICULTÉS DE L'ÉCOUTE ACTIVE

L'écoute active n'est pas facile à maîtriser. Son apprentissage exige de la pratique. Peut-être plus important encore, il nécessite qu'on modifie ses attitudes fondamentales, ce qui demande beaucoup de temps et s'avère parfois très difficile. Voyons maintenant quelques-unes des principales difficultés associées à l'écoute active et ce qu'on peut faire pour les surmonter.

Le risque personnel

Pour assurer une écoute active efficace, il faut s'intéresser sincèrement au locuteur. Or, l'attitude véritable de tout individu transparaît toujours. Si on feint simplement de s'intéresser au locuteur, ce dernier ne tardera pas à s'en apercevoir, d'une manière consciente ou subconsciente, et dès lors, il ne s'exprimera plus librement.

L'écoute active comporte un risque personnel important. En effet, lorsqu'on réussit à accomplir tout ce qui est décrit ici — soit à prendre conscience des sentiments de l'autre, à saisir la signification qu'il donne à son vécu et à envisager le monde comme il le fait —, on risque d'être soi-même transformé. Lorsqu'on choisit par exemple d'écouter véritablement une personne qu'on ne connaît pas ou qu'on désapprouve, on court le risque, pour comprendre la signification de son existence, d'en venir à envisager le monde à sa manière. On se trouve menacé chaque fois qu'on abandonne ses propres convictions, même temporairement, pour adopter le point de vue d'autrui. Il faut donc une confiance et un courage intérieurs considérables pour être en mesure de risquer ainsi ce qu'on est afin de comprendre autrui.

Dans le cas d'un gestionnaire, le courage d'adopter le point de vue d'autrui exige généralement qu'il puisse s'envisager lui-même comme les autres l'envisagent. Pareille chose se révèle parfois désagréable, mais présente en fait un caractère beaucoup plus difficile que déplaisant. Il est, en effet, très ardu de se libérer du besoin de voir les choses à sa façon, toute personne étant tellement habituée à s'envisager d'une certaine manière — à ne voir et à n'entendre que ce qu'elle veut bien voir et entendre.

Il n'est donc pas facile d'acquérir une attitude témoignant d'un intérêt sincère pour le locuteur. On ne peut y parvenir que si on est disposé à envisager le monde à la manière de ce dernier. Cependant, après avoir vécu pareille expérience un certain nombre de fois, on en vient à faire sienne une attitude qui permet d'accorder un intérêt tout à fait sincère au locuteur.

Les manifestations d'hostilité

Un auditeur fait souvent l'objet de propos négatifs et hostiles, lesquels sont toujours difficiles à entendre. En effet, personne n'aime être le point de mire de propos désagréables ou de manifestations d'hostilité. Il n'est pas facile d'en arriver à avoir une force suffisante pour essuyer ce genre d'attaques sans ressentir le besoin de répliquer ou de se défendre.

Tout individu craint que les autres ne s'effondrent sous le poids de véritables sentiments négatifs. C'est pourquoi on tend à perpétuer une attitude de pseudo-paix, comme si on ne pouvait supporter le moindre conflit par crainte des effets néfastes possibles sur soi-même, sur la situation et sur les autres. Toutefois, ce sont le déni et la suppression des sentiments négatifs qui causent véritablement du tort.

Les manifestations déplacées

La manifestation d'un comportement habituellement jugé inacceptable par la société pose aussi un problème à l'auditeur. Ces manifestations déplacées peuvent adopter l'une des formes extrêmes dont entendent parler les psychothérapeutes, tels les

fantasmes meurtriers ou perversions sexuelles. L'auditeur feint souvent d'ignorer pareilles manifestations du fait de leur nature menaçante. Confronté à des manifestations moins extrêmes, tout individu éprouve de la difficulté à composer avec un comportement anormal ou inapproprié. Les comportements qui engendrent un problème sont variés. Mentionnons, entre autres, le fait pour un homme de pleurer ou de raconter une plaisanterie grivoise en présence de femmes.

Lors de tout échange face-à-face, on note des manifestations de ce type qui empêchent la communication, du moins temporairement. Au sein d'une organisation, toute manifestation de faiblesse ou d'incompétence est généralement jugée inacceptable et fait, par conséquent, obstacle à une bonne communication dans les deux sens. Il est difficile, par exemple, d'écouter un gestionnaire expliquer qu'il a l'impression de n'avoir pas su comment prendre la situation en main dans son service parce qu'il s'agit là d'une chose que tout gestionnaire est censé être capable de faire.

L'acceptation des sentiments positifs

Fait intéressant et troublant à la fois, lorsqu'ils communiquent entre eux, les gens éprouvent beaucoup moins de difficulté à composer avec les sentiments ou les manifestations hostiles qu'avec les sentiments positifs. Il en va particulièrement ainsi pour un gestionnaire parce qu'on s'attend à ce qu'il soit indépendant, audacieux, rusé et dynamique, et à ce qu'il ne manifeste aucune chaleur, aucune gentillesse. Le gestionnaire en vient à envisager pareils sentiments comme un signe de faiblesse déplacé. L'être humain a cependant besoin de ces sentiments. Même s'il nie leur existence, chez lui et chez les autres, le gestionnaire n'en est pas moins confronté à la difficulté de composer avec eux. Ces sentiments deviennent tout au plus voilés et confus. Lorsqu'on en reconnaît l'existence, ils contribuent à l'effort collectif; dans le cas contraire, ils y nuisent.

Les indications d'un danger posé par les émotions

Les émotions de l'auditeur font aussi parfois obstacle à l'écoute active. C'est lorsque les passions se déchaînent, soit lorsque l'écoute est le plus nécessaire, qu'on éprouve le plus de difficulté à laisser de côté ses propres préoccupations et à se montrer compréhensif. Un individu n'a bien souvent de pire ennemi que ses propres émotions lorsqu'il tente de devenir un auditeur. Plus on est concerné par une situation ou un problème, moins on est susceptible de vouloir ou de pouvoir se mettre à l'écoute des sentiments et de l'attitude des autres. En d'autres termes, plus on juge nécessaire de réagir à ses propres besoins, moins on est en mesure de réagir à ceux d'autrui. Examinons ici quelques-uns des principaux indices susceptibles d'indiquer à un auditeur que ses émotions nuisent à son écoute.

Une attitude de défense Les idées au sujet desquelles on se montre le plus éloquent, celles qu'on souhaite le plus ardemment faire accepter aux autres, sont toujours celles dont on cherche soi-même à se convaincre. On doit, par conséquent, prendre conscience du danger lorsqu'on insiste sur un point ou qu'on tente de le faire accepter à autrui, car on est alors vraisemblablement moins sûr de soi et donc moins enclin à écouter.

Un ressentiment suscité par l'opposition Il est toujours plus facile d'écouter un point de vue semblable au sien qu'une opinion divergente. Lorsque l'auditeur a l'impression que ses idées et son point de vue sont remis en cause, il peut y gagner à prendre un moment afin de réfléchir à la situation, pour ensuite faire part de cette inquiétude au locuteur.

Un conflit de personnalité Ici encore, l'expérience démontre que l'auditeur contribue davantage à l'établissement d'une saine relation en exprimant ses sentiments en toute sincérité plutôt qu'en les réprimant. Il en va ainsi, qu'il s'agisse de sentiments d'hostilité, de ressentiment, de menace ou d'admiration. Une relation essentiellement honnête s'avère la plus productive, quelle que soit sa nature. L'autre se sentira en sécurité après avoir découvert que l'auditeur peut exprimer ses sentiments d'une manière franche et ouverte. Il est bon pour tout auditeur de se rappeler ce fait lorsqu'il commence à redouter un conflit de personnalité. Autrement, il ne pourra exprimer pleinement ses sentiments, et ce par crainte de ses propres émotions.

L'écoute de soi

L'écoute de soi est essentielle à l'écoute d'autrui et constitue, dans bien des cas, un moyen efficace de surmonter les difficultés décrites précédemment. Tout individu peut moins comprendre ses propres sentiments lorsque son excitation, son animation et ses exigences sont à leur comble. Il est néanmoins essentiel de ne pas avoir de doutes sur son propre point de vue, ses propres valeurs et ses propres besoins lorsqu'on s'attaque aux problèmes d'autrui.

La capacité de l'auditeur à reconnaître et à comprendre la signification qu'a pour lui un épisode particulier et tous les sentiments que celui-ci lui inspire, ainsi que sa capacité à s'exprimer lorsqu'elle fait obstacle à l'écoute active, lui permettent de faire le point et d'être de nouveau en mesure de bien écouter. En d'autres termes, lorsqu'une personne ou une situation donnée engendre certains sentiments qui l'empêchent d'écouter avec compréhension, l'auditeur doit se mettre à l'écoute de lui-même. Il s'avère très utile, pour établir une relation efficace, de ne pas réprimer ces sentiments. On y gagne à les exprimer le plus clairement possible et à essayer d'amener l'autre à se mettre à leur écoute. La capacité d'écoute de tout individu est fonction de son aptitude à être à l'écoute de lui-même.

L'ÉCOUTE ACTIVE ET LES OBJECTIFS DE L'ORGANISATION

« Comment l'écoute peut-elle améliorer la productivité ? »

« Nous évoluons dans le milieu rude et compétitif des affaires où tout se déroule à un rythme effréné ; alors, comment allons-nous trouver le temps de conseiller nos employés ? »

« Nous devons nous occuper d'abord des problèmes organisationnels. »

« Nous avons trop de travail pour passer la journée à écouter. »

« Quel lien y a-t-il entre le moral et le service offert au public ? »

« On doit parfois sacrifier un individu pour le bien des autres membres de l'organisation. »

Les personnes qui, comme nous, tentent de promouvoir l'écoute active à l'intérieur des organisations entendent fréquemment ce genre de remarques, qui posent un réel problème en raison de leur honnêteté et de leur légitimité. Malheureusement, les réponses ne sont pas aussi claires que les questions formulées.

L'importance de l'individu

L'une de ces réponses repose sur une supposition clé de l'écoute active, soit : le genre de comportement qui aide l'individu finira par se révéler la meilleure chose qu'on pouvait faire pour le groupe. Autrement dit, ce qui est le mieux pour l'individu l'est aussi pour l'organisation. Forts de notre expérience dans le domaine de la psychologie et de l'éducation, nous sommes convaincus du bien-fondé de cette supposition, qui fait actuellement l'objet de recherches en milieu organisationnel. Selon nos études, mettre l'accent sur le groupe au détriment de l'individu engendre un malaise chez ce dernier et ne contribue pas à unifier le groupe. Au contraire. Les membres du groupe deviennent, en effet, plus inquiets et plus méfiants.

Nous ne connaissons pas encore précisément les différentes manières dont le groupe bénéficie de l'intérêt témoigné à un individu, mais nous avons plusieurs pistes valables. La première est que le groupe se sent plus en sécurité lorsqu'on écoute l'un ou l'autre de ses membres avec intérêt et sensibilité. Or, nous supposons que pareille chose ne peut qu'améliorer le groupe. Lorsqu'un individu n'a pas à craindre de se dévoiler aux autres membres de son groupe, on peut s'attendre à ce qu'il s'exprime d'une façon plus libre et plus spontanée. Lorsque le leader d'un groupe réagit à un individu et lui accorde la priorité, les autres membres ne tardent pas à l'imiter et tous en viennent à agir collectivement au moment de reconnaître les besoins d'un membre particulier et d'y réagir. Or, cette action positive et constructive semble constituer pour le groupe une expérience beaucoup plus satisfaisante que le rejet d'un membre.

L'écoute et la productivité

Personne ne sait si l'écoute ou toute autre activité visant à améliorer les relations humaines au sein d'une organisation contribue effectivement à une meilleure productivité ou, en d'autres termes, s'il existe un lien entre le moral et le rendement.

Certains affirment sans détour qu'on ne peut s'attendre à trouver un lien entre le moral et la productivité, que cette dernière est souvent le fait d'inadaptés sociaux, d'excentriques ou de solitaires. D'autres choisissent, quant à eux, de travailler dans un climat de coopération et d'harmonie au sein d'un groupe où le moral est très bon, et ce pour des raisons qui n'ont rien à voir avec les réalisations ou la productivité.

Un rapport publié par le Survey Research Center de la University of Michigan sur une étude réalisée à La Prudentielle d'Amérique, compagnie d'assurances, fait état de sept découvertes liées à la production et au moral. Comparativement aux gestionnaires subalternes dont le groupe de travail génère une faible production, ceux dont le groupe se révèle très productif présentent les caractéristiques suivantes :

1) ils font l'objet d'une surveillance moins poussée de la part de leur supérieur ;

2) ils accordent une importance directe moindre à la production en tant qu'objectif ;

3) ils favorisent la participation des employés à la prise de décision ;

4) ils ont une attitude davantage axée sur les employés ;

5) ils consacrent plus de temps à la supervision, et moins au travail dit « de production » ;

6) ils se sentent plus en confiance dans leur rôle de superviseur ;

7) ils sont convaincus de bien connaître leur situation au sein de l'organisation.

Ce même rapport indique qu'aucun lien manifeste n'a été découvert entre la productivité et les autres aspects liés au moral, comme l'identification à l'entreprise, la satisfaction tirée du travail et le prestige associé au poste occupé. On y propose l'interprétation psychologique suivante.

Dans un contexte où chacune de leurs actions leur est imposée, les gens sont plus efficacement motivés s'ils jouissent d'une certaine latitude quant à la manière d'accomplir leur travail. Ils offrent de meilleurs résultats lorsqu'ils sont en mesure de prendre eux-mêmes certaines des décisions relatives à leur travail. Ils se comportent plus adéquatement lorsqu'on les traite comme des individus, et non comme de simples rouages d'une machine. Bref, on peut mieux stimuler leur intérêt si on est en mesure de tirer avantage des motivations du moi que sont l'autodétermination, la libre expression et le sentiment d'avoir de la valeur. Des sanctions ou des pressions exercées pour accroître la production peuvent se révéler efficaces, mais pas autant que les éléments plus intériorisés. Lorsque l'individu en vient à s'identifier à son travail et à celui de son groupe, les ressources humaines sont davantage mises en valeur au cours du processus de production.

Le Survey Research Center a aussi effectué certaines études auprès de travailleurs d'autres secteurs. Dans le cadre d'un exposé sur les résultats de ces travaux, Robert L. Kahn écrit :

> Il ressort d'études réalisées auprès d'employés de bureau, de travailleurs du rail et de travailleurs de l'industrie lourde que les gestionnaires dont l'unité s'avère plus productive consacrent davantage de temps à leurs tâches de superviseur et, en particulier, à l'aspect interpersonnel de leur travail. Les superviseurs dont l'unité est moins productive ont, quant à eux, plus tendance à consacrer leur temps à des tâches que leurs employés eux-mêmes effectuent ou à l'aspect « bureaucratique » de leur travail.

Une créativité maximale

Peut-être n'aura-t-on jamais accumulé suffisamment de données pour trancher cette question à la satisfaction de tous. Du point de vue organisationnel, cependant, la créativité et l'effort productif des êtres humains au sein d'une organisation constituent la meilleure source non encore exploitée d'une productivité accrue. Il existe en effet un écart considérable entre la capacité de production maximale des gens et le niveau de production actuel des organisations. Nous voulons simplement suggérer qu'il serait peut-être plus facile de tirer le maximum de cette capacité en faisant appel à ce qui motive déjà intérieurement les individus plutôt qu'à des stimulants extérieurs.

Or, c'est tout d'abord en écoutant l'individu avec respect et compréhension qu'on peut faire appel à ce qui le motive. L'écoute représente un premier pas pour en arriver à donner à l'individu le sentiment qu'il est digne d'apporter une contribution, ce qui pourrait être source d'un dynamisme et d'une productivité considérables au sein de l'organisation. Une organisation à but lucratif n'est jamais trop occupée pour adopter les moyens techniques les plus efficients ou pour se doter de sources abondantes de matières premières. Toutefois, la technologie et les matières ne sont que de bien piètres ressources lorsqu'on les compare aux ressources intérieures des gens qui œuvrent au sein de l'organisation.

En parlant de la gestion axée sur la collaboration, G.L. Clements de la Jewel Tea Co., Inc. a déclaré ce qui suit.

> Nous croyons que cette méthode reconnaît la prise sans cesse répétée d'un vote secret par les membres de toute organisation. Les employés se prononcent en effet en faveur ou non de leur superviseur. Un vote favorable se manifeste par la coopération, le travail d'équipe, la compréhension et la production au sein du groupe. Pour remporter ce vote secret, tout superviseur doit partager les problèmes de son groupe et travailler de concert avec lui.

Il revient à chaque gestionnaire ou superviseur de prendre lui-même la décision de consacrer du temps à écouter ses subordonnés. De plus en plus, les gestionnaires doivent s'occuper des gens et des relations qu'ils entretiennent au lieu de produire des biens ou services. Dès qu'un individu reçoit une promotion qui en fait un superviseur, il cesse d'avoir directement part à la production de biens ou de services, et doit se préoccuper des hommes et des femmes qui l'entourent plutôt que de vis et de clous. Or, comme les gens diffèrent des objets, il a besoin à cette fin d'une panoplie d'aptitudes. La réalisation de ses tâches nouvelles exige un type d'individu bien particulier. L'apprentissage de l'écoute représente le premier pas sur la voie qui permettra au gestionnaire de s'inscrire dans cette catégorie d'individus.

Questions

par Corinne Prost

La lecture du cas Roxanne Ducharme, présenté à la fin du livre (p. 471), permettra au lecteur de répondre aux questions suivantes.

1. Expliquez les composantes du climat d'une organisation qui facilitent la coopération et favorisent la performance des employés. Comparez le climat qui règne au cours de la préparation du festival de 1988 avec celui de 1989, ainsi que leurs résultats. Déterminez les facteurs qui pourraient expliquer la différence observée en ce qui concerne les performances des employés et le succès de l'événement.

2. Définissez le style d'attachement de Roxanne. En considérant la relation qu'elle a eue avec ses parents, expliquez ses attitudes et ses comportements avec les autres. Que peut-elle faire pour améliorer la qualité de ses relations interpersonnelles?

3. Faites le diagnostic des relations que Roxanne établit généralement avec les autres. En d'autres termes, définissez le problème qui sous-tend ses relations interpersonnelles et déterminez ses origines, en vous servant des théories sur la relation humaine ainsi que de celles concernant la personnalité et les mécanismes d'adaptation. Montrez les répercussions de ce problème sur l'existence de Roxanne.

4. En tant que directrice, Roxanne n'a toujours pas réussi à obtenir la collaboration de ses collègues, en particulier celle de Rita. Analysez la dynamique de ses relations avec les autres et déterminez les comportements qui l'ont conduite dans l'impasse où elle se trouve à la fin de son mandat.

5. D'où viennent les difficultés de la communication entre les individus? Illustrez votre point de vue en vous servant des données présentées dans le cas.

6. Quatre sujets de questionnements s'imposent à l'être humain dans ses rapports avec les autres: la solitude, la responsabilité, la mort et le sens de la vie. Quel éclairage jette l'étude des relations humaines sur ces questions existentielles? Quelles sont les implications de votre point de vue pour une saine gestion des organisations et une bonne direction des personnes?

Lectures complémentaires

par Corinne Prost

Anzieu, D. (1984). *Le groupe et l'inconscient: l'imaginaire groupal*, Paris, Dunod.

Dans ce livre, l'auteur s'intéresse à la psychologie groupale par une analogie du groupe et de l'inconscient. En s'appuyant sur l'expérience des groupes sociaux naturels, sur les groupes de formation et sur les groupes de psychothérapie, l'auteur analyse les principaux processus psychiques inconscients, tels les différents fantasmes (individuels, originaires, etc.), qui constituent des organisateurs du groupe. *Le groupe et l'inconscient* constitue un véritable ouvrage de base en matière de psychanalyse groupale.

BOWLBY, J. (1978). *Attachement et perte, 1 : l'attachement*, Paris, PUF.

La théorie de l'attachement de Bowlby est tirée de son expérience clinique avec des enfants, et rejoint les découvertes dans le domaine de l'éthologie concernant le primat de l'affiliation. L'attachement est un système inné de réactions à autrui qui assure le développement de l'individu et la qualité de vie du groupe. Alors qu'on considérait l'attachement comme le résultat d'un apprentissage, il serait plutôt l'effet d'un besoin primaire. Cette discussion ouvre donc un débat sur la psychanalyse, car une telle découverte exige une révision de la théorie des pulsions et une modification des perspectives génétiques.

PAGÈS, M. (1984). *La vie affective des groupes : esquisse d'une théorie de la relation humaine*, Paris, Dunod.

Dans cet ouvrage, l'auteur s'intéresse aux sentiments profonds et inconscients qui jouent un rôle important dans les relations de groupe. Il s'intéresse aussi à l'origine des phénomènes inconscients du groupe en analysant les phénomènes individuels et interindividuels. C'est ainsi que l'auteur nous démontre que «la réalité groupale est, dans son fond, de l'ordre de l'affectivité et du sentiment».

ROGERS, C., et KINGET, M. (1976). *Psychothérapie et relations humaines, vol. 1*, Louvain, Presses universitaires de Louvain.

Cet ouvrage vise à nous faire connaître la méthode psychothérapeutique et la théorie de la personnalité de Carl Rogers. En nous présentant les principes de la pratique de leur système psychothérapeutique, les auteurs nous montrent par quels moyens une personne peut tendre à son fonctionnement optimal pour une meilleure ouverture à ses expériences. Ils insistent ainsi sur l'importance de l'acceptation de soi avec tous les enjeux que cela implique, pour une conduite sociale constructive et adaptative.

LES PETITS GROUPES
Travailler en équipe

Le groupe occupe une place importante dans la vie de l'être humain parce qu'il satisfait à un besoin fondamental: le besoin de l'autre. Le groupe constitue à la fois un refuge contre les agents menaçants de l'environnement, une ressource de pouvoir et un objet d'identification. Les individus peuvent s'associer afin de répondre mutuellement à leurs attentes, d'une part, et de composer avec leur environnement le plus efficacement possible, d'autre part. En effet, le groupe représente souvent le moyen le plus efficace de résoudre des problèmes et de s'adapter aux exigences du milieu.

Appartenir à un groupe est aussi une véritable source de stimulation. L'incertitude engendrée par les relations sociales, le partage des valeurs et le soutien des autres ont pour effet d'encourager l'activité de l'individu. De même, l'attention que reçoit un individu à l'intérieur d'un groupe agit comme un réel stimulant; chacun se sent apprécié par les autres et découvre une raison d'être. La sécurité ainsi obtenue rend possible l'affirmation de soi en tant que réalité sociale.

Le groupe permet enfin à l'individu de se définir, d'exprimer et de développer son identité personnelle. Par un processus de comparaison entre ce qui est commun (identification) et ce qui est différent (différenciation, individuation) et grâce au feed-back que les autres donnent à l'individu, l'identité personnelle peut se construire. En se connaissant mieux, l'individu sait davantage à quel groupe il souhaite appartenir parce qu'il est plus conscient de ses goûts et de ses intérêts.

Dans un contexte organisationnel, le groupe représente une ressource tant pour l'individu qui en fait partie que pour l'entreprise (Nadler et autres, 1985). Le groupe peut notamment offrir à l'individu un soutien au moment de son insertion et au cours de son cheminement dans l'entreprise, de l'aide pour l'acquisition et le perfectionnement des habiletés utiles pour l'accomplissement de ses tâches et une assistance dans ses activités quotidiennes. Pour l'entreprise, le groupe permet de réaliser des tâches complexes ou difficiles en mettant à contribution les talents de plusieurs. Il permet aussi d'améliorer la qualité des décisions, de faciliter le changement et d'assurer la stabilité organisationnelle par le renforcement du sentiment d'appartenance au groupe de travail.

Les recherches à ce sujet sont souvent associées à la théorie de la dynamique des groupes de Kurt Lewin (Landry, 1995). Le texte classique qui suit ce chapitre explique des éléments importants de cette théorie, telles les notions de champ de forces, de frontières, de normes et de changements dans les groupes. Si, tout d'abord, le groupe a été un sujet de recherche fort prisé par les psychologues sociaux, depuis les années 1980, ce sont surtout les psychologues organisationnels qui ont développé ce domaine de recherche (Levine et Moreland, 1990). Dans les organisations, les psychologues s'intéressent surtout aux groupes de travail. Ces derniers ont pour caractéristique d'avoir une taille restreinte. Pour ce chapitre, nous avons choisi de nous limiter à l'étude des petits groupes, qui trouve son domaine d'application dans les équipes de travail (Lemoine, 1995b; Savoie et Brunet, 1995).

Le but de ce chapitre est de comprendre la dynamique des petits groupes, afin de développer des habiletés de travail en équipe. Quatre sections composent ce chapitre: la définition d'un groupe restreint, les conditions de sa formation, le travail en équipe et le développement du caractère de l'individu dans le respect des exigences du groupe.

QU'EST-CE QU'UN PETIT GROUPE?

De prime abord, un **groupe** peut être défini comme un ensemble de personnes, au moins trois (Anzieu et Martin, 1986; Landry, 1995), qui entretiennent des relations structurées en fonction d'un objectif commun. Cette définition fait ressortir deux aspects importants des groupes: les relations humaines et la communauté des objectifs (Saint-Arnaud, 1989). Ces deux aspects sont primordiaux; ils constituent la base de la dynamique des groupes mais, comme nous le verrons, ils ne sont pas suffisants pour définir ce qu'est un groupe restreint.

D'après Bion (1965), un groupe peut être étudié sur deux plans: sur le plan explicite, qui correspond à la tâche qu'il accomplit, et sur le plan implicite, qui se rapporte aux émotions communes.

LE GROUPE SUR LE PLAN EXPLICITE

Sur le plan explicite, le groupe peut être perçu comme la multiplicité des relations entre les personnes qui le composent, relations structurées en fonction d'un objectif commun. Le groupe apparaît aux personnes comme étant soit un moyen de satisfaire leurs besoins, soit un moyen de se protéger contre un danger commun ou encore de réaliser un projet collectif, ou les deux.

L'analyse explicite porte essentiellement sur les activités du groupe et les fonctions qu'il assume, que ce soit pour les individus eux-mêmes, pour le groupe ou pour l'ensemble social dans lequel il s'inscrit (une entreprise, par exemple). Landry (1995, p. 52) a fait la liste des caractéristiques des groupes restreints:

1) un nombre restreint de personnes: de trois à environ 20 personnes;

2) des interactions directes entre chacune des personnes;

3) la poursuite de buts valorisés par les personnes;

4) le développement d'un réseau de liens affectifs entre les personnes;

5) le développement d'une structure de pouvoir et l'émergence du leadership;

6) l'interdépendance des personnes, même en dehors des rencontres;

7) la différenciation des rôles;

8) l'émergence de normes;

9) le développement d'une culture groupale, marquée par des croyances, des rites et un langage propre au groupe;

10) des interactions constantes, symboliques et réelles, entre le groupe et son milieu (social ou physique).

Sur le plan explicite, il est possible de déterminer les représentations conscientes des personnes concernant le groupe. On peut aussi décrire la structure du groupe et ses activités. On peut même observer les sentiments qu'éprouvent les participants, à la condition qu'ils les verbalisent. Toutefois, il est plus difficile de comprendre les tensions qui surgissent entre les membres d'un groupe.

LE GROUPE SUR LE PLAN IMPLICITE

C'est donc sur le plan implicite, celui des émotions communes (Bion, 1965), qu'on peut rendre intelligible le fonctionnement du groupe. On peut y arriver en mettant au jour les images, les fantasmes et les conflits qui «animent» sa structure (Anzieu, 1984). De telles représentations sont le plus souvent inconscientes: les résistances, parfois violentes, que manifestent les individus lorsqu'on cherche à les découvrir en sont une indication certaine. Selon Anzieu et Martin (1986):

> Les représentations spontanées que chaque individu a du groupe en général ou de tel groupe en particulier sont des représentations imaginaires, c'est-à-dire non fondées sur une analyse rationnelle de la réalité. L'individu n'a, en général, pas conscience de ses représentations; il y adhère comme à une croyance; [...] Leur reconnaissance se paie d'un prix psychologiquement coûteux: affrontements et tensions entre les individus au sein d'une réunion ou d'un groupe, déchirements intérieurs chez l'intéressé pour parvenir à briser ses idoles. Pour imaginaires qu'elles soient, ces représentations n'en sont pas moins efficaces: c'est en fonction d'elles, beaucoup plus que de la situation réelle dans laquelle le groupe se trouve à un moment donné, que les membres de ce groupe réagissent (p. 23-24).

Les émotions communes qui avivent la dynamique d'un petit groupe sont bien réelles; Geen (1991), dans sa recension, en a trouvé quatre: la peur de la mort, la peur de l'exclusion, la protection de l'image de soi et la fuite de soi. La permanence du groupe et le maintien du lien d'appartenance à ce dernier constituent des défenses efficaces contre le sentiment inévitable de vulnérabilité de l'individu et la conscience de sa condition de mortel. La peur de l'exclusion découle du besoin d'affiliation de l'être humain; l'appartenance à un groupe et l'approbation des membres procurent à l'individu un sentiment de sécurité qui apaise sa peur d'être rejeté par les autres. De plus, il n'est pas rare d'observer, dans les groupes, des personnes qui justifient leurs gestes, jettent le blâme sur les autres, font des reproches aux autres, etc. De telles conduites peuvent être en fait des façons de protéger leur image personnelle; dans le but de sauver la face, les individus peuvent même aller jusqu'à déformer la réalité perçue et convaincre les autres que leur opinion est la bonne. Enfin, il y a des personnes qui ont peur de se retrouver seules, face à elles-mêmes; le groupe constitue pour elles une façon d'échapper à leur anxiété et à leur solitude.

Sur le plan implicite, le groupe est une mise en commun d'images ou de représentations, conscientes ou inconscientes, qui animent les rapports des personnes entre elles et ceux qu'elles ont avec le chef du groupe. À ce sujet, Abric (1987) a démontré que le comportement d'un individu dans une situation sociale est déterminé non seulement par les caractéristiques objectives de cette situation, mais aussi par les représentations qu'il se fait de chacun des éléments (le soi, l'autre, la tâche et le contexte).

Par définition, toute représentation[1] repose sur un système de valeurs, de croyances et de pratiques relatives à un objet ou à une classe d'objets (Doise, 1985). Les représentations sont en quelque sorte des images de la réalité, génératrices de prises de position (c'est-à-dire des attitudes et des jugements) et organisatrices des actions (c'est-à-dire des comportements et des stratégies). L'individu a tendance à se comporter de façon logique et cohérente avec ses représentations de la réalité. En soi, les représentations ne sont ni véridiques ni complètes. Elles sont des approximations vraisemblables de la vie « réelle » du milieu; elles dépendent partiellement des valeurs, des croyances et des intentions de l'individu.

Les représentations donnent une signification aux relations humaines au sein d'un groupe. Ces représentations constituent la référence à partir de laquelle les gestes, les mots, les regards, etc., seront interprétés. Les représentations ont une forte teneur affective, étant déterminées par les besoins et les attentes des individus les uns envers les autres. Bien qu'elles soient relativement conscientes, ces représentations ou ces images sont communiquées le plus souvent dans le non-dit. Elles sont implicites dans les relations. En raison de leur connotation affective, elles exercent une forte influence sur les relations sociales. En ce sens, l'implicite conditionne et transcende l'explicite dans les relations humaines.

Plusieurs explications ont été avancées afin de comprendre les liens qui unissent l'individu au groupe. Par exemple, Homans (1950) définit le groupe par les interactions des individus qui en font partie; il explique notamment comment s'établissent les normes d'un groupe qui engendrent sa culture et sa structure. Likert (1961) étudie les groupes de travail (unités de travail) pour comprendre la consistance ou l'inconsistance des normes de ceux-ci avec les normes de l'organisation à laquelle ils appartiennent. Lewin (1975) définit le groupe comme un système d'interdépendances, un champ de forces en état d'équilibre quasi stationnaire; il explique aussi comment modifier les normes d'un groupe.

---

1.   Nous expliquons la notion de représentation dans le chapitre 2 sur la perception.

En psychologie sociale, on présente traditionnellement le groupe comme un tout, une entité, un objet social relativement permanent, qui a une existence propre. Par exemple, Durkheim (1976) conçoit le groupe comme étant une entité réelle qui peut servir d'unité d'analyse. Or, cette conception du groupe est fortement contestée (Abric, 1987; Lemoine, 1995b).

Il semble plus juste de concevoir le groupe comme étant un champ social dans lequel les individus agissent et interagissent; le groupe existe parce que les individus se perçoivent comme étant en relation les uns avec les autres, réunis autour d'un projet commun qui satisfait à la fois des exigences individuelles et collectives. Un groupe a dès lors une existence temporaire: il a une histoire, un début et une fin, qui est déterminée par des conditions matérielles, psychologiques, sociales et culturelles.

L'explication que donne Sartre (1985) permet de rompre avec la tradition psycho-sociale qui considère le groupe comme une totalité statique ou un objet social. Sartre conçoit plutôt le groupe comme une totalisation des multiples actions individuelles qui comportent une signification pour chaque personne. Ces actions individuelles s'inscrivent à l'intérieur d'un projet commun. Dans cette perspective, le groupe n'est pas un objet social qui existe en dehors des individus. Au contraire, le groupe existe par et dans les actions, les réactions et les interactions des individus qui se perçoivent comme participant à un projet commun, satisfaisant des intérêts qu'ils ont mis en commun. Cette conception du groupe est également celle que soutiennent Abric (1987), Allport (1966), Hon (1980) et Shaw (1981).

Un groupe existe à partir du moment où des personnes le perçoivent comme formant un tout (Savoie et Brunet, 1995). C'est la conscience du *membership* qui détermine la réalité du groupe. Le *membership* se définit par la force des liens qui unissent les individus, laquelle produit un sentiment d'affiliation. Les relations humaines constituent un élément essentiel de la formation d'un groupe. C'est grâce aux relations entre les personnes qu'il est possible de délimiter les frontières d'un groupe, et plus précisément à l'aide des représentations que se font les personnes de ces relations.

Le concept de frontière élaboré par Lewin (1975) sert à définir le groupe, à en dénombrer les membres, à savoir qui fait partie du groupe et qui n'en fait pas partie. Les frontières d'un groupe sont en quelque sorte une représentation de l'intérieur et de l'extérieur (nous versus eux). «Rester à l'extérieur du groupe», «s'insérer dans un groupe», «être dans un groupe» sont autant d'expressions qui désignent les frontières d'un groupe, qui distinguent le dedans et le dehors, l'intérieur et l'extérieur.

Il est tentant de comparer cette représentation du groupe à l'organisme humain: le groupe peut se décrire comme un corps, qui possède des membres, une tête, des organes. Cette comparaison évoque la pensée magique et le fétichisme; le groupe, en tant qu'organisme vivant, serait à la fois un refuge, un organisme qui protège et qui nourrit, et un organisme malveillant, voire destructeur, qui donne une consistance aux craintes des individus. En fait, les limites de ce qu'on pourrait appeler un groupe sont fonction de la réalité intérieure et extérieure de chacun (Winnicott, 1969).

Si les représentations sociales sont importantes pour comprendre la dynamique d'un groupe, il ne faut toutefois pas oublier de considérer les milieux et les conditions matérielles dans lesquels il se trouve (Briand, 1995; Landry, 1995; Lemoine, 1995b). En définissant les frontières du groupe, on le situe dans le temps et l'espace, et on détermine par le fait même l'extérieur du groupe. Reconnaître les frontières du groupe, c'est reconnaître l'environnement avec lequel il doit forcément interagir. Ainsi, la compréhension de la dynamique d'un groupe doit aussi tenir compte des conditions matérielles et culturelles, passées, présentes et futures, qui déterminent ses activités et son développement.

L'existence d'un groupe peut être «fantasmée» par chacun, dès le début, et même de façon anticipée. Chacun a des projets, des attentes et des craintes plus ou moins conscientes, des idées de ce que devrait être le groupe, de ce qui devrait s'y produire, de sa structure éventuelle, etc. Ces représentations sont à la fois l'expression masquée des désirs envers le groupe et des moyens de défense contre cette réalité encore (et toujours) inconnue. Ces images peuvent correspondre ou non à celles qu'ont d'autres personnes, ce qui implique que tous les membres d'un groupe n'ont pas forcément la même représentation de ce qu'est le groupe.

C'est sans doute lorsqu'il y a une grande correspondance entre les représentations, plus ou moins conscientes, que chacun peut se faire de la situation, de ce qui se passe effectivement entre les personnes, que la notion de groupe apparaît. Bien souvent, le groupe apparaît aux individus comme le moyen le plus économique de satisfaire les besoins et les intérêts individuels et collectifs. En raison de l'interdépendance des individus, les comportements de chacun influencent les comportements des autres, et chacun apporte une contribution particulière et nécessaire à l'efficacité du groupe.

Pour comprendre les phénomènes des groupes et des organisations, Sartre (1985) distingue deux réalités sociales: le collectif et le groupe.

LE COLLECTIF

Le **collectif**, ou le rassemblement, est un ensemble d'individus réunis dans un même lieu et liés par des rapports impersonnels. Les relations qu'ils peuvent avoir entre eux sont superficielles. Ils sont en présence des autres, mais sans les connaître. Ils peuvent prendre conscience des autres, mais sans pour autant vouloir faire leur connaissance. Ils peuvent également être réunis pour accomplir des tâches, comme c'est le cas dans une unité de travail. Chacun joue des rôles définis par sa position dans la structure sociale. Dans ce cas, les relations sont déterminées par les normes, les contraintes et les statuts des individus.

Dans un collectif, chaque individu est lié à un autre par un rapport d'altérité. Chacun est interchangeable. Le collectif se définit comme un champ social «pratico-inerte», en raison de la relative indépendance des individus, chacun étant étranger à l'autre et agissant (d'où «pratico») en tenant compte minimalement de l'autre (d'où «inerte»).

LE GROUPE

Le groupe est au contraire un moyen d'action commune déterminée. Le groupe, c'est la multiplicité des relations entre les individus qui y appartiennent et des représentations qu'ils se font de ces relations. Il se définit par ses objectifs, son projet, et par son mouvement constant d'intégration des actions individuelles, essayant de supprimer toutes les formes d'inertie en son sein. Dans un groupe, chaque individu est activement responsable du projet commun; chacun se sent personnellement concerné par le projet du groupe et engagé dans sa réalisation.

Les liens qui unissent les individus sont réciproques; chacun contribue activement, selon ses capacités, à la réussite du projet commun et reconnaît la contribution des autres comme étant nécessaire. Le degré de réciprocité peut cependant varier; il peut aller d'une relation instrumentale servant les intérêts qu'ils ont mis en commun jusqu'à une relation intime transformant les intérêts communs en sentiments partagés.

Le groupe se forme parce qu'il représente un moyen d'action commune, le seul moyen de satisfaire un intérêt partagé ou de se protéger contre un danger qui menace chaque personne. Le groupe n'apparaît donc pas au hasard. Certaines conditions matérielles et affectives déterminent son existence: les besoins des individus, la prise de conscience de leurs intérêts réciproques et de leur interdépendance, l'organisation de leurs relations et le développement de leur appartenance.

La perspective du groupe qu'offre Jean-Paul Sartre (1985) met en évidence la dialectique de l'inertie et de l'action au sein des groupes sociaux. L'inertie désigne la relative impuissance des individus dans une situation donnée (Aebischer et Oberlé, 1990), le non-engagement dans les événements auxquels ils assistent, leur relative inopérance dans leur milieu, l'impersonnalité des relations interpersonnelles. L'inertie renvoie à l'énergie individuelle qui n'est pas disponible pour l'accomplissement des activités du groupe. Au contraire, l'action désigne à la fois l'énergie disponible pour l'activité et la praxis, c'est-à-dire les pratiques et les activités entreprises pour réaliser un projet.

Dans un groupe, l'énergie des individus oscille constamment entre des états d'inertie et d'action, entre des moments de fermeture au groupe (pendant lesquels les individus sont attentifs à autre chose qu'à ce que leur proposent les membres du groupe) et des moments d'ouverture (pendant lesquels les individus sont activement engagés dans le groupe).

Le groupe se forme à partir du collectif; la conscience de l'interdépendance, la prise en charge d'une finalité commune et l'organisation des relations, compte tenu des contraintes du milieu, sont les trois conditions qui rendent possible l'existence d'un groupe (Amado et Guittet, 1975; Sartre, 1985). «Que ces données soient perdues de vue, et le groupe disparaît», écrivent Amado et Guittet (1975, p. 84). En effet, le groupe est destiné à retourner à son état de collectif lorsque les relations redeviennent impersonnelles. C'est ainsi que le champ social que forment les individus oscille également, comme l'énergie de ces derniers, entre des états d'inertie et d'action, c'est-à-dire entre des moments où il est un collectif (champ social pratico-inerte) et un groupe (action commune).

LA FORMATION D'UN GROUPE: DE L'INERTIE À L'ACTION

Le groupe surgit du collectif et se transforme au fur et à mesure que s'établissent les relations d'échange et de réciprocité entre les individus et que se stabilisent ses processus de différenciation et d'intégration des actions individuelles et sociales.

DU COLLECTIF AU GROUPE ORGANISÉ

Du collectif émerge le groupe en fusion, lequel va se transformer en groupe statutaire, puis en groupe organisé, avant de se fondre à nouveau dans le collectif.

Le groupe en fusion

Dans un collectif, le groupe représente la conséquence d'un besoin, ressenti par chaque individu comme un manque qui se manifeste et qui devient un acte, une recherche des possibilités de satisfaction à partir de ce qu'il perçoit dans son milieu. Sous la pression des besoins et des intérêts, les individus prennent conscience de leur interdépendance et des possibilités d'action que leur donneraient l'union et la coopération. C'est alors qu'ils entrent en contact les uns avec les autres, qu'ils mettent en commun leurs intérêts et découvrent l'intérêt qu'ils ont en commun.

Dans un groupe en fusion, chaque individu intériorise l'intérêt qu'il a en commun avec les autres et le prend en charge. Chacun découvre l'interdépendance des actions individuelles pour l'efficacité du groupe et la satisfaction des individus. Cette prise de conscience, rendue possible par le dégel des communications, permet la transformation des relations.

Par son libre engagement dans l'action commune, chacun se sent solidaire des autres, intégré au groupe par son action personnelle, qu'il régularise lui-même. Le groupe en fusion trouve son unité dans l'action commune; il ne se pose pas comme objet de l'action, mais comme une praxis en rapport avec l'objectif choisi par tous.

Dès que le groupe a atteint son objectif ou que les pressions extérieures exercées sur lui se relâchent, il risque de disparaître, soit par éclatement (dispersion des individus), soit par ossification (inertie). Par conséquent, le groupe doit agir sur lui-même pour resserrer son unité. Dès l'instant où chaque individu perçoit un nouvel intérêt commun ou craint un nouveau danger pour lui-même, la survivance du groupe devient l'objectif commun: « [...] il faut sauver sa permanence » (Sartre, 1985, p. 516). Le moyen de maintenir l'existence du groupe, c'est de procéder à sa réorganisation.

Le groupe statutaire

D'abord, chaque individu s'engage, plus ou moins formellement et plus ou moins explicitement, à maintenir son appartenance au groupe. Le serment d'appartenance est une invention qui sert à sauvegarder le groupe et à nier l'inertie ou la dispersion qui le menace (il ne doit pas être confondu avec le contrat social). Il marque le passage d'un groupe temporaire, en danger d'éclater ou de s'ossifier, à un groupe organisé, relativement permanent. Par le serment d'appartenance, la structure des multiples relations entre les individus va encore se transformer.

La réorganisation du groupe transforme la structure diffuse du groupe en fusion en une structure statutaire des relations communes; le groupe peut maintenant se différencier, diviser et répartir les tâches, définir des fonctions, des règles et des procédures, nommer des chefs. Le groupe statutaire devient de plus en plus organisé. La définition des statuts et des rôles entraîne l'inertie dans le groupe, tout autant que le fait le rituel du serment d'appartenance, car elle réduit la marge de liberté de ses membres.

Le groupe organisé

Dans le groupe organisé apparaissent des statuts officiels, des droits et des devoirs, formant une structure permanente qui exerce des pressions sur les individus pour qu'ils demeurent loyaux et productifs. Dans cette structure, le groupe organisé tend à devenir une institution, recréant une structure collective où un tiers devient autorité et a le pouvoir d'imposer ses propres règles, assurant l'intégration des unités différenciées. Plus la structure du groupe se différencie et se formalise, plus elle devient une structure collective. Ainsi, le groupe redeviendra, un jour ou l'autre, un collectif.

LES CONDITIONS DE LA FORMATION D'UN GROUPE

Sartre explique comment les groupes surgissent du collectif et sont constamment sujets à retourner à cet état. Cinq moments caractérisent la naissance d'un groupe à partir du champ social pratico-inerte qu'est le collectif:

1) la présence d'un besoin ou d'un intérêt chez chaque individu;
2) la prise de conscience de l'interdépendance;
3) la prise de conscience d'une finalité commune;
4) l'organisation des relations entre les individus;
5) le développement de l'appartenance.

La compréhension de ces conditions requiert une explication.

La présence d'un besoin ou d'un intérêt

Pour que des individus souhaitent participer aux activités d'un groupe, il est nécessaire que chacun d'eux éprouve un besoin qui ne peut être satisfait autrement qu'en intégrant ses actions individuelles à une action commune. Le groupe devient alors une nécessité, un moyen de satisfaire les intérêts qu'ils ont mis en commun. Le groupe naît du collectif à partir de l'exigence des besoins des individus. Sartre (1985) explique:

Sans la tension originelle du besoin comme rapport d'intériorité avec la Nature, le changement n'aurait pas lieu et, réciproquement, il n'existe pas de praxis commune, à quelque niveau qu'elle se situe, dont la signification régressive ou descendante ne se rapporte pas directement ou indirectement à cette tension première (p. 453).

Ainsi, on peut affirmer qu'un groupe de travail mobilise ses membres dans la mesure où chacun a une raison de travailler avec les autres (besoin-intérêt) et qu'il est convaincu qu'il est plus efficace de faire son travail en coopérant avec les autres que de le faire tout seul (besoin-intérêt). Cette approche reconnaît que les individus sont des acteurs sociaux ayant chacun des intérêts et des logiques d'action particuliers.

Dans les organisations, plusieurs situations peuvent conduire les individus à former un groupe.

1) Les exigences de la tâche à faire : les efforts intellectuels et physiques requis ; la complémentarité ou la diversité des compétences et des connaissances, l'interdépendance des activités, des rôles et des fonctions, la difficulté ou la complexité de la tâche, etc.

2) La sociabilité et l'attraction interpersonnelle : la similitude, la complémentarité, la proximité physique, l'attention sociale et la valorisation personnelle, le besoin de tester et de vérifier la réalité sociale, l'amitié et la solidarité des employés (résolution de problèmes, négociation, expertise, entraide, etc.), le plaisir de faire des choses avec d'autres personnes, etc.

3) Une situation anxiogène : le stress, les conflits de rôles, l'ambiguïté d'une situation, la perte du sens du travail, le manque d'intérêt au travail, les conflits interpersonnels, la menace d'abolition de postes, la rationalisation des processus de production, la présence d'un individu ou d'un groupe antagoniste, etc.

Il est important de considérer les besoins et les attentes des individus au moment de la formation d'un groupe de travail ; ce groupe devrait être perçu par chacun comme un moyen d'atteindre les objectifs qu'il poursuit ou d'obtenir les résultats personnels qu'il recherche, sans quoi on risque de rassembler des individus autour d'un projet qui ne pourra les mobiliser.

La prise de conscience de l'interdépendance

La formation d'un groupe nécessite aussi la prise de conscience individuelle de l'interdépendance. Cela est possible par la communication, c'est-à-dire par la mise en commun des intérêts et des objectifs personnels. C'est aussi par la communication que les individus peuvent mettre en commun les moyens dont ils disposent pour maîtriser leur environnement, s'y développer et réaliser leur projet. En d'autres termes, pour qu'un groupe se forme, les individus doivent pouvoir déterminer les contributions qu'ils attendent les uns des autres ; ils ont besoin de l'expérience, des compétences et de l'engagement des uns et des autres pour atteindre les objectifs qu'ils ont mis en commun (interdépendance).

La prise de conscience d'une finalité commune

De cette mise en commun des intérêts et des attentes résulte la prise de conscience, individuelle et collective, d'une finalité commune. Le groupe n'est donc pas une fin en soi, mais une action qui n'a de sens que par rapport à la finalité commune et aux besoins qui l'ont déterminée. Le groupe nécessite, en conséquence, la «co-opération» des individus qui y participent.

Au moment de la formation du groupe, chaque individu partage ses intérêts avec les autres et découvre avec eux une finalité commune satisfaisant en partie ses intérêts personnels. Cette finalité peut prendre différentes formes: il peut s'agir d'une tâche commune ou d'objectifs communs; Saint-Arnaud (1989) utilise l'expression «cible commune». Lorsque cette finalité est comprise et acceptée par chaque individu, l'ensemble se transforme en un groupe caractérisé par des relations d'échange et de réciprocité (Sartre, 1985). Cette conscience et cette responsabilité devant la finalité commune servent à diriger efficacement les actions et l'engagement des individus. Le groupe s'organise alors en se fixant des objectifs qui concourent à sa finalité (Anzieu et Martin, 1986).

Les objectifs d'un groupe de travail pourront susciter l'engagement des membres s'ils sont:

1) perçus et valorisés, ce qui va susciter la responsabilité des membres;

2) clairs et spécifiques, pour orienter les actions dans une même direction;

3) réalistes et font appel aux compétences disponibles;

4) stimulants et significatifs, c'est-à-dire s'ils représentent un défi pour les individus et encouragent leur persévérance.

Il convient toutefois d'éclaircir la notion d'un objectif de groupe. Il est fréquent qu'on oppose «objectif de groupe» à «objectif de l'individu». Cela résulte en partie de la réification[2] du groupe (ou de l'organisation) en tant qu'objet existant indépendamment des individus, de leurs besoins et de leurs intérêts. Le groupe (ou l'organisation) ainsi réifié devient alors un leurre permettant de faire passer les objectifs et les intérêts de certains pour les objectifs et les intérêts du groupe (ou de l'organisation), et cela le plus souvent d'une façon non intentionnelle (ou non consciente).

L'objectif d'un groupe n'est pas une donnée *a priori*. Les objectifs du groupe n'existent pas en soi; ils renvoient tous à des systèmes de valeurs, à des idéologies qui demeurent généralement tout à fait implicites. Ils correspondent habituellement à ceux des personnes en situation d'autorité ou de leadership.

Pour un chef, les objectifs du groupe, qui sont également les siens, correspondent souvent à des finalités supérieures (des valeurs) et indépendantes de ses intérêts

---

2. Réifier: donner le caractère d'une chose à une représentation sociale comme le groupe ou l'organisation. Réification: l'action de réifier (*Nouveau Petit Robert*, 1993, p. 1912).

personnels, mais il peut s'agir aussi d'une projection de ses propres désirs inconscients sur le groupe qu'il dirige (besoin d'affection, désir de puissance, de prestige, de succès, etc.). Ces objectifs peuvent alors lui sembler extérieurs à lui-même, puisqu'ils ont été projetés de lui-même, relativement clairs et non conflictuels; le mécanisme opérant dans ce cas est celui de l'identification projective. Il est aussi possible qu'il adopte des objectifs extérieurs et indépendants, en apparence, de ses propres objectifs; il peut s'agir d'une identification à des objets qu'il ne considère pas comme les siens. Dans ce dernier cas, le mécanisme à l'œuvre est celui de l'identification narcissique.

Les valeurs et les objectifs des membres d'un groupe sont souvent multiples et inconsistants, constate Briand (1995) :

> En fait, on pourrait dire que la fameuse « tâche commune du groupe », dont traite toute la littérature sur les groupes, constitue elle aussi à la fois un idéal et une illusion créés par le travail de groupe. Ce qui compte, c'est que les membres aient l'impression de travailler à une tâche commune, mais chacun définit celle-ci à sa façon, à partir de son engagement social, et la décompose en tâches instrumentales et/ou préalables selon une « gestalt » particulière (p. 195-196).

Pour Saint-Arnaud (1989), la perception d'une cible commune constitue la première condition de la naissance d'un groupe. La définition et le partage des objectifs du groupe permettent à chacun de déterminer la nature de sa contribution. Chaque individu contribue à atteindre la finalité du groupe par ses efforts, ses actions, ses habiletés, ses connaissances et d'autres ressources pertinentes à l'action du groupe. En adhérant à la finalité du groupe, en comprenant ses objectifs, chacun se sent concerné par les activités communes. Son engagement personnel est renforcé par l'approbation et le soutien des autres. Le sentiment de faire partie du groupe se développe alors, stimulant la solidarité et la coopération.

Certaines mesures sont nécessaires pour maintenir l'intérêt et l'engagement des acteurs dans le groupe, d'où l'organisation des relations à l'aide de rôles et de normes soutenus par un système de valeurs et de croyances.

L'organisation des relations

Un groupe se définit à partir des relations entre les individus. Par «relations», on désigne les rapports d'échange et de réciprocité entre des individus, les interdépendances. Dans un groupe, chacun use de son influence afin d'atteindre les objectifs qu'il poursuit et de satisfaire ses besoins ainsi que ceux des autres. De telles relations permettent non seulement au groupe d'être autonome dans son environnement, mais aussi de mobiliser les ressources personnelles nécessaires à l'action du groupe (Saint-Arnaud, 1989).

En raison de l'influence exercée par les individus, un réseau de communication se constitue, des statuts et des rôles, des normes et des valeurs vont prendre forme dans le groupe. De plus, pour atteindre les objectifs du groupe, chaque acteur va mobiliser les ressources qu'il juge pertinentes dans ses rapports avec les autres. Ce faisant, ces ressources deviennent disponibles pour l'action du groupe.

L'organisation des relations soulève la question des normes dans les groupes. Briand (1995) a trouvé que, dans les comités, les normes sont négociables et négociées. En effet, si les individus se conforment aux attentes des uns et des autres pour devenir membres du groupe, il n'en demeure pas moins que des stratégies d'influence et de normalisation sont constamment mises en œuvre dans le but de favoriser à la fois la croissance des individus et l'efficacité du groupe.

L'organisation des relations engendre les structures du groupe, qui peuvent se présenter sous trois formes : comportementale, normative et identitaire (Brunet, 1995).

La structure comportementale

La structure comportementale correspond à l'ensemble des comportements des individus qui ont acquis une certaine régularité dans le champ social que représente le groupe. Elle est décrite à l'aide des trois composantes définies par Homans (1950) : les activités, les interactions et les sentiments.

Les activités se rapportent aux actions, aux tâches ou au travail des individus dans le groupe. Dans un groupe de travail, les individus ont des tâches à accomplir et des rôles à jouer. Dans un groupe non officiel, il peut s'agir de préparer les pauses café ou d'organiser des jeux pour se détendre. Les résultats atteints et le rendement des individus sont fréquemment utilisés pour décrire cette composante.

Les interactions correspondent aux relations que les individus entretiennent avec les autres. Dans un groupe de travail, l'accomplissement des tâches requiert bien souvent que les individus se parlent pour coordonner, évaluer ou orienter leurs activités, ou encore pour obtenir une approbation ou un soutien. La fréquence des interactions, leur durée et leur nature sont les indices de cette composante.

Enfin, les sentiments renvoient aux valeurs, aux attitudes, aux attentes et aux émotions des individus. Dans un groupe de travail, chacun cherche à faire valoir ses intérêts, exprime ses attentes, recherche la satisfaction personnelle, etc. Chacun nourrit des sentiments, positifs ou négatifs, à l'égard des autres et des tâches du groupe. Chacun a besoin de se sentir utile et valorisé par les autres. La force ou l'intensité des sentiments, des valeurs ou des attitudes donne une indication sur cette composante.

Les activités, les interactions et les sentiments sont trois composantes mutuellement dépendantes ; le changement de l'une d'entre elles entraîne un changement des deux autres. Homans (1950) a constaté que les activités qu'on demande de faire à des individus dans une équipe de travail leur donnent des occasions d'interagir ensemble. De ces interactions surgissent des sentiments, qui à leur tour influent sur les interactions et les activités des individus membres du groupe. La structure comportementale du groupe se développe peu à peu.

La structure normative

La structure normative renvoie à l'idéal du groupe; elle inclut les valeurs, les normes et les rôles sociaux[3] (Brunet, 1995).

Les valeurs inspirent les jugements et les conduites des individus concernant les activités, l'efficacité du groupe, les relations entre les membres du groupe et avec les autres groupes, le développement des personnes, la régulation des tensions dans le groupe, etc.

Les normes visent à assurer la conformité des membres; elles se traduisent généralement sous forme de règles de conduite. Argyle (1991) en a reconnu plusieurs dans les groupes de travail. Par exemple, il a établi l'existence des règles suivantes concernant la conduite à adopter envers un collègue de travail:

1) accepter une part équitable de travail;

2) respecter l'intimité des autres;

3) coopérer en ce qui concerne les conditions ambiantes de travail (lumière, température, bruit, etc.);

4) être disposé à aider si on en formule la demande;

5) taire les confidences;

6) coopérer avec les autres, même si on éprouve un sentiment de déplaisir;

7) ne pas dénigrer les collègues devant les supérieurs;

8) appeler les collègues par leur prénom;

9) demander de l'aide ou des conseils quand c'est nécessaire;

10) regarder ses collègues dans les yeux lorsqu'on leur parle;

11) ne pas poser trop de questions sur la vie privée des autres;

12) rembourser ses dettes, rendre la pareille à ceux qui nous ont rendu service et faire des compliments, quelle que soit leur importance;

13) ne pas s'engager dans des activités sexuelles avec un ou une collègue;

14) défendre les collègues durant leur absence;

15) ne pas critiquer les collègues en public.

Argyle (1991) distingue aussi des règles concernant la conduite à adopter envers les personnes avec qui on ne s'entend pas. Il reconnaît d'abord des règles générales:

1) ne pas répéter les confidences;

2) regarder les collègues dans les yeux durant les conversations;

3) respecter l'intimité des autres;

4) rembourser ses dettes, remettre des faveurs et faire des compliments, quelle que soit leur importance.

---

3.   Nous présentons les notions de valeurs, de normes et de rôles dans le chapitre 6.

À ces principes de base s'ajoutent les règles suivantes:

5) demeurer juste dans ses relations avec les autres;

6) ne pas ignorer les autres;

7) ne pas inviter ses collègues à dîner;

8) ne pas dénigrer un collègue auprès des autres;

9) ne pas demander d'aide matérielle à ses collègues;

10) ne pas feindre d'éprouver des sentiments amicaux à l'égard de ses collègues.

Les rôles et les statuts qui déterminent ceux-ci sont les produits des valeurs et des normes du groupe ainsi que des attentes et des attributions des individus qui le composent. Ils concourent à la socialisation des membres du groupe et à la régulation des rapports sociaux.

Bales (1950) a observé les modes d'interaction des membres d'un petit groupe et a constaté trois catégories de rôles: les rôles de tâches, qui visent l'efficacité du groupe; les rôles sociaux, qui servent à faciliter les interactions; et les rôles individuels, qui cherchent à satisfaire des intérêts particuliers.

Saint-Arnaud (1989) propose une typologie semblable: les rôles de production, les rôles de solidarité et les rôles d'entretien. Ces rôles visent tous à rendre disponible l'énergie des membres de l'équipe pour l'amélioration de l'efficacité et de la cohésion. En d'autres termes, ces modes d'interaction visent à orienter et à soutenir l'action commune. Saint-Arnaud (1989) définit une autre catégorie de rôles, les rôles résiduels, qui ont pour conséquence de diminuer l'énergie disponible pour le groupe et d'augmenter son inertie.

En s'inspirant des travaux de ces deux chercheurs, Mongeau et Tremblay (1995) ont tenté d'établir empiriquement la typologie des modes d'interaction dans les groupes. Ils ont trouvé six modes d'interaction: impulsif, convaincant, analytique, strict, sceptique et discret. Le tableau 7.1 présente la structure des rôles dans un groupe de tâches.

Une première analyse des données a conduit ces auteurs à déterminer deux catégories facilitant l'interprétation de ces modes d'interaction: les modes proactifs et les modes réactifs.

TABLEAU 7.1   Typologie des modes d'interaction de Mongeau et Tremblay

	Proactifs			*Réactifs*		
	Impulsif	**Convaincant**	**Analytique**	**Strict**	**Sceptique**	**Discret**
Fonctions	Dynamiser	Rallier	Clarifier	Structurer	Examiner	Appuyer
Rôles	*Production*		*Organisation*		*Relation*	

Source: Adapté de Mongeau et Tremblay (1995, p. 151).

Les modes proactifs, qui incluent les modes impulsif, convaincant et analytique, donnent lieu à des comportements qui visent à intervenir et à influencer activement le déroulement des événements dans le groupe. Mongeau et Tremblay (1995) décrivent ces modes dans les termes suivants:

L'*impulsif* exprime promptement son avis, ses sentiments et ses opinions, quitte à les analyser ultérieurement. Il ne peut s'empêcher de laisser savoir ce qu'il pense. Ses interventions dynamisent le travail du groupe. Le *convaincant* tente de persuader, de vendre une idée ou un projet. Il cherche à convaincre tout le monde et profite de toutes les occasions pour obtenir l'adhésion à ses propositions. Il sert à rallier les diverses contributions des membres autour d'un même projet. L'*analyste* met en perspective l'ensemble des éléments, communique sa compréhension des enjeux, accorde une grande importance à bien établir où l'on va. Il permet principalement de clarifier les échanges et la production (p. 146).

Les modes réactifs comprennent les modes strict, sceptique et discret. Ces modes d'interaction traduisent des réactions à ce qui se passe dans le groupe et les comportements qui leur sont associés visent à régulariser le fonctionnement du groupe et à assurer à tous une occasion de participer à la réalisation de la tâche commune. Mongeau et Tremblay (1995) définissent ainsi ces modes d'interaction:

Le *discret* appuie plus souvent qu'il ne propose, reste silencieux lors d'affrontements entre d'autres membres, est plutôt effacé et tend à noyer ses idées parmi celles des autres. Sa contribution se situe principalement au niveau de l'écoute et de l'appui aux autres membres. Le *sceptique* se fie peu aux autres. Il est aux aguets et cherche à savoir à qui profitera une décision. Face aux tensions, il tend à tout ramener à un conflit d'intérêts. Sa fonction est de surveiller et d'examiner les échanges. Le *strict* est préoccupé par le respect de l'horaire, des règles et des procédures. Il porte beaucoup d'attention à la structure et à la répartition équitable des tâches. Il sert à structurer les échanges et la production (p. 146).

Les analyses statistiques faites par Mongeau et Tremblay (1995) ont fait ressortir un deuxième niveau d'interprétation, analogue à la typologie de Saint-Arnaud (1989). L'impulsif et le convaincant ont un rôle de production, car ils visent à faire avancer la tâche du groupe. L'analyste et le strict ont un rôle d'organisation, puisqu'ils ont pour fonction de veiller au bon fonctionnement du groupe. Le sceptique et le discret ont un rôle de relation, étant donné qu'ils cherchent à assurer la qualité des relations d'échange entre les membres du groupe.

Mongeau et Tremblay (1995) font des rapprochements entre ces modes d'interaction et la personnalité des acteurs. Or, il est en effet difficile de ne pas reconnaître dans ces descriptions des types de personnalités comme l'extraverti et l'introverti, le confiant et le méfiant, ou encore le tempérament prométhéen et le tempérament dionysien. Janet (1984) enseignait à ce sujet que les individus ont tendance à jouer des rôles et des personnages qui s'accordent bien avec leur personnalité. Mongeau et Tremblay (1995) n'ont pas cherché à établir des liens entre les modes d'interaction et la personnalité, mais les résultats de leurs recherches sont très éloquents à ce sujet.

La structure identitaire

La structure identitaire est définie par les représentations sociales qui expriment le caractère distinctif du groupe et qui délimitent ses frontières. Brunet (1995) décrit ses principaux éléments : des indices de reconnaissance, des critères d'identification et l'appellation.

Les indices de reconnaissance sont en fait les caractéristiques distinctives du groupe, telles qu'elles sont perçues par ses membres. Par exemple, ce sont des techniciens, des professionnels, des infirmiers, des opérateurs, etc. Ces indices peuvent être aussi l'âge, les intérêts professionnels, les intérêts personnels, une activité sportive, etc.

Les critères d'identification sont des points de repère qui permettent d'identifier les membres : la tenue vestimentaire, le langage, les comportements ritualisés, etc.

L'appellation, ce sont les dénominations, les noms que les membres utilisent pour désigner le groupe. Par exemple, les Français, les Belges, les professeurs, le Club des 100, etc.

Lipiansky (1995) fait une mise en garde concernant l'utilisation du terme « identité » pour désigner des entités collectives telles qu'un groupe ou une organisation. L'identité est un concept psychologique qui ne se transpose pas sans écueils à une collectivité : la réification que cette application engendre a tendance à annuler les conflits et les dissensions qui existent entre les membres du groupe, ainsi qu'à nier toutes les tensions qui subsistent entre les individus, le groupe et les autres ensembles sociaux présents dans le champ social.

Cela n'empêche pas les individus de projeter leur identité sur les groupes qu'ils forment, et de conférer ce faisant une structure identitaire à ces groupes. Un cas présenté par Amado (1995) concerne justement l'identité et les craintes qui peuvent y être associées : c'est le cas du tunnel sous la Manche. Au départ, la recherche d'Amado visait à faire le point sur la claustrophobie et à anticiper les problèmes possibles pour les voyageurs qui emprunteraient le tunnel. L'échantillon était formé par des Français et des Anglais. Les sujets ont répondu à la question suivante : « Quand on évoque le tunnel sous la Manche, qu'est-ce qui vous vient à l'esprit ? » (Amado, 1995, p. 94). La majorité des réponses se rapportaient à des contenus comme l'insécurité, la claustrophobie, la xénophobie, l'ouverture sociale et culturelle, l'exploit technologique, les avantages et les facilités pratiques ; il y avait aussi des réponses neutres. Ce qui est frappant dans ce cas, ce sont les craintes des sujets pour la pérennité de leur identité une fois le lien entre l'Angleterre et la France établi, en particulier chez les Britanniques. Certains Anglais considéraient les Français comme des « envahisseurs ». Les conflits entre ces deux groupes culturels sont historiques[4]. Amado (1995) suggère des moyens de calmer les craintes identitaires et de changer les attitudes des individus.

---

4. Au Québec, on entend dire parfois que la guerre de Cent Ans n'est pas encore finie…

Le développement de l'appartenance

La présence de besoins et d'intérêts, la prise de conscience de l'interdépendance et d'un objectif commun et l'organisation des relations sont les conditions qui permettent l'émergence d'un groupe au sein d'un ensemble social. Le groupe mobilise les ressources personnelles et oriente les actions de chacun vers des finalités communes. Il s'instaure dans les relations entre les individus une dynamique qui stimule l'intérêt et l'engagement de chacun dans le projet retenu, engendrant ainsi de la cohésion.

On l'a vu précédemment, le groupe mobilise l'énergie des personnes d'une façon temporaire. Dès que les tensions qui l'ont fait apparaître s'affaiblissent, les individus ont tendance à le quitter ou à s'en désintéresser. Il se produit alors une dispersion des individus par le relâchement des liens, ou une ossification du groupe en raison de l'inertie propre aux structures collectives. Ce qui peut maintenir la permanence du groupe, c'est justement l'utilisation de cette menace contre sa permanence, menace qui se traduit par le développement de l'appartenance de chacun au groupe. La force du sentiment d'appartenance est déterminée par plusieurs facteurs: le temps consacré aux activités et aux relations, l'intensité émotive, le degré d'intimité partagée avec les autres et la teneur des services échangés.

Chaque personne prend part à différents groupes, tant à l'intérieur d'une même organisation qu'à l'extérieur de celle-ci. Chacun est ainsi amené à réaliser, dans ces groupes, des projets différents et potentiellement concurrentiels et contradictoires. Les conflits ne sont plus, par conséquent, situés sur le plan des relations sociales, mais sur le plan de l'individu; ils se rapportent à sa propre identité. Freud (1985) l'exprime ainsi:

> Chaque individu fait partie de plusieurs collectivités, présente les identifications les plus variées, est orienté par ses attaches dans des directions multiples, et a construit son *idéal du moi* d'après les modèles les plus divers (p. 137).

Les normes et les structures ont, en outre, pour projet et pour effet d'organiser les relations et de reconstituer l'identité des individus. Par exemple, le fait de s'appeler par son prénom, le tutoiement, les présentations sont autant de pratiques qui peuvent comporter toute une série de dénégations, instaurant de la sorte une rupture entre le « moi-ici » et le « moi-ailleurs », entre le rôle et la personne qui le joue. Cette quête de cohérence, voire d'unité dans le groupe, peut aller de la recherche de relations égalitaires jusqu'à la dénégation des différences individuelles, sociales ou culturelles. C'est là le danger de l'appartenance, car des individus vulnérables peuvent adopter des conduites conformistes, voire fascistes, afin d'être acceptés par les autres, de se donner l'impression d'avoir de la valeur, d'être quelqu'un.

~

Un groupe, c'est une multitude de relations sociales, structurées en fonction d'une finalité commune, dans un environnement qui a des exigences envers l'individu et le groupe. Le groupe est déterminé par des conditions matérielles et affectives. Il ne se forme pas au hasard; il naît d'un rassemblement d'individus où chacun agit de façon indépendante et anonyme. Lorsque ces individus éprouvent des besoins qui doivent être satisfaits, lorsqu'ils se sentent impuissants à agir seuls et qu'ils prennent conscience qu'ensemble, ils pourraient y parvenir, ils intègrent leurs actions individuelles dans une action de groupe. Autrement dit, le groupe apparaît au moment où ces individus prennent conscience de la compatibilité de leurs intérêts et de leur interdépendance.

Dans le groupe, la communication est essentielle pour assurer le développement des relations sociales et pour transformer les activités individuelles en activités de groupe. C'est en communiquant avec les autres que les individus peuvent prendre conscience des intérêts qui les lient et de leur autonomie. Ils peuvent ainsi organiser des activités de groupe en fonction des objectifs qu'ils se sont fixés. À mesure que les réseaux de communication prennent forme et se stabilisent, les individus peuvent définir leurs statuts et leurs rôles (Leavitt, 1951). Par la communication, ils peuvent aussi reconnaître et intérioriser les valeurs et les normes du groupe.

Quand le groupe commence à produire les résultats attendus, les tensions qui légitimaient son existence s'affaiblissent et il a tendance à se dissoudre. Pour sauvegarder la permanence du groupe, certains membres vont se servir de cette tendance à le quitter comme une menace contre l'existence du groupe, et chaque individu se percevra comme susceptible de «trahison». Percevant la possibilité de rompre ses relations avec les autres, chacun va, de façon plus ou moins explicite, assurer le groupe de sa loyauté et affirmer ainsi son appartenance. À partir de cette garantie, la structure du groupe peut se différencier et s'élaborer. Par la définition des statuts et des rôles, le nivellement des conduites et le conformisme, l'inertie s'introduit dans la structure du groupe. Le développement du groupe organisé s'accompagne de la résistance au changement et a pour conséquence soit son ossification (en devenant une bureaucratie), soit sa dispersion (les individus se désintéressent progressivement des activités du groupe et se fondent dans le rassemblement).

Dans le groupe devenu institution, les rapports entre les individus se transforment: ils deviennent asymétriques, au sens où certains ont plus de pouvoir que d'autres. Les membres du groupe acceptent d'obéir à quelques-uns et ainsi de servir leurs intérêts particuliers. Les rapports prennent alors la forme de manipulateur à manipulé, chaque partie cherchant à se servir de l'autre pour satisfaire ses propres intérêts. Les conflits dans les groupes et entre les groupes de l'organisation sont nécessaires à leur développement et à celui de l'organisation. Loin de menacer leur existence, ils sont source de créativité et d'innovation, dans la mesure où, bien sûr, les individus sont disposés à coopérer.

Dans les organisations, les groupes ou les équipes de travail présentent des caractéristiques semblables à celles des groupes organisés:

1) les groupes de travail s'inscrivent dans une structure organisationnelle;

2) il existe une hiérarchie des individus;

3) des processus de commandement, d'influence et de décisions régularisent les rapports et les activités des uns et des autres;

4) les groupes de travail ont des objectifs à atteindre, qui concordent plus ou moins avec ceux de l'organisation ;

5) tous les membres du groupe de travail n'adhèrent pas forcément aux objectifs de celui-ci ;

6) il existe des enjeux tant à l'intérieur qu'à l'extérieur du groupe, réduisant ainsi les répercussions des interventions personnelles dans le groupe (Lemoine, 1995b).

Les groupes de travail font preuve de beaucoup d'inertie et le souhait des gestionnaires est de transformer cette inertie en action commune et de stimuler l'effort des individus pour atteindre les objectifs organisationnels. Les préoccupations dont les médias professionnels se font l'écho, concernant les habiletés de direction, la conception et la transformation du travail ainsi que la qualité de vie au travail, font foi des problèmes d'inertie dans les organisations.

Depuis les années 1970, les groupes de travail ont reçu plusieurs dénominations: cercle de qualité, groupe semi-autonome, *task force*, équipe de travail, équipe autogérée, équipe de projet, comité, etc. Guzzo et Dickson (1996) font remarquer que le mot « équipe » a progressivement remplacé le mot « groupe » dans la littérature en psychologie du travail et des organisations parce qu'il suggère le sens de l'engagement chez les membres et la synergie de leurs efforts. Toutefois, le mot « groupe[5] » est encore très largement utilisé dans les recherches.

Le concept d'« équipe de travail » est très présent dans les organisations; le Conference Board du Canada a d'ailleurs défini le profil d'employabilité en conséquence: comprendre les buts de l'organisation et y apporter sa contribution, respecter la pensée et l'opinion des autres membres du groupe, faire des concessions mutuelles pour permettre au groupe d'atteindre ses objectifs, etc. Dans la prochaine section de ce chapitre, nous décrirons les caractéristiques des équipes de travail ainsi que les habiletés requises pour travailler en équipe.

LES ÉQUIPES DE TRAVAIL

Guzzo et Dickson (1996) définissent ainsi la notion de **groupe de travail**: une entité formée d'individus qui se perçoivent et qui sont perçus comme en faisant partie, qui sont interdépendants en raison du travail qu'ils ont à faire, qui sont intégrés dans des ensembles sociaux plus larges (par exemple, la communauté, l'organisation) et dont les activités ont des effets sur autrui (clients, collègues, etc.). Savoie et Mendès (1993) donnent une définition semblable de la notion d'**équipe de travail**: « [...] tout ensemble formel bien identifié, de deux individus ou plus, interdépendants dans l'accomplissement d'une tâche dont ils partagent collectivement la responsabilité envers l'organisation » (dans Savoie et Beaudin, 1995, p. 118).

---

5. Dans cet ouvrage, les termes « équipe » et « groupe » sont considérés comme des synonymes et sont utilisés indistinctement.

Les équipes de travail sont des unités de l'organisation, et ce fait détermine les caractéristiques de cette dernière (Lemoine, 1995b). Parce qu'elles sont enchâssées dans la structure d'une organisation, leurs activités doivent s'intégrer et se différencier de ce qui se passe dans leur milieu, où d'autres groupes ont des intérêts à faire valoir et des exigences à leur égard (par exemple, les consommateurs, les services de l'organisation, le gouvernement, etc.) (Lawrence et Lorsch, 1967).

Les équipes de travail sont formées de personnes qui ont été recrutées par des responsables en vertu de leurs qualifications pour accomplir des tâches. Chaque personne se voit et est perçue comme faisant partie de l'équipe de travail. Une équipe de travail, c'est un système social doté de frontières, précisant qui en fait partie et qui n'en fait pas partie.

Normalement, chaque membre de l'équipe a un droit de parole et peut être appelé à prendre des décisions. Les droits et les devoirs de chaque membre de l'équipe sont fonction de son statut. Une équipe de travail, c'est un système doté d'une structure sociale qui prescrit les rôles et les tâches de chacun.

Les membres de l'équipe sont interdépendants dans l'exécution du travail, mais leurs relations sont d'abord instrumentales avant de devenir affectives: leurs échanges concernent surtout le travail à faire et ce n'est qu'avec le temps que peuvent apparaître des liens d'attachement.

Enfin, le travail de l'équipe est organisé en fonction d'objectifs précis, définis par des gestionnaires avec ou sans leur participation. L'équipe de travail est chargée de l'accomplissement de plusieurs tâches dont les membres sont collectivement responsables. Les résultats du travail peuvent être évalués par les autres (Savoie et Beaudin, 1995).

LA PERFORMANCE D'UNE ÉQUIPE DE TRAVAIL

L'évaluation de la performance d'une équipe de travail est à la fois une tâche importante dans le contexte du contrôle de gestion et un problème qui survient lorsque arrive le temps de la faire. En fait, il n'y a pas de consensus sur la mesure de la performance. Récemment, Savoie et Beaudin (1995) ont proposé un modèle multidimensionnel qui tente d'intégrer les connaissances acquises sur cette question et qui s'appuie sur les recherches de Morin et autres (1994) concernant l'efficacité des organisations. Le modèle que proposent Savoie et Beaudin (1995) comporte quatre dimensions: la qualité de l'expérience groupale, le rendement de l'équipe, la légitimité politique de l'équipe et sa pérennité.

La qualité de l'expérience groupale se rapporte à la possibilité qu'offre l'équipe de donner à chacun de ses membres des conditions positives de travail et de vie et des occasions de croissance. Le rendement de l'équipe renvoie spécifiquement à l'efficience de l'équipe, c'est-à-dire à sa capacité de produire les résultats qu'on attend d'elle en employant le minimum de ressources. La légitimité de l'équipe correspond à la dimension politique: elle fait référence à l'évaluation de l'efficacité groupale par des groupes externes. Enfin, la pérennité de l'équipe indique sa capacité d'assurer sa permanence. Le tableau 7.2 présente les dimensions et les critères de ce modèle.

TABLEAU 7.2   Dimensions et critères de l'efficacité des équipes de travail

Qualité de l'expérience groupale	**Rendement de l'équipe**
Qualité de vie ou climat (niveau des tensions, satisfaction des relations avec le supérieur immédiat, qualité de la relation avec les collègues, etc.).	Productivité (gains de productivité, efficience, amélioration des produits et services, etc.).
Satisfaction au travail (taux de rotation des employés, absentéisme, nombre de griefs, fierté du travail accompli, etc.).	Économie des ressources (réduction des pertes, taux d'accidents, taux de rotation des stocks, etc.).
Soutien au travail (communication instrumentale, écoute et confiance entre les membres, coopération).	Rentabilité (revenus et coûts, bénéfices réalisés, etc.).
Croissance professionnelle (développement des compétences, vitesse d'apprentissage ou de transfert des technologies, mobilité, etc.).	Exécution de la tâche (qualité de la décision, rapidité de la décision, résolution des problèmes, etc.).
Compétences (compétences des membres, qualité des stratégies, familiarité avec la tâche, les membres de l'équipe et le milieu).	
Légitimité de l'équipe	**Pérennité de l'équipe**
Légitimité reconnue par l'organisation (habiletés à coopérer avec les autres équipes).	Engagement des membres envers l'équipe (loyauté, engagement à demeurer dans l'organisation, capacité et désir des membres de continuer à travailler ensemble, participation aux activités sociales).
Légitimité reconnue par la clientèle (qualité des produits et services, taux de rebuts, respect des délais de livraison, qualité du service à la clientèle).	Capacité d'adaptation de l'équipe (adaptation aux changements de l'environnement, assimilation de nouveaux membres, intégration sociale).
Légitimité reconnue par le superviseur (évaluation par le superviseur de la qualité du travail de l'équipe).	

Source: Adapté de Savoie et Beaudin (1995, p. 120-121).

LES FACTEURS DÉTERMINANTS DE L'EFFICACITÉ GROUPALE

Il y a quatre facteurs qui déterminent la performance d'une équipe de travail, d'après Savoie et Beaudin (1995): l'interdépendance de l'équipe et de son environnement, l'interdépendance des membres de l'équipe, la qualité des transactions entre les équipiers et la composition de l'équipe.

L'interdépendance de l'équipe et de l'environnement

Selon Lawrence et Lorsch (1967), une organisation est un système proactif qui cherche à s'adapter à la complexité de son environnement par la formation de sous-systèmes, chacun ayant un secteur de l'environnement à exploiter, soit les secteurs du marché, de la technologie et de la recherche. Ces sous-systèmes correspondent aux unités de travail ou, en d'autres termes, aux équipes de travail.

Chaque équipe de travail a tendance à se différencier des autres en raison des relations particulières qu'elle entretient dans son secteur. Par exemple, l'équipe des ventes se tiendra au courant des nouvelles tendances du marché et cherchera à convaincre les équipes de production du bien-fondé de créer de nouveaux produits. Chacune développe aussi une structure plus ou moins officielle, selon son secteur d'activité. Le type de structure d'une équipe serait déterminé, toujours selon Lawrence et Lorsch (1967), par le degré d'incertitude de son environnement immédiat, lequel varie en fonction de la validité des informations utilisées dans les activités, de la connaissance des causes et des effets de ses activités sur l'organisation et sur l'environnement, et du temps qu'il faut pour connaître les résultats. Chaque équipe est également différenciée des autres par la nature des objectifs qu'elle poursuit, par l'horizon temporel de sa gestion (court terme versus long terme) et par l'orientation des relations humaines (tâche versus personne).

Pour être efficace, l'organisation du travail doit fournir les moyens nécessaires pour intégrer les activités des équipes de travail. Ces moyens sont les suivants la communication directe entre les gestionnaires et les services de liaison, des règles inter-services appropriées, et une structure hiérarchique où l'attribution de l'influence est fondée sur l'expertise, où l'influence des équipes est exercée et où les conflits sont efficacement traités. Les réseaux de communication, la structure d'autorité et les règles servent ainsi à intégrer les activités de chaque équipe dans une stratégie commune, orientée vers les objectifs de l'organisation.

Cette représentation de l'organisation met en évidence les interdépendances des équipes de travail avec les autres équipes et avec les groupes externes. C'est ainsi que la performance d'une équipe de travail est, en partie, déterminée par la capacité de ses membres à clarifier les objectifs de l'entreprise, à orienter les efforts des membres en conséquence, à évaluer sa position dans le secteur d'activité, à déterminer l'évolution du marché et de ses contraintes, à obtenir un feed-back de la clientèle, des gestionnaires et des autres équipes sur la performance, et à coordonner les activités de l'équipe avec celles des autres équipes de l'entreprise.

Sur le plan de l'intervention, il est possible d'améliorer l'interdépendance de l'équipe et de son environnement en recourant aux moyens suivants: définition claire d'un mandat stimulant pour l'équipe, formulation d'objectifs de performance servant à évaluer les écarts et à les corriger, mise en place d'un système d'information sur la performance de l'équipe et développement d'un mode de gestion fondé sur la concertation.

L'interdépendance des équipiers

L'interdépendance des équipiers est ici entendue du point de vue externe, structurel. Ce facteur renvoie à tout ce qui est mis en place, d'une façon «objective », pour faire en sorte que les équipiers se trouvent dans une situation d'interdépendance, soit par le mode d'organisation des tâches (chacun a besoin des compétences et de la contribution des autres pour faire son travail), soit par le système de récompenses (les récompenses que chacun reçoit dépendent du rendement de l'équipe), soit par le mode de prise de décision (les décisions sont prises après avoir consulté les équipiers ou par consensus), etc.

Les gestionnaires peuvent donc améliorer l'interdépendance des équipiers en agissant sur le système de récompenses, la rotation des affectations, la décentralisation de la gestion du personnel et de la discipline, etc.

La qualité des transactions entre les équipiers

La théorie des groupes restreints présentée au début de ce chapitre montre clairement que pour qu'un groupe se forme, les individus doivent prendre conscience de leur interdépendance. Il en est également ainsi dans les équipes de travail: pour qu'elles aient un effet synergique sur les activités individuelles, chaque équipier doit être conscient de son interdépendance avec les autres. Or, dans le modèle de Savoie et Beaudin (1995), ce facteur est appelé «qualité des transactions» pour le distinguer du facteur précédent. Si l'interdépendance des équipiers définie précédemment est un facteur de nature structurelle, la qualité des transactions entre les équipiers renvoie, quant à elle, à l'interdépendance instrumentale et affective des équipiers.

Du point de vue d'un observateur, il est possible d'évaluer la qualité des transactions entre les équipiers concernant la tâche commune, les relations et l'autorégulation de l'équipe. En d'autres mots, un observateur peut évaluer le degré d'interdépendance entre les équipiers, du point de vue relationnel, par le type d'interactions qu'ils ont établies. Des équipiers préféreront diriger les activités du groupe vers l'atteinte de ses objectifs; d'autres veilleront à mobiliser les compétences de tous et de chacun pour améliorer la participation au travail de l'équipe; d'autres encore préféreront aider leurs collègues à communiquer leurs idées, etc.

Pour augmenter la qualité des transactions entre les équipiers, les gestionnaires peuvent planifier des activités de consolidation d'équipe.

La composition de l'équipe

La composition de l'équipe est également un facteur déterminant l'efficacité de cette dernière en milieu de travail. Elle se rapporte aux attributs des membres ainsi qu'à la taille de l'équipe. Savoie et Beaudin (1995) expliquent que les recherches portent surtout sur la compatibilité des valeurs entre les individus et l'organisation ainsi que sur la complémentarité des compétences au sein de l'équipe. Les pratiques de recrutement, de sélection et de socialisation des employés sont utiles pour composer des équipes de travail efficaces.

Quant à la taille de l'équipe, Amado et Guittet (1975) rapportent qu'un groupe de trois personnes est optimal pour régler un problème logique; un groupe de six, pour trouver diverses solutions à un problème; et un groupe de 12, lorsqu'il s'agit de confronter des points de vue sur un problème. Ces chercheurs précisent toutefois que

TABLEAU 7.3   Les indicateurs du mandat et des objectifs d'une équipe de travail

1) Le mandat de l'équipe est clair et accepté par les membres.

2) Le mandat de l'équipe est la cible commune des activités des membres de l'équipe.

3) Les normes de l'équipe encouragent les membres à faire de leur mieux.

4) Chacun peut dire à quoi sert le travail de l'équipe et à qui sont destinés ses résultats.

5) Chacun sait ce qu'il doit faire pour que l'équipe atteigne ses objectifs.

les chiffres avancés ne sont donnés qu'à titre indicatif. En fait, il faut tenir compte de plusieurs facteurs, dont la nature du problème à résoudre, les compétences des participants, la qualité de leurs relations, le temps disponible, l'urgence de la situation, etc. Un nombre trop élevé de personnes peut engendrer des problèmes de participation (*social loafing*, *free rider*, etc.).

LES CARACTÉRISTIQUES D'UNE ÉQUIPE PERFORMANTE

Il ressort de ces études que les observations suivantes sont les caractéristiques d'une équipe performante: le sentiment d'avoir un but commun, le pouvoir d'agir avec autorité, l'interdépendance des équipiers, l'ouverture de la communication, la reconnaissance et l'appréciation.

Le sentiment d'avoir un but commun

Pour être efficace, une équipe de travail a besoin d'avoir un mandat clair et stimulant. Pour que les objectifs suscitent l'adhésion des membres, ils doivent être compris et acceptés; ils doivent aussi avoir du sens pour eux. Dans la mesure où les membres auront fait leurs les objectifs de l'équipe, ils seront capables d'orienter efficacement leurs efforts pour les atteindre (Locke et Latham, 1990). Le tableau 7.3 présente les indicateurs concernant le mandat et les objectifs d'une équipe de travail efficace.

Le pouvoir d'agir avec autorité

Le pouvoir d'agir avec autorité renvoie à la notion d'*empowerment*, c'est-à-dire à l'habilitation des membres de l'équipe. Pour être efficace, l'équipe doit avoir le pouvoir de négocier des ententes et d'effectuer les ajustements requis pour accomplir son mandat. Cela implique, entre autres, que les tâches soient distribuées selon les compétences distinctives des membres de l'équipe et que les responsabilités de l'équipe soient reconnues. Une équipe qui agit avec autorité détermine et utilise les ressources de l'équipe, ajuste ses procédés pour atteindre les objectifs et peut expérimenter différentes façons de faire les choses (Raelin, 1989). Le tableau 7.4 présente les indicateurs de la responsabilité d'une équipe.

TABLEAU 7.4   Les indicateurs de responsabilité d'une équipe

> 1) L'équipe est tenue responsable de ses décisions et de ses résultats.
> 2) L'équipe a les ressources nécessaires pour accomplir ses tâches.
> 3) L'équipe tient compte des ressources à sa disposition et les utilise à bon escient.
> 4) Les membres de l'équipe peuvent recevoir la formation nécessaire pour développer leur compétence.
> 5) Les membres de l'équipe sont libres d'utiliser les moyens appropriés pour atteindre les objectifs de l'équipe.

L'interdépendance des équipiers

Les équipes performantes sont composées d'un nombre suffisant de personnes pour réaliser leur mandat. Les personnes qu'elles recrutent ont les qualifications requises pour faire le travail qu'on attend d'elles (traits de personnalité, aptitudes et compétences), sont intéressées par les tâches et sont disposées à travailler dans les conditions existantes.

De plus, les personnes doivent être liées les unes aux autres par des rapports d'échange et de réciprocité : l'échange de ressources et de savoir-faire ainsi que des règles garantit la réciprocité et les arbitrages nécessaires (Amado et Guittet, 1975). En d'autres termes, chaque personne doit avoir besoin des autres pour accomplir efficacement son travail. Le tableau 7.5 présente les indicateurs concernant l'interdépendance des équipiers.

L'ouverture de la communication

Une communication ouverte est un préalable pour améliorer la performance d'une équipe. Senge (1991) a constaté que les équipes apprenantes cherchent à établir un équilibre entre le dialogue et la discussion. Par le dialogue, chacun exprime librement son point de vue sur la question, mais sans l'imposer ; l'exploration, la réflexion et l'examen des différents points de vue permettent de mieux comprendre ou de mieux sentir les origines des idées elles-mêmes. Par la discussion, différents points de vue sont présentés ; on défend ses positions, on compare ses analyses et on prend des décisions.

TABLEAU 7.5   Les indicateurs de l'interdépendance des équipiers

> 1) Les membres de l'équipe ont les compétences requises pour faire ce qu'on attend d'eux.
> 2) Ils acceptent les conditions de travail.
> 3) Ils sont intéressés à participer au travail de l'équipe.
> 4) Chacun est conscient des avantages de la coopération.
> 5) Chacun apporte une contribution au succès de l'équipe.

TABLEAU 7.6   Les indicateurs d'une bonne communication au sein d'une équipe

1) L'équipe reçoit régulièrement un feed-back sur sa performance.
2) Le feed-back reçu à propos de la performance permet de l'améliorer.
3) Quand un membre de l'équipe donne son opinion, les autres en tiennent compte.
4) Les membres se font mutuellement confiance : les différences individuelles sont reconnues et mises en valeur.
5) L'équipe encourage le dialogue, qui facilite la réflexion et l'amélioration de la performance.

Plusieurs comportements indiquent le degré d'ouverture de la communication dans une équipe. Par exemple, les membres de l'équipe soutiennent et encouragent la participation de chacun; ils écoutent les diverses opinions et y répondent; ils partagent spontanément les opinions, les sentiments, les idées et les suggestions, et ce avec honnêteté et clarté; ils s'encouragent les uns et les autres à trouver de nouvelles idées lorsque la créativité est nécessaire; ils s'entraident pour respecter les délais et atteindre les objectifs de l'équipe; et ils réévaluent les processus du groupe lorsque cela est utile.

L'ouverture de la communication permet aux membres de l'équipe de se donner un feed-back sur leur performance et de résoudre plus facilement les problèmes qu'ils rencontrent. Senge (1991) a trouvé à ce sujet que les équipes apprenantes regardent la réalité en face, les conflits et les défenses au sein de l'équipe, améliorant ainsi leur capacité d'apprendre de leurs expériences et de généraliser leurs bonnes idées. Le tableau 7.6 présente les indicateurs d'une bonne communication au sein d'une équipe.

La reconnaissance et l'appréciation

En dernier lieu, la reconnaissance et l'appréciation constituent un levier de mobilisation[6] important : les employés sont intéressés à investir des efforts dans le travail dans la mesure où ils perçoivent la possibilité d'en retirer les avantages attendus. La nature du système de récompenses peut empêcher ou stimuler l'apparition de conduites de coopération. Par exemple, l'existence d'un objectif de groupe et le renforcement des conduites individuelles en vertu de la réussite du groupe favorisent la coopération. Cependant, un tel système n'est pas très efficace lorsque le groupe est important en nombre et que les tâches à accomplir sont indépendantes les unes des autres. Dans ce dernier cas, le renforcement des conduites individuelles fondé sur la réussite personnelle encourage la compétition. Le tableau 7.7 présente les indicateurs de la reconnaissance et de l'appréciation au sein d'une équipe.

---

6.   Nous présentons les leviers de mobilisation dans le chapitre 3 sur la motivation.

TABLEAU 7.7   **Les indicateurs de la reconnaissance et de l'appréciation au sein d'une équipe**

---

1) Le supérieur hiérarchique montre qu'il a de la considération pour les membres de l'équipe.

2) Les contributions des membres de l'équipe sont équitablement reconnues.

3) L'excellente performance est reconnue et récompensée équitablement.

4) Les récompenses sont contingentes relativement à l'atteinte des objectifs fixés.

5) La reconnaissance des problèmes sur le plan de la performance est considérée comme une occasion de s'améliorer.

L'OMBRE D'UNE ÉQUIPE DE TRAVAIL

C'est en examinant courageusement les problèmes qui causent de la gêne dans une équipe de travail que de véritables améliorations peuvent être faites en ce qui touche la dynamique d'un groupe et son efficacité. Par contre, laisser perdurer une situation inacceptable ne règle pas les problèmes, et les conflits qui peuvent en émerger risquent d'entraîner des conséquences fâcheuses. Carl Jung (1978) écrit:

> Ce n'est pas une petite affaire que d'admettre sa culpabilité et le mal que l'on porte en soi, mais il n'y a certainement rien à gagner à perdre de vue son ombre. Quand nous sommes conscients de notre culpabilité, nous sommes dans une position favorable—nous pouvons au moins espérer changer et nous améliorer. Comme nous le savons, tout ce qui demeure inconscient est incorrigible; des corrections psychologiques peuvent seulement être faites dans la conscience (p. 215-216).

Dans les groupes, comme dans les équipes de travail, il existe des sujets tabous, des activités importantes ou des arrangements significatifs qui ne sont ni discutés ni discutables pour toutes sortes de raisons. En parler ouvertement risquerait de froisser certaines personnes, cela pourrait causer du tort à l'équipe, cela pourrait gêner la progression de la carrière de quelqu'un, etc. L'ombre d'une équipe de travail, c'est le non-dit qu'il est interdit d'expliciter.

Prenons un exemple. Charles G. est un gestionnaire de 41 ans, au service d'une grande entreprise canadienne. Ancien officier de l'armée, Charles s'est gardé en excellente forme physique grâce à un programme suivi d'haltérophilie et de natation. Très bien formé (il possède un diplôme en sciences administratives) et s'exprimant avec aisance, Charles a un commentaire pour chaque situation, un précieux conseil, une blague méprisante ou une critique personnelle. Pas une pensée ne lui traverse l'esprit sans qu'il ne la communique à tous. Il atténue même ses défauts en faisant des déclarations telles que: «Je suis le premier à reconnaître mes préjugés. J'ai seulement de la difficulté à transiger avec les femmes ou les personnes provenant de groupes minoritaires qui occupent des fonctions égales à la mienne.» Il a une bonne productivité et il est attentif à son travail et à la performance de son équipe. Les évaluations annuelles de sa performance sont excellentes. Il est un très bon gestionnaire—si bon en fait que d'autres entreprises lui ont déjà fait des offres d'emploi. Mais Charles est un fin renard;

il a le don de faire passer ses intérêts personnels pour ceux de l'entreprise, ou encore pour de la loyauté envers les gens de son unité de travail. Au bureau, il est devenu le catalyseur, alignant chaque personne «pour» lui ou «contre» lui. Les femmes gestionnaires ne semblent pas apprécier ses manières, mais les femmes de l'équipe de soutien semblent être d'avis contraire. Les hommes aussi sont divisés entre les «pro-Charles» et les «anti-Charles», quoique ce partage ne dépende pas clairement de la position hiérarchique. Charles fait fi de la colère dirigée contre lui en arguant que cela n'est que «simple jalousie». Le climat de travail dans l'équipe n'a jamais été le sujet d'une discussion ouverte; une règle implicite dans la culture de l'entreprise veut que «les relations entre les personnes soient une affaire privée». Le sujet des relations personnelles n'est jamais abordé dans les réunions, et ce qu'il améliore ou détériore les affaires. Ainsi, les comportements de Charles envers ses collègues et ses subordonnés sont toujours demeurés hors du contrôle administratif. Charles transgresse, d'une façon discrète, certaines règles de l'entreprise. Par exemple, il rentre chez lui plus tôt pour effectuer des tâches domestiques; il loue toujours des chambres d'hôtel à un tarif un peu plus élevé que celui qui est autorisé. Quelques-uns des collègues de Charles ont été témoins de ses écarts de conduite, et ils envient son habileté à s'en tirer aussi facilement. Mais aux yeux des supérieurs, un peu de grogne parmi les employés, c'est moins important que les résultats.

Le cas de Charles montre l'ombre de cette équipe de travail: le manque de courage à l'égard de la déviance sociale (non-respect des collègues) et organisationnelle (abus des règles) ainsi que la fascination qu'exerce la notion de performance. Imaginez que vous êtes le supérieur hiérarchique de Charles et que vous décidez de fermer les yeux sur sa conduite. Quelles conséquences cela pourrait-il avoir pour Charles, pour ses collègues et pour vous-même?

Dans une équipe de travail, il peut y avoir des comportements, des attitudes, des croyances, des activités ou des arrangements qui sont maintenus par une ou des personnes que les membres de l'équipe connaissent, mais dont ils refusent de discuter parce qu'ils perçoivent des menaces, réelles ou imaginaires, pour les membres de l'équipe ou pour l'équipe. La présence de sujets indiscutables est une menace qui cause de l'anxiété et qui engendre, le plus souvent, des stratégies défensives. Par exemple, les décisions sur des questions sans importance peuvent être soumises à l'approbation de la Direction, ce qui prend beaucoup de temps; ou encore, les membres de l'équipe peuvent examiner minutieusement tous les détails et vérifier tous les aspects d'une décision avant de la prendre; ou bien, les membres de l'équipe peuvent se comporter d'une façon agressive en prétextant jouer les avocats du diable, etc.

Avant qu'un sujet ne devienne tabou, des idées et des hypothèses sont émises pour l'expliquer ou l'ignorer. Par exemple, les membres de l'équipe peuvent manquer de confiance en eux-mêmes et cela peut les conduire à douter de leur capacité à prendre des décisions et à avoir peur d'être pénalisés s'ils commettent des erreurs. Ou encore, il peut exister des conflits entre les membres de l'équipe, mais personne n'a envie d'intervenir pour les régler, etc.

Plusieurs motifs peuvent être avancés pour justifier le fait que ces sujets ne soient pas discutés sérieusement dans une équipe: cela ne touche pas la performance de l'équipe; il faut donner la chance au coureur; travailler en équipe n'exige pas qu'on aime travailler ensemble; on n'a pas de preuves; ces comportements ne sont pas observables; les résultats ne sont pas quantifiables; etc. Ce sont là des rationalisations qui témoignent de la vulnérabilité des membres d'une équipe. Ce qui est dommage, c'est que les activités ou les arrangements cachés aient des effets sur la qualité de vie au travail et sur la performance des équipes (Egan, 1994; Senge, 1991).

Il faut de la compétence et du courage pour faire sortir de l'ombre les sujets complexes. Egan (1994) suggère de commencer par décrire les activités significatives pour l'entreprise et les arrangements qui demeurent cachés ou qui ne sont pas discutés, pour n'importe quelle raison, à l'occasion des réunions de service. Ces arrangements influent sur la performance et la qualité de vie au travail.

Pour faire sortir de l'ombre des sujets complexes, Egan (1994) et Senge (1991) font les recommandations suivantes:

1) respecter la peur que soulève la tâche de faire sortir de l'ombre des problèmes; surveiller les attributions non vérifiées et, en particulier, les motifs des personnes concernées;

2) être vigilant et curieux plutôt que soupçonneux; explorer les situations qui ne semblent pas faire problème; être attentif à ce qui est dit et à ce qui ne l'est pas; remettre en question les idées et les prémisses, les attitudes et les comportements, non pas les personnes;

3) s'il faut agir, agir d'une façon décidée; ne pas hésiter à aborder les sujets qui violent les valeurs de l'entreprise ou de la société;

4) examiner avec soin les activités et les arrangements qui semblent ajouter de la valeur à l'institution, même s'ils contreviennent à certaines règles existantes;

5) ne pas officialiser immédiatement les arrangements cachés qui sont profitables pour l'institution; cela pourrait les rendre caducs.

Ces principes permettent de faire sortir de l'ombre des sujets complexes. Cette tâche soulève généralement des défenses qu'il faut surmonter. Egan (1994) fait quelques suggestions pour gérer les défenses:

1) déterminer les conséquences de ne pas en discuter ouvertement;

2) discuter avec un confident des peurs concernant les revers possibles de les faire sortir de l'ombre;

3) déterminer ce qui peut être fait pour minimiser les conséquences négatives possibles;

4) acquérir des habiletés de relation d'aide (écoute active, empathie, dialogue orienté vers la résolution de problèmes).

LES RÉUNIONS D'ÉQUIPE

Travailler en équipe suppose la participation à des réunions, que ce soit pour discuter d'un sujet précis, pour résoudre des problèmes ou pour accomplir une tâche. Il est possible d'améliorer l'efficacité des réunions par l'application de certaines règles de fonctionnement, à commencer par la préparation de la réunion et son animation (Amado et Guittet, 1979 ; Mucchielli, 1987).

La préparation de la réunion

La préparation d'une réunion est importante ; il faut convoquer les participants, mettre en place des conditions matérielles adéquates et planifier l'ordre du jour.

Inviter les participants

Comme on l'a vu précédemment, le nombre de participants dépend de la nature de la tâche à accomplir, du temps dont dispose l'équipe pour la réaliser, de la qualité des relations entre les personnes réunies et des attentes envers cette réunion (Saint-Arnaud, 1989). Le nombre optimal, selon Amado et Guittet (1979), se situe entre 6 et 10 personnes. Si on peut choisir les participants, le choix devrait tenir compte de leurs compétences et de leur expérience, de leur intérêt pour la tâche de l'équipe et de leur désir d'apprendre, de leurs aptitudes à participer à une réunion de groupe et à faire progresser ce dernier.

Il faut convoquer les participants à la réunion dans un délai raisonnable et leur donner des indications précises sur le lieu et l'heure. Il faut les informer de l'objectif et du sujet de la réunion. Si des observateurs ou des invités doivent assister à la réunion, il faut prévenir les participants dans les convocations. Il faut aussi être conscient des inconvénients de la présence d'«étrangers», qui peut représenter une pression pour les membres du groupe et influer sur leur participation.

Mettre en place des conditions matérielles adéquates

Il faut aussi réserver une salle à l'abri des dérangements, prévoir la disposition des tables et assurer un minimum de confort aux participants. De plus, il faut penser à obtenir des supports techniques tels des tableaux, des rétro-projecteurs, des crayons, etc. Il faut choisir le moment et prévoir la durée qui conviennent le mieux à tout le monde. Le responsable de la réunion doit la planifier en rassemblant d'avance toute la documentation et le matériel nécessaires.

Planifier l'ordre du jour

Le responsable de la réunion doit préparer l'ordre du jour et faire parvenir la convocation aux participants. La présentation de la réunion doit aider les participants à se préparer en conséquence : elle doit décrire l'objet de la réunion, les objectifs, les résultats attendus, etc.

Les étapes de la réunion

Le bon déroulement de la réunion est normalement assuré par le responsable ou l'animateur. Le rôle de ce dernier consiste principalement à veiller à la progression des activités de l'équipe dans le délai prévu, à susciter la participation de chacun, à favoriser la communication et la régulation des relations. L'exercice du rôle d'animateur exige des habiletés pour le feed-back et l'écoute active, habiletés décrites dans le chapitre précédent.

Tuckman et Jensen (1977) ont déterminé cinq étapes dans le déroulement d'une réunion d'équipe : la formation, la tempête (*storming*), la normalisation, la performance et la levée de la séance. Chaque étape correspond à un type d'interaction et à une expérience émotionnelle. Ces étapes sont présentées dans le tableau 7.8.

La formation de l'équipe

La première étape correspond à l'ouverture de la réunion. Les modes d'interaction visent à sensibiliser les participants aux objectifs à atteindre et aux contributions possibles de chacun.

L'ouverture de la réunion prend un temps variable, mais elle doit être relativement rapide (entre 10 et 15 minutes). L'accueil est une phase préliminaire qui doit se dérouler sans hâte, de façon à laisser le temps aux personnes de s'adapter à la situation. Le « tour de table » est une façon de présenter chacun et de briser la glace au sujet de la tâche à accomplir durant la réunion.

Le responsable de la réunion présente l'ordre du jour et rappelle les objectifs de la réunion. Il s'assure que les participants comprennent bien ce qu'ils doivent faire

TABLEAU 7.8   Étapes de développement d'une réunion de travail

Étape	Thème	Type d'interaction	Expérience émotionnelle
Un	Formation	Engagement des membres envers la cible commune	Acceptation
Deux	Tempête	Expression des différences	Appartenance
Trois	Normalisation	Participation et communication	Appui
Quatre	Performance	Accomplissement de la tâche commune	Fierté
Cinq	Levée de la séance	Reconnaissance et appréciation	Satisfaction

Source : Inspiré de Tuckman et Jensen (1977).

ensemble; qu'ils savent de combien de temps ils disposent pour le faire; qu'ils connaissent les exigences et les contraintes, etc. Le responsable définit ensuite les objectifs de la réunion. Il explique clairement son rôle et la manière dont il entend conduire la réunion.

Dans la mesure où les participants ont le sentiment d'avoir un objectif commun et qu'ils se perçoivent comme étant utiles à l'accomplissement de la tâche, le sentiment d'acceptation et d'engagement peut se développer.

La tempête des idées

Dans une deuxième étape, l'engagement des participants envers la cible commune leur permet d'exprimer leurs opinions assez librement et de les confronter. Des divergences d'opinions, des conflits et des résistances peuvent apparaître. C'est la tâche du responsable de recueillir l'opinion de chacun et de rechercher la confrontation sans avoir peur des divergences, qu'il faut au contraire souligner.

Entre autres, les participants doivent être encouragés à écouter activement le point de vue des autres et à le prendre en considération. C'est dans l'équilibre entre la dialogue et la discussion que les idées et les prises de position peuvent se clarifier et que la créativité peut s'exprimer. Paradoxalement, la confrontation des points de vue et la clarification des opinions et des sentiments engendrent le sentiment d'appartenance à l'équipe.

La normalisation des conduites

La troisième étape correspond à la normalisation des conduites. La principale difficulté réside dans la capacité de maintenir une communication ouverte pour encourager la coopération et l'innovation au sein de l'équipe. En fait, le danger provient des tendances à la dépendance et à la conformité dans des situations sociales. Par exemple, la recherche d'un consensus et les pressions exercées pour obtenir l'unanimité sont des façons de se donner l'impression de former un groupe cohésif, de nier les différences et de se procurer un sentiment de sécurité. Pour surmonter cette difficulté, Amado et Guittet (1979) suggèrent d'alterner les niveaux d'expression: l'énoncé des faits et des intuitions, l'expression des opinions et des sentiments personnels concernant la tâche commune. L'ouverture de la communication encourage les participants à s'engager dans l'équipe. La reconnaissance de l'autonomie des participants et de leur individualité favorise le développement d'un climat de confiance et d'entraide.

La performance de l'équipe

À la quatrième étape, les participants savent ce qu'ils ont à faire, pourquoi ils doivent le faire et ce qu'ils recevront en retour. Les interactions servent alors à orienter les énergies productives et à stimuler la coopération des participants, tout en favorisant les sentiments de sécurité et d'utilité. C'est l'étape de la performance. Accomplir quelque chose en équipe donne un sentiment de fierté.

La levée de la séance

La dernière étape, c'est la levée de la séance. Selon le résultat de la réunion, les participants peuvent soit célébrer leur succès, soit enterrer leur échec. Les interactions servent à reconnaître et à apprécier les contributions de chaque participant, à évaluer la performance de l'équipe et la satisfaction des individus, ainsi qu'à retenir les leçons de cette expérience pour l'avenir.

Le tableau 7.9 présente un exemple de liste de vérification permettant d'évaluer l'efficacité d'une réunion d'équipe.

DÉVELOPPER SON CARACTÈRE EN RESPECTANT LES EXIGENCES DU GROUPE

Dans le chapitre précédent, on a vu que l'être humain a besoin des autres, non seulement pour les diverses satisfactions qu'ils peuvent lui procurer, mais surtout pour l'affection qu'ils lui donnent. Par l'attachement à autrui, il acquiert une assurance qui lui permet d'apprendre de nouveaux modes de conduite, d'intérioriser la relation, pour ensuite se détacher progressivement de lui afin de créer des liens avec d'autres. C'est dans sa relation avec les autres que l'être humain développe son identité et qu'il peut apprendre à les respecter en tant qu'êtres différents et à coopérer avec eux lorsqu'un problème commun survient et qu'il nécessite une action de groupe.

TABLEAU 7.9   Critères d'évaluation de l'efficacité d'une réunion d'équipe

- Chacun est bien préparé pour la réunion.
- L'ordre du jour et les objectifs sont clairs et explicites.
- Les valeurs sont partagées.
- Le matériel nécessaire est préparé à l'avance.
- La réunion débute et finit selon l'horaire prévu.
- Bon ton au début ; bonne ouverture.
- Style de leadership conférant un pouvoir d'agir aux membres.
- Présence efficace du leader : est attentif à la dynamique interpersonnelle (considération positive) et aux activités de travail (initiation et structuration des activités).
- Feed-back sur les comportements, les processus, les résultats et les conséquences.
- L'équipe encourage l'expérimentation et l'amélioration continue.
- Chacun apprend de l'expérience et des erreurs.
- L'équipe note systématiquement les solutions suggérées et les met en application.
- Ceux et celles qui ont le courage de parler sont encouragés et récompensés.
- On pose des questions pertinentes.
- L'équipe parle de sujets tabous (complexes).
- Compréhension commune du but, des questions et des décisions.
- La synthèse est bonne.
- Les décisions sont claires et partagées.

En s'intégrant dans un groupe, l'individu peut éprouver certains malaises, car il doit se conformer aux attentes des autres et accepter de différer la satisfaction de ses intérêts particuliers. Ces malaises sont toutefois compensés par le plaisir de participer à une œuvre commune et par la sécurité que lui donne l'appartenance au groupe, ce qui lui permet de développer son autonomie, d'actualiser son potentiel et d'apporter sa contribution au monde.

Travailler est une activité essentielle pour l'être humain, car cela lui permet d'exercer sa créativité et d'être efficace. Fromm (1975) écrit:

> La conscience que l'homme a de lui-même, comme vivant dans un monde étranger et tout-puissant, et le sentiment d'impuissance qui en résulte pourraient facilement le submerger. S'il s'éprouvait comme entièrement passif, comme pour un pur objet, il perdrait le sens de sa propre volonté, de son identité. Pour compenser cela, il doit acquérir le sentiment d'être capable de faire quelque chose, de remuer quelqu'un, de marquer son empreinte, ou, pour utiliser le mot anglais le plus juste, d'être *effective* (efficace). On se sert aujourd'hui de ce mot à propos d'un orateur ou d'un vendeur «efficace» pour désigner celui qui réussit à obtenir des résultats. Mais c'est une altération du sens originel de *to effect* (effectuer) – du latin *ex facere*, faire. [...] C'est, en dernière analyse, *la preuve qu'on est*. Le principe peut être exprimé ainsi: *je suis, parce que j'effectue* (p. 249-250).

Cette idée de Fromm trouve des échos dans plusieurs études concernant le sens du travail. Dans le monde occidental du moins, les individus sont motivés essentiellement à montrer de quoi ils sont capables, à faire leurs preuves, à exercer et à développer leurs talents, à s'exprimer dans leur travail, bref, à être efficaces. Plus exactement, le besoin d'efficacité est associé aux tendances suivantes: accomplissement de soi et compétence personnelle (White, 1959), cohérence du soi (Antonovsky, 1987) ou efficacité personnelle (Bandura, 1977a).

Dans notre société, le besoin de travailler et d'être efficace amène la personne à choisir un métier, à suivre des cours pour apprendre les rudiments de ce métier, à se trouver un travail où elle pourra l'exercer et à s'insérer dans la structure d'une organisation, avec l'espoir de pouvoir montrer aux autres ses compétences et d'avoir le sentiment de vivre une vie utile. Or, les exigences des organisations et des groupes de travail risquent de détourner l'individu de ses objectifs premiers.

Dans plusieurs organisations modernes, les pratiques administratives ont tendance à fragmenter le travail à un point tel qu'il s'avère trop souvent impossible pour les individus de faire quelque chose qui leur ressemble, d'utiliser leur créativité, de faire exister quelque chose d'eux-mêmes (Yalom, 1980). Si de telles pratiques peuvent rendre le travail plus productif et augmenter sa plus-value, cela engendre aussi, chez les travailleurs, des sentiments de non-efficacité, de non-existence et d'absurdité (Aktouf, 1986; Braverman, 1974; Morin, 1996).

De plus, plusieurs pratiques de mobilisation et de développement organisationnel mettent l'accent sur l'engagement des individus envers l'organisation, et plus précisément sur les objectifs qu'on lui assigne. Si de tels objectifs sont étrangers à l'individu et peuvent représenter pour lui un défi, ils n'exigent cependant pas un réel dépassement de l'individu. Dans la même veine, les pratiques de gestion laissent croire que l'actualisation de soi est le but à atteindre. Mais Frankl (1967) et Maslow (1976) ont bien montré que, chez l'être humain, le besoin de transcendance correspond à la nécessité de se dépasser, non pas dans le sens restreint de l'actualisation de soi, mais dans le sens d'accomplir quelque chose qui force l'individu à se distancier de ses intérêts personnels et égocentriques pour concentrer ses efforts sur un mode authentique d'existence avec les autres. L'actualisation de soi n'est pas un but, selon Frankl, mais un effet de cette nécessité de se dépasser. Pour que les pratiques de gestion stimulent le dépassement de soi, il faudrait qu'elles soient soutenues par des valeurs humaines telles que le courage d'être, la solidarité humaine, la justice, etc. (Yalom, 1980). Au contraire, l'encouragement à la réussite personnelle et à l'excellence entraîne des attitudes et des conduites individualistes et compétitives qui nuisent non seulement à la croissance de la personne, mais aussi à la performance de l'entreprise (Aubert et De Gaulejac, 1991).

Enfin, la vogue concernant les valeurs de coopération et de collectivité risque d'engendrer des effets pervers de conformisme et d'extrémisme, surtout dans un contexte où la mixité et le pluriculturalisme sont des phénomènes très présents. Jung (1978), tout comme Freud (1985), a déjà observé que dans le groupe s'exerce une influence sensible sur l'imaginaire des personnes qui en font partie, pouvant réduire leur champ de conscience. À la limite, l'emprise exercée inhibe l'expression des différences et annihile l'autonomie des membres. Ainsi, les pratiques de gestion qui encouragent l'engagement des personnes envers l'organisation peuvent entraîner des attitudes conformistes, sclérosant par le fait même le libre arbitre et le potentiel de croissance des individus, et réduisant les capacités d'adaptation et d'innovation de l'organisation.

Dans un cas, les pratiques managériales entraînent l'individualisme; dans l'autre, le conformisme. Ces deux opposés traduisent le même problème: le déséquilibre entre le besoin d'individuation et la nécessité d'adaptation au milieu. Pour satisfaire ses besoins de travail, d'efficacité et d'identité, il faut apprendre à développer son caractère, tout en respectant les exigences du milieu de travail. Pour ce faire, il est important de comprendre en quoi consiste la coopération et quelles sont les habiletés qu'elle exige.

La **coopération**, par définition, suppose l'action de participer à une œuvre commune et d'en partager équitablement les bénéfices avec les autres. Dans les organisations, il est facile d'observer plusieurs conduites coopératives: aider l'autre dans l'exécution de son travail, discuter du travail, bavarder, faire des farces, taquiner l'autre, discuter des sentiments personnels, demander un avis personnel ou en donner. La coopération suppose une association d'individus, libres et responsables; chacun agit conjointement avec les autres pour accomplir un projet que tous valorisent. Le travail s'accomplit dans l'intérêt de chacun, du groupe et du milieu dans lequel se trouve ce dernier. Par la coopération, il est possible de travailler à la réalisation d'un projet organisationnel tout en permettant à chaque personne de développer ses compétences et son caractère.

D'après Argyle (1991), les attitudes et les compétences qu'il faut apprendre pour coopérer avec d'autres personnes sont les suivantes:

1) développer un intérêt pour l'autre partie: être préoccupé par les autres personnes, être disposé à faire ses contributions, à partager ses idées et à aider les autres;

2) établir des relations positives;

3) faire preuve d'empathie;

4) découvrir des lignes de conduite qui intègrent les buts de toutes les parties (assurance, leadership et négociation).

Les personnes qui sont responsables de la gestion des équipes de travail doivent être capables de montrer de la considération positive, de faire participer les employés aux décisions, de donner un soutien et un encadrement de travail propices à l'efficacité et à la qualité de vie au travail.

Entre collègues, il est important d'être ouvert aux idées et aux sentiments des autres, d'être capable de coordonner les activités des uns et des autres, de démontrer de la considération positive.

Les employés qui travaillent dans un esprit d'équipe et de coopération plutôt que dans un esprit de solitude et de compétition sont plus productifs, davantage engagés dans leur travail et plus aptes à résoudre ensemble les problèmes auxquels ils font face quotidiennement (Reich, 1988; Senge, 1991). Pour encourager la coopération, la Direction doit créer un environnement favorable. Les gestionnaires doivent d'abord s'assurer que chacun connaît et comprend les objectifs à atteindre, peut diriger la progression de ses activités, contrôler les résultats qu'il obtient et évaluer sa contribution au succès de l'équipe. Il faut aussi donner à chacun l'occasion de découvrir ses capacités et celles des autres. On doit donner aux employés l'occasion d'apprendre à tirer profit de l'expérience des autres et la possibilité de s'entraider pour obtenir de meilleurs résultats. Un tel esprit de groupe exige d'abord la reconnaissance de la conscience, de l'imagination et de la créativité de l'être humain, et ensuite l'établissement de véritables relations humaines dans l'entreprise. Senge (1991) fait les recommandations suivantes aux gestionnaires intéressés à développer la coopération et à favoriser l'apprentissage au sein des équipes de travail:

1) avoir une vision personnelle;

2) considérer les uns et les autres comme des égaux et des alliés;

3) rechercher le consensus, non pas l'unanimité;

4) encourager l'interdépendance et la diversité entre les équipes;

5) éviter l'« échantillonnage »: chaque personne doit avoir l'occasion de participer;

6) faire parler les personnes pour elles-mêmes;

7) inciter les employés au respect mutuel;

8) définir une « vision temporaire » afin de créer un *momentum*;

9) mettre l'accent sur le dialogue, non seulement sur l'énoncé de la vision.

Texte classique ════════════

LES FRONTIÈRES DANS LA DYNAMIQUE DES GROUPES[1]

ÉQUILIBRES QUASI STATIONNAIRES DANS LA VIE DE GROUPE : LE PROBLÈME DU CHANGEMENT SOCIAL

Les périodes de changement social peuvent différer très nettement des périodes de stabilité sociale relative. Aussi doit-on analyser *en même temps* les conditions de ces deux états de choses et cela pour deux raisons :

a) Le changement et la constance sont des concepts relatifs ; la vie de groupe n'est jamais sans changer, il existe simplement des différences dans la quantité et le type de changement ;

b) Toute formule qui pose les conditions du changement implique comme limite les conditions de non-changement, et les conditions de constance ne peuvent être analysées que sur la base d'un changement « potentiel ».

Constance et résistance au changement

Il est important de distinguer deux questions qui, en général, ne sont pas suffisamment séparées ; l'une concerne le changement effectif ou l'absence de changement, l'autre concerne la résistance au changement. Il se peut qu'un groupe donné ne manifeste, pendant une période de deux semaines, que peu de changement. Le groupe peut être composé d'amis passant leurs vacances sur une île, ou d'une équipe de travail dans une usine. Supposons que les conditions dans lesquelles ce groupe vit restent constantes pendant cette période : aucun individu ne quitte le groupe ou ne s'y joint, aucune friction importante ne survient, les facilités pour les activités ou le travail restent les mêmes, etc. Dans ce cas, la constance de la vie de groupe — par exemple, le niveau inchangé

de la production — ne requiert pas d'autres « explications » que la référence à ce principe : les mêmes conditions provoquent les mêmes effets. Ce principe est identique à l'idée générale du déterminisme[2] de la vie de groupe.

Le cas serait différent si le niveau de production de l'équipe de travail était maintenu en dépit du fait qu'un membre de l'équipe tombe malade ou qu'on fournisse un matériel supérieur ou inférieur. Si, malgré de tels changements dans le cadre de la vie de groupe, la production reste au même niveau, alors on peut parler d'une « résistance » à changer le taux de production. La simple constance de la conduite du groupe ne prouve pas la stabilité dans le sens d'une résistance au changement, non plus qu'un grand changement ne prouve peu de résistance. C'est seulement en reliant le degré affectif de constance à l'intensité des forces vers — ou en deçà de — l'état de choses présent, que l'on peut parler à certains égards de résistance ou de « stabilité » dans la vie de groupe.

La tâche pratique de l'organisation sociale, aussi bien que la tâche scientifique de comprendre la dynamique de la vie de groupe, exige que l'on ait quelque lumière sur le désir d'un changement spécifique, sur la résistance à un changement spécifique. Pour résoudre ou même pour formuler ces questions convenablement, nous avons besoin d'un système d'analyse qui permette la représentation des forces sociales dans l'*assise* d'un groupe. Les considérations suivantes viseront à l'amélioration de ces instruments analytiques plutôt qu'à l'analyse d'un cas particulier.

Champs sociaux et espaces de phase[3]

Un instrument de base pour l'analyse de la vie de groupe est la représentation du groupe et de son assise en tant que « champ social ». Ceci veut dire que

---

1. Adapté de Lewin, K., *Psychologie dynamique - Les relations humaines*, Paris, Presses universitaires de France, 1959, p. 244-283.

2. Traduction de *lawfulness* (N. d. T.).
3. « Espace de phase » traduit *phase space* (N. d. T.).

l'on considère l'événement social comme se produisant dans — et étant le résultat d' — un ensemble d'entités sociales coexistantes, telles que les groupes, les sous-groupes, les membres, les barrières, les canaux de communication, etc. L'une des caractéristiques fondamentales de ce champ est la position relative des entités qui sont des parties de champ. Cette position relative représente la structure du groupe et son assise écologique. Elle exprime aussi les possibilités fondamentales de locomotion à l'intérieur du champ.

Ce qui se produit à l'intérieur d'un tel champ dépend de la distribution des forces à travers le champ. Une prévision suppose la possibilité de déterminer pour les différents points du champ la grandeur et la direction des forces résultantes.

Selon une théorie générale du champ, la solution d'un problème de la vie de groupe doit toujours finalement avoir pour base une procédure analytique de ce type. Ce n'est qu'en considérant les groupes en question dans leur assise effective que l'on peut être sûr de n'avoir négligé aucune des conduites essentielles possibles.

Cependant, on peut répondre à certains aspects des problèmes sociaux au moyen d'un dispositif analytique différent appelé « espace de phase ». L'espace de phase est un système de coordonnées correspondant chacune à différentes valeurs d'intensité d'une seule propriété. L'espace de phase n'est pas destiné à représenter la disposition d'un champ composé de groupes, d'individus et leur assise écologique, mais il se concentre sur un ou quelques facteurs. Il est une représentation graphique ou algébrique de la relation quantitative entre ces quelques propriétés, variables, ou aspects du champ ou d'un de ses événements.

Pour la discussion des conditions du changement, nous ferons usage d'un tel espace de phase, tout en nous disant bien qu'il nous faudra finalement nous référer au champ social réel.

Les états sociaux en tant que processus quasi stationnaires

Il est possible de représenter le changement dans la discrimination à l'égard des Noirs dans les villes A et B au moyen d'une courbe dans un diagramme dont l'ordonnée représente les degrés de discrimination et l'abscisse, le temps (voir la figure 1). On peut représenter de cette façon le niveau de discrimination dans les deux villes (A discrimine plus que B), la direction et la rapidité du changement (décroissance graduelle dans A, entre les temps 2 et 3 ; augmentation soudaine dans B au temps 3), la quantité de fluctuation (dans la période 4-6, A manifeste relativement beaucoup, et B relativement peu de fluctuation).

Par « degré de discrimination », nous n'entendons évidemment pas la qualité d'un objet statique, mais la qualité d'un processus, à savoir l'interaction entre deux populations. Par « discrimination », nous entendons un nombre de refus et de permissions, d'ordres et de concessions, qui sont autant d'indices des possibilités accordées ou refusées à différents individus dans leur vie quotidienne.

De même, lorsque nous parlons du niveau de production d'une équipe de travail, nous nous référons au « débit » des produits. Dans les deux cas, nous avons affaire à un processus qui, comme une rivière, modifie continuellement ses éléments, même si sa vitesse et sa direction restent les mêmes. En d'autres termes, nous faisons allusion à la caractéristique des processus quasi stationnaires. L'importance des équilibres quasi stationnaires pour les problèmes psychologiques de la vie individuelle a été soulignée par Koehler.

À propos des processus quasi stationnaires, il faut distinguer deux questions :

1° Pourquoi le processus dans les circonstances présentes se produit-il à ce niveau particulier (par exemple, pourquoi l'eau dans cette rivière coule-t-elle à cette vitesse particulière) ?

2° Quelles sont les conditions nécessaires pour changer les circonstances présentes ?

Un traitement analytique général des équilibres sociaux quasi stationnaires

En ce qui concerne la relation entre le caractère du processus et les conditions présentes, on peut faire certaines propositions analytiques de nature assez générale.

Fréquemment, des outils conceptuels analytiques (les variables intermédiaires) doivent être élaborés à une étape relativement avancée avant qu'on puisse les relier aux faits observables. Au début, il semble plus aisé de faire un usage empirique de dérivations secondaires; ce n'est que graduellement que l'on est capable de planifier des expériences pour éprouver plus directement les principes fondamentaux. Le concept de « force », par exemple, est plus fondamental que le concept de résultante « de forces ». Il est cependant plus aisé, en psychologie et en sociologie, de coordonner un fait observable avec une résultante de forces plutôt qu'avec les composantes; certains aspects du comportement peuvent être directement reliés à la force résultante, alors que nous ne sommes capables à présent de déterminer les forces psychologiques composantes que dans des conditions très spéciales (Cartwright et Festinger, 1943). Par conséquent, nous avons pensé qu'il était sage de développer assez en détail l'analyse conceptuelle avant de discuter des exemples et des théories spécifiques vérifiables.

a) Le niveau d'un processus quasi stationnaire en tant qu'équilibre quasi stationnaire

Dans le cas de la discrimination, par exemple, certaines forces sociales conduisent à une discrimination accrue. L'intérêt de certaines parties de la population blanche à garder pour elles-mêmes certains emplois est une force de ce genre; d'autres forces correspondent aux idéaux des populations blanche et de couleur à propos de ce qui est un travail convenable ou non, etc. D'autres forces agissent contre une plus grande discrimination: la population de couleur peut montrer des signes de rébellion contre l'accroissement de la discrimination, les Blancs peuvent considérer que « trop » de discrimination est injuste, etc. Si nous indiquons les forces vers une discrimination accrue dans la communauté A par $f_{A, g}$ et les forces vers moins de discrimination par $f_{A, s}$, nous pouvons écrire que $f_{A, g}$ et $f_{A, s}$ sont égales en grandeur et opposées en direction:

$$(1) \qquad f_{A, g} + f_{A, s} = 0\,[4].$$

Cette évaluation ne détermine pas la grandeur absolue des forces. La grandeur des forces opposées au temps 1 dans la ville A peut être moindre ou plus

4.   g = *greater (discrimination)* = discrimination accrue; s = *smaller (discrimination)* = discrimination diminuée (N. d. T.).

FIGURE 1   **Niveau d'équilibre et intensité des forces opposées déterminant le niveau de discrimination dans deux villes**

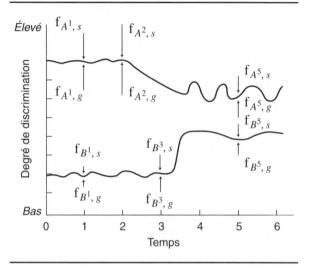

grande que dans la ville B: $|f_{A, g}| > |f_{B, g}|$ (voir la figure 1).

La grandeur des forces opposées peut augmenter sans changement du niveau. Par exemple, avant que le niveau de discrimination ait décru en A, les forces opposées peuvent avoir augmenté:

$$|f_{A, s}|^2 = |f_{A, g}|^2 > |f_{A, s}|^1 = |f_{A, g}|^1.$$

Ceci impliquerait que la *tension de groupe* ait augmenté. Une augmentation semblable des forces opposées peut s'être produite dans la ville B au temps z avant l'augmentation de discrimination.

$$(2) \qquad |f_{B, s}|^3 = |f_{B, g}|^3 > |f_{B, s}|^1 = |f_{B, g}|^1.$$

Les changements sociaux peuvent être ou non précédés par un accroissement des forces opposées. Dans certaines conditions cependant, on peut réaliser plus aisément des changements sociaux si l'on diminue auparavant la tension. Ceci est important pour l'organisation sociale et pour la théorie des effets consécutifs aux changements.

Après une diminution de discrimination dans la ville A, la tension peut décroître graduellement, de telle sorte que:

$$|f_{A, s}|^5 > |f_{A, s}|^3.$$

Dans certains cas, pourtant, la tension peut augmenter : la diminution de la discrimination peut avoir pour résultat un accroissement de l'opposition des forces supprimées à de futurs progrès et une contrepression accrue. Après un changement à un niveau plus élevé de discrimination, les forces opposées peuvent décroître à nouveau ou peuvent demeurer plus fortes en permanence.

En somme, nous pouvons dire qu'un état social quasi stationnaire correspond à des forces opposées également grandes, mais qu'aucune proposition générale n'est possible concernant leur grandeur absolue.

b) Champs de force   Les processus quasi stationnaires ne sont pas parfaitement constants, mais manifestent des fluctuations autour d'un niveau moyen L. Si nous supposons que la fluctuation est due à une variation de la grandeur d'une force additionnelle, et que la quantité n de changement du niveau L est une fonction de la grandeur de cette force, nous pouvons dire qu'il existe dans la région de fluctuation autour de L un champ de force qui a les caractéristiques suivantes : les forces opposées à tous les niveaux entre L et $(L + n)$ et entre L et $(L - n)$ sont inégales à la plus grande force dirigée vers le niveau L :

$$\left| f_{(L+n),\,L} \right| > \left| f_{(L+N),\,-L} \right| ;$$

$$\left| f_{(L-n),\,L} \right| > \left| f_{(L-N),\,-L} \right|.$$

La signification de cette formulation devient plus claire si nous considérons la force résultante $f^*_{L,\,x}$ ou $f^*_{L,\,x} = f_{L,\,s} + f_{L,\,g}$. Dans le cas d'un processus quasi stationnaire, la force résultante au niveau L égale zéro (voir la figure 2) :

$$(3) \qquad\qquad f^*_{L,\,x} = 0.$$

La direction des forces résultantes aux « niveaux voisins » $(L \pm n)$ est *en direction du* niveau L. En d'autres termes, les forces résultantes dans le voisinage de L ont le caractère d'un « champ de force central positif »[5] (Lewin, 1938) :

---

5.   Un champ de force central positif est défini comme une constellation de forces dirigées vers une région. Dans un espace de phase où le temps est une dimension, on peut utiliser ce terme pour une constellation où toutes les forces sont dirigées vers un seul niveau.

$$(4) \qquad\qquad f^*_{(L \pm n),\,L} = F_{(n)}.$$

Le caractère de la fonction F détermine dans quelle mesure (toutes choses étant égales par ailleurs) le processus social fluctue dans un cas spécifique.

Les changements du niveau du processus quasi stationnaire se produiront si, et seulement si la valeur numérique de L pour laquelle les forces opposées sont égales change. Si le champ de force résultant perd la structure d'un champ central, le processus social perd son caractère quasi stationnaire.

c)   Champ de force à l'intérieur et au dehors de la marge de voisinage   Il importe de comprendre qu'un processus quasi stationnaire présuppose une structure centrale du champ de force à l'intérieur d'une certaine aire de voisinage de L. La proposition (4) n'a pas besoin d'être valable pour des valeurs de n en dessus ou en dessous d'un certain niveau. En d'autres termes, à l'intérieur d'une certaine marge, de plus grandes forces sont nécessaires pour changer le niveau dans une assez large mesure, et un affaiblissement de ces forces amènera un retour du processus vers le niveau antérieur. Si cependant le changement est allé une fois au-delà de cette marge n jusqu'à un niveau $(L \pm m)$, le processus peut avoir tendance à continuer sans retourner au niveau antérieur. Ceci semble être typique des révolutions dès qu'elles ont surmonté la résistance initiale. Par rapport au champ de force, ceci signifie qu'au-delà de la « marge de voisinage » de L, les forces résultantes, au lieu de se diriger vers L, vont en sens contraire.

FIGURE 2   Gradients des forces résultantes (f^*)

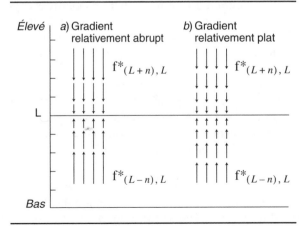

Il est évident que, pour la plupart des problèmes d'*organisation*, la largeur de la marge, à l'intérieur de laquelle le processus a le caractère d'un équilibre quasi stationnaire, est de première importance. Ceci est également fondamental pour prévenir les catastrophes importantes d'*organisation* et pour promouvoir durablement un changement désiré.

d)   **L'effet des différents gradients**   Avant de nous reporter à des exemples empiriques, qu'il nous soit permis de mentionner certaines conclusions analytiques supplémentaires.

La proposition (4) caractérise la structure du champ de force voisin, mais son gradient n'est pas encore caractérisé. Il peut être plus ou moins raide (voir la figure 2 *a* et *b*). Le gradient peut être différent au-dessus et au-dessous de *L*.

(5) Étant donné la même quantité de changement dans la grandeur de la force résultante ($f^*_{L, x}$), la quantité de changement du niveau du processus social sera d'autant plus petite que le gradient sera plus raide. Ceci est vrai pour les changements permanents de *L*, aussi bien que pour des fluctuations périodiques.

Jusqu'à maintenant, nous avons pris pour référence la conduite du groupe en tant que totalité. Si nous considérons les différences individuelles à l'intérieur d'un groupe, nous pouvons dire :

(6) Toutes choses étant égales par ailleurs, les différences individuelles de conduite dans un groupe seront d'autant plus petites que le gradient du champ de force résultant sera plus raide dans le voisinage du niveau de groupe.

On peut envisager des situations de différents degrés de tolérance comme des exemples de raideurs différentes du gradient affectant les individus à l'intérieur du groupe. La plus grande marge d'activités permises par le leader démocratique dans l'expérience de Lippitt et White (1943) était comparable aux plus grandes différences de conduite parmi les individus par rapport à des thèmes tels que les suggestions faites au leader, les conversations hors du champ de club, et les exigences à l'égard des compagnons.

Il serait important de relier quantitativement la facilité de changement du niveau de groupe dans sa totalité aux différences individuelles à l'intérieur du groupe, quoique nous ne nous attendions pas à trouver que cette relation soit simple.

EXEMPLES D'ÉQUILIBRE QUASI STATIONNAIRE DANS DIFFÉRENTES RÉGIONS DE LA VIE DE GROUPE

Les exemples suivants ne sont pas destinés à prouver l'exactitude d'une théorie dans le cas donné. Ils sont principalement destinés à illustrer des principes et à préparer le chemin pour des mesures quantitatives des forces sociales.

En regard du cas spécifique, ils représentent des hypothèses qui doivent être éprouvées expérimentalement.

En l'absence de données suffisantes sur les expériences de groupe pour illustrer les différents principes analytiques qui devraient être discutés, nous avons pris la liberté d'utiliser sans grande discrimination des données concernant des groupes, des populations qui ne se trouvent pas être des groupes et des individus.

Niveau d'agressivité dans des atmosphères autocratiques et démocratiques

Lippitt (1940) et Lippitt et White (1943) ont comparé la quantité d'agression entre les membres dans un groupe de garçons soumis à des atmosphères autocratiques et démocratiques. Les personnalités et les types d'activité ayant été maintenus constants, on peut attribuer le changement au climat social ou à la forme de leadership différente. Ils trouvèrent qu'en autocratie, la moyenne d'agressivité entre les membres du groupe est soit très haute, soit très basse ; en démocratie, elle se situe à un niveau plus moyen (voir la figure 3).

Supposons que chacun de ces niveaux d'agressivité soit un équilibre quasi stationnaire, et demandons-nous quelles sont les forces qui ont tendance à élever le niveau et quelles sont celles qui ont tendance à l'abaisser.

Un facteur est le type d'activité : un jeu sauvage offre plus de chance pour des conflits qu'un jeu calme ; une certaine quantité de bagarre peut être amusante pour des garçons. Les forces contre l'agression intergroupe peuvent être l'amitié entre les membres, la présence d'un leader adulte, la solennité de la situation.

FIGURE 3
Champs de forces
à différents niveaux
d'agressivité pour
l'autocratie agressive,
la démocratie et
l'autocratie apathique

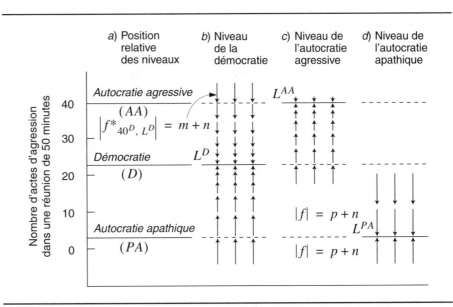

La conduite actuelle indique que, dans l'atmosphère démocratique, ces forces en conflit mènent à un équilibre ($\text{f*}_{L^D, x} = 0$) pour $L^D = 23$. Ceci implique un champ de force résultant ayant le caractère indiqué dans la figure 3 *b*. Si nous prenons pour base de comparaison le champ de force dans l'atmosphère démocratique, nous pouvons expliquer le niveau d'agressivité plus élevé dans l'autocratie agressive $(AAGr)(L^{AA} = 40)$ par un accroissement des forces vers plus d'agression ou par une diminution des forces vers moins d'agression. En fait, il semble que ces forces aient été altérées toutes les deux en autocratie. La forme de leadership et l'irritation due à la restriction de l'espace de libre mouvement augmentent la force vers l'agressivité :

$$(|f_{AAGr, g}| > |f_{DGr, g}|);$$

Lippitt trouva que le *sentiment du nous*, qui tend à diminuer l'agression entre membres, est amoindri en autocratie :

$$(|f_{AAGr, S}| > |f_{SGr, S}|).$$

Ceci suffit à expliquer pourquoi le niveau d'agression augmente en autocratie $(L^D < L^{AA})$. S'il n'y avait pas d'autres changements impliqués, nous pourrions même dériver une proposition concernant le gradient du champ de force dans la situation démocratique : si l'augmentation de la force $f_{Gr, g}$ égale *m* et la diminution de la force $f_{Gr, S}$ égale *n*, la grandeur de la force résultante au niveau 40 sera $\left|f\text{*}_{40^D, L^D}\right| = m + n$.

Comment alors l'agressivité en autocratie apathique (PA) peut-elle être basse $(L^{PA} = 3)$? Lippitt et White (1943) trouvèrent que le « sentiment du nous » était né dans les deux types d'autocratie ; il serait invraisemblable que l'effet irritant et frustrant du leadership autocratique n'existât pas. Nous sommes donc plutôt inclinés à supposer que la forme de leadership autocratique implique une force additionnelle ($f_{Gr, c}$) qui correspond à un plus haut degré de contrôle autoritaire et qui est dirigée, dans ces situations, contre l'agression ouverte.

En règle générale, nous pouvons supposer que cette force est assez puissante et qu'elle est considérablement plus grande que $m + n$, avec $f_{PAGr, c = p > (m + n)}$.

Ce contrôle autocratique maintiendrait l'agression ouverte à un niveau très bas en dépit d'une force accrue vers l'agression. Ce n'est que si ce contrôle était, pour une raison ou pour une autre, suffisamment affaibli de telle sorte que $|f_{Gr, c}| < (m + n)$, que la tendance accrue vers l'agression pourrait se déployer ouvertement.

À partir de cette théorie, on peut conclure ce qui suit : quoique la force résultante au niveau L^{PA} de l'autocratie apathique soit encore une fois nulle ($f^*_{L^{PA}, x} = 0$), les composantes opposées qui concourent aux forces résultantes sont plus grandes que dans le cas de la démocratie. La puissance de cette composante additionnelle (comparée à celle de la situation démocratique et toutes choses étant égales par ailleurs) est égale à la pression du contrôle autocratique à quoi s'ajoute la force due à la différence dans le « sentiment du nous » ($|f| = p + n$). En d'autres termes, nous attendrions un degré plus élevé de tension interne en autocratie apathique en dépit de son apparence de calme et d'ordre. Cette tension additionnelle correspondrait à l'opposition de forces ayant une puissance ($|f| = p + n$) (voir la figure 3 *d*).

Puisqu'une atmosphère autocratique est moins tolérante que l'atmosphère démocratique, on peut s'étonner du fait qu'un haut niveau d'agression intragroupe puisse se produire en autocratie.

La réponse tient dans le fait que le caractère restrictif de l'autocratie a deux effets contradictoires :

a) Il produit une frustration des membres du groupe et par conséquent augmente $f_{P, g}$ en direction d'une agression accrue ;

b) L'aspect limitatif de la contrainte est équivalent à une force $r f_{\overline{p, g}}$ dirigée contre l'agression intragroupe. Cette contradiction interne est inhérente à toute situation autocratique, et elle est la base de l'élévation du niveau de tension (voir la figure 3 *d*).

Du point de vue de l'organisation, le leader autocratique se trouve confronté avec le problème d'établir un champ de force restrictif ($r f_{\overline{p, g}}$) d'une puissance et d'un gradient tels que l'intensité de l'agression ouverte intragroupe ne s'élève pas au-dessus d'un certain niveau. Le premier pas dans ce sens, de la part de l'autocrate, consiste ordinairement à renforcer ses moyens de contrôle effectifs. Renforcer la police ou d'autres moyens de pouvoir correspond à une augmentation de la « capacité » de contrôle.

Si celle-ci est utilisée en fait pour une répression plus énergique, il en résulte un degré plus élevé de conflit. Ceci signifie qu'on a mis en mouvement une spirale qui mène à toujours plus de tension, et

suscite un accroissement des forces d'agression et de répression.

Deux moyens s'offrent aux leaders autocratiques pour éviter cette spirale. Un contrôle restrictif crée moins de frustration ou, à la rigueur, moins d'agression ouverte si l'individu accepte « l'obéissance aveugle au leader » comme une valeur. L'Allemagne et le Japon sont des exemples de cultures où cette attitude est relativement forte. Hitler tenta systématiquement de diminuer $f_{P, G}$ par une « éducation pour la discipline ». La seconde méthode pour réduire $f_{P, G}$ a pour base le fait que la tension résultant d'un conflit est dynamiquement équivalente à un « besoin ». La satisfaction des besoins, en l'occurrence l'agression ouverte, diminue $f_{P, G}$ au moins pour un certain temps. Permettre l'agression ouverte, mais la canaliser d'une façon qui ne soit pas dangereuse pour l'autocrate est une vieille technique d'organisation sociale pour les leaders autocrates. Une autre conclusion fournie par la théorie générale serait que, si le contrôle autocratique, dans le cas d'une autocratie apathique, était abandonné, il se produirait un haut degré d'agression ouverte résultant du retrait de $f_{Gr, c}$. Le remplacement de l'atmosphère autocratique par une atmosphère démocratique ou de laisser-faire équivalent à un tel retrait. En effet, Lewin, Lippitt et White (1939) observèrent une « effervescence » notable dans la première réunion de transition entre l'autocratie apathique et la démocratie ou le laisser-faire (voir la figure 4). C'est en accord avec la théorie que cette effervescence atteignit un plus haut niveau dans le cas d'une transition vers le laisser-faire que dans le cas d'une transition vers la démocratie, puisque le degré général de contrôle ou de contrôle de soi qui s'oppose à l'agression entre les membres est plus fort en démocratie qu'en laisser-faire.

Cette représentation au moyen d'un « espace de phase » ne tient compte que de certains aspects des processus actuels dans le champ social. Par exemple, si le contrôle autoritaire s'affaiblit au point de permettre l'agression ouverte entre les membres, cette agression est de nature à faire baisser encore plus le niveau de contrôle (à moins que le leader ne réagisse à la situation par un renforcement du contrôle). On doit tenir compte de ce processus causal circulaire dans la prévision.

FIGURE 4
L'agression pour deux
groupes de garçons dans
différents climat sociaux

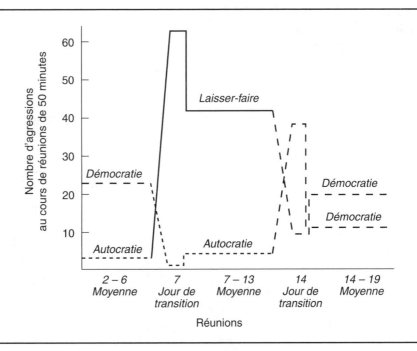

Une atmosphère affectant le niveau de conduite individuelle

La figure 5 représente la quantité de comportement dominateur d'un membre d'un groupe d'autocratie agressive et d'un membre d'un groupe démocratique. Après avoir été égale pendant la première réunion, la conduite des individus change selon l'atmosphère sociale. Les deux membres furent échangés d'un groupe à l'autre après la neuvième réunion. Le fait qu'après le transfert, chaque membre révélait rapidement le niveau de conduite manifesté par l'autre membre avant le changement indique que la puissance et le gradient du champ de force résultant correspondant aux deux atmosphères étaient approximativement les mêmes pour les deux individus.

Le bouc émissaire et l'interdépendance des niveaux de conduite

Les données concernant le montant de la domination exercée et subie par les membres d'un groupe d'autocratie agressive peuvent servir à illustrer plusieurs aspects généraux des processus quasi stationnaires.

FIGURE 5   L'effet du transfert
d'un groupe à l'autre

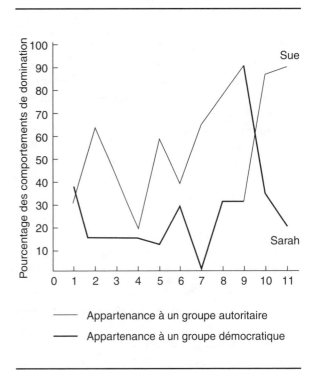

FIGURE 6
Domination subie par les individus d'un groupe

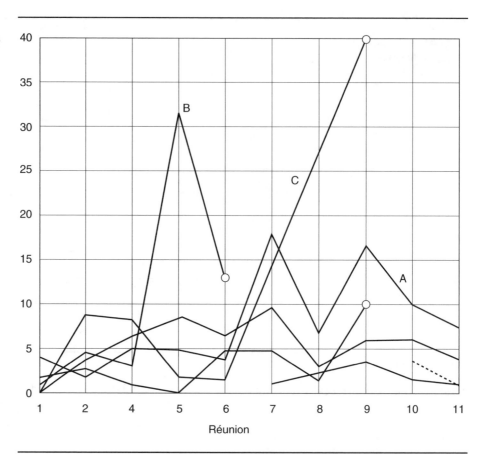

a) **Les niveaux d'hostilité reçue en tant qu'équilibres** Il est approprié de considérer une propriété passive telle qu'« être attaqué » comme un équilibre quasi stationnaire. La quantité d'agression subie dépend d'une part de la mesure dans laquelle l'individu provoque ou invite l'agression et d'autre part de la façon dont il contre-attaque ou non. D'autres facteurs sont l'agressivité des autres membres, l'atmosphère sociale, etc.

Dans l'ensemble, alors, la constellation des forces est la même que dans d'autres cas d'équilibre : les forces dépendent toujours des caractéristiques du groupe ou de l'individu en question et de ses relations avec l'entourage.

b) **L'abandon et le registre du champ de force central** Le bouc émissaire B (voir la figure 6) abandonne le club le sixième jour ; le bouc émissaire C, le neuvième jour. Ces événements sont des exemples du fait général qu'un changement suffisamment important du niveau d'équilibre conduit à un changement fondamental dans le caractère de la situation totale : trop de domination reçue conduit au départ du membre du groupe.

On est tenté de représenter la tendance de l'individu à abandonner le club quand il a subi trop d'hostilité au moyen d'un champ de force central, avec une marge définie au-delà de laquelle les forces résultantes sont en direction opposée au niveau d'équilibre. Une telle représentation ne peut indiquer cependant que l'individu abandonne le club, puisque les coordonnées de l'espace de phase n'envisagent que le temps et la quantité de domination subie. Pour représenter ce fait, il faut se référer soit à la constellation des forces dans le champ social effectif ou introduire le degré « d'empressement à appartenir au club » comme troisième dimension de l'espace de phase.

c) **Interaction et processus causal circulaire** Les boucs émissaires A et B, qui furent l'objet de nombreux comportements de domination (voir la figure 6), firent preuve eux-mêmes de nombreux comportements analogues. Ceci indique une étroite relation entre être attaqué et attaquer. Cette relation a le caractère d'un processus causal circulaire : l'attaque de A contre B augmente la disposition de B à attaquer ; les attaques résultantes de B augmentent la disposition de A, etc. Ceci conduirait à une élévation continuelle du niveau d'équilibre pour A, pour B et pour le groupe dans sa totalité. Ceci n'est vrai cependant que dans certaines limites : si l'attaque de A est victorieuse, B peut s'avouer vaincu. C'est un autre exemple du fait que le changement d'un processus social qui résulte du changement du champ de force qui détermine le niveau d'équilibre peut, par lui-même, affecter la situation totale dans le sens d'un changement ultérieur du champ de forces. Cet exemple, bien sûr, peut être considéré comme un cas de non-équilibre qui correspond à une constellation de forces en deçà du niveau actuel.

Production dans une usine

Le rendement d'une usine dans sa totalité, ou celui d'une équipe de travail, font preuve fréquemment d'un niveau de rendement relativement constant durant une période de temps étendue. On peut considérer cela comme un équilibre quasi stationnaire. Une analyse des forces qui sont en jeu est de première importance pour comprendre et planifier des changements.

L'une des forces qui empêchent la production de monter est l'effort du travail pénible ou rapide. Il y a un plafond pour l'activité humaine. Pour de nombreux types de travaux, la force en direction inverse de la contrainte $f_{P,\,-st}$ augmente d'autant plus vite que l'on s'approche davantage de la limite supérieure. Le champ de force a probablement un gradient semblable à celui d'une courbe exponentielle.

C'est une croyance répandue que de considérer le désir de gagner plus d'argent ($f_{P,\,m}$) comme la force la plus importante vers des niveaux de production plus élevée. Pour contrecarrer le gradient de forces $f_{P,\,-st}$ orienté contre le travail rapide, on a utilisé différents systèmes de stimulants qui offrent des taux de paie plus élevés au-dessus d'un certain niveau de production.

Plusieurs raisons rendent improbable que la force en direction d'une production accrue soit en fait proportionnelle à l'unité du tarif de paie. Une certaine augmentation de salaire signifie des choses très différentes pour des personnes diverses. Certaines usines qui se déplacèrent des États du Nord vers le Sud il y a dix ans se trouvèrent dans l'impossibilité, en dépit des années, d'atteindre un niveau de production comparable à celui des ouvriers du Nord.

L'une des raisons était le fait que, pour les jeunes filles des régions rurales du Sud, la paie hebdomadaire était tellement au-dessus des niveaux de vie antérieurs qu'elles se souciaient peu de gagner plus d'argent, même pour un effort supplémentaire relativement faible.

La relation entre la somme totale des gains et la puissance et le gradient du champ de force diffère avec la sous-culture du groupe. Un mode passablement courant est le suivant : un niveau suffisamment bas déterminera une force ($f_{P,\,m}$) très grande en direction de l'accroissement des revenus ; un niveau suffisamment élevé déterminera une petite force en direction d'un autre accroissement. Dans certains groupes sociaux, les unités de l'échelle correspondent à dix dollars, dans d'autres, à cent ou mille dollars. La puissance d'une force ($f_{P,\,m}$) correspondant à un stimulant dépendra donc des « niveaux de vie » généraux du groupe.

Dans une équipe de travail, l'une des forces les plus puissantes est le désir de rester ni trop en dessous, ni trop au-dessus du reste du groupe. Une force importante contre l'augmentation de la vitesse est peut-être la crainte qu'une accélération momentanée ne provoque, de la part du contremaître ou du chef d'équipe, une pression ayant pour objet de conserver en permanence la plus grande vitesse.

La figure 7 présente des résultats d'expériences réalisées par Bavelas. La production d'une usine de couture dans sa totalité, celle de la population expérimentale et celle d'une population de contrôle ont un caractère typique de processus quasi stationnaire. Après l'introduction de programmes de travail ou de décisions de groupe, les groupes expérimentaux manifestèrent une nette augmentation vers un

FIGURE 7
Effets de la décision
de groupe dans une usine
de couture

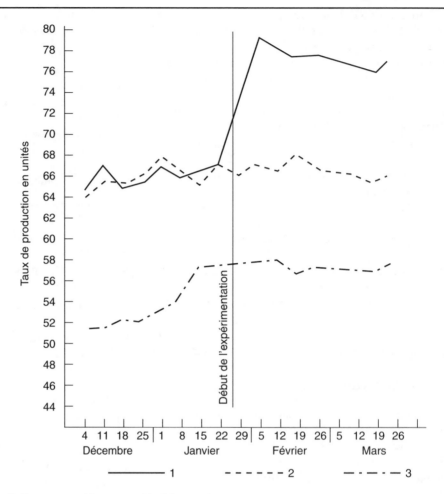

1) Groupes expérimentaux, $N = 24$;
2) Groupes de contrôle, $N = 39$;
3) La totalité de l'usine, $N = 480$, les apprentis étant exclus.

nouveau niveau d'équilibre. Nous ne discuterons pas ici les détails de la méthode utilisée. Elle semble avoir, au moins en partie, pour base des procédés qui réduisent les forces empêchant la production d'augmenter, plutôt que des procédés qui ajoutent de nouvelles forces en direction de l'élévation des niveaux.

Deux méthodes fondamentales pour changer les niveaux de conduite

Il est d'une grande importance pratique pour n'importe quel type d'organisation sociale que les niveaux de production soient des équilibres quasi stationnaires que l'on puisse changer, soit en ajoutant des forces dans la direction désirée, soit en diminuant les forces opposées.

(7) Si un changement du niveau L^1 au niveau L^2 est dû à une augmentation des forces en direction de L^2 (voir la figure 8 *a* et *b*), les effets secondaires seront différents du cas où le même changement de niveau est dû à une diminution des forces opposées (voir la figure 8 *c*).

Dans le premier cas, le processus au nouveau niveau L^2 sera accompagné par un état de tension relativement élevée; dans le second cas, par un état de tension relativement basse.

FIGURE 8
Deux états possibles
de tension selon les
différents moyens de
changer les niveaux
de production

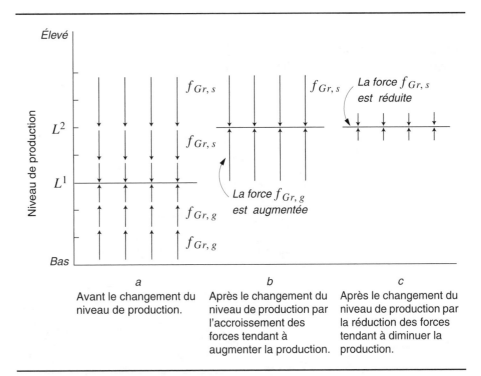

a
Avant le changement du
niveau de production.

b
Après le changement du
niveau de production par
l'accroissement des
forces tendant à
augmenter la production.

c
Après le changement du
niveau de production par
la réduction des forces
tendant à diminuer la
production.

Puisqu'une augmentation de tension au-delà d'un certain niveau va de pair avec une plus grande fatigue, une agressivité plus marquée, une émotivité plus grande, et une moindre constructivité, il est clair qu'en règle générale, la seconde méthode sera préférable à la méthode de haute pression.

La figure 9 offre un exemple frappant de la production d'une ouvrière « nerveuse » qui illustre ces considérations. Son niveau moyen était au-dessus de la moyenne du groupe ; elle montrait cependant des variations extrêmes dans la vitesse et un fréquent absentéisme.

L'utilisation d'un programme de travail amena une augmentation de production à un niveau exceptionnellement élevé. En même temps, la fluctuation diminuait nettement.

Puisque l'instabilité est un symptôme courant de tension, nous pouvons supposer qu'une plus grande stabilité et une absence d'absentéisme sont une expression du fait que le changement de niveau de production fut accompli par un changement dans le champ de force correspondant à la figure 8 *c* plutôt qu'à la figure 8 *b*.

Capacité, courbes d'apprentissage et équilibres

a) Aptitude, difficulté et changement de difficulté Un facteur qui affecte le niveau de nombreux événements sociaux est l'« aptitude ». L'aptitude est un terme populaire qui se réfère à une multitude de faits très différents, tels que l'aptitude à parler français et l'aptitude à endosser une défaite. Néanmoins, par rapport aux changements, le terme d'aptitude paraît impliquer un rapport avec des forces restrictives, plutôt qu'avec des forces propulsives. Les forces propulsives — correspondant par exemple à l'ambition, aux besoins ou aux craintes — sont des forces dirigées vers quelque chose ou s'écartant de quelque chose. Elles tendent à opérer des changements ou une locomotion. Une force « restrictive » n'est pas en elle-même équivalente à une tendance au changement ; elle s'oppose simplement aux forces propulsives.

Un changement dans l'aptitude est équivalent à un changement dans la difficulté d'une tâche. En effet, leurs représentations comme forces dans l'espace de phase sont identiques. Nous avons toujours

FIGURE 9
**Effet de programmes
de travail sur la stabilité
de la production**

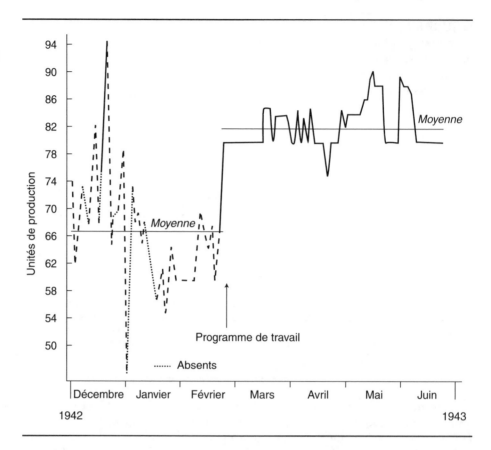

affaire à une relation entre un individu (ou un groupe) et une tâche. Le terme d'aptitude ou celui de difficulté est utilisé selon qu'on envisage le sujet ou la tâche comme étant la variable dans une relation.

La figure 10 montre la chute de productivité après le transfert d'une ouvrière—sur une machine à coudre analogue—à un travail de couture différent.

Quoique, pour les deux emplois, la courbe d'apprentissage des nouveaux et le niveau de production des anciens soient égaux en moyenne, indiquant une difficulté égale des deux emplois, on s'aperçut que les ouvrières transférées s'acquittaient moins bien de leur nouvel emploi. De toute évidence, pour une ouvrière transférée, la nouvelle tâche est plus difficile que la précédente.

Supposons que le champ de force résultant (des forces restrictives et propulsives), avant le transfert, corresponde à un champ central représenté dans la figure 11. L'introduction de la nouvelle tâche est équivalente à l'introduction d'une force restrictive plus puissante, ou à l'addition d'un champ de forces restrictives s'opposant à une production plus élevée.

Si le transfert avait laissé intact le champ de force, nous aurions pu tirer la conclusion suivante (voir la figure 11): la puissance de la force restrictive ajoutée au second niveau (le plus bas) L^2 au moment b ($\left|rf_{\overline{L^2, g}}\right|^b$) est égale à la puissance de la force propulsive qui existait au niveau L^2 au moment a avant le changement ($\left|rf_{\overline{L^2, g}}\right|^b$) = $\left|f^*_{L^2, g}\right|^a$, ce qui signifierait que la baisse de production aurait été accompagnée d'une hausse de tension.

Ce n'est qu'un autre exemple pour le théorème: qu'un changement survenu par l'addition de forces dans sa direction amène une hausse de la tension. (Dans le cas précédent, nous avions appliqué le théorème à un changement vers le haut; cette fois-ci nous l'appliquons à un changement vers le bas.)

Cette conclusion n'est cependant pas en accord avec les observations. En fait, la tension après le transfert paraissait plus basse, et cela indiquait que le

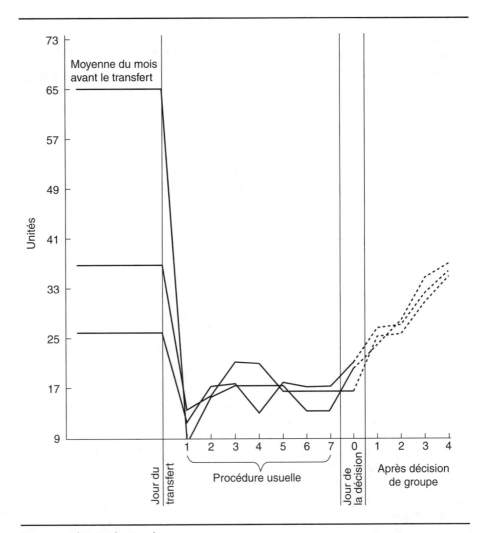

FIGURE 10
Effet de la décision de groupe sur les travailleurs lents après le transfert

Source : D'après Alex Bavelas.

changement vers une production plus basse était accompagné par une baisse de la puissance des forces propulsives en direction d'une plus haute production (voir la figure 11) :

$$\left| f^*_{L^2, g} \right|^c < \left| f^*_{L^2, g} \right|^a.$$

Il y a des indications que le transfert, dans ce cas, est bien accompagné par une nette diminution du goût au travail dans le sens d'une tendance vers une plus haute production. Si cette interprétation est correcte, l'apprentissage, après le transfert, devrait être lent ; en effet, il est étonnamment lent (voir la figure 10).

Bien que ces ouvrières soient familières avec les machines, leur vitesse s'améliore si lentement qu'il est plus profitable pour l'entreprise d'embaucher de nouvelles ouvrières plutôt que de changer de poste les ouvrières expérimentées.

Probablement, plusieurs facteurs se combinent pour diminuer la force $f_{L^2, g}$ après le transfert : une ouvrière estimée, qui est fière de ses performances, est ravalée à un statut inférieur du point de vue professionnel. Ceci est propre à affecter son moral et son ardeur. Le but de travail à un niveau « supérieur aux normes » était une possibilité réaliste avant le transfert ; maintenant, il est « trop » haut, hors d'atteinte. Les études sur le niveau d'aspiration

FIGURE 11
Champ de forces
avant et après le transfert
à un nouveau poste

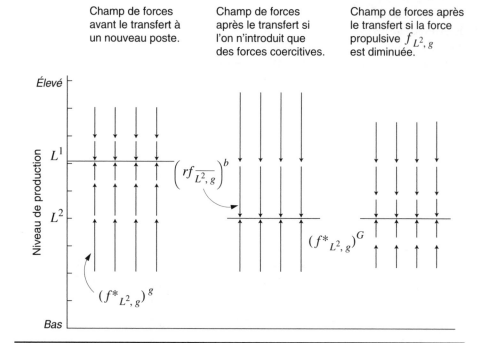

Champ de forces avant le transfert à un nouveau poste.

Champ de forces après le transfert si l'on n'introduit que des forces coercitives.

Champ de forces après le transfert si la force propulsive $f_{L^2, g}$ est diminuée.

(Lewin et autres, 1944) ont montré que, dans ces circonstances, une personne tend à renoncer, ce qui expliquerait la baisse de $f_{L^2, g}$. Après une décision de groupe, la courbe d'apprentissage s'élève, probablement parce que l'institution de nouveaux buts amène une force résultante vers des niveaux plus élevés sans lesquels l'apprentissage ne saurait prendre place.

b)   Les courbes d'apprentissage en tant que ligne de base pour des considérations d'équilibre   Il est des circonstances dans lesquelles les équilibres doivent être reliés à une ligne de base définie autrement qu'avec des valeurs absolues. Bavelas donna un entraînement spécial à une personne qui était chargée d'entraîner des apprentis dans une entreprise. Ceci provoqua un raidissement considérable des courbes d'apprentissage des apprentis. Lorsque, après quelques semaines, le moniteur spécialement entraîné fut retiré et remplacé par le moniteur précédemment employé, la courbe d'apprentissage retourna rapidement au niveau qu'elle aurait eu sans l'entraînement du moniteur. Ceci et d'autres cas rendent probable que, dans certaines circonstances, une courbe d'apprentissage peut être traitée comme une ligne de base, c'est-à-dire une ligne de « niveau égal » pour déterminer les champs de forces.

L'inclusion de la courbe d'apprentissage comme base possible pourrait être interprétée comme une expression du principe général.

(8) Les forces sociales devraient être analysées sur la base de la relation entre les processus sociaux et l'aptitude du groupe (ou de l'individu) envisagés. Si l'on accepte ce principe général, le traitement des normes « absolues » des processus (volume de production, degré d'amitié, etc.) comme cadre de référence pour l'analyse des forces qui déterminent des équilibres quasi stationnaires n'est permis que dans le cas où les aptitudes des groupes envisagés ne changent pas pendant cette période.

La combinaison des méthodes « subjectives » et « objectives »

Pour déterminer la nature des forces qui sont les variables principales dans un cas donné, on peut utiliser une grande variété de procédés. Une analyse des deux aspects de la vie de groupe, cognitif (« subjectif ») et de comportement (« objectif »), requiert

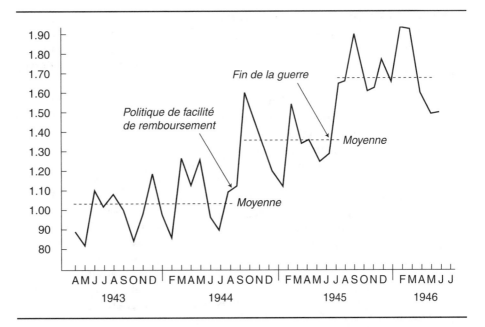

FIGURE 12
Remboursement des séries E des obligations d'épargne (pourcentage par rapport à l'émission totale)

une combinaison des méthodes qui découvre les aspects subjectifs et permet des conclusions sur la conduite, qui peuvent être vérifiées. Un exemple illustrera le principe en cause.

La division d'enquête du Département de l'Agriculture des États-Unis exécuta pendant la guerre, pour le Département du Trésor, des études périodiques sur la motivation pour l'achat et le remboursement des bons de guerre. Des entretiens révélèrent la nature de quelques-unes des forces favorables ou opposées au remboursement pour des individus de secteurs différents de la population.

Les forces en faveur du remboursement les plus fréquemment rencontrées se trouvèrent être la pression financière résultant d'un cas critique comme la maladie. Les forces contre le remboursement étaient le besoin de sécurité fourni par une réserve financière, le patriotisme, ou le gain d'un intérêt plus élevé quand les bons sont gardés plus longtemps.

Pour mettre en relation les données « subjectives » sur la nature des forces avec les courbes représentant les équilibres, on doit prendre en considération des données « objectives » telles que la « capacité » d'une population au remboursement des bons. Puisque cette capacité dépend de la quantité totale des bons de guerre *non payés*, il est bon, selon le théorème 8, de prendre en considération les forces

sur la base des courbes qui représentent les niveaux de remboursement comme des pourcentages de ce total.

Pearl Harbour, entrée en guerre officielle des États-Unis, fut accompagné par un net déclin du niveau de remboursement. Il ressort des entretiens avec la population que ceci était dû à une augmentation d'une force contre le remboursement (plutôt qu'à une diminution des forces en faveur du remboursement), à savoir un patriotisme plus intense. On pouvait attendre, d'après cette explication, qu'un changement inverse se produise à la fin de la guerre. En effet, la figure 12 montre une augmentation du niveau de remboursement à cette époque. On peut comprendre cela, en partie, comme un résultat de la diminution des mobiles patriotiques.

Dans l'ensemble, le remboursement durant les périodes d'avril 1943 à septembre 1944, d'octobre 1944 à juillet 1945, d'août 1945 à avril 1946, paraît représenter trois niveaux d'un processus quasi stationnaire, chaque période manifestant une fluctuation périodique typique. Le changement du premier au second niveau coïncide avec l'établissement d'une politique de remboursement plus aisée par le Département du Trésor, politique qui correspondait à une diminution des forces restrictives contre le remboursement.

La création des changements permanents

Changement des champs de force

Quand on discute des moyens d'amener un état de choses désiré, on ne doit pas penser en termes de « but à atteindre », mais plutôt en termes de « changement à partir du niveau présent vers le niveau désiré ». Ainsi, la discussion sous-entend qu'un changement planifié consiste à remplacer le champ de force correspondant à un équilibre au niveau initial L^1 par un champ de force ayant son équilibre au niveau désiré L^2. Il faut souligner que l'on doit changer le champ de force dans sa totalité, au moins dans la région entre L^1 et L^2.

Les techniques de modification d'un champ de force ne peuvent pas être entièrement déduites de sa représentation en espace de phase. Pour modifier le niveau de rapidité d'une rivière, il faudra rétrécir ou élargir son lit, le rectifier, lui faire éviter les rochers, etc. Pour décider quelle est la meilleure façon d'opérer tel changement, il ne suffit pas d'envisager une seule propriété. Il faut examiner les circonstances dans leur totalité. De même, pour modifier un équilibre social, on doit considérer le champ social total : les groupes et sous-groupes intéressés, leurs relations, leurs systèmes de valeurs, etc. La constellation du champ social comme totalité doit être étudiée et réorganisée de façon que les événements sociaux s'écoulent différemment. L'analyse au moyen de l'espace de phase indique quel est le type d'effet à accomplir plutôt que la façon dont on doit le réaliser.

Les processus quasi stationnaires et les « habitudes » sociales

Influencer une population pour provoquer un changement tel que la substitution de la consommation du pain noir à celle du pain blanc signifie que l'on essaie de briser une « coutume » ou une « habitude sociale » bien établie. Les habitudes sociales sont considérées d'ordinaire comme des obstacles au changement. Quelle est la signification d'une habitude sociale dans le langage des champs de force et que signifie « briser » une habitude?

Si l'on considère un processus quasi stationnaire comme étant déterminé par un équilibre quasi stationnaire, on s'attendra à ce que toute force ajoutée change le niveau. Nous savons que la force résultante à un niveau présent L est zéro $f^*_{L,x} = 0$. Ajouter la force $|f^*_{L,n}| > 0$ devrait déplacer le niveau dans la direction de n à un niveau différent $(L + \Delta)$. La quantité de changement Δ est déterminée par l'équation :

$$(9) \qquad \left| f^*_{(L+\Delta),L} \right| = \left| f^*_{L,n} \right|$$

L'idée d'« habitude sociale » semble indiquer qu'en dépit de l'application de la force $f_{L,n}$, le niveau du processus social changera moins que Δ, à cause d'une sorte de « résistance interne » au changement. Pour surmonter cette résistance interne, une force additionnelle semble être requise, force suffisante pour « briser l'habitude », pour « décristalliser » la coutume.

On pourrait essayer de nier l'existence d'une telle « résistance interne au changement » en dehors des habitudes sociales. Peut-être les habitudes sociales renvoient-elles simplement aux cas de gradients tellement raides que l'addition de la force $f_{L,n}$ n'amène pas de changement notable. Une telle interprétation suffit à peine. Au mieux, elle transforme le problème de l'habitude en la question suivante : pourquoi le champ de force résultant a-t-il un gradient aussi raide au voisinage immédiat de L^2 ?

La théorie des habitudes sociales répond que la constance historique crée un « champ de force additionnel » qui tend à maintenir le niveau présent, en plus des forces quelconques qui maintiennent le processus social à ce niveau. Deux propositions sont impliquées dans une telle théorie : l'une affirmant l'existence d'un « champ de force additionnel », l'autre concernant son origine historique. Nous sommes ici surtout intéressés par la nature du champ de force additionnel.

La vie sociale, se déroulant à un certain niveau, amène fréquemment l'établissement d'institutions organisationnelles. Elles deviennent équivalentes aux « intérêts acquis » à un certain niveau social. Une seconde source possible des habitudes sociales est liée au système de valeurs, à l'*ethos* d'un groupe. Nous devons discuter ceci plus en détail.

Conduite individuelle et normes de groupe

En discutant des champs de forces, nous avons envisagé, soit un individu, soit un groupe dans sa totalité, comme étant le «point d'application» de la force. Considérons maintenant la relation entre les individus et le niveau des processus sociaux.

Un individu P peut diverger dans son niveau de conduite personnel (L^P) d'avec le niveau qui représente les normes de groupe (L^{Gr}) par une certaine quantité n $(L^{Gr} - L^P = n)$. Une telle divergence est permise ou encouragée dans différentes cultures à différents degrés. Si l'individu essayait de diverger par trop d'avec les normes de groupe, il se trouverait lui-même dans des difficultés croissantes. Il serait ridiculisé, traité sévèrement, et finalement exclu du groupe. La plupart des individus, par conséquent, se conforment assez étroitement aux normes des groupes auxquels ils appartiennent ou désirent appartenir.

En d'autres termes, le niveau de groupe n'est pas seulement un niveau d'équilibre résultant des forces quelconques $f_{L,\,g}$ et $f_{L,\,s}$, que les circonstances fournissent. Le niveau acquiert fréquemment une valeur par lui-même. Il devient une valence positive correspondant à un champ de force central, avec la force $f_{P,\,L}$ maintenant l'individu en accord avec les normes du groupe.

Niveaux de groupe avec et sans valeur sociale et résistance au changement

Quoique le caractère de valeur d'un niveau de groupe soit assez commun, il n'est pas valable pour tous les types de processus. Par exemple, peu d'individus savaient que le niveau de remboursement des bons de guerre, entre avril 1943 et août 1944, était d'environ 1 %. Les valeurs qui entraient dans la décision de se faire rembourser n'impliquaient pas la valeur de maintenir le taux de remboursement, ni au-dessus, ni en dessous de ce niveau. À cet égard, cette situation est entièrement différente, par exemple, de la situation d'un individu qui essaie de se maintenir au niveau d'une équipe de travail.

Quelle que soit la raison pour laquelle un certain niveau acquiert ou non une valeur, la différence est importante pour un problème de changement.

Supposons que, pour deux groupes Gr et Gr^l, le champ de force résultant corresponde à la figure 13 b, si nous ne tenons pas compte de la valeur sociale de L. Dans le cas de Gr^l, mais pas dans le cas de Gr, nous supposons que le niveau L a une valeur sociale pour ses membres. Cette valeur correspondrait au champ de force représenté dans la figure 13 a. Supposons qu'une force f soit appliquée sur l'individu pour changer sa conduite vers g. Dans Gr^l, la quantité de changement sera déterminée par le gradient de la force opposée $f_{(L + n),\,s}$, dans Gr par les forces opposées combinées $f_{(L + n),\,g} + f_{P,\,L}$ (voir la figure 13). Ce qui signifie :

(10) Plus grande est la valeur sociale d'une norme de groupe, plus grande est la résistance d'un individu membre du groupe à s'écarter de ce niveau.

De nombreux cas «d'habitudes sociales» semblent renvoyer à des normes de groupe avec une valeur sociale, et la résistance au changement peut fréquemment être appliquée par le théorème 10. Si cette théorie est correcte, on peut faire certaines dérivations sur la rupture des habitudes sociales.

Procédés individuels et procédés de groupe pour changer la conduite sociale

Si la résistance au changement dépend en partie de la valeur des normes de groupe pour l'individu, la résistance au changement devrait diminuer si l'on utilise un procédé qui diminue la puissance de la valeur de la norme de groupe ou qui change le niveau qui est perçu par l'individu comme ayant une valeur sociale.

Ce second point est l'une des raisons de l'efficacité des changements «véhiculés» par des groupes (Redl, 1939) qui intéressent les individus dans les groupes restreints. On s'attendrait peut-être à ce que des individus isolés soient plus souples que des groupes d'individus d'esprit semblable. Cependant, les expériences sur l'entraînement des leaders, sur le changement des habitudes alimentaires, sur la production des ateliers, sur la criminalité, l'alcoolisme, les préjugés, paraissent toutes indiquer qu'il est plus facile de changer des individus formés en groupe que de changer aucun d'eux séparément (Lewin, 1948).

FIGURE 13
Champs de forces lorsque les normes de groupe ont et n'ont pas de valeur sociale

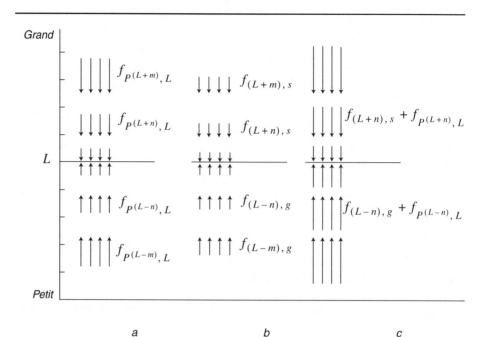

a	*b*	*c*
Forces exercées sur l'individu, correspondant à la valence des normes du groupe (L).	Forces exercées sur les normes du groupe et tendant à l'abaissement ou à l'élévation du niveau.	Champ de forces résultant de la sommation de *a* et *b*.

Aussi longtemps que les valeurs de groupe sont inchangées, l'individu résistera aux changements d'autant plus vigoureusement qu'il s'écarte davantage des normes de groupe. Si la norme de groupe elle-même est changée, la résistance qui est due à la relation entre l'individu et la norme de groupe est éliminée.

Changement en trois étapes : décristallisation, déplacement, cristallisation des normes de groupe

Un changement vers un niveau plus élevé de performance de groupe est souvent éphémère. Après une « flambée », la vie du groupe retourne bientôt au niveau précédent. Ceci indique qu'il ne suffit pas de définir l'objectif d'un changement planifié de la performance du groupe comme le fait d'atteindre un niveau différent. La permanence du nouveau niveau, ou sa permanence pendant une période désirée, doit être incluse dans l'objectif. Un changement réussi comprend donc trois aspects : la décristallisation (si elle est nécessaire) du niveau présent L^1, le déplacement au nouveau niveau L^2, et la cristallisation de la vie de groupe à ce second niveau. Puisque tout changement est déterminé par un champ de force, la permanence implique que le nouveau champ de force est préservé du changement.

La « décristallisation » du niveau présent peut renvoyer à des problèmes très différents selon les cas. Allport (1945) a décrit la « catharsis », qui semble être nécessaire pour que les préjugés puissent être supprimés. Pour briser la coquille de suffisance et de pharisaïsme, il est parfois nécessaire de réaliser délibérément une provocation émotionnelle.

Il en est de même pour le problème de la cristallisation au second niveau. Il est parfois possible d'établir un dispositif organisationnel qui soit l'équivalent d'un processus causal circulaire stable.

FIGURE 14
Pourcentage des mères ayant augmenté leur consommation de lait frais après une décision de groupe et après une conférence

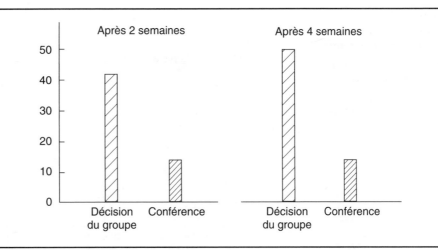

La décision de groupe comme procédure de changement

L'exemple suivant d'un processus de décision de groupe concerne des ménagères d'une ville du Midwest. Certaines d'entre elles assistèrent à une bonne conférence sur la valeur d'une consommation accrue de lait frais ; d'autres participèrent à une discussion conduite graduellement jusqu'à la décision d'augmenter la consommation de lait (Radke et Klisurich, 1947). Aucune pression commerciale ne fut utilisée ; en fait, les pressions étaient soigneusement évitées. La quantité de temps utilisé était égale pour les deux groupes. Le changement dans la consommation du lait fut vérifié après deux et quatre semaines. La figure 14 indique la supériorité de la décision de groupe. Des résultats semblables furent obtenus à propos de la consommation de lait concentré. L'effet du traitement individuel fut comparé avec celui de la décision de groupe de fermières qui étaient venues à la consultation de maternité de l'hôpital de l'État d'Iowa. Avant d'être libérées, elles avaient été soumises à une instruction individuelle sur la meilleure formule d'alimentation des bébés, et l'opportunité de leur donner du jus d'orange et de l'huile de foie de morue. Ce procédé fut comparé avec un procédé de discussion et de décision réalisé par des groupes de six mères. Dans le premier cas, le spécialiste d'hygiène alimentaire accordait trente-cinq minutes à une seule mère ; dans le second cas, le même temps était accordé à un groupe de six mères.

La figure 15 montre la supériorité du procédé de discussion de groupe. Après quatre semaines, chacune des mères du groupe de décision donnait au bébé la quantité opportune d'huile de foie de morue. Chose curieuse, après les deux procédés, il y a une amélioration entre les seconde et quatrième semaines.

La figure 16 présente un exemple de l'effet de trois décisions de groupe d'une équipe dans une usine, d'après Bavelas (1942), qui illustre un cas inaccoutumé de la permanence d'un changement mesuré sur neuf mois.

Les expériences rapportées ici ne couvrent qu'une petite partie des variations nécessaires. Quoique dans certains cas, le procédé soit relativement simple à exécuter, dans d'autres cas, il requiert de l'habileté et suppose certaines conditions générales. Des organisateurs bondissant dans une usine pour augmenter la production par des décisions de groupe rencontreraient probablement un échec. Dans l'organisation sociale, comme en médecine, il n'y a pas de remèdes universels et chaque cas requiert un diagnostic soigneux.

Les expériences de décision de groupe sont néanmoins suffisamment avancées pour éclaircir certains problèmes de changement social.

Nous avons vu qu'on peut envisager un plan de changement social comme étant composé d'une décristallisation, d'un changement de niveau et d'une cristallisation au second niveau. Sans ces trois cas, la décision de groupe a l'avantage général d'une procédure de groupe.

FIGURE 15
Pourcentage des mères se conformant à une décision de groupe ou à des instructions individuelles pour donner du jus d'orange

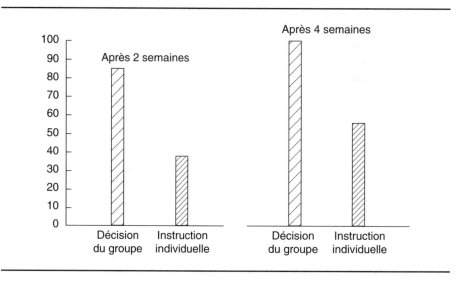

FIGURE 16
L'effet de la décision de groupe sur des opérateurs de machines à coudre

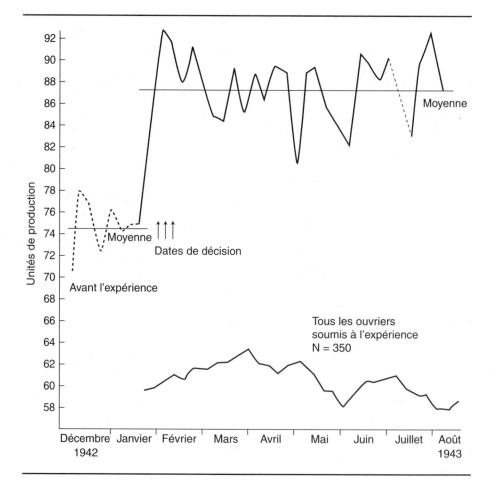

Si l'on utilise les procédures individuelles, le champ de force qui correspond à la dépendance d'un individu par rapport à une norme valorisée agit comme une résistance au changement. Si, cependant, on réussit à changer les normes de groupes, le même champ de force tendra à faciliter le changement de l'individu, et tendra à stabiliser la conduite individuelle au niveau de groupe nouveau.

Parfois, le système de valeurs de ce groupe restreint entre en conflit avec les valeurs d'une assise culturelle plus large, et il est nécessaire de détacher le groupe de cette assise plus large. Par exemple, pendant la reconversion des leaders de jeux des modes autocratiques aux modes démocratiques, Bavelas (1942) eut grand soin de les préserver de toute influence contraire pouvant venir de l'administration du centre de loisirs. L'efficacité des champs ou des ateliers dans le changement de l'idéologie ou de la conduite dépend en partie de la possibilité de créer de tels « îlots culturels » pendant le changement. Plus forte est la subculture acceptée de l'atelier et plus elle est isolée, plus elle diminuera la résistance au changement, qui a pour base la relation entre l'individu et les normes du groupe englobant.

Une raison pour laquelle la décision de groupe facilite le changement est illustrée par Willerman (cité dans Lewin, 1943). La figure 17 représente le degré du désir d'un changement de groupe : consommer moins de pain blanc et consommer plus de pain entier. Quand le changement était simplement demandé, le degré du désir variait beaucoup selon le degré de préférence personnelle pour le pain entier. Dans le cas de la décision de groupe, le désir semble être relativement indépendant des préférences personnelles, l'individu semble agir principalement en tant que « membre d'un groupe ».

Un deuxième facteur favorisant la décision de groupe a trait à la relation entre la motivation et l'action. Une conférence et, particulièrement, une discussion peuvent être très efficaces et susciter des *motivations* dans la direction désirée. Cependant, la motivation seule ne suffit pas à opérer un changement. Il faut qu'il existe un lien entre la motivation et l'action. Ce lien est fourni par la décision, mais n'est ordinairement pas fourni par des conférences ou même par des discussions. Voilà, semble-t-il, l'explication, au moins partielle, de ce fait autrement

paradoxal qu'un processus comme la décision, qui ne prend que cinq minutes, soit capable d'affecter la conduite pendant de nombreux mois à venir. La décision relie la motivation et l'action et, en même temps, semble avoir un effet cristallisateur qui est dû, en partie, à la tendance de l'individu à se fixer dans sa décision et, en partie, à « l'engagement dans un groupe ». L'importance du second facteur serait différente pour une coopérative d'étudiants où les individus restent ensemble, pour des ménagères d'un même immeuble qui se rencontrent de temps à autre, pour des fermières qui ne sont pas en contact les unes avec les autres. Les expériences montrent cependant que même des décisions concernant des réalisations individuelles peuvent être efficaces quand elles sont prises dans un groupe de personnes qui ne se reverront pas.

Il serait incorrect d'attribuer entièrement la permanence du niveau réalisé à l'effet cristallisateur de la décision. Dans de nombreux cas, d'autres facteurs sont probablement plus importants. Après que la ménagère a décidé d'utiliser plus de lait, elle pourrait passer une commande régulière au laitier, qui maintiendrait automatiquement un niveau de consommation élevé. Ces questions conduisent aux problèmes de restructuration du champ social, particulièrement aux problèmes de canalisation des processus sociaux.

De nombreux aspects de la vie sociale peuvent être considérés comme des processus quasi stationnaires. On peut les envisager comme des états d'un équilibre quasi stationnaire dans le sens précis d'une constellation de forces dont on peut définir correctement la structure. On doit identifier ces forces et les mesurer quantitativement. Une analyse conceptuelle suffisante est une exigence primordiale de cette première étape.

Le traitement scientifique des forces sociales suppose des dispositifs analytiques qui soient appropriés à la nature des processus sociaux et qui soient techniquement adaptés pour créer le pont qui conduira à un traitement mathématique. À cette fin, le moyen fondamental est la représentation des situations sociales en tant que « champs sociaux ». Quelques-uns des aspects des processus sociaux peuvent être traités au moyen d'un système de coordonnées appelé « l'espace de phase ».

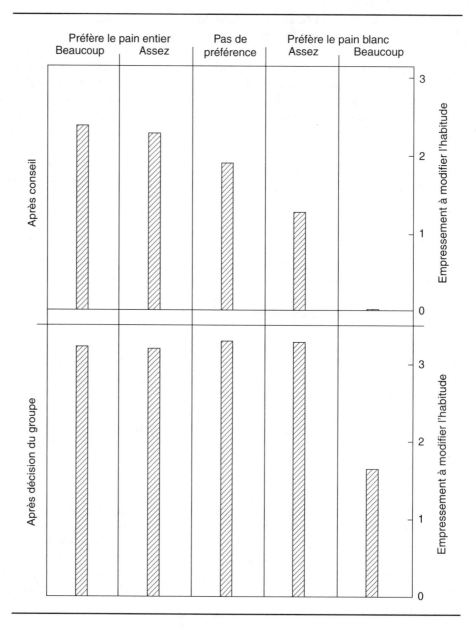

FIGURE 17
Relation entre les propres préférences alimentaires et le désir d'un changement dans le groupe après une requête et une décision de groupe

L'utilisation d'un espace de phase pour traiter un équilibre social exige que l'on éclaircisse certaines questions techniques d'analyse, telles que la relation entre la puissance des forces opposées à un niveau donné du processus, la structure du champ de force à l'intérieur et à l'extérieur de la marge de voisinage, les conditions formelles de la fluctuation et des différences individuelles, la relation entre forces et capacités, et la relation entre forces et tension.

Cette technique analytique permet la formulation plus exacte des problèmes des plans de changement sociaux et de résistance au changement. Elle permet des propositions générales concernant certains aspects du problème de la sélection des objectifs spécifiques dans la réalisation d'un changement, concernant les différentes méthodes susceptibles de permettre la même quantité de changement, et concernant des différences dans les effets secondaires de ces méthodes. Il apparaît une théorie selon laquelle l'une des causes de résistance au changement tient à la relation entre l'individu et la valeur des normes de groupe. Cette théorie autorise des conclusions concernant la résistance au changement de certains types d'équilibres sociaux, la décristallisation, le déplacement et la cristallisation d'un niveau, et l'efficacité des procédés de groupe pour changer les attitudes ou la conduite.

Les instruments analytiques utilisés sont également applicables aux aspects culturels, économiques, sociologiques et psychologiques de la vie de groupe. Ils conviennent à une grande variété de processus, tels que les niveaux de production d'une usine, d'une équipe de travail ou d'un ouvrier; les changements des aptitudes d'un individu et des capacités d'un pays; les normes de groupe avec ou sans valeur culturelle; les activités d'un groupe, et l'interaction entre les groupes, entre les individus et entre les individus et les groupes. L'analyse attribue une réalité égale à tous les aspects de la vie de groupe et aux unités sociales de toutes les dimensions. L'application dépend des propriétés structurales d'un processus et de la situation totale qui l'englobe.

Nos propos sur l'équilibre quasi stationnaire reposaient sur des concepts analytiques qui, dans le domaine des sciences sociales, ont émergé tout d'abord en psychologie. Les concepts de force psychologique, de tension, de conflit en tant qu'équilibre de forces, de champ de force, de champ inducteur, ont peu à peu élargi leur application depuis le domaine de la psychologie individuelle jusqu'au domaine des processus et des événements qui relevaient de la sociologie et de l'anthropologie culturelle. Ayant été à même d'apprendre le traitement des équilibres par l'économie mathématique, je suis convaincu que ce traitement, quoique ayant une origine différente et, peut-être, une base philosophique différente, est aussi pleinement compatible avec nos considérations.

La facilité avec laquelle nous obtenons des données économiques mesurées quantitativement, d'une part, et la troublante richesse qualitative des événements psychologiques et culturels, d'autre part, ont contribué à maintenir séparées les méthodes d'investigation de ces deux domaines.

Peut-être cette situation a-t-elle conduit certains économistes mathématiciens à essayer d'élaborer une économie sans individus et sans culture, de la même façon que certains psychologues de tendance mathématique ont essayé d'élaborer une théorie de l'apprentissage sans organismes. On peut cependant laisser en suspens l'interprétation philosophique et considérer les équations de l'économie mathématique comme un traitement de certains aspects des événements méthodologiquement analogue à notre traitement de certains aspects de processus sociaux au moyen des espaces de phase; dans les deux cas, il nous faut bien comprendre que, pour prévoir, on doit se référer finalement au champ social total avec toutes ses propriétés essentielles. C'est utile et même nécessaire, si l'on prend conscience de la limitation du traitement analytique séparé de certains aspects du champ social.

Sans doute, l'économie mathématique a élaboré de puissants instruments pour analyser quelques aspects fondamentaux de la vie de groupe. Si nos considérations sont correctes, elles signifient qu'il est possible de rejoindre l'économie mathématique, et je ne vois aucune raison pour ne pas appliquer à d'autres régions de la vie sociale les méthodes de traitement des équilibres économiques (Hicks, 1939; Koehler, 1938; Samuelson, 1942) ou le traitement des groupements en constellation compétitive (Von Neumann et Morgenstern, 1944).

Les instruments analytiques de l'économie mathématique devraient être d'un grand secours pour mesurer convenablement les forces sociales; et cette tâche n'a été accomplie, dans une certaine mesure, que dans une région limitée de la psychologie individuelle (Cartwright et Festinger, 1943). Cette tâche implique trois étapes: un développement suffisant des concepts analytiques et des théories concernant les forces sociales, leur quantification en principe au moyen d'équations, et la mesure de cas concrets. Il semble que la première étape dans le traitement de la vie de groupe soit suffisamment avancée pour permettre une collaboration des différentes branches des sciences sociales dans les seconde et troisième étapes.

Pour l'économie, la fusion implique la possibilité de tenir compte des propriétés psychologiques et culturelles de la population considérée et, par conséquent, d'améliorer largement l'aptitude à analyser des cas concrets et à faire des prédictions correctes. L'économie devra être prête à compliquer ses procédés analytiques à certains égards ; en particulier, elle devra faire une place aux problèmes cognitifs mentionnés plus haut dans la discussion du procédé en trois étapes.

La fusion des sciences sociales permettra à l'économie d'accéder aux avantages considérables qu'une procédure expérimentale offre pour éprouver des théories et faire naître de nouvelles intuitions. La combinaison des procédés expérimentaux et mathématiques a été le véhicule principal pour l'intégration des études de la lumière, de l'électricité et d'autres branches des sciences physiques. La même combinaison semble être destinée à faire de l'intégration des sciences sociales une réalité.

Références

Publications de Kurt Lewin

LEWIN, K. (1938). « The conceptual representation and the measurement of psychological forces », *Contribution to Psychological Theory*, *1*(4), Durham, N.C., Duke University Press.

LEWIN, K., LIPPITT, R., et WHITE, R.K. (1939). « Patterns of agressive behavior in experimentally created social climates », *Journal of Social Psychology*, *10*, p. 271-299.

LEWIN, K. (1943). « Forces behind food habits and methods of change », dans Lewin, K. (1951), *Field Theory in Social Science : Selected Theoretical Papers*, New York, Harper and Brothers.

LEWIN, K., DEMBO, T., FESTINGER, L., et SEARS, P.S. (1944). « Level of aspiration », dans Hunt, J.M. (sous la dir. de), *Personality and the Behavior Disorders*, New York, Ronald Press.

LEWIN, K. (1948). *Resolving Social Conflicts*, New York, Harper and Brothers.

Autres ouvrages cités dans le texte

ALLPORT, G.W. (1945). « Catharsis and the reduction of prejudice », *Journal of Social Issues*, *1*(3), p. 3-10.

BAVELAS, A. (1942). « Morale and the training of leaders », dans Watson, G. (sous la dir. de), *Civilian Morale*, Boston, Houghton-Mifflin.

CARTWRIGHT, D., et FESTINGER, L. (1943). « A quantitative theory of decision », *Psychological Review*, *50*, p. 595-621.

HICKS, J.R. (1939). *Value and Capital*, Oxford, The Clarendon Press.

KOEHLER, W. (1938). *The Place of Value in a World of Fact*, New York, Liveright Publishing Co.

LIPPITT, R. (1940). « An experimental study of authoritarian and democratic group atmospheres », Studies in Topological and Vector Psychology, *University of Iowa Studies in Child Welfare*, *16*, p. 45-195.

LIPPITT, R., et WHITE, R.K. (1943). « The social climate of children's groups », dans Barker, R.G., Kounin, J.S., et Wright, H.F. (sous la dir. de), *Child Development and Behavior*, New York, McGraw-Hill.

RADKE, M., et KLISURICH, S. (1947). « Experiments in changing food habits », *Journal of the American Dietetic Association*, *23*, p. 403-409.

REDL, F. (1939). « Clinical group work with children », *Group Work and the Social Science Today*, New York, Association Press.

SAMUELSON, P.A. (1942). « The stability of equilibrium linear and non linear systems », *Econometrika*, *10*, p. 1-25.

VON NEUMANN, J., et MORGENSTERN, O. (1944). *Theory of Games and Economic Behavior*, Princeton, N.J., Princeton University Press.

Questions

par Corinne Prost

La lecture du cas Roxanne Ducharme, présenté à la fin du livre (p. 471), permettra au lecteur de répondre aux questions suivantes.

1. En vous référant à la théorie des petits groupes et des champs de forces, comment pouvez-vous expliquer le fait que les individus engagés pour préparer le festival ne

parviennent jamais réellement à coordonner leurs activités et à sceller leur engagement pour l'organisme?

2. Comme nous l'avons vu dans ce chapitre, le groupe est une mise en commun d'images et de représentations inconscientes et conscientes qui animent les rapports interpersonnels du groupe. Analysez la dynamique du groupe de travail formé pour la préparation du festival de 1989, en élucidant les fantasmes et les images angoissantes qui l'habitent.

3. Le groupe est nécessaire au développement de la personne. Expliquez pourquoi. Donnez un exemple de votre point de vue à l'aide du cas Roxanne Ducharme.

4. Quels sont les avantages et les inconvénients pour une organisation et pour les individus qu'elle emploie de faire travailler les gens en équipe? Quels sont les enjeux contemporains qui se présentent aux gestionnaires et, dans ce contexte, que peuvent apporter les groupes de travail?

5. Expliquez la nature de l'inconscient dans un groupe de travail. Dans quelle mesure l'inconscient peut-il déterminer les attitudes et les comportements des membres? Devant des phénomènes inconscients, que peut faire un gestionnaire pour développer le caractère des employés et améliorer la performance de son service?

Lectures complémentaires

par Corinne Prost

ANZIEU, D., et MARTIN, J.Y. (1986). *La dynamique des groupes restreints*, Paris, PUF.

En définissant ce qu'ils entendent par groupes restreints ou primaires, les auteurs nous présentent les divers phénomènes qui se rattachent au groupe, à savoir la notion de pouvoir, la prise de décision, les communications, les notions d'influence et de résistance au changement, la créativité du travail en groupe. En considérant divers types de groupes (les sociétés animales, la famille, les groupes d'enfants, etc.), les auteurs expliquent la multitude de dynamiques pouvant survenir.

ARONSON, E. (1976). *The Social Animal*, San Francisco, W.H. Freeman.

Ce livre est en quelque sorte une analyse étendue de la théorie de l'attribution, une analyse brève du sexisme, une critique de la théorie de la dissonance et une remise à jour des résultats de la recherche. Cette introduction à la psychologie sociale ne se veut pas une encyclopédie complète et détaillée de la théorie et de la recherche, mais relève l'importance et la nature de la discipline scientifique qui sert de base à la psychologie sociale.

BION, W.C. (1965). *Recherches sur les petits groupes*, Paris, PUF.

Cet ouvrage est en quelque sorte une mise à jour entre les méthodes de la dynamique des groupes et celles de la psychanalyse classique axée sur l'individu. Bion aboutit ainsi à des concepts qui permettent de comprendre davantage des comportements qui sembleraient inacceptables dans certaines situations sociales.

HOMANS, G.C. (1950). *The Human Group*, New York, Houghton Mifflin.

Dans ce livre, l'auteur analyse des petits groupes formés pour des buts bien précis, et plus particulièrement ceux qui se sont formés et constitués naturellement. Il étudie trois éléments du comportement: l'activité des membres du groupe, l'interaction entre les membres du groupe, le sentiment intérieur de chacun de ceux-ci par rapport au groupe. Il observe que, quelle que soit la nature des groupes, leurs comportements démontrent des similitudes fondamentales pouvant expliquer le développement de la culture dans un ensemble social. Il démontre également que le groupe constitue un équilibre social dynamique, source de stabilité pour la société. En conclusion, il élargit la réflexion sur la relation entre la direction générale d'une organisation et les petits groupes qui surgissent des activités requises par le travail. Il s'interroge alors sur la façon d'encourager le développement d'une culture organisationnelle forte qui préserve en même temps les particularités et le dynamisme des groupes non officiels dans l'organisation.

JANIS, I.L. (1989). *Crucial Decisions: Leadership in Policymaking and Crisis Management*, New York, Londres, The Free Press (coll. «Macmillan Publishers»).

Ce livre tente de répondre aux questions fondamentales que se pose Irving L. Janis, à savoir quand et pourquoi les leaders de grandes organisations commettent des erreurs qui auraient pu être évitées et qui résultent de décisions politiques défectueuses. Comment de telles erreurs pourraient-elles être évitées ou, du moins, réduites au minimum? Dans les six premiers chapitres, l'auteur décrit et illustre les caractéristiques générales de l'élaboration des politiques dans plusieurs types d'organisations. Il constate ainsi que la manière dont les leaders prennent leurs décisions diffère de ce que rendent compte la plupart des psychologues, des spécialistes en management et des autres scientifiques en sciences sociales dans leurs études sur l'élaboration des politiques et les crises en gestion. Dans les quatre derniers chapitres, l'auteur nous présente un modèle pour comprendre le processus de l'élaboration des politiques et traite de ses implications pour une meilleure prévention et gestion des crises.

SAINT-ARNAUD, Y. (1978). *Les petits groupes: participation et communication*, Montréal, Presses de l'Université de Montréal/Éd. du C.I.M.

Dans ce livre, l'auteur nous présente un modèle de développement du système-groupe, c'est-à-dire que le groupe est considéré comme «une réalité psychosociale autonome, un organisme qui naît, croît, atteint la maturité et meurt». Il présente donc les conditions préalables au bon fonctionnement d'un groupe, ce qu'il appelle le groupe optimal. La richesse de cet ouvrage repose sur une réelle interaction entre la recherche et la pratique de la vie en groupe.

Chapitre
8

L'INFLUENCE SOCIALE
Obtenir la collaboration d'autrui

*Le lion et l'agneau se coucheront
certainement ensemble un jour,
mais l'agneau aura du mal à dormir[1].*
WOODY ALLEN (1975, p. 28)

Les questions concernant le pouvoir et les modalités d'influence sont inéluctables dans les organisations. Travailler, coopérer et s'affirmer dans un groupe ou une entreprise supposent une interaction sociale et nécessitent l'établissement de liens d'interdépendance, c'est-à-dire des relations d'échange de ressources et de réciprocité, signes de l'autonomie et de la dépendance des individus. Les interactions sociales et l'interdépendance des individus suscitent autant la coopération que le conflit, deux dimensions inhérentes à l'action sociale organisée. Michel Crozier (1995) explique:

> Pour exister, pour intervenir comme un acteur dans son travail, il faut s'affirmer, travailler avec d'autres et coopérer. Cette coopération fait nécessairement intervenir un jeu du pouvoir. [...] Même si vous avez une conception totalement altruiste de la vie et que vous vous consacrez à une action humanitaire, la simple question d'efficacité de votre action et de l'organisation avec d'autres personnes fera intervenir la question du pouvoir (p. 38).

On associe souvent le pouvoir au besoin de pouvoir et à la recherche de pouvoir. Ces représentations comportent une charge affective parce qu'elles sont souvent assimilées à la manipulation. Or, d'après Moscovici (1994), la manipulation est un phénomène qui suppose l'existence d'individus totalement soumis, d'une part, et celle d'individus totalement autonomes, d'autre part, ce qui s'avère presque impossible. En effet, l'être humain est fondamentalement libre: il a toujours le choix d'accepter ou de refuser de participer à la vie sociale, même en présence de contraintes extérieures, tant qu'il demeure conscient de ses désirs et de sa volonté (Jankélévitch, 1980).

Le pouvoir, c'est un potentiel d'action, c'est la capacité d'agir. Dans ce sens, le pouvoir constitue une possibilité. Le besoin de pouvoir détermine une motivation à comprendre et à maîtriser l'environnement, à exercer son libre arbitre pour accroître

---

1. Traduction libre de *The lion and the calf shall lie down together but the calf won't get much sleep.*

son autonomie et influencer son destin (Adler, 1979). La recherche de pouvoir est quant à elle associée au désir de puissance et, à cause de son lien avec la tendance à dominer les autres, elle est souvent perçue comme indésirable (Collerette, 1991).

L'influence, c'est l'exercice du pouvoir. Paicheler (1991) définit l'**influence sociale** comme étant «l'ensemble des empreintes et des changements que la vie sociale ou les relations avec autrui produisent sur les individus ou les groupes, qu'ils en soient ou non conscients» (p. 380). L'influence sociale comporte des négociations tacites, la confrontation de points de vue différents et la recherche d'une solution acceptable. Cela suppose la mise en œuvre de processus qui incluent les actions, les réactions et les interactions des personnes en présence, que celles-ci constituent la source d'influence (c'est-à-dire l'origine des pressions sociales) ou la cible (c'est-à-dire l'individu ou le groupe vers qui sont dirigées les pressions sociales).

La difficulté de percevoir l'influence sociale se révèle un indice de son efficacité. Qu'elle procède de la persuasion ou de la séduction, l'influence sociale tend à modifier les croyances, les attitudes et les comportements des individus, dans un contexte défini, en vue de satisfaire des intérêts communs et particuliers. En d'autres termes, l'influence est manifeste lorsqu'elle entraîne un changement effectif dans les opinions, les attitudes ou les conduites d'un individu ou d'un groupe.

L'influence sociale assume une double fonction. D'une part, elle vise à uniformiser et à faire accepter les normes, les valeurs et les critères de jugement en gérant et en réduisant les différences. D'autre part, elle vise à stimuler le changement social par la négociation des conflits et la mise au jour des dissensions inévitables au sein des groupes et des ensembles sociaux. L'influence sociale est donc un processus d'interaction et de négociation qui permet l'uniformisation des conduites et l'innovation sociale.

Les pressions sociales s'établissent toujours dans une histoire, dans les rapports sociaux entre des personnes en quête d'affirmation et d'affiliation, en quête de sens ou même de vérité. Selon les types d'interactions et les contextes dans lesquels elle se manifeste, l'influence sociale peut prendre quatre formes: la normalisation, la conformité, l'obéissance et l'innovation. Comme nous le verrons dans ce chapitre, chaque forme d'influence correspond à un type particulier de négociation entre la source d'influence et la cible, à une façon particulière de l'individu de faire face au conflit possible entre ses intérêts et ceux des autres, et à la dissonance cognitive que provoque la situation sociale.

Le premier objectif de ce chapitre est d'expliquer ces quatre formes d'influence sociale afin de mieux comprendre la dynamique des relations dans les organisations. La normalisation caractérise les influences réciproques exercées par les individus dans les groupes. La conformité est l'influence de la majorité exercée sur les minorités. À l'opposé, l'innovation désigne la forme que prend l'influence des minorités sur la majorité. L'obéissance résulte de l'exercice de l'autorité et du consentement des personnes à qui elle s'adresse. D'une certaine façon, on peut dire que la normalisation vise l'uniformité des conduites sociales, par la création de normes, que la conformité et l'obéissance ont pour but de préserver le *statu quo* dans un champ social, alors que l'innovation vise à créer des changements sociaux. Il est donc possible d'apporter des changements dans les organisations en adoptant des styles de comportement aptes à modifier les opinions majoritaires. Nous décrivons ces styles de comportement dans ce chapitre de même que dans le texte classique qui le suit.

Le deuxième objectif de ce chapitre est de déterminer les valeurs, les attitudes et les habiletés requises pour l'exercice de la direction des personnes dans les organisations. En tant qu'agents de liaison entre les différentes unités administratives, les chefs d'équipes sont en effet considérés comme des sources d'influence importantes dans les organisations. De par leurs rôles, ils ont la responsabilité d'orienter les comportements des employés vers les objectifs organisationnels et de soutenir leur engagement dans le travail. De plus en plus, les auteurs en management présentent l'art de diriger comme la capacité d'obtenir la coopération des membres d'une équipe de travail (entre autres Barnard, 1982; Bennis et autres, 1995; De Pree, 1990; Drath et Palus, 1994).

LA NORMALISATION : ÉTABLIR UN CONSENSUS

Levine et Pavelchak (1984) définissent la **normalisation** comme étant l'influence réciproque des membres d'un groupe, où chacun fait un compromis en rapprochant sa position de celle des autres, l'accord qu'ils établissent leur permettant d'éviter les conflits. Cette forme d'influence se différencie de la conformité par trois aspects: les normes ne sont pas encore partagées par les individus, il n'y a pas forcément de modèle de conduite prescrit et tous les individus sont en même temps la source et la cible de l'influence. La normalisation est un processus de création de normes (Aebischer et Oberlé, 1990). C'est la forme que prend le plus souvent l'influence sociale au cours de la formation des groupes ou des ensembles sociaux, mais elle peut aussi se manifester à d'autres moments de la vie d'un groupe.

L'expérience de Sherif (1936) illustre un cas typique de normalisation: on présente un point lumineux à des groupes de trois personnes dans une pièce obscure, créant ainsi l'illusion que la lumière se déplace. On demande à chaque personne de décrire la position de la lumière d'abord individuellement et en privé, puis à tour de rôle et en groupe. Après trois jours d'expérimentation, on constate que les petits groupes ont établi des normes d'estimations qui s'écartent parfois beaucoup des estimations individuelles faites le premier jour. L'expérience de Sherif (1936) montre que les individus tentent de rapprocher leur point de vue de ceux des autres après en avoir pris connaissance. Les individus convergent spontanément vers une norme, de façon à s'accorder les uns avec les autres, et ce en l'absence de pressions sociales explicites. Des phénomènes semblables se produisent dans les organisations lorsqu'on consulte des employés[2] pour prendre une décision.

---

2.   Ces employés peuvent aussi être des gestionnaires.

Comme nous l'avons vu dans les chapitres précédents[3], les individus ne réagissent pas seulement à la réalité objective, mais aussi à la représentation qu'ils s'en font dans leurs interactions avec leur entourage. La normalisation, comme les autres formes de l'influence sociale, constitue un processus interactif complexe qui met en jeu la perception que les individus ont d'eux-mêmes, des autres, de leur position par rapport aux autres et de leur environnement. Parmi les processus cognitifs qui interviennent dans ces relations d'influence, soulignons l'attribution (Kelley, 1967), la catégorisation sociale (Tajfel, 1981) et la comparaison sociale (Festinger, 1954).

L'attribution représente une inférence ou une hypothèse faite par la personne pour comprendre et expliquer ce qu'elle perçoit. Les processus d'attribution aident la personne dans sa recherche de significations dans ses relations avec les autres. C'est en partie par ses attributions concernant les attitudes et les comportements des autres que la personne est en mesure de saisir les règles sociales et les attentes à son endroit, et qu'elle peut s'adapter en conséquence.

La catégorisation sociale désigne le processus par lequel s'élaborent des catégories ou des schémas d'objets, de personnes et d'événements dont se sert la perception pour sélectionner et structurer les relations de l'individu avec son entourage. La catégorisation sociale conduit à la formation des stéréotypes, des préjugés, des préceptes et des idées préconçues. Les catégories sociales permettent de réaliser des économies d'énergie et de trouver facilement des façons d'agir adaptées à la situation et, donc, de repérer rapidement les normes appropriées à la situation sociale dans laquelle se trouve la personne.

Le processus de comparaison sociale a été explicité par Festinger (1954); par ses recherches, il a démontré l'existence chez l'individu du besoin de vérifier l'exactitude (*rightness*) de ses opinions, de ses choix et de ses performances. Ce besoin se manifeste particulièrement lorsqu'il se trouve privé de critères objectifs pour valider ses perceptions, ce qui est le cas dans la réalité sociale et culturelle.

En effet, quand il s'agit de vérifier un phénomène physique comme le chauffage de l'eau ou le déplacement d'un objet, l'individu est capable d'apprécier par lui-même l'efficacité de ses actions. Par contre, quand il s'agit de vérifier un phénomène social comme l'amélioration du rendement d'un employé ou la satisfaction des exigences d'un client, cela devient plus difficile. Festinger (1954) a observé qu'en l'absence de critères objectifs pour vérifier ses idées, l'individu a tendance à rechercher l'opinion des autres en espérant les confirmer.

La comparaison sociale est un processus cognitif qui permet à l'individu d'évaluer ses croyances et ses conduites pour les ajuster avec celles d'autrui. Ce processus recherche les similitudes entre différents points de vue et réduit les divergences soit en assimilant le point de vue des autres, soit en accommodant les représentations initiales, soit en faisant les deux.

---

3.   En particulier dans les chapitres portant sur la perception, la motivation et les relations humaines.

La vie en société donne régulièrement lieu aux divergences d'opinions et à la dissension. D'après Moscovici et Doise (1992), trois instances sociales permettent de trancher les différences: la tradition, la science et le consensus.

La tradition condense et accumule les expériences passées, les transmet aux générations successives et indique aux individus les choix à effectuer. Quand on ne sait pas quoi penser ou comment agir dans une situation, il suffit de se rappeler comment le problème était résolu par le passé et d'appliquer la solution traditionnelle.

La science constitue une autre instance sociale en mesure d'aider les individus à vérifier leurs positions, car les jugements scientifiques sont fondés sur l'expérience empirique. Par exemple, dans une situation problématique, on peut consulter la documentation scientifique, faire une recension des solutions expérimentées et choisir celle qui semble la meilleure. On a confiance dans la décision parce qu'elle se fonde sur des études sérieuses.

Le consensus est une instance moins stable que les deux premières, mais, parce qu'il résulte de l'exploration de diverses possibilités et d'une décision commune, il représente une certaine valeur qui tend à augmenter avec l'affaiblissement des traditions et l'effritement de la science dans les sociétés. Ce qui confère de la valeur au consensus n'est pas tellement la validité des décisions qu'il en ressort, mais plutôt la participation des personnes qui l'ont conclu: le nombre de participants et leur crédibilité seraient ainsi des conditions importantes de la validité du consensus.

Quand on y songe, les représentations que nous avons de la réalité sont largement fondées sur le consensus. Cette instance comporte toutefois des écueils importants. Moscovici et Doise (1992) soulignent le paradoxe suivant: « Des individus en principe logiques et pondérés, après s'être renseignés et avoir délibéré, ayant en main toutes les informations utiles, se sont mis d'accord sur une proposition qui n'est ni pondérée ni logique » (p. 23). Comment interpréter ce paradoxe?

En fait, le consensus repose sur trois hypothèses: 1) le choix est fait par plusieurs personnes; 2) les participants ont confiance les uns dans les autres et dans le consensus qu'ils ont établi; et 3) le consensus est conforme à la raison.

1) Le choix: Pour parvenir à un consensus, plusieurs personnes se réunissent afin de trouver une solution à un problème qui leur est posé. On présume qu'elles considèrent la question comme importante et qu'elle mérite qu'elles y consacrent du temps pour trouver la meilleure réponse possible. La comparaison des opinions, l'examen des différences, l'opposition des arguments donnent à chacune l'impression d'avoir fait un choix entre plusieurs possibilités et d'avoir retenu la meilleure.

Le consensus acquiert une valeur d'objectivité en raison de la distanciation que prennent les personnes à l'égard de la question et de la décentration des intérêts individuels. La validité du consensus se fonde toutefois sur une prémisse fondamentale: le choix sera meilleur si les personnes disposent de tous les éléments d'information nécessaires pour prendre la décision et si elles sont capables de les examiner soigneusement. Or, il n'est pas du tout certain que ces conditions peuvent être remplies.

Simon (1947) a bien montré les limites de la rationalité des individus: leurs capacités cognitives, leurs intérêts particuliers et la dynamique des interactions constituent des limites difficiles à dépasser au moment de la collecte de l'information et de son traitement. Très souvent, les individus ne sont même pas conscients qu'il leur manque des informations pour prendre une décision. L'imagination et l'attribution compensent le manque d'information ou la méconnaissance de la situation et des solutions. La difficulté d'appréhender la complexité de la situation est réduite par la sélectivité perceptuelle et la simplification cognitive des informations. Enfin, les individus ont tendance à retenir la solution qui leur semble la plus conforme aux buts organisationnels et à leurs valeurs personnelles. En définitive, le consensus se forme autour de la solution qui paraît la plus satisfaisante aux yeux du plus grand nombre, et surtout des personnes les plus influentes.

2) La confiance: La convergence des individus vers une solution commune et leur consentement à se rallier à la décision du groupe supposent qu'ils ont confiance les uns dans les autres, et leur consentement entretient cette confiance réciproque. Le consentement des individus scelle l'engagement de chacun envers la décision du groupe. En donnant son accord, l'individu accepte d'emblée le système de valeurs du groupe et se montre prêt à partager le sort de celui-ci, quel qu'il soit: tacitement, chacun fait un serment d'appartenance[4]. L'intériorisation de la décision du groupe équivaut à l'intériorisation du contrôle social, d'où l'autorégulation et l'autocensure des conduites individuelles qui en découlent.

3) La raison: Selon le sens commun, la seule façon d'aborder des choix difficiles qui soit conforme à la raison est de s'informer, de reconnaître les conflits d'intérêts et les divergences d'opinions, de faire les arbitrages nécessaires et de définir une position qui tient compte des pour et des contre. C'est exactement ce qui se passe lorsqu'on établit un consensus. C'est la comparaison et l'opposition de perspectives différentes relativement à une question, par des personnes responsables et informées, qui confèrent au consensus une valeur d'objectivité et de rationalité.

Dans les faits, cependant, quand on regarde de près le consensus, on constate que la tendance normale est d'aboutir à un compromis: celui du plus petit dénominateur commun. Chacun accepte de céder sur des aspects de la question qui ne sont pas vraiment importants pour lui dans le but de parvenir à une entente et à une vision partagée par les autres, mais défend les aspects qu'il considère comme fondamentaux. Par le jeu des influences réciproques, la tendance centrale se dessine petit à petit dans les interactions, conduisant les individus à se forger une opinion commune sur la question qui leur est posée. L'accord auquel ils aboutissent est tel que chacun reconnaît une certaine valeur à la position des autres sans être obligé de désavouer la sienne.

En fait, ce type de consensus n'est vraiment possible qu'en l'absence de différences profondes entre les participants. On peut donc s'interroger sur la rationalité du

---

4. Nous expliquons les notions de groupe et de serment d'appartenance dans le chapitre 7.

consensus. Ne s'agit-il pas plutôt d'un compromis visant à ménager la chèvre et le chou ? Cette propension à faire un compromis découle du besoin d'être avec les autres et de la nécessité d'ajuster ses manières pour être avec eux : elle reflète la tendance de l'individuation et les exigences de l'adaptation[5].

Suivant le sens commun, le consensus qui se forme autour de la tendance centrale est modéré ; on est porté à croire que la confrontation de points de vue différents et la présence des autres tempèrent les inclinations des individus et les rendent raisonnables. Moscovici et Doise (1992) donnent toutefois un autre point de vue sur cette question.

En réalité, le consensus tend à se polariser autour des positions dominantes, qu'elles soient modérées ou extrêmes: il tend à se former pour aller dans le sens de la valeur prédominante qui est défendue par les figures influentes du groupe. C'est ce que Moscovici et Doise (1992) appellent la polarisation.

Les tentatives des individus pour réconcilier les choix discordants et les opinions contraires réussissent spontanément mieux autour d'une solution extrême qu'autour d'une solution moyenne. D'après Moscovici et Doise (1992), si rien n'entrave les débats et les échanges, le consensus s'établit d'ordinaire sur les positions extrêmes préférées du groupe. Comme ces chercheurs le font remarquer, on ne doit cependant pas confondre la polarisation avec l'extrémisme: la polarisation dénote un mouvement vers une position dominante alors que l'extrémisme caractérise une attitude partisane pour des opinions extrêmes. Or, il existe des positions extrêmement modérées.

Le paradoxe posé par Moscovici et Doise que nous avons énoncé plus haut met au jour les conflits qu'engendrent inévitablement les situations sociales: pour que l'entente entre des personnes qui ont des points de vue différents puisse se faire, il faut que des personnes acceptent la décision commune et que d'autres s'associent à l'opinion des leaders. D'après Moscovici et Doise (1992), le consensus est possible grâce à la participation des intéressés, à la soumission de ceux qui s'abstiennent et à la démission de ceux qui se font complices des figures dominantes, sans mettre en concurrence les divergences ni les réconcilier vraiment.

Les phénomènes d'abstention et de combinaison font ressortir les confusions à propos du postulat de la rationalité du consensus.

L'abstention désigne le fait de ne pas se prononcer sur la question posée aux membres du groupe. En s'abstenant, un participant abdique son autorité et sa responsabilité, renonce à son pouvoir d'action et à son influence dans le groupe et s'en remet à la décision des autres. En s'abstenant, les individus escomptent que les autres agiront à leur place, comme ils l'auraient fait eux-mêmes, ou qu'ils agiront pour le bien commun. Des individus s'abstiennent également en signe de protestation, mais le résultat demeure inchangé : ils ne participent pas au consensus, et les désaccords qu'ils veulent exprimer restent sans effet sur l'issue de l'affaire.

---

5.   Voir à ce propos la dynamique de la relation humaine dans le chapitre 6.

Les phénomènes d'abstention sont typiques des groupes sans leader ou des groupes qui manquent d'organisation (Jones et Gerard, 1967). C'est le cas des rassemblements et des structures institutionnelles[6]: l'inertie caractéristique de ces structures collectives encourage les uns et les autres à s'abstenir au moment de la prise de décision. C'est aussi ce qui se passe dans les situations représentant un danger pour les personnes: l'individu assiste à un méfait sans réagir, en pensant que d'autres sont mieux placés que lui pour agir. L'abstention est un signe de la dilution de la responsabilité individuelle dans les situations sociales.

La **combinaison** représente le fait de se mettre d'accord sur une solution qui paraît acceptable, dès l'instant où elle permet d'éviter les discussions et les conflits et de sauvegarder la cohésion du groupe. C'est le phénomène de la pensée groupale (*group-think*), que Janis (1972) a étudié. Que les individus se soumettent à la position du groupe par loyauté ou par intérêt personnel, le résultat reste le même: ils se font solidaires de la décision commune. La combinaison est donc elle aussi un signe de la dilution de la responsabilité personnelle dans les situations de groupe.

Le phénomène de la pensée groupale entraîne l'établissement de normes qui protègent la cohésion et qui élèvent le moral du groupe aux dépens de l'exercice du libre arbitre, de l'esprit critique et du jugement moral des individus qui en font partie. Janis (1972) a noté huit symptômes de la pensée groupale:

1) le sentiment d'invulnérabilité que donne l'esprit de corps engendré par la pensée groupale;

2) le développement de rationalisations annulant l'effet discordant des informations qui vont à l'encontre des croyances du groupe;

3) la croyance dans l'infaillibilité morale et intellectuelle du groupe: les individus s'accommodent de la décision de groupe parce qu'ils veulent bien croire que leurs compagnons sont dignes de confiance;

4) la formation de stéréotypes et de préjugés à l'endroit de tous ceux qui ne pensent pas comme le groupe ou de ceux qui sont perçus comme des ennemis;

5) les pressions de la conformité, qui apparaissent très tôt dans les interactions; elles poussent les individus à accepter rapidement une décision qui semble faire l'accord de tous, en dépit du sens commun et de la raison; chacun se croit obligé de partager le point de vue des autres et de se conduire de façon intolérante envers les dissidents, comme si la vérité ne pouvait se manifester aux membres du groupe tant et aussi longtemps que quelqu'un émet des doutes (Moscovici et Doise, 1992);

6) l'autocensure, qui résulte des pressions directes à se soumettre aux décisions du groupe ou des influences subtiles exercées par l'esprit de corps et la crainte d'être rejeté;

---

6. Nous expliquons les notions de rassemblement et de structure collective dans le chapitre 7 sur les groupes.

7) l'illusion de l'unanimité, engendrée par l'accord des membres du groupe et l'abstention des membres dissidents;

8) la présence de gardiens de l'esprit de corps, c'est-à-dire de personnes qui se voient obligées de ramener à la raison du groupe tous ceux qui seraient tentés d'en dévier.

On peut maintenant mieux comprendre le paradoxe du consensus. Ce ne sont pas les qualités des participants ni les connaissances dont ils disposent qui importent, non plus que leur nombre, mais les relations d'échange et de connivence entre eux qui les amènent à éviter les dissonances, les discussions et les dissensions, et ce pour sauvegarder l'esprit de corps et satisfaire les besoins de sécurité et d'appartenance.

Il est cependant possible d'améliorer la participation des individus au consensus en élucidant les motivations des conflits latents dans le groupe, en clarifiant les règles de la discussion et en stimulant le sens de la vérité, la responsabilité individuelle et la conscience morale.

LES FACTEURS QUI INFLUENT SUR LA NORMALISATION

Comme l'a expliqué Lewin (1975), le groupe constitue un champ de forces qui exacerbent les conflits en délimitant les frontières (opposition nous/eux), contrastent les différences, inhibent l'esprit critique des individus pour protéger l'esprit de corps. Le groupe exerce sur les individus une emprise assimilable aux phénomènes d'hypnose: les individus effectuent ce qu'on attend d'eux sans trop s'en rendre compte ni pouvoir réagir à la suggestion (Freud, 1960; LeBon, 1963; Pagès et autres, 1979). Dans les groupes, l'esprit critique et le sens de la responsabilité personnelle sont affaiblis, mais les réactions émotionnelles sont stimulées. La crainte d'être différent, l'angoisse de la solitude et l'intériorisation de l'autorité portent les individus à normaliser leurs croyances et leurs conduites lorsqu'ils sont en présence des autres. Il s'ensuit que les individus dans les groupes arrivent à adopter des normes de conduites qu'ils pourraient juger inacceptables individuellement.

S'il est vraisemblable que les groupes exercent une emprise sur les dispositions individuelles, il est aussi vraisemblable que les individus se prêtent aisément aux pressions du groupe. En raison de la nature même de la socialisation, qui est une dimension fondamentale de la relation humaine, le contrôle social est graduellement intériorisé par l'individu. En conséquence, la normalisation fonctionne comme un principe de coercition que l'individu prend lui-même en charge afin de ne pas être considéré comme un marginal et être exposé à l'angoisse de la solitude.

La composition du groupe représente un autre facteur important à considérer, particulièrement l'égalité des statuts et la force d'attraction du groupe. Lewin (1975) a montré que l'empressement à appartenir au groupe incite les individus à accepter rapidement la décision de celui-ci et à accepter en conséquence de modifier les normes qui régissent leurs conduites et leurs habitudes. Le consensus qui correspond à la décision du groupe procure aux individus la sécurité nécessaire pour leur donner la force de modifier leurs croyances et de passer à l'acte.

Le degré d'engagement personnel dans la situation collective stimule également la tendance à s'associer à la décision du groupe: plus on se sent concerné, plus une relation ou un problème qui nous paraissait insignifiant prend de l'importance. De plus, l'engagement pris en public à l'égard de la décision du groupe cristallise les changements opérés par la normalisation en créant le besoin de conserver l'estime des autres à l'égard de soi (Lewin, 1975).

Ajoutons enfin que l'ambiguïté de la situation, l'instabilité de l'environnement ainsi que l'étrangeté constituent d'autres facteurs qui amènent les individus à prêter attention aux jugements et aux opinions des autres et à faire confiance au groupe.

LE POURQUOI DE LA NORMALISATION

Plusieurs motivations poussent les gens à normaliser leurs conduites: le besoin de l'autre (la dépendance), le désir de se rendre acceptable pour autrui en tant que semblable, le besoin de certitude et la recherche de l'objectivité.

Dans une situation sociale, les individus sont sensibles aux jugements des autres; certains redoutent même d'être mal jugés. Comme nous l'avons vu dans le chapitre sur la motivation, les individus sont portés à agir de façon à produire une bonne impression et à protéger leur image personnelle, ce qui les amène à s'ajuster de façon réciproque.

De plus, la primauté de la raison, en tant que norme sociale de bonne conduite, conduit les gens à croire en la possibilité d'émettre un jugement exempt de toute partialité: le fait d'avoir consulté plusieurs parties et d'avoir formulé le jugement avec elles procure le sentiment d'être impartial.

LES CONSÉQUENCES DE LA NORMALISATION

Les conséquences de la normalisation sont de deux ordres: elle préserve le *statu quo* et elle stimule le changement social.

D'une part, le consensus peut se révéler un instrument du *statu quo*: tant que le compromis demeure un optimum à atteindre, il s'exprime par le plus petit dénominateur commun entre les opinions exprimées, chacun ayant à la fois tort et raison. Dans ce cas, le consensus reflète le contraste entre les idées et les intérêts qui ont été mis en commun sans les modifier vraiment.

D'autre part, le consensus peut représenter un moyen de provoquer un changement social: il peut servir à modifier les normes et les règles sociales, en laissant les tensions et les antagonismes se modifier les uns par rapport aux autres. Cela devient possible par l'action de la polarisation, qui suscite une tension nécessaire dans le champ social que constitue le groupe. Les dissensions et les discussions qu'elle entraîne constituent un levier de changement, à condition qu'il existe une différence optimale de valeurs entre les participants (Moscovici et Doise, 1992).

En bref, la normalisation comporte donc plusieurs avantages pour la vie en société: elle stabilise l'environnement, rend prévisible le comportement d'autrui, harmonise les liens, réduit le risque d'apparition de conflits et assure la cohérence et la solidarité.

LA CONFORMITÉ: LE *STATU QUO*

L'affiliation à un groupe s'accompagne inévitablement de la socialisation[7]. En s'intégrant à un groupe, les individus subissent des pressions sociales, réelles ou imaginées, qui les amènent à se conformer aux attentes du groupe, c'est-à-dire à adopter les patterns de comportement attendus, les rôles, lesquels sont soutenus par les valeurs et les normes sociales (Aronson, 1976).

La **conformité** est la modification d'une attitude ou d'une conduite afin de l'harmoniser avec celle du groupe. L'influence qui la provoque s'exerce de façon typique par des pairs, c'est-à-dire par des individus ayant le même statut que la personne. La conformité peut se produire sans que les membres du groupe soient conscients de cette influence. Plus encore, il n'est même pas nécessaire qu'ils soient conscients de son existence; du moment que la personne connaît la position du groupe et souhaite être en accord avec celle-ci, la conformité va s'opérer.

Après s'être conformée, la personne adoptera un comportement semblable à celui des autres membres du groupe. En effet, la conformité implique que la personne ne partageait pas le point de vue du groupe, mais qu'elle décide de modifier sa conception pour y appartenir. Dans le cas où l'individu s'accorde déjà avec le point de vue du groupe, avant même qu'il ne soit en contact avec ses membres, il est déjà «converti» et, par conséquent, une uniformité de comportement existe aussi, ce qui exclut la possibilité d'un conflit et la nécessité de se conformer. Par contre, s'il ne partage pas la position du groupe au moment de son intégration, un conflit risque de se manifester, et l'individu ressentira la nécessité de se conformer s'il veut être accepté par les membres du groupe.

La conformité concerne donc l'action de céder sous les pressions sociales et résulte d'un conflit entre l'individu et le groupe. Le conflit que vit l'individu qui s'affilie à un groupe relève de la dissonance cognitive[8]. L'individu est aux prises avec des idées inconsistantes, incohérentes, qui le gênent. Il se crée alors une mauvaise gestalt, c'est-à-dire un déséquilibre entre ses croyances et celles qui sont valorisées par le groupe, ce qui entraînera chez lui un état de tension et l'incitera à tenter de changer ses perceptions, ses comportements ou ses croyances.

La décision individuelle de se conformer, engendrée par la prescription d'une règle ou d'une norme, justifie le renforcement des comportements désirés et l'application de

---

7.   Nous présentons le processus de la socialisation dans le chapitre 6.

8.   Nous présentons la théorie de la dissonance cognitive dans le chapitre 4 sur l'apprentissage.

sanctions contre les comportements déviants, c'est-à-dire ceux qui vont à l'encontre de la règle. Les effets produits par la conformité sont le maintien et le renforcement des normes du groupe, donc le *statu quo*.

D'après Levine et Pavelchak (1984), l'apparition de la conformité nécessite trois conditions:

1) une position de groupe fortement intériorisée par ses membres et activement partagée par chacun;

2) l'existence d'une norme d'objectivité, c'est-à-dire l'existence d'un critère vérifiable ou d'un consensus très fort concernant une croyance, une attitude ou une conduite;

3) le fait que l'individu n'a pas encore pris position sur la question.

Un exemple facilitera la compréhension de ce qui précède[9]. Jean-Claude Élie, nouveau propriétaire de la société G. DuBon, a recruté Philippe Maisonneuve en tant que directeur du service des finances avec le mandat de redresser la situation financière de l'entreprise. Philippe devait s'intégrer dans une équipe de direction composée de trois autres directeurs: le directeur des achats, celui des ventes et celui des ressources humaines. La nouvelle recrue était bien décidée à ne pas décevoir monsieur Élie. Ainsi, pour démontrer son savoir-faire, Philippe a commencé par agrandir le service des finances en augmentant le nombre d'employés, sélectionnés parmi des diplômés universitaires, puisqu'il n'y a rien de tel, selon lui, pour avoir la crème des employés autour de soi. Il a aussi organisé son service en y divisant les activités telles que le crédit, les comptes à payer, les comptes à recevoir, etc. Il a également acheté et mis en place un système informatique pour mieux surveiller l'évolution des activités. Dans son service, il prenait seul les décisions. À l'occasion des conseils de direction, Philippe n'acceptait jamais l'avis ou les conseils des autres directeurs de services. Pour se justifier, il disait souvent: «OK, j'admets que les autres ont plus d'expérience que moi, mais il n'y en a pas un qui est allé à l'université! Qu'est-ce qu'ils connaissent dans les techniques modernes de gestion? Rien, moins que rien!» Dans les autres services de G. DuBon, les directeurs craignaient un peu Philippe, car ils le voyaient vraiment comme l'homme de confiance de monsieur Élie. En fait, ils essayaient de satisfaire le mieux possible à ses exigences pour ne pas déplaire au propriétaire, même s'ils n'étaient pas toujours d'accord avec ses décisions. Philippe Maisonneuve, quant à lui, se permettait de leur faire des reproches et de leur imposer ses idées. Petit à petit, le climat de travail s'est dégradé, et une grande confusion s'est installée dans les services, réduisant de plus en plus la performance de l'entreprise. Inquiet devant les résultats du premier exercice financier, Jean-Claude Élie a engagé les services d'un consultant pour faire un diagnostic de la situation. Les employés interrogés blâmaient tous Philippe: chacun rapportait ses erreurs de gestion et émettait des opinions négatives sur sa performance. Par exemple, le directeur des ventes a affirmé sans hésiter, devant ses collègues:

---

9.   Il s'agit de la suite de l'exemple présenté dans le chapitre 6.

«Maisonneuve a tout chambardé dans l'organisation. Le service de réception et d'expédition est peut-être celui qui a le plus écopé, mais je vous jure qu'il n'est pas le seul. Tout le monde a eu des réductions d'effectif et de budget. Je ne sais pas pour qui il se prend, le jeune, mais nous, nous n'avons jamais compris pourquoi Élie l'a engagé. Il a dû l'enjôler avec son petit diplôme universitaire. L'université, ce n'est pas tout ce qu'il faut pour réussir. En tout cas, sa présence dans l'entreprise n'a pas réglé les problèmes du service à la clientèle. Les commandes sont toujours en retard et il y a encore des annulations de commandes.» Désireux de vérifier le fondement de ces nombreuses accusations, le consultant est allé voir Philippe Maisonneuve, qui lui, de son côté, a défendu son point de vue avec acharnement.

Ce cas relate l'histoire d'un jeune diplômé qui ne s'intègre pas dans une équipe de directeurs. Il illustre l'opposition de la valeur du diplôme et de la valeur de l'expérience ainsi que le conflit des générations. L'objet de dissension concerne la façon de gérer l'entreprise et de redresser sa situation financière: Philippe préconise l'application des techniques modernes de gestion et agit de son propre chef, tandis que les trois directeurs déjà en place valorisent l'expérience et attendent que le propriétaire leur dise quoi faire. C'est aussi un exemple de non-conformité et des conflits que cela entraîne. Dans cette histoire, deux des conditions de l'apparition de la conformité que nous avons vues plus haut sont présentes. Premièrement, les directeurs de services de G. DuBon s'entendent pour dire que le fait d'être diplômé en gestion n'est pas un gage de compétence ni d'efficacité, et ils partagent tous fortement cette position (première condition). Deuxièmement, les résultats obtenus par Philippe confirment leur position: la situation financière ne s'est pas améliorée depuis son arrivée (deuxième condition). Mais Philippe refuse de reconnaître la valeur de l'expérience des directeurs et refuse d'attendre les ordres de monsieur Élie pour intervenir dans la conduite de l'entreprise. Étant donné que Philippe a pris position contre les normes des directeurs, la troisième condition n'est pas remplie: il n'y a donc pas de conformité.

LES FACTEURS QUI INFLUENT SUR LA CONFORMITÉ

Plusieurs facteurs influent sur la conformité. Levine et Pavelchak (1984) les regroupent en trois catégories: les caractéristiques personnelles de l'individu qui s'intègre dans le groupe, les caractéristiques du groupe et la relation de l'individu avec le groupe.

En premier lieu, les caractéristiques de l'individu qui est exposé à la pression du groupe sont à considérer, notamment les prédispositions acquises avant qu'il entre en contact avec les gens du groupe, le degré d'estime de soi et les différences culturelles concernant la conformité.

Selon ses expériences passées et ses croyances, l'individu qui s'intègre dans un groupe sera plus ou moins d'accord avec ses normes. Dans le cas de Philippe, il a investi de l'énergie et du temps pour obtenir son diplôme en administration et pour mériter une place importante dans l'entreprise. Il a manifestement un préjugé favorable pour les diplômés universitaires, et peut-être y voit-il un gage de modernité et d'efficacité. Fort de l'assurance propre à la jeunesse, il est pressé de faire ses preuves et de montrer sa valeur personnelle: seul le ciel constitue la limite[10]. Il accorde beaucoup d'importance au statut en tant que signe de réussite et de valeur personnelle; en conséquence, il lui importe de gagner l'estime de Jean-Claude Élie, le propriétaire de l'entreprise. Il a une grande confiance dans les modèles théoriques qu'il a appris à l'université et il s'applique à démontrer leur validité; il n'a que faire des conseils de ses homologues, qui semblent relever du sens commun et de la sagesse populaire. Philippe est du type pensée extravertie[11]: il recherche la maîtrise autant que possible, il aime prendre des décisions et agir rapidement, mais il a tendance à négliger les besoins des autres à force de se concentrer sur le travail à faire. De telles dispositions sont en mesure d'aider une équipe en orientant les énergies vers les buts fixés, en fournissant des modèles pour comprendre les problèmes et examiner les solutions possibles. Cependant, Philippe risque d'irriter ses collègues en les dirigeant à outrance et en oubliant que l'engagement commence quand on tient compte des intérêts des autres et quand on reconnaît leur valeur.

Le degré d'estime de soi constitue une autre caractéristique personnelle qui peut avoir un effet sur la disposition à se conformer; s'il n'a pas beaucoup confiance en lui, l'individu sera plus vulnérable et plus sensible à l'influence exercée par la majorité (Aronson, 1976). Par ailleurs, si l'individu s'estime compétent dans un domaine donné, il sera plus enclin à faire confiance en ses propres perceptions, et cela renforcera ses résistances aux pressions sociales (Marc et Picard, 1989). Dans le cas de Philippe, on peut aisément émettre l'hypothèse qu'il a confiance en ses capacités et dans les connaissances qu'il a acquises à l'université.

Enfin, les différences culturelles par raport à la conformité sont également déterminantes: par exemple, les Français sont moins enclins à se conformer que ne le sont les Américains (Aronson, 1976). On entend souvent dire que la société américaine est une société consensuelle, alors que la société française est fondamentalement une société conflictuelle et que, par conséquent, les modes de relations humaines dans les entreprises sont différentes. Il semble que la culture française se distingue de la culture américaine par le fait qu'elle valorise davantage les questions sociales, la parole, les remises en question, la collectivité, la reconnaissance des différences et des divergences et la négociation des conflits (Enriquez, 1972; Faucheux et autres, 1982). Ce qui distingue peut-être le plus la société française de la société américaine sont les antagonismes politiques qui alimentent et colorent les conflits dans les relations de travail. D'après De Angéli et Hébrard (1976), les changements socio-économiques survenus depuis les années 1970 orientent la France vers un type de société où les différences et les conflits sont désormais négociés.

---

10. Traduction libre de l'expression familière *Sky is the limit*, signifiant «tout est possible». Nous utilisons ici la traduction littérale de préférence à la traduction communément acceptée en français dans le but de faire référence à l'image de la course du soleil présentée dans le chapitre 1, illustrant les étapes de la vie.

11. Nous présentons la notion des types psychologiques dans le premier chapitre.

En deuxième lieu, les caractéristiques du groupe d'où provient l'influence ont des effets importants sur la conformité, principalement la taille et la composition du groupe, l'unanimité des participants, l'attraction envers le groupe et la présence d'un soutien social.

La taille et la composition du groupe conditionnent l'intensité des pressions exercées sur l'individu qui s'intègre dans le groupe. L'histoire du groupe peut influer sur sa cohésion, ce qui entraîne des conséquences sur les pressions de conformité. À la société G. DuBon, par exemple, les directeurs gèrent leur service au quotidien, en suivant les directives que leur transmet le propriétaire. Par le fait même, ils n'ont pas tendance à exprimer leurs idées et leurs oppositions ni à prendre des initiatives pour changer la situation; ils attendent et respectent les directives de leur supérieur. De plus, l'instabilité financière et les changements successifs de propriétaires ont contribué à établir un climat d'insécurité et de tension qui renforce l'externalité des directeurs. Cette insécurité affaiblit la cohésion de l'équipe de direction et l'efficacité des pressions de conformité.

Par ailleurs, la conformité augmente en fonction du nombre d'entités sociales distinctes (ou indépendantes) qui épousent une opinion, indépendamment du fait que ces entités soient des individus ou des groupes. L'unanimité, ou plutôt le degré de consensus qui règne chez les membres d'un groupe relativement au problème en question, peut inciter l'individu à modifier ses croyances, ses attitudes et ses comportements. D'après Aronson (1976), l'effet de l'unanimité serait plus grand que celui de la taille du groupe: un groupe unanime de trois personnes a autant d'influence sur la tendance à se conformer qu'un groupe de douze personnes, pour autant que l'individu éprouve une attraction pour la norme en question.

Ainsi, l'attraction envers le groupe (ou, d'une façon générale, l'attraction de la source d'influence) et la désirabilité sociale des comportements favorisent la conformité. L'attraction envers le groupe serait liée à son prestige et à sa cohésion. En règle générale, si l'individu perçoit chez des personnes du groupe des qualités ayant de la valeur à ses yeux, il aura tendance à s'identifier à elles et à se conformer à leurs modèles de conduites. Ainsi, ce qui paraît déterminant est davantage l'attitude de la cible envers la source d'influence que les caractéristiques réelles elles-mêmes. Dans le cas de la société G. DuBon, deux caractéristiques des membres de l'équipe rebutent Philippe: le fait qu'ils ne possèdent pas de diplôme universitaire et le fait qu'ils ne soient pas parvenus à maintenir la stabilité financière de l'entreprise.

Enfin, dans le cas où la personne n'est pas d'accord avec la norme du groupe, il lui est possible de résister aux pressions sociales si elle trouve un appui dans le groupe. La présence d'un soutien social diminue la conformité, parce que l'appui du partenaire (perçu comme acceptable ou neutre dans le groupe) réduit la peur de l'individu devant de possibles représailles exercées par le groupe pour sa déviance et parce que l'allié (perçu comme compétent) peut lui fournir de l'information pertinente sur la norme en question. Les directeurs de la société G. DuBon perçoivent Philippe comme étant le bras droit et l'homme de confiance du propriétaire, ce qui lui confère énormément de pouvoir et de liberté d'action dans l'entreprise.

En troisième lieu, la relation entre l'individu et le groupe englobe un autre groupe de facteurs qui déterminent la conformité, en particulier le niveau d'interdépendance de l'individu et du groupe, le degré d'acceptation et le statut de l'individu.

Lorsque l'individu et les membres du groupe agissent en vue d'une récompense commune, la conformité est plus grande que lorsqu'il s'agit d'obtenir des récompenses individuelles. Si on considère l'exemple de la société G. DuBon, on pourrait être tenté de croire que la pérennité de l'entreprise et la protection des emplois constituent des récompenses communes, mais cela n'est pas le cas. Chacun agit dans la logique de ses intérêts particuliers et ne voit pas d'avantage à conjuguer ses efforts avec ceux des autres. L'interdépendance est minimale. L'entreprise G. DuBon constitue un bon exemple de champ social pratico-inerte, où chacun est lié aux autres par des rapports d'altérité[12].

De plus, le degré d'acceptation que ressent l'individu de la part du groupe auquel il souhaite appartenir s'avère aussi une variable importante: l'individu ne se conformera à un groupe attrayant que s'il éprouve des doutes quant à son acceptation et s'il croit qu'en se conformant, il a des chances d'être accepté. Dans le cas de Philippe, il n'est pas du tout attiré par l'équipe des directeurs; il n'a que faire de leur acceptation. Par contre, il lui importe de plaire au propriétaire, Jean-Claude Élie, et s'attache à lui démontrer sa valeur et ses compétences. Ce type de réaction est en fait un signe manifeste du besoin de valorisation et d'identité qu'éprouve Philippe à ce moment-ci de son développement et des mécanismes qui sont mis en œuvre pour protéger l'image qu'il a de lui-même[13].

Enfin, le statut de l'individu à l'intérieur du groupe a également son importance, car, en général, statut et acceptation vont de pair, c'est-à-dire que les personnes ayant un statut élevé sont facilement acceptées alors que celles dont le statut est inférieur sont acceptées avec plus de difficulté. Étant donné que Philippe est perçu comme l'homme de confiance du nouveau propriétaire, les directeurs acceptent ses directives, même s'ils ne les approuvent pas[14].

LE POURQUOI DE LA CONFORMITÉ

Les recherches de Sherif (1936) et d'Asch (1952) ont démontré que les gens se conforment soit pour harmoniser leurs croyances et leurs perceptions avec celles de la majorité (influence informationnelle), soit pour recevoir une récompense, par exemple être accepté, ou pour éviter une punition, par exemple être rejeté (influence normative).

---

12. Voir à ce sujet la différence entre le rassemblement (champ social pratico-inerte) et le groupe (praxis commune) dans le chapitre 7.

13. Voir à ce sujet le chapitre 3 sur la motivation et le chapitre 5 sur les mécanismes d'adaptation.

14. Les réactions des directeurs laissent entrevoir les mécanismes de défense qui servent à les protéger contre les conflits que provoquent chez eux les attitudes et les comportements de Philippe.

L'influence de l'information répond au besoin de s'assurer que ce qu'on croit et perçoit correspond à ce que les autres croient et perçoivent, ce qui est en fait le besoin d'objectivité et de sens. À ce sujet, Levine et autres (1993) rapportent que dans une situation complexe, où l'information est ambiguë, l'individu est porté à imiter les autres et, donc, à se conformer. Les autres peuvent lui fournir des moyens pour réinterpréter la situation et y trouver du sens. L'influence informationnelle dépend de deux aspects de la situation : la crédibilité de la source d'influence et le degré de confiance en ses propres jugements.

L'efficacité de l'influence informationnelle dépend de la possibilité pour l'individu de vérifier la validité de l'information transmise par la source d'influence : celle-ci persuadera plus facilement l'individu si elle transmet une connaissance non vérifiable (efficacité supérieure dans le cas des actes de foi, car il est impossible de vérifier soi-même) que si elle transmet une connaissance vérifiable ou vérifiée (efficacité inférieure dans le cas des savoirs, en raison de la possibilité d'exercer son jugement critique).

L'influence de l'information donne lieu à un accord privé, lequel suppose une consistance entre les dispositions de la personne et les normes du groupe. L'accord privé constitue en fait une adhésion de la personne au modèle préconisé par le groupe, ce qui implique une modification de ses attitudes.

Les gens se conforment aussi pour satisfaire des intérêts particuliers grâce à la coopération des autres, par exemple l'affiliation, ou pour se protéger contre une menace, par exemple l'exclusion du groupe. L'influence des normes amène les gens à se conformer en vue d'être récompensés ou par crainte de conséquences déplaisantes. La source d'influence sert alors de référence, de règle, en vertu de laquelle la personne accepte d'ajuster ses conduites.

L'influence normative amène la personne à adopter des conduites acceptables sans forcément adhérer aux normes et aux valeurs qui les inspirent ; il s'agit d'un accord public. Son acquiescement n'est pas un signe de sa conversion, même s'il peut en constituer la première étape.

Cette notion d'accord privé et la notion connexe, l'accord public, sont importantes pour déterminer la stabilité des changements de comportement amenés par la conformité (Levine et autres, 1993). Lorsqu'il y a **accord public** seulement, il y a soumission de l'individu aux normes du groupe : on observe un changement manifeste dans son comportement orienté vers la position du groupe. Le changement de comportement peut être temporaire et local : les comportements conformes n'apparaissent qu'en présence de la source d'influence.

Lorsqu'il y a **accord privé**, il y a acceptation de l'individu : il se produit alors un changement d'attitude latent orienté vers la position du groupe. Le changement de comportement devient permanent et généralisé à d'autres situations sociales. Il est possible qu'il y ait un décalage entre les comportements manifestes d'un individu en situation sociale (accord public) et les croyances auxquelles il adhère (accord privé), et ce décalage risque de créer une tension dans le champ psychologique qui peut devenir une source de dissonance cognitive et de modification de comportement.

D'une façon plus précise, Kelman (1958) a déterminé trois formes que peut prendre la conformité chez l'individu, chacune correspondant à des motivations différentes : l'acquiescement (*compliance*), l'identification et l'intériorisation.

L'acquiescement se rapporte au mode de comportement d'une personne qui est motivée à gagner une récompense ou à éviter une punition. La principale composante de cette forme de conformité est le pouvoir de la source d'influence. En conséquence, les comportements que la personne adopte dans la situation de groupe sont temporaires : il s'agit d'un accord public d'agir conformément aux attentes du groupe.

L'identification conduit la personne à se comporter comme le modèle prescrit par le groupe, en raison de l'attirance qu'elle éprouve pour celui-ci. L'attraction exercée par le modèle d'identification est la principale composante de cette forme de conformité. À la différence de l'acquiescement, l'identification amène la personne à croire dans les valeurs et les normes qui sous-tendent les comportements qu'elle adopte, bien qu'elle puisse garder un esprit sceptique ou critique à leur égard : il s'agit donc d'un accord public de se comporter conformément au modèle prescrit qui tend à se transformer en accord privé, en raison de la dissonance cognitive produite par l'inconsistance des conduites et des croyances initiales. La conformité qu'elle produit engendre des comportements relativement permanents.

Enfin, l'intériorisation d'une valeur ou d'une croyance ou la conversion entraîne un changement de comportement plus permanent que les deux premières formes de conformité, car elle donne lieu à un accord privé avec les normes du groupe. Elle constitue souvent une réponse à la motivation d'être correct (*to be right*) envers soi-même et les autres. La principale composante de cette forme de conformité est la crédibilité de la source d'influence. La crédibilité de la source d'influence repose sur l'appréciation de l'individu concernant la compétence ou le prestige de cette personne. Il semble que cette dernière paraît plus crédible aux yeux de l'individu lorsqu'elle se montre bienveillante et désintéressée.

LES CONSÉQUENCES DE LA CONFORMITÉ

La conformité d'un individu comporte à la fois des conséquences positives et négatives. Dans une situation complexe, elle facilite l'adaptation de l'individu. Elle lui permet d'être accepté et valorisé, et assure une certaine harmonie dans ses relations. Par contre, la conformité réduit les possibilités d'innovation et d'expression de l'individualité. Les pressions vers l'uniformité et l'unanimité risquent de nuire à l'efficacité du groupe, et de l'individu, en empêchant la prise en considération de solutions de rechange peut-être meilleures que la solution proposée par la majorité. Un accord donné trop facilement risque en outre d'influer sur le sentiment de valeur personnelle.

L'OBÉISSANCE ET L'AUTORITÉ

L'**obéissance** désigne la modification par la personne d'une attitude ou d'une conduite afin de se soumettre aux ordres directs d'une autorité légitime. L'influence s'exerce donc par une figure d'autorité, d'un statut supérieur à celui de la personne qui obéit.

Les individus qui obéissent ont généralement un comportement différent de celui de la figure d'autorité. L'obéissance présuppose que l'individu en position d'autorité désire exercer une influence et peut vérifier la soumission d'autrui à ses ordres.

L'AUTORITÉ ET LE LEADERSHIP

Le mot « autorité » provient du mot *auctor*, qui signifie « auteur », « origine », « inventeur », et du mot *augere*, qui signifie « augmenter », « élever ». L'autorité, c'est le fait de servir de référence, de règle, grâce à la reconnaissance de son mérite ou de ses attributs ; c'est aussi par le fait même le droit légitime d'influencer les conduites des autres, dans le but de les élever, de les faire croître, pour le bien commun. On ne doit cependant pas confondre ce concept avec la notion de leadership.

Enriquez (1991) définit l'**autorité** comme étant la capacité d'un individu, occupant une position sociale ou possédant une compétence reconnue à l'intérieur d'un système social, d'obtenir de la part des autres une conformité aux normes édictées et une obéissance aux ordres, sans avoir recours à la force, mais avec le seul système de sanctions établi. L'autorité suppose la confiance des personnes dans la compétence de la personne qui l'exerce, et donc leur consentement à son droit d'action (Katz et Kahn, 1978).

Cette conception de l'autorité s'accorde avec celle de Barnard (1982). Il définit l'autorité comme étant le caractère d'une communication (un ordre) dans l'organisation en vertu duquel la personne qui la reçoit ajuste ses conduites et ses contributions au projet commun. D'après lui, l'autorité comporte deux aspects: un aspect subjectif, relatif à l'acceptation et au consentement à obéir, et un aspect objectif, relatif à la responsabilité inhérente à la position occupée dans l'organisation. Cette conception de l'autorité met en évidence le fait que ce sont des personnes qui confèrent l'autorité à quelqu'un ; en d'autres termes, l'autorité d'un chef de service repose sur l'acceptation et le consentement des employés à lui obéir. Barnard (1982) énonce quatre facteurs qui font varier le degré d'acceptation des employés:

1) l'employé comprend la directive émise par son chef[15] ;

2) il croit qu'elle n'est pas inconsistante relativement à la raison d'être de l'organisation[16] ;

3) il croit qu'elle est compatible avec ses intérêts personnels, dans l'ensemble[17] ;

4) il s'estime capable mentalement et physiquement de l'accomplir[18].

---

15. Cela renvoie à la perception de l'employé et du gestionnaire quant à l'objet de la communication (chapitre 2) et à la capacité du gestionnaire de communiquer avec l'employé (chapitre 6).

16. Cela renvoie à la nature de la motivation de l'employé (chapitre 3) et à la dynamique du groupe de travail (chapitre 7).

17. Cela renvoie également à la nature de la motivation de l'employé (chapitre 3) et à la dynamique du groupe de travail (chapitre 7).

18. Cela renvoie aux notions d'efficacité personnelle et de niveau d'activation présentées dans les chapitres 3 (sur la motivation), 4 (sur l'apprentissage) et 5 (sur les mécanismes d'adaptation).

Pour que son autorité soit acceptée par les autres, la personne doit avoir une attitude de coopération envers ses collègues et la capacité de mobiliser les ressources nécessaires à l'accomplissement des objectifs organisationnels.

Le **leadership**, quant à lui, désigne selon Leconte (1991) la «fonction assumée, avec un certain style, par un individu, un sous-groupe ou un groupe placés dans une situation définie, visant à influencer de manière significative ou même à transformer la conduite d'autrui (homme, groupe, organisation) afin que celui-ci progresse vers les buts qui lui sont assignés ou réalise la tâche exigée» (p. 427).

Plusieurs facteurs contribuent à former le style de leadership pratiqué par une personne dans un groupe: les prescriptions de rôles, le type de personnalité du leader, la nature de ses relations avec les autres personnes et l'atmosphère du groupe sont parmi les plus reconnus (Barnard, 1982; Kahn et Kram, 1994; Lewin, 1975; Pauchant, 1991). Par exemple, une situation de compétition crée davantage d'occasions de manifestations de conflits, et par conséquent la nécessité d'exercer un style directif, qu'une situation de coopération. De plus, l'amitié entre les individus, la présence d'une figure d'autorité respectée et la solennité de la situation sont des forces qui peuvent être considérées comme étant opposées à la manifestation de l'agressivité, mais favorables à la manifestation de la collaboration.

Déjà, en 1948, Lewin, assisté par Lippitt et White, a déterminé trois styles de leadership qui servent encore de référence aujourd'hui: le style démocratique, le style autocratique et le style «laissez-faire[19]». Le tableau 8.1 résume les principales différences comportementales de ces trois styles de leadership.

D'après Lewin (1975)[20], le leadership démocratique encourage la manifestation de conduites d'entraide et de coopération alors que le leadership autocratique engendre des conduites d'agressivité et d'hostilité, surtout contre des boucs émissaires. L'exercice démocratique du leadership diminue les risques de manifestations d'agressivité pour les raisons suivantes. Premièrement, le style démocratique encourage l'exercice du libre arbitre des individus, ce qui rend possible l'expression des différences individuelles et diminue les tensions dans le groupe. Deuxièmement, le style démocratique favorise l'émergence du sentiment du «nous», ce qui tend à diminuer l'agressivité entre les individus et à créer des liens d'amitié. Ce style de leadership facilite le développement de la maturité et du sens de la responsabilité des personnes, encourage la créativité et stimule la coopération. Par contre, les activités de discussion entraînent des remises en question qui consomment du temps. Il s'ensuit que la productivité y est souvent plus faible que dans les groupes autocratiques. Le style démocratique convient moins bien aux situations d'urgence que le style autocratique. Cependant, cette constatation ne devrait pas servir d'argument pour conserver des attitudes autoritaires dans les organisations; les situations d'urgence sont en effet rarement permanentes (à moins

---

19. Collerette (1991) emploie plutôt l'épithète «débonnaire» pour qualifier ce troisième style de leadership.

20. Le texte classique de Lewin que nous présentons à la suite du chapitre 7 fait état de ses travaux sur le leadership.

TABLEAU 8.1   Trois styles de leadership

Démocratique	Autocratique	Laissez-faire
Suscite et encourage la discussion et le dialogue entre les membres du groupe afin de prendre les décisions.	Prend seul les décisions et donne ses directives aux membres du groupe.	Laisse toute la liberté possible aux membres du groupe pour prendre les décisions.
S'efforce de faciliter les activités du groupe et n'intervient à titre d'expert que pour orienter et stimuler l'efficacité du groupe.	Dicte les façons de faire aux membres du groupe au fur et à mesure que les activités progressent, de telle sorte que les membres ne savent pas trop à quoi s'attendre.	Précise quelles sont les ressources offertes au groupe et ne donne des informations que sur demande.
Encourage les membres du groupe à organiser les activités de la meilleure façon possible et à s'associer avec les personnes de leur choix.	Donne à chacun une tâche à faire et forme les équipes.	Prend le minimum d'initiatives et fait le minimum de suggestions.
Explicite les critères d'évaluation de l'efficacité du groupe ; s'engage dans le groupe comme un membre à part entière.	S'abstient d'expliquer les critères d'évaluation de l'efficacité du groupe ; reste à l'écart sauf pour faire des démonstrations.	S'abstient d'évaluer l'efficacité du groupe ; demeure amical bien que passif.

Source: Inspiré de Lewin (1975) et de Lippitt et White (1978).

que le gestionnaire ne sache pas gérer le temps et les priorités, ce qui est un autre problème!).

Le style autocratique engendre un climat de tension qui ne se reflète pas forcément dans les conduites individuelles; l'expression de l'agressivité et des tensions peut être inhibée par le respect de la règle contre l'agression ouverte, imposée implicitement ou explicitement par le leader. L'application de cette force supplémentaire augmente cependant la tension interne, en dépit d'une apparence de calme et d'ordre. D'après Lewin (1975), l'exercice de l'autocratie conduit tout droit vers l'escalade des moyens de maîtrise de l'agression, réponse nécessaire pour se décharger de la tension élevée qui règne dans le groupe; pour éviter de prendre de tels moyens, le leader autocratique peut promouvoir l'obéissance aveugle comme une valeur de groupe (ce que faisait Hitler) ou permettre l'agression ouverte en la canalisant vers une source qui ne sera pas menaçante pour lui, en se servant d'un bouc émissaire par exemple. Dans les groupes autocratiques, les membres affichent plus de dépendance à l'égard de leur chef, plus d'attitudes impersonnelles et plus de conformisme que dans les groupes démocratiques. Par contre, les groupes autocratiques sont en général plus productifs que les groupes démocratiques, quoique leurs réalisations manquent d'originalité et de créativité.

Le style laissez-faire, quant à lui, engendre un climat de désordre et d'éparpillement. Les membres du groupe sont laissés à eux-mêmes, sans direction ni organisation. Les résultats sont tous négatifs: perte de temps, dépense d'énergie inutile, augmentation des temps morts, inefficacité et mécontentement.

Comme le fait remarquer justement Collerette (1991), plusieurs modèles de leadership ont été présentés dans le but de comprendre l'effet des comportements d'un supérieur sur les attitudes et les comportements des subordonnés. Dans l'ensemble, la constance de certaines observations nous porte à conclure qu'il existe un style de leadership plus efficace que les autres, le style démocratique. Ce style s'inspire d'une conception participative de l'organisation et d'une conception positive de la nature humaine. Les valeurs qui sous-tendent le style démocratique sont l'autodétermination, l'autonomie, la responsabilité, la coopération et l'équité. Cependant, la mise en place d'un système de gestion participative peut toucher, par les changements qu'il introduit dans les relations d'autorité, à des attitudes profondément ancrées dans la culture (Trepo, 1973) : il oblige en effet le gestionnaire à renoncer à la distance que lui confère son autorité pour faire face à l'employé et le rencontrer en tant que personne ; il oblige de même l'employé à abandonner son attitude sécurisante de soumission résignée pour examiner ses performances de façon responsable et prendre en charge l'évolution de sa vie professionnelle.

LA DYNAMIQUE DE L'OBÉISSANCE

C'est surtout à Stanley Milgram (1975) qu'on associe les recherches sur l'obéissance. Il a montré que l'autorité constitue une source d'influence extrêmement puissante, qu'elle soit investie dans une personne (par exemple, un chef politique), dans un symbole (par exemple, un uniforme) ou dans un ensemble social (par exemple, un gouvernement). Même dans des cas extrêmes, où on demande aux individus de faire des choses qui vont à l'encontre de la moralité et de la déontologie, la grande majorité obéit aux ordres provenant de l'autorité.

Les recherches de Milgram ont permis de comprendre que, en général, les gens surestiment l'effet des facteurs internes comme la personnalité, les valeurs et le jugement moral au détriment des facteurs externes comme la légitimité de l'autorité, la compétence et l'information. Il est plus facile de croire que nous sommes des personnes responsables, dotées de jugement et de sens moral, capables de distinguer entre le bien et le mal, que de croire que nous faisons aisément confiance à des personnes investies d'autorité.

Pour expliquer les raisons qui poussent les individus à se soumettre à l'autorité, Milgram (1975) différencie deux états psychologiques : l'état d'autonomie et l'état d'agent. Une personne se trouve dans un état d'autonomie lorsqu'elle se sent personnellement responsable de ses actes, se sert de sa propre conscience comme guide de conduite correcte et a le courage d'agir selon ses propres convictions. Au contraire, une personne est dans un état d'agent lorsqu'elle considère qu'elle a un statut dans un ensemble social où d'autres personnes sont investies d'une autorité à laquelle elle doit se soumettre et qu'elle se sert de leurs directives comme guide de conduite correcte. Milgram explique que pour qu'une personne passe de l'état d'autonomie à l'état d'agent, au moins deux conditions doivent être remplies : la soumission à l'autorité doit lui avoir procuré par le passé des expériences positives et la source d'influence doit être perçue comme étant légitime. Une fois que la personne se trouve dans un état d'agent, elle devient réceptive aux directives de la figure d'autorité et dilue sa responsabilité personnelle dans la situation d'influence.

Comment peut-on expliquer cette propension à l'obéissance? L'autorité fait peur, mais elle fascine. Le chef d'un groupe est investi d'un pouvoir qui revêt un caractère sacré, suscitant à la fois le respect et la soumission à son autorité (Freud, 1988). La base affective de l'obéissance réside peut-être dans la vie psychique des groupes (Anzieu, 1984; Kahn et Kram, 1994).

Freud (1962a) fait référence au mythe d'Œdipe pour expliquer les mécanismes d'identification des subordonnés à leur chef. D'après sa théorie, chaque individu cherche à s'identifier à quelqu'un qui puisse incarner complètement son idéal du moi. La personne qui représente cet idéal est souvent le chef du groupe, c'est-à-dire celle qui est la plus apte à satisfaire les intérêts communs et à sécuriser les individus. D'après Freud, le rôle fondamental de la figure d'autorité est de protéger, tout en aimant, les personnes qui lui sont soumises. Pris isolément, chacun veut être traité par le chef de manière égale aux autres; le chef ne doit pas faire de favoritisme. Le chef d'un groupe, l'autorité, représente donc l'idéal de chacun, l'idéal collectif auquel tous vont s'identifier. Mais cette identification est ambivalente: tout comme chacun s'approprie les qualités du chef, comme personne aimée, et a besoin de lui pour la sécurité qu'il lui procure, il le craint pour les frustrations qu'il lui fait vivre.

L'obéissance à l'autorité permet d'intérioriser les éléments socioculturels propres au milieu. C'est par l'attachement à leur chef que les individus font leurs ses qualités, ses valeurs, ses manières d'être et d'agir, qu'ils jugent comme étant idéales. L'identification qui s'ensuit a pour conséquence de distendre le lien affectif qui les unit au chef, donc d'amorcer le processus de détachement[21]. En devenant plus autonomes, les membres du groupe ont alors moins besoin de leur chef et ils peuvent donc réduire les effets dérangeants qu'il a sur eux. Après l'acte de détachement, chacun éprouve un sentiment de culpabilité qui entraîne à la fois l'organisation du clan et la naissance de la conscience morale.

La dynamique de l'obéissance fait apparaître la dialectique de la relation humaine: la recherche de l'autonomie et de l'autodétermination à travers des relations de dépendance et d'acceptation. Cet extrait de Laing (1977) illustre bien cette dialectique:

> Jack dit que Jill
> fait Jack omnipotent
> pour rester impuissante
> pour rendre Jack impuissant à la rendre puissante
> pour détruire la puissance de Jack
> qu'elle envie…
>
> Jill croit que Jack se trompe (p. 91).

---

21. Nous expliquons en détail le processus de l'attachement dans le chapitre 6.

L'explication analytique permet de rendre compte des phénomènes affectifs dans les groupes et les organisations et d'élucider les aspects dynamiques des relations professionnelles. Plusieurs chercheurs ont contribué à la compréhension de l'influence sociale dans les organisations, à l'aide du modèle psychanalytique, dont Hirschhorn (1993), Lapierre (1991), Pauchant (1991) et Zaleznik (1989).

À ce propos, Kahn et Kram (1994) attirent l'attention sur le fait que les explications concernant les comportements d'obéissance reposent davantage sur des facteurs de la situation que sur des facteurs psychologiques. Or, il se trouve que la dynamique de la relation d'autorité doit aussi être prise en considération pour comprendre les raisons qui poussent les gens à obéir. Ces chercheurs expliquent que l'obéissance renvoie à des modèles d'autorité qui ont été intériorisés au cours du développement de la personne, successivement transférés et transformés d'une relation à une autre. D'après ces chercheurs, les modèles d'autorité sont inconscients, mais ils influent tout de même sur la qualité des relations avec l'autorité. Pauchant (1991) avait déjà fait une proposition semblable pour expliquer la relation qu'entretenaient des personnes avec un leader charismatique.

Kahn et Kram (1994) ont déterminé trois modèles de relation avec l'autorité, chacun correspondant à un style d'attachement : le modèle dépendant (soumission aux rôles et aux règles hiérarchiques), le modèle contre-dépendant (résistance, voire rébellion contre la hiérarchie) et le modèle interdépendant (reconnaissance des personnes et des rôles sociaux). Le tableau 8.2 fournit une description de chaque modèle.

D'après la théorie de Kahn et Kram (1994), les individus ont tendance à adopter les patterns de comportement correspondant à leur modèle d'autorité lorsqu'ils sont dans une situation anxiogène. Il est possible de transformer la relation d'autorité par la prise de conscience des modèles intériorisés et par la relation d'aide.

LES STYLES DE SUBORDINATION

Tout comme il est possible de déterminer des styles de leadership, il est aussi possible de déterminer des styles de subordination. La compréhension des styles de subordination permet de clarifier les aspects affectifs et psychologiques des attitudes à l'égard de l'autorité, dans le but d'aider les individus à améliorer l'efficacité de leurs relations avec la hiérarchie.

Dans le cadre d'activités de formation, De Angéli et Hébrard (1976) ont cherché un moyen de faire prendre conscience aux participants de leur style de subordination et de développer chez eux, grâce à des études de cas et à des jeux de rôles, une attitude plus rationnelle quant à l'utilisation de différentes stratégies possibles. Le modèle qu'ils proposent est une description des stratégies effectivement utilisées par les participants dans la réalité, telles qu'ils ont pu les observer. Les sept styles de subordination qu'ils présentent peuvent être associés avec les modèles d'autorité définis par Kahn et Kram (1994). La confiance admirative, la soumission passive et la séduction-persuasion sont des styles de subordination caractérisés par la dépendance envers la figure d'autorité ;

TABLEAU 8.2   Trois modèles de relation avec l'autorité

	Dépendant	Contre-dépendant	Interdépendant
Attitude envers l'autorité	Valorise les rôles d'autorité et de subordination.	Dévalorise et même dénigre les rôles d'autorité et de subordination.	Valorise l'interdépendance des personnes occupant des positions hiérarchiques différentes.
Prémisses sous-jacentes	L'autorité est très importante ; il faut respecter les règles de la hiérarchie ; il faut s'abstenir de personnaliser ses rapports, car cela mine l'autorité.	L'autorité n'a pas d'importance ; il faut s'en méfier, car elle empêche les gens d'exprimer leurs idées.	L'autorité est un processus d'influence fondé sur la collaboration ; les relations d'autorité dépendent à la fois des personnes et des rôles sociaux.
Identité personnelle dans la relation avec l'autorité	Se définit par la position occupée et les rôles joués (conformisme).	Est menacée, déniée, supprimée, déconstruite (anticonformisme).	Se définit simultanément par l'apprentissage des rôles et par l'actualisation de soi (individuation, adaptation).
Style d'attachement correspondant	Ambivalent-anxieux.	Fuyant-anxieux.	Assuré-sécurisant.
Stratégies béhaviorales	Accorde de l'importance au statut ; encourage la dépendance ; idéalise l'autorité ; réprime l'expression de ses idées et de ses opinions.	Dénie les différences de statuts ; se rebelle contre l'autorité (activement ou passivement) ; dénie la dépendance ; cherche à sortir des rangs.	Valorise la personne dans le rôle ; exprime ses opinions et ses sentiments à ses supérieurs ; collabore de façon responsable.

Source : Traduit et adapté de Kahn et Kram (1994, p. 27), avec la permission de l'éditeur.

la revendication-mise en accusation et la force sont pour leur part associées à la contre-dépendance ; et la négociation et la coopération-concertation caractérisent des styles interdépendants.

Les styles dépendants

Parmi les styles de subordination dépendants, la confiance admirative détermine un style actif qui consiste à faire confiance à son chef, à s'en remettre à lui pour le travail, pour son avancement et pour tout ce qui concerne son propre intérêt, à ne jamais mettre ses paroles en doute, à lui faire des confidences. Ce style de subordination prend racine dans le besoin d'être aimé et estimé par le chef.

La soumission passive caractérise quant à elle un style passif qui consiste à obéir mécaniquement, sans poser de questions. Ce style se teinte à la fois de résignation passive et d'agressivité contenue, témoignant d'une attitude ambiguë à l'égard de l'autorité.

Enfin, la séduction-persuasion constitue un style actif qui consiste à se comporter avec son chef de manière à se faire accepter par lui, à se soumettre à ses ordres afin d'assurer son avancement dans l'entreprise. La personne caractérisée par ce style s'intéresse aux publications traitant de relations publiques, où elle puise des trucs pour influencer les autres, et surtout son chef.

Les styles contre-dépendants

Au nombre des styles de subordination contre-dépendants, la revendication-mise en accusation représente un style actif qui consiste à exprimer sa frustration sur le mode des plaintes et des griefs, allant des reproches d'injustice à l'accusation de son chef. Généralement, le subordonné n'est pas disposé à faire des concessions ni à proposer une solution constructive en guise de remplacement. La frustration, qui peut être permanente ou occasionnelle, prend souvent racine dans le besoin inconscient d'être estimé, guidé, choisi par son chef (Levinson, 1975).

Pour sa part, la force est un style actif qui consiste à faire pression sur son chef par l'utilisation de moyens de pression variés — légaux ou non —, dont l'intimidation et la menace physique, la création d'une coalition contre le chef, le recours à un supérieur ou au délégué du personnel, l'atteinte morale à la réputation par la diffamation, etc.

Les styles interdépendants

Parmi les styles de subordination interdépendants, la négociation désigne un style actif qui consiste à soumettre ses diverses demandes à son chef de façon progressive, en demandant des explications, des garanties, en faisant des propositions concrètes, en essayant d'établir un accord sur certaines bases, en s'entendant sur une marche à suivre et en tentant de faire valoir au mieux ses atouts. Dans ce style, des désaccords et des insatisfactions pourront être exprimés, quelquefois vivement, mais ils le seront dans une opposition active des divergences.

La coopération-concertation constitue quant à elle un style actif qu'on trouve surtout dans les secteurs décentralisés où l'on préconise la gestion participative. Ce style est différent de la négociation: la coopération suppose un accord obtenu relativement à un objectif commun alors que la négociation résulte de la comparaison d'objectifs individuels pour trouver le plus petit dénominateur commun.

Soulignons en terminant que, dans la réalité, les styles de subordination ne se manifestent presque jamais à l'état pur. Par exemple, il est possible que le style de négociation se mêle au style de séduction ou au style de coopération.

Quels sont les facteurs qui déterminent le style de subordination? D'après De Angéli et Hébrard (1976), ils sont de trois ordres: les caractéristiques de l'employé, les caractéristiques du gestionnaire et les caractéristiques propres à la situation et au problème posé.

– Les caractéristiques de l'employé: La personnalité et les attitudes interpersonnelles ont une incidence sur le style que l'employé aura tendance à adopter dans sa relation avec l'autorité. Par exemple, une personne dépendante et passive aura tendance à montrer de la soumission passive. En outre, son âge, son expérience et son sexe seraient des facteurs importants. Enfin, son ambition, ses aspirations et ses projets professionnels ont également un effet sur le style de subordination.

– Les caractéristiques du gestionnaire: La tendance à se laisser influencer, l'intérêt à influencer les autres, le style de leadership, le besoin d'être accepté, le besoin d'être admiré, la peur d'être dépassé et concurrencé par les autres, le style de subordination à son supérieur, l'âge et la formation constituent autant de facteurs qui influent sur les représentations que se fait l'employé du gestionnaire et sur ses attitudes à son égard.

– Les caractéristiques propres à la situation et au problème posé: Plusieurs facteurs de ce type influencent le style de subordination, dont la nature du travail (de production ou administratif), le type d'organisation du travail (processus de chaîne ou travail en groupes autonomes ou semi-autonomes), la philosophie de gestion et la nature du problème posé (une question d'ordre purement technique ou qui concerne la situation et le statut de l'employé—rémunération, fonctions, classification, mutation, etc.).

LES FACTEURS QUI INFLUENT SUR L'OBÉISSANCE

Plusieurs facteurs influent sur l'obéissance: la proximité physique de la victime (s'il y en a une) qu'on a reçu l'ordre de léser, la proximité physique de l'autorité, les sources de pouvoir de l'autorité, les effets de groupe, le degré d'engagement, la responsabilité personnelle et les caractéristiques personnelles. Kahn et Kram (1994) ajoutent à cette liste les modèles d'autorité intériorisés au cours du développement de la personne.

Dans les expériences de Milgram (1975), l'expérimentateur demandait aux sujets d'infliger des chocs électriques à une victime (un compère de l'expérimentateur), sous prétexte qu'on voulait comprendre l'effet de la punition sur l'apprentissage. Les recherches utilisant ce type de devis expérimental tout autant que les récits sur les criminels de guerre ont montré que la proximité de la victime influe sur la disposition à obéir aux ordres: plus la victime est éloignée de son bourreau, plus il est facile pour ce dernier de suivre les directives transmises par une personne en poste d'autorité. La proximité de la victime n'empêche toutefois pas certains individus de continuer à la punir si l'expérimentateur l'ordonne: ainsi, 30 % des sujets de Milgram ont continué de le faire malgré leur rapprochement physique avec la victime.

Le taux d'obéissance semble aussi dépendre de la proximité physique de l'autorité: Milgram (1975) et Miller (1986) ont trouvé que la disposition à obéir diminuait lorsque l'autorité était absente physiquement et communiquait ses directives par téléphone.

Les sources de pouvoir de l'autorité constituent également un facteur important. Milgram (1975) a montré que la position sociale et le prestige de la figure d'autorité incitent à l'obéissance.

Les effets de groupe, quant à eux, concernent essentiellement la pression du conformisme (les autres encouragent la personne à faire comme eux) et la pression de rébellion (certains refusent d'obéir et créent ainsi une possibilité pour la personne de ne pas obéir aussi). Comme on peut s'y attendre, la pression du conformisme renforce la disposition à obéir alors que la pression de rébellion l'affaiblit.

Le fait d'avoir adopté certains comportements à d'autres occasions semblables représente aussi un facteur important dans la détermination de la disposition à obéir. Effectivement, Kiesler (1971) explique qu'il est difficile pour une personne d'agir dans le sens contraire de ce qu'elle a déjà fait par le passé. Le fait d'avoir agi d'une certaine manière dans un contexte donné pousse la personne à répéter ce type de comportement dans une situation semblable. Ce qu'on appelle la technique du «pied dans la porte» consiste donc à obtenir l'engagement d'une personne à obéir en l'amenant à faire des choses qui lui paraissent de prime abord acceptables, parce qu'elle a déjà agi de même par le passé.

Le sens de la responsabilité personnelle augmente pour sa part la résistance de l'état d'autonomie d'une personne: un individu qui a tendance à se sentir personnellement responsable de ses actes est moins enclin à obéir à des ordres qui vont à l'encontre de son code moral (Kilham et Mann, 1974).

Enfin, des caractéristiques personnelles telles que certains traits de personnalité (comme l'autoritarisme et le dogmatisme), l'âge, le sexe et la culture pourraient expliquer la disposition à obéir. Toutefois, les recherches ne font état d'aucun consensus ou de constante qui permettrait de tirer des conclusions à ce sujet. Dans tous les cas, il demeure que les gens ont tendance à obéir plutôt qu'à exercer leur libre arbitre lorsqu'ils sont soumis aux pressions de l'autorité.

LES CONSÉQUENCES DE L'OBÉISSANCE

Les conséquences de l'obéissance sont variées. La personne qui obéit a des chances d'être récompensée et satisfait son besoin de dépendance. L'atteinte des objectifs du groupe devient plus facile à cause de l'effet de la synergie et de la facilitation sociale. Par contre, l'originalité et l'efficience des activités du groupe dépendent davantage des capacités du chef et de l'atmosphère que ses comportements engendrent dans le groupe. Le supérieur voit son sentiment de valeur personnelle renforcé lorsqu'on lui obéit. Comme il est responsable des conséquences de ses décisions, il s'en porte garant et doit les assumer.

Les recherches sur l'obéissance montrent que la majorité suit l'autorité. Dans un contexte socio-économique qui valorise la responsabilité, les phénomènes d'obéissance nous amènent à reconnaître le besoin de sécurité et de dépendance des êtres humains et à en tenir compte dans les pratiques de responsabilisation des employés. L'examen des résultats de recherche indique au moins deux pistes possibles: développer la compréhension empathique des individus pour stimuler leur sens des responsabilités et encourager le développement de relations positives afin de favoriser l'interdépendance.

L'INNOVATION: LE CHANGEMENT SOCIAL

Parler de normalisation, de conformité et d'obéissance, c'est parler de conventions entre des individus d'une même collectivité sur ce qui est normal. En conséquence, il faut également poser la question de non-normalité, c'est-à-dire des écarts de conduite, ou variance, et des excentricités, ou déviance.

VARIANCE ET DÉVIANCE DANS UN GROUPE

Dans une collectivité, les individus ont toujours une certaine marge d'autonomie qui leur permet d'interpréter les normes en fonction de leurs besoins, d'exercer leur jugement personnel et de choisir un comportement qui leur semble approprié à la situation. Cette marge d'autonomie de l'individu définit les écarts tolérés des conduites personnelles par rapport à la norme, c'est-à-dire la **variance**; elle montre qu'il existe, au sein d'une collectivité, des différences entre les individus et qu'il faut les respecter.

Que se passe-t-il lorsqu'un individu s'écarte tellement de ces limites qu'il sort de la normalité? Il devient un déviant; par ses conduites, il ne correspond plus à ce qu'on attend de lui. La **déviance** peut se définir comme un type de conduite qui résulte d'un conflit entre les valeurs d'un individu et les normes du groupe et qui place l'individu en dehors du groupe, où ses conduites ne semblent plus être dictées par les règles de celui-ci (Fischer, 1987; Marc et Picard, 1989).

La déviance risque d'avoir des effets négatifs dans une organisation. Ainsi, quand un individu profite d'une situation en faisant fi des conventions sociales, il remet en cause la détermination individuelle à agir selon les normes, la loyauté et l'autodiscipline. En effet, à l'intérieur d'un groupe, chaque individu suppose que s'il respecte les règles, les autres en feront tout autant. Dès qu'une personne dément cette assertion, les autres peuvent s'interroger sur le crédit qu'ils accordent aux normes et adopter une attitude de quant-à-soi et de méfiance envers le système. Cela peut entraîner des conséquences fâcheuses sur la cohésion sociale et sur l'efficacité du système. Dans ce cas, il y a de fortes chances que l'individu déviant soit rejeté du groupe et que, par là, il contribue au renforcement de la cohésion sociale au détriment de sa réputation et de sa valeur personnelle.

L'hostilité à l'égard d'un déviant dépend de plusieurs facteurs: les motifs des membres, le comportement actuel et passé du déviant, le contexte social, les dispositions du sujet et l'évaluation de l'influence du déviant sur la possibilité pour le groupe d'atteindre les buts qu'on lui a fixés (Levine, 1980).

La déviance peut en revanche avoir des effets positifs sur la collectivité. Dans beaucoup de cas, elle déclenche un changement social ou stimule la vitalité du système. Semblables à des éclaireurs, les déviants sont souvent ceux qui ont perçu, avant les autres, le besoin de changer un mode de conduite ne répondant plus aux impératifs d'une situation. Parce qu'ils font face à un problème auquel ils n'ont pas trouvé de solution à l'intérieur des modèles prescrits par le groupe, ils adoptent des modes de conduites originaux, donc déviants. Dans la mesure où la structure du groupe sera assez souple pour reconnaître leur créativité et accepter de remettre les normes en question, le groupe pourra mettre à profit ces comportements déviants en amorçant un processus de changement.

L'**innovation** constitue un cas particulier d'influence sociale où c'est le déviant ou un individu en position minoritaire qui influence le groupe. Cette forme d'influence sociale a généralement pour source une minorité ou un individu qui s'efforce soit d'introduire ou de créer de nouvelles idées, de nouveaux modes de pensée ou de comportement, soit de modifier des idées reçues, des attitudes traditionnelles, d'anciens modes de pensée ou de comportement (Doms et Moscovici, 1984).

Il est possible d'exercer une influence sur une majorité, à condition de disposer d'une solution de rechange cohérente et de s'efforcer de se rendre visible et de se faire reconnaître par un comportement consistant, c'est-à-dire d'une manière résolue, avec assurance et en s'engageant avec conviction. Les minorités qui affrontent délibérément le conflit avec la majorité, ou même qui le recherchent en mettant au défi l'opinion dominante et le consensus social, peuvent amener cette majorité à changer son point de vue afin d'établir un nouveau consensus. Selon Doms et Moscovici (1984), une minorité exercera une influence plus forte si elle parvient à faire percevoir sa position à la majorité non pas comme socialement déviante, mais plutôt comme étant originale. En effet, il est plus facile de rallier des opinions majoritaires quand les comportements de la minorité éveillent de l'intérêt et lorsque des personnes occupant des positions dominantes ne les jugent pas absurdes, mais plutôt acceptables.

Pour qu'une minorité parvienne à influencer une majorité, il importe donc que son action se fasse dans le cadre normatif. Pour être écoutée, une minorité doit accorder son discours à l'«esprit du temps», c'est-à-dire au niveau d'évolution des normes sociales en vigueur. Ainsi, les répercussions des styles de comportement dépendent pour une large part du contexte social dans lequel ils interviennent. De plus, les styles de comportement de la minorité doivent refléter l'investissement, l'autonomie, la consistance, la flexibilité et l'équité. Nous les décrivons brièvement un peu plus loin dans cette section; ils font en outre l'objet du texte classique qui figure à la suite de ce chapitre.

La position initiale de la cible de changement et la possibilité d'un soutien social sont aussi des facteurs déterminants de l'efficacité de l'influence de la minorité. Si la position majoritaire s'écarte trop de la position minoritaire, les efforts pour susciter le changement social devraient être plus grands. De plus, la possibilité de recevoir l'appui d'une personne tenue en estime par la majorité va augmenter l'efficacité de l'influence, comme cela est le cas d'une personne qui résiste aux pressions de conformité.

Enfin, l'innovation exige toujours un effet de démonstration, le début de l'empiétement de la minorité et le démembrement de la majorité par le mouvement de l'un de ses membres vers une nouvelle position. L'influence d'une minorité peut s'accroître lorsqu'elle produit un mouvement d'opinion de la part d'un membre de la majorité; elle sera d'autant plus forte que ce membre est accepté et considéré comme crédible par la majorité.

Par contre, une minorité n'a aucune influence sur des membres de la majorité qui sont certains de leur point de vue (accord privé) ou qui sont du moins en mesure de prévoir que d'autres membres de la majorité n'adopteront pas le point de vue minoritaire.

COMMENT CHANGER UNE OPINION MAJORITAIRE

Moscovici (1984) a montré que, lorsqu'un individu influence un groupe, le principal facteur de réussite est le style de comportement qu'il adopte dans ce groupe. Dans le texte classique qui suit ce chapitre, il explique en détail les différents styles de comportement et relate les expériences qui l'ont conduit à les définir.

Le style de comportement est spécifiquement lié aux phénomènes d'influence alors que la dépendance est plus étroitement associée aux phénomènes de pouvoir. Dans la détermination de l'influence, le style de comportement est entièrement indépendant de la situation, qu'il s'agisse d'une majorité, d'une minorité ou de l'autorité (Moscovici, 1979).

Un **style de comportement** est, selon Moscovici (1979), «un arrangement intentionnel des signaux verbaux et non verbaux, exprimant la signification de l'état présent et l'évolution future du sujet qui les affiche» (p. 123). Il s'agit de l'organisation des attitudes et des conduites qui expriment non seulement l'intention de l'individu, mais aussi son état et sa personnalité.

D'après Moscovici (1984), toute série de comportements a deux aspects: un aspect utilitaire, qui définit son objet et fournit des informations relatives à cet objet, et un aspect symbolique, qui donne des informations sur l'état du sujet, source de comportements, et le définit. Pour qu'un style de comportement soit socialement reconnu et identifié, trois conditions doivent être remplies:

1) l'individu doit avoir conscience de la relation qui existe entre son état (intérieur) et les signaux qu'il utilise pour le communiquer;

2) il doit utiliser ces signaux de façon systématique et consistante afin d'assurer la compréhension de ses interlocuteurs;

3) il doit conserver les mêmes relations entre ses comportements et le sens qu'il veut qu'on leur attribue au cours de l'interaction.

Moscovici (1984) a défini cinq styles de comportement: l'investissement, l'autonomie, la consistance, la flexibilité et l'équité.

L'**investissement** détermine l'effort fourni pour justifier ou pour modifier une attitude ou une conduite qui dénote une grande confiance en ses choix et une grande capacité d'autorenforcement. Trois caractéristiques permettent de reconnaître ce style de comportement: l'individu s'est librement engagé envers l'objet de sa conduite, le but qu'il poursuit est tenu en haute estime et il est prêt à faire des sacrifices personnels pour l'atteindre.

L'**autonomie** caractérise une indépendance de jugement et d'attitude qui reflète la détermination à agir selon ses propres principes; elle implique la capacité de tenir compte de tous les facteurs pertinents et d'en tirer les conclusions d'une manière rigoureuse sans se laisser détourner par des intérêts subjectifs ni paraître dominateur (Moscovici, 1984). L'individu qui affiche un style autonome non seulement se fera écouter, mais il aura un pouvoir par rapport aux personnes à qui ce degré d'autonomie fait défaut. En effet, lorsqu'un individu semble agir indépendamment des agents extérieurs ou des forces intérieures, son action est plus facilement acceptée par la majorité. Lorsque son avis paraît exempt de tout parti pris, l'individu exerce une plus grande influence, et ce indépendamment de son statut, que s'il cherche à protéger ses intérêts personnels.

La **consistance** est quant à elle perçue comme un indice de la certitude, comme l'affirmation de la décision de s'en tenir à un point de vue donné et le reflet de l'engagement dans un choix cohérent (Moscovici, 1984). La fonction première de la consistance est d'attirer l'attention sur l'existence d'un point de vue cohérent, sur quelque chose d'important, et évidemment sur une norme.

C'est à partir de la théorie des attributions causales de Kelley (1967) que Moscovici trouve l'explication de l'importance de ce style de comportement. Pour que les comportements de l'individu soient perçus comme étant consistants, celui-ci doit se comporter de la même façon à l'égard de l'objet de changement et de tous les objets de la même catégorie (faible particularité), indépendamment du temps (forte consistance temporelle) et des situations (forte consistance situationnelle), et ses comportements se distingueront de la façon dont les autres réagiront à cet objet (faible consensus).

La consistance de la conduite permet à l'individu d'être efficace dans l'exercice de son influence soit parce qu'elle exprime une très forte conviction dans des circonstances où il existe de l'incertitude, soit parce qu'elle indique une solution de rechange valable à des opinions majoritaires. De plus, la consistance suppose un état d'accord interne ou de congruence[22] qui garantit en partie une meilleure communication et une relation positive.

La **flexibilité** définit pour sa part la capacité d'apprécier différents aspects de la réalité et de se dégager de ses propres points de vue pour comprendre ceux des autres.

---

22. Nous définissons cette attitude dans le chapitre 6.

Un style flexible n'implique pas une tendance à faire des compromis ou à se soumettre aux pressions du groupe. Au contraire, la rigidité est perçue comme un manque de finesse, de souplesse et de sensibilité; elle est synonyme de conflit, elle indique un refus d'accepter un compromis, une volonté d'imposer son propre point de vue à tout prix. La rigidité suscite souvent l'antipathie ou une autre forme de rejet.

Enfin, l'**équité** est l'expression simultanée d'un point de vue particulier et d'un souci de réciprocité de la relation dans laquelle s'expriment les opinions. Un tel style de comportement dénote une certaine solidité, un caractère saillant qui permet de voir aisément la position du sujet dans le champ de l'action sociale et son souci de tenir compte de la position des autres. Ce style de comportement donne l'impression d'un désir de réciprocité et d'interdépendance, d'une volonté d'engager un dialogue authentique.

L'ART DE DIRIGER : OBTENIR LA COOPÉRATION D'AUTRUI

> *L'envergure d'un patron ne se mesure*
> *pas à la qualité de la tête,*
> *mais à la tonalité du corps.*
> De Pree (1990, p. 31-32)

L'influence sociale dans les organisations est souvent associée à l'exercice de l'autorité, aux pratiques de négociation et à la mise en place des systèmes de participation aux décisions. Au centre des préoccupations concernant la formation des gestionnaires et la direction des groupes et des organisations demeure toutefois la fameuse question du leadership.

L'exercice du leadership a longtemps été considéré comme la capacité d'une personne investie d'autorité à influencer les autres pour qu'ils fassent ce qu'on attend d'eux. Cette conception du leadership repose sur l'idée qu'il faut motiver les personnes à travailler et à coopérer.

Les transformations que vivent les sociétés modernes, le degré de scolarisation des travailleurs et le degré de la conscience collective ont remis en question cette conception du leadership. Les études sur la motivation et sur le sens du travail montrent clairement que les individus estiment qu'en général le travail occupe une place importante dans leur vie et qu'il remplit des fonctions primordiales[23] : il permet d'être autonome et indépendant, il procure des occasions de rencontrer des personnes, il constitue un moyen de s'affirmer et d'utiliser ses compétences, il rythme les jours et les saisons de la vie, il permet d'apporter une contribution sociale, il donne un sens à la vie. Pour toutes ces raisons et bien d'autres encore, on ne peut plus ignorer le potentiel des personnes et leur volonté d'autodétermination. Levinson (1988) constate d'ailleurs que les dirigeants d'aujourd'hui doivent développer, en plus de leurs capacités analytiques et

---

23. Voir à ce sujet les caractéristiques d'un travail stimulant dans le chapitre 3.

techniques, leurs capacités émotionnelles. L'art de diriger requiert le développement de l'intelligence de la tête et du cœur[24].

Aujourd'hui, dans les organisations, une personne qui a du leadership est celle qui est capable d'aider les autres à comprendre le sens des événements, à se donner des objectifs qui s'avèrent consistants avec la raison d'être de l'organisation et à prendre des décisions qui tiennent compte de la moralité et des préoccupations écologiques. Cette nouvelle conception de la direction repose sur l'idée que les individus sont motivés et intéressés à apporter une contribution significative dans leur communauté et à faire quelque chose qui leur permette d'actualiser leur potentiel. À la suite de Bennis et autres (1995), on peut croire que la fonction du leadership dans les organisations n'est pas de motiver les individus à travailler, mais d'offrir aux membres de l'organisation des moyens légitimes de faire des choses qui ont du sens à leurs yeux et qui accroissent leur importance aux yeux de la communauté. Diriger, c'est servir de guide et de facilitateur, c'est aider les individus à nommer et à interpréter les événements ainsi que leurs expériences professionnelles et c'est obtenir leur engagement pour l'accomplissement des objectifs communs (Drath et Palus, 1994).

L'autorité constitue un moyen important d'assurer la cohérence dans les organisations ; comme la culture, elle représente un moyen efficace d'aider un groupe à trouver le sens des événements et des choses (Drath et Palus, 1994). Comme nous l'avons vu précédemment, l'autorité n'est effective que si les individus acceptent volontiers de réaliser ce que le leader leur propose.

Barnard (1982) définit d'ailleurs les organisations comme des systèmes de coopération qui comportent trois éléments: des personnes capables de communiquer ensemble, disposées à apporter leur contribution, pour accomplir un but commun. Dans ce contexte, la principale habileté du gestionnaire consiste à obtenir la coopération des personnes qu'il emploie.

Cette conception est mise en œuvre par De Pree (1990) dans son entreprise. Il définit l'**art de diriger** comme la capacité de « donner aux gens la liberté d'accomplir ce qu'on attend d'eux de la manière la plus efficace possible et la plus humaine possible» (p. 19).

Plusieurs facteurs contribuent par ailleurs à créer un sentiment d'impuissance chez les employés et limitent leur marge d'autonomie. Conger (1989) en a fait une liste, dont nous en présentons une partie dans le tableau 8.3.

Pour Conger (1989), diriger, c'est donner du pouvoir aux employés. Divers moyens peuvent être employés pour ce faire: procurer un soutien émotionnel dans les situations qui sont source de stress et d'anxiété, donner des mots d'encouragement et de soutien, agir comme un modèle, etc. Donner du pouvoir, c'est accorder de l'espace aux personnes, les laisser libres d'organiser les activités de la façon la plus efficace possible, les laisser exercer leurs talents (De Pree, 1990). Donner du pouvoir aux

---

24. On peut faire le lien avec la notion d'intelligence émotionnelle présentée dans le chapitre 5.

TABLEAU 8.3 Facteurs susceptibles d'engendrer un sentiment d'impuissance chez les employés

Conditions de l'organisation	Style de supervision
Transformations ou transitions importantes de l'organisation	Autocratie
Pressions de la concurrence	Négativisme (accent mis sur les échecs)
Climat impersonnel, bureaucratique	Manque de rationalité à l'égard des actions et de leurs conséquences
Mauvaises communications	
Centralisation des ressources	
Système de récompenses	**Conception du travail**
Procédés arbitraires	Manque de clarté des rôles
Récompenses peu valorisées	Manque de formation et de soutien technique
Manque de renforcement des compétences	Objectifs irréalistes
Manque de renforcement de l'innovation	Manque d'autorité ou de libre arbitre
	Routine des activités, manque de variété
	Manque de ressources appropriées
	Manque de tâches ou de buts ayant du sens
	Peu de relations avec les dirigeants

Source: Adapté de Conger (1989, p. 22), avec la permission de l'éditeur.

employés, c'est aussi mettre en place des conditions qui leur permettent d'en acquérir par eux-mêmes.

Spreitzer et autres (1995) ont trouvé quatre sources de pouvoir que perçoivent les employés dans leur travail: le fait de rendre service aux autres, de terminer un projet qu'ils valorisent, d'être reconnus pour le travail accompli et de travailler pour une juste cause. Ces quatre sources de pouvoir ne sont pas valorisées également par tout le monde, mais toutes confèrent aux employés un sentiment de puissance et de valeur personnelle, un sentiment de faire quelque chose qui a du sens pour eux.

La direction des personnes est un art qui allie l'habileté de diriger à la connaissance du métier de gestionnaire; c'est aussi un art parce qu'elle représente l'expression d'un idéal esthétique dans les relations et pour la société. L'art de diriger, c'est la capacité de mobiliser ses ressources personnelles et ses connaissances pour les mettre à la disposition d'un groupe afin qu'il utilise sa créativité et sa productivité d'une façon humaine et qui respecte les préoccupations écologiques. L'art de diriger, c'est la capacité non pas d'influencer les autres pour faire ce qu'on veut, mais d'aider les membres d'un groupe à exercer leur pouvoir pour accomplir la raison d'être collective.

Drath et Palus (1994) définissent les principales tâches du gestionnaire: nommer, interpréter, espérer, valoriser et engager. Nommer les expériences et expliciter les directions à suivre permettent d'orienter les efforts; interpréter les événements sert à comprendre ce qui se passe et à améliorer l'efficacité des choix et des décisions; espérer est une condition qui permet de persévérer[25] ; valoriser constitue une lourde responsabilité pour la direction, mais qui s'avère nécessaire si on veut agir pour le bien commun ; engager sert à obtenir le consentement et la coopération des individus.

LES RÔLES DU GESTIONNAIRE

D'après Tellier (1991), la position du gestionnaire dans une organisation conditionne les rôles qui lui sont attribués. Trois aspects de sa position sont particulièrement importants : le groupe qu'il dirige s'insère dans un environnement social et naturel, il fait partie d'une équipe elle-même supervisée par quelqu'un et il est responsable d'un groupe de travail plus ou moins restreint.

En tant que membre d'un système social, économique et écologique

Van den Hove (1996) définit le **management** dans les termes suivants : « Une activité intrinsèquement politique, articulée à un projet éthique, qui a pour objet la réalisation collective d'un produit ou d'un service de qualité, humainement, socialement et culturellement utile, économiquement justifié, accompli aux moindres coûts, tant pour l'entreprise et ses membres que pour la nature et la société de tous les individus actuelles et futures » (p. 5). Cette définition fait valoir l'idée que les organisations se trouvent dans des environnements sociaux, culturels et naturels, avec lesquels elles effectuent des échanges et sans lesquels elles ne sauraient assurer leur pérennité. En tant que partie intégrante d'un système complexe, formé par la nature, par des sociétés, des personnes, des imaginations et des archétypes collectifs, l'organisation a irrémédiablement des conséquences et des effets, attendus et imprévisibles, auxquels les gestionnaires doivent répondre.

Les responsabilités du gestionnaire à l'égard de la communauté sont nombreuses et font de plus en plus l'objet des questions d'intérêt public. Les ouvrages de Bennis et autres (1995) et de Pauchant et Mitroff (1995) constituent entre autres des références en cette matière. Parmi les responsabilités sociales, on peut souligner le devoir d'assurer un actif à l'entreprise, l'obligation de se soucier des valeurs de celle-ci et la responsabilité de créer de l'emploi et de préparer la relève.

Évoluant dans un monde complexe, le gestionnaire doit faciliter la synthèse des connaissances et des compétences spécialisées pour les mettre au service de l'humanité et de l'écologie (Kolb, 1988 ; Levinson, 1988). De plus, il doit s'assurer que le système de valeurs soutenu par les activités de l'entreprise est cohérent et s'accorde avec les valeurs sociales, écologiques et morales de la société (Vaill, 1989). C'est par l'intégration de valeurs et la définition d'une raison d'être acceptable, capable de susciter

---

25. La mythologie grecque illustre bien cette assertion : au fond de la boîte de Pandore, une divinité avait caché l'espérance, seul moyen de survivre aux épreuves données aux hommes par Zeus.

l'adhésion des individus, que le gestionnaire saura obtenir la coopération dans l'organisation (Barnard, 1982; Van den Hove, 1996).

De plus, les gestionnaires ont la responsabilité d'assurer l'avenir des employés et des générations présentes et futures. Les problèmes de chômage, d'emploi et de pauvreté sont sérieux. Les gestionnaires des organisations sont parmi les personnes les mieux placées pour faciliter la recherche de solutions à ces questions sociales. Le travail est une nécessité vitale pour l'être humain; il mérite qu'on y prête toute notre attention.

En tant que membre d'une équipe de gestion

Étant donné la structure des organisations, les gestionnaires font eux-mêmes partie d'une équipe. En tant que membre, le gestionnaire joue des rôles importants: il intègre les objectifs de l'entreprise au programme de son unité, il fait valoir sa vision auprès de ses pairs et il obtient leur allégeance.

La notion de «vision» est fort répandue dans les ouvrages sur le management. La **vision**, c'est la représentation imaginaire de ce qui est possible et de ce qui doit être fait pour que l'ensemble que constitue l'organisation assure sa pérennité et que les individus qu'elle emploie continuent de faire un travail qui a du sens pour eux. Cette vision peut être plus ou moins précise, mais elle doit offrir aux gens une perspective du futur réaliste, attrayante et crédible.

La notion de vision s'associe en outre à la notion du temps (Kolb, 1988). Les responsabilités du gestionnaire à l'endroit de la communauté et de l'environnement sont d'autant plus importantes que les décisions qu'il prend engendrent des effets dans un futur éloigné. C'est pourquoi il demeure important d'élargir le champ de la conscience et de dialoguer avec ses collègues dans le but d'estimer les effets productifs et contre-productifs de la vision proposée (Pauchant et Mitroff, 1995).

La vision n'est pas quelque chose qu'on peut fabriquer de toutes pièces; de par sa nature, elle émerge de l'expérience de l'individu, de ses intuitions, de son imagination et de ses fantasmes. La vision est donc foncièrement subjective. Elle condense les conflits antérieurs et l'espérance, et les projette dans l'avenir. C'est ce qui lui confère sa force et sa signification individuelle et collective.

Le fait d'appartenir à une équipe permet aux gestionnaires d'examiner ensemble les problèmes, les difficultés et les actions possibles, de comparer différents points de vue, de développer une vision commune et de partager un sens des valeurs. L'équipe de gestion est un lieu approprié pour réfléchir aux expériences passées ainsi qu'aux questions importantes qui se profilent et pour apprendre collectivement.

En tant que responsable de son unité

À titre de chef d'un groupe de travail, le gestionnaire a la responsabilité de donner du pouvoir à ses employés, de leur communiquer ses attentes et sa vision, de gérer la mise en œuvre des activités, de travailler en équipe et de développer les compétences de chacun. Cela requiert des connaissances techniques et administratives, mais aussi des connaissances relatives aux différences individuelles et aux équipes de travail. Selon De Pree (1990) :

> Il est indispensable qu'en plus de tous les pourcentages, les objectifs, les paramètres et les résultats des comptes d'exploitation, les chefs d'entreprise essaient de comprendre les êtres humains. Ceci commence par la compréhension de la diversité des dons et des talents de chaque individu (p. 26).

Accepter et comprendre la diversité permettent de trouver des moyens de donner un sens au travail, de fournir aux individus une occasion de s'épanouir dans leur travail et dans l'organisation et de définir des objectifs acceptables et compréhensibles qui suscitent l'adhésion et la coopération.

La prise en considération des différences remet en question les droits du travail. Ceux-ci devraient inclure le droit d'être nécessaire, de s'engager dans ce qu'on fait, d'avoir des relations positives avec les autres, de comprendre ce qu'on fait et pourquoi il faut le faire, d'être maître de son destin, d'être responsable de ses actes, de faire appel et d'être engagé pour quelque chose qui nous tient à cœur. De Pree (1990) l'exprime très justement :

> Le travail devrait et peut être productif et gratifiant, avoir un sens et nous aider à devenir adulte, être source d'enrichissement et d'épanouissement, consoler et réjouir. Le travail est un des plus grands privilèges que nous possédions. Il peut même être poétique (p. 52).

Dans les milieux de travail, il faut cultiver l'engagement chez les individus, non plus dans des projets de croissance pour la croissance elle-même, mais bien dans des projets dignes d'eux-mêmes, faisant valoir l'intelligence, l'imagination et l'esprit de service de l'être humain.

DES HABILETÉS DE DIRECTION

La gestion comporte deux dimensions principales : obtenir la coopération (stimuler les énergies productives) et faciliter le travail (réduire les tensions improductives et contre-productives).

En premier lieu, en vue d'obtenir la coopération des employés, le gestionnaire doit pouvoir aider le groupe à accomplir sa tâche et à progresser vers ses objectifs. Dans ce but, il peut aider les employés à définir les problèmes, leur suggérer des moyens de les résoudre, les tenir informés sur le service, l'organisation et l'environnement externe, les inviter à soumettre leurs idées, interpréter et analyser les données d'une situation et en faire une synthèse, établir des consensus, négocier des ententes, etc.

En tant que figure d'autorité, le gestionnaire représente un modèle pour les employés ; il importe donc qu'il serve de bon exemple. Sa compétence, sa crédibilité et la confiance qu'il inspire encourageront les employés à vouloir suivre son exemple.

Pour obtenir la coopération de ses employés, le gestionnaire doit savoir établir un climat de participation, valoriser le travail en équipe et la synergie qu'il représente, demeurer ouvert aux possibilités et aux différences, et rechercher du feed-back relativement aux activités du groupe, aux performances des membres et à sa propre performance.

En deuxième lieu, afin de réduire les tensions improductives et contre-productives dans son groupe de travail, le gestionnaire doit savoir développer des relations positives et fournir le soutien approprié dans les moments difficiles ou stressants. Plusieurs comportements sont en mesure d'assurer cette fonction de la gestion: inciter les autres à donner leur opinion, rechercher les divergences d'opinions, refléter l'atmosphère du groupe, pratiquer le dialogue avec les employés, expérimenter de nouvelles idées, etc.

Diriger des personnes nécessite la capacité d'écouter les idées et les sentiments des individus et d'expliciter le sens qu'ils comportent. Le gestionnaire doit savoir trouver les mots, les images, les métaphores, créer les personnages, les suspenses qui ouvrent l'esprit et l'imagination des employés. Il doit savoir faciliter la dynamique du groupe afin de canaliser les tensions de façon créative et positive pour les personnes, le groupe, l'organisation, la société et la nature.

D'après De Pree (1990), les gestionnaires efficaces aiment entendre des opinions contradictoires parce qu'elles sont source de vitalité et de créativité. Le dialogue et la discussion que suscitent des points de vue opposés alimentent la dynamique de l'entreprise, au sens de la continuité et de l'identité culturelle. Les différences d'opinions sont naturelles et devraient être bien accueillies par le gestionnaire. Pour assurer le dialogue, le gestionnaire peut donner à chacun la possibilité d'exprimer son point de vue et de le défendre, d'examiner les différentes positions et d'exercer son esprit critique. Le dialogue, c'est l'échange et la mise en commun des idées et des sentiments personnels concernant une question dans un esprit de solutionnement provisoire, de réciprocité et de questionnements mutuels (Kolb, 1988).

À l'occasion des réunions de travail et de discussion, le gestionnaire doit pouvoir demeurer à l'affût des stéréotypes et des solutions toutes faites pour éviter de tomber dans la facilité; il doit s'appliquer à bien écouter les réactions des individus, tant sur le plan des idées exprimées que sur celui des émotions communiquées. Pour mieux maîtriser les effets de son leadership, il doit aussi savoir prendre le temps de considérer tous les points de vue avec attention avant de formuler son opinion personnelle.

Le gestionnaire peut aussi être appelé à jouer un rôle formateur auprès des employés qu'il dirige. Pour bien accomplir cette tâche, il doit faire preuve de considération positive à l'endroit des employés qu'il forme, parler en «je», garder de bons contacts visuels. L'humour et le jeu facilitent l'apprentissage par leur aspect ludique. Dans tous les cas, il doit diriger son attention sur les employés en formation; il doit donc demeurer disponible. Le fait de bien connaître les personnes facilite également l'apprentissage en indiquant les stratégies qui respectent les différences individuelles et culturelles.

LES VALEURS DU DIRIGEANT

Diriger des personnes suppose chez le gestionnaire des valeurs comme l'ouverture, la prise de conscience, l'engagement et l'honnêteté. Son attitude doit refléter un souci constant à l'égard des relations, du travail et du leadership (Kolb, 1988).

Diriger signifie une préoccupation continuelle concernant la qualité des relations avec les autres, en particulier avec les employés. Le gestionnaire doit être capable de créer des relations professionnelles satisfaisantes et productives[26].

Diriger implique aussi le souci d'accomplir et de faire accomplir un travail qui a du sens pour les personnes et qui respecte l'environnement, entendu dans son acception la plus large. Le gestionnaire devrait être animé du désir et de la volonté de produire quelque chose qui en vaut la peine, d'apporter une contribution significative pour l'environnement.

Diriger, c'est en outre exercer un leadership moral: le pouvoir que confèrent les compétences ou la position dans l'organisation doit s'exercer pour le bien commun. La valeur du leadership s'exprime dans la capacité du leader de créer, de promouvoir et de préserver les valeurs fondamentales de l'humanité et de l'écologie.

La valeur de la neutralité soutenue par le positivisme scientifique n'encourage cependant pas les gestionnaires à exercer un leadership moral, mais leur fournit plutôt de bonnes raisons d'éviter les discussions relatives aux problèmes moraux et éthiques que pose la gestion moderne des entreprises (par exemple, les opérations de dégraissage, le refus d'appliquer des mesures antipollution, les réticences à prévenir les crises et les catastrophes, etc.) à un moment de l'histoire marqué par la montée des mouvements fanatiques, qui prônent des positions extrémistes.

De plus, les pressions narcissiques inhérentes à la fonction de direction sont à même d'empêcher les gestionnaires d'exercer un leadership moral. Être un personnage public, représenter les autres, servir de modèle, être un créateur de la culture constituent autant d'occasions de perdre le sens de la mesure et des valeurs (Kolb, 1988; Levinson, 1988; Pauchant et Mitroff, 1995).

L'art de diriger, c'est aussi l'art de chercher un équilibre entre les dimensions masculines et les dimensions féminines de la gestion: mettre en balance l'utilité, la performance et la combativité, d'une part, et la finalité, la qualité et l'unité, d'autre part. Pour réussir dans le métier de gestionnaire, De Pree (1990) conseille d'apprendre à distinguer les forces vivantes et les forces moribondes dans les groupes de travail et dans l'organisation. Les forces vivantes sont celles qui engendrent la complexité, l'ambiguïté, la diversité, la beauté des idées, l'espoir, l'utilité et les valeurs. Les forces moribondes sont toutes celles qui entraînent l'obsolescence des organisations: la négligence des idées, le refus des principes, le mépris des personnes et des familles, l'ignorance, le manque de respect pour le travail, l'égoïsme, les vues à court terme, etc.

---

26. C'est l'un des thèmes du chapitre 6 sur les relations humaines.

Diriger des personnes et gérer une organisation demandent aux gestionnaires d'être intègres (Kolb, 1988). L'intégrité se développe chez une personne qui prend conscience du sens de sa vie, qui apprend à établir des relations non dogmatiques, qui apprend à dialoguer avec les autres et qui investit ses efforts dans le développement du potentiel humain.

Texte classique

LES STYLES DE COMPORTEMENT[1]

[...]

Lorsqu'un individu ou un sous-groupe influence un groupe, le principal facteur de réussite est le style de comportement.

Comme je l'ai déjà fait remarquer, l'influence sociale implique des négociations tacites, la confrontation des points de vue et la recherche éventuelle d'une solution acceptable pour tous. Mais quels sont les éléments qui en déterminent l'issue?

Tant que nous considérons cette question du point de vue des rapports de pouvoir, c'est-à-dire du point de vue qui détermine les expériences et les concepts admis, la dépendance apparaît comme le facteur décisif.

Cette réponse n'est pas valable quand on traite de l'influence sociale qui devrait être étudiée indépendamment des processus de pouvoir. Le leadership, la compétence et la majorité peuvent jouer un certain rôle en tant que paramètres externes de la dépendance, mais il n'est pas crucial pour le processus d'influence. Ce qui est crucial, c'est le *style de comportement* de chaque partenaire social. Pourquoi cette variable devrait-elle remplacer celle de dépendance? Tout d'abord parce que, comme je l'ai déjà souligné, le style de comportement est spécifiquement lié aux phénomènes d'influence, tandis que la dépendance est plus étroitement liée à la dimension de pouvoir des rapports sociaux. Ensuite, la dépendance à l'égard d'un individu ou d'un sous-groupe dans le processus d'innovation peut être une conséquence du processus d'influence plutôt que sa cause. Par exemple, le besoin de suivre les conseils des experts en ce qui concerne l'utilisation de la vidéo ou de l'ordinateur suit la décision d'utiliser la vidéo ou l'ordinateur. Enfin, toute minorité qui provoque une innovation authentique doit se lancer

et continuer pendant un certain temps sans qu'il en résulte pour elle aucun avantage sur le plan du pouvoir, du statut, des ressources ou de la compétence.

La dépendance n'est donc pas une variable indépendante ou générale susceptible d'expliquer le type d'influence auquel je me réfère. Je crois que la seule variable dotée de pouvoir explicatif est le style de comportement, qui est entièrement indépendant de la majorité, de la minorité, de l'autorité, dans sa détermination de l'influence.

Le style de comportement est un concept nouveau et pourtant familier. Il renvoie à l'organisation des comportements et des opinions, au déroulement et à l'intensité de leur expression, bref, à la « rhétorique » du comportement et de l'opinion. Les comportements en soi, comme les sons d'une langue pris individuellement, n'ont pas de signification propre. C'est seulement combinés selon les intentions de l'individu ou du groupe émetteur, ou selon l'interprétation de ceux à qui ils sont adressés, qu'ils peuvent avoir une signification et susciter une réaction. La répétition d'un même geste ou d'un même mot peut, dans un cas, refléter l'entêtement et la rigidité; dans un autre cas, elle peut exprimer la certitude. Corrélativement, l'entêtement et la certitude peuvent se manifester de bien des manières différentes: par la répétition, le rejet, l'intensité des gestes ou des mots.

Qu'implique cet état de choses? Simplement que toute série de comportements a deux aspects: l'un, instrumental, définit son objet et fournit des informations relatives à cet objet; l'autre, symbolique, donne des informations sur l'état de l'acteur, source des comportements, et le définit. Ainsi, lorsqu'au laboratoire un sujet naïf entend une personne répéter vingt fois que « la ligne A a la même longueur que la ligne B », ou que la diapositive qui lui apparaît bleue est verte, il en déduit deux ordres de choses différents: d'une part, qu'il se peut que la ligne A soit

---

1. Adapté de Moscovici, S., *Psychologie des minorités actives*, Paris, Presses universitaires de France, 1979, p. 121-165.

de même longueur que la ligne B, ou que la diapositive bleue soit verte ; d'autre part, que la personne qui émet ces affirmations a une certitude et cherche peut-être à l'influencer.

En général, les styles de comportement ont donc à la fois un aspect symbolique et un aspect instrumental, qui se rapportent à l'acteur par leur forme et à l'objet de l'action par leur contenu. Ils suscitent également des déductions concernant ces deux aspects de leur signification. À la fois ils transmettent des significations et déterminent des réactions en fonction de ces significations. Cette insistance sur la *signification* du comportement semblera futile à beaucoup de lecteurs. Mais elle est, en fait, d'une très grande importance parce que, jusqu'ici, on a uniquement insisté sur son absence de signification.

Nous aborderons maintenant quelques points plus concrets du style de comportement. La personne ou le groupe qui adopte l'un de ces styles doit, s'il veut que le style soit socialement reconnu et identifié, remplir les trois conditions suivantes :

a)   Avoir conscience de la relation qui existe entre l'état intérieur et les signaux extérieurs qu'il utilise. La certitude se manifeste par un ton affirmatif, confiant ; par exemple, l'intention de ne pas faire de concessions s'exprime par la consistance du comportement adéquat.

b)   Utiliser des signaux de façon systématique et consistante afin d'éviter un malentendu de la part du récepteur.

c)   Conserver les mêmes relations entre les comportements et les significations tout au long d'une interaction ; en d'autres termes, s'assurer que les mots ne changent pas de signification au cours de l'interaction.

Dans l'interaction sociale, ces manières conventionnelles d'organiser le comportement ont pour but de donner à l'autre groupe ou à l'autre personne des informations sur la position et la motivation de la personne ou du groupe à l'origine de l'interaction. Elles peuvent, par exemple, témoigner d'un degré d'ouverture, de certitude ou d'engagement. Elles peuvent aussi signaler un désir d'influencer. Ainsi, les styles de comportement sont des arrangements intentionnels de signaux verbaux et/ou non verbaux qui expriment la signification de l'état présent et l'évolution future de ceux qui les affichent.

D'où provient l'efficacité des styles de comportement dans l'influence ? Je n'ai pas encore trouvé de réponse satisfaisante à cette question. On suppose qu'ils suscitent simplement des attitudes positives ou des attitudes négatives, mais ceci ne nous mène pas très loin. Il se peut qu'ils déterminent des champs psychologiques, ou qu'ils attirent l'attention en donnant des poids différents à des éléments d'information ou en mettant l'accent sur des événements et des objets particuliers de l'environnement.

La résistance non violente, par exemple, qui oppose la force calme de la détermination et démontre la futilité de la répression physique, peut simultanément susciter l'intérêt pour la cause qu'elle sert et obliger à un changement de méthode à l'égard de cette cause, puisque les méthodes conventionnelles s'avéreront inefficaces contre elle. De même, lorsqu'un enfant exprime l'envie qu'il a d'un jouet particulier par des pleurs et des cris, par le refus d'en accepter un autre en remplacement ou de se laisser consoler, ses parents se trouvent contraints de tenir compte de son point de vue et de son échelle de préférences. Mais on sait vraiment peu de choses concernant les mécanismes sous-jacents du style de comportement ; c'est une notion nouvelle dont l'importance pour notre compréhension des phénomènes en psychologie sociale commence seulement à être reconnue.

Il existe cinq styles de comportement que l'on peut décrire objectivement : *a)* l'investissement ; *b)* l'autonomie ; *c)* la consistance ; *d)* la rigidité ; *e)* l'équité. La consistance est le seul des cinq qui ait reçu une attention sérieuse, et c'est probablement le plus fondamental.

L'INVESTISSEMENT

Les recherches sur la dissonance cognitive (par exemple, Festinger, 1957 ; Brehm et Cohen, 1962 ; Zimbardo, 1960) et l'apprentissage social (par exemple, Bandura et Walters, 1963) ont mis en lumière le rôle joué par l'effort, ou investissement psychologique, qui est fourni pour justifier et changer le comportement. Si un individu ou un groupe se donne beaucoup de mal pour mener à bien quelque dessein particulier, les autres en tireront deux conclusions : 1) qu'il accorde une grande confiance au choix qu'il a fait ; 2) qu'il possède une grande capacité d'autorenforcement.

Prenons un exemple imaginaire et considérons une situation dans laquelle on fait une collecte. On sait que la plupart des donateurs ont tendance à faire un don « moyen », établissant par là même une norme qui convient plus ou moins à tout le monde. Chaque donateur suppose vraisemblablement que les autres font un sacrifice comparable au sien, ou que leur don est, comme le sien, proportionnel à leurs moyens. S'il arrivait que, dans la liste des précédents donateurs que présentent habituellement ceux qui collectent les fonds, apparaisse l'information qu'un individu pauvre a fait un sacrifice exceptionnel, on a tout lieu de s'attendre que cette information influencera la plupart des autres donateurs et les incitera à prendre ce sacrifice comme point de référence pour déterminer ce qu'ils doivent donner.

Hain et autres (1956) ont étudié les conditions qui déterminent la signature des pétitions. Ils ont observé que le nombre des signatures déjà visibles n'est pas le facteur décisif. Ce qui importe le plus, c'est la conviction et l'urgence avec lesquelles est fait l'appel à signer. Ils écrivent :

> Les résultats jettent le doute sur la validité de l'information absolue selon laquelle plus le nombre de signatures est grand pour une pétition, plus le sentiment en faveur du changement proposé est répandu (p. 389).

Dans l'ensemble, on pourrait dire qu'auront une influence dans les échanges sociaux les styles de comportement qui témoignent que le groupe ou l'individu impliqué est fortement engagé par un libre choix, et que le but poursuivi est tenu en haute estime au point que des sacrifices personnels sont volontiers consentis.

L'AUTONOMIE

L'autonomie est une valeur qui, lorsqu'elle se manifeste, suscite des réactions positives. Elle est considérée comme une attitude exemplaire qui encourage l'émulation. Comment la définir ? L'autonomie comporte plusieurs facettes. Tout d'abord, une indépendance de jugement et d'attitude qui reflète la détermination d'agir selon ses propres principes. L'objectivité entre également en jeu, c'est-à-dire la capacité de prendre en compte tous les facteurs pertinents et d'en tirer les conclusions d'une manière rigoureuse sans se laisser détourner par des intérêts subjectifs. L'extrémisme peut aussi être un élément de l'autonomie dans la mesure où il implique une attitude consistante et intransigeante.

De Monchaux et Shimmin (1955) ont démontré l'effet de l'indépendance dans leur analyse d'une étude faite en Grande-Bretagne par Schachter. Dans cette étude, on avait demandé à plusieurs groupes de sélectionner un modèle pour un avion dont ils devaient ensuite simuler la production. Le compère de l'expérimentateur avait reçu pour instruction de choisir de manière consistante le modèle le plus rejeté par le groupe ; le groupe devait, par ailleurs, arriver à une décision unanime. Sur les trente-deux groupes, douze sont parvenus à un accord qui ne tenait pas compte du choix du compère, six ont adopté son choix, et quatorze n'ont pas réussi à se mettre d'accord. Les auteurs concluent :

> Notre hypothèse a été que, au fur et à mesure que la discussion avançait, le besoin de parvenir à une décision de groupe aurait raison des besoins individuels. Mais il est possible que le comportement du déviant, qui maintenait tranquillement et sans agressivité son propre choix, ait accru la fermeté des choix individuels (« S'il ne renonce pas à son choix, pourquoi renoncerais-je au mien ? »). Nous avons donc considéré qu'il était possible que la présence du déviant ait œuvré comme une pression à l'individualité du choix plutôt qu'à l'unanimité de groupe (p. 59).

Il apparaît, d'après cette étude, que le comportement perçu comme indépendant peut, ou *bien* influencer la décision du groupe en sa faveur (six groupes ont opté pour le modèle choisi par le compère), ou *bien* encourager une attitude d'indépendance de la part des membres du groupe. L'un et l'autre cas sont le reflet de l'influence exercée par le compère. Un individu qui semble avoir des opinions et un jugement autonomes, et qui n'est ni dominateur ni particulièrement enclin au compromis, sera perçu, caractérisé, et probablement traité, comme le défenseur d'un modèle ou d'un ensemble particulier de valeurs. Il donnera, par conséquent, l'impression de maîtriser son comportement. D'une certaine manière, il est l'initiateur d'un ensemble d'actions. Le peu que nous savons de la communication indirecte et de la causalité sociale montre que cet individu (ou sous-groupe), non seulement se fera écouter, mais aura un pouvoir par rapport aux autres individus à qui ce degré d'autonomie fait défaut. Le comportement autonome, pas plus que le comportement qui exprime l'investissement, n'est apparemment perçu comme ayant pour but d'influencer.

Dans un groupe, les individus se méfient toujours des intentions manipulatrices. On n'attribue pas et on ne peut pas attribuer de telles intentions à un individu dont on juge évidentes l'intégrité et l'absence d'arrière-pensée. C'est pourquoi un tel individu prend de l'ascendant sur les autres, et ses opinions et son jugement ont plus de poids. S'il est présent lorsqu'il faut parvenir à un consensus, au cours d'une réunion par exemple, ou d'un travail d'équipe, ou lorsqu'il faut exprimer une opinion sur un sujet de controverse, et qu'il se comporte de telle sorte qu'il donne l'impression de dominer de nombreux faits pertinents et bien examinés, il exercera probablement une grande influence sur le résultat collectif. Sa réflexion et son indépendance, telles qu'elles se manifestent dans son comportement, inspireront le respect et trouveront un appui.

Ceci explique, entre parenthèses, pourquoi nous acceptons facilement, et peut-être trop facilement, les affirmations des scientifiques, des autorités religieuses et des groupes d'experts. Nous supposons, souvent à tort, que leurs opinions ont été soigneusement pesées, et qu'il n'y a pas d'intérêts personnels ou de motifs cachés dans les solutions qu'ils proposent.

Myers et Goldberg (1970) ont mené une étude qui tend à appuyer mon analyse. On a demandé à trois cent trente-sept étudiants de lire un court « article de revue » sur la pollution atmosphérique. À l'insu des sujets, cet article avait été rédigé par les expérimentateurs. L'idée exprimée dans l'article était que la pollution atmosphérique n'est pas dangereuse. On avait choisi ce problème parce que l'on supposait que les sujets partageraient la conviction répandue que la pollution atmosphérique constitue réellement un danger. La possibilité existait donc de pouvoir

faire changer les sujets d'opinion dans le sens suggéré par le message persuasif.

Pour notre propos, nous ne rapporterons ici que les résultats de trois des conditions expérimentales. Dans une première condition, « *groupe* de haute moralité », on disait aux étudiants que la position exprimée dans l'article représentait la conclusion à laquelle était parvenu un groupe d'experts après trois heures de discussion. Dans une seconde condition, « *individus* de haute moralité », on informait les sujets que l'article s'appuyait sur un sondage effectué parmi un petit groupe de scientifiques importants. Dans une troisième condition, « *individu* de haute moralité », on disait aux sujets que l'article représentait la conclusion à laquelle était parvenu l'un des scientifiques les plus éminents des États-Unis.

Nous pouvons supposer qu'il n'y avait pas de différences de prestige entre les experts dans les trois conditions. Cependant, c'est dans la condition « *groupe* de haute moralité » que l'on a observé la plus grande influence : les sujets croyaient que l'article représentait le résultat d'une délibération commune, et ils pensaient probablement qu'on avait examiné la question avec un soin exceptionnel.

Mais la délibération ne suffit apparemment pas. Pour que l'autonomie soit perçue, il faut aussi avoir la conviction que la personne ou le groupe qui exprime les idées en question occupe une situation sociale particulière, est à l'origine des idées, et a librement choisi cette position. Une expérience de Nemeth et Wachtler (1973) est ici particulièrement pertinente.

Ils ont réuni des groupes de cinq personnes afin de constituer des jurys simulés, et ont donné une étude de cas à lire à chaque groupe. Dans un cas particulier, un individu avait réclamé des dommages et intérêts pour une blessure subie au cours de son travail. Tandis qu'il réparait une machine à laver, il était tombé de quelques marches et s'était déchiré un cartilage du genou. La compensation maximum qu'autorisait la loi était de 25 000 dollars. Lorsqu'on a interrogé les sujets individuellement et en privé, la plupart d'entre eux pensaient que l'on devait verser une forte compensation : la somme moyenne suggérée était de 14 560 dollars.

Cependant, dans les conditions de l'expérience, les sujets étaient exposés aux arguments d'un compère qui suggérait, de façon consistante, la somme de 3 000 dollars. Les cinq personnes de chaque groupe jury (quatre sujets et un compère) discutaient du cas pendant quarante-cinq minutes durant lesquelles le compère présentait sept arguments qu'il avait mémorisés auparavant. Entre autres, il mettait en question la gravité de la blessure, il suggérait que le jury devait envisager une compensation équitable, plutôt que d'accorder le maximum uniquement parce que la compagnie d'assurances pouvait payer, et il indiquait que 3 000 dollars représentaient une somme d'une réelle importance. On mit aussi en place une condition témoin dans laquelle les cinq sujets délibéraient sur le cas sans qu'aucun compère soit présent.

On introduisit enfin une variation qui présente un intérêt particulier. (Des recherches sur les jurys sont venues appuyer la conviction que, dans notre culture, la position de la place occupée par une personne est un reflet de son statut et du pouvoir qu'elle a d'influencer. La position en bout de table, en particulier, est habituellement associée au pouvoir et au prestige. Il se peut bien que la personne qui prend cette place attire de ce fait l'attention sur elle-même, affirmant sa maîtrise et sa compétence, et son intention de se comporter en leader. Si le fait d'occuper une place en bout de table *incite* les autres à attribuer à son occupant des caractéristiques de leader, il se peut qu'un individu soit mieux placé pour exercer l'influence s'il adopte ce style de comportement.) Dans leur expérience, Nemeth et Wachtler ont utilisé une table où la diposition des sièges était telle qu'elle apparaît dans la figure 1. La place du bout de la table est S et les sièges latéraux, Q et R. Le compère, selon la condition expérimentale, occupait soit la place du bout de la table, soit l'une des places latérales. La variation cruciale était que, dans certaines conditions, le compère *choisissait* une place tandis que dans les autres on lui en *attribuait* une. Dans toutes les conditions, et c'est là un point important, le compère présentait exactement les mêmes arguments (qui revenaient à défendre une position déviante) pendant les quarante-cinq minutes que durait la discussion du cas.

FIGURE 1   Disposition des sièges dans l'étude de jury simulé

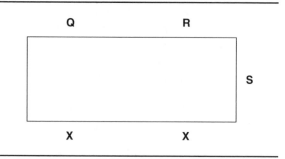

La différence entre le fait de choisir une place et le fait qu'elle vous soit attribuée est que le premier est un signe d'autonomie, tandis que le second indique la soumission à un système de règles et d'autorité. Nous pouvons donc nous attendre que, toutes choses étant égales d'ailleurs, le compère exerce une grande influence lorsqu'il a choisi sa place. Les résultats de l'expérience confirment cette attente. Les analyses de l'efficacité du compère montrent que ce n'est que lorsqu'il a choisi la place en bout de table qu'il a exercé une influence. Lorsqu'on lui a *attribué* cette place, ou lorsqu'il a occupé une place latérale (par choix ou par attribution), il n'a exercé aucune influence ($t = 1,53$; $p < 0,07$).

Les auteurs observent que :

> le fait de prendre la place du bout de la table, étant un style de comportement, pouvait être interprété par les autres comme un signe de confiance en soi. Ceci rend alors l'individu efficace. Le fait d'occuper cette place, s'il ne résultait pas d'un choix, n'apportait aucune information sur l'acteur concernant de tels traits de caractère (p. 20).

Cependant, cela va plus loin. En réagissant de façon ferme à l'hostilité ou au manque d'empressement des autres, l'individu à son tour confère crédibilité aux caractéristiques que les autres lui attribuent. Nemeth et Wachtler rapportent que :

> Dans cette étude, la majorité opposait une véritable résistance aux conceptions du compère. Dans de nombreuses occasions, la majorité tourmenta ou ridiculisa le compère en raison de sa position très déviante. Quelqu'un menaça même de briser la jambe du compère après la fin de l'expérience pour lui montrer la douleur et la souffrance qu'entraîne

une telle blessure. On se rend donc compte que la majorité n'a pas donné facilement son adhésion ; pourtant, les sujets ont été influencés par ce même compère utilisant les mêmes arguments lorsque, par le fait de prendre la place du bout de la table, c'est-à-dire par son style de comportement, il a manifesté de la confiance en soi (p. 21).

Voici une autre manière d'illustrer l'effet d'autonomie et d'objectivité. La société suppose toujours que les individus ont des intérêts et des motifs cachés. On attribue leurs jugements et leurs opinions à des raisons externes (appartenance à une classe, milieu familial, etc.) ou internes (jalousie, ambition, etc.). Par conséquent, on suppose aussi que le comportement n'est jamais vraiment libre, ni dans son contenu ni dans son but. Cependant, on peut prédire sans risque de se tromper que, lorsqu'une personne semble agir indépendamment des agents extérieurs ou des forces intérieures, sa réaction sera facilement acceptée par la majorité des individus.

De nombreuses études entreprises dans le champ de la communication sont fondées sur le paradigme de la dépendance. Elles ont réussi à prouver leur postulat, à savoir que le prestige ou la crédibilité de l'émetteur d'un message constitue le facteur essentiel de l'efficacité de la communication. Plus précisément, toutes choses égales d'ailleurs, plus la crédibilité est grande, plus le changement d'opinions du récepteur est important. On a toujours supposé, en outre, que le message n'avait aucun rapport avec les intérêts, soit de l'émetteur, soit du récepteur, et que les gens ne considéraient pas la possibilité d'un tel rapport. Walster et autres (1966) ont entrepris de montrer qu'*il y a* perception des rapports entre les messages et les intérêts, et que cela se répercute sur la communication et sur la formation des attitudes et des jugements. Ils ont pris pour point de départ l'hypothèse selon laquelle une personne sera perçue comme plus sincère et plus digne de confiance si elle soutient un point de vue qui est contraire à son intérêt personnel évident. Dans leur recherche, les sujets étaient divisés en quatre groupes expérimentaux. Le premier groupe recevait une communication émanant d'un individu jouissant d'un grand prestige (procureur général), qui défendait une position favorable à ses propres intérêts ; le second groupe recevait une communication émanant d'un individu jouissant d'un faible prestige (criminel), qui défendait une position favorable à ses propres intérêts ; le troisième groupe recevait une information émanant d'un individu jouissant d'un grand prestige, qui défendait une position défavorable à ses intérêts ; et le quatrième groupe recevait une communication émanant d'un individu jouissant d'un faible prestige, qui défendait une position défavorable à ses intérêts.

Lorsque les deux individus soutenaient des points de vue opposés à leurs propres intérêts, ils exerçaient une plus grande influence, indépendamment de leur statut. En fait, l'individu jouissant d'un faible prestige avait *plus* d'influence que l'individu jouissant d'un grand prestige lorsqu'il adoptait une position opposée à son intérêt personnel. Donc, la communication qui apparaît comme dégagée de tout parti pris est interprétée comme plus honnête et mieux informée. Elle exerce davantage d'influence. Powell et Miller (1967) se sont aussi nettement rendu compte qu'une source d'information apparaissait plus digne de confiance lorsqu'on estimait qu'elle ne tirait pas profit du comportement de la cible. On faisait entendre aux sujets des messages enregistrés qui recommandaient de donner gratuitement son sang à la Croix-Rouge. Un médecin connu et le président d'une section de recrutement de donneurs de sang de la Croix-Rouge, c'est-à-dire des individus anonymes, étaient censés lire les messages visant à persuader les sujets. Le médecin, qui agissait en partie désintéressée, fut considéré comme plus digne de confiance, et exerça davantage d'influence que le président de la section de recrutement, qui apparaissait évidemment plus intéressé et plus égoïste.

Les hommes politiques en ont conscience, et ils ne manquent jamais une occasion de proclamer qu'ils sont capables de s'élever au-dessus de leurs intérêts particuliers pour embrasser l'intérêt général. On s'aperçoit souvent que les conservateurs ont moins de difficulté à faire adopter des lois sociales « de gauche » ; ils rencontrent une moindre résistance et peuvent faire apparaître ces lois comme nécessaires. Aux États-Unis, il est courant pour le Parti républicain de mener à bien des objectifs politiques que le Parti démocrate a défendus. On a observé la même chose en France en ce qui concerne l'indépendance accordée aux colonies : la gauche a toujours plaidé en sa faveur, mais la droite l'a le plus souvent rendue effective.

L'extrémisme n'est pas un sujet d'étude populaire, et il n'a été abordé qu'en tant que comportement déviant. Les théoriciens ont eu tendance à considérer qu'il était moins bien accepté, et notamment moins efficace, que le comportement modéré. La théorie de l'équilibre suppose même qu'il existe un « parti pris anti-extrémisme ». Taylor (1969) écrit :

> Si la personne focale communique avec une autre personne à propos d'un problème ou d'un sujet, alors la personne focale, ou bien son interlocuteur, peut affirmer sa position de façon « modérée » ou l'affirmer de façon plus « extrême ». On admet que les gens en général préféreront une communication utilisant des termes modérés à une communication faite en termes vigoureux. C'est un parti pris contre « l'extrémisme ». Ceci implique qu'une communication modérée, venant de la personne focale ou de l'autre personne, a plus de chances d'entraîner un changement d'attitude ou de sentiment qu'une communication faite en termes vigoureux (p. 122).

En dépit de ce postulat, les quelques études disponibles offrent une image moins négative des chances qu'a un extrémiste d'exercer une influence étant donné son caractère déviant ou « déséquilibré ». Une expérience peu connue de Mulder (1960) permet de rétablir l'équilibre. Les petits commerçants d'une communauté urbaine furent réunis pour être informés de l'implantation future d'un supermarché dans le pays. Ils se trouvaient confrontés à la nécessité de défendre leurs droits et leurs biens contre la menace que représentait le supermarché pour leurs commerces. L'un des commerçants, en fait un compère de l'expérimentateur, adopta une position dure, refusant tous les compromis, et insistant sur la nécessité pour la communauté de s'organiser et de résister activement à la construction du supermarché. Il plaida en faveur de la création d'un syndicat local de défense mutuelle. Un second commerçant, également un compère, adopta une position modérée, défendant les mêmes idées mais avec moins d'insistance. Les participants devaient décider de créer ou non un syndicat et éventuellement élire les délégués qui les représenteraient et les défendraient. Les résultats de l'expérience montrent que les participants adoptèrent la ligne dure. Le plus souvent, ils choisirent comme représentant le compère radical, et le compère modéré fut très souvent rejeté. Étant donné les conditions de l'expérience, on peut être sûr que

les participants étaient plus impliqués que si la tâche avait consisté à estimer le nombre de points contenus dans une figure. Les commerçants de l'expérience de Mulder étaient polarisés sur des alternatives nettes, cohérentes et radicales. La position ferme du compère extrémiste, loin de bloquer l'interaction, a permis aux participants d'établir une position de groupe solide.

Plus récemment, Eisinger et Mills (1968) ont essayé de montrer que, si un individu émettant un message est du « même camp » que ses auditeurs, il sera jugé plus sincère qu'un émetteur du « camp opposé », pour la raison apparemment évidente qu'il sera plus populaire. Les auteurs ont également posé en postulat qu'un émetteur de message extrémiste sera moins populaire et jugé moins sincère qu'un émetteur modéré. Généralement, cependant, les résultats montrent que les individus extrémistes suscitent des réactions plus positives que les individus modérés. Les auteurs n'avaient pas prévu cette issue, qu'ils commentent de la manière suivante :

> Il se peut que la plus grande sympathie pour le porte-parole du même camp ait aussi été contrecarrée par la perception selon laquelle le porte-parole du camp opposé affrontait une plus grande désapprobation sociale (p. 231).

Autrement dit, la position de l'extrémiste se trouve renforcée par le courage dont il fait preuve en affrontant des risques, et, lorsqu'on le compare à un modéré du même parti, on lui donne la préférence parce qu'« on l'estime plus sincère, plus compétent, plus sympathique et plus digne de confiance » (p. 231).

Non seulement la vertu n'est pas récompensée, mais, qui plus est, le type et le style de réponse qui, depuis Allport, étaient censés susciter l'antipathie, éveillent au contraire l'admiration et sont considérés comme une marque de sérieux et de crédibilité. Aucune de ces expériences ne constitue une preuve catégorique ; pourtant, aussi peu concluantes qu'elles soient, elles laissent supposer qu'une nouvelle orientation s'impose. En outre, elles constituent un solide témoignage qui plaide pour que l'autonomie dans ses diverses manifestations soit traitée en tant que style distinctif de comportement.

LA CONSISTANCE

La consistance du comportement est perçue comme un indice de certitude, comme l'affirmation de la décision de s'en tenir inébranlablement à un point de vue donné, et comme le reflet de l'engagement dans un choix cohérent, inflexible. La force de cette source d'influence ne peut être attribuée ni à une différence d'aptitude, ni à une forme explicite de dépendance. Il est vrai que « la consistance du comportement » englobe de nombreuses formes de comportement, depuis la répétition opiniâtre d'une expression, en passant par le fait d'éviter les comportements contradictoires, jusqu'à l'élaboration d'un système de preuve logique. En ce qui nous concerne ici, ce n'est pas là un point important ; l'intuition et l'expérimentation détermineront le registre. Je me bornerai ici à analyser les implications de la consistance dans l'optique de l'influence sociale.

Tout d'abord, réaffirmons l'hypothèse selon laquelle chaque individu ou chaque groupe essaie d'imposer une organisation à l'environnement matériel et social, de valider la connaissance qu'il en a et d'affirmer les règles qu'il a adoptées pour traiter avec lui. L'individu et le groupe agissent sur la réalité, font des prévisions à son sujet et acquièrent sur elle un contrôle en séparant les comportements et les événements éphémères et variables de leurs fondements permanents et invariants ; ils introduisent une séquence temporelle et causale dans une situation où tout pourrait sembler accidentel et arbitraire. Lorsque deux personnes se rencontrent, la seule manière qu'elles ont de communiquer et d'adopter des comportements mutuellement satisfaisants est d'extraire quelques traits dominants de la masse des impressions rudimentaires : intentions, sentiments, aptitudes, et ainsi de suite. Les objets matériels donnent lieu à la même opération de comparaison, de classification, de sélection des stimuli transmis, ce qui conduit à une caractérisation des dimensions de l'objet, telles que la couleur, la vitesse, etc., et à une détermination de son application possible à quelque but. Que nous ayons affaire à des personnes ou à des objets, un processus d'inférence concernant leurs particularités s'engage.

Si nous poursuivons la réflexion dans ce sens, il devient clair que la consistance joue un rôle décisif dans le processus d'acquisition et d'organisation de l'information venant de l'environnement. Ce rôle correspond, soit à une consistance interne, intra-*individuelle* (consistance dans le temps et les modalités, selon la terminologie de Heider), soit à une consistance inter-individuelle, *sociale* (consensus). Les deux reviennent en réalité au même, car la consistance dans le temps et les modalités n'est qu'une sorte de consensus que chacun établit intérieurement afin d'harmoniser différentes séries d'informations et d'actions, tandis que le consensus est une forme de consistance imposée ou recherchée par différents individus. Ces deux formes de consistance se traduisent par une réduction de la variabilité des réponses. Cette réduction est la manifestation habituelle et visible d'un modèle d'action à travers lequel se dégagent les caractères souhaités et sont validées les dimensions invariantes du monde social et matériel, c'est-à-dire les normes qui déterminent le comportement. Du moins, l'individu *a l'impression* que tel est l'effet de la réduction de la variabilité des réponses, et telle devient sa signification.

En résumé, nous voyons pourquoi la consistance du comportement a une telle influence. D'une part, elle exprime soit une très ferme conviction dans des circonstances où les opinions sont habituellement moins assurées, soit une solution de rechange valable à des opinions dominantes. D'autre part, un individu qui affiche un comportement consistant, non seulement semble très sûr de lui, mais il garantit aussi qu'un accord avec lui conduira à un consensus solide et durable. La consistance en appelle encore au désir général d'adopter des opinions ou des jugements relativement clairs et simples et de définir sans ambiguïté les réalités auxquelles un individu doit couramment faire face. Elle peut sembler requérir beaucoup trop d'attention ; elle peut sembler entraîner un comportement extrême ou étrange, mais elle peut aussi exercer un attrait et constituer un point de ralliement pour des tendances de groupes latentes. Ces considérations éclairent le sens de la détermination de Caton l'Ancien, qui finissait toujours ses discours, quel qu'en fût le sujet, par cette phrase célèbre : « Il faut détruire Carthage », jusqu'à ce que le Sénat adopte ses vues et envoie une expédition contre la cité rivale de Rome.

Il existe maintenant des éléments pour appuyer les affirmations que j'ai exprimées concernant la consistance en tant que style de comportement. Deux expériences réalisées par Moscovici et Faucheux (1972) en témoignent.

Première expérience

Procédure expérimentale   L'expérience est présentée aux sujets comme une recherche portant sur un problème de psychologie appliquée. On leur explique que, avec les développements récents de la transmission de l'information, notamment dans la navigation aérienne et spatiale, des opérateurs ont à lire les informations projetées sur des écrans cathodiques. C'est pourquoi il importe de déterminer les préférences des gens pour les différents codes possibles, de façon à améliorer la lisibilité et la discrimination de l'information transmise. Un exemple concret est fourni : celui des opérateurs qui, dans les tours de contrôle des aéroports, doivent suivre et guider simultanément un grand nombre d'appareils qui se préparent, soit à atterrir, soit à décoller. Pour la sécurité des aéroports, il importe de simplifier au maximum le travail de ces opérateurs. Il convient donc que les informations qu'ils utilisent (altitude, position, vitesse, priorité, etc.) leur soient présentées de la façon la plus claire possible, au moyen des symboles et des signaux les mieux appropriés, de sorte qu'ils puissent prendre des décisions rapides et correctes.

On explique ensuite aux sujets qu'ils participent à une expérience qui reproduit, de manière simplifiée, les conditions de la tour de contrôle, mais qui nécessite le même genre d'attention sélective et de prise de décision. Pour ce faire, on leur montre une série de dessins variant suivant quatre dimensions : la *taille* (ils sont grands ou petits) ; la *couleur* (ils sont rouges ou verts), la *forme* (ils sont arrondis ou anguleux) et le *tracé* (ils sont en ligne pointillée ou en ligne continue). On montre aux sujets un échantillon de chacun de ces dessins. On les informe alors qu'on leur présentera une longue série de dessins et que, pour chaque dessin, il y aura donc toujours quatre réponses correctes possibles. Toutefois, on leur demande de ne donner qu'*une seule* réponse : celle qui, pour quelque raison que ce soit, leur paraîtra la plus appropriée à un moment donné pour un dessin particulier. Les réponses devaient être données soit oralement soit par écrit. L'ordre de réponse était systématiquement varié : le sujet qui avait donné sa réponse le premier à l'essai précédent était le dernier à parler à l'essai suivant et ainsi de suite.

La série de stimuli comporte soixante-quatre dessins qui se succèdent de telle sorte qu'une seule dimension demeure inchangée d'un dessin à l'autre ; par exemple, un dessin était grand-vert-arrondi-pointillé, le suivant était grand-rouge-anguleux-continu, puis le suivant était petit-rouge-arrondi-pointillé, etc. Les sujets, réunis en groupes de quatre ou cinq, occupent trois côtés d'une table rectangulaire, le quatrième côté étant occupé par l'expérimentateur, qui présente les dessins l'un après l'autre pour examen. Un compère de l'expérimentateur choisit constamment la réponse *couleur* tout au long de l'expérience. Les groupes témoins ne comportent que des sujets naïfs et pas de compère.

Résultats   Le tableau 1 montre que le nombre de réponses « couleur » augmente de manière significative dans les groupes expérimentaux comparés aux groupes témoins. On observe que cet accroissement du nombre de réponses « couleur » s'accompagne d'une diminution significative du nombre de réponses « forme ». Cependant, on ne saurait attribuer cette variation à aucun facteur déterminé. La « forme » n'est pas la dimension le plus souvent choisie dans les groupes témoins, et elle ne paraît pas être associée d'une manière particulière à la couleur.

TABLEAU 1
Première expérience : Moyenne de choix dans chaque dimension : comparaison entre les groupes expérimentaux et les groupes témoins

Dimension	Couleur	Tracé	Taille	Forme
Groupes expérimentaux ($k = 8$)	20,86	16,18	16,09	10,88
Groupes témoins ($k = 6$)	15,28	18,93	14,20	15,59
t de Student	2,46	1,67	0,75	2,74
Seuil de signification	$p < 0,2$	$p < 0,10$	$p < 0,10$	$0,2 > p < 0,05$

Il existe un deuxième indice de l'influence du sujet minoritaire. Normalement, lorsqu'ils expriment un choix préférentiel, les sujets ne l'émettent pas de manière isolée, mais plutôt par série de deux ou plusieurs réponses successives. On observe que, dans les groupes expérimentaux, les jugements « couleur » sont émis plus fréquemment par série de deux ou plusieurs réponses successives ($X^2 = 17,84$, $p < 0,001$). Pour les autres dimensions, ou bien l'on ne trouve pas de différence significative (« taille »), ou bien le nombre de réponses isolées augmente (« forme » : $X^2 = 5,45$, $0,05 > p > 0,02$; « tracé » : $X^2 = 22,397$, $p > 0,001$). Ainsi, le comportement consistant d'une minorité détermine non seulement la fréquence des réponses de la majorité, mais également leur organisation.

Deuxième expérience

Procédure expérimentale   Une norme implicite est une norme qui régit notre comportement sans que nous ayons clairement conscience de sa généralité, ou du fait qu'elle détermine la plupart de nos décisions. De telles normes sont omniprésentes dans le domaine de la mode, de la nourriture, du goût, du langage, etc. Pour des raisons de commodité, nous avons choisi pour cette expérience du matériel linguistique. Les habitudes verbales peuvent être définies comme des régularités normatives dans une collectivité qui partage ces habitudes.

Nous avons choisi quatre-vingt-neuf associations de mots dans une liste établie par Nunnally et Hussek (1958), qui avaient mesuré la fréquence de certaines associations de mots dans une population d'étudiants américains. À chaque mot stimulus (par exemple « orange ») correspondent deux associations, dont l'une est un qualificatif (par exemple « ronde »), et l'autre, un supra-ordonné (par exemple « fruit »). On donne au sujet un fascicule de cinq pages dans lequel sont imprimées les quatre-vingt-neuf associations. Tandis que l'expérimentateur lit le mot stimulus, le sujet choisit et énonce laquelle des deux associations se trouvant sur la même ligne que le mot stimulus lui semble le plus étroitement liée au stimulus ; le sujet enregistre aussi ses propres réponses. Comme dans la première expérience, l'ordre des réponses est systématiquement varié. Les sujets sont assis de la même façon que dans la

première expérience. Les groupes expérimentaux sont composés de trois sujets naïfs et d'un compère. Les groupes témoins sont uniquement composés de sujets naïfs. Dans les groupes expérimentaux, le compère choisit toujours l'association supra-ordonnée.

Nous avons arrangé les associations dans deux listes différentes selon une probabilité croissante ou décroissante de choix du mot supra-ordonné dans la population générale. Dans la première liste (liste A), la probabilité d'association au stimulus des réponses supra-ordonnées est plus grande au début : ainsi, l'association « choisie » par le compère pour ces stimuli se trouve correspondre à la norme. Au fur et à mesure que la probabilité de ses réponses diminue, son comportement apparaît comme « conservateur » et de nature à freiner l'adaptation au changement des habitudes verbales. Dans la seconde liste (liste B), où la probabilité des associations supra-ordonnées est moindre au commencement, les réponses du compère apparaissent comme « déviantes ».

Nous avons utilisé ces deux listes pour montrer que : *a)* la véritable source d'influence est la *consistance* du comportement de la minorité et non pas son degré de déviation ; *b)* le conformisme initial d'une minorité, contrairement à ce qui semble ressortir des travaux de Kelley et Shapiro (1954) et de Hollander (1960), peut renforcer son influence, mais n'est pas la cause de son influence.

Résultats   Quel que soit l'ordre d'utilisation des listes, l'accroissement du nombre de réponses « supra-ordonnées » est significatif dans les groupes expérimentaux comparés aux groupes témoins. L'influence du compère sur les réponses de la majorité est indéniable, qu'il se comporte en « conservateur » ou en « déviant » (voir le tableau 2). On pourrait se demander si l'effet du choix de l'*individu minoritaire* sur le choix des *individus majoritaires* s'exerce sur toute la liste, ou seulement dans la partie de la liste où il est plus près de la norme. Si l'influence s'exerçait sur toutes les réponses, il y aurait modification de la norme majoritaire par rapport à la norme américaine originale. En fait, on observe bien une telle modification : la proportion des associations supra-ordonnées choisies par les sujets des groupes expérimentaux est significativement plus élevée que la proportion des associations supra-ordonnées choisies par les sujets des groupes témoins dans la seconde moitié de la liste A :

$$(t = 3,41, v = 34 ; 0,01 > p > 0,001)$$

et dans la première moitié de la liste B

$$(t = 2,38, v = 34 ; 0,01 > p > 0,001).$$

Y a-t-il une différence entre l'influence du compère « déviant » et l'influence du compère « conservateur » ? Nous observons que l'ordre de présentation des listes n'agit pas sur la direction des associations. La proportion des réponses supra-ordonnées dans les groupes témoins est la même, qu'il s'agisse de la liste A ou de la liste B. Toute différence qui apparaît dans les groupes expérimentaux est nécessairement due à la position du compère. Pour la liste A, où le compère fait des choix conservateurs, la fréquence de réponses supra-ordonnées est plus élevée que pour la liste B, où le compère fait des choix déviants :

$$(t = 1,91, v = 10 ; 0,10 > p > 0,05).$$

Ainsi le conformisme initial d'une minorité accroît son influence, mais il n'est pas une condition nécessaire de l'influence.

Les deux expériences décrites ont été les premières à étudier les effets de la consistance du comportement. D'autres expériences qui les ont répétées ont confirmé la tendance générale des premières découvertes.

LA RIGIDITÉ

Ces expériences sur le style de comportement ont soulevé de nouveaux problèmes. L'un de ces problèmes est embarrassant ; comment s'exprime la consistance, par la répétition ou par l'adoption d'un modèle de comportement ? Plus exactement, le problème qui se pose vient de ce que le comportement rigide peut être une cause de l'influence, mais il peut aussi être parfois un obstacle. Tout d'abord, l'antipa-

thie naît des comportements qui manquent, à l'égard des réactions d'autrui, de finesse, de souplesse et de sensibilité. Ensuite, le comportement rigide est symptôme de conflit, de refus d'accepter un compromis ou de faire des concessions, et d'une volonté d'imposer son propre point de vue à tout prix. Une telle rigidité peut être parfois attribuée à l'incapacité d'un individu ou d'un groupe d'apprécier certains aspects de la réalité, ou de se dégager des points de vue limités qu'il s'est imposés. Cependant, il ne faut pas oublier que le comportement rigide peut n'être que le résultat d'une situation dans laquelle la concession et le compromis sont en fait impossibles.

Il nous faut aussi nous préoccuper de la question de savoir dans quelle mesure le comportement consistant doit être interprété en tant que comportement rigide, et de la signification psychologique de ce comportement. Pour l'instant, cependant, je veux simplement montrer qu'une telle rigidité n'est pas uniquement fonction du comportement des minorités, mais aussi fonction de la manière dont les autres, à leur tour, son amenés à catégoriser le comportement rigide. C'est-à-dire que la rigidité ne se situe pas seulement au niveau du comportement de la personne ou du sous-groupe mais aussi de la perception de l'observateur.

Ricateau (1971) réunit un groupe de trois personnes pour discuter du cas d'un jeune criminel, Johnny Rocco, et leur demanda de décider quel type de châtiment ou de traitement lui était applicable. En général, la majorité était plutôt indulgente à son égard, mais la minorité, un compère de l'expérimentateur, émettait constamment des recommandations plus sévères. La majorité et la minorité devaient confronter leurs points de vue avant de prendre des décisions individuelles. Les décisions s'appuyaient sur une échelle en sept points d'indulgence-sévérité. Deux décisions individuelles étaient prises au cours

TABLEAU 2
Moyenne des réponses « supra-ordonnées » : comparaison des groupes expérimentaux et des groupes témoins

	Liste A	Liste B
Moyennes des groupes expérimentaux ($k = 6$)	74,01	63,67
Moyennes des groupes témoins ($k = 6$)	57,61	53,89
t de Student	2,24	1,91
Seuil de signification	$p < 0,05$	$0,10 > p > 0,05$

de l'expérience. La première avait lieu avant le début de toute discussion. La seconde avait lieu après trente minutes de discussion (qui étaient divisées en trois périodes de dix minutes chacune). Trois conditions expérimentales avaient été mises en place afin de déterminer les degrés de rigidité dans le « mode d'appréhension d'autrui ». Celui-ci était défini comme la manière dont les membres d'un groupe se jugent et se catégorisent. Comment pouvons-nous découvrir ou manipuler ces modes d'appréhension ? En obligeant les sujets à se juger eux-mêmes ou à juger les autres selon un plus ou moins grand nombre de catégories. Dans la vie réelle, par exemple, les individus dogmatiques ou racistes se jugent, et jugent particulièrement les autres, selon un nombre très limité de catégories — habituellement deux — tandis que les individus à l'esprit plus ouvert utilisent davantage de catégories.

Ricateau invita ses sujets à se juger et à juger les autres membres du groupe selon une échelle tirée du différenciateur sémantique d'Osgood. Les sujets devaient se catégoriser en termes de polarités, par exemple actif/passif, réaliste/romantique, et ainsi de suite. Ces polarités étaient les points extrêmes d'échelles en six points sur lesquelles les sujets indiquaient par une lettre de l'alphabet la position jugée comme la plus exactement descriptive de chaque membre du groupe. Dans la première condition expérimentale (I), on ne donnait aux sujets que deux échelles de polarité pour indiquer leurs jugements. Dans la seconde condition expérimentale (II), ils utilisaient cinq échelles, et dans la troisième condition (III), ils en utilisaient huit. Ils remplissaient ces échelles à intervalles réguliers (toutes les dix minutes) au cours de la discussion sur le jeune délinquant, Johnny Rocco.

Comme je l'ai indiqué, cette activité de jugement sur deux, cinq et huit échelles visait à fournir aux sujets un code spécifique d'appréhension d'autrui, qui variait d'une condition expérimentale à l'autre par le nombre de dimensions proposées. Il s'agissait donc d'induire une certaine préparation à la catégorisation, de telle sorte que l'image de la minorité (qui était élaborée au cours de la discussion) se dégage d'un nombre variable de dimensions. Le contenu des échelles de jugement avait été sélectionné de façon à n'avoir aucun rapport direct avec le contenu de la discussion proprement dit. En changeant l'étroitesse du code d'appréhension d'une condition expérimentale à l'autre, l'expérimentateur espérait induire un degré de différenciation plus ou moins important dans l'image réelle du comportement d'autrui, et modifier ainsi la saillance relative de certaines dimensions, et donc l'aptitude à influencer de l'individu déviant. L'hypothèse était qu'il exercerait une plus grande influence quand il serait perçu à travers un plus grand nombre de dimensions.

Ricateau a confirmé que les sujets de la condition I se sont significativement moins déplacés vers la norme minoritaire que les sujets de la condition II ($X^2 = 4,99$, $0,02 < p < 0,05$) et de la condition III ($X^2 = 3,92$, $p < 0,05$).

De même, les sujets de la condition II se sont moins déplacés vers la norme minoritaire que les sujets de la condition III ($X^2 = 2,72$, $p < 0,10$).

Les indices de déplacement, une fois rangés par ordre, ont montré que le degré d'influence exercé par la minorité était inversement proportionnel au nombre de catégories utilisées dans l'induction des « modes d'appréhension d'autrui » (voir le tableau 3). Partant de là, nous pouvons conclure qu'il y aura moins de chances qu'une majorité accepte les conceptions d'une minorité si leur interaction est perçue de « façon dogmatique », situation dans laquelle le comportement consistant de la minorité sera ressenti comme plus rigide. Au contraire, le même comportement exercera une influence indéniable sur une majorité moins dogmatique.

Une étude de Nemeth et autres (1974) a démontré qu'un comportement moins « dogmatique », plus « souple », peut être plus efficace par « l'adoption d'un modèle » dans ses réponses que par la répétition de ses réponses. Les stimuli utilisés dans l'expérience étaient des diapositives bleues. Les groupes de six sujets se composaient de deux compères et

TABLEAU 3   Degré d'influence et ampleur des décisions catégorielles

Ordre établi en fonction du degré croissant d'uniformité	III < II < I
Ordre établi en fonction du degré croissant de soumission à l'influence exercée	I < II < III

de quatre sujets naïfs. Dans une partie de l'expérience, les compères prétendaient qu'ils voyaient les diapositives « vertes » dans 50 % des essais et « vertes et bleues » dans les autres essais. Dans une première condition, ils donnaient ces réponses — « vertes » et « vertes et bleues » — au hasard ; dans une seconde condition, les compères donnaient les réponses « vertes » pour les douze diapositives dont l'éclat était le plus faible, et les réponses « vertes et bleues » pour les douze dont l'éclat était le plus vif (condition de corrélation I). Dans une troisième condition, c'était l'inverse ; les compères disaient qu'ils voyaient les diapositives « vertes et bleues » lorsque leur éclat était le plus faible, et qu'ils les voyaient « vertes » quand leur éclat était le plus vif (condition de corrélation II). Ainsi, dans ces deux dernières conditions, les compères ont adopté un modèle de réponses selon l'éclat des stimuli. On mit également en place une condition témoin dans laquelle il n'y avait pas de compère.

La première variable dépendante faisant apparaître l'influence était le nombre moyen d'essais dans lesquels la réponse était « verte ».

La seconde variable dépendante était la proportion de réponses totales « vertes ». Le tableau 4 montre la moyenne pour ces deux variables dans toutes les conditions. Si l'on compare la condition « aléatoire » et les conditions « de corrélation » (dans lesquelles 50 % des réponses des compères étaient « vertes » et 50 % étaient « vertes et bleues », il est clair que la minorité exerce une influence quand l'ensemble de ses réponses suit un modèle, mais qu'elle n'exerce aucune influence quand ses réponses sont faites au hasard. Les différences sont toutes statistiquement significatives ($t = 1,94$, $p < 0,05$). De

TABLEAU 4   Nombre moyen d'essais dans lesquels les sujets ont répondu « vert »

Réponses répétitives « vertes »	0,69
Réponses répétitives « vertes et bleues »	4,00
Réponses suivant un modèle ou en corrélation (I et II)	5,84
Réponses aléatoires	0,06
Condition témoin	0,00

plus, si l'on compare les conditions dans lesquelles les compères se comportaient de façon consistante, par la répétition, il apparaît que les conditions dans lesquelles un modèle de réponse a été adopté étaient équivalentes aux conditions de répétition « vert et bleu », mais significativement plus efficaces que la condition de répétition « vert » ($t = 1,883$, $p < 0,05$). Il est évident, d'après les données, que les conditions d'adoption d'un modèle (en corrélation) faisaient apparaître une influence minoritaire significative, par comparaison avec la condition témoin (dans laquelle il n'y avait pas de compère). La condition de répétition « vert et bleu » était partiellement efficace, par comparaison avec la condition témoin ($t = 1,3$, $p < 0,10$). La condition de répétition « vert », au contraire, n'avait aucune efficacité. Les auteurs concluent :

> Il est clair que la réponse dans laquelle une minorité adoptait un modèle était au moins aussi efficace pour modifier l'opinion de la majorité que la simple répétition d'une position (p. 15).

Que nous apprend cette expérience ? Tout d'abord qu'un style de comportement, en l'occurrence la consistance, se définit par un certain degré de rigidité, et que, lorsque cette rigidité est visible, elle exerce une influence. En théorie, un style de comportement moins rigide devrait avoir un effet plus grand qu'un style plus rigide. Mais nous apprenons ensuite que la rigidité de la minorité est fonction de la signification sociale que lui attribue la majorité ; c'est l'une des déductions qui résulte du comportement de la minorité déviante. Si souplesse signifie compromis et soumission à la pression du groupe, alors les chances de modifier les opinions du groupe sont certainement réduites. C'est ce qu'ont récemment démontré Kiesler et Pallak (1975). Dans leur expérience, qui est en fait plus complexe et plus subtile que ce que je vais présenter ici, les auteurs invitent les sujets à participer à une étude de prise de décision de groupe, en les informant qu'une décision de groupe serait prise à propos d'un cas de relations humaines. Les sujets lisent le rapport et communiquent en privé leurs recommandations personnelles. Il s'agissait du cas d'un délinquant de quinze ans, Johnny Politano. On avait rédigé l'histoire du garçon de telle sorte que le lecteur éprouve relativement peu de sympathie à son égard. On le présentait comme perturbateur et agressif, comme un personnage égoïste qui s'en prenait aux autres malgré la sympathie et l'indulgence avec lesquelles ils le traitaient. Une fois que chaque sujet avait donné sa recommandation personnelle, on lui montrait une distribution des opinions avec une majorité de six et une minorité de deux. En voyant la distribution, chaque sujet pouvait se percevoir comme appartenant à la majorité. On a prétexté une erreur technique, qui entraînait un manque d'information complète, pour demander aux sujets de voter à nouveau, et chaque sujet a vu changer une partie de la distribution des opinions. Il y avait six conditions expérimentales :

a) Les sujets de la situation témoin ont vu la même distribution qu'avant l'« erreur technique ».

b) Les sujets de la condition « compromis minoritaire » ont vu que les deux membres minoritaires modifiaient de deux points leurs recommandations en direction de la position majoritaire.

c) Les sujets de la « condition réactionnaire » ont observé qu'un membre de la majorité devenait plus négatif, se polarisant contre la position minoritaire.

d) Les sujets de la « condition mixte » ont noté un mouvement de polarisation contre la minorité, en même temps qu'un mouvement de compromis venant de la minorité déviante.

e) Les sujets de la condition « compromis majoritaire » ont vu que l'un des membres de la majorité, qui soutenait auparavant la position majoritaire modale, avait modifié de deux points sa recommandation en direction de la minorité déviante.

f) Les sujets de la « condition déserteur majoritaire » ont observé, en examinant la nouvelle distribution des opinions, que l'un des membres de la majorité avait déserté en adoptant totalement la position minoritaire.

Ainsi, dans deux conditions, la minorité semble se diriger vers la majorité ; dans deux autres conditions, nous observons un mouvement de la majorité vers la minorité ; et dans les deux dernières conditions, il y a des signes de polarisation contre la minorité. En outre, afin de déterminer un changement encore plus grand, chaque sujet « recevait » une note de l'un des membres de la minorité, qui plaidait en faveur d'une attitude plus ouverte et plus positive à

l'égard du jeune délinquant, et qui témoignait du sentiment qu'il s'améliorerait certainement durant sa période de mise en liberté surveillée. Après avoir lu la note, les sujets remplissaient trois sortes d'échelles d'attitude : a) l'une relative à ce qu'ils pensaient que le groupe devait faire ; ce jugement devait, supposaient-ils, être communiqué aux autres membres du groupe et utilisé comme point de départ pour la discussion de groupe ; b) une autre relative à ce qu'ils pensaient qu'il fallait certainement éviter ; c) la dernière relative à ce que serait, à leur avis, la recommandation finale du groupe. On procéda également à d'autres mesures, mais elles ne nous intéressent pas directement ici.

Les résultats montrent que les membres de la majorité ont modifié leurs opinions lorsque la minorité a été capable d'entraîner un membre de la majorité à accepter un compromis (« compromis majoritaire ») ou à déserter (« déserteur majoritaire »). Dans les deux cas, l'impact de la minorité déviante est significativement différent par comparaison avec la condition témoin ($t = 2,24$ et $5,63$ respectivement, $p < 0,001$). De plus, la désertion d'un des membres de la majorité a plus ébranlé l'opinion de la majorité que la condition de compromis ($t = 3,39$, $p < 0,0002$). Comme nous nous y attendions, le compromis minoritaire n'a produit aucun changement dans l'attitude de la majorité. De même, la « réaction » de la majorité (« condition réactionnaire ») n'a pas eu de grand impact. Autrement dit, une minorité consistante (inflexible) peut influencer un groupe, tandis qu'une minorité inconsistante (accommodante) n'a pas ce pouvoir. En fait, les trois mesures d'attitudes nous montrent l'impact différentiel. L'influence la plus forte, c'est-à-dire le mouvement le plus important en direction de la position minoritaire, a été observée dans la prévision des sujets concernant la décision finale du groupe ; et l'influence la plus faible, dans les opinions personnelles des sujets. Le changement propre du sujet en direction de l'opinion exprimée par la minorité déviante se situait entre les deux.

Tandis que cette expérience démontre l'impact du style de comportement de la minorité, elle fait aussi ressortir que, bien qu'il soit une condition nécessaire, il n'est pas toujours une condition suffisante. Dans la condition témoin, la minorité était consistante, mais elle n'a pas provoqué un plus grand changement que la minorité inconsistante, accommodante. Ce n'est que lorsque la minorité a été capable de faire naître un mouvement d'opinion de la part d'un membre de la majorité que l'effet différentiel lié au style de comportement est réellement devenu apparent dans sa totalité. Ce n'est pas du tout surprenant. Les conversions ont toujours été utilisées par les minorités scientifiques, religieuses ou politiques, pour faire ressortir la justesse de leur point de vue, à titre d'exemple que les autres devraient suivre, et comme un moyen de légitimer leur position. L'innovation exige toujours ce qu'on a appelé un « effet de démonstration », le début de l'empiètement de la minorité et la dislocation de la majorité par le mouvement de l'un de ses membres vers une nouvelle position. Fait plus surprenant, la modération et le compromis de la minorité ne sont presque jamais récompensés, et son attitude « raisonnable » ne la rend pas plus influente. Mais pourquoi la majorité change-t-elle quand le mouvement de la minorité prouve la justesse de ses propres positions ? Ceci est surprenant pour une certaine conception du sens commun et pour toute théorie qui veut en inclure les principes. Cela l'est moins pour une certaine pratique sociale et politique et dans la perspective que j'essaie de présenter ici.

Mais, pour le moment, la leçon essentielle de cette expérience est que, tandis qu'il y a une limite à la rigidité, il y a aussi une limite à la souplesse, à savoir qu'elle peut apparaître comme une concession ou une soumission à la majorité. Il est certain cependant que cette affirmation est ambiguë. En fait, nous devrions dire que, si un individu ou un groupe souhaite établir une distance entre lui-même et un autre individu ou un autre groupe, ou souhaite lui faire prendre une position extrême opposée à la sienne, il doit alors adopter un style rigide de comportement. Corrélativement, si un individu ou un groupe souhaite déterminer une convergence avec un autre individu ou un autre groupe, alors l'affirmation théorique est valable : un style de comportement moins rigide exercera plus d'influence à condition qu'une certaine distance demeure entre les deux parties du groupe — majorité et minorité — et que la souplesse ne semble pas être la conséquence d'une soumission à une pression extérieure. C'est évidemment difficile à réaliser, bien que souhaitable à maints égards.

Il est certain qu'un style rigide de comportement peut avoir plusieurs effets négatifs sur l'influence directe.

1) Premièrement, il peut provoquer une attitude de rejet, car il est ressenti, le cas échéant, comme une sorte de violence ou de contrainte inacceptable, notamment si l'autre personne ne dispose que d'un nombre limité de réactions possibles. Une expérience de Paicheler et Bouchet (1973) illustre fort bien cela.

L'expérience a eu lieu pendant l'année universitaire qui a suivi la révolte des étudiants de Mai 1968 en France. Les sujets étaient tous des étudiants invités à discuter de questions qui couvraient divers aspects des problèmes soulevés par le mouvement étudiant. Comme dans toutes les expériences de ce genre, ils ont d'abord exprimé leurs opinions individuellement. Ensuite, réunis par groupes de quatre, ils devaient discuter de chaque question et parvenir à un consensus. Enfin, ils exprimaient à nouveau individuellement leurs opinions sur les mêmes questions. Il y a eu trois sortes de mesures : préconsensus, consensus, postconsensus. Certains groupes comptaient parmi leurs membres un ou deux extrémistes, et d'autres n'en avaient pas (voir le tableau 5).

Si l'on compare ces deux types de groupes, les résultats montrent que le consensus des groupes modérés est plus extrême que les jugements individuels

TABLEAU 5
Comparaison des moyennes obtenues dans les groupes les plus extrêmes et dans les groupes les moins extrêmes

Groupes	Phases		
	Préconsensus	Consensus	Postconsensus
Les plus extrêmes	1,37	2,22	1,73
Les moins extrêmes	0,75	1,17	1,07

de leurs membres, et que, une fois le consensus atteint, les individus adoptent la norme du groupe sans aucune tendance à revenir à leur jugement individuel antérieur. Corrélativement, dans les groupes comprenant un ou plusieurs extrémistes, alors qu'un fort extrémisme se manifeste dans le consensus, il y a une nette régression vers les jugements individuels antérieurs dans la phase postconsensus.

Il semble évident que, dans ce second cas, la force de la norme du consensus a rendu impossible l'apparition d'une opposition ferme au cours de la discussion de groupe. La minorité a réussi à forcer les autres membres du groupe à donner à contrecœur leur consentement à la norme. L'une des conséquences a été, comme le montrent les données, que les extrémistes étaient encore plus extrêmes après l'interaction de groupe. Parallèlement, les modérés sont devenus plus conservateurs (23 %) qu'ils ne l'étaient avant la discussion. On peut donc supposer que certains sujets ont réagi à la pression assez injustifiée qu'ils ont sentie s'exercer sur eux.

2) Le second effet négatif qu'un style rigide de comportement peut avoir sur son influence est donc un effet *déplacé* qui intervient là où on l'attend le moins. Ceci vient de ce que, même lorsqu'une personne souhaite tomber d'accord avec un autre individu ou un autre sous-groupe sur un sujet, la rigidité du comportement de cet individu ou de ce sous-groupe peut avoir un effet de répulsion suffisant pour empêcher cette personne de réaliser son souhait. Une expérience de Mugny (1974a) montre que tel est bien le cas. Au cours d'une étude préliminaire, Mugny s'est rendu compte que les élèves d'un lycée, non seulement tenaient l'industrie pour largement responsable de la pollution de l'environnement, mais qu'aussi ils étaient indécis quant à la façon d'attribuer cette responsabilité. À partir de cette étude, Mugny a construit un questionnaire pour mesurer l'attitude des sujets concernant leur attribution de la responsabilité de la pollution. Le questionnaire de type Likert se composait de vingt phrases, dont huit accusaient ou défendaient l'industrie ; huit autres accusaient ou défendaient les individus et l'idée que « chaque détritus compte », et quatre phrases accusaient ou défendaient à la fois les individus et l'industrie. On a réalisé l'expérience dans les salles de classe des élèves. Les sujets ont

d'abord répondu au questionnaire en indiquant leur position sur chaque question. On leur a ensuite demandé de lire un tract qui traitait de plusieurs remèdes possibles au problème de la pollution. Il y avait deux sortes de tracts : le premier (F) prenait position par rapport à la pollution et proposait des solutions « raisonnables » (restrictions à la production industrielle, amendes, etc.), tandis que le second (R) présentait les auteurs comme intransigeants et préconisait des mesures très sévères (fermeture des usines qui polluent l'environnement, interdiction des pique-niques dans les sites naturels, etc.). On a demandé aux sujets de répondre au questionnaire une seconde fois après avoir lu l'un des tracts. Dans l'analyse des résultats, Mugny a fait la distinction entre les changements intervenus dans les questions qui étaient liées à la source d'influence, c'est-à-dire dont le contenu était traité dans les tracts (D) et les changements intervenus dans les questions dont le contenu n'était pas traité dans les tracts (ND). Une analyse de variance montre qu'il y a plus de changements pour les questions indirectes (ND) que pour les questions directes (D). Mais, en fait, comme le montre le tableau 6, lorsqu'on a donné aux sujets un texte cohérent sans être rigide, l'influence est également répartie parmi les deux types de questions, tandis que l'influence est pratiquement nulle pour les questions directes, et au contraire très forte pour les questions indirectes, quand on a donné aux sujets un texte qui présentait ses auteurs comme rigides ($F = 5,761$, $p < 0,025$).

Ceci montre que, même lorsqu'un style de comportement rigide produit un changement, son influence demeure indirecte. Mais cette rigidité est-elle toujours ressentie comme un blocage ? Nous

TABLEAU 6   **Changement dans les questions directes et indirectes et dans le style de comportement**

Style de comportement	Questions	
	Directes	**Indirectes**
Consistant mais non rigide	+ 3,52	+ 3,40
Consistant et rigide	− 0,84	+ 6,04

pourrions supposer que c'est le cas uniquement quand il y a un désaccord perçu ou réel entre l'émetteur et le récepteur d'influence. Dès lors, l'impression qu'il y a un accord sur les attitudes fondamentales tendrait à diminuer le sentiment de blocage et le rejet des tentatives d'influence. Dans une autre expérience, Mugny (1974b) a utilisé le même questionnaire et les mêmes tracts que dans l'expérience précédente, uniquement en modifiant la procédure de l'expérience. On a d'abord demandé aux sujets de compléter le questionnaire. Puis l'expérimentateur a dit qu'il reviendrait dans une semaine, et qu'entre-temps il montrerait les réponses des sujets à des gens compétents qui appartenaient à un groupe (fictif) de spécialistes de l'environnement à qui l'on demanderait de répondre à chaque sujet individuellement. On avait présenté l'expérimentateur lui-même comme faisant partie d'un groupe d'études sur les enquêtes d'opinions et donc complètement indépendant de l'organisation intéressée par les problèmes de pollution. Dans la seconde phase de l'expérience, on a donné aux sujets deux feuilles de papier. La première feuille apprenait au sujet si ses réponses étaient en accord ou en désaccord avec les opinions de l'équipe fictive de recherche de spécialistes de l'environnement. La seconde feuille contenait un texte sur la pollution, soit le tract (F), soit le tract (R) de l'expérience décrite ci-dessus. Aussitôt après qu'ils avaient lu ces documents, on demandait aux sujets de répondre de nouveau au questionnaire. Dans l'analyse des résultats, Mugny, comme dans l'expérience précédente, a établi la distinction entre les questions directes (D) et les questions indirectes (ND). Voici les changements observés: dans l'ensemble, les sujets qui ont reçu les messages du tract « rigide » ont été moins influencés ($F = 6,745$, $p < 0,025$) que les sujets qui ont reçu les messages de l'autre tract. L'accord ou

le désaccord d'opinion perçu a eu ici un effet très net. Si les sujets croyaient qu'il y avait accord entre eux et la source d'influence, le premier type de message (R) entraînait un changement uniquement pour les questions indirectes (ND) sans produire un quelconque changement pour les questions directes (D), tandis que le second type de message (F) avait la même influence pour les questions directes (D) et pour les questions indirectes (ND). Autrement dit, quand le sujet sent une contrainte, la résistance à la source d'influence s'accompagne d'un très fort déplacement du centre de gravité des concessions qu'il est décidé à faire. Par ailleurs, quand le sujet est en désaccord avec la source, le message flexible (F) modifie particulièrement, et même plus fortement, les opinions indirectes (ND) qui ne sont pas liées au contenu du message, tandis que le message rigide (R) influe aussi sur ces opinions (ND) mais à un degré bien moindre. La présence ou l'absence d'accord a donc des conséquences plus marquées quand la source apparaît rigide que quand elle apparaît flexible (voir le tableau 7).

Les raisons de ces phénomènes ne sont pas encore claires, et on ne devrait pas se lancer dans des réflexions avant d'en savoir davantage sur les mécanismes qui sous-tendent l'interaction dans ces conditions. Il suffit de souligner le fait que l'impact et le type d'impact des styles de comportement dépendent pour une large part du contexte social dans lequel ils interviennent.

Il faut bien admettre que cette conclusion ne nous mène pas très loin. Cependant, si nous tenons sérieusement compte de cette dépendance par rapport au contexte social, nous comprenons mieux les opérations subtiles de la « grammaire des comportements » et le rôle qu'elles jouent dans les

TABLEAU 7
Changement d'attitude selon la perception de la relation avec la source d'influence

| Relation perçue entre l'émetteur et le récepteur | Style de comportement | | | |
| | Flexible (F) | | Rigide (R) | |
	Questions directes	Questions indirectes	Questions directes	Questions indirectes
Accord	4,07	4,57	0,89	9,14
Désaccord	3,85	10,39	1,60	4,142

processus d'influence. En traçant un réseau de règles et de significations, cette grammaire transforme chaque information, chaque attitude et chaque signe en une *action* dirigée vers (ou contre) quelqu'un ou quelque chose. Compte tenu de ce fait, nous pouvons affirmer que la consistance n'est pas la caractéristique ou la solution miracle de l'interaction ; sa fonction première est d'attirer l'attention sur l'existence d'un point de vue cohérent, sur quelque chose de puissant, et évidemment sur une norme. En un mot, elle indique avec force la qualité nomique d'un individu ou d'un groupe. En outre, nous savons que la consistance peut se manifester de mille manières différentes, les unes productives pour l'individu ou le groupe, et les autres, au contraire, qui lui sont défavorables. Cette observation n'est pas très surprenante, mais il valait la peine de l'appuyer sur l'expérience. Il était temps d'apporter quelque restriction à la notion quelque peu outrée selon laquelle le style de comportement est toujours efficace, quelles que soient les circonstances.

L'ÉQUITÉ

Quelle est la conséquence d'un comportement rigide, monolithique, répétitif, quand deux personnes, deux groupes, une majorité et une minorité, se trouvent face à face ? Comme nous l'avons déjà vu, on aboutit à l'échec de la communication, au refus de prendre en considération les intérêts, les opinions et le point de vue de l'autre personne ou de l'autre groupe. C'est là un problème sérieux parce que, comme nous l'avons déjà laissé entendre, chaque acteur social, même s'il s'attend à changer dans une certaine mesure, espère aussi être capable de déterminer un changement chez les autres. Les gens peuvent être tout à fait disposés à reconnaître qu'ils ont parfois tort, mais non pas qu'ils ont toujours tort. On peut souhaiter que les autres aient raison, mais il est pénible de devoir croire que la raison est toujours de leur côté. C'est ainsi que, sous un certain angle, le comportement autonome, consistant, d'une minorité semblera à la majorité ferme et résolu, mais, sous un autre angle, ce même comportement peut paraître obstiné et sans rapport avec la réalité.

Mais quel type de comportement échappe à ce soupçon de rigidité ? Il en est un et je l'ai défini comme un état d'« équité » pour deux raisons. La première est que ce style présente une certaine solidité, un certain caractère saillant, qui permet de voir aisément la position de l'acteur individuel ou collectif dans le champ de l'action sociale. De ce point de vue, ce style est proche de la consistance et perçu comme tel. La seconde raison, c'est qu'il exprime un souci de tenir compte de la position des autres. Il donne l'impression, dans l'interaction avec les autres, d'un désir de réciprocité et d'interdépendance, d'une volonté d'engager un dialogue authentique. L'individu ou le groupe se présente avec un esprit ouvert ; il peut, dans une certaine mesure, subir une influence et il peut aussi influencer les autres. L'absence d'accord avec eux n'engendre, chez cet individu ou ce groupe, ni animosité ni sens de l'échec, et n'exclut pas d'autres contacts. Il ne tente pas de contraindre, encore qu'il exprime clairement ses préférences, ses convictions et ses opinions. Il n'est ni indifférent ni nécessairement à la recherche d'un compromis ou disposé à y parvenir ; il est prêt à envisager toutes les possibilités. Autrement dit, tout le monde a une chance d'être compris et le jeu reste ouvert jusqu'à un certain point. Dans ces conditions, les gens sont davantage préparés à se soumettre à une influence, à changer, parce qu'ils sentent qu'ils ne sont pas seuls à le faire.

L'exemple le plus frappant de ce style, dans l'histoire moderne, est celui du pape Jean XXIII. Il succéda à Pie XII qui, dans le langage que nous employons, n'était pas ouvert au dialogue avec les autres groupes de chrétiens, ni avec les représentants d'autres mouvements sociaux et politiques. Beaucoup de gens jugeaient rigide son attitude envers le monde, et considéraient que ses positions étaient déterminées par une stricte adhésion aux dogmes traditionnels. Jean XXIII n'était pas moins fidèle aux enseignements de l'Église catholique, pas moins soucieux de ses intérêts, ou de l'autorité du pape, que son prédécesseur. Mais, en outre — et c'est là que réside son importance historique —, il se déclara prêt à rouvrir la discussion, entre les catholiques, sur des questions qui en étaient exclues depuis des siècles, prêt à écouter, prêt à engager un dialogue avec les autres religions chrétiennes, à faire participer directement les évêques au gouvernement de l'Église, à réexaminer les relations de l'Église avec les pays socialistes, et à tenir compte de l'évolution des mœurs et des mentalités dans le monde occidental et ailleurs. En d´autres termes, sans nécessairement abandonner les pouvoirs et les traditions séculaires, il se montrait disposé à changer si c'était nécessaire, prêt à se laisser convaincre de la nécessité de modifier les institutions et les opinions séculaires, tandis qu'en même temps, il attendait et demandait, de la part des autres, des changements correspondants. Finalement, son but était de faire sortir l'Église de sa position plutôt isolée et d'étendre son influence par des moyens mieux adaptés aux conditions de l'époque.

L'« équité » signifie exactement l'expression *simultanée* d'un point de vue particulier et le souci de réciprocité de la relation dans laquelle s'expriment les opinions. Les preuves expérimentales concernant ce style de comportement sont rares, mais elles existent. Mugny, Humbert et Zubel (1973) et Mugny (1973) ont étudié ce style de manière relativement détaillée dans une série d'expériences sur l'interaction entre une minorité et une majorité. Le problème par lequel ils ont commencé nous est déjà quelque peu familier. En adoptant constamment une attitude de rejet à l'égard des normes de la majorité, une minorité se place dans une situation de conflit par rapport à la majorité. Dès le départ, la majorité n'a donc pas tendance à se diriger vers les normes de la minorité, même si celles-ci vont dans le sens de ses propres intérêts. Rejeter toute approche, toute possibilité de changement, indique l'intention de maintenir le conflit à son paroxysme, de bloquer toute tentative de communication ou de négociation avec le reste de la communauté. Ceci tend à diminuer les chances de réussite de la minorité puisqu'elle sera perçue comme dogmatique et hostile.

Les auteurs ont supposé qu'une forme de comportement aussi extrême, accompagnée de points de vue rigides et d'exigences excessives, est un style de comportement moins efficace que le style équitable, qui donne à la majorité une certaine latitude pour influencer la minorité. Le style équitable, tout en maintenant la consistance du comportement, permet des concessions dans un esprit de tolérance qui, à son tour, si la majorité y répond, rendra le comportement consistant des déviants plus acceptable. Tout en étant souple, afin d'influencer, une minorité doit néanmoins rester nomique, éviter la désunion qui pourrait conduire à l'anomie. Tout au moins, ceci est vrai si la conception génétique est correcte.

Les faits que nous devons examiner nous ont été fournis par la procédure expérimentale suivante. Il y avait trois phases :

Phase prétest   Tout d'abord se faisait la présentation des sujets, réunis par groupes de trois (deux sujets naïfs et un compère). Ils fournissaient ensuite individuellement les données prétest suivantes :

–   Puisque le sujet de la discussion devait être le service militaire en Suisse, on demandait aux sujets d'exprimer une opinion sur cette question en choisissant une position sur une échelle en huit points.

–   Afin de mesurer les opinions sous-jacentes, on demandait aux sujets de remplir un questionnaire dans lequel ils devaient mettre oui ou non en regard de quarante adjectifs selon qu'ils les jugeaient décrire correctement ou non l'armée suisse.

Sur la page où se trouvait l'échelle en huit points (et ceci est important), on informait les sujets qu'ils auraient plus tard à exprimer leur opinion oralement. La seconde page du questionnaire ne comportait pas cette mention. On disposait donc de deux mesures : une mesure des attitudes manifestes et une mesure des opinions latentes.

Phase d'interaction   Pour commencer, les sujets exprimaient leur opinion. Afin d'accentuer le caractère « public » de cette expression de leur opinion, on avait placé, bien en évidence dans la pièce, un tableau d'affichage sur lequel on inscrivait la réponse de chaque sujet à chacune des questions du questionnaire par A, B et C (C représentait toujours le compère). On abordait alors la discussion. Les sujets recevaient un fascicule qui contenait six questions du type : « Face au rapport des forces militaires et politiques actuellement (au plan international), pensez-vous qu'il faille modifier le budget de la Défense nationale suisse ? Votre opinion est qu'il faudrait : *supprimer* le budget de l'armée, *diminuer de beaucoup* le budget de l'armée, *doubler* le budget de l'armée... » Pour chacune des questions, les sujets choisissaient l'une des huit réponses possibles qu'ils exprimaient oralement. Ensuite, commençait la discussion au cours de laquelle ils devaient défendre leurs positions. Les compères défendaient leurs positions selon des arguments préparés à l'avance et basés sur les décisions des tribunaux militaires jugeant les cas des objecteurs de conscience. Les questions qui auraient pu être embarrassantes pour les sujets avaient été prévues à partir des arguments présentés par les objecteurs de conscience devant ces mêmes tribunaux.

Les compères défendaient leurs positions de deux manières. Dans la première condition expérimentale (R), ils étaient rigides et conservaient la même position extrême tout au long de l'expérience. Dans la seconde condition (E), ils adoptaient des positions extrêmes pour les trois premières questions, mais prenaient des positions moins extrêmes pour les trois dernières questions. La position déviante consistait à être favorable à l'Armée suisse, puisque l'ensemble des étudiants suisses y est généralement opposé.

Phase post-test Après discussion, les sujets devaient de nouveau remplir le questionnaire. Ensuite, on interviewait les sujets naïfs individuellement sur leur perception des autres sujets, leur certitude d'opinion, etc.

Voici quels furent les résultats de cette expérience. Au niveau de l'attitude manifeste, il n'y avait pas de différence entre les deux conditions expérimentales. Que le compère soit « rigide » ou « équitable » n'entraînait aucune différence. Cependant, nous obtenons une autre image quand nous considérons les opinions latentes. Comme on s'y attendait, le compère « équitable » modifie plus d'opinions en sa faveur et engendre moins de réactions négatives que le compère « rigide » (voir le tableau 8).

Le résultat le plus intéressant concerne la *relation* entre les deux types de réponses selon la condition expérimentale ; il pose clairement le problème de leur signification psychologique. On a trouvé les relations suivantes : dans la condition (R), il y avait une forte corrélation négative entre le changement au niveau des attitudes manifestes et le changement au niveau des attitudes latentes. Les sujets dont les attitudes latentes divergeaient le plus de la minorité avaient des attitudes manifestes qui étaient très proches de celles de la minorité. Dans la condition (E), la corrélation était positive. Dans ce cas, les changements manifestes allaient dans le même sens que les changements d'opinion latents et étaient d'importance égale.

Au départ, une minorité qui refuse de reconnaître la position de la majorité exerce une sorte de pression à la suivre sur les individus, ne serait-ce que parce qu'il ne semble pas y avoir de solution de rechange ; mais plus un individu se laisse entraîner, plus il devient hostile, et plus sa conscience s'y oppose. Au contraire, une minorité « équitable » peut inciter les individus à la suivre sans provoquer cette réaction à retardement d'hostilité et de répugnance. Il semble donc que l'équité présente quelque avantage.

Cependant, les choses ne sont pas aussi simples que nous le souhaiterions. Se demandant dans quelle mesure n'importe quel style de comportement pouvait provoquer un effet identique, Mugny (1973) simplifia sa procédure expérimentale. Dans une première phase, les sujets remplissaient une série de questionnaires portant sur leur attitude à l'égard de l'Armée suisse et leur attitude envers les autres sujets. Dans une seconde phase, les sujets écoutaient un discours sur l'Armée suisse, qui représentait la position d'un groupe extrémiste d'antimilitaristes de gauche. Dans cette population, les sujets étaient plutôt favorables à l'Armée. Le discours, lu par un compère, contenait une attaque à trois niveaux :

a) L'argument économique : l'Armée est le soutien économique de la classe au pouvoir.

TABLEAU 8 Changement dans l'opinion sous-jacente après interaction avec une minorité « rigide » ou avec une minorité « équitable »[1]	Changement favorable à la minorité (%)	Aucun changement (%)	Changement défavorable à la minorité (%)
Condition R	11	28	61
Condition E	39	28	33

1. Le test de Mann-Whitney a donné un résultat significatif à 0,04.

b) L'argument idéologique : l'Armée est une « matraque » idéologique qui organise et renforce la hiérarchie de l'emploi dans la division capitaliste du travail.

c) L'argument politique : le discours se terminait par une dénonciation de l'Armée en tant qu'instrument de répression des luttes progressistes, contrôlé par la bourgeoisie. Des exemples historiques en fournissaient l'illustration.

Entre les points a) et b), et les points b) et c), s'intercalait une courte discussion sur le problème des objecteurs de conscience qui sont généralement reconnus comme ayant adopté une position idéologique contre l'Armée. Cette discussion faisait ressortir une attitude d'extrême gauche qui accepte l'objection de conscience à titre de solution individuelle, personnelle, mais non comme une méthode pouvant entraîner un changement fondamental de la nature des institutions militaires. Dans cette courte discussion, on introduisait une variation qui était la différence majeure entre les conditions expérimentales (R) et (E) :

1) Entre les points a) et b), la discussion était la même dans les deux conditions : « Nous pensons que la seule façon efficace d'affaiblir l'Armée est de mener des activités révolutionnaires à l'intérieur de l'Armée et contre elle. Nous pensons que l'objection de conscience est trop individualiste pour réussir en tant que moyen de saper l'Armée. »

2) Entre les points b) et c), les individus de la condition (R) entendaient la même idée, mais exprimée avec légèrement plus de force : « Dans la lutte contre l'enrégimentement idéologique, nous croyons que des méthodes telles que l'objection de conscience manquent de sincérité, sont individualistes, petites-bourgeoises et presque réactionnaires. Nous devons lutter dans et contre l'Armée. » Dans la condition (E), le compère prenait une position légèrement plus conciliatrice entre b) et c). « J'aimerais revenir à la question de l'objection de conscience, que je n'ai pas bien traitée auparavant. Notre position est que l'objection de conscience collective, si elle est bien organisée, est une méthode de lutte utile et valable contre l'Armée. Cependant, nous

croyons aussi qu'il est important de mener la lutte à l'intérieur de l'Armée elle-même. »

Dans ces deux conditions, la position idéologique fondamentale reste la même. Ce qui les distingue, c'est que, dans la condition (R), la minorité ne tient pas compte des opinions possibles de l'auditoire et maintient un point de vue inflexible ; dans la condition (E), la minorité fait l'effort de reconnaître les vues possibles de l'auditoire et semble sous-entendre : « Je connais vos opinions sur la question et je suis prêt à les reconnaître et à les prendre en considération. » Les deux minorités se comportent évidemment avec une égale consistance.

Dans cette expérience, le style de comportement qualifié d'« équitable » s'avérait plus efficace pour provoquer un changement que le style de comportement rigide ($t = 1,821$, $p < 0,05$). Cependant, chacun d'eux a eu un certain impact propre. Si 70 % des sujets de la condition (E) ont modifié leurs opinions en direction du compère, il en a été de même de 57 % des sujets de la condition (R).

Mugny a obtenu des résultats identiques dans deux autres expériences qui n'ont pas été publiées, en utilisant, comme méthode de communication, des tracts d'extrême gauche que les sujets lisaient individuellement. Mais il a aussi observé qu'une minorité rigide, dogmatique, a plus de chances d'agir sur les sujets dont les positions sont plus éloignées. D'autre part, une minorité qui se présente de façon « équitable » a plus de chances d'exercer une vaste et égale influence sur tous les sujets. La différence initiale de positions entre l'émetteur et le récepteur complique donc considérablement le tableau.

C'est là un vieux problème des études sur l'influence sociale. Nous savons, par exemple, que l'influence est directement proportionnelle aux différences de positions jusqu'à un certain point optimal de divergence, après quoi elle diminue. On a aussi montré, de plusieurs manières différentes, qu'un déviant extrémiste exerce ou bien une très forte ou bien une très faible influence, tandis qu'un déviant « modéré » a un effet plus uniforme sur l'ensemble de la population. C'est probablement pourquoi tant de partis révolutionnaires et d'Églises mettent de l'eau dans leur vin pour devenir plus respectables et augmenter le nombre de leurs adeptes en attendant la fin de l'histoire ou le jour du Jugement dernier.

On a aussi observé cette relation entre le type du message et le type du récepteur dans des études sur l'impact des communications. Durant la Seconde Guerre mondiale, on a présenté aux hommes d'un camp d'entraînement militaire des arguments exposant un double point de vue concernant la durée supposée de la guerre avec le Japon. Les résultats indiquaient que, pour les hommes qui étaient déjà convaincus du point de vue présenté, les arguments à thèse unique modifiaient plus efficacement les attitudes que les arguments à double thèse. Pour ceux qui étaient initialement opposés au point de vue, les arguments à double thèse étaient plus efficaces (Hovland et autres, 1949). Nous avons aujourd'hui des connaissances plus précises sur ces phénomènes, et nous savons qu'ils dépendent de certains aspects du style de comportement sous lesquels ils sont présentés, et non pas simplement du degré de différence et du nombre des alternatives que contient un message.

Toutes ces découvertes sont en accord avec une idée, à savoir que, en se comportant d'une façon dogmatique, une minorité agit sur les opinions de ceux dont les convictions étaient plus ou moins les mêmes que les siennes, mais elle confirme les autres dans leurs positions initiales. Par ailleurs, une minorité « équitable » modifie non seulement les opinions de ceux qui étaient déjà bien disposés à son égard, mais aussi les opinions de ceux qui lui étaient initialement opposés.

Comme le laboratoire oublie parfois les réalités plus vastes, nous essaierons maintenant d'oublier le laboratoire un instant et de nous tourner vers des réalités plus vastes. Au lieu de parler de « condition (R) » et de « condition (E) », nous parlerons de « gauchistes » et de communistes. L'observateur le plus naïf de l'histoire contemporaine, tout au moins en Europe, sait que ces deux courants marxistes ont plus ou moins les mêmes origines intellectuelles et le même langage, mais qu'ils diffèrent dans leurs méthodes et dans leurs rapports avec le reste de la société. Les groupes gauchistes se considèrent comme très radicaux et très révolutionnaires et se montrent méfiants à l'égard de tout ce qui pourrait être interprété comme une soumission ou comme un compromis de leur part. Ils estiment que la « soumission » et le « compromis » constituent de fâcheuses

tendances chez les communistes, qu'ils considèrent comme des réformistes. Les communistes, par ailleurs, établissent une distinction entre ce qu'ils appellent la « tactique » et la « stratégie ». Ils sont disposés à retarder temporairement la réalisation de certains de leurs buts politiques afin de pouvoir parvenir à des alliances, à des accords, etc., qui, croient-ils, finiront par renforcer leur position.

Les découvertes de Mugny tendent à suggérer que les groupes gauchistes auront tout autant, sinon plus, d'influence sur les gens qui sont déjà sympathisants envers les idées marxistes, que n'en auront les communistes. Mais le revers de la médaille est que, même à l'intérieur de cette fraction de la population, ils auront suscité l'hostilité en raison de leur dogmatisme et de leur refus, par mauvaise volonté, de reconnaître la possibilité d'opinions différentes. Au-delà de la fraction de gens déjà sympathisants envers la gauche, les méthodes des communistes sont incontestablement plus efficaces. Lénine fut, au début de ce siècle, à l'origine de ces méthodes qui visaient en fait à contrecarrer les « gauchistes » de l'époque. Il ordonna en particulier de soutenir la classe paysanne et de lui témoigner de la solidarité dans sa lutte contre le tsarisme avant de procéder à une distribution équitable de la terre parmi les paysans. Cette dernière mesure allait évidemment à l'encontre de la doctrine orthodoxe de la collectivisation immédiate. Lénine écrivait : « La bourgeoisie paysanne qui veut la démocratie, le prolétariat des villes qui veut le socialisme, et les pauvres campagnards misérables comprendront mieux cet ordre que les phrases brillantes mais creuses des révolutionnaires-socialistes populistes. »

Ce n'est pas à moi ni à qui que ce soit de décider entre différents groupes ou différentes méthodes politiques. Chacun choisit son propre chemin, et l'aptitude à gagner des partisans n'est pas le seul critère de vérité historique. J'ai essayé de me limiter à l'exploration, à la lumière des découvertes issues d'études expérimentales, des raisons pour lesquelles certains groupes exercent une influence plus immédiate que d'autres. J'aimerais pousser cette exploration un peu plus loin afin de mieux comprendre la signification de ces découvertes expérimentales.

Mugny a souvent indiqué que les deux styles de comportement « rigide » et « équitable » offrent le même degré de consistance et que le sujet s'en aperçoit. C'est uniquement la dynamique des styles qui les différencie, qui leur donne des significations distinctes et qui détermine des relations différentes avec l'audience majoritaire. En extrapolant davantage, on pourrait dire qu'à l'intérieur de son propre groupe, s'il s'agit d'une minorité, le style dogmatique de comportement convient. Le style « équitable » ne devient important qu'en cas de contacts entre majorité et minorité, ou avec un autre groupe. On peut encore dire que le premier style est compatible avec les relations intragroupes et le second style avec les relations intergroupes. Bref, à l'intérieur d'un groupe, la rigidité est efficace : à quelques exceptions près, plus le style est rigide, plus il exercera d'influence. Dans les relations externes, cependant, le style « équitable », également ferme et consistant, doit être utilisé afin d'agir sur l'environnement social.

Autrement dit, on ne peut pas se comporter de la même manière à l'intérieur et à l'extérieur d'un groupe. C'est une chose à laquelle les étudiants et parfois les participants de l'interaction sociale n'ont pas toujours pensé. Mais, afin que le comportement « interne » et le comportement « externe » soient différents, il faut opérer une distinction entre les environnements interne et externe au niveau de l'organisation et des capacités. De ce fait, un groupe ressemble à un organisme vivant. Les rapports entre les groupes sont en grande partie déterminés par la réussite ou l'échec à établir cette distinction, et par le fait que les groupes concernés ont ou n'ont pas un milieu interne.

On peut illustrer cette réflexion par le même exemple historique que précédemment, celui des gauchistes et des communistes. Les groupes gauchistes s'adressent au monde extérieur comme s'il s'agissait de leur propre monde intérieur. Ils se comportent avec les gens de l'extérieur de la même manière qu'avec les gens de l'intérieur. Leur succès auprès d'une certaine partie de la société vient précisément de là. En même temps, leur rigidité fait naître une hostilité latente. Une coercition et une rhétorique trop fermes engendrent des nids d'opposition. Voici comment, par exemple, un lecteur de la publication extrémiste *Science for the People* (juillet 1973, p. 13) réagissait au style de celle-ci :

[…] J'ai testé les réactions de mes collègues (et j'ai réfléchi aux miennes) à l'égard de SftP. Je pense qu'il y a accord unanime pour dire que la revue est intéressante et suscite la réflexion (la discussion aussi, et c'est bien). Cependant, tous ceux à qui j'ai passé les magazines ont fait des commentaires sur leur rhétorique extrémiste périmée. Je crois bien être du même avis. J'ai fait mes premières armes à SDS (Students for Democratic Society) quand j'étais étudiant (1965-1969), et j'ai progressivement rompu avec le groupe (quelque élevés qu'aient été ses motifs et ses récriminations) parce que j'étais fatigué d'entendre la façon stupide et exagérée dont il transmettait son message. Je crains de réagir de la même manière à SftP. Je souhaite que vous ayez un rédacteur strict, qui relirait tous les textes à publier et qui se débarrasserait de tous ces mots chargés d'émotion et que la gauche extrémiste a (malheureusement) pollués à jamais aux yeux d'une grande partie des gens que SftP essaie précisément d'atteindre. Par exemple, peu importe que le mot « génocide » soit le terme exact que vous voulez employer, approuvé par le dictionnaire et les écrits des Nations Unies. Le mot est pollué. Quand je vois le terme « génocide » dans un titre, j'ai la nausée, non en raison de l'acte présumé du génocide mais parce que, neuf fois sur dix, quand le mot est utilisé, il est mal employé par des extrémistes rigides. Le mot suscite de fortes réactions, chez moi tout au moins, à l'égard de celui qui l'emploie, non à l'égard de l'auteur de l'acte. Peut-être ne suis-je pas seul à réagir ainsi… Le contenu de votre magazine est tellement formidable ; sa coloration émotionnelle le gâche.

Peu importe ! Je continuerai à soutenir votre groupe par tous les moyens en mon pouvoir.

La réponse du rédacteur en chef n'est pas moins intéressante. Là où le lecteur demande un changement de rhétorique, le rédacteur voit une lacune intellectuelle à combler :

[…] Parce que l'accusation de « marchand de rhétorique » est fréquemment adressée aux extrémistes, souvent avec raison, nous estimons qu'une réponse s'impose. Les dirigeants de l'Amérique et de la plus grande partie du monde sont les auteurs conscients de crimes contre le peuple ; il n'est pas dans ce cas de rhétorique qui puisse exagérer le problème. De plus, beaucoup de politiciens justifient ces activités par des mots tels que « liberté » et « démocratie ». Le problème de la rhétorique se pose quand les gens qui essaient de partager leur perception de la réalité ne réussissent pas à la justifier aux yeux des autres, ou ne réussissent pas à montrer qu'il existe d'autres solutions réelles, que les situations scandaleuses ne sont pas des aspects simplement inévitables de notre monde essentiellement corrompu. Si certains mots se sont « pollués », c'est habituellement parce que nous n'avons pas fait ce qu'il fallait pour les justifier. Ceci permet aux gens qui n'ont pas vécu jusqu'au bout la situation sur laquelle se fonde une « analyse extrémiste » de prendre leurs distances par rapport à des conclusions qui seraient choquantes. Nous ne devons pas permettre que cela se produise. Beaucoup d'entre nous devront contribuer par la lutte, la parole et l'écriture, à dégager ce qui est rhétorique de ce qui est vérité…

Qui a raison ? Je n'essaierai pas d'en décider. Cependant, il est assez clair que ces deux personnes ne se comprennent pas. Chacune voit le problème à un niveau différent. Le lecteur est d'accord avec le contenu de la revue et avec les buts du mouvement « extrémiste » mais il souhaite un changement, une réforme de la rhétorique. Ce lecteur juge le style de comportement exagéré et rigide et il réagit par opposition à la coercition que ce style représente. Mais le rédacteur défend cette rhétorique, la justifie, et ne voit aucune raison valable d'en changer. Il croit, cependant, qu'une amélioration du contenu et un effort pour appuyer les idées sur une base factuelle plus solide supprimeront les aspects négatifs, et par là même arbitraires et coercitifs.

En fait, quand le lecteur demande au rédacteur d'adapter l'émetteur au récepteur, le rédacteur demande au lecteur d'adapter le récepteur à l'émetteur ; le lecteur considère la rhétorique à la fois comme importante et modifiable, le rédacteur la juge à la fois secondaire et immuable. Cette controverse est le reflet du processus observé au laboratoire, et donne aussi un aperçu des facteurs subjectifs qui peuvent empêcher un style de comportement rigide d'exercer une influence, même quand le contenu du message que l'on transmet bénéficie déjà d'une grande sympathie.

Cet exemple spécifique éclaire aussi un phénomène plus vaste. Nous nous apercevons que ce type de groupe refuse absolument de « s'ouvrir », et toutes les démarches faites dans ce sens à l'intérieur du groupe sont interprétées comme une trahison, un abandon ou une apostasie, même si ces démarches concernent des problèmes qui ne sont pas essentiels. Ce qui ne peut manquer de vouloir dire que de tels groupes n'ont pas le moyen de pénétrer les secteurs de la société qui leur sont opposés, aussi faible que puisse être cette opposition.

Pourquoi l'« ouverture » est-elle considérée comme une telle menace, pourquoi la flexibilité n'est-elle pas possible ? On pourrait dire que c'est surtout parce que ces groupes manquent de milieu interne ; le « repliement » est la seule garantie d'unité, la seule protection contre la dissolution et les dangers de l'environnement externe. Leurs concurrents et adversaires, les communistes, ont adopté deux styles de comportement. L'un vise à maintenir la cohésion et la stabilité du groupe lui-même ; l'autre est dirigé vers les autres groupes et classes sociales. L'un est adapté au milieu interne, l'autre au milieu externe.

Nous voyons aussi que les concessions politiques et économiques vont souvent de pair avec le renforcement de la discipline idéologique, et que la notion de coexistence, et même d'unité de différents groupes sociaux, a tendance à se manifester en même temps qu'une insistance sur la solidarité de groupe et la fidélité aux objectifs et à l'idéologie traditionnels. Ceci peut sembler paradoxal, vu de l'extérieur, et pourtant, d'un autre point de vue, cette dualité s'accorde exactement avec les exigences psychosociologiques révélées par les expériences décrites. Si nous faisons un pas de plus, nous observons le modèle de développement suivant : au début, un groupe minoritaire, déviant, se comporte de manière rigide, ce qui lui permet de se consolider à l'abri d'une unité ferme. C'est sa phase de différenciation. Après une certaine évolution, il est en mesure de développer un comportement plus flexible qui découle du fait que son milieu interne est constitué et séparé de son environnement externe. Son nouveau style « équitable » lui permet de maintenir sa consistance, tout en concluant des alliances, de tenir compte des points de vue opposés au sien, d'ébaucher des compromis, bref, d'élargir sa sphère d'influence, sans pour autant prendre le risque d'éclater ou de devenir inconsistant. S'il a réussi, l'exigence se fait jour pour lui de tenir de plus en plus compte de la diversité de l'environnement extérieur, d'être de plus en plus flexible et de moins en moins consistant, c'est-à-dire soumis aux besoins de son milieu interne. Jusqu'à ce qu'il cesse d'être, soit minoritaire, soit réellement déviant, agissant beaucoup moins par innovation que par conformité. L'étude des divers groupes, mouvements et partis — notamment du Parti communiste — permettrait de vérifier ces conjectures. Mais la génétique des groupes sociaux en est encore aux balbutiements. L'analyse des styles de comportement contribuera, à mon avis, à lui donner l'impulsion qui lui fait défaut.

Pour le moment, nous devons simplement nous contenter de décrire les styles et leurs effets. Quel est le meilleur style? Quel est le plus efficace? Ces questions trahissent une approche du problème qui serait magique et non pas scientifique. Il n'y a pas d'arme ultime, ni de méthode infaillible d'influence. Tout dépend des circonstances, des états internes de la minorité ou de la majorité, et de leurs relations avec l'environnement social.

Je voudrais souligner, une dernière fois, la conséquence du style de comportement en tant que source d'influence. Le sens commun attribue les effets d'influence au statut social, au leadership, à beaucoup d'autres formes de dépendance. Je soutiens que ces différentes formes de dépendance ne sont pas des facteurs décisifs de l'influence sociale. Une minorité peut modifier les opinions et les normes d'une majorité, indépendamment de leur pouvoir ou de leur statut relatif, tant que, toutes autres choses égales d'ailleurs, l'organisation de ses actions, de même que l'expression de ses opinions et de ses objectifs, obéissent aux conditions que j'ai exposées de consistance, d'autonomie, d'investissement ou d'équité.

J'affirme même que la préoccupation presque exclusive pour les variables « externes » — statut, leadership, compétence, etc. — a occulté les vrais problèmes posés par les processus d'influence sociale et s'est traduite par une concentration sur les caractéristiques les plus évidentes, précisément celles qui ne demandent pas d'explications. Ainsi, beaucoup de psychologues sociaux ont travaillé avec acharnement à édifier un savoir scientifique autour de phénomènes qui, pour autant que nous sachions, ne posent pas de questions et n'attendent pas de réponses.

Références

BANDURA, A., et WALTERS, R.H. (1963). *Social Learning and Personality Development*, New York, Holt, Rinehart & Winston.

BREHM, J.W., et COHEN, A.R. (1962). *Explorations in Cognitive Dissonance*, New York, Wiley.

DE MONCHAUX, C., et SHIMMIN, S. (1955). « Some problems of method in experimental group psychology », *Human Relations, 8*, p. 58-60.

EISINGER, R., et MILLS, J. (1968). « Perception of the sincerity and competence of a communication as a function of the extremity of his position », *Journal of Experimental Social Psychology, 4*, p. 224-232.

FESTINGER, L. (1957). *Theory of Cognitive Dissonance*, Evanston, Row, Peterson.

HAIN, J.D., GRAHAM, R.N. JR., MOUTON, J.S., et BLAKE, R.R. (1956). « Stimulus and background factors in petition signing », *Southwest Social Science Quarterly, 36*, p. 385-390.

HOLLANDER, E.P. (1960). « Competence and conformity in the acceptance of influence », *Journal of Abnormal and Social Psychology, 61*, p. 360-365.

HOVLAND, C., LUMSDAINE, A.A., et SHEFFIELD, F.D. (1949). *Experiments on Mass Communication*, Princeton, N.J., Princeton University Press.

KELLEY, H.H., et SHAPIRO, M.M. (1954). « An experiment on conformity to group norms where conformity is detrimental to group achievement », *American Sociological Review, 19*, p. 667-677.

KIESLER, C.A., et PALLAK, M.S. (1975). « Minority influence: the effect of majority reactionaries and defectors, and minority and majority compromisers, upon majority opinion and attraction, *European Journal of Social Psychology, 5* (2), p. 237-256.

MOSCOVICI, S., et FAUCHEUX, C. (1972). « Social influence, conformity bias, and the study of active minorities », dans Berkowitz, L. (sous la dir. de), *Advances in Experimental Social Psychology*, New York and London, Academic Press, vol. 6, p. 149-202.

MUGNY, G. (1973). *Négociation et influence minoritaire*, EPSE, Université de Genève, Miméo.

MUGNY, G. (1974a). *Importance de la consistance dans l'influence de communications minoritaires « congruentes » et « incongruentes » sur des jugements opinions*, Genève, Miméo.

MUGNY, G. (1974b). *Notes sur le style de comportement rigide*, Genève, Miméo.

MUGNY, G., HUMBERT, B., et ZUBEL, R. (1973). « Le style d'interaction comme facteur de l'influence sociale », *Bulletin de psychologie, 26*, p. 789-793.

MULDER, M. (1960). « The power variable in communication experiments », *Human Relations, 13*, p. 241-257.

MYERS, M.T., et GOLDBERG, A.A. (1970). « Group credibility and opinion change », *Journal of Communication, 20*, p. 174-179.

NEMETH, C., SWEDLUND, M., et KANKI, B. (1974). « Patterning of the minority's responses and their influence on the majority », *European Journal of Social Psychology, 4*(1), p. 53-64.

NEMETH, C., et WACHTLER, J. (1973). « Consistency and modification of judgment », *Journal of Experimental Social Psychology, 9*, p. 65-79.

NUNNALLY, J., et HUSSEK, T.R. (1958). « The phony language examination : an approach to the measurement of response bias », *Educational and Psychological Measurement, 18*, p. 275-282.

PAICHELER, G., et BOUCHET, Y. (1973). « Attitude polarisation, familiarisation, and group process », *European Journal of Social Psychology, 3*(1), p. 83-90.

POWELL, F.A., et MILLER, G.R. (1967). « Social approval and disapproval cues in anxiety-arousing communications », *Speech Monographs, 34*, p. 152-159.

RICATEAU, P. (1971). « Processus de catégorisation d'autrui et les mécanismes d'influence », *Bulletin de psychologie, 24*, p. 909-919.

TAYLOR, H.F. (1969). *Balance in Small Groups*, New York, Van Nostrand-Reinhold Company.

WALSTER, E., ARONSON, E., et ABRAHAMS, D. (1966). « On increasing the persuasiveness of a low prestige communicator », *Journal of Experimental Social Psychology, 2*, p. 325-342.

ZIMBARDO, P.G. (1960). « Involvement and communication discrepancy as determinants of opinion conformity », *Journal of Abnormal and Social Psychology, 60*, p. 86-94.

Questions

par Corinne Prost

La lecture du cas Roxanne Ducharme, présenté à la fin du livre (p. 471), permettra au lecteur de répondre aux questions suivantes.

1. Analysez l'insertion de Roxanne dans l'organisme responsable du Festival international des courts métrages en indiquant les facteurs qui peuvent expliquer le degré de son appartenance à l'organisme, un an après son arrivée.

2. Analysez la dynamique de l'influence entre Paul, Rita et Roxanne. Clarifiez les facteurs qui peuvent expliquer cette dynamique.

3. Déterminez le style de leadership que Roxanne semble préférer. Étudiez les effets de son style de leadership sur les attitudes et les comportements des employés et sur la performance des groupes de travail.

4. Déterminez le style de subordination que Rita a tendance à adopter d'après Roxanne. À partir des indices que vous trouverez dans le cas, quelles sont les parts d'objectivité et de subjectivité dans les jugements que porte Roxanne sur les comportements de Rita ? Quels sont les effets de l'expérience qu'a Roxanne des conduites et des intentions de Rita sur la qualité de la relation qu'elle entretient

avec elle? Y a-t-il moyen de faire quelque chose pour changer cette expérience? Si oui, lequel?

5. Expliquez le phénomène de la normalisation dans le contexte des organisations. Illustrez ce phénomène en vous référant à l'expérience que Roxanne a vécue au cours de son passage à l'agence-conseil qui offrait un service de consultation juridique.

6. Quels sont les facteurs d'innovation dans une organisation? Illustrez votre réponse en vous servant des données présentées dans le cas.

7. Les phénomènes d'influence renvoient aux questions de pouvoir et de liberté dans les ensembles sociaux. L'utilisation du pouvoir permet-il toujours d'accroître sa marge de liberté dans un groupe social? Défendez votre point de vue et donnez-en un exemple.

Lectures complémentaires

par Corinne Prost

Katz, D., et Kahn, R.L. (1978). *The Social Psychology of Organizations* (2ᵉ éd.), New York, John Wiley.

Les auteurs expliquent que les organisations sont sujettes aux mêmes lois universelles, comme un système physique complexe qui se dirige vers une éventuelle désintégration et disparition. Les organisations cherchent à étendre leur pérennité par l'adaptation, et ce en important et en stockant toujours plus d'énergie de l'environnement qu'elles développent. Les efforts actuels des organismes gouvernementaux et des entreprises privées pour accroître leur niveau d'activité au-delà de leur mission initiale (à travers des mécanismes tels que la diversification, la fusion-acquisition, etc.) indiquent, selon les auteurs, une caractéristique de base des organisations qui survivent: ces dernières persistent par leur adaptation constante aux changements environnementaux.

McGregor, D. (1960). *The Human Side of Enterprises*, New York, McGraw-Hill.

L'auteur pose la question de savoir si on naît bon gestionnaire ou si on le devient à travers l'apprentissage. C'est tout le débat de l'inné et de l'acquis qui est ici soulevé. En ce qui regarde l'acquis, l'auteur part d'un premier constat: on axe trop les efforts sur la formation et la sélection pour devenir gestionnaire. Par contre, selon l'auteur, on ne met pas assez l'accent sur le contexte de travail et sur l'utilisation de la philosophie de gestion afin d'optimiser les ressources humaines. Dans ce livre, l'auteur défend la thèse selon laquelle l'aspect humain de l'entreprise est d'un seul tenant. À ce titre, il explique que les contraintes économiques qui exigent une optimisation des ressources humaines engendrent une remise en question nécessaire de la manière de gérer les ressources humaines. À travers ce livre, l'auteur soulève l'importance de considérer les théories comme des moyens, et non comme des finalités, afin de prendre conscience de la philosophie de gestion et des fondements de base qu'elle implique.

MILGRAM, S. (1974). *Obedience to Authority: An Experimental View*, New York, Harper and Row.

Ce livre montre les conditions choquantes dans lesquelles l'homme obéit à l'autorité sans se soucier de la moralité. Parmi ses découvertes, Milgram pense que la clé de ce comportement ne repose pas sur l'agression refoulée, mais réside dans la nature même de la relation des sujets avec l'autorité : les personnes qui obéissent se voient comme des instruments devant obéir aux ordres d'une autre personne. À ce titre, l'auteur laisse entendre qu'il y a beaucoup de similitudes entre les sujets de ses recherches et les Allemands qui ont suivi les politiques inhumaines des nazis, ainsi que les actes de certains Américains au Viêt-nam.

MITROFF, I.I. (1983). *Stakeholders of the Organizational Mind: Toward a New View of Organizational Policy Making*, San Francisco, Jossey-Bass.

Mitroff montre comment les archétypes servent d'hypothèses fondamentales sous-jacentes à nos décisions. Il montre également comment reconnaître et construire des relations productives avec les groupes qui composent l'entreprise.

MOSCOVICI, S. (1991). *Psychologie des minorités actives*, Paris, PUF.

En psychologie sociale, une grande place est faite à l'étude de l'influence d'une majorité sur des minorités, d'un supérieur hiérarchique sur des employés. Dans cet ouvrage, Moscovici propose une théorie permettant d'étudier l'influence des minorités sur la majorité. D'après ce psychologue social, on doit passer par une compréhension des relations d'influence pour découvrir ce qui incarne la dynamique sociale. Dans ce livre, Moscovici montre que les minorités actives sont des agents de changement social, et fait la démonstration des jeux d'influence par lesquels des individus en position minoritaire arrivent à faire accepter, par des individus en position majoritaire, une idée, un comportement ou une norme qui était contestable dans un premier temps.

WEICK, K.E. (1969). *The Social Psychology of Organizing*, Reading (Mass.), Addison-Wesley.

L'auteur ne cherche pas à présenter une théorie de l'organisation, mais il explique plutôt comment apprendre des organisations. Avant de parler de la complexité de ces dernières, Weick constate qu'il existe des processus qui créent, maintiennent et dissolvent les collectivités sociales. Ces processus constituent le travail de l'organisation, et la manière dont ils sont continuellement exécutés constitue l'organisation.

Cas
Roxanne Ducharme[1]

Montréal, le mardi 7 avril 1992. Il fait froid, le printemps tarde à s'installer. Je m'apprête à corriger un mémoire de maîtrise. Au téléphone, une dénommée Roxanne me demande de l'aide. Elle est diplômée de l'École des HEC de Montréal. Elle a appris d'un de mes collègues que je suis psychologue.

À notre première rencontre, Roxanne me confie son désarroi. Elle a vécu une expérience très difficile, il y a quelques années, et manifestement elle a besoin d'y voir clair. Elle me dit, l'air désemparé, n'avoir jamais vraiment compris cette situation ni les événements qui ont marqué sa vie. Elle éprouve beaucoup de difficultés à me parler ouvertement de son problème. Elle pense qu'il sera plus facile pour elle d'écrire une partie de son histoire avant chacune de nos rencontres. À la rencontre suivante, elle arrive avec quelques pages au sujet de son enfance. L'histoire qui suit a été écrite par Roxanne, au cours des quatre mois qui ont suivi sa demande d'aide.

HISTOIRE PERSONNELLE

« Je suis née prématurément de deux mois à Sherbrooke, le 25 octobre 1946. Je suis l'aînée de trois enfants. Entre 4 et 24 ans, j'ai vécu à Lennoxville, dans un duplex. Dès l'âge de huit ans, je me souviens avoir été inquiète, comme ma mère, des retards ou des absences de mon père. Ma mère a beaucoup insisté pour que je donne le bon exemple à mon frère et à ma sœur. Depuis l'âge de 24 ans, je vis à

1. Ce cas a été rédigé grâce au soutien financier de la chaire de gestion des arts de l'École des HEC de Montréal, et avec la collaboration d'Albanie Morin et de Corinne Prost. Les faits relatés sont basés sur une histoire vécue. Les noms des personnes et des lieux ont été changés afin de protéger l'identité des personnes et la réputation des organisations concernées. Ce cas est destiné à servir de canevas de discussions à caractère pédagogique, et ne comporte aucun jugement sur les instances administratives dont il fait mention.

Montréal ; ce déménagement a été pour moi une véritable libération. Aujourd'hui, à 49 ans, je suis célibataire et sans enfants. Mes relations avec les hommes ont toujours été compliquées, bien que ces derniers m'attirent toujours autant que lorsque j'étais jeune. »

MES PARENTS : LAURENCE ET CHARLES

« Ma mère, Laurence, a vécu à Drummondville jusqu'à ce qu'elle se marie, à l'âge de 24 ans. Elle était secrétaire à la Celanese lorsqu'elle y a rencontré mon père, Charles. Il y travaillait temporairement comme employé de bureau pendant la Deuxième Guerre mondiale. Depuis la fin de ses études, une dixième année commerciale, il avait été représentant et il a repris ce travail au moment de ses fiançailles avec ma mère. Charles avait 33 ans lorsque ma mère et lui se sont installés dans sa ville natale, Sherbrooke, pour y fonder une famille.

« Il fut nommé directeur de succursale d'une grande entreprise œuvrant dans le domaine des châssis, des plates-formes et des remorques de camions. Il supervisait environ six employés. Les dîners que préparait ma mère contribuaient aux bonnes relations entre mon père et les patrons du siège social. Afin de garder des liens avec la clientèle et de décrocher de nouveaux contrats, mon père faisait régulièrement des voyages d'affaires dans diverses régions du Québec, de l'Ontario et des provinces maritimes.

« C'est par ma mère que notre famille était rattachée à la communauté irlandaise de Sherbrooke. Mon frère, ma sœur et moi avons fait nos études primaires à l'école publique catholique anglophone. À l'époque, la communauté canadienne-anglaise constituait le groupe le plus important de la population sherbrookoise. Cette communauté a diminué progressivement en nombre au fil des ans, mais elle gardait encore sa place à la fin des années 1960. Mes parents parlaient souvent français entre eux, et ils avaient des amis parmi les deux groupes linguistiques. Mes parents étaient abonnés à deux quotidiens, *La Tribune* et *The Gazette*. Cependant, la langue d'usage à la maison était l'anglais.

« Je me souviens de n'avoir fait que trois voyages avec ma famille. L'atmosphère était tendue et conflictuelle pendant ces voyages, à l'exception de celui entrepris à l'été de mes 16 ans, alors que ma mère avait décidé de nous faire connaître la ville de Montréal. Mon père n'était pas avec nous. »

La vie politique

« Dans ma famille, on discutait beaucoup de politique, surtout provinciale. Mon père était membre, tout comme mon grand-père, du Parti libéral. Il participait activement aux campagnes de financement, aux congrès et aux campagnes électorales. Il a obtenu deux mandats successifs à titre de conseiller municipal de la ville de Sherbrooke. Il était également actif au sein d'un club social et il prenait part à la création d'une paroisse catholique anglophone. Pendant une dizaine d'années, ma mère a participé aux activités sociales de mon père, mais ce n'est que plus tard qu'elle a adhéré au Parti libéral. Après la défaite de mon père aux élections municipales, ma mère est devenue conseillère municipale à son tour ; son intention était d'infliger une défaite au candidat qui avait succédé à son mari. Ce dernier avait remporté la victoire en insistant lourdement sur le problème d'alcoolisme de mon père. »

Les problèmes de Charles

« Mon père était alcoolique, et cela a été la cause de nombreuses disputes avec ma mère. La générosité de mon père, sous l'effet de l'alcool, rendait ma mère anxieuse et inquiète. Les mauvaises décisions qu'il a prises en état d'ivresse et ses activités politiques ont eu pour effet de faire vivre à la famille de grandes fluctuations de niveau de vie.

« Mes parents avaient une entreprise qui vendait des autobus scolaires. Ma mère s'occupait du secrétariat et de la comptabilité. Cette entreprise a pris de l'expansion au moment où mon père a perdu son emploi de directeur en 1961. Pour répondre à la croissance de la demande, mes parents ont aménagé un bureau au sous-sol de la maison. Ma mère a rapidement appris à gérer l'entreprise tout aussi bien que mon père. Lorsqu'il s'absentait, elle s'occupait des soumissions, des bons de commande, de la correspondance et de la tenue de livres. Cependant, le démarchage et les relations publiques relevaient de mon père. Le volume des ventes était tributaire de ses bonnes relations avec le Service des achats du gouvernement.

« Lorsque le Parti libéral a perdu le pouvoir, le problème d'alcoolisme de mon père s'est aggravé : le chiffre d'affaires de la société a diminué et mon père a dû chercher un emploi. Les emplois qu'il trouvait, il ne les gardait jamais longtemps. En 1971, sans emploi, miné par l'alcoolisme, il est mort sans l'estime de ses enfants. »

Les ambitions de Laurence

« Ma mère est retournée aux études alors que j'avais près de 12 ans et que la benjamine avait 4 ans. Elle a commencé par des cours de peinture. Elle était assez fière de ses tableaux, qui ornaient les murs de la maison. Cette expérience lui a donné envie de terminer ses études secondaires en prenant des cours du soir. Par la suite, sa soif d'apprendre s'est avérée insatiable : après un certificat en histoire de l'art, elle a obtenu un baccalauréat en pédagogie, puis un baccalauréat ès arts. Elle s'est ensuite inscrite à la Faculté des lettres pour obtenir un diplôme en traduction français-anglais.

« Ma mère aimait étudier et y mettait beaucoup de cœur, de temps et d'énergie. L'entretien ménager était parfois négligé, mais jamais notre éducation ni la préparation des repas. Je pense d'ailleurs que la femme d'affaires pragmatique s'est réveillée en elle lorsqu'elle a été satisfaite de notre éducation. C'est ainsi qu'elle a décidé de s'inscrire à la Faculté de droit, alors qu'elle poursuivait encore ses études à la Faculté des lettres. Je dois dire qu'à cette époque, j'ai commencé à éprouver des sentiments contradictoires à son endroit.

« Tout le temps de ses études, elle travaillait à titre de professeur d'anglais langue seconde ; d'abord à temps partiel, pendant quatre ans, au couvent où ma sœur et moi étudiions ; puis à temps plein, dans une école publique, alors que mon père n'avait plus suffisamment de contrats pour faire vivre la famille. Elle était enseignante depuis dix ans, soutien de famille depuis deux ans et veuve depuis un an quand elle a été élue, en 1972, députée libérale du comté de Sherbrooke. Ce travail lui plaisait tellement qu'elle disait vivre, à cette époque, les plus belles années de sa vie. Un cancer a mis un terme à ses jours en 1976. Elle a conservé jusqu'à la fin son poste de députée, sans lequel la vie n'avait plus de sens pour elle. »

MA JEUNESSE

« La vie en appartement dans un contexte urbain, jusqu'à l'âge de quatre ans, comportait des contraintes d'espace. Nos jeux se déroulaient sur un peu de pelouse et un bout de trottoir. Le déménagement dans une banlieue boisée et à peine habitée m'a permis de profiter de l'espace. J'ai joué d'abord avec deux petits voisins, puis avec d'autres, aux cow-boys, aux coureurs des bois, aux Indiens et à la cachette. Nous jouions, dans de grands carrés de sable et dans la neige, à inventer des villes et des villages pour y faire passer les camions. Je faisais partie de leurs équipes de football et de base-ball. Nous faisions des numéros de monologues ou de prestidigitation. Dans l'atelier de mon père, nous jouions au "train".

« L'été, nous nous amusions dans une pataugeoire faite d'une toile de camion et soutenue par des tuyaux de fonte, fabriquée dans l'atelier par mon père. Avec les cousines, nous jouions au magasin. Avec les voisines et leurs enfants, nous faisions parfois des excursions à la plage l'après-midi. Ma mère essayait de nous apprendre à nager.

« Incités à cacher les égarements alcooliques de mon père, et peut-être aussi parce que ma mère n'aimait pas que les enfants soient dérangés dans leurs habitudes, nous recevions peu — et jamais à l'improviste — d'amis à la maison pour les repas ou pour passer la nuit.

« Les moments tranquilles étaient consacrés aux casse-tête, aux cahiers à colorier, aux jeux de construction. J'avais quelques livres que j'affectionnais et que je me rappelle avoir regardés fréquemment. Ils étaient tellement usés que je les ai sans doute feuilletés encore plus souvent que je ne le crois. J'ai souvenir d'avoir insisté auprès de ma mère, étendue sur son lit, pour qu'elle me lise l'histoire du petit chien qui a mâchouillé une foule d'objets parce qu'on l'avait abandonné dans une maison toute sombre.

« Il me semble avoir lu tous les livres que j'ai reçus, surtout les prix de fin d'année. J'aimais les contes et les légendes et j'ai continué d'en lire à l'adolescence, même si j'étais la risée de mes cousines et que je sentais l'incompréhension de ma mère. Entre 8 et 11 ans, je pratiquais l'échange de bandes dessinées. J'en achetais peu, mais on m'en donnait beaucoup. J'adorais *Lulu*, les bandes dessinées anthropomorphiques (*Fritz le chat, Donald Duck, Mickey Mouse*); parmi les westerns, je préférais *Annie Oakley* à *Dale Evans*. Plus tard, j'ai lu également les *Archie* et son groupe. Je n'aimais pas les bandes dessinées de science-fiction. Vers l'âge de 10 ou 11 ans, j'ai lu la collection de livres de ma tante portant sur une famille de jumeaux (*The Bobsey Twins*) et les livres de jeunesse de ma mère. À l'adolescence, je lisais, tout comme mes copains et copines, des romans policiers dont les héros étaient des frères (*The Hardy Boys*), des sœurs (*The Dana Girls*) ou encore une jeune infirmière (*Nancy Drew*).

« Je rêvais de danser et ma mère a consenti à m'inscrire à un cours de ballet, une fois par semaine, après l'école. Pendant trois ans, nous avons peu appris; il y avait beaucoup de répétitions. À défaut de pouvoir suivre des cours plus sérieux et plus chers, ce que ma mère me refusait, je me suis contentée de cela. Notre troupe donnait tout de même un spectacle par année.

« Je faisais aussi du ballet aquatique et je participais à des spectacles au club social de mes parents. J'aimais cela, mais je me souviens que ma mère ne souhaitait pas que je suive cette voie. Elle m'a plutôt encouragée à obtenir des certificats de la Croix-Rouge, pour lesquels je m'entraînais avec application.

« Un de mes plaisirs de jeune adolescente était de chanter avec ma meilleure amie, qui avait une belle voix. Elle avait besoin de ma présence pour trouver le courage de chanter devant la classe. J'avais plaisir à être là même si je chantais moins bien qu'elle. Nous avons même essayé d'être sélectionnées pour le concours amateur de la Saint-Patrick qui avait lieu au Palais Royal de Sherbrooke. Plus tard, j'ai acheté avec un certain engouement les cahiers des paroles des chansons du *hit parade* pour chanter avec elle ou d'autres amies.

« À l'école primaire, j'aimais voir des films. Encore aujourd'hui, je garde un souvenir de certaines de ces images. Je sortais de ces séances avec un mal de tête et épuisée d'avoir côtoyé autant d'enfants bruyants. Lorsque mon frère et moi avons voulu voir en salle de cinéma *Lady and the Tramp* de Walt Disney, ma mère nous a confiés à une voisine que je connaissais peu ; elle l'avait rencontrée dans la file d'attente et nous avait laissés seuls avec elle. Nous avons acheté un poste de télévision quelque temps après que nos voisins eurent acheté le leur, ce qui a évité à ma mère de transformer la maison en salle communautaire.

« Ma mère, avec l'appui de ma grand-mère, valorisait les études et souhaitait que ses enfants entreprennent des carrières scientifiques. Elle était cependant très fascinée par l'avocate qu'elle consultait. Elle avait le souci de nous donner des jeux éducatifs. Elle était consciencieuse et suivait de près notre formation scolaire. Elle entretenait de bonnes relations avec nos professeurs, et même avec les responsables des colonies de vacances que nous fréquentions. Entre 12 et 17 ans, chaque été, je passais de deux à trois semaines dans ces colonies. J'aimais bien la vie sauvage des camps du mouvement des guides.

« J'avais beaucoup de succès à l'école. J'étais toujours dans les premières de classe, au prix d'innombrables soirées passées le nez dans les livres et à réciter mes leçons devant ma mère. En dépit de ma grande taille, ma mère demandait à mes professeurs que je sois placée à l'avant de la classe à cause de ma faible vue. J'étais bien coincée : je ne pouvais pas me permettre d'être dans la lune. Ma lenteur était notoire. Mon goût de la perfection aussi. Sur les conseils de ma mère, il m'est arrivé de demander au titulaire de la classe de me placer à côté d'une élève qui avait du mal à réussir.

« C'est grâce à ma mère si ma sœur et moi avons fait nos études secondaires au couvent catholique francophone : ma mère trouvait important que nous connaissions bien le français. Par contre, elle a permis à notre frère de poursuivre ses études dans un collège catholique anglais, car elle craignait qu'il ne se décourage d'étudier en raison des efforts supplémentaires qu'implique l'apprentissage d'une nouvelle langue.

« Le choc de mon adolescence a été de vivre dans ce couvent. Même si je connaissais assez le français pour me faire comprendre des autres filles et jouer avec elles, ou encore pour me débrouiller dans les lieux publics, je me suis sentie bien démunie en première secondaire. De plus, je n'aimais pas l'atmosphère du couvent à cause de la trop stricte discipline, de la grande importance accordée aux prières, de la ségrégation des sexes et du mystère entretenu à propos des garçons. Je n'avais pas d'amies. J'étais restée attachée à mes amies de langue anglaise, que je voyais la fin de semaine. Il me semblait plus facile et plus agréable de vivre mon adolescence avec elles ; elles me semblaient plus tolérantes, plus ouvertes et moins compliquées que les filles du couvent. Cependant, vers l'âge de 16 ou 17 ans, mes amies sont entrées sur le marché du travail ; j'ai bien été obligée de m'en faire d'autres.

« Mon intégration au milieu francophone s'est vraiment réalisée à l'âge de 20 ans lorsque j'ai rencontré Maxime, mon premier grand amour. Sa famille était typiquement canadienne-française : une vraie famille où il faisait bon vivre. Sa mère était très affectueuse et taquine. Le plaisir et le jeu caractérisaient les relations entre les parents et les enfants. Maxime, son frère et sa sœur jouaient d'un instrument de musique dont leur mère leur avait enseigné les rudiments. Leur père était propriétaire d'une importante entreprise de plomberie et il gâtait ses enfants. À son vingtième anniversaire de naissance, chacun des enfants recevait une voiture. Maxime et moi faisions du ski nautique, les garçons faisaient de la course automobile ; la famille et les amis se déplaçaient pour assister aux compétitions. Lorsque je me retrouvais seule, je me surprenais parfois à éprouver à la fois du bonheur et de l'envie à l'égard de cette famille si parfaite. »

MES INTÉRÊTS POUR LE DROIT, LE SERVICE SOCIAL ET LES ARTS

« Pendant mes études en droit à l'Université de Sherbrooke, il y a eu des revendications mémorables en faveur de la langue française, revendications qui ont abouti à la loi 101. Cette époque est importante pour moi : je participais aux manifestations, ce que ma mère n'approuvait pas. Pourtant, c'est elle qui avait décidé de nous faire apprendre le français. J'aimais le côté latin, joyeux et sensuel de la communauté canadienne-française, son esprit libertaire, plus ouvert, et je prenais part avec plaisir aux discussions qui l'animaient. J'avais l'impression qu'il y avait chez les francophones un moins grand souci matérialiste, moins de pragmatisme et plus de folie.

« Je suis allée en Europe pour la première fois en 1969, avec des économies amassées au cours de mon adolescence à garder des enfants et à faire des travaux l'été tels que l'entretien de la pelouse d'une voisine. J'ai d'ailleurs travaillé pendant toute la durée de mes études, car je devais payer mes frais d'inscription et mes fournitures scolaires. Après ma première année de droit, j'ai entrepris des études pour enseigner l'anglais ou le français comme langue seconde, car c'était un bon moyen de gagner de l'argent.

« J'ai réussi de justesse mon diplôme de premier cycle en droit ; j'ai fait mes stages dans un cabinet d'avocats de Montréal. Ces stages ont été pour moi une grande déception : le droit ne permettait pas de régler les problèmes sociaux auxquels faisait face notre société. À la fin de mes stages, plutôt que de préparer mes examens du Barreau, j'ai choisi de retourner aux études et d'obtenir une maîtrise en service social à l'Université de Montréal. C'était en 1971, peu de temps après la mort de mon père.

« Dès mon premier hiver à Montréal, je me suis inscrite à des cours de danse dans une grande école professionnelle. À l'été 1972, j'avais deux emplois dont les revenus servaient en grande partie à rembourser mes prêts étudiants. Malgré cela, j'ai participé à un atelier de danse qui s'est terminé par un spectacle public. L'automne suivant, pendant des exercices de mime, je me suis blessée au dos.

« Au Département de service social, j'ai découvert la révolution étudiante, le marxisme, le féminisme. J'ai participé à une manifestation en faveur de l'avortement libre et gratuit. Je suis sortie du centre-ville, j'ai découvert le plateau Mont-Royal, puis Outremont. Au premier semestre, j'avais choisi l'option "intervention personnelle" et j'ai fait des stages dans des écoles de banlieue. J'ai encore été déçue. L'impuissance des travailleurs sociaux à régler les problèmes communautaires m'a bouleversée.

« Au deuxième semestre, je me suis inscrite à l'option "intervention collective", en espérant que le caractère politique des interventions augmenterait l'efficacité des travailleurs sociaux. J'ai trouvé un stage dans un quartier pauvre de la ville de Montréal ; j'avais la responsabilité, trois jours par semaine, des services de garderie dans un centre d'éducation populaire. Je n'aimais pas ce travail. Je me sentais vidée et je perdais facilement mes moyens devant la misère des enfants et les situations familiales que je découvrais. Par contre, j'aimais donner des cours sur le logement, car j'apprenais l'histoire du quartier en même temps. Je travaillais avec l'équipe aux autres activités du centre d'éducation comme le ciné-club. C'est à la fin de ce stage que j'ai pris conscience que je recherchais des solutions concrètes et immédiates aux problèmes vécus par les enfants, les femmes et les familles.

« J'étais ambivalente à l'égard du service social et le fait de ne pas avoir passé les examens du Barreau me rendait mal à l'aise. J'ai alors décidé de terminer ma formation professionnelle en reprenant les cours préparatoires aux examens du Barreau. Je souffrais beaucoup des suites de ma blessure au dos : j'avais alors une hernie discale. J'ai subi une intervention chirurgicale au cours de l'été 1973. Peu de temps après mon rétablissement, j'ai fait la connaissance de Pierre, cinéaste de métier, avec qui j'ai vécu une relation amoureuse qui a duré dix ans.

« Après avoir réussi les examens du Barreau, j'ai cherché un travail dans un cabinet où je pouvais aider les familles et, en particulier, les enfants. J'ai eu deux offres d'emploi : d'un cabinet progressiste et d'une agence-conseil. Cette dernière mettait en place un service de consultation juridique. J'ai préféré l'offre de cette agence en raison de son caractère social. Pierre était mon ami et mon soutien ; il m'a beaucoup aidée financièrement durant les premiers mois de ce nouvel emploi, qui n'était pas très bien rémunéré.

« À cette agence, nous donnions un service d'information et de consultation juridique ; nous mettions les personnes en relation avec des avocats de la pratique privée quand elles en avaient besoin, et nous nous tenions au courant de l'évolution du droit. Nous donnions des conseils pratiques, mais aucun des trois conseillers juridiques ne pratiquait vraiment le droit. J'ai mis sur pied un service de protection de l'enfance encourageant l'autonomie et la défense des droits des enfants. Ce programme, appelé "Aide-toi", avait pour but d'apprendre aux enfants en difficulté (violence familiale, abus sexuel, etc.) comment faire pour obtenir de l'aide.

« À titre de conseillère juridique, j'ai écrit plusieurs articles sur le droit des enfants, des femmes et des familles. J'ai participé à plusieurs émissions de radio et de télévision, dont une série d'émissions de type "ligne ouverte" sur les droits des femmes. On peut dire que j'ai contribué à faire connaître l'agence. Cependant, les revenus étaient insuffisants pour nous assurer des conditions de vie acceptables; nous devions tous avoir un deuxième emploi.

« Durant l'automne 1976, j'ai eu des regrets de ne pas avoir terminé ma maîtrise en service social. J'ai repris mes études et consacré la plus grande partie de mon temps à rédiger mon mémoire, qui portait sur la défense des droits de l'enfance. Tout en travaillant à ce mémoire, je donnais des cours à la Faculté de droit de l'Université de Montréal et je continuais à donner des sessions de formation sur le droit de l'enfance. »

MES DÉBUTS DANS LE CINÉMA

« Pierre m'a présentée à tous ses amis et à des gens du milieu du cinéma. Il m'a appris l'histoire du cinéma et les rudiments du métier de cinéaste. En 1978, une amie de Pierre est venue tourner un film dans notre jardin. Je me suis proposée comme cuisinière de l'équipe; mon compagnon était le réalisateur. Ma tâche était d'autant plus importante que, pour les deux premières semaines de tournage, les repas remplaçaient la rémunération qu'on ne pouvait verser à cause d'un retrait de financement. Ma cuisine était fort appréciée; certains techniciens en parlaient encore douze ans plus tard !

« J'étais contente de vivre enfin une vraie expérience dans le milieu artistique, d'autant plus que le scénario était inspiré d'un essai féministe traitant de la santé mentale des femmes, *Les femmes et la folie*, de Phyllis Chesler. Au cours de ce tournage, j'ai découvert avec grand intérêt le métier d'actrice, à tel point qu'au retour d'un voyage de six mois avec mon compagnon, je me suis inscrite dans une troupe de théâtre et j'ai suivi divers ateliers de formation.

« À ce moment de ma vie, j'étais vraiment partagée entre, d'une part, le droit et le service social et, d'autre part, le théâtre et les arts. J'ai continué à animer des séminaires sur l'enfance, mais j'ai interrompu la rédaction de mon mémoire pour accorder plus de temps à mes activités dans le secteur artistique.

« Au théâtre, je me sentais plus à l'aise dans les tâches d'organisation et de confection de décors que dans la scénarisation. J'aimais être sur scène et jouer des rôles; mais je me sentais inconfortable dans le groupe. Après un premier renvoi, à cause de ma faible participation à la création du texte, je me suis quand même battue pour être réintégrée au groupe. Je ne suis jamais parvenue à gagner l'appui des membres de la troupe, ni par mon dévouement, ni par mon plaisir de jouer. Dépitée, j'ai abandonné après plus d'un an de participation.

« J'ai repris une place plus active au sein de l'agence dont je faisais encore partie, mais j'avais toujours envie d'appartenir au milieu artistique. Quand la Communauté urbaine de Montréal m'a offert un contrat d'information et d'animation sur la problématique de la violence familiale, j'ai eu l'idée d'utiliser un document audiovisuel préparé par une réalisatrice que Pierre connaissait bien. C'est à ce moment que j'ai trouvé une façon de concilier mes intérêts pour le droit, le service social et les arts: je pouvais promouvoir la justice par la réalisation et la distribution de courts métrages portant sur des questions sociales et proposant des solutions concrètes. »

MES DÉBUTS DANS LA GESTION

« À la fin de 1980, on m'a proposé de chercher le financement nécessaire pour envoyer une délégation de vidéastes et de cinéastes à la première Conférence internationale de la production audiovisuelle à caractère social, en juin 1981. Je devais prélever mes honoraires à même les sommes recueillies. En même temps, j'assurais, trois jours par semaine, la permanence des Distributeurs associés de productions indépendantes (DAPI).

« Le DAPI était un groupe de producteurs de documents audiovisuels à caractère socio-éducatif qui s'était formé pour distribuer et faire la promotion de leurs productions. J'étais responsable de la distribution, et plus particulièrement de la promotion, du tout dernier documentaire d'une vidéaste sur le travail de Médecins du monde. C'est par ce même groupe que j'ai reçu la proposition de former la délégation de Genève. J'ai réussi à composer une délégation de cinq personnes. Je n'ai pas touché d'honoraires pour ce travail, mais un cinéaste responsable de la délégation canadienne m'a offert un passage pour Genève et j'ai ainsi pu assister à la conférence. J'ai prolongé mon séjour par un voyage en Italie grâce aux relations établies à l'occasion de la conférence. J'y ai rencontré d'autres personnes actives en production audiovisuelle.

« J'ai poursuivi mon travail au DAPI, de l'hiver 1981 à l'automne 1984. Nous avons réalisé quelques films, même si nos moyens financiers étaient fort limités. J'ai proposé que le groupe se concentre sur la distribution, plutôt que sur la production ; c'est ce que nous avons fait. Malgré tous nos efforts, nos moyens sont restés limités. Nous arrivions tout juste à couvrir nos dépenses, à payer les salaires de trois ou quatre personnes, le temps des projets, et à payer le salaire de la permanence pendant six mois. Nous compensions ces conditions difficiles en limitant les jours d'activités à quatre et en essayant de respecter notre jour de congé.

« Je me suis fait assez vite connaître dans le milieu de la distribution indépendante. Mes démarches pour obtenir de l'argent du Conseil des arts du Canada ont immédiatement porté fruit. J'ai participé à un jury d'attribution de bourses et à des comités consultatifs sur l'ensemble des arts (littérature, danse, arts visuels, musique, arts médiatiques et explorations).

« À partir de l'automne 1982, j'ai repris mon mémoire sur les droits de l'enfant et j'ai suivi quelques cours par semestre dans le but de mener mes études de service social à terme et d'obtenir mon diplôme de maîtrise.

« De 1981 à 1986, au moins trois fois par année, j'ai joué des rôles à ma mesure. J'ai obtenu des rôles muets, de petits rôles et des rôles secondaires dans de grosses productions ou dans des productions d'amis proches ou de connaissances.

« Au cours des 18 mois qui ont suivi la fin de mon engagement actif au sein du DAPI, j'ai exploré plusieurs avenues et fait des mises au point. Par des séances hebdomadaires de créativité personnelle, j'ai développé mes aptitudes en arts visuels. À la suite d'une analyse de ma situation financière, j'ai divisé le duplex que j'habitais seule pour me procurer un revenu. J'ai suivi un cours de journalisme dans une radio communautaire dans le but de me perfectionner et de mieux maîtriser l'écriture journalistique. J'ai redécouvert les plaisirs de l'entrevue, j'ai confirmé mes centres d'intérêt, j'ai connu l'ivresse du montage audio, j'ai apprécié l'effet radiophonique de ma voix et j'ai appris des trucs de rédaction journalistique pouvant m'être utiles pour des contrats ultérieurs. »

LE FESTIVAL DES COURTS MÉTRAGES

« En 1985, j'ai assisté au premier Festival international des courts métrages de Montréal, où j'ai fait la connaissance de plusieurs personnes provenant de divers milieux de production. L'année suivante, à l'occasion d'un séminaire sur les droits de la personne, j'ai rencontré par hasard un vieil ami de Pierre, dans un petit salon attenant à la salle de travail. Paul m'a proposé de faire partie de l'équipe organisatrice du deuxième Festival international des courts métrages. Cet événement avait fait des vagues dans les milieux de création audiovisuelle. J'étais très heureuse de retourner enfin dans le milieu du cinéma.

« Pour une deuxième année de suite, Paul était le directeur du Festival. De l'équipe de départ, il ne restait plus que Nicole, Renée et Benjamin. Paul ne s'entendait pas très bien avec Renée, l'administratrice. Les membres de la nouvelle équipe avaient tendance à prendre parti soit pour l'un, soit pour l'autre. J'ai essayé de me concentrer sur mon travail à la coordination des activités d'accueil et de réception des invités, mais je ne cache pas que je préférais Paul. Je connaissais bien la personne que je remplaçais, et ce par le biais d'un groupe de production et de distribution indépendante semblable au DAPI. Cette personne m'a bien expliqué les tâches et responsabilités liées à ce travail ; j'ai adopté sa méthode.

« J'ai assuré l'organisation de la restauration et le respect du budget. J'ai aussi rédigé la section du catalogue du Festival portant sur les courts métrages et j'ai conseillé la programmatrice du Festival. Certaines tâches connexes à l'accueil n'étaient pas clairement attribuées : l'organisation de la soirée d'ouverture, la tenue du brunch des créateurs, etc. J'avais de l'énergie. J'ai pris sur moi d'accomplir ces tâches et je l'ai fait avec succès. Je trouvais important qu'on fasse, de temps à autre, un bilan des activités pour ne pas répéter les erreurs passées, et j'ai proposé de le faire chez moi, dans mon jardin. »

LA NOMINATION DE RITA

« À l'automne 1986, il y avait deux directeurs : Paul et Rita. Paul, directeur depuis le début du Festival, était débordé. Il avait demandé à Rita, directrice d'un événement similaire dans le domaine scolaire, de se joindre à lui. On répondait ainsi à la suggestion de l'agent de Téléfilm qui voyait d'un bon œil la fusion de deux événements ayant un même objectif, celui de faire mieux connaître la production audiovisuelle sur la protection des droits de la personne. Avec cette fusion, on a élargi le conseil d'administration afin d'y inclure une plus grande proportion de gens issus du secteur privé et du milieu des arts. On a diminué la représentation du personnel. Je suis devenue, à cause de ma formation en droit, secrétaire du conseil d'administration.

« Je n'étais pas très enthousiasmée par la nomination de cette nouvelle codirectrice. J'avais rencontré cette dernière au Festival précédent. J'ai rapidement eu maille à partir avec elle. Je n'aimais pas son attitude au sujet des réunions d'équipe : elle ne voulait pas y assister, car elle trouvait qu'il y avait des choses plus importantes à faire. Quand je l'ai confrontée avec l'équipe à propos de ses absences, elle nous a rappelé ses obligations familiales. Plus tard, ma perception s'est confirmée : elle était individualiste et dépourvue d'esprit d'équipe. Cela me déplaisait. Son peu d'appréciation quant à l'aménagement des nouveaux locaux, que je coordonnais, et quant à la sélection des productions, que j'ai faite pendant mon voyage de repérage, a contribué à me la rendre antipathique.

« Lorsque Paul m'a proposé de partager avec Rita la responsabilité d'une rétrospective, j'ai refusé et j'en ai pris seule la responsabilité. Je me suis dit que, de toute manière, j'allais devoir en faire plus qu'elle. Je ne la trouvais pas très disponible. Elle partait toujours du travail plus tôt à cause de ses enfants. Elle évacuait vite ses responsabilités. Quelques mois auparavant, une adjointe avait démissionné après s'être plainte du manque d'égards, de la surcharge de travail et de la confusion des tâches. Les erreurs que Rita avait faites en cours d'année, telles que l'approbation, pour la grille-horaire, d'une présentation graphique confuse et le fait de m'avoir proposé des textes nébuleux à traduire, me semblaient toutes liées à une attitude laxiste par rapport au travail. De plus, Rita ne reconnaissait pas ses erreurs et, lorsqu'elle le pouvait, elle les attribuait aux autres. Les discordes entre Paul et Rita ne dégénéraient pas en conflit au sein de l'équipe, car celle-ci se rapportait avant tout à Paul et nous nous sentions surtout sous la responsabilité de ce dernier. J'ai cependant dû composer avec Rita.

« À la suggestion de certaines personnes de l'équipe, dont Benjamin, j'ai pris la responsabilité de la programmation des courts métrages. J'étais contente d'assumer cette nouvelle tâche. Pour faire le repérage de courts métrages indépendants en Europe, j'ai dû trouver le financement nécessaire, car il n'y avait pas de budget pour cela. J'ai trouvé des productions européennes indépendantes originales que le premier Festival n'avait pas présentées. Grâce à ces démarches, j'ai fait connaître le Festival à des groupes de producteurs indépendants d'Europe. Au moment du bilan, Paul s'est rendu compte de l'énorme quantité de travail que j'avais accomplie. »

DES PROBLÈMES DE DIRECTION

« À l'automne 1987, pour la troisième édition du Festival, Rita entreprenait un nouveau mandat de codirection avec Paul. J'aurais été prête à prendre la direction avec Paul, mais il croyait, en accord avec certains membres du conseil d'administration, qu'on ne pouvait mettre Rita de côté. Cette dernière avait été invitée, à peine un an auparavant, à se joindre à notre organisme. De plus, elle avait accepté de fusionner l'organisme qu'elle présidait. En somme, une telle décision pouvait mettre en péril les augmentations de subventions accordées à la suite de cette fusion.

« Dans la nouvelle équipe sélectionnée par les deux codirecteurs, il ne restait plus que Renée, Nicole et moi. Paul et Rita étant souvent en conflit, ils me demandaient souvent d'agir comme médiatrice entre eux. Ils ne s'entendaient pas, par exemple, sur le contenu des textes de promotion à rédiger ; les mandats donnés aux employés étaient contradictoires. Je n'aimais pas être prise entre ces deux personnes, d'autant plus que les doléances de Paul à l'égard de Rita m'étaient sympathiques. Je comprenais les craintes de Paul quant à la dimension trop unilingue de la programmation, sans toutefois y adhérer totalement. Rita, de son côté, n'appréciait pas l'ingérence de Paul dans la programmation, et elle trouvait qu'il dépensait trop, notamment pour le bien-être des employés et les fournitures de bureau.

« J'ai profité d'un voyage de repérage dans l'Ouest du Canada et des États-Unis pour m'éloigner d'eux et me reposer. À mon retour, j'ai été retenue trois semaines à la maison par une bronchite.

« Paul a fini par donner sa démission à la présidente du conseil d'administration au cours du mois de novembre 1987. Il disait ne pas pouvoir travailler avec Rita. Celle-ci, pas du tout prise au dépourvu, m'a déclaré : "Tu es la seule ici qui a de l'expérience. Je vais avoir besoin de toi pour continuer." Je lui ai répondu : "Je ne veux pas travailler avec toi comme directrice ; je trouve que tu n'es pas une bonne directrice ; tu n'as pas le sens du leadership, tes directives ne sont pas claires, tu n'as pas l'esprit d'équipe." Elle m'a alors offert de prendre sa place. J'ai accepté de considérer son offre, car j'avais déjà eu quelques discussions à ce sujet avec Paul et Benjamin, qui étaient alors membres du conseil d'administration. Ils pensaient d'ailleurs que Rita ne pouvait être la seule tête dirigeante de ce festival.

« Dans la lettre de démission qu'elle a remise au conseil d'administration, Rita a évoqué son engagement à défendre la cause sociale et à faire la promotion des œuvres audiovisuelles sur la défense des droits de la personne ; elle a souligné les difficultés propres à un événement culturel où les salaires servent aussi à la formation de personnel ayant peu ou pas d'expérience. Elle a rappelé sa conception d'une codirection. Elle a écrit que l'erreur était humaine et que des compromis étaient nécessaires à l'atteinte de ses buts. Elle reconnaissait ses erreurs, mais s'entêtait à poursuivre ses objectifs selon des modalités encore à définir avec le conseil d'administration.

« La présidente du conseil d'administration m'a convoquée après avoir rencontré les directeurs démissionnaires, Paul et Rita. Elle m'a fait part de ses réserves à se départir des services de Rita : on était allés la chercher il y avait à peine un an ; elle avait accepté de fusionner l'événement qu'elle dirigeait au nôtre ; on ne pouvait pas l'évincer sitôt après qu'elle avait tout laissé. Pour assurer la continuité, il était préférable qu'une même personne demeure à la programmation générale, et on savait que Paul ne voulait pas reprendre ce travail. »

ACCESSION À LA DIRECTION

« À la réunion du conseil d'administration, j'ai fait part de mon acceptation du poste de direction. Je ne voulais pas d'une double direction, et en cela la présidente du conseil d'administration était d'accord ; nous trouvions cela trop risqué. Depuis deux ans, j'avais pu me rendre compte combien la cohérence de l'équipe de direction était essentielle au bon fonctionnement de l'organisme, et combien il était nécessaire que la personne responsable de la programmation soit qualifiée.

« J'ai proposé à Paul de prendre le poste de directeur de la programmation, mais il a refusé. Avant de prendre la direction, j'avais souvent exprimé mes réticences à travailler avec Rita. Mais pour les raisons mentionnées précédemment, notamment en raison de ses nombreuses relations, surtout du côté universitaire, et de ses appuis politiques, je me suis dit que je devais réussir à m'entendre avec Rita. J'ai pris la direction en sachant que je n'aimais pas travailler avec cette personne et qu'il ne me serait pas facile d'établir une complicité avec elle. Il était également peu probable que j'obtienne son soutien. »

LA DIRECTION DE L'ENTREPRISE

« J'ai gardé l'équipe qui était en place depuis septembre 1987, à l'exception de la responsable des communications. Je n'avais pas jugé son travail satisfaisant, même si elle avait été coincée entre deux directeurs et des directives contradictoires. Il y avait aussi de la discorde entre elle et le responsable de la campagne de financement, Jeff.

FIGURE 1
Organigramme
(janvier 1988)
Festival international
des courts métrages

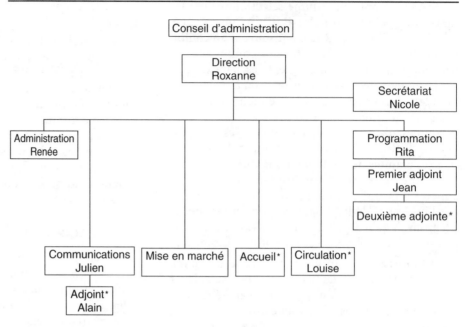

* Contractuels pour une période de 12 semaines

« La nouvelle équipe était composée d'une secrétaire, Nicole ; de deux responsables de la programmation, Rita et moi ; d'un adjoint aux programmateurs, Jean ; d'un responsable de la campagne de souscription et des communications, Julien ; d'une personne responsable de la circulation, Louise ; d'une personne à la promotion, Alain ; et de l'administratrice, Renée. J'ai fait un organigramme pour mieux faire comprendre à tout le monde les rôles et les fonctions de l'entreprise que nous formions. [Voir la figure 1.]

« Dès mon arrivée à la direction, Paul m'a conseillé de surveiller Rita. En effet, alors que Paul et Rita étaient codirecteurs, Paul avait annulé des factures que Rita avait présentées à Renée parce que celles-ci dépassaient de beaucoup les véritables dépenses engagées au cours du voyage de programmation. De plus, Paul soupçonnait Rita d'avoir réclamé faussement des honoraires qu'elle aurait prétendument versés à une invitée. Cependant, vu la gravité de telles accusations, Paul n'avait jamais voulu en parler aux membres du conseil d'administration. »

L'AIDE DE RENÉE

« Je me suis appliquée à faire une définition de tâches pour chacun, car je trouvais que, depuis mes débuts au sein de cet organisme, il y régnait trop de désordre et d'incohérence. L'administratrice, Renée, faisait le suivi comptable de nos activités et préparait les rapports requis par les programmes d'emploi gouvernementaux. Pour la préparation des demandes de subventions, je lui présentais une liste des activités à financer ; elle la traduisait en chiffres et préparait des prévisions budgétaires. Elle me proposait la création de certains postes de dépenses, en prévision de dépenses réelles que nous devions assumer, mais pour lesquelles nous n'avions pas de financement. Lorsqu'il y avait des décisions à prendre, elle estimait le coût de chaque option et me laissait le temps de décider. C'est ainsi que la décision a été prise de préparer le catalogue à l'interne avec le micro-ordinateur que nous avions depuis septembre. Nous avons également engagé un courtier en douanes pour recevoir et retourner les films et vidéos à l'étranger.

« Je me sentais respectée et soutenue par Renée. J'avoue aujourd'hui que je me suis trompée à son sujet lorsque je suis arrivée dans cette entreprise ; je crois que je me suis laissé influencer par l'amitié que j'éprouvais pour Paul. Renée a réellement contribué à développer un esprit d'équipe chez les employés. Elle avait le sens de l'humour au point d'être parfois dissipée pendant les réunions. Elle était aimée des employés. Par son dynamisme, elle stimulait l'ardeur au travail des autres.

« Pour s'assurer que le catalogue serait prêt à temps, elle a pris l'initiative de surveiller plus étroitement le responsable de la promotion, Alain. Elle connaissait la publication pour avoir été administratrice d'une maison d'édition de revues.

« Quand j'étais débordée, il lui arrivait d'accomplir des tâches qu'elle pouvait mener à terme. Pendant que j'étais en voyage d'affaires en France, elle a pris l'initiative de solliciter un nouvel organisme accordant des subventions, la Société urbaine de soutien aux initiatives locales, mais sans succès. Elle a aussi organisé, avec Julien, la sollicitation des annonceurs. Pour ce faire, elle s'est adressée à des programmes communautaires, qui ont fourni des travailleurs à mi-temps. Peu avant le Festival, elle a sélectionné des bénévoles et recruté de nouveaux employés des programmes d'emplois communautaires pour atteindre les objectifs que je lui avais définis sur papier et verbalement.

« Contrairement à Rita, Renée ne refusait jamais d'investir des efforts supplémentaires pour préparer le Festival. Son horaire de travail n'était jamais un obstacle pour elle. Puisqu'elle n'était pas membre du conseil d'administration, elle insistait toujours pour que je lui fasse une invitation claire si je désirais sa présence à la réunion. C'était Renée qui tenait les membres au courant de la situation financière. »

DU TRAVAIL FOU ET UN FRANC SUCCÈS

« Cet hiver-là, j'ai fait deux voyages de programmation outre-mer à deux semaines d'intervalle : l'un à Rotterdam et l'autre à Paris. Je participais activement à la programmation des courts métrages et des productions francophones. Dans le cas des productions anglophones, je faisais la sélection à Montréal avec Rita. J'encadrais tous les secteurs d'activité et j'étais responsable de toutes les décisions : l'affectation des dépenses, le contenu des demandes de subventions, les concepts et plans promotionnels,

l'affiche, l'échéancier, les solutions aux problèmes des douanes et des films étrangers, la définition de tâches des travailleurs communautaires et des contractuels. Ces derniers avaient été employés pour faire circuler les films et les cassettes entre les salles de projection, pour accueillir les invités et pour s'occuper de la mise en marché. Je faisais des représentations tant auprès des organismes qu'auprès des commanditaires.

« Je travaillais souvent très tard le soir, jusqu'aux petites heures du matin. Même si Julien était responsable des communications et des demandes de subvention, je devais le conseiller et souvent l'aider à composer ou à récrire certaines parties.

« Rita donnait un cours, ce qui l'occupait une journée par semaine. Elle n'était donc au bureau que quatre jours, et le plus souvent jusqu'à 15 heures 30. Il m'est apparu assez clairement que Rita donnait le minimum d'effort pour justifier son titre. C'est son comportement durant les périodes d'activité intense qui m'a fait prendre conscience de cela. En effet, durant les périodes normales, Rita avait de la difficulté à faire tout le travail qui lui était assigné. Par contre, durant les périodes d'activité intense, en adoptant le rythme de travail des autres, elle en faisait beaucoup plus qu'à l'ordinaire. Cette observation a confirmé mon évaluation de son rendement.

« Nous avons vécu une année de travail fou. Presque tout était à apprendre. Toute l'équipe travaillait d'arrache-pied. Nous nous inspirions des dossiers des années précédentes et des expériences vécues par le passé. J'ai respecté, autant que possible, le souhait de Paul de n'être pas dérangé. C'était une équipe joyeuse. Je m'entendais bien avec Renée, et nous avons organisé un événement international en six mois seulement. Grâce à Renée et à l'atmosphère dynamique qui régnait, je n'avais pas à imposer de directives ni à exiger plus de travail. Par son attitude conviviale et enjouée, Renée compensait pour la distance que j'avais tendance à maintenir entre moi-même et les autres membres de l'équipe. Cette distance constituait une protection contre ma propre sensibilité, ou plutôt contre ma difficulté à exercer directement l'autorité. En donnant le bon exemple par une application assidue au travail, j'avais le sentiment de soutenir l'équipe sans imposer quoi que ce soit.

« Au mois de juin 1988, pendant le Festival, Renée m'a appris qu'elle avait décidé de quitter notre organisme. Après avoir compilé les entrées du Festival, elle trouvait que c'était trop peu pour la quantité de travail que l'organisation de cet événement exigeait. Trois cents dollars par semaine, c'était trop mal payé. Elle savait aussi qu'il était impossible de la payer davantage. "J'ai donné à la cause, a-t-elle dit. Mes années de militantisme sont passées."

« Plusieurs membres de l'équipe ont aussi décidé de démissionner. Ils se sentaient épuisés ; ils s'étaient endettés parce qu'ils n'avaient pas été assez bien payés ; ils voulaient prendre de l'expérience ailleurs. Avant qu'ils ne partent, j'ai vérifié auprès d'eux leur appréciation de Rita parce que je souhaitais pouvoir remercier cette dernière de ses services. Ils m'ont dit qu'elle était individualiste, qu'ils ne voulaient plus travailler avec elle, car elle demandait beaucoup d'investissement personnel aux autres, mais ne donnait rien en retour. Elle avait une attitude condescendante à leur égard, souvent fort négative. Je me sentais quand même mal à l'idée de licencier Rita. Je n'arrivais pas à reconnaître le bien-fondé de mes critiques. Je craignais qu'il ne s'agisse que de récriminations personnelles. J'avais peur de mal juger Rita, et je me questionnais sur les raisons de mon hostilité envers elle.

« Il s'était pourtant produit plusieurs incidents qui pouvaient justifier mon attitude à l'égard de Rita. Par exemple, à l'occasion d'une réunion, lorsque la directrice d'un événement étranger s'était emportée contre moi, en mon absence, Rita n'avait rien fait pour me défendre, et s'était contentée de rapporter avec joie les propos explosifs au bureau. Pour que l'atelier dont elle était responsable fonctionne, des personnes de l'équipe et moi avions dû prendre une bonne part des responsabilités. Quand je lui ai présenté mes observations sur ses comportements et ses attitudes, que j'avais minutieusement notées et compilées en cours d'année, elle les a toutes niées ; toutes mes insatisfactions et mes critiques ont fondu comme neige au soleil. Et je n'avais même pas évoqué ses sarcasmes, ses moments de résistance et de passivité, ses commentaires négatifs pendant les réunions d'équipe ou du conseil.

« À cause de sa présence au conseil d'administration, je me sentais mal à l'aise de parler de mon insa-tisfaction à son égard. Je n'en parlais qu'à ceux en qui j'avais vraiment confiance, c'est-à-dire Paul et Benjamin. J'ai tendu des perches à certains autres membres, mais sans réactions de leur part ; j'ai donc ravalé mes insatisfactions. Pendant ce temps, Rita revendiquait le maintien de sa place au conseil à titre de représentante du groupe fusionné.

« Pour le Festival de 1988, on a réussi à augmenter le budget de près de 60 000 dollars, soit environ 33 % de plus provenant des services rendus, des subventions et des commandites un peu plus élevées. La soirée d'ouverture a eu lieu dans une salle permettant de recevoir 500 personnes, soit le double des années précédentes. On a bénéficié des services d'un courtier en douanes. La couverture de presse a été bonne. Le tout s'est déroulé dans un esprit de fête en dépit de la lourde charge de travail.

« La fierté que Renée et moi avions des améliorations apportées au Festival nous a attiré des reproches, car certains trouvaient que nous n'étions pas assez reconnaissantes du travail qu'ils avaient accompli. Pour atténuer le malaise, j'ai fait amende honorable en formulant des remerciements publics.

« Comme nous avions un surplus, je me suis fait accorder par le conseil d'administration, avec le soutien de Renée, une légère hausse de salaire pour le prochain exercice. Des suppléments, ajoutés à mon salaire, m'ont donné un revenu hebdomadaire net de 400 dollars. Cette majoration était nécessaire parce que, moi aussi, je m'étais endettée, mais les revenus reçus de la succession de ma mère me permettaient d'éponger ce manque à gagner. »

LE DÉBUT DE LA FIN

« À l'automne 1988, il a fallu, comme les automnes précédents, former l'équipe avec l'aide du programme d'emplois du ministère de l'Emploi et de l'Immigration, dit "article 38". En vertu de ce programme, chaque personne recevait des allocations de chômage majorées au maximum pour un nombre de semaines déterminées. Rita a proposé d'affecter le poste prévu pour elle à une autre personne, puisque ses revenus personnels lui suffisaient tout à fait. Rita a ainsi pu profiter des services de Jean, le même adjoint à la programmation que l'année précédente.

« Suivant les conseils de Renée, qui nous avait définitivement quittés, je me suis chargée des demandes de subventions. J'espérais toujours avoir le bonheur de travailler avec des personnes avec qui je pourrais partager cette lourde responsabilité. J'ai choisi, encore avec l'aide de Renée, un nouvel administrateur. Je n'ai pas accepté la candidature d'une connaissance de Renée, photographe de son métier et expérimenté. Je voulais engager un administrateur chevronné et, de plus, Renée m'avait dit que, dans ses rapports précédents avec ce dernier, il y avait eu confusion et désordre.

« Charlotte, l'administratrice que j'ai finalement choisie, avait de l'expérience dans la gestion de garderies et d'organismes sociaux. Le Festival était pour elle l'occasion d'entrer dans le monde des arts. Pendant plus d'une journée, je lui ai montré la répartition du budget du Festival, le contenu des postes budgétaires par grands secteurs et leur identification par numéros. J'avais appris à connaître les dépenses par catégories d'activités et par postes pour l'analyse financière et pour le bilan annuel. Cela était important pour moi de bien connaître chacune de nos dépenses, afin de justifier ces dernières devant le conseil d'administration. Au cours du mois de mars de cette année-là, j'ai dû justifier chacune des prévisions budgétaires que nous avions soumises devant un créancier.

« Dans le but d'apporter des changements plus importants à moyen terme, j'avais obtenu à l'automne l'accord du conseil d'administration de confier à un contractuel en administration le mandat suivant : analyser la possibilité de revoir à la hausse les salaires des employés permanents par une réduction de certains frais d'administration. Vu l'inexpérience des gens et les faibles salaires des postes, ses recommandations n'ont pu être mises en application tout de suite.

« C'est à partir d'un tableau de répartition des semaines de travail subventionnées par le programme d'emplois que Charlotte faisait les rapports et calculait les salaires. Cette nouvelle administratrice acceptait mal le fait d'être si peu payée. Elle ne voulait plus travailler dans le cadre de programmes d'emplois ; elle racontait ses misères et comptait ses minutes. Elle critiquait sans cesse ma gestion, la répartition des tâches et les programmes d'emplois.

« Quand j'ai engagé les nouveaux employés chargés des communications et de la régie, je leur ai remis une définition de tâches. Je n'arrivais pas à faire un calendrier général (les échéances étaient toujours reportées, me semblait-il) mais, avec chaque personne de l'équipe, j'ai fixé un échéancier sectoriel. L'absence de calendrier général a alimenté la critique quant à mon incapacité à coordonner les activités.

« La personne que j'avais choisie pour faire la campagne de souscription avait beaucoup de mal à prendre des initiatives. Je voulais qu'elle sorte du bureau, qu'elle rencontre des gens. Sa régularité, l'organisation chronométrée de sa routine de bureau m'énervaient. Les relations interpersonnelles n'étaient pas à leur meilleur. Nicole n'aimait pas mon travail de dernière minute. Déjà, à l'automne, les relations entre nous étaient tendues. J'avais du mal à faire reconnaître mon statut.

« Nous étions alors dans l'attente d'une subvention du programme de développement d'emplois. Je ne pouvais ni renouveler les contrats ni compléter l'équipe, tant que je ne savais pas combien de semaines de travail seraient financées. Cet embarras s'est ajouté aux doléances exprimées par Charlotte et Nicole, en plus des discordes entre les membres de l'équipe.

« À la fête organisée pour Noël, toutes les personnes de l'équipe de l'année précédente sont venues. N'ayant pas prévu que la soirée pouvait se prolonger, j'ai respecté l'invitation à souper que j'avais acceptée et j'ai laissé la fête se poursuivre sans moi. Je m'étais peut-être un peu dissociée de l'équipe. Après les vacances de Noël, j'ai procédé à une nouvelle définition des tâches. Je l'ai fait en m'appuyant sur les critiques et les suggestions de l'année précédente, en essayant d'alléger les tâches par une subdivision des postes et en tenant compte de la structure suggérée par le contractuel en administration que j'avais engagé à l'automne. La recherche de commanditaires et d'annonceurs a été donnée à contrat, libérant d'autant le responsable des communications.

« Lorsque j'ai dû partir en Europe, j'ai confié la responsabilité de l'équipe à l'administratrice, comme je l'avais fait l'année précédente. Rita a fait remarquer à Charlotte qu'elle en avait été offusquée.

« Le choix de la personne responsable des communications, suivant les conseils de Julien, s'était arrêté sur François parce que ce dernier faisait preuve de dynamisme, de beaucoup d'esprit d'initiative et d'originalité. À l'entrevue, son haleine m'agaçait — je me suis demandé à ce moment si c'était un signe de quelque chose — et ses manières m'énervaient, mais je me suis dit qu'il fallait respecter les manières des gens. Je l'ai engagé en mars. En mai, j'ai eu un désaccord avec lui quant à la rédaction du communiqué de la conférence de presse. Je prétendais que c'était à lui de le faire ; il prétendait, soutenu en cela par Julien, que c'était plutôt à moi. Il ne pouvait le faire, prétendait-il, parce qu'il ne connaissait pas la programmation. Il me semblait que ce travail ne me revenait pas — plus tard, Paul m'a donné raison — mais, puisqu'il disait ne pas pouvoir le faire, j'ai passé la nuit à rédiger ce communiqué en grognant. C'était très désagréable de me sentir coincée par mon propre employé.

« À l'occasion de la conférence de presse, qui a eu lieu dix jours avant l'événement, il y a eu maladresses et erreurs. Certaines personnes ont été oubliées. François n'avait utilisé que sa liste de presse. Il disait que les autres auraient dû lui présenter leurs listes, mais aussi que cela aurait grevé son budget. Il était difficile de déterminer à ce moment qui était le coupable. On a dit qu'il y avait eu un manque de coordination… mais qu'il y avait aussi eu un manque d'initiative.

« Peu de temps après, Rita s'est mise à critiquer ouvertement mes comportements et mon budget. Par exemple, elle considérait que je ne prenais pas de décisions, et que je ne faisais qu'exécuter celles du conseil d'administration. Sur l'avis d'une personne du conseil, spécialisée en promotion, nous avions augmenté le budget des dépenses promotionnelles et publicitaires au risque d'avoir une moins grande marge de sécurité pour l'année suivante. Rita relatait les faits en minimisant mon rôle de directrice parce que la décision s'était prise sur la recommandation du conseil. Pour ma part, je me suis souvent retrouvée coincée entre les avis des membres du conseil d'administration, que je transmettais, et la résistance de l'équipe, qui critiquait les décisions prises.

« Après la conférence de presse aux multiples oublis, Julien m'a confié que l'esprit n'était pas là, que l'organisation du Festival ne marchait pas, que c'était ma responsabilité de corriger cela ; comme si j'étais une réalisatrice de films… Ce soir-là, je suis tombée par terre en traversant une rue, et je me suis gravement blessée au visage.

« Les conditions matérielles étaient difficiles. Nous étions à l'étroit. Pendant la période précédant l'événement, nous nous sommes retrouvés à quatorze, en comptant les contractuels et les adjoints, dans des locaux prévus pour la moitié de ce nombre. Les travailleurs communautaires n'avaient pas leur propre bureau ; leurs tâches évoluaient au fur et à mesure des besoins. On essayait de garder un certain ordre, mais c'était difficile. Une autre salle avait heureusement été louée pour un mois.

« Certaines améliorations me réjouissaient. Mon objectif de faire travailler moins fort et moins tard les membres de l'équipe était atteint. Quand les personnes de l'ancienne équipe téléphonaient, elles étaient étonnées que la nouvelle équipe ne travaille plus après 20 heures, et ce à quelques semaines du Festival. Je répondais alors qu'elle devait avoir fini son travail.

« Je constatais que l'atmosphère était chargée d'hostilité, de ronchonnements et de laisser-aller. Charlotte me disait que Julien parlait dans mon dos. Puisque je trouvais que la réussite du Festival était plus importante que les ragots, je ne m'en suis pas occupée. Je me suis attelée à la tâche et je me suis assurée que, dans la mesure du possible, tout progressait bien. Et moi, j'étais toujours débordée.

« Dans toute cette affaire, il y a eu de belles réussites. Par exemple, un ami avait pris la responsabilité d'organiser une soirée-bénéfice. Cet événement m'a quand même amené un surcroît de travail : des déjeuners avec le comité organisateur et le comité d'honneur, la recherche de fonds pour couvrir le coût de la réception, la coordination avec la responsable de la vente des billets, etc. Cette soirée devait rapporter 10 000 dollars et nous permettre, l'année suivante, d'avoir une plus grande marge de manœuvre, de payer de plus hauts salaires et peut-être de dissiper graduellement l'incertitude au sujet du nombre de postes et de semaines subventionnées que nous avions. La commandite allait bien. Je m'entendais bien avec celle qui s'en occupait, Sophie. Nous allions ensemble rendre visite aux commanditaires, nous négociions. Je m'entendais bien aussi avec Céline, qui était responsable de la mise en marché. Elle faisait un magnifique travail pour donner de la visibilité aux productions et au Festival en dehors de la période de l'événement.

« Mais il y a eu également beaucoup de problèmes. Les bénévoles, dont nous avions beaucoup besoin pendant la tenue du Festival, avaient été recrutés par Renée l'année précédente. Les listes avaient été remises au responsable de la régie qui, lui, avait délégué la tâche à son adjoint, qui avait peu d'initiative et qui était trop timide pour entreprendre des démarches. Nous avons manqué de bénévoles.

« Il y a eu aussi des signes d'impatience et des critiques à mon endroit. Je ne me sentais pas associée à l'équipe. J'avais hâte que certaines personnes de cette équipe aient terminé leurs tâches et qu'elles quittent l'organisme. À cause des programmes d'emplois et du manque de liquidités, je n'avais pas le loisir de les congédier et de les remplacer par des professionnels. J'estimais que j'avais des choses plus importantes à faire que de m'occuper des raisons de cette hostilité que je ne savais réduire.

« Lasse d'entendre des critiques déplorant le manque de coordination alors que les tâches avaient été définies avec le plus grand soin, je suis devenue mal à l'aise pendant les réunions. J'avais proposé à Charlotte, à six semaines de l'événement, de présider les réunions et de coordonner le secrétariat et les responsables de la régie ainsi que des communications, et ce en lui soulignant que je savais que ce n'était pas prévu dans sa tâche. Elle l'a fait. Je n'étais pas satisfaite, mais je ne voulais pas la critiquer. Je me disais qu'elle faisait de son mieux pour me libérer. Comme j'étais irritée par certaines personnes, en particulier par François, et parfois par la secrétaire, Nicole, laquelle supportait mal mes retards, et comme il y avait beaucoup de tensions et d'insatisfactions dans l'air, tensions que mon esprit positif et ma propre persévérance n'arrivaient pas à apaiser, je me suis accommodée de cette solution.

« Le Festival a été un succès. Il y a eu un peu plus d'entrées et une plus grande couverture de presse grâce à notre invité de marque. La soirée-bénéfice, outre qu'elle a rapporté de l'argent, a fait connaître l'événement en dehors des cercles habituels. La moitié des productions ont trouvé preneur sur le marché, ce qui ne s'était jamais vu. »

RIEN NE VA PLUS...

« Durant la réunion où on a fait le bilan des activités, l'esprit critique et l'insatisfaction ont dominé. Chacun y est allé de ses récriminations à mon endroit. Charlotte est sortie de cette réunion l'air triomphant, puisqu'elle avait réglé des comptes. Elle a exprimé des doléances que j'entendais pour la première fois. Par exemple, elle parlait des demandes de subventions qu'elle avait eu à remplir, alors que ce n'était pas sa tâche. Certaines personnes de l'équipe, qui généralement m'appuyaient, étaient absentes : Julien, aux communications, qui ne voulait plus voir François ; et Sophie, qui partait en voyage ce jour-là. Céline m'appuyait, mais elle n'était pas très soutenue. Louise, la préposée à la circulation des documents, semblait dépassée par ce qui se déroulait.

« Les bilans ont ensuite été évalués en conseil d'administration. Rita s'est faite le porte-parole des critiques et a demandé ma démission.

« Pendant mes vacances, j'ai songé à tous ces événements et j'hésitais à quitter mon poste. J'avais toujours l'appui du conseil d'administration et de la présidente, que je ne voulais pas décevoir. Ma lettre de démission a été rédigée le 6 septembre 1989. J'ai proposé que ma démission prenne effet six semaines plus tard, lorsque le bilan des activités et le bilan financier seraient complétés. On m'a demandé de garder mon poste jusqu'en décembre, mais je n'ai pas pu rester plus que deux autres semaines, le temps de fermer les dossiers dont j'étais responsable. »

ÉPILOGUE

Roxanne cessa d'écrire son histoire au mois d'août. Elle entra dans mon bureau, décidée à mettre fin à nos entretiens ; elle voulait passer à autre chose. Elle me confia, sur un ton le plus objectif possible, ces dernières pensées :

« Cela fait maintenant trois ans que j'ai quitté l'organisme. Je ne suis pas allée au Festival depuis. J'ai même entendu dire que ça va de mal en pis. J'ai 49 ans et je ne vais pas mieux qu'avant. Je ne suis pas fière de moi ; ma vie aurait pu se dérouler autrement. Je sais que je suis capable de diriger et de gérer une entreprise, mais le souvenir de cette expérience me hante. Je viens de terminer un diplôme d'études supérieures en gestion et j'ai bien réussi mes cours. En plus, je suis avocate et j'ai une maîtrise en service social. J'ai toujours bien réussi mes études, en dépit de tout. Mais je sens que j'ai perdu mon temps. J'aurais préféré être une artiste, mais je n'ai pas de talent. Qu'est-ce que je peux faire maintenant?

«Je n'ai jamais réussi à vivre avec un homme; je n'aurai jamais d'enfants ni de famille. Je suis seule et orpheline. Vers qui puis-je me tourner? Je ne crois plus très utile d'essayer de comprendre; je suis peut-être déjà trop vieille pour améliorer mon sort. Mon histoire me déprime. Je préfère ne plus en parler.»

Bibliographie

ABRAMSON, L.Y., SELIGMAN, M.E.P., et TEASDALE, J.D. (1978). « Learned helplessness in humans : Critique and reformulation », *Journal of Abnormal Psychology*, *81*(1), p. 19-74.

ABRIC, J.-C. (1987). *Coopération, compétition et représentations sociales*, Cousset (Fribourg), DelVal.

ADAMS, J.S. (1963). « Toward an understanding of inequity », *Journal of Abnormal Social Psychology*, p. 422-436.

ADAMS, J.S. (1965). « Inequity in social exchange », dans L. Berkowitz (sous la dir. de), *Advances in Experimental Social Psychology*, vol. 2, New York, Academic Press, p. 267-300.

ADELFER, C.P. (1969). « An empirical test of a new theory of human needs », *Organizational Behavior and Human Performance*, *4*, p. 142-175.

ADELFER, C.P. (1972). *Existence, Relatedness and Growth : Human Needs in Organizational Settings*, New York, Free Press.

ADLER, A. (1950). *Le sens de la vie* (1933), Paris, Payot.

ADLER, A. (1979). *Superiority and Social Interest*, New York, Norton.

AEBISCHER, V., et OBERLÉ, D. (1990). *Le groupe en psychologie sociale*, Paris, Dunod/Bordas.

AGATHON, M. (1991). « Anxiété », dans H. Bloch, R. Chemama, A. Gallo, et autres (sous la dir. de), *Grand dictionnaire de la psychologie*, Paris, Larousse, p. 53.

AIKEN, M.W., MARTIN, J.S., et PAOLILLO, J.G.P. (1994). « Requisite skills of business school graduates : Perceptions of senior corporate executives », *Journal of Education for Business*, janvier-février, p. 159-162.

AINSWORTH, M.D.S. (1979). « Infant-mother attachment », *American Psychologist*, *34*, p. 932-937.

AINSWORTH, M.D.S. (1989). « Attachments beyond infancy », *American Psychologist*, *44*, p. 709-716.

AKTOUF, O. (1986). *Les sciences de la gestion et les ressources humaines : une analyse critique*, Alger, Entreprise nationale du livre.

ALLEN, N.J., et MEYER, J.P. (1990). « The measurement and antecedents of affective, continuance and normative commitment to the organization », *Journal of Occupational Psychology*, *62*, p. 1-18.

ALLEN, W. (1975). *Without Feathers*, New York, Ballentine Books, Humor.

ALLPORT, G.W. (1937). *Personality : A Psychological Interpretation*, New York, Holt, Rinehart & Winston.

ALLPORT, G.W. (1955). *Becoming : Basic Considerations for a Psychology of Personality*, New Haven, Conn., Yale University Press.

ALLPORT, G.W. (1966). *Personality & Social Encounter*, Boston, Beacon Press.

AMADO, G. (1995a). « Claustrophobie et culture nationale : l'effet tunnel », *Revue internationale de psychosociologie*, *2*(1), p. 93-101.

AMADO, G. (1995b). « Why psychoanalytical knowledge helps us understand organizations : A discussion with Elliott Jaques », *Human Relations*, *48*(4), p. 351-357.

AMADO, G., et GUITTET, A. (1975). *La dynamique des communications dans les groupes*, Paris, Armand Collin.

AMADO, G., et GUITTET, A. (1979). « Comment réussir une réunion de travail », *Gestion*, *4*(3), p. 41-50.

AMCHIN, J. (1991). *Psychiatric Diagnosis : A Biopsychosocial Approach Using DSM-III-R*, Washington, D.C., American Psychiatric Press.

AMERICAN PSYCHIATRIC ASSOCIATION (1987). *Diagnostic and Statistical Manual of Mental Disorders (DSM-III-R)*, Washington, D.C., American Psychiatric Association.

ANDERSON, J.R. (1985). *Cognitive Psychology and Its Implications*, New York, W.H. Freeman.

ANTONOVSKY, A. (1979). *Health, Stress and Coping. New Perspectives on Mental and Physical Well-being*, San Francisco, Calif., Jossey-Bass.

ANTONOVSKY, A. (1987). « Health Promoting Factors at Work : The sense of Coherence », dans R. Kalimo, M.A. El-Batawi et C.L. Cooper (sous la dir. de), *Psychosocial Factors at Work and Their Relations to Health*, New York, World Health.

ANZIEU, D. (1984). *Le groupe et l'inconscient: l'imaginaire groupal*, Paris, Dunod.

ANZIEU, D., et MARTIN, J.Y. (1986). *La dynamique des groupes restreints*, Paris, PUF.

ARGYLE, M. (1991). *Cooperation: The Basis of Sociability*, New York, Routledge.

ARGYRIS, C. (1970). *Participation et organisation*, Paris, Dunod.

ARGYRIS, C. (1978). « Savoir se remettre en question », *Harvard L'Expansion, 8*, p. 66-77.

ARGYRIS, C. (1982). *Reasoning, Learning, and Action: Individual and Organizational*, San Francisco, Calif., Jossey-Bass.

ARGYRIS, C. (1985). *Strategy, Change and Defensive Routines*, Boston, Pitman.

ARGYRIS, C. (1990). *Overcoming Organizational Defenses*, Boston, Allyn and Bacon.

ARONSON, E. (1976). *The Social Animal*, San Francisco, W.H. Freeman.

ASCH, S.E. (1952). *Social Psychology*, New York, Prentice-Hall.

ATKINSON, J.W. (1964). *An Introduction to Motivation*, Princeton, Van Nostrand.

AUBERT, N., et DE GAULEJAC, V. (1950). *Le coût de l'excellence*, Paris, Seuil.

BALES, R.F. (1950). *Interaction Process Analysis*, Cambridge, Mass., Addison-Wesley.

BANDURA, A. (1977a). « Self-efficacy: Toward a unifying theory of behavioral change », *Psychological Review, 84*, p. 191-215.

BANDURA, A. (1977b). *Social Learning Theory*, Englewood Cliffs, N.J., Prentice-Hall.

BANDURA, A. (1980). *L'apprentissage social*, Bruxelles, Mardaga.

BANDURA, A. (1986). *Social Foundations of Thought and Action: A Social Cognitive Theory*, Englewood Cliffs, N.J., Prentice-Hall.

BANDURA, A. (1991). « Social cognitive theory of self regulation », *Organizational Behavior and Human Decision Processes, 50*, p. 248-287.

BARNARD, C.I. (1982). *The Functions of the Executive*, Cambridge, Mass., Harvard University Press.

BARNES, L.B. (1981). « Managing the paradox of organizational trust », *Harvard Business Review, 59*(2), p. 107-116.

BARRICK, M.R., et MOUNT, M.K. (1991). « The Big Five personality dimensions and job performance: A meta-analysis », *Personnel Psychology, 44*, p. 1-26.

BASIC BEHAVIORAL SCIENCE TASK FORCE OF THE NATIONAL ADVISORY MENTAL HEALTH COUNCIL (1996). « Basic behavioral science research of mental health: Vulnerability and resilience », *American Psychologist, 51*(1), p. 22-28.

BASS, B.M., et AVOLIO, B.J. (1994). *Improving Leadership Effectiveness Through Transformational Leadership*, Beverly Hills, Sage.

BATTISTINI, Y. (1968). *Trois présocratiques*, Paris, Gallimard.

BAUDELAIRE, C. (1986). *Mon cœur mis à nu*, Paris, Gallimard.

BEAUDIN, G., et SAVOIE, A. (1995). « L'efficacité des équipes de travail: définition, composantes et mesures », *Revue québécoise de psychologie, 16* (1).

BEAUDOIN, O. (1986). *Le counseling en milieu de travail*, Montréal, Agence d'Arc.

BEAUVOIS, J.-L., et JOULE, R.V. (1981). *Soumission et idéologies*, Paris, PUF.

BEEHR, T.A. (1985). « The role of social support in coping with organizational stress », dans T.A. Beehr et R.S. Bhagat (sous la dir. de), *Human Stress and Cognition in Organizations*. New York, Wiley.

BEER, M.A. (1988). « Leading change », note inédite n° 9-488-037, Harvard Business School.

BENNIS, W. (1964). « Patterns and vicissitudes in T-group development », dans L. Bradford, J. Gibb et K. Benne (sous la dir. de), *T-Group Theory and Laboratory Method*, New York, John Wiley.

BENNIS, W., et NANUS, B. (1985). *Leaders*, New York, Harper & Row.

BENNIS, W., PARIKH, J., et LESSEM, R. (1995). *Beyond Leadership: Balancing Economics, Ethics and Ecology*, Cambridge, Mass., Basil Blackwell.

BERGER, D.M. (1987). *Clinical Empathy*, Northvale, N.J., Jason Aronson.

BERNOUX, P. (1985). *La sociologie des organisations*: initiation, Paris, Seuil (coll. « Points »).

BERSCHEID, E. (1994). « Interpersonal relationships », *Annual Review of Psychology, 45*, p. 79-129.

BETTELHEIM, B. (1976). *La psychanalyse des contes de fée*, Paris, Robert Laffont (coll. « Réponses »).

BION, W.C. (1965). *Recherches sur les petits groupes*, Paris, PUF.

BLAKE, R., et MOUTON, J. (1969). *Les deux dimensions du management*, Paris, Éditions d'Organisation.

BLAU, P.M., et SCOTT, W.R. (1962). *Formal Organizations*, San Francisco, Calif., Chandler.

BLOCK, P. (1987). *The Empowered Manager: Positive Skills at Work*, San Francisco, Calif., Jossey-Bass.

BONEAU, C.A. (1992). « Observations on psychology's past and future », *American Psychologist*, 47(12), p. 1586-1596.

BORING, E.G. (1957). *A History of Experimental Psychology*, Englewood Cliffs, N.J., Prentice-Hall.

BOUGIE, C. (1994). « Le sens de la responsabilité en milieu de travail », mémoire de maîtrise inédit, Montréal, École des Hautes Études Commerciales.

BOWER, G.A. (1993). « The fragmentation of psychology? », *American Psychologist*, 48(8), p. 905-907.

BOWLBY, J. (1978). *Attachement et perte, 1: l'attachement*, Paris, PUF.

BOWLBY, J. (1979). « Seconde intervention », dans R. Zazzo (sous la dir. de), *L'attachement*, Neuchâtel, Delachaux et Niestlé, p. 127-139.

BOWLBY, J. (1988). *A Secure Base*, New York, Basic Books.

BRACKE, P.E., et BUGENTAL, J.F.T. (1995). « Existential addiction: A model for treating type-A behavior and workaholism », dans T.-C. Pauchant (sous la dir. de), *In Search of Meaning*, San Francisco, Calif., Jossey-Bass, p. 65-93.

BRAMSON, R.M. (1981). *Coping with Difficult People*, New York, Anchor Press/Doubleday.

BRAVERMAN, H. (1974). *Labor and Monopoly Capital*, New York, Monthly Review Press.

BRIAND, A. (1995). « Le choc de la réalité: les illusions de l'approche humaniste sur le fonctionnement des comités », *Revue québécoise de psychologie*, 16(1), p. 155-184.

BRIEF, A.P., et NORD, W.R. (sous la dir. de) (1990). *Meanings of Occupational Work: A Collection of Essays*, Lexington, Mass., Lexington Books.

BRIGGS, K., et MYERS, I. (1989). *Contributions of Type to Executive Success*, Gainesville, Fla., Center for Applications of Psychological Type.

BROWN, T.S., et WALLACE, P.M. (1980). *Physiological Psychology*, New York, Academic Press.

BRUNET, L. (1995). « Structure et fonctionnement des groupes informels en milieu de travail: premiers résultats empiriques », *Revue de psychologie québécoise*, 16(1), p. 63-80.

BRUNSWIK, E. (1956). *Perception and the Representation Design of Psychological Experiments*, Berkeley, University of California Press.

BUBER, M. (1990). *Pointing the Way: Collected Essays*, Atlantic Highlands, N.J., Humanities Press International.

BUGENTAL, J.T.F. (1976). *The Search for Existential Identity: Patient-Therapist Dialogues in Humanistic Psychotherapy*, Troy, Mo., Holt, Rinehart & Winston.

BÜHLER, C. (1967). « Human life as a whole as a central subject of humanistic psychology », dans J.T.F. Bugental (sous la dir. de), *Challenges of Humanistic Psychology*, New York, McGraw-Hill.

BUNNING, C. (1992). « Turning experience into learning: The strategic challenge for individuals and organizations », *Journal of European Industrial Training*, 16(6), p. 7-12.

BUSS, A.H. (1989). « Personality as traits », *American Psychologist*, 44, p. 1378-1388.

CAMPBELL, J. (1972). *Myths to Live By*, New York, Viking Press.

CAMPBELL, J.P., et PRITCHARD, R.D. (1976). « Motivation theory in industrial and organizational psychology », dans M.D. Dunnette (sous la dir. de), *Handbook of Industrial and Organizational Psychology*, Chicago, Rand McNally, p. 63-131.

CANNON, W.B. (1915). *Bodily Changes in Pain, Hunger, Fear and Rage*, New York, Appleton-Century-Crofts.

CARLSSON, B.P., KEANE, P., et MARTIN, J.B. (1976). « R & D Organizations as learning systems », *Sloan Management Review*, printemps, p. 1-15.

CARNEGIE, D. (1968). *Comment se faire des amis*, Paris, Hachette.

CARRELL, M.R., et DITTRICH, J.E. (1978). « Equity theory: The recent litterature, methodological considerations, and new directions », *Academy of Management Review*, 3(2), p. 202-210.

CARVER, C.S., et SCHEIER, M.F. (1981). *Attention and Self-Regulation: A Control Theory Approach to Human Behavior*, New York, Springer.

CASAS, E. (1990). *Les types psychologiques jungiens*, Edmonton, Alberta, Psychometrics Canada.

CASCIO, W.F. (1995). « Whiter industrial and organizational psychology in a changing world of work ? » *American Psychologist, 50*(11), p. 928-939.

CATTELL, R.B. (1965). *The Scientific Analysis of Personality,* London, Penguin.

CATTELL, R.B., EBER, H.W., et TATSUOKA, M.M. (1970). *Handbook for the Sixteen Personality Factor Questionnaire,* Champaign, IL., Institute for Personality and Ability Testing.

CAUVIN, P., et CAILLOUX, G. (1994). *Deviens qui tu es (Partie 1),* Barret-le-Bas, Le Souffle d'Or.

CAYER, M., et PAUCHANT, T.-C. (1995). *L'apprentissage organisationnel : une vogue de plus ou une vague de fond ?,* Montréal, École des HEC, cahier de recherche non publié.

CHALVIN, D. (1985). *Faire face aux stress de la vie quotidienne,* Paris, Éditions ESF — Entreprise moderne d'édition.

CHANGEUX, J.P. (1983). *L'homme neuronal,* Paris, PUF.

COE, C.K. (1992). « The MBTI : Potential uses and misuses in personnel administration », *Public Personnel Management, 21*(4), p. 511-522.

COLLERETTE, P. (1991). *Pouvoir, leadership et autorité,* Sillery, Québec, Presses de l'Université du Québec.

COMER, D.R. (1993). « Sociopolitical effects on personality research », *American Psychologist, 48*(12), p. 1-299.

CONFERENCE BOARD OF CANADA (1994). *Profil des compétences relatives à l'employabilité. Ce que les employeurs recherchent,* Ottawa, Ontario, Conseil d'entreprises sur l'enseignement, Centre national sur les affaires et l'enseignement.

CONGER, J.A. (1989). « Leadership : The art of empowering others », *Academy of Management Executive, 3*(1), p. 17-24.

CONGER, J.A., et KANUNGO, R.N. (1987). « Toward a behavioral theory of charismatic leadership in organizational settings », *Academy of Management Review, 12,* p. 637-647.

COOK, J., et WALL, T. (1980). « New work attitude measures of trust, organizational commitment and personal need non-fulfilment », *Journal of Occupational Psychology, 53,* p. 39-52.

COOLEY, C.H. (1962). *Social Organization : A Study of the Larger Mind,* New York, Schocken Books.

COOPER, C.L., et CARTWRIGHT, S. (1994). « Healthy mind ; Healthy organization - A proactive approach to occupational stress », *Human Relations, 47*(4), p. 455-471.

COQUERY, J.M. (1991). « Motivation », dans H. Bloch, R. Chemama, A. Gallo, et autres (sous la dir. de), *Grand dictionnaire de la psychologie,* Paris, Larousse p. 480-482.

COSTA, P.T., et McCRAE, R.R. (1978). « Objective personality assessment », dans M. Storandt, I.C. Siegler et M.F. Elias (sous la dir. de), *The Clinical Psychology of Aging,* New York, Plenum, p. 119-143.

COSTA, P.T., et McCRAE, R.R. (1984). « Personality as a lifelong determinant of wellbeing », dans C.Z. Malatesta et C.E. Izard (sous la dir. de), *Emotion in Adult Development,* Beverly Hills, Sage, p. 141-157.

COSTA, P.T., et McCRAE, R.R. (1992). *NEO PI-R, Professional Manual,* Odessa, FLa., Psychological Assessment Resources.

COTTON, J.L. (1993). *Employee Involvement. Methods for Improving Performance and Work Attitudes,* New York, Sage.

CROZIER, M. (1963). *Le phénomène bureaucratique,* Paris, Seuil.

CROZIER, M. (1969). *La société bloquée,* Paris, Seuil.

CROZIER, M. (1995). « Le pouvoir confisqué : deux des acteurs et dynamique du changement », *Sciences Humaines, Hors Série,* 9.

CROZIER, M., et FRIEDBERG, E. (1977). *L'acteur et le système,* Paris, Seuil (coll. « Points »).

CSIKSZENTMIHALYI, M. (1990). *Flow : The Psychology of Optimal Experience,* New York, Harper & Row.

DAVEY, J.A., SCHELL, B.H., et MORRISSON, K. (1993). « The Myers-Briggs Personality Indicator and its usefulness for problem solving by mining industry personnel », *Group & Organization Management, 18*(1), p. 50-65.

DAVIS, D.L., GROVE, S.J., et KNOWLES, P.A. (1990). « An experimental application of personality type as an analogue for decision-making style », *Psychological Reports, 66,* p. 167-175.

DE ANGÉLI, G., et HÉBRARD, J. (1976). *Formation aux relations humaines,* Strasbourg, Euro-training.

DEARY, I.J., et MATTHEWS, G. (1993). « Personality traits are alive and well », *The Psychologist, 6*(7), p. 299-311.

De Charms, R. (1968). *Personal Causation*, New York, Academic Press.

Deci, E.L. (1975). *Intrinsic Motivation*, New York, Plenum.

Deci, E.L., et Ryan, R.M. (1985). *Intrinsic Motivation and Self-Determination in Human Behavior*, New York, Plenum.

Dejours, C. (1980). *Travail: usure mentale. Essai de psychopathologie du travail*, Paris, Le Centurion.

Dejours, C. (1986). *Le corps entre biologie et psychanalyse*, Paris, Fayot.

Deleuze, G. (1969). *Logique du sens*, Paris, Éditions de Minuit.

Delprato, D.J., et Midgley, B.D. (1992). « Some fundamentals of B.F. Skinner's behaviorism », *American Psychologist*, 47(11), p. 1507-1520.

Denis, M. (1989). *Image et cognition*, Paris, PUF.

De Paolis, P., Doise, W., et Mugny, G. (1987). « Social markings in cognitive operations », dans W. Doise et S. Moscovici (sous la dir. de), *Current Issues in European Social Psychology*, 2, p. 1-46.

De Pree, M. (1990). *Diriger est un art*, Paris, Rivages/Les Echos.

Dewey, J. (1947). *Expérience et éducation*, Paris, Éd. Bourrelier & Cie.

Dewey, J. (1958). *Experience and Nature*, New York, Dover Publications.

Diel, P. (1947). *Psychologie de la motivation*, Paris, Petite bibliothèque Payot.

Digman, J.M. (1990). « Personality structure: Emergence of the five-factor model », *Annual Review of Psychology*, 41, p. 417-440.

Dixon, N. (1985). « Consciousness: The illusion of certainty », dans S. Nash (sous la dir. de), *Science and Certainty*, Northwood (England), Science Reviews, p. 171-181.

Dixon, N.M. (1994). *The Organizational Learning Cycle*, London, McGraw-Hill.

Dixon, N.M. (1995). *The Organizational Learning Competencies Survey*, Washington, D.C., The George Washington University.

Doise, W. (1985). « Les représentations sociales: définition d'un concept », *Connexions*, 45, p. 243-252.

Doise, W., et Mugny, G. (1981). *Le développement social de l'intelligence*, InterÉditions.

Dolle, J.-M. (1987). *Au-delà de Freud et Piaget*, Toulouse, Privat.

Dolliver, R.H. (1991). « "I am from Missouri. You got have to show me." : A response to McCrae and Costa », *Journal of Counseling & Development*, 69(4), p. 373-374.

Doms, M., et Moscovici, S. (1984). « Innovation et influence des minorités », dans Moscovici (sous la dir. de), *Psychologie sociale*, Paris, PUF, Fondamental, p. 51-89.

Doty, D.H., et Glick, W.H. « Typologies as a unique form of theory building: Toward improved understanding and modeling », *Academy of Management Journal*, 19(2), p. 230-251.

Drath, W.H., et Palus, C.J. (1994). *Making Common Sense. Leadership as Meaning-making in a Community of Practice*, Greensboro, Calif., Center for Creative Leadership.

Drucker, P.F. (1954). *The Practice of Management*, New York, Harper & Row.

Dubé, L. (1994a). « Les relations interpersonnelles », dans R.J. Vallerand (sous la dir. de), *Les fondements de la psychologie sociale*, Boucherville, Gaëtan Morin Éditeur, p. 458-508.

Dubé, L. (1994b). *Psychologie de l'apprentissage*, Montréal, Presses de l'Université du Québec.

Durkheim, E. (1976). *De la division du travail social*, Paris, PUF.

Duyckaerts, F. (1979). « Métapsychologie et psychologie », dans R. Zazzo (sous la dir. de), *L'attachement*, Neuchâtel, Delachaux et Niestlé, p. 155-184.

Earley, P.C., et Erez, M. (1991). « Time-dependency effects of goal and norms: the role of cognitive processing on motivational models », *Journal of Applied Psychology*, 76(5), p. 717-724.

Egan, G. (1994). *Working the Shadow Side. A Guide to Positive Behind-the-Scenes Management*, San Francisco, Calif., Jossey-Bass.

Eisenberger, R., Huntingdon, R., Hutchison, S., et Sowa, D. (1986). « Perceived organizational support », *Journal of Applied Psychology*, 71, p. 500-507.

Ekman, P. (1982). *Emotion in the Human Face*, New York, Cambridge University Press.

Elloy, D.F., et Terpening, W.D. (1992). « An empirical distinction between job involvement and work involvement: Some additional evidence », *Canadian Journal of Behavioral Science*, 24(4), p. 465-478.

ENRIQUEZ, E. (1972). « Problématique du changement », *Connexions, 4*, p. 5-45.

ENRIQUEZ, R. (1991). « Autorité », dans H. Bloch, R. Chemama, A. Gallo, et autres (sous la dir. de), *Grand dictionnaire de la psychologie*, Paris, Larousse, p. 91.

ERDELYI, M.H. (1992). « Psychodynamics and the unconscious », *American Psychologist, 47*(6), p. 784-787.

ERIKSON, E.H. (1963). *Childhood and Society*, New York, W.W. Norton.

EYSENCK, H.J. (1970). *The Structure of Human Personality*, London, Methuen.

EYSENCK, H.J. (1993). « Comment on Goldberg », *American Psychologist, 48*(12), p. 1299-1300.

EYSENCK, H.J., et EYSENCK, S.B.G. (1964). *Manual of the Eysenck Personality Inventory*, London, University Press.

FATZER, G. (1990). « Experiential learning in organizations : Humanistic education and organization development », dans F. Massarik (sous la dir. de), *Advances in Organization Development*, vol. 1, Ablex Corp., p. 124-143.

FAUCHEUX, C., AMADO, G., et LAURENT, A. (1982). « Organizational development and change », *Annual Review of Psychology, 33*, p. 343-370.

FERRIS, G.R., BEEHR, T.A., et GILMORE, D.C. (1978). « Social facilitation : A review and alternative conceptual model », *Academy of Management Review, 3*, p. 338-347.

FESTINGER, L. (1954). « A theory of social comparison processes », *Human Relations, 7*, p. 117-140.

FESTINGER, L. (1957). *A Theory of Cognitive Dissonance*, Evanston, Ill., Scott, Foresman.

FIEDLER F.E., et GARCIA, J.E. (1987). *New Approaches to Effective Leadership : Cognitive Resources and Organizational Performance*, New York, Wiley.

FIELD, T. (1996). « Attachment and separation in young children », *Annual Review of Psychology, 47*, p. 541-561.

FISCHER, G.-N. (1987). *Les concepts fondamentaux de la psychologie sociale*, Paris, Bordas, Dunod/PUM.

FISCHER, G.-N. (1991). *Les domaines de la psychologie sociale. 2. Les processus du social*, Paris, Dunod/Bo-Pré.

FOLKMAN, S., et LAZARUS, R.S. (1984). « If it changes it must be a process : A study of emotion and coping during three stages of a college examination », *Journal of Personality and Social Psychology, 48*, p. 150-170.

FORTIN, B. (1989). « Apprendre la dépression », *Psychologie Québec, 6*(6), p. 6.

FORUM (1994). « PAP : 73 % des personnes y ont recours pour des problèmes personnels ou familiaux », Montréal, Forum, 21 mars 1994, p. 3.

FOX, A. (1980). « The meaning of work », dans G. Esland et G. Salaman (sous la dir. de), *The Politics of Work and Organizations*, Milton Keyes, Open University Press, p. 139-191.

FRANKL, V.E. (1963). *Man Search for Meaning : An Introduction to Logotherapy*, New York, Beacon Press.

FRANKL, V.E. (1967). *Psychotherapy and Existentialism. Selected Papers on Logotherapy*, New York, Washington Square Press.

FRANKL, V.E. (1969). *The Will to Meaning*, New York, New American Library.

FRANKL, V.E. (1993). *Raisons de vivre*, Genève, Éd. du Tricorne.

FREEDMAN, S.M., et PHILLIPS, J.S. (1985). « The effects of situational performance constraints on intrinsic motivation and satisfaction : The role of perceived competence and self determination », *Organizational Behavior and Human Decision Processes, 35*, p. 397-416.

FREUD, A. (1949). *Le moi et les mécanismes de défense*, Paris, PUF.

FREUD, S. (1933). *Essais de psychanalyse appliquée*, Paris, Gallimard.

FREUD, S. (1953). *Cinq leçons sur la psychanalyse*, Paris, Payot.

FREUD, S. (1960). *Group Psychology and the Analysis of the Ego*, New York, Bantam Books.

FREUD, S. (1962a). *Civilization and its Discontents*, New York, W.W. Norton.

FREUD, S. (1962b). *Trois essais sur la théorie de la sexualité*, Paris, Gallimard.

FREUD, S. (1969). *La naissance de la psychanalyse*, Paris, PUF.

FREUD, S. (1973). *Névrose, psychose et perversion*, Paris, PUF.

FREUD, S. (1981). *Essais de psychanalyse* (nouvelle traduction), Paris, P.B.P.

FREUD, S. (1985). *Psychanalyse. Textes choisis.* Paris, PUF.

FREUD, S. (1986). *Inhibition, symptôme et angoisse,* Paris, PUF.

FREUD, S. (1988). *Totem et tabou,* Paris, P.B.P.

FRIJDA, N.H. (1989). « Les théories des émotions : un bilan », dans B. Rimé et K. Scherer (sous la dir. de), *Les émotions,* Neuchâtel, Delachaux & Niestlé, p. 21-72.

FROMM, E. (1941). *Escape from Freedom,* New York, Avon Books.

FROMM, E. (1947). *Man for Himself,* New York, Rinehart.

FROMM, E. (1968). *L'art d'aimer,* Paris, Epi.

FROMM, E. (1975). *La passion de détruire. Anatomie de la destructivité humaine,* Paris, Robert Laffont.

FROMM, E. (1978). *Avoir ou être? Un choix dont dépend l'avenir de l'homme,* Paris, Robert Laffont.

FURNHAM, A. (1992). *Personality at Work. The Role of Individual Differences in the Workplace,* New York, Routledge.

GALINOWSKI, A. (1991). « Stress », dans H. Bloch, R. Chomama, A. Gallo, et autres (sous la dir. de), *Grand dictionnaire de la psychologie,* Paris, Larousse, p. 754-759.

GARDNER, D.G. (1986). « Activation theory and task design : An empirical test of several new predictions », *Journal of Applied Psychology, 71*(3), p. 411-418.

GEEN, R.G. (1991). « Social motivation », *Annual Review of Psychology, 42,* p. 377-399.

GIBB, J.R. (1978). *Trust. A New View of Personal and Organizational Development,* Los Angeles, Guild of Tutors Press.

GIBB, J.R. (1984). « Defensive communication », dans D.A. Kolb, I.M. Rubin et J.M. McIntyre (sous la dir. de), *Organizational Psychology : Readings on Human Behavior in Organizations,* Englewood Cliffs, N.J., Prentice-Hall, p. 279-284.

GOLAY, K. (1982). *Learning Patterns & Temperament Styles,* Fullerton, Calif., Manas-Systems.

GOLDBERG, L.R. (1993). « The structure of phenotypic personality traits », *American Psychologist, 48*(1), p. 26-34.

GOLEMAN, D. (1995). *Emotional Intelligence. Why It Can Matter More Than IQ,* New York, Bantam Books.

GOLEMBIEWSKI, R.T., et MUNZENRIDER, R. (1988). *Phases of Burnout : Developments in Concepts and Applications.* New York, Praeger.

GOODMAN, P.S., et PENNINGS, J.M. (1980). « Critical issues in assessing organizational effectiveness », dans E.E. Lawler, D.A. Nadler et C. Cammann (sous la dir. de), *Organizational Assessment Perspectives on the Measurement of Organizational Behavior and the Quality of Work Life,* New York, John Wiley, p. 185-215.

GOTTESMAN, I. (1963). « Heritability of personality : A demonstration », *Psychological Monographs : General and Applied, 77*(9), p. 108-177.

GREENBERG, J. (1987). « A taxonomy of organizational justice theories », *Academy of Management Review, 12,* p. 9-22.

GREENHALGH, P. (1994). *Emotional Growth and Learning,* New York, Routledge.

GREENWALD, A.G. (1992). « New Look 3. Unconscious cognition reclaimed », *American Psychologist, 47,* p. 766-779.

GUETZKOW, H., et SIMON, H.A. (1955). « The impact of certain communication nets upon organization and performance in task-oriented groups », *Management Science, 1,* p. 233-250.

GUILLAUME, P. (1969). *Manuel de psychologie,* Paris, PUF.

GUILFORD, J.P. (1975). « Factors and factors of personality », *Psychological Bulletin, 82,* p. 802-814.

GUILFORD, J.P. (1977). « Will the real factor of extraversion — introversion please stand up? A reply to Eysenck », *Psychological Bulletin, 84,* p. 412-414.

GUILFORD, J.P., et ZIMMERMAN, W.S. (1949). *The Guilford—Zimmerman Temperament Survey,* Beverly Hills, Calif., Sheridan Supply.

GUISINGER, S., et BLATT, S.J. (1994). « Individuality and relatedness. Evolution of a fundamental dialectic », *American Psychologist, 49*(2), p. 104-111.

GURIN, G., VEROFF, J., et FELD, S. (1960). *American View their Mental Health,* New York, Basic Books.

GUTHRIE, E.R. (1952). *The Psychology of Learning,* New York, Harper & Row.

GUZZO, R.A., et DICKSON, M.W. (1996). « Teams in organizations : Recent research on performance and effectiveness », *Annual Review of Psychology, 47,* p. 307-338.

HACKMAN, J.R., et OLDHAM, G.R. (1976). « Motivation through the design of work : test of a theory », *Organizational Behavior and Human Performance, 16,* p. 250-279.

HACKMAN, J.R., et OLDHAM, G.R. (1980). *Work Redesign,* Reading, Mass., Addison-Wesley.

HAMMER, W.C. (1977). « Using reinforcement theory in organizational settings », dans H.L. Tosi et W.C. Hammer (sous la dir. de), *Organizational Behavior and Management : A Contingency Approach,* Chicago, St Clair Press, p. 388-395.

HANNA, R.W. (1985). « Personal Meaning : Its Loss and Rediscovery », dans R. Tannenbaum, N. Margulies et F. Massarik (sous la dir. de), *Human Systems Development,* San Francisco, Calif., Jossey-Bass, p. 42-66.

HARDY, G.E., et BARKHAM, M. (1994). « The relationship between interpersonal attachment styles and work difficulties », *Human Relations, 47*(3), p. 263-281.

HAREL-GIASSON, F. (1993). « Apprendre à bien diriger : le point de vue d'une femme née à Montréal en 1940 », leçon inaugurale, 10 mars 1993.

HARLOW, H.F. (1958). « The nature of love », *American Psychologist, 13,* p. 673-685.

HARLOW, H.F. (1979). « Les affectivités », dans R. Zazzo (sous la dir. de), *L'attachement,* Neuchâtel, Delachaux et Niestlé, p. 58-72.

HARPAZ, I. (1986). « The factorial structure of the meaning of working », *Human Relations, 39*(7), p. 595-614.

HARRELL, A., et STAHL, M. (1986). « Additive information processing and the relationship between expectancy of success and motivational force », *Academy of Management Journal, 29*(2), p. 424-433.

HARRIS, O.J. (1976). « When disciplinary action becomes necessary », dans O.J. Harris, *Managing People at Work. Concepts and Cases in Interpersonal Behavior,* New York, John Wiley, p. 289-293.

HARVEY, J.H., et WEARY, G. (1984). « Current Issues in Attribution Theory and Research », *Annual Review of Psychology, 35,* p. 427-459.

HASTIE, R. (1981). « Schematic principles in human memory », dans E.T. Higgins, C.P. Herman et M.P. Zanna (sous la dir. de), *Social Cognition, The Ontario Symposium,* vol. 1, Hillsdale, N.J., Lawrence Erlbaum Ass., p. 39-88.

HAZAN, C., et SHAVER, P. (1990). « Love and work : An attachment—theoretical perspective », *Journal of Personality and Social Psychology, 59,* p. 270-280.

HAZAN, C., et SHAVER, P. (1987). « Romantic love conceptualized as an attachment process », *Journal of Personality and Social Psychology, 52,* p. 511-524.

HEBB, D.O. (1974). *Psychologie. Science moderne,* Montréal, Éditions HRW.

HEBB, D.O. (1949). *The Organization of Behavior,* New York, Wiley.

HEGARTY, E. (1967). *Le chemin de votre réussite professionnelle,* Paris, Éditions d'Organisation.

HEIDEGGER, M. (1963). *Being and Time,* New York, Harper & Row (paru en français sous le titre *L'être et le temps,* Paris, Authentica, 1985).

HEIDER, F. (1946). « Attitudes and cognitive organization », *Journal of Psychology, 21,* p. 107-112.

HEIDER, F. (1960). « The gestalt theory of motivation », *Nebraska Symposium on Motivation, 8,* p. 145-172.

HENDERSON, L.J. (1970). *On the Social System,* Chicago, The University of Chicago Press.

HERZBERG, F. (1966). *Work and the Nature of Man,* Cleveland, Ohio, World.

HERZBERG, F. (1968). « One more time : How to motivate employees ? », *Harvard Business Review.*

HERZBERG, F. (1980). « Maximizing work and minimizing labor », *Industry Week, 206*(8), p. 61-64.

HERZBERG, F. (1982). *The Managerial Choice : To Be Efficient and To Be Human,* Homewood, Ill., Dow Jones-Irwin.

HERZBERG, F. (1995). « The four questions of life : Their effect on human motivation and organizational behavior », dans T.-C. Pauchant (sous la dir. de), *In Search of Meaning,* San Francisco, Calif., Jossey-Bass, p. 244-267.

HILLMAN, J. (1982). *Emotion,* Evanston, Ill., Northwestern University Press.

HILLMAN, J. (1993). *La beauté de psyché. L'âme et ses symboles,* Paris, Le Jour.

HIRSCHHORN, L. (1993). *The Workplace Within. Psychodynamics of Organizational Life,* Cambridge, Mass., The MIT Press.

HIRSH, S., et KUMMEROW, J. (1989). *Life Types,* New York, Warner Books.

HIRSH, S., et KUMMEROW, J. (1994). *Introduction aux types psychologiques dans l'organisation*, Edmonton, Alberta, Psychometrics Canada.

HODGES, E.J. (1964). *The Three Princes of Serendip*, New York, Atheneum.

HOGAN, R., CURPHY, G.J., et HOGAN, J. (1994). « What do we know about leadership. Effectiveness and personality », *American Psychologist, 49*(6), p. 493-504.

HOMANS, G.C. (1950). *The Human Group*, New York, Houghton Mifflin.

HON, D. (1980). *Meetings That Matter*, New York, Wiley.

HORNEY, K. (1974). *The Neurotic Personality of our Time*, New York, W.W. Norton.

HUBERMAN, J. (1964). « Discipline without punishment », *Harvard Business Review, 42*(4), p. 62-68.

HULL, C.L. (1952). *A Behavior System: An Introduction to Behavior Theory Concerning the Individual Organism*, New Haven, Conn., Yale University Press.

HUNT, R.G., KRZYSTOFIAK, F.J., MEINDL, J.R., et YOUSRY, A.M. (1989). « Cognitive style and decision making », *Organizational Behavior and Human Decision Processes, 44*, p. 436-453.

HUNTER, F., et LEVY, N. (1982). « Relationship of problem-solving behaviors and Jungian personality types », *Psychological Reports, 51*, p. 379-384.

HUSSERL, E. (1962). *Ideas. General Introduction to Pure Phenomenology*, New York, Coller Books.

HUOT, R. (1994). *Introduction à la psychologie*, Boucherville, Gaëtan Morin Éditeur.

HYLAND, M.E. (1988). « Motivational control theory: An integrative framework », *Journal of Personal and Social Psychology, 55*, p. 642-651.

ICHHEISER, G. (1949). « Misunderstandings in human relations », *American Journal of Sociology, 55*(2), p. 1-70.

IKEMI, A., et KUBOTA, S. (1996). « Humanistic psychology in Japanese corporations: Listening and the small steps of change », *Journal of Humanistic Psychology, 36*(1), p. 104-121.

ILES, P., MABEY, C., et ROBERTSON, I. (1990). « HMR practices and employee commitment: Possibilities, pitfalls and paradoxes », *British Journal of Management, 1*, p. 147-157.

ILGEN, D.R., FISHER, C., et TAYLOR, S. (1979). « Consequences of individual feedback on behavior in organization », *Journal of Applied Psychology, 64*, p. 349-371.

IZARD, C.E. (1977). *A Social Interactional Theory of Emotions*, New York, Wiley.

IZARD, C.E. (1993). « Four systems for emotion activation: Cognitive and noncognitive processes », *Psychological Review, 100*(1), p. 68-90.

JABES, J. (1990). « Attention, les récompenses peuvent nuire à la performance! », *Gestion, « Psychologie et Organisations »* (coll. « Racines du Savoir »), p. 15-23.

JAMES, K., et SNELL, R. (1994). « Management learning: The need for creative enquiry for the next millennium », *Management Learning, 35*(1), p. 5-10.

JAMES, W. (1960). *Principles of Psychology*, New York, Holt.

JAMES, W. (1961). *Psychology. The Briefer Course*, New York, Harper Torchbooks.

JANKÉLÉVITCH, V. (1980). *Le Je-ne-sais-quoi et le Presque-rien. 3. La volonté de vouloir*, Paris, Seuil (coll. « Points »).

JANET, P. (1984). *L'évolution psychologique de la personnalité*, Paris, Édition Chahine.

JANIS, I.L. (1972). *Victims of Groupthing*, Boston, Houghton Mifflin.

JASPARS, J., et HEWSTONE, M. (1984). « La théorie de l'attribution », dans S. Moscovici (sous la dir. de), *Psychologie sociale*, Paris, PUF, p. 309-329.

JAQUES, E. (1955). « Social systems as a defense against persecutory and depressive anxiety », dans M. Klein, P. Heimann et R.E. Money-Kryle (sous la dir. de), *New Directions in Psychoanalysis*, London, Tavistock.

JAQUES, E. (1965). « Death and the mid-life crisis », *International Journal of Psycho-Analysis, 46*, p. 502-514.

JAQUES, E. (1995a). « "Why psychoanalytical knowledge helps us understand organizations: A discussion with Elliott Jaques": Reply », *Human Relations, 48*(4), p. 351-357.

JAQUES, E. (1995b). « Why the psychoanalytical approach to understanding organizations is dysfunctional », *Human Relations, 48*(4), p. 343-349.

JONES, E.E., et GERARD, H.B. (1967). *Foundations of Social Psychology*, New York, Wiley.

JONES, M. (1988). *Growing Old: The Ultimate Freedom*, New York, Human Sciences Press.

JUNG, C.G. (1976). *Psychological Types*, vol. 6, New York, Bolligen Series XX/Princeton University Press.

JUNG, C.G. (1978). *Civilization in Transition*, vol. 10, New York, Bolligen Series XX/Princeton University Press.

JUNG, C.G. (1981a). *The Development of Personality*, vol. 17, New York, Bolligen Series XX/Princeton University Press.

JUNG, C.G. (1981b). *The Structure and the Dynamics of the Psyche*, vol. 8, New York, Bolligen Series XX/ Princeton University Press.

JUNG, C.G. (1985). *The Practice of Psychotherapy*, vol. 16, New York, Bollingen Series XX/Princeton University Press.

JUNG, C.G. (1989). « Analytical Psychology », notes du séminaire donné en 1925 par C.G. Jung, New York, Bolligen Series XX/Princeton University Press.

KAHN, W.A., et KRAM, K.E. (1994). « Authority at work : internal models and their organization consequences », *Academy of Management Review, 19*(1), p. 17-50.

KANFER, R. (1990). « Motivation theory and industrial and organizational psychology », dans M.D. Dunnette et L.M. Hough (sous la dir. de), *Handbook of Industrial and Organizational Psychology*, vol. 1, Palo Alto, Calif., Consulting Psychologist Press, p. 75-170.

KANTER, R.M., et BRINKERHOFF, D. (1981). « Organizational performance : Recent developments in measurement », *Annual Review of Sociology, 7,* p. 321-349.

KANUNGO, R.N. (1982). « Measurement of job and work involvement », *Journal of Applied Psychology, 67*(3), p. 341-349.

KAPLAN, H.I., et SADOCK, B.J. (1991). *Synopsis of Psychiatry. Behavioral Sciences. Clinical Psychiatry*, Baltimore, Md., Williams & Wilkins.

KAPLAN, K.J., et O'CONNOR, N.A. (1993). « From mistrust to trust : Through a Stage Vertically », dans G.H. Pollock et S.I. Greenspan (sous la dir. de), *The Course of Life, vol. VI, Late Adulthood*, Madison, Conn., International Universities Press, p. 153-198.

KARNIOL, R., et ROSS, M. (1996). « The motivational impact of temporal focus : Thinking about the future and the past », *Annual Review of Psychology, 47,* p. 593-620.

KATZ, D., et KAHN, R.L. (1978). *The Social Psychology of Organizations*, New York, John Wiley.

KATZELL, R.A., et THOMPSON, D.E. (1990a). « An integrative model of work attitudes, motivation and performance », *Human Performance, 3*(2), p. 63-85.

KATZELL, R.A., et THOMPSON, D.E. (1990b). « Work motivation : Theory and practice », *American psychologist, 45*(2), p. 44-53.

KEIRSEY, D., et BATES, D. (1984). *Please Understand Me*, Del Mar, Calif., Prometheus Nemesis Books.

KELLEY, H.H. (1967). « Attribution theory in social psychology », dans D. Levine (sous la dir. de), *Nebraska Symposium on Motivation*, vol. 15, Lincoln, University of Nebraska Press.

KELMAN, H.C. (1958). « Compliance, identification, and internalization : Three processes of attitude change », *Journal of Conflict Resolution, 2,* p. 51-60.

KERR, S. (1975). « On the folly of rewarding A, while hoping for B », *Academy of Management Journal, 18*(4), p. 769-783.

KETS DE VRIES, M.F.R. (sous la dir. de) (1991). *The Irrational Executive. Psychoanalytic Explorations in Management*, New York, International Universities Press.

KETS DE VRIES, M.F.R., et MILLER, D. (1985). *L'entreprise névrosée*, Montréal, McGraw-Hill.

KIERKEGAARD, S. (1987a). *Either/Or. Part I*. Princeton, N.J., Princeton University Press.

KIERKEGAARD, S. (1987b). *Either/Or. Part II*. Princeton, N.J., Princeton University Press.

KIESLER, C.A. (1971). *The Psychology of Commitment : Experiments Linking Behavior to Belief*, New York, Academic Press.

KIGGUNDU, M.N. (1983). « Task interdependence and job design : Test of a theory », *Organizational Behavior and Human Performance, 31,* p. 145-172.

KILHAM, W., et MANN, L. (1974). « Level of destructive obedience as a function of transmitter and executant roles in the Milgram obedience paradigm », *Journal of Personality and Social Psychology, 29,* p. 696-702.

KIMBLE, G.A. (1961). *Conditioning and Learning*, New York, Appleton-Century-Crofts.

KIMBLE, G.A. (1994). « A frame of reference for psychology », *American Psychologist, 49*(6), p. 510-519.

KLEIN, H.J. (1989). « An integrated control theory model of work motivation », *Academy of Management Review, 14*(2), p. 150-172.

KLEIN, M. (1932). *Psychoanalysis of Children*, London, Hogarth Press, (traduit en français sous le titre *La psychanalyse des enfants* [coll. « Bibliothèque de psychanalyse »], PUF, 1986).

KLEIN, M. (1948). « The psychogenesis of manic-depressive states », dans M. Klein, *Contributions to Psycho-Analysis*, London, Hogarth Press.

KLEIN, M., et RIVIÈRE, J. (1968). *L'amour et la haine*, Paris, Petite bibliothèque Payot, (traduit de l'anglais *Love, Hate and Reparation*, New York, W.W. Norton, 1964).

KOCH, S. (1993). « "Psychology" or "The psychological studies"? », *American Psychologist, 48*, p. 902-904.

KOESTLER, A. (1965). *Le cri d'Archimède*, Paris, Colmann-Levy, p. 89-90.

KOFODIMOS, J.R. (1990). « Why executives lose their balance », *Organizational Dynamics*, p. 58-73.

KOHUT, H. (1984). *How Does Analysis Cure?* Chicago, The University of Chicago Press.

KOLB, D.A. (1974). « On management and the learning process », dans D.A. Kolb, I.M. Rubin et J.M. McIntyre (sous la dir. de), *Organizational Psychology: A Book of Readings*, Englewood Cliffs, N.J., Prentice-Hall, p. 27-42.

KOLB, D.A. (1984). *Experiential Learning. Experience as the Source of Learning and Development*, Englewood Cliffs, N.J., Prentice-Hall.

KOLB, D.A. (1985). *Learning Style Inventory. Technical Manual*, Boston, McBer and Co.

KOLB, D.A. (1988). « Integrity, advanced professional development, and learning », dans S. Srivastva (sous la dir. de), *Executive Integrity. The Search for High Human Values in Organizational Life*, San Francisco, Calif., Jossey-Bass, p. 68-88.

KOLB, D.A., RUBIN, I.M., et McINTYRE, J.M. (sous la dir. de) (1976). *Comportement organisationnel: une approche expérientielle*, Montréal, Guérin.

KOLB, D.A., RUBIN, I.M., et McINTYRE, J.M. (sous la dir. de) (1985). *Organizational Psychology: An Experiential Approach*, Englewood Cliffs, N.J., Prentice-Hall.

KOMORITA, S.S., et PARKS, C.D. (1995). « Interpersonal relations: Mixed-motive interaction », *Annual Review of Psychology, 46*, p. 183-207.

KOUZES, J.M., et POSNER, B.M. (1987). *The Leadership Challenge: How to Get Extraordinary Things Done in Organizations*, San Francisco, Calif., Jossey-Bass.

KROEGER, O., et THUESEN, J.M. (1988). *Type Talk*, New York, Delacorte Press.

KROGER, R.O., et TURNBULL, W. (1975). « Invalidity of validity scales: The case of the MMPI », *Journal of Consulting and Clinical Psychology, 35*, p. 48-53.

KROGER, R.O., et WOOD, L.A. (1993). « Reification, "Faking", and the Big Five », *American Psychologist, 48*(12), p. 1297-1298.

LABORIT, H. (1970a). *L'agressivité détournée. Introduction à une biologie du comportement social*, Paris, Union générale d'Éditions (coll. « 10/18 »).

LABORIT, H. (1970b). *L'homme imaginant. Essai de biologie politique*, Paris, Union générale d'Éditions (coll. « 10/18 »).

LABORIT, H. (1974). *La nouvelle grille*, Paris, Robert Laffont (coll. « Folio/Essais »).

LABORIT, H. (1976). *Éloge de la fuite*, Paris, Gallimard (coll. « Folio/Essais »).

LABORIT, H. (1986). *L'inhibition de l'action. Biologie comportementale et physiopathologie*, Paris, Masson.

LACAN, J. (1966). *Écrits I*, Paris, Seuil (coll. « Points »).

LACAN, J. (1971). *Écrits II*, Paris, Seuil (coll. « Points »).

LAING, R.D. (1964). *The Divided Self. An Existential Study in Sanity and Madness*, New York, Penguin.

LAING, R.D. (1969). *Self and Others*, New York, Penguin.

LAING, R.D. (1977). *Nœuds*, Paris. Éd. Stock+Plus.

LAING, R.D., PHILLIPSON, H., et LEE, A.R. (1972). *Interpersonal Perception*, New York, Perrenial Library, Harper & Row.

LANDRY, S. (1995). « Le groupe restreint: prémisses conceptuelles et modélisation », *Revue québécoise de psychologie, 16*(1), p. 45-62.

LAPIERRE, L. (1991). « Le leadership: le meilleur et le pire », *Gestion, 16(3)*, p. 8-14.

LAPIERRE, L. (1992). « L'approche clinique: La fiction et la recherche sur le leadership », dans L. Lapierre (sous la dir. de), *Imaginaire et leadership*, Montréal, Québec-Amérique et Presses HEC, p. 57-88.

LARÇON, J.P., et REITTER, R. (1979). « L'identité de l'entreprise, un facteur-clé de sa survie », *Direction et gestion, 3*, p. 1-6.

LATHAM, G.P., EREZ, M., et LOCKE, E.A. (1966). « Resolving scientific dispute by the joint design of crucial experiments by the antagonists : Application to the Erez-Latham dispute regarding participation in goal setting », *Journal of Applied Psychology* (Monograph), *73*, p. 753-772.

LAUZON, N. (1996). « L'influence des équipes de travail sur l'habilitation des employés », thèse de doctorat inédite, Université du Québec à Montréal.

LAWLER, E.E. (1973). *Motivation in Work Organizations*, Monterey, Calif., Brooks/Cole.

LAWLER, E.E. (1983). « Merit pay ; an obsolete policy ? », dans J.R. Hackman, E.E. Lawler et L.W. Porter (sous la dir. de), *Perspectives on Behavior in Organizations*, New York, McGraw-Hill, p. 305-310.

LAWLER, E.E. (1991). *High-Involvement Management*, San Francisco, Calif., Jossey-Bass.

LAWRENCE, P.R., et LORSCH, J.W. (1967). *Organization and Environment*, Boston, Harvard Business School Division Research.

LAZARUS, R.S. (1966). *Psychological Stress and the Coping Process*, New York, McGraw-Hill.

LAZARUS, R.S. (1984). « On the primacy of cognition », *American Psychologist, 39*(2), p. 124-129.

LAZARUS, R.S. (1991a). *Emotion and Adaptation*, New York, Oxford University Press.

LAZARUS, R.S. (1991b). « Progress on a cognitive-motivational-relational theory of emotion », *American Psychologist, 46*(8), p. 819-834.

LAZARUS, R.S. (1993). « From psychological stress to the emotions : A history of changing outlooks », *Annual Review of Psychology, 44*, p. 1-21.

LAZARUS, R.S., DEESE, J., et OSLER, S.F. (1952). « The effects of psychological stress upon performance », *Psychological Bulletin, 49*, p. 293-317.

LAZARUS, R.S., DELONGIS, A., FOLKMAN, S., et GRUEN, R. (1985). « Stress and adaptational outcomes. The problem of confounded measures », *American Psychologist, 40*(7), p. 770-779.

LAZARUS, R.S., et FOLKMAN, S. (1984). *Stress, Appraisal and Coping*, New York, Springer.

LEARY, M.R. (1983). *Understanding Social Anxiety : Social, Personality, and Clinical Perspectives*, Beverly Hills, Calif., Sage.

LEAVITT, H.J. (1951). « Some effects of certain communication patterns on group performance », *Journal of Abnormal and Social Psychology, 46*, p. 38-50.

LEBON, G. (1963). *La psychologie des foules*, Paris, PUF.

LECONTE, P. (1991). « Leadership », dans H. Bloch, R. Chemama, A. Gallo, et autres (sous la dir. de), *Grand dictionnaire de la psychologie*, Paris, Larousse, p. 427-428.

L'ÉCUYER, R. (1994). *Le développement du concept de soi de l'enfance à la vieillesse*, Montréal, Presses de l'Université de Montréal.

LEEPER, R. (1935). « A study of a neglected portion of the field of learning. The development of sensory organization », *Journal of Genetic Psychology, 46*, p. 41-75.

LEGRAND, G. (1986). *Vocabulaire de la philosophie*, Paris, Bordas.

LEITER, M. (1991). « The Dream Denied : Professional Burnout and the Constraints of Human Service Organizations », *Canadian Psychology/Psychologie canadienne, 32*(4), p. 547-558.

LEMELIN, M., et RONDEAU, A. (1990). « Les nouvelles stratégies des ressources humaines », dans R. Blouin (sous la dir. de), *Vingt-cinq ans de pratique en relations industrielles au Québec*, Montréal, Éd. Yvon Blais, p. 721-741.

LEMIEUX, N. (1994). « La gestion des "employés-problèmes" : classement des comportements problématiques selon la perception des gestionnaires », mémoire de maîtrise inédit, Montréal, École des HEC.

LEMOINE, C. (1995a). « Évaluation, recherche d'indices et auto-régulation de la conduite », *Psychologie du travail et des organisations, 1*(1), p. 75-83.

LEMOINE, C. (1995b). « Les tribulations d'une notion : du groupe à l'équipe de travail », *Revue québécoise de psychologie, 16*(1), p. 97-110.

LE NY, J.-F. (1991a) « Anxiété », dans H. Bloch, R. Chemama, A. Gallo, et autres (sous la dir. de), *Grand dictionnaire de la psychologie*, Paris, Larousse, p. 52-53.

LE NY, J.-F. (1991b). « Cognition », dans H. Bloch, R. Chemama, A. Gallo, et autres (sous la dir. de), *Grand dictionnaire de la psychologie*, Paris, Larousse, p. 136.

LE NY, J.-F. (1991c). « Frustration », dans H. Bloch, R. Chemama, A. Gallo, et autres (sous la dir. de), *Grand dictionnaire de la psychologie*, Paris, Larousse, p. 318.

LE NY, J.-F. (1991d). « Identification », dans H. Bloch, R. Chemama, A. Gallo, et autres (sous la dir. de), *Grand dictionnaire de la psychologie*, Paris, Larousse, p. 354.

Le Ny, J.-F. (1991e). « Peur », dans H. Bloch, R. Chemama, A. Gallo, et autres (sous la dir. de), *Grand dictionnaire de la psychologie*, Paris, Larousse, p. 570-571.

Lesage, P.-B. (1973). « Measuring Leadership Attitudes : A Construct Validation Study », thèse de doctorat inédite, Département de psychologie, University of Michigan.

Lesage, P.-B. (1994). « Les mécanismes d'ajustement », document pédagogique, Montréal, École des HEC.

Lesage, P.-B., et Rice, J. (1978). « Le sens du travail et le gestionnaire », *Gestion*, *3*(4), p. 6-16.

Lesage, P.-B., et Rice-Lesage, J.A. (1982). « Comment tenir compte des différences individuelles au travail ? », *Gestion*, *7*(4), p. 17-26.

Lesage, P.-B., et Rice-Lesage, J.A. (1986). « Deux traits de personnalité et leur influence sur la difficulté d'être le supérieur idéal », *Revue québécoise de psychologie*, *7(1-2)*, p. 84-110.

Lescarbeau, R. (1995). « Une démarche d'amélioration du fonctionnement d'équipe : l'intervention sur les processus interpersonnels », *Psychologie du travail et des organisations*, *1*(2-3), p. 104-115.

Levine, J.M. (1989). « Reaction to opinion deviance in small groups », dans P. Paulus (sous la dir. de), *Psychology of Group Influence*, Hillsdale, N.J., Erlbaum, p. 187-231.

Levine, J.M., et Moreland, R.L. (1990). « Progress in small group research », *Annual Review of Psychology*, *41*, p. 585-634.

Levine, J.M., et Pavelchak, M.A. (1984). « Conformité et obéissance », dans S. Moscovici (sous la dir. de), *Psychologie sociale*, Paris, PUF, Fondamental, p. 25-50.

Levine, J.M., Resnick, L.B., et Higgins, E.T. (1993). «Social foundations of cognition», *Annual Review of Psychology*, *44*, p. 585-612.

Levine, S., et Ursin, H. (1980). *Coping Health*, New York, Plenum Press.

Levinson, D.S. (1963). « Role, personality and social structure in organizational settings », *Personality and Social Systems*, New York, John Wiley.

Levinson, H. (1975). *Executive Stress*, New York, Harper & Row.

Levinson, H. (1988). « You won't recognize me : Predictions about changes in top-management characteristics », *Academy of Management Executive*, *2*(2), p. 119-125.

Lévy-Leboyer, C. (1994). « Postface : Quelques réflexions sur les "Big Five" », *Revue européenne de psychologie appliquée*, *44*(1), p. 73-75.

Lewin, K. (1948). *Resolving Social Conflicts. Selected Papers on Group Dynamics*, New York, Harper & Row.

Lewin, K. (1951). *Field Theory in Social Sciences*, New York, Harper & Row.

Lewin, K. (1952). « Group decisions and social change », dans G.E. Sevanson, T.M. Newcomb et E.L. Hartley (sous la dir. de), *Readings in Social Psychology*, New York, Holt, p. 459-473.

Lewin, K. (1975). *Psychologie dynamique. Les relations humaines*, Paris, PUF.

Likert, R. (1961). *New Patterns of Management*, New York, McGraw-Hill.

Likert, R. (1967). *The Human Organization*, New York, McGraw-Hill.

Linton, R. (1936). *The Study of Man : An Introduction*, New York, Appleton-Century.

Lipiansky, E.M. (1995). « L'identité à l'articulation du psychologique et du social », *Revue internationale de psychosociologie*, *2*(2), p. 21-34.

Lippitt, R., et White, R. (1978). « Une étude expérimentale du commandement et de la vie de groupe », dans A. Lévy (sous la dir. de), *Psychologie sociale, textes fondamentaux anglais et américains*, tome 1, Paris, Dunod/Bordas, p. 278-292.

Locke, E.A. (1968). « Toward a theory of task motivation and incentives », *Organizational Behavior and Human Performance*, *3*, p. 157-189.

Locke, E.A., et Henne, D. (1986). « Work motivation theories », dans C.L. Cooper et I. Robertson (sous la dir. de), *International Review of Industrial and Organizational Psychology*, New York, Wiley, p. 1-35.

Locke, E.A., et Latham, G.P. (1990). *A Theory of Goal Setting and Task Performance*, Englewood Cliffs, N.J., Prentice-Hall.

Loftus, E.F., et Klinger, M.R. (1992). « Is the unconscious smart or dumb ? », *American Psychologist*, *47*(6), p. 761-765.

Loher, B.T., Noe, R.A., Moeller, N.L., et Fitzgerald, M.P. (1985). « A meta-analysis of the relation of job caracteristics to job satisfaction », *Journal of Applied Psychology*, *70*, p. 280-289.

Lohisse, J. (1969). *La communication anonyme*, Paris, Éd. universitaires.

Lopez, F.M (1975). *Personnel Interviewing*, New York, McGraw-Hill.

Louis, M.R., et Sutton, R.I. (1991). « Switching cognitive gears : From habits of mind to active thinking », *Human Relations*, 44(1), p. 55-76.

Luft, J. (1969). *Of Human Interaction : The Johari Model*, Palo Alto, Calif., Mayfield Publ. Co.

Luthans, F., et Kreitner, R. (1975). *Organizational Behavior Modification*, Glenview, Ill., Scott, Foresman.

Lykken, D.T., McGue, M., Tellegen, A., et Bouchard, T.J. (1992). « Emergenesis : Genetics traits that may not run in families », *American Psychologist*, 47, p. 1565-1577.

Lynch, A.Q. (1985). « The Myers-Briggs Type Indicator : A tool for appreciating employee and client diversity », *Journal of Employment Counseling*, 22, p. 104-109.

Maccoby, M. (1976). *The Gamesman : The New Corporate Leader*, New York, Harper & Row.

Magnusson, D., et Törestad, B. (1993). « A holistic view of personality : A model revisited », *Annual Review of Psychology*, 44, p. 427-452.

Mahoney, M.J. (1991). *Human Change Processes. The Scientific Foundations of Psychotherapy*, New York, Basic Books.

Maïer, N. (1964). *Prise collective de décisions et direction des groupes*, Paris, Hommes et Techniques.

Main, M., et Cassidy, J. (1988). « Categories of response to reunion with the parent of 6 : Predictable from infant attachment classifications and stable over a 1-month period », *Developmental Psychology*, 24, p. 415-426.

Maisonneuve, J. (1991). « Apprentissage », dans H. Bloch, R. Chemama, A. Gallo, et autres (sous la dir. de), *Grand dictionnaire de la psychologie*, Paris, Larousse p. 58-64.

Malrieu, P. (1979). (sans titre), dans R. Zazzo (sous la dir. de), *L'attachement*, Neuchâtel, Delachaux et Niestlé.

Marc, E., et Picard, D. (1989). *L'interaction sociale*, Paris, PUF.

March, J.G., et Simon, H.A. (1958). *Organizations*, New York, Wiley.

Margerison, C.J., et Lewis, R.G. (1979). *How Work Preferences Relate to Learning Styles*, Bedfordshire (England), Cranfield School of Management.

Marsick, V.J. (1994). « Trends in managerial reinvention. Creating a learning map », *Management Learning*, 25(1), p. 11-33.

Marx, K. (1976). *Le capital*, Paris, Éditions Sociales.

Maslach, C., et Jackson, S.E. (1982). « Burnout in health professions : A social psychological analysis », dans G. Sanders et J. Suls (sous la dir. de), *Social Psychology of Health and Illness*, Hillsdale, N.J., Erlbaum.

Maslow, A.H. (1954). *Motivation and Personality*, New York, Harper.

Maslow, A.H. (1972). *Vers une psychologie de l'être*, Paris, Fayard.

Maslow, A.H. (1976). *The Farther Reaches of Human Nature*, New York, Penguin.

Massarik, F., et Wechsler, I.R. (1984). « Empathy revisited : The process of understanding people », dans D.A. Kolb, I.M. Rubin et J.M. McIntyre (sous la dir. de), *Organizational Psychology : Readings on Human Behavior in Organisations*, Englewood Cliffs, N.J., Prentice-Hall, p. 285-297.

Mattoon, M.A., et Davis, M. (1995). « The Gray-Wheelwrights Jungian Type Survey : Development and history », *Journal of Analytical Psychology*, 40(2), p. 205-234.

May, R. (1969). *Love and Will*, London, Collins.

May, R. (1975). *The Courage to Create*, New York, W.W. Norton.

May, R. (1977). *The Meaning of Anxiety*, New York, Washington Square Press, Pocket Books.

May, R. (1981). *Freedom and Destiny*, New York, W.W. Norton.

May, R. (1983). *The Discovery of Being : Writings in Existential Psychology*, New York, Norton.

Mayer, R.C., Davis, J.H., et Schoorman, F.D. (1995). « An integrative model of organizational trust, *Academy of Management Review*, 20(3), p. 709-734.

Mayo, G.E. (1933). *The Human Problems of an Industrial Civilization*, New York, Macmillan.

McAdams, D.P. (1992). « The five-factor model in personality : A critique appraisal », *Journal of Personality*, 58, p. 329-361.

McCall, M., Lombardo, M., et Morrison, A.M. (1988). *The Lessons of Experience : How Successful Executives Develop on the Job*, Lexington Books.

McCAULLEY, M.H. (1989). *The Myers-Briggs Type Indicator and Leadership*, Gainesville, Fla., Center for Applications of Psychological Types.

McCLELLAND, D.C. (1961). *The Achieving Society*, New York, Free Press.

McCRAE, R.R., et COSTA, P.T. (1990). *Personality in Adulthood*, New York, Guilford.

McCRAE, R.R., et COSTA, P.T. (1991a). « Response to Dolliver », *Journal of Counseling & Development, 69.*

McCRAE, R.R., et COSTA, P.T. (1991b). « The NEO Personality Inventory : Using the Five-Factor model in counseling », *Journal of Counseling & Development, 69.*

McGREGOR, D. (1960). *The Human Side of Enterprise*, New York, McGraw-Hill.

McKENNEY, J.L., et KEEN, P.G.W. (1974). « How managers' minds work », *Harvard Business Review*, mai-juin, p. 79-90.

MEAD, G.-H. (1963). *L'esprit, le soi et la société*, Paris, PUF.

MERLEAU PONTY, M. (1942). *La structure du comportement.* Paris, PUF.

MERLEAU PONTY, M. (1945). *Phénoménologie de la perception*, Paris, Gallimard.

MEYER, J.P., et ALLEN, N.J. (1984). « Testing the "side-bet theory" of organizational commitment : some methodological considerations », *Journal of Applied Psychology, 69*, p. 372-378.

MEYER, J.P., et ALLEN, N.J. (1987). « Organizational commitment : towards a three components model », London, University of Western Ontario, Department of Psychology, Research Bulletin n° 660.

MIKHAIL, A. (1985). « Stress : A psychophysiological conception », dans A. Monat et R. S. Lazarus (sous la dir. de), *Stress and Coping. An Anthology*, New York, Columbia University Press, p. 30-39.

MILGRAM, S. (1974). *Obedience to Authority : An Experimental View*, New York, Harper and Row.

MILGRAM, S. (1975). *Soumission à l'autorité*, Paris, Calman-Levy.

MILLER, A.G. (1986). *The Obedience Experiments : A Case Study of Controversy in Social Science*, New York, Praeger.

MILLER, D., TOULOUSE, J.-M., et BÉLANGER, N. (1985). « Top-executive personality and corporate strategy : three tentative types », *Advances in Strategic Management, 3*, p. 223-232.

MILLS, J., ROBEY, D., et SMITH, L. (1985). « Conflict-handling and personality dimensions of project-management personnel », *Psychological Reports, 57.*

MINER, J.B. (1979). « Twenty years of research on role-motivation theory of managerial effectiveness », *Personnel Psychology, 31*, p. 739-760.

MINER, J.B. (1980). *Theories of Organizational Behavior*, Hillsdale, N.J., Dryden Press.

MINER, J.B., et BREWER, J.F. (1982). « The management of ineffective performance », dans M.D. Dunnette (sous la dir. de), *Handbook of Industrial and Organizational Psychology*, Chicago, Rand McNally College Publ. p. 995-1029.

MINK. O.G., OWEN, K.Q., et MINK, B.P. (1993). *Developing High Performance People, The Art of Coaching*, Reading, Mass., Addison-Wesley.

MISCHEL, W. (1968). *Personality and Assessment*, New York, Wiley.

MISHRA, J., et MORRISSEY, M.A. (1990). « Trust in employee/employer relationships : A survey of West Michigan managers », *Public Personnel Management, 19*(4), p. 443-486.

MITCHELL, T.R. (1982). « Motivation : New directions for theory, research, and practice », *Academy of Management Review, 7*, p. 80-88.

MITROFF, I.I. (1983). *Stakeholders of the Organizational Mind*, San Francisco, Calif., Jossey-Bass.

MITROFF, I.I., et PAUCHANT, T.-C. (1990). *We'Re So Big and Powerful Nothing Bad Can Happen To Us*, New York, Caroll Publishing.

MOBLEY, W.H. (1982). *Employee Turnover : Causes, Consequences and Control*, Reading, Mass., Addison-Wesley.

MOHRMAN, S.A., LEDFORD, G.E., LAWLER, E.E., et MOHRMAN, A.M. (1986). « Quality of worklife and employee involvement », dans C.L. Cooper and I. Robertson (sous la dir. de), *International Review of Industrial and Organizational Psychology 1986*, New York, John Wiley, p. 189-216.

MONAT, A., et LAZARUS, R.S. (1985). *Stress and Coping. An Anthology*, New York, Columbia University Press.

MONGEAU, P., et TREMBLAY, J. (1995). « Typologie des modes d'interaction en groupe de tâches », *Revue québécoise de psychologie, 16*(1), p. 135-154.

MOORE, T. (1987). « Personality tests are back », *Fortune*, 30 mars 1987, p. 74-82.

MOORE, T. (1994). *Soul Mates. Honoring the Mysteries of Love and Relationship*, New York, Harper Perennial.

MORELAND, R.L., et LEVINE, J.M. (1982). « Socialization in small groups : Temporal changes in individual-group relations », dans L. Berkowitz (sous la dir. de), *Advances in Experimental Social Psychology*, vol. 15, New York, Academic Press, p. 137-192.

MORIN, E.M. (1993). « Enantiodromia and crisis management : A Jungian perspective », *Industrial and Environmental Crisis Quarterly*, 7(2), p. 91-114.

MORIN, E.M. (1996). « L'efficacité organisationnelle et le sens du travail », dans T.C. Pauchant (sous la dir. de), *La recherche du sens au travail*, Montréal, Québec-Amérique/Presses HEC, p. 259-287.

MORIN, E.M., SAVOIE, A., et BEAUDIN, G. (1994). *L'efficacité de l'organisation*, Boucherville, Gaëtan Morin Éditeur.

MOSCOVICI, S. (1979). *Psychologie des minorités actives*. Paris, PUF.

MOSCOVICI, S. (sous la dir. de) (1984). *Psychologie sociale*, Paris, PUF.

MOSCOVICI, S. (1994). « L'influence n'est pas la manipulation », *Sciences Humaines, 37*, p. 38-41.

MOSCOVICI, S., et DOISE, W. (1992). *Dissensions et consensus*, Paris, PUF.

M.O.W. INTERNATIONAL RESEARCH TEAM (1987). *The Meaning of Working*, New York, Academic Press.

MOWDAY, R.T., PORTER, L.W., et STEERS, R.M. (1982). *Employee Commitment, Turnover and Absenteeism*, New York, Academic.

MOWDAY, R.T., STEERS, R.M., et PORTER, L.W. (1979). « The measurement of organizational commitment », *Journal of Vocational Behavior, 14*(2), p. 224-247.

MUCCHIELLI, A. (1983). *L'analyse phénoménologique et structurale en sciences humaines*, Paris, PUF.

MUCCHIELLI, A. (1987). *La conduite des réunions*, Paris, Éd. ESF-Entreprise moderne d'édition.

MUGNY, G., DE PAOLIS, P., et CARUGATI, F. (1984). « Social regulations in individual development », dans W. Doise et A. Palmonari (sous la dir. de), *Social Interaction in Cognitive Development*, Cambridge, Cambridge University Press, p. 127-146.

MYERS, I.B. (1962). *Manual : The Myers-Briggs Type Indicator*, Palo Alto, Calif., Consulting Psychologists Press.

MYERS, I.B. (1975). *Manual : The Myers-Briggs Type Indicator*, Palo Alto, Calif., Consulting Psychologists Press.

MYERS, I.B. (1989). *Contributions of Type to Executive Success*, Gainesville, Fla., Center for Applications of Psychological Type.

MYERS, I.B., et McCAULLEY, M.H. (1985). *Manual : A Guide to the Development and Use of the Myers-Briggs Type Indicator*, Palo Alto, Calif., Consulting Psychologists Press.

NADLER, D.A., HACKMAN, J.R., et LAWLER, E.E. (1985). Dans F. Luthans (sous la dir. de), *Organizational Behavior*, New York, McGraw-Hill, p. 363.

NAYLOR, J.C., PRITCHARD, R.C., et ILGEN, D.R. (1980). *A Theory of Behavior in Organizations*, New York, Academic Press.

NEISSER, U. (1967). *Cognitive Psychology*, New York, Appleton.

NEISSER, U. (1976). *Cognition and Reality : Principles and Implications of Cognitive Psychology*, New York, W.H. Freeman.

NICHOLLS, J.G. (1984). « Achievement motivation : Conceptions of ability, subjective experience, task choice and performance », *Psychological Review, 91*, p. 328-347.

NISOLE, J.-A. (1986). *Psychothérapie des états pathologiques*, Montréal, Presses de l'Université de Montréal/ Les éditions de l'Université de Sherbrooke.

NOËL, B. (1991). *La métacognition*, Éditions universitaires/De Boeck Université.

NORD, W.R. (1979). « A Radical Perspective on I/O Psychology », communication présentée au Congrès de la S.C.P. (C.P.A.), Québec.

NORD, W.R. (1983). « A political economic perspective in organizational effectiveness », dans K.S. Cameron et D.A. Whetten (sous la dir. de), *Organizational Effectiveness. A Comparison of Multiple Models*, New York, Academic Press, p. 95-133.

NORTHCRAFT, G.B., et ASHFORD, S.J. (1990). « The preservation of self in everyday life : The effects of performance expectations and feedback context on feedback inquiry », *Organizational Behavior and Human Decision Processes, 47*, p. 42-64.

NUTTIN, J. (1980). *Théorie de la motivation humaine : Du besoin au projet d'action*, Paris, PUF.

OATLEY, K., et JENKINS, J.M. (1992). « Human emotions : function and dysfunction », *Annual Review of Psychology, 43*, p. 55-85.

O'CONNOR, E.J., PETERS, L.H., POOYAN, A., WEEKLEY, J., FRANK, B., et ERENKRANTZ, B. (1984). « Situational constraint effects on performance, affective reactions, and turnover : A field replication and extension », *Journal of Applied Psychology, 64*, p. 663-672.

OLSON, J.M., et ZANNA, M.P. (1993). « Attitudes and attitude change », *Annual Review of Psychology, 44*, p. 117-154.

O'NEILL, J.R. (1991). « The dark side of success », dans C. Zweig et J. Abrams (sous la dir. de), *Meeting the Shadow. The Hidden Power of the Dark Side of Human Nature*, Los Angeles, Calif., Jeremy P. Tarcher, p. 107-109.

ONES, D.S., MOUNT, M.K., BARRICK, M.R., et HUNTER, J.E. (1994). « Personality and job performance : A critique of the Tett, Jackson, and Rothstein (1991) meta-analysis », *Personnel Psychology, 47*, p. 147-156.

O'REILLY, C.A. (1989). « Corporations, culture, and commitment : Motivation and social control in organizations », *California Management Review, 31*, p. 9-25.

O'REILLY, C.A. (1991). « Organizational behavior : Where we've been, where we're going », *Annual Review of Psychology, 42*, p. 427-458.

O'REILLEY, C.A., et WEITZ, B.A. (1980). « Managing marginal employees : The use of warnings and dismissals », *Administrative Science Quarterly*, p. 467-484.

ORNSTEIN, R., et THOMPSON, R. (1987). *L'incroyable aventure du cerveau*, Paris, InterÉditions.

OSGOOD, C.E, et TANNENBAUM, P.H. (1955). « The principle of congruity in the prediction of attitude change », *Psychological Review, 62*, p. 42-55.

OSIGWEH, C.A.B., et HUTCHISON, W.R. (1990). « Positive discipline », *Human Resource Management, 28*(3), p. 367-383.

OSTENDORF, F., et ANGLEITNER, A. (1994). « A comparison of different instruments proposed to measure the Big Five », *Revue européenne de psychologie appliquée, 44*(1), p. 45-53.

OSTROFF, C. (1992). « The relationship between satisfaction, attitudes, and performance : An organizational level analysis », *Journal of Applied Psychology, 77*(6), p. 963-974.

OZER, D.J., et REISE, S.P. (1994). « Personality Assessment », *Annual Review of Psychology, 45*, p. 357-388.

PAGÈS, M. (1984). *La vie affective des groupes. Esquisse d'une théorie de la relation humaine*, Paris, Dunod.

PAGÈS, M. (1986). *Trace ou sens. Le système émotionnel*, Paris, Hommes & Groupes Éditeurs.

PAGÈS, M., BONETTI, M., DE GAULEJAC, V., et DESCENDRE, D. (1979). *L'emprise de l'organisation*, Paris, PUF.

PAICHELER, G. (1991). « Influence sociale », dans H. Bloch, R. Chemama, A. Gallo, et autres (sous la dir. de), *Grand dictionnaire de la psychologie*, Paris, Larousse, p. 380-384.

PARIS, G. (1991). « Le théâtre organisationnel », dans R. Tessier et Y. Tellier (sous la dir. de), *Changement planifié et développement des organisations. Tome 4. Pouvoirs et cultures organisationnels*, Sillery, Québec, Presses de l'Université du Québec, p. 291-304.

PAUCHANT, T.-C. (1991). « Transferential leadership. Towards a more complex understanding of charisma in organizations », *Organization Studies, 12*(4), p. 507-527.

PAUCHANT, T.-C. (sous la dir. de) (1996). *La quête du sens*, Montréal, Québec-Amérique/Presses HEC (traduction et nouvelle édition de *In Search of Meaning*, San Francisco, Calif., Jossey-Bass, 1995).

PAUCHANT, T.-C, et MITROFF, I.I. (1995). *La gestion des crises et des paradoxes. Prévenir les effets destructeurs de nos organisations*, Montréal, Québec-Amérique/Presses HEC.

PAVLOV, I.P. (1941). *Conditioned Reflexes and Psychiatry*, vol. 2, New York, International Publishers.

PAVLOV, I.P. (1960). *Conditioned Reflexes*, New York, Dover.

PELLETIER, L.G., et VALLERAND, R.J. (1994). « Les perceptions et les cognitions sociales : percevoir les gens qui nous entourent et penser à eux », dans R.J. Vallerand (sous la dir. de), *Les fondements de la psychologie sociale*, Boucherville, Gaëtan Morin Éditeur.

PÉRIN, J. (1991). « Angoisse », dans H. Bloch, R. Chemama, A. Gallo, et autres (sous la dir. de), *Grand dictionnaire de la psychologie*, Paris, Larousse, p. 42.

PERLS, F.S. (1969). *Gestalt Therapy Verbatim*, Lafayette, Calif., Real People.

Pervin, L.A. (1985). « Personality : Current controversies, issues, and directions », *Annual Review of Psychology, 36*, p. 83-114.

Pervin, L.A. (sous la dir. de) (1990). *Handbook of Personality : Theory and Research*, New York, Guilford.

Peters, L.H., et O'Connor, E.J. (1980). « Situational constraints and work outcomes : The influence of a frequently overlooked construct », *Academy of Management Review, 5*, p. 391-397.

Peters, L.H., O'Connor, E.J., et Eulberg, J.R. (1985). « Situational constraints : Sources, consequences, and future considerations », *Research in Personnel and Human Resources Management, 3*, Greenwich, Conn., JAI Press.

Peters, T., et Waterman, R.H. (1982). *In search of excellence*, New York, Harper & Row.

Petot, J.-M. (1994). « L'intérêt clinique de modèle de personnalité en cinq facteurs », *Revue européenne de psychologie appliquée, 44*(1), p. 57-63.

Piaget, J. (1954). « Les relations entre l'intelligence et l'affectivité dans le développement de l'enfant », *Bulletin de psychologie*, p. 143-150.

Piaget, J. (1967). *La psychologie de l'intelligence*, Paris, Armand Colin.

Piaget, J. (1970). *Psychologie et épistémologie. Pour une théorie de la connaissance*, Paris, Gonthier.

Piaget, J. (1975a). *L'équilibration des structures cognitives. Problème central de développement*, Paris, PUF.

Piaget, J. (1975b). *Les mécanismes perceptifs. Modèles probabilistes. Analyse génétique. Relations avec l'intelligence*, Paris, PUF.

Piaget, J. (1981). *Intelligence and Affectivity. Their Relationship During Child Development*, Palo Alto, Calif., Annual Reviews Inc.

Pichot, P. (1987). *L'anxiété*, Paris, Masson.

Pietroni, P. (1993). « Attachment—detachment and non-attachment », *Journal of Analytical Psychology, 38*, p. 45-55.

Pinard, A. (1992). « Métaconscience et métacognition », *Psychologie canadienne, 33*(1), p. 27-41.

Platon, *La République. Du régime politique*, traduction de Pierre Pachet (1993), Paris, Gallimard (coll. « Folio/Essais »).

Porot, A. (1969). *Manuel alphabétique de psychiatrie clinique et thérapeutique*, Paris, PUF.

Porter, L.W., et Lawler, E.E. (1968). *Managerial Attitudes and Performance*, Homewood, Ill., Irwin.

Postel, J. (1991). « Dépression », dans H. Bloch, R. Chemama, A. Gallo, et autres (sous la dir. de), *Grand dictionnaire de la psychologie*, Paris, Larousse.

Prigogine, I., et Stengers, I. (1979). *La nouvelle alliance*, Paris, Gallimard.

Pritchard, R.D., Jones, S.D., Roth, P.L., Stuebing, K.K., et Ekeberg, S.E. (1988). « Effects of group feedback, goal setting and incentives on organizational productivity », *Journal of Applied Psychology, 73*, p. 337-358.

Raelin, J.A. (1989). « An anatomy of autonomy : Managing professionals », *Academy of Management Executive, 3*(3), p. 216-228.

Reboul, O. (1991). *Qu'est-ce qu'apprendre?*, Paris, PUF.

Reich, R.B. (1988). « L'esprit d'entreprise ? Non, d'abord l'esprit d'équipe », *Harvard l'Expansion, 48*, p. 25-33.

Rempel, J.R., et Holmes, J.G. (1986). « How do I trust thee ? », *Psychology Today, 20*, p. 28-34.

Reuchlin, M. (1991a). « Empathie », dans H. Bloch, R. Chemama, A. Gallo, et autres (sous la dir. de), *Grand dictionnaire de la psychologie*, Paris, Larousse, p. 264.

Reuchlin, M. (1991b). « Externalité », dans H. Bloch, R. Chemama, A. Gallo, et autres (sous la dir. de), *Grand dictionnaire de la psychologie*, Paris, Larousse, p. 296.

Reuchlin, M. (1991c). « Internalité », dans H. Bloch, R. Chemama, A. Gallo, et autres (sous la dir. de), *Grand dictionnaire de la psychologie*, Paris, Larousse, p. 399.

Reuchlin, M. (1991d). *Les différences individuelles à l'école*, Paris, PUF.

Reuchlin, M. (1991e). « Personnalité », dans H. Bloch, R. Chemama, A. Gallo, et autres (sous la dir. de), *Grand dictionnaire de la psychologie*, Paris, Larousse, p. 565.

Revelle, W. (1995). « Personality processes », *Annual Review of Psychology, 48*.

Rice, J.A. (1978). « Trust – mistrust and internality – externality as determinants of organization assessment by white-collar francophones in Quebec », thèse de doctorat inédite, Département de sociologie, Ann Arbor, Université du Michigan.

Rigny, A.-J. (1983). « Leadership et motivation : le mouvement vers « l'attitude contractuelle » face au travail est-il irréversible ? », dans J. Dufresne et J. Jacques (sous la dir. de), *Crise et leadership. Les organisations en mutation*, Montréal, Boréal Express, p. 57-78.

Rimé, B. (1991). «Émotion», dans H. Bloch, R. Chemama, A. Gallo, et autres (sous la dir. de), *Grand dictionnaire de la psychologie*, Paris, Larousse, p. 262-264.

Robertson, I.T. (1993). «Personality assessment and personnel selection», *Revue européenne de psychologie appliquée*, 43(3), p. 187-194.

Robinson, G.W. (1985). «Perception from pictures», dans S. Nash (sous la dir. de), *Science and Certainty*, Northwood (England), Science Reviews, p. 108-116.

Rocher, G. (1969). *Introduction à la sociologie générale. Vol. 1 : L'action sociale*, Montréal, Hurtubise HMH.

Roethlisberger, F.J., et Dickson, W.J. (1939). *Management and the Worker*, Cambridge, Mass., Harvard University Press.

Rogers, C.R. (1969). *Freedom to Learn*, Columbus, Ohio, Charles E. Merrill Publ.

Rogers, C.R. (1976). *Le développement de la personne*, Paris, Dunod.

Rogers, C.R. (1980). *A Way of Being*, Boston, Houghton Mifflin.

Rogers, C.R. (1995). «What understanding and acceptance mean to me», *Journal of Humanistic Psychology*, 35(4), p. 7-22.

Rogers, C., et Farson, R.E. (1984). «Active listening», dans D.A. Kolb, I.M. Rubin et J.M. McIntyre (sous la dir. de), *Organizational Psychology : Readings on Human Behavior in Organizations*, Englewood Cliffs, N.J., Prentice-Hall, p. 255-267.

Rogers, C., et Kinget, M. (1976). *Psychothérapie et relations humaines*, vol. 1, Louvain, Presses universitaires de Louvain.

Roggemma, J., et Smith, M.H. (1983). «Organizational change in the shipping industry : issues in the transformation of the basic assumptions», *Human Relations*, 8, p. 765-790.

Rolland, J.-P. (1993). «Validité de construct de "marqueurs" des dimensions de personnalité du modèle en cinq facteurs», *Revue européenne de psychologie appliquée*, 43(4), p. 317-337.

Rolland, J.-P. (1994). «Désirabilité sociale de "marqueurs" des dimensions de personnalité du modèle en cinq dimensions : le rôle de l'enjeu», *Revue européenne de psychologie appliquée*, 44(1), p. 65-71.

Rondeau, A., et Boulard, F. (1992). «Gérer des employés qui font problème, une habileté à développer», *Gestion*, 17(1), p. 32-42.

Rondeau, A., et Lauzon, N. (1996). «La transformation des organisations, Le renouvellement des services publics au moyen de l'autoroute de l'information», document inédit (version préliminaire), Québec, CEFRIO.

Rondeau, A., et Lemelin, M. (1990). «Pratiques de gestion mobilisatrices», *Revue Gestion, 16*(1), p. 26-32.

Rosenberg, M.J. (1966). «An analysis of affective-cognitive consistency», dans M.J. Rosenberg, C.I. Hovland, W.J. McGuire, R.P. Abelson et J.W. Brehm (sous la dir. de), *Attitude Organization and Change*, New Haven, Yale University Press, p. 15-64.

Rosenberg, M.J., et Hovland, C.I. (1966). «Cognitive, affective, and behavioral components of attitudes», dans M.J. Rosenberg, C.I. Hovland, W.J. McGuire, R.P. Abelson et J.W. Brehm (sous la dir. de), *Attitude Organization and Change*, New Haven, Yale University Press, p. 1-14.

Rosenthal, R.A. (1971). *Pygmalion à l'école : l'attente intellectuelle des élèves*, Paris, Casterman.

Rotter, J.B. (1966). «Generalized expectancies for internal vs. external control of reinforcement», *Psychological Monographs, 80*(1), p. 1-28.

Ruble, T.L., et Cosier, R.A. (1990). «Effects of cognitive styles and decision setting on performance», *Organizational Behavior and Human Decision Processes, 46*, p. 283-295.

Runyan, W.M. (1990). «Individual lives and the structure of personality psychology», dans A.I. Rabin, R.A. Zucker, R.A. Emmons et S. Frank (sous la dir. de), *Studying Persons and Lives*, New York, Springer Publishing, p. 10-40.

Sainsaulieu, R. (1972). *Les relations de travail à l'usine*, Paris, Éditions d'Organisation.

Saint-Arnaud, Y. (1974). *La personne humaine. Introduction à l'étude de la personne humaine et des relations interpersonnelles*, Montréal, Éditions de l'homme (CIM).

Saint-Arnaud, Y. (1989). *Les petits groupes, participation et communication*, Montréal, Presses de l'Université de Montréal.

Saint-Arnaud, Y. (1992). *Connaître par l'action*, Montréal, Presses de l'Université de Montréal.

Sample, J.A., et Hoffman, J.L. (1986). «The MBTI as a management and organizational development tool», *Journal of Psychological Type, 11*, p. 47-49.

Samuels, A. (1991). *Jung and the Post-Jungians*, New York, Tavistock/Routledge.

Sartre, J.-P. (1947). Huis clos. Les Mouches, *Paris*, Gallimard (coll. « Folio »).

Sartre, J.-P. (1970) *L'existentialisme est un humanisme*, Paris, Nagel.

Sartre, J.-P. (1985). *Critique de la raison dialectique. Tome 1: Théorie des ensembles pratiques*, Paris, Gallimard.

Savoie, A., et Beaudin, G. (1995). « Les équipes de travail: que faut-il en connaître? », *Psychologie du travail et des organisations*, 1(2-3), p. 116-137.

Savoie, A., et Brunet, L. (1995). « Le groupe et l'équipe de travail: l'évolution continue », *Psychologie du travail et des organisations*, 1(2-3), p. 5-10.

Savoie, A., et Mendès, H. (1993). « L'efficacité des équipes de travail: une prédiction initialement multidimensionnelle », dans P. Goguelin et M. Moulin (sous la dir. de), *La psychologie du travail à l'aube du XXIe siècle*, Paris, EAP.

Scarr, S. (1969). « Social introversion — extraversion as heritable response », *Child Development*, 40(3), p. 823-832.

Schein, E.H. (1975). « How "career anchors" hold executives to their career paths », *Personnel*, 52(3), p. 11-24.

Schein, E.H. (1985). *Organizational Culture and Leadership*, San Francisco, Calif., Jossey-Bass.

Schein, E.H. (1987). *Process Consultation. Lessons for Managers and Consultants.* vol. II, New York, Addison-Wesley.

Scherer, K.R. (1989). « Les émotions: fonctions et composantes », dans B. Rimé et K. Scherer (sous la dir. de), *Les émotions*, Neuchâtel, Delachaux & Niestlé, p. 97-133.

Schermerhorn, J.R., Gardner, W.L., et Martin, T.N. (1990). « Management Dialogues: Turning On the Marginal Performer », *Organizational Dynamics*, 18(1), p. 47-59.

Schneider, B. (1985). « Organizational behavior », *Annual Review of Psychology*, 36, p. 573-611.

Schultz, D. (1975). *A History of Modern Psychology*, New York, Academic Press.

Schwartz, H.S. (1987). « Anti-social actions of committed organizational participants: An existential psychoanalytic perspective », *Organization Studies*, 8(4), p. 327-340.

Schweiger, D. (1985). « Measuring managerial cognitive styles: On the validity of the Myers-Briggs Type Indicator », *Journal of Business Research, 13*, p. 315-328.

Scott, J.L. (1990). « O.R. Methodology and the learning cycle », *Omega International Journal of Management Science, 18*(5), p. 551-553.

Scott, W.E. (1966). « Activation theory and task design », *Organizational Behavior and Human Performance, 1*, p. 3-30.

Seashore, S.E., et Yutchman, E. (1967). « Factorial analysis of organizational performance », *Administrative Science Quarterly, 12*(3), p. 377-395.

Senge, P. (1991). *La cinquième discipline. L'art et la manière des organisations qui apprennent*, Paris, First.

Selye, H. (1974). *Stress sans détresse*, Montréal, La Presse.

Selznick, P. (1953). *T.V.A. and the Grass Roots*, Berkeley, University of California Press.

Shadel, W.G., et Cervone, D. (1993). « The Big Five versus nobody? », *American Psychologist, 48*(12), p. 1300-1302.

Shaw, M.E. (1981). *Dynamics: The Psychology of Small Behavior*, Montréal, McGraw-Hill.

Shea, G.F. (1984). « Building trust in the work place », *AMA Management Briefing*.

Sherif, M. (1936). *The Psychology of Social Norms*, New York, Harper.

Sherif, M. (1965). « Influences du groupe sur la formation des normes et des attitudes », dans A. Levy (sous la dir. de), *Psychologie sociale, textes fondamentaux*, Paris, Dunod, p. 222-240.

Sherrington, C.S. (1947). *The Integrative Action of the Nervous System* (2e éd.), New Haven, Yale University Press.

Simon, H.A. (1947). *Administrative Behavior: A Study of the Decision-Making Process in Administrative Organization*, New York, Free Press.

Simon, H.A. (1975). « The functional equivalence of problem solving skills », *Cognitive Psychology, 7*, p. 268-288.

Simon, H.A. (1990). « Invariants of human behavior », *Annual Review of Psychology, 41*, p. 1-19.

Sims, R.R., et Lindholm, J. (1993). « Kolb's experiential learning theory: a first step in learning how to learn from experience », *Journal of Management Education, 17*(1), p. 95-98.

SINGER, J., et LOOMIS, M. (1984). *The Singer-Loomis Inventory of Personality (SLIP) Experimental Edition. Manual*, Palo Alto, Calif., Consulting Psychologists.

SKINNER, B.F. (1971). *Beyond Freedom and Dignity*, New York, Knopf.

SKINNER, B.F. (1974). *About Behaviorism*, New York, Knopf.

SKINNER, B.F. (1976). *Walden Two*, New York, Macmillan.

SMITH, A.P., et JONES, D.M. (sous la dir. de) (1992). *Handbook of Human Performance*, London, Academic Press.

SNELL, R. (1992). «Experiential learning at work: Why can't it be painless?», *Management Decision, 30*(6), p. 133-142.

SPECTOR, P.E. (1985). «Higher-order need strength as a moderator of the job scope-employee outcome relationship: A meta-analysis», *Journal of Occupational Psychology, 58*(2), p. 119-127.

SPREITZER, G.M., QUINN, R.E., et FLETCHER, F. (1995). «Excavating the paths of meaning, renewal, and empowerment. A typology of managerial high-performance myths», *Journal of Management Inquiry, 4*(1), p. 16-39.

STAATS, A. (1975). *Social Behaviorism*, Homewood, Ill., Dorsey Press.

STEERS, R.M. (1988). *Introduction to Organizational Behavior*, Glenview, Ill., Scott, Foresman.

STEERS, R.M., et PORTER, L.W. (1987). *Motivation and Work Behavior*, New York, McGraw-Hill.

STONE, E.F. (1986). «Job scope — job satisfaction and job scope — job performance relationships», dans E. Locke (sous la dir. de), *Generalizing from Laboratory to Field Settings*, Lexington, Mass., Lexington Books, p. 207-253.

STORR, A. (1988). *Churchill's Black Dog, Kafka's Mice and Other Phenomena of the Human Mind*, New York, Ballantine Books.

SULLIVAN, J.J. (1989). «Self theories and employee motivation», *Journal of Management, 15*(2), p. 345-363.

SZASZ, T. (1967). «Moral man: a model of man for humanistic psychology», dans James F.T. Bugental (sous la dir. de), *Challenges of Humanistic Psychology*, New York, McGraw-Hill, p. 45-51.

TAJFEL, H. (1981). *Human Groups and Social Categories*, Cambridge, Cambridge University Press.

TANNENBAUM, R., MARGULIES, N., et MASSARIK, F. (sous la dir. de) (1985). *Human Systems Development*, San Francisco, Calif., Jossey-Bass.

TANNENBAUM, R., et SCHMIDT, W. (1958). «Comment choisir un style de leadership?», *Harvard Business Review*, mars-avril, *36*, p. 95-101.

TAYLOR, S.E., et CROCKER, J. (1981). «Schematic Bases of Social Information Processing», dans E.T. Higgins, C.P. Herman et M.P. Zanna (sous la dir. de), *Social Cognition. The Ontario Symposium*, vol. 1, Hillsdale, N.J., Lawrence Erlbaum Ass., p. 89-134.

TELLIER, Y. (1991). «Leadership et gestion», dans R. Tessier et Y. Tellier (sous la dir. de), *Pouvoirs et cultures organisationnels, Changement planifié et développement des organisations, tome 4*, Sillery, Québec, Presses de l'Université du Québec, p. 35-88.

TETT, R.P., JACKSON, D.N., et ROTHSTEIN, M. (1991). «Personality measures as predictors of job performance: A meta-analytic review», *Personnel Psychology, 44*(4), p. 703-742.

TETT, R.P., JACKSON, D.N., ROTHSTEIN, M., et REDDON, J.R. (1994). «Meta-analysis of personality — job performance relations: A reply to Ones, Mount, Barrick et Hunter», *Personnel Psychology, 47*, p. 157-172.

THOMAS, K.W., et VELTHOUSE, B.A. (1990). «Cognitive elements of empowerment: an "interpretative" model of intrinsic task motivation», *Academy of Management Review, 15*, p. 666-681.

THOMPSON, J.D. (1967). *Organizations in Action*, New York, McGraw-Hill.

THORNDIKE, E.L. (1931). *Human Learning*, New York, Appleton.

TILLICH, P. (1952). *The Courage to Be*, New Haven, N.J., Yale University Press.

TIMMERMAN, P. (1986). «Mythology and surprise in the sustainable development of the biosphere», dans *Sustainable Development of the Biosphere*, Laxenberg, Austria, International Institute for applied Systems Analysis and Cambridge, Cambridge University Press, p. 435-453.

TOLMAN, E.C. (1932). *Purposive Behavior in Animals and Men*, New York, Century.

TOULOUSE, J.-M., et POUPART, R. (1976). «La jungle des théories de la motivation au travail», *Gestion*, p. 54-59.

TRAHAN, W.A., et STEINER, D.D. (1994). « Factors affecting supervisors'use of disciplinary actions following poor performance », *Journal of Organizational Behavior, 15*, p. 129-139.

TREPO, G. (1973). « Les racines du centralisme dans l'entreprise », *Management — Direction, 37*, p. 21-30.

TROCMÉ-FABRE, H. (1994). *J'apprends, donc je suis*, Paris, Éditions d'Organisation (coll. « Poche »).

TUBBS, M.E. (1986). « Goal setting : A meta-analytic examination of the empirical evidence », *Journal of Applied Psychology, 71*(3), p. 474-483.

TUCKMAN, B.W., et JENSEN, M.A. (1977). « Stages of small group development revisited », *Group & Organization Studies, 2*(4), p. 419-427.

VAILL, P.B. (1989). *Managing as a Performing Art. New Ideas for a World of Chaotic Change*, San Francisco, Calif., Jossey-Bass.

VALLERAND, R.J. (1994). « Les attributions en psychologie sociale », dans R.J. Vallerand (sous la dir. de), *Les fondements de la psychologie sociale*, Boucherville, Gaëtan Morin Éditeur, p. 259-326.

VALLERAND, R.J., et BOUFFARD, L. (1985). « Concepts et théories en attribution », *Revue québécoise de psychologie, 6*(5), p. 45-81.

VAN DEN HOVE, D. (1996). « Fonder le management. Un point de vue de psychosociologue », Louvain-la-Neuve, Université catholique de Louvain (I.A.G.).

VEIGA, J.F. (1988). « Face your problem subordinates now ! », *Academy of Management Executive, 11*(2), p. 145-152.

VERES, J.G., SIMS, R.R., et LOCKLEAR, T.S. (1991). « Improving the reliability of Kolb's revised Learning Style Inventory », *Educational and Psychological Measurement, 51*, p. 143-150.

VERNE, J. (1994). *Paris au XXe siècle*, Paris, Hachette.

VÉZINA, M., COUSINEAU, M., MERGLER, D., VINET, A., et LAURENDEAU, M.-C. (1992). *Pour donner un sens au travail. Bilan et orientations du Québec en santé mentale au travail*, Boucherville, Gaëtan Morin Éditeur.

VINCENT, J.-D. (1986). *Biologie des passions*, Seuil.

VON BERTALANFFY, L. (1972). *Théorie générale des systèmes*, Paris, Dunod.

VON FRANZ, M.-L., et HILLMAN, J. (1971). *Jung's Typology : The Inferior Function and the Feeling Function*, Dallas, Spring.

VROOM, V.H. (1964). *Work and Motivation*, New York, Wiley.

VROOM, V.H., et JAGO, A.G. (1988). *The New Leadership : Managing Participation in Organizations*, Englewood Cliffs, N.J., Prentice-Hall.

VURPILLOT, E. (1991). « Identification », dans H. Bloch, R. Chemama, A. Gallo, et autres (sous la dir. de), *Grand dictionnaire de la psychologie*, Paris, Larousse, p. 354.

WALLON, H. (1959). « Le rôle de l'autre dans la conscience du moi », *Enfance, numéro spécial*, p. 279-286.

WALLON, H. (1969). *Les origines du caractère chez l'enfant*, Paris, PUF.

WANOUS, J.P. (1992). *Organizational Entry. Recruitment, Selection, Orientation and Socialization of Newcomers*, Reading, Mass., Addison Wesley.

WANOUS, J.P., et LAWLER, E.E. (1972). « Measurement and meaning of job satisfaction », *Journal of Applied Psychology, 56*, p. 95-105.

WATSON, J.B. (1959). *Behaviorism*, Chicago, The University of Chicago Press.

WATSON, J.B. (1967). *Behavior : An Introduction to Comparative Psychology*, New York, Holt, Rinehart & Winston.

WATZLAWICK, P., WEAKLAND, J., et FISCH, R. (1975). *Changements, paradoxes et psychothérapie*, Paris, Seuil (coll. « Points »).

WEICK, K.E. (1969). *The Social Psychology of Organizing*, Reading, Mass., Addison-Wesley.

WEINER, B. (1986). *An Attributional Theory of Motivation and Emotion*, New York, Springer-Verlag.

WEISS, H.M., et ADLER, S. (1984). « Personality and organizational behavior », dans B.M. Staw et L.L. Cummings (sous la dir. de), *Research in Organizational Behavior*, vol. 6, Greenwich, Conn., JAI Press, p. 1-50.

WEISSKOPF-JOELSON, E. (1968). « Meaning as an integrating factor », dans C. Bühler et F. Massarik (sous la dir. de), *The course of Human Life : A Study of Goals in the Humanistic Perspective*, New York, Springer.

WELDON, E., et MUSTARI, E.L. (1988). « Felt dispensability in groups of coactors : The effect of shared responsibility and explicit anonymity on cognitive effort », *Organizational Behavior and Human Decision Processes, 41*, p. 330-351.

WHEELWRIGHT, J.B., WHEELWRIGHT, J.H., et BUEHLER, J.A. (1942). *Jungian Type Survey (The Gray-Wheelwrights' Test)*, San Francisco, Calif., Society of Jungian Analysts of Northern California.

WICKLUND, R.A., et BREHM, J.W. (1976). *Perspectives on Cognitive Dissonance*, Hillsdale, N.J., Erlbaum.

WILPERT, B. (1995). « Organizational behavior », *Annual Review of Psychology, 46*, p. 59-60.

WINNICOTT, D.W. (1969). « Objets transitionnels et phénomènes transitionnels », dans D.W. Winnicott, *De la pédiatrie à la psychanalyse*, Paris, Payot, p. 109-125.

WHITE, R.W. (1959). « Motivation reconsidered : The concept of competence », *Psychological Review, 66*(4), p. 297-323.

WHITEHEAD, A.N. (1929). *Process and Reality : An Essay in Cosmology*, New York, Free Press.

WHITEHEAD, A.N. (1961). *Adventures of Ideas*, New York, Free Press.

WOFFORD, J.C. (1994). « An examination of the cognitive processes used to handle employee job problems », *Academy of Management Journal, 37*(1), p. 180-192.

WOLF, W.B. (1982). *The Basic Barnard. An Introduction to Chester I. Barnard and His Theories of Organization and Management*, Ithaca, N.Y., Industrial and Labor Relations Press, Cornell University.

WOOD, R.E., et LOCKE, E.A. (1986). « Goal setting and strategy effects on complex tasks », dans B.M. Staw et L.L. Cummings (sous la dir. de), *Research in Organizational Behavior*, vol. 12, Greenwich, Conn., JAI Press.

WOOD, R.E., MENTO, A.J., et LOCKE, E.A. (1987). « Task complexity as a predictor of goal effects : A meta analysis », *Journal of Applied Psychology, 72*, p. 416-425.

YALOM, I.D. (1980). *Existential Psychotherapy*, New York, Basic Books.

YOON, J., BAKER, M.R., et KO, J.-W. (1994). « Interpersonal attachment and organizational commitment : Subgroup hypothesis revisited », *Human Relations, 47*(3), p. 329-351.

YOUNG, P.T. (1967). « Affective arousal : Some implications », *American Psychologist, 22*(1), p. 32-40.

YULK, G.A. (1989). *Leadership in Organizations*, Englewood Cliffs, N.J., Prentice-Hall.

ZACKER, J. (1974). « Is opposition to social intervention resistance or coping ? », *Professional Psychology, 5*(2), p. 198-205.

ZALEZNIK, A. (1966). *Human Dilemmas of Leadership*, New York, Harper & Row.

ZALEZNIK, A. (1989). *The Managerial Mystique : Restoring Leadership in Business*, New York, Harper & Row.

ZALEZNIK, A., et KETS DE VRIES, M.F.R. (1975). *Power and the Corporate Mind*, Boston, Houghton Mifflin.

ZAND, A. (1994). *Making Groups Effective*, San Francisco, Calif., Jossey-Bass.

ZAND, D.E. (1972). « Trust and managerial problem solving », *Administrative Science Quarterly, 17*, p. 229-239.

ZAZONC, R.B. (1960). « The concepts of balance, congruity, and dissonance », *Public Opinion Quarterly, 24*, p. 280-296.

ZAZONC, R.B. (1965). « Social facilitation », *Science, 149*, p. 269-274.

ZAZONC, R.B. (1980). « Feeling and thinking : Preferences need no inferences », *American Psychologist, 35*(2), p. 151-176.

ZAZONC, R.B. (1984). « On the primacy of affect », *American Psychologist, 39*(2), p. 117-123.

ZAZZO, R. (1979). *L'attachement*, Paris, Delachaux et Niestlé.

ZUCKERMAN, M. (1992). « What is a basic factor and which factors are basics ? Turtles all the way down », *Personality and Individual Differences, 13*, p. 675-681.

Index des auteurs

Index des sujets